U0514901

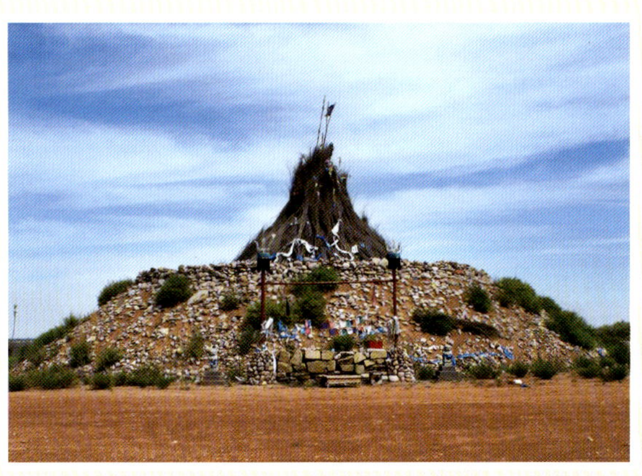

鄂尔多斯的敖包

鄂尔多斯的敖包

鄂尔多斯青铜器博物馆 著

文物出版社

图书在版编目（CIP）数据

鄂尔多斯的敖包 / 鄂尔多斯青铜器博物馆著. -- 北京 ：文物出版社，2019.10
ISBN 978-7-5010-6212-6

Ⅰ. ①鄂… Ⅱ. ①鄂… Ⅲ. ①蒙古族－祭祀－民族文化－研究－鄂尔多斯市 Ⅳ. ①K892.22

中国版本图书馆CIP数据核字（2019）第144438号

鄂尔多斯的敖包

作　　者：鄂尔多斯青铜器博物馆

责任编辑：李　飏
责任印制：陈　杰
责任校对：陈　婧
蒙文校对：石林梅

出版发行：文物出版社
社　　址：北京市东直门内北小街2号楼
网　　址：http://www.wenwu.com
邮　　箱：web@wenwu.com
经　　销：新华书店
制版印刷：天津图文方嘉印刷有限公司
开　　本：965mm × 635mm　1/8
印　　张：42.5
版　　次：2019年10月第1版
印　　次：2019年10月第1次印刷
书　　号：ISBN 978-7-5010-6212-6
定　　价：398.00元

《鄂尔多斯的敖包》编辑委员会

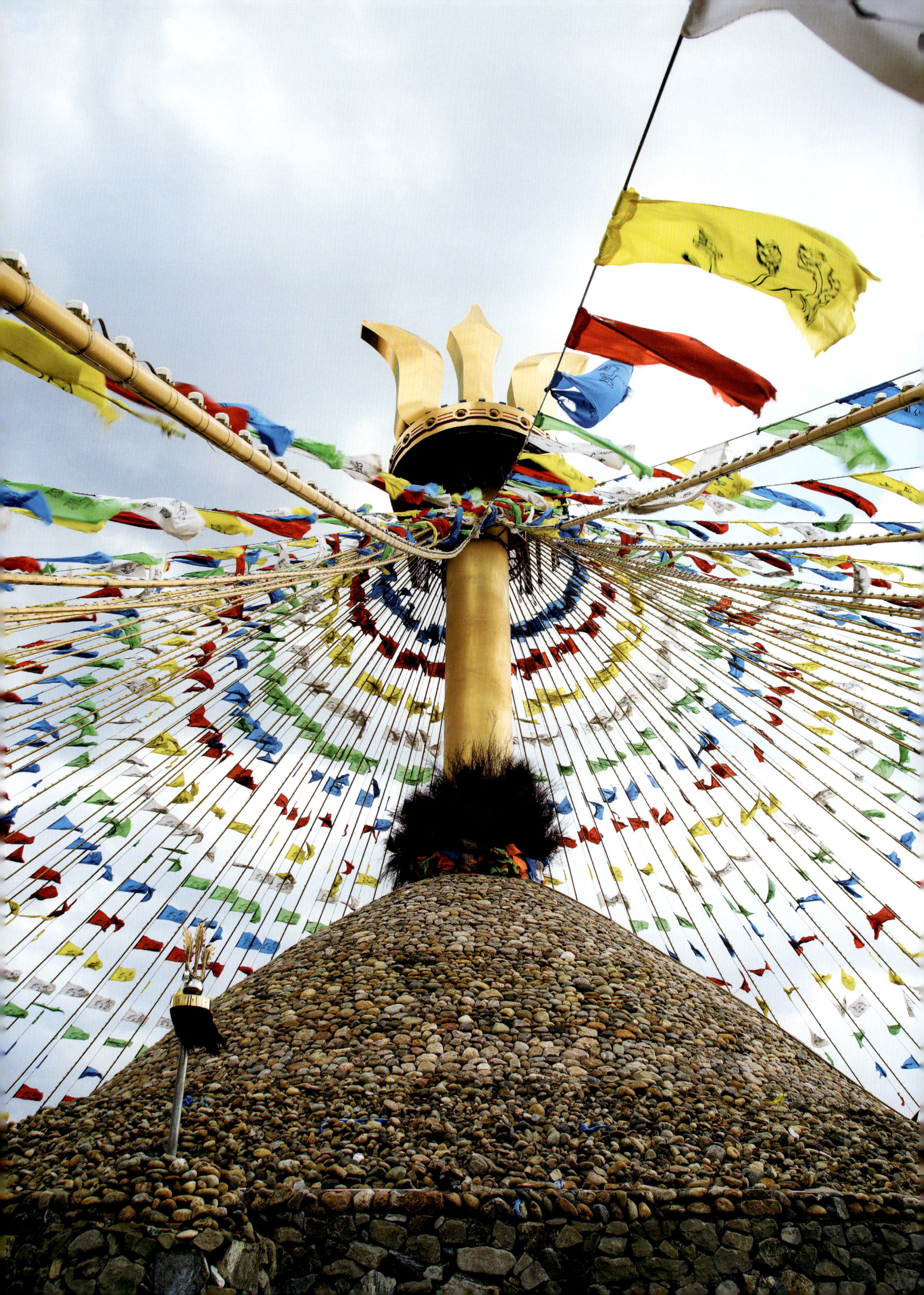

ᠭᠠᠷᠴᠠᠭ

目录

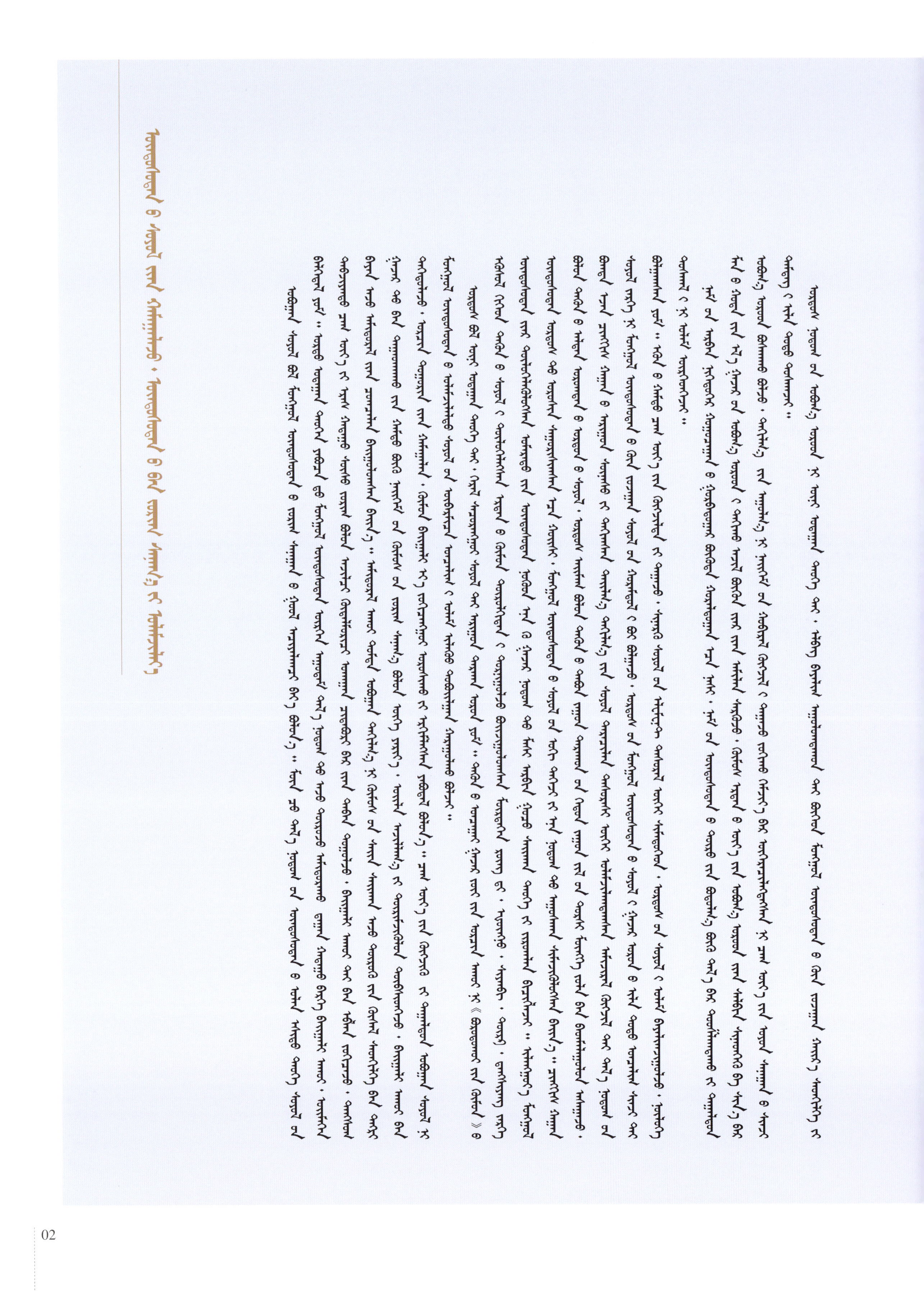

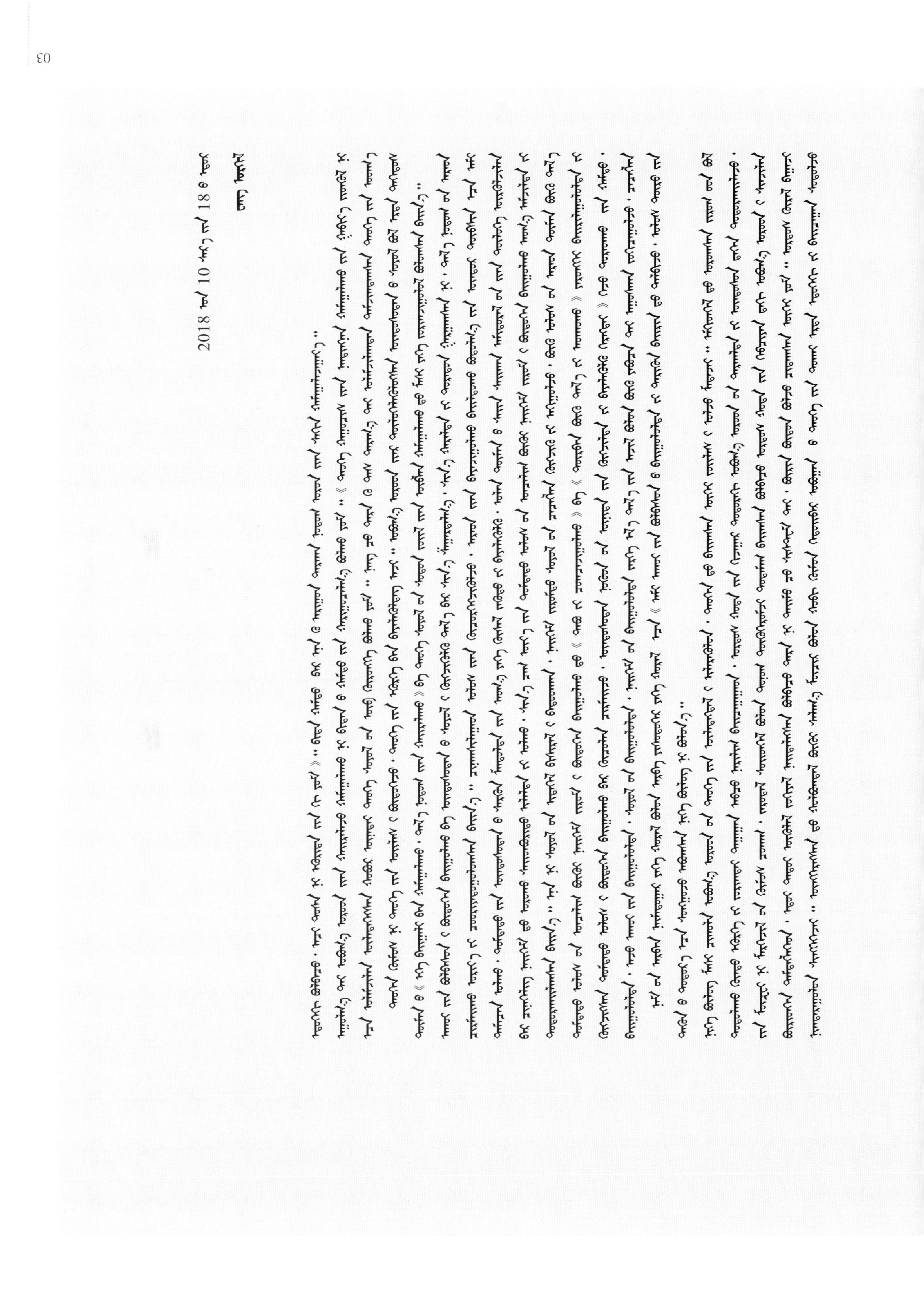

2018 ᠣᠨ 10 ᠰᠠᠷ᠎ᠠ ᠶᠢᠨ 18 ᠤ ᠡᠳᠦᠷ

保护民族文化 传承民族精神

敖包，是蒙古族人民精神文化的重要载体，是草原民族多元历史文化的象征。蒙古族人民世世代代生活在这片广袤的草原上，无论是寒冷严酷的恶劣环境，还是“风吹草低见牛羊”的美丽画卷；无论是战马奔驰的动荡岁月，还是宁静和平的繁荣年代，蒙古族人民以顽强的意志，勇敢的精神，凭借着聪明才智与勤劳的双手，应对困难，顺应环境，创造生活。在社会活动中，敖包的建立和祭祀，不仅表达了人们对实现美好生活的祈愿，同时也规范着全体社会成员的意志与言行，倡导尊重自然，保护环境，人与自然和谐相处。随着时代的发展，敖包文化正日益突显着其传统民族文化的独特功能。

鄂尔多斯地区历史悠久，文化灿烂。由于其特殊的地理环境，不仅孕育了以“河套人”及其文化为代表的古人类，而以戎狄、匈奴、鲜卑、突厥、党项等为代表的北方民族也先后在这里登台演绎了一出出丰富多彩的历史剧；尤其是蒙古民族入居鄂尔多斯地区以来，将蒙古民族许多优秀的文化在这里发扬光大。以成吉思汗及其黄金家族所秉持的宫廷文化；以鄂尔多斯部及其五百户达尔扈特，数百年来所秉烛掌灯、香火不断、奉祀圣主成吉思汗之灵魂的祭祀文化；和以来自于深厚的民族文化的积淀、生生不息、至今仍具有鲜活生命力的草原民族文化等，构成了具有鲜明地区特色的鄂尔多斯蒙古族文化。与此同时，随着时代的发展，不断融入新的文化因素，使这一文化更加丰富，更具有影响力。

自党的十一届三中全会以来，随着党的民族政策的全面落实，鄂尔多斯市各地敖包祭祀活动全面恢复，广大群众不仅对古老的敖包进行了修缮，而且又建起了很多新的敖包，所祭祀的内容也伴随着社会的发展有所改变，被赋予了鲜明的时代精神。

鄂尔多斯地区敖包数量众多，历史悠久，内涵丰富，凝聚着蒙古族人民群众的情感。针对敖包的历史与现在，过去也有一些部门和个人做过一些调查和记录，发表过一些文章和著录，但既不系统，也不全面。鄂尔多斯青铜器博物馆在业务人员力量薄弱、经费及设备尚不充足的情况下，勇敢地担负起了对鄂尔多斯全市敖包进行调查的重任，基本摸清了本市境内的敖包分布情况，发现了一批十分重要的敖包历史遗迹，填补了历史的空白。本图录所发表的仅仅是其中所选择的一部分。

党的十八大和十九大“把生态文明建设放在突出地位，融入经济建设、政治建设、文化建设、社会建设的各方面和全过程，努力建设美丽中国，实现民族永续发展”，明确了中国特色社会主义事业“五位一体”和“四个全面”的总体布局。坚定文化自信，推动社会主义文化繁荣兴盛，吹响了全国人民为决胜全面建成小康社会、夺取新时代中国特色社会主义伟大胜利、实现中华民族伟大复兴的中国梦、实现人民对美好生活的向往继续奋斗的号角。再次从强国富民的战略高度，对生态文明建设和民族文化建设提出了新的要求、新的目标。这对于草原人民“保护环境、呵护草原”，传承保护优秀历史文化的良好传统，是个极大的鼓舞。

历史的人，做历史的事，尽历史的责任。以敖包为代表的民族文化，是祖先传承给我们的珍贵历史文化遗产，保护敖包，尤其是保护好那些传承有序、有着重要历史意义的敖包是我们共同的责任。“保护文物，功在当代，利在千秋”，让我们一起守护好这一共同的精神家园吧。

2018年10月18日

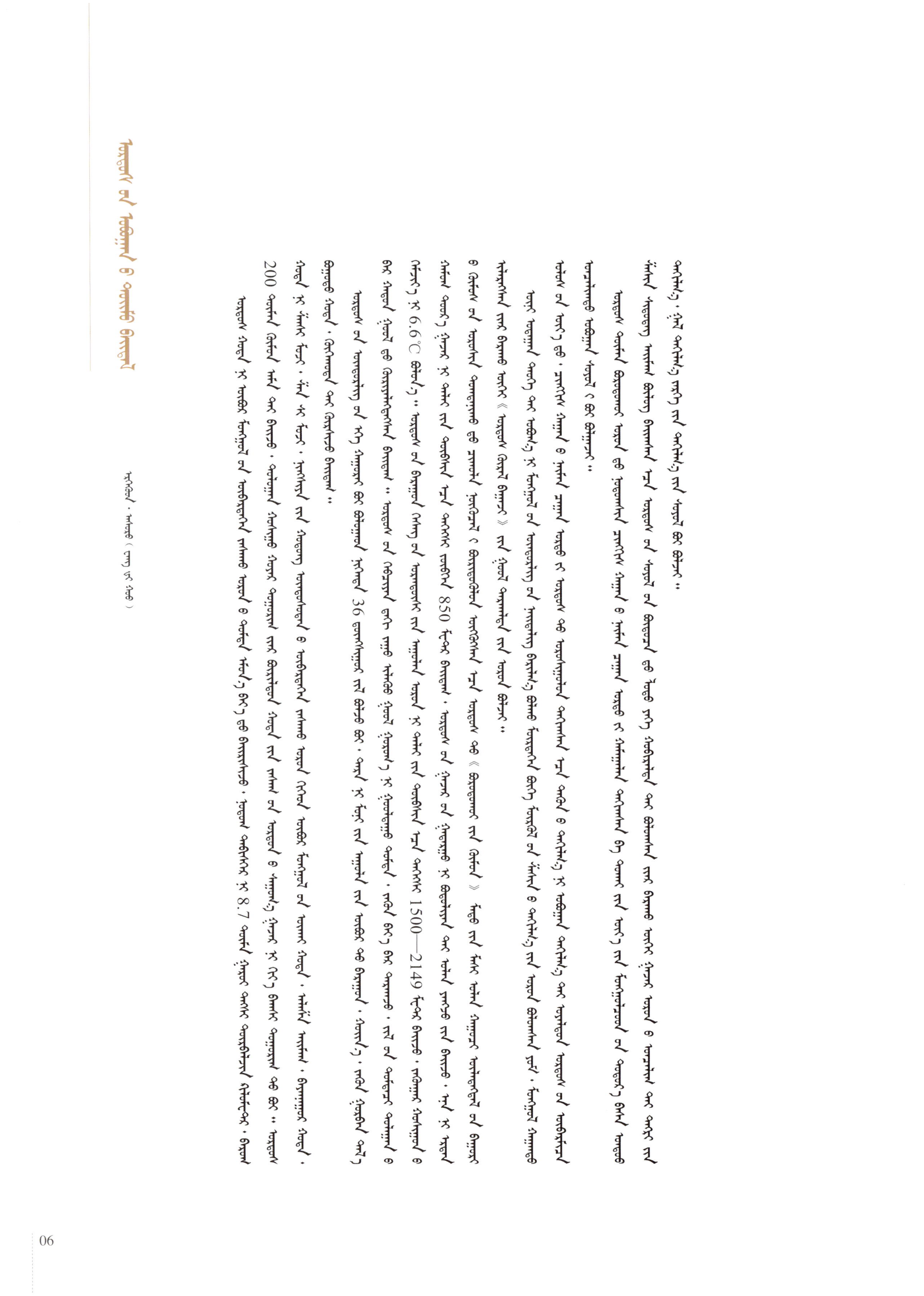

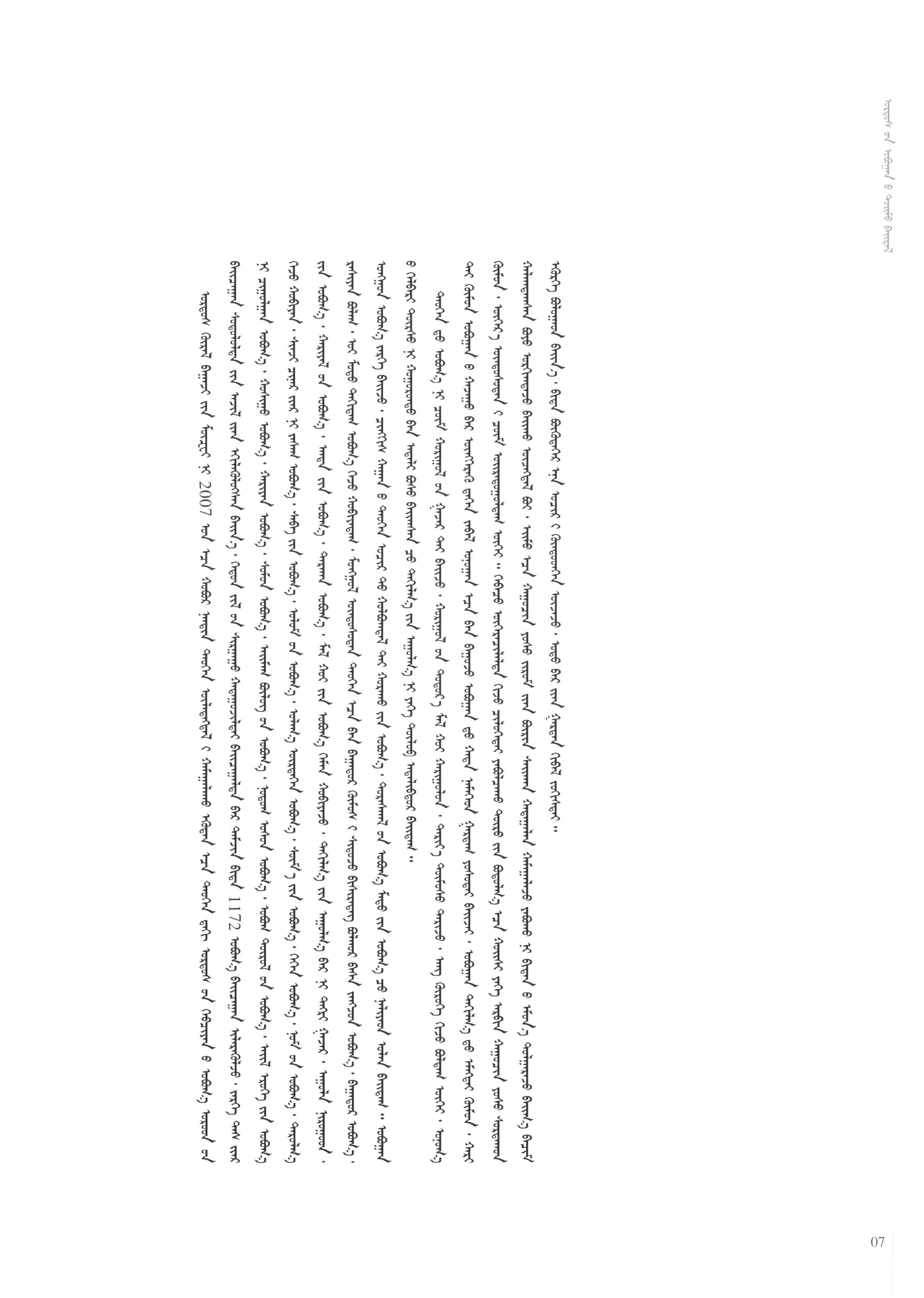

一、鄂尔多斯地理与历史

鄂尔多斯市为内蒙古自治区下辖地级市，位于内蒙古自治区的中南部，总面积8.7余万平方公里，辖7旗2区，全市总人口约200万，市政府驻康巴什区。西北距内蒙古自治区首府呼和浩特市约250公里，分别与陕西省、山西省、宁夏回族自治区以及内蒙古自治区的乌海市、阿拉善盟、巴彦淖尔市、包头市、呼和浩特市为邻。

鄂尔多斯地区是一片古陆，至今已有36亿年。经过多次地质运动，尤其经过喜马拉雅造山运动，形成今天的地质地貌，属于黄土高原向蒙古高原的过渡地带，被称为“鄂尔多斯高原”。在本地区的西部、北部和东部分别隔黄河有贺兰山脉、阴山山脉及吕梁山脉，黄河自南向北折东又向南流形成一个巨大的“几”字湾，环绕着鄂尔多斯。鄂尔多斯与陕北高原被称为“河套地区”，向南经陕北高原即可进入八百里秦川；向西跨黄河过贺兰山可进入绿洲丝绸之路；向北越黄河跨阴山则是广袤的亚欧草原腹地。

鄂尔多斯地形由南北向中部隆起，在北纬39° 50′，即东胜至杭锦旗四十里梁一线为分水岭，海拔高度为1400~1700米，被称为“鄂尔多斯台地”，地势由此向四周渐缓，呈西部高东部低之趋势，西部乌仁都西山（桌子山）地区海拔高度为1500~2149米，而东南部马栅一带海拔高度仅为850米。

鄂尔多斯水系基本属黄河水系。境内有萨拉乌苏河、乌兰木伦河、犊牛川（窟野河上游）、纳林川、摩林河、罕台川、哈什拉川等近百条河流，多集中于东部和南部；有800多处湖泊星罗棋布镶嵌于西北地区。

鄂尔多斯处于夏季暖湿海洋气流西北边缘，年平均降水量300~400毫米，并由东南向西北递减，而年平均气温则呈相反的趋势。东胜至杭锦旗四十里梁一线是一条重要的气候分界带，往东为暖湿的半干旱气候区，属于黄土低山丘陵区，尤其是在“黄河谷地马栅一带形成了类似暖湿带条件下的干旱偏湿环境”[1]，往西则为干旱气候区，属半荒漠高平原草原景观区，著名的毛乌素沙漠和库布其沙漠广泛分布于本区西部与北部。毛乌素沙漠边缘地带多固定或半固定形波状沙地，相对高差一般小于5米，目前由于持续绿化，该沙漠已基本被绿化覆盖；库布其沙漠腹地主要分布有新月形沙丘和沙垄，相对高度约4~40米。由于鄂尔多斯市历届党委、政府对植被建设的高度重视，常抓不懈，取得明显成效，沙地面积明显减少，很多流动沙丘成为固定沙丘，在沙丘间分布有许多滩地、沼泽地和湖泊，生长着大量沙生植物，呈草原景观。

鄂尔多斯气温一月平均最冷气温为-20° C~-16° C，七月平均气温为20° C~24° C。全年平均气温为6.6° C。

“鄂尔多斯不仅地质构造复杂，而且地貌类型多样，有盆地、平原和高原；有山地、丘陵和沟川，还有沙地、沙漠和众多的河湖，这种特殊的地貌类型，不仅在内蒙古自治区，就是在全国也是少有的。”鄂尔多斯由南到北分布着“暖温、温凉、干热、极干热四个热量带”；东西“分布着明显的典型草原、荒漠化草原、草原化荒漠三个气候带。……冬长夏短、寒暑巨变，是这里的气候特征”。“植被带也呈中生、旱生、超旱生群落过渡。”“鄂尔多斯境内分布着种类繁多的古老残遗和珍稀植物，”“无论在植物的区系组成上，还是在植被组成上，都是内蒙古特有现象最为明显的地区，故被世界植物组织誉为‘残遗植物的避难所’。鄂尔多斯是研究物种起源、发展、演变的最好场所”[2]。

独特的地质地貌，多样的气候环境，造就了古人类发生、发展的条件。1922~1923 年，法国人桑志华、德日进在鄂尔多斯西南部的乌审旗萨拉乌苏河畔发现了著名的“河套人”（鄂尔多斯人）及其文化（距今约 14 万 ~ 7 万年）；2010 年，鄂尔多斯考古工作者在黄河支流乌兰木伦河畔发现了旧石器时代遗址，标本测年显示为距今 7 万 ~3 万年，同时在其上下游又发现了十几处年代相近的地点。经过大规模的三次文物普查，在鄂尔多斯全境发现地上地下文物 1000 余处，从旧石器时代、新石器时代、青铜时代到铁器时代，基本包括了自旧石器时代以“河套人”（鄂尔多斯人）及其文化为代表的中晚期古人类以来，到人类历史上各个时期的遗迹遗物。从考古发现及历史文献记载看，鄂尔多斯地区经历了古人类发展史上最重要的阶段——晚期智人阶段，在鄂尔多斯地区乌兰木伦旧石器时代，即距今 3 万年时期是全球末次冰期，除了在纬度偏南，气候温度相对温暖的西南部水洞沟发现有人类活动以外，这个时期尚未发现有人类活动迹象。在准格尔旗以坟焉遗址为代表的遗址，则是目前鄂尔多斯地区自末次冰期以来人类最早的新石器时代遗址，年代距今约 6500 年，自此，人类历史在本地区再无中断。距今 5000 年左右时，本地区的考古学文化得到了空前的繁荣和发展，“为龙山时代考古学文化的兴起与升华奠定了坚实的基础”[3]。“朱开沟文化”的发现和确立，为驰名中外的“鄂尔多斯青铜器”找到了源头。“鄂尔多斯青铜器”最早发现于中国北方长城沿线，特征鲜明、自成系统、分布广大，由于在鄂尔多斯地区发现最早、最集中，且时代最早，因此被学术界命名为“鄂尔多斯青铜器”或“鄂尔多斯式青铜器”。朱开沟文化显示，在距今约 4000 年左右，由于气候变化的原因，居住在这里的居民的生产、生活方式发生了变化，出现了畜牧、游牧经济[4]。与此同时，欧亚草原文化通道上青铜时代文化的号角早已吹响，朱开沟文化也不失时机地加入了这一阵营，并逐渐显示了自己独特的魅力，在中华文化的历史长河中产生和发挥了重要影响及作用。拥有“鄂尔多斯青铜器”的主体民族，即以戎狄—匈奴系统为主的北方畜牧、游牧民族，长期在鄂尔多斯地区及其邻近地区，与中原民族（农耕经济文化形态）以及东亚各民族相互交流、碰撞、融合，创造出具有自身特点的古代文化，并在长期的历史发展中形成了具有内在潜质的文化传统。自秦汉（铁器时代）已降，虽历朝历代各民族、各个政治团体相继登场，各种文化形态争相演绎，而这种文化传统虽跨越千年，却仍然在延续之中。

蒙古帝国时期，随着帝国势力的扩张，由于与西夏王国的战争，蒙古

[1] 田广金、史培军：《内蒙古中南部原始文化的环境考古研究》，《内蒙古中南部原始文化研究文集》，北京：海洋出版社，1991 年。

[2] 吴建雄：《鄂尔多斯植物志（上卷）》，安源总主编《金冠文库·植物生态系列》，呼和浩特：内蒙古人民出版社，2017 年。

[3] 王志浩、杨泽蒙：《鄂尔多斯地区仰韶时代遗存及其编年与谱系》，《内蒙古中南部原始文化研究文集》，北京：海洋出版社，1991 年。

[4] 内蒙古自治区文物考古研究所、鄂尔多斯博物馆：《朱开沟——青铜时代早期遗址发掘报告》，北京：文物出版社，2000 年。

族始居河套地区（今鄂尔多斯地区），由此，蒙古族文化在本地区留下了深深的烙印。

二、敖包的历史与文明

敖包，是在蒙古高原及其草原地区经常可以见到的一种建筑形态，被蒙古族认为是非常神圣的地方，蒙古族群众每年都要在敖包所在地进行隆重的祭祀活动，有固定的祭祀时间、程序、主持者及祭祀人群等。

敖包的历史非常悠久，应当与游牧民族早期信仰、原始宗教有直接的关系。在世界各民族中，宗教信仰的诞生，规范着人们的行为。信仰者为实现与神的沟通，需要借助神坛而抵达彼岸，以实现自己的愿望。敖包就是游牧民族的神坛，虽然经过数千年的变迁，敖包的建筑形态多种多样，但其所蕴含的历史文化传统，却被历史上不同时期的各个游牧民族继承了下来，这是由游牧民族的文化特性所决定的。远古时期，在欧亚大陆的北部，包括北美地区曾经流行萨满教；古代中国北方民族如匈奴、乌桓、鲜卑、柔然、高车、突厥、契丹、女真等先后信仰萨满教；在阿尔泰语系蒙古语族等各民族中也普遍流行萨满教。萨满教的产生是人类社会发展到一定阶段的产物，是人类对宇宙自然规律和人类活动规律的认识，是人类智慧的结晶。“是集体意识的产物，是一种完全社会化、全民化的意识形态，是一种集体表象”[5]，“这种集体表象在该集体中是世代相传；它们在集体的每个成员身上留下深刻的烙印，同时根据不同情况，引起该集体中每个成员对有关客体产生尊敬、恐怖、崇拜等感情”[6]。“萨满教原始观念包含着原始哲学、原始道德、原始思维和心理意识等多方面内涵；以天穹崇拜为核心的大自然崇拜和动植物崇拜，是在人们对自然和生物有了一定认识的基础上产生的，反过来又孕育了早期天文学和生物学的萌芽；历法、医药、预测、文字等知识为萨满从事祭祀、占卜、巫术、治病等神事活动所必备。”“万物有灵和诸种形态的崇拜观念是萨满教产生并得以存在的基础。作为观念形态，萨满教的神界是无形的。然而，随着萨满教观念的发展，为了适应祭祀的需要和满足萨满教信仰者渴望谒拜神灵的情感需求，以物态具象再现萨满教神灵世界成为十分必要，而这一点主要是凭借造型艺术来实现的。”[7]古代游牧民族逐水草而居，游牧是其基本的生产生活方式，这些游牧民族为了适应祭祀的需要和满足萨满教信仰者渴望谒拜神灵的情感需求。于是，人们选择高洁之处，建造祭祀神灵之所，寄托人们的情感需求。敖包便自然而然诞生了。敖包从诞生之日起就与环境和氏族有关，各游牧民族（包括民族内部各氏族间）由于所居环境不同，其建筑形式与祭祀内容不同。蒙古族作为集游牧民族之大成者，对敖包赋予了许多新的含义。

12~13世纪，蒙古草原群雄争霸，连年战争，给草原上的人们带来深重的灾难。百姓祈愿和平，渴望英主，渴望出现风调雨顺、五畜兴旺，各部族和睦相处的统一局面。通过对敖包的祭祀使人们对“以天穹崇拜为核心的大自然崇拜和动植物崇拜”变得更加具体化。成吉思汗在完成统一蒙古草原的过程中，崇拜和祭祀“腾格里”——长生天，就是其天命思想的重要表现，成吉思汗的天命思想和一系列的实践活动，极大地影响并规范着全体蒙古人的思想及言行。成吉思汗作为一位伟大的政治家、军事家，能够顺应历史发展的趋势，利用萨满教为其实现宏大的政治抱负服务。在成立蒙古大帝国的庆典上，萨满阔阔出郑重宣布："具有古儿或大汗等号之封主既已败亡，不直采用此有反迹之同一称号，今奉天命为成吉思汗。"接着说，萨满在严寒中，赤身露体走进荒野，回来后宣称："天神跟我谈过话，他说，我已把整个地面赐给铁木真及其子孙，命他为成吉思汗，教他如此这般实施仁政。"[8]于是就尊称铁木真这位蒙古大帝国的皇帝为成吉思汗。成吉思汗认为并宣扬，"天"的旨意是不可违的，"不是靠我的强壮，而是靠伟大的上天的仁爱，我才当了合罕"[9]，而且"针对着'星天旋转诸国争战'属民背叛主人的社会状况提出来了忠诚德天佑护的思想。他把天不仅仅看成是统治人类的'神灵'，而且明确提出了统治者（我）就是天或天的代表。因此，他就说：只有'对我们忠诚'，才能'得到天的佑护'"[10]。认为"只有对天忠诚，才能得到天的佑护，否则天就会使其灭亡，必然要失败，……其次，强调统治阶级内部的相互忠诚，……强调属民对其'正主'的忠诚"[11]。"成吉思汗所敬的'天'是永恒的青天，成吉思汗的'绝对观念'，……应天命者，唯以'至诚'。'至诚'是成吉思汗的最高道德标准，也是根本的政治原则"[12]。成吉思汗充分运用萨满教的天命思想，结合社会实践，成功地开创了一个符合当时历史发展的朴素辩证法指导思想，正是由于成吉思汗所确立的这一朴素辩证法思想，统一和规范着人们的思想及行动。随着草原帝国的扩张与强大，蒙古人的思想和世界观也发生了极大的变化。分布于世界各地的蒙古人对于敖包的祭祀随着社会的发展进程，其内容和形式也在发生着变化。成吉思汗及其黄金家族的巨大影响力和凝聚力，使英雄崇拜思想日益深入，人们通过对敖包的祭祀，表达对神（天神——长生天）——英雄（成吉思汗及其黄金家族）的敬意，以实现自己的美好诉求和愿望。敖包祭拜的内容和形式也不断出现扬弃的过程，对后世产生了深远的影响。自15世纪中叶以后，随着蒙古族鄂尔多斯部及八白宫（室）入住河套地区（即鄂尔多斯地区，蒙古语称为宝日陶亥），鄂尔多斯地区的敖包在其传统文化的基础上，形成了极具鄂尔多斯特色的敖包文化。

鄂尔多斯部是因祭祀和守护成吉思汗灵寝——"八白宫（室）"之神圣使命而组成的"部落"。历史上其人员结构由蒙古各部万户、千户选派之忠诚勇士，有早期"四大鄂尔多"守护者（"四大鄂尔多"是指成吉思汗早期的四个大本营，分别由四个夫人管理）、兀良哈人、成吉思汗怯薛军（成吉思汗亲军"万名客什克腾"）、成吉思汗大将之后裔和成吉思汗黄金家族等组成。成吉思汗黄金家族后裔、清代著名学者萨冈彻辰说："鄂尔多斯乃为汗守御八白室者，承受大任之兀鲁思。与其相对的兀良哈为守护成吉思汗御陵之人，同为承受大任之兀鲁思。"[13]1227年成吉思汗率领大军在与西夏政权的最后一次的征战中，因伤病逝世。成吉思汗逝世时，随行的也遂皇后，窝阔台、托雷两位皇子和博斡尔出、速别台等将军，源

[5] 郭淑云：《原始活态文化——萨满教透视》，上海：上海人民出版社，2001年。

[6]［法］列维·布留尔：《原始思维》，丁由译，北京：商务出版社，1987年。

[7] 郭淑云：《原始活态文化——萨满教透视》，上海：上海人民出版社，2001年。

[8] 志费尼：《世界征服者史》上册，何高济译，呼和浩特：内蒙古人民出版社，1980年。

[9] 达木丁、苏荣编译《蒙古秘史》，谢再善译本，北京：中华书局，1956年。

[10] 达木丁、苏荣编译《蒙古秘史》（现代蒙文版），呼和浩特：内蒙古人民出版社，2013年。

[11] 贺其叶勒图·：《试论成吉思汗的天命思想》，成吉思汗研究所编《成吉思汗研究文集》，呼和浩特：内蒙古人民出版社，1991年。

[12] 桑嘎·：《从〈蒙古秘史〉看成吉思汗的哲学思想》，成吉思汗研究所编《成吉思汗研究文集》，呼和浩特：内蒙古人民出版社，1991年。

[13] 萨冈彻辰：《蒙古源流》（新译校注），道润梯步译注，呼和浩特：内蒙古人民出版社，2007年。

于萨满教之思想内核，基于蒙古人灵魂不灭的意识，按照萨满教的仪轨，用一缕白色骆驼头顶上的绒毛，置于成吉思汗口鼻处，使成吉思汗灵魂附之。建立白色宫帐，将画像及部分遗物一并供奉，成为象征成吉思汗陵寝的“奉祀之神”，在宝日陶亥和漠北分别建立了“奉祀之神”。《蒙古源流》载：“因不能请出（成吉思汗）金身，遂造长陵共仰庇护，于彼处立白屋八间，在阿勒台山阴、哈岱山阳之谔特克地方建立陵寝，号为索多博克达大明青吉斯汗，其后遂留传至今云”。1368年元顺帝退走漠北，建立了北元政权，在元大都的太庙——“八白宫”，亦随着北元政权迁至漠北。15世纪中叶，随着鄂尔多斯部大批入居宝日陶亥地区，漠北奉祀之神、“四大鄂尔多”和鄂尔多斯奉祀之神会合于宝日陶亥。1468年，被称为“中兴之主”的巴图孟克——达延汗重新统一了蒙古各部，将蒙古各部划分为六个万户，鄂尔多斯部属于右翼三万户之一，设济农（晋王），专司管理守护奉祀之职。随着北元末帝林丹汗抗清失败，退走青海途经鄂尔多斯时，又将“全体蒙古人总神祇”组成部分、左翼察哈尔部所奉祀之——查干苏勒德等圣物也留存在宝日陶亥。至此，完整的成吉思汗“八白宫”等圣物汇聚于宝日陶亥，再无分离，鄂尔多斯部所守护与供奉的成吉思汗“八白宫”，遂成为全体蒙古人永世景仰的灵魂与精神的象征。鄂尔多斯部这个因守护和奉祀成吉思汗八白宫的部落集团，其成员的思想道德、哲学观念、心理意识、行为规范等，构成了这个部落集团十分独特的文化特质，所有这些文化特质反映在对敖包的设立和祭祀方面。在鄂尔多斯地区敖包祭祀文化中，以成吉思汗等帝王祭祀为祭祀体系的黄金家族敖包祭祀是鄂尔多斯地区敖包祭祀文化的重要组成部分，是构成鄂尔多斯地区敖包祭祀文化不可或缺的因素，在世界敖包祭祀文化中独树一帜。分布于鄂尔多斯地区众多的圣物及其祭祀制度与敖包祭拜的结合，形成了鄂尔多斯地区蒙古族特有的敖包文化——这一敖包文化地区特色十分鲜明。

三、鄂尔多斯敖包文化之形态

由于鄂尔多斯部所具有的职业使命性和聚合性，从鄂尔多斯部入居宝日陶亥地区以后，除了与“全体蒙古人总神祇”有关的圣物集中于此，其他蒙古部落中也有陆续向该地集中者，据著名国际蒙古学家、鄂尔多斯学创建者、比利时天主教神甫昂·莫斯特尔（汉名：田清波）的调查研究，在鄂尔多斯地区有181个蒙古姓氏，他们来自不同的部落，有的姓氏非常古老。田清波在鄂尔多斯地区生活和传教长达20年之久（1905~1925年），对鄂尔多斯蒙古人的语言、历史、宗教、文学、俚语、传说等等都有涉及，尤对其语言、宗教、文学进行了深入的调查和研究，发现了蒙古高原古代信仰基督教部落之后裔——厄尔呼特人[14]。尽管当时以鄂尔多斯地区为代表的整个蒙古地区的民众，已经普遍深度信仰佛教，对异教徒十分排斥，但厄尔呼特人仍然在秘密地信奉着那个“神秘宗教”。据田清波研究，这个所谓的“神秘宗教”就是已经销声匿迹很多年的基督教之东方教派——聂斯托里派——景教。所有这些就构成了鄂尔多斯部人群组合的复杂性和原本其文化及宗教构成的多元性。自鄂尔多斯部进入宝日陶亥地区后，地理环境对其文化的影响也是很大的。南面是汉族农业文化区域，向西纵深则是藏族文化区域，从彼时便与明朝时战时和，明朝政府为了创造一个和平的环境，应要求开放边境。据《万历大明会典》和《万历武功录》载，明朝沿长城设置了多个互市场所，双方进行官方及民间贸易，沟通了双方的交往，在一定程度上促进了双方文化的交流。但是真正打通界限，开启蒙汉人民互通并融为一体的历史节点还是清康熙三十六年（1697年），伊克昭盟盟长松喇布奏请康熙皇帝"乞发边内汉人与蒙古人一同耕种黑界地"，"一体贸易，与民杂耕"，康熙皇帝允之。所谓"黑界地"是清顺治年间，清政府为了限制蒙人与汉人联系，修建了一条长2000、宽50里的禁地，其中不许汉人耕种，不许蒙人放牧，完全隔绝了两地之间的交往。"黑界地"宣告破除，完全打通了蒙地与汉地之间的联系，实现了真正意义上的文化交流。而与藏地之间的文化交流则是起自1578年，鄂尔多斯执政官"胡图克台·彻辰·洪台吉协助其叔祖父——土默特之阿拉坦汗经过多年征战，把搞分裂的卫拉特部征服后，向阿拉坦汗提出利用黄教的精神力量巩固战果、维护蒙古统一的建议。……于1578年5月至青海察布恰勒庙同三世达赖喇嘛索南嘉措进行了会晤。阿拉坦汗决定在蒙古地区废除萨满教，信奉喇嘛教，建设寺庙，保护喇嘛；允许喇嘛享有特权，免除徭役赋税，高僧享有与蒙古贵族同等的待遇等一系列特权"[15]。于是佛教大举进入鄂尔多斯以及整个蒙古地区，使鄂尔多斯乃至整个蒙古地区的文化结构发生了重大变化。

"由于鄂尔多斯部的特殊使命，即受命用传统方式举行祭祀活动，除了祭敖包等蒙古族普遍的祭祀活动外，还形成了其他地区蒙古族不同的祭天、祭火、祭成吉思汗陵等习俗。加之河套地区在地理上自成单元的特征，因而在语言、民俗、口头文学等方面保留了诸多蒙古的古老传统，具有一定的独立性，这形成了鄂尔多斯蒙古文化的基本特点。"[16]因此，鄂尔多斯地区人群的宗教观念、意识形态、文化传统等多有不同，形成了现在多姿多彩的、富有地区特色的鄂尔多斯敖包文化。

鄂尔多斯地区的敖包文化源远流长。鄂尔多斯青铜器博物馆本着抢救和保护这一珍贵历史文化遗产的宗旨，针对鄂尔多斯境内留存的大量历代敖包，并且有许多敖包和大量信息正在消失的状况，组织相关业务人员，组成"鄂尔多斯历代寺院、敖包调查组"，运用考古学、人类学和民族学田野调查的方法，从2007年开始对鄂尔多斯地区，包括历史上曾经归属于鄂尔多斯地区的敖包进行了全面的田野调查，我们调查记录的主要是1978年以前所存有的敖包（即截至下限），共发现历代敖包1172座。其中按规格有盟（伊克昭）敖包、旗敖包、哈然敖包、苏木敖包、部落敖包、努图格（家乡、故乡）敖包、氏族敖包、家庭敖包等；按性质有行政敖包、地界敖包、渡口敖包、驿站敖包、险处敖包、寺庙敖包、活佛敖包、经书敖包、镇邪敖包、诅咒敖包、安达敖包、匠人敖包、宠物敖包等；有以自然物为祭祀对象的敖包，如：天穹、大地、神山、神水、湖泊、树木等；有以生

[14] 田清波：《鄂尔多斯志》，《辅仁大学学刊》，北京，1934年。

[15] 厄尔呼特·宝山、白斯琴、王志红：《鄂尔多斯史札》，呼和浩特：内蒙古大学出版社，2011年。

[16] 陈育宁：《田清波及其鄂尔多斯历史研究》，《西北民族研究》1994年第1期。

殖崇拜为对象的敖包；有以英雄崇拜为对象的“胡热呼敖包”“将军敖包”“巴特尔（英雄）敖包”“翁衮敖包”、纪念敖包等；尤其是有构成鄂尔多斯地区敖包文化重要组成部分的成吉思汗黄金家族敖包。其建筑形式主要有圆形、方形和塔形，其中圆锥形较多；材质有自然石块、石混水泥、砖混水泥、沙丘、沙柳、沙蒿、草皮、芨芨草、榆木、松木等；构成单元主要有 1、3、5、7、13、14 座，除此之外，还有祭坛等。这些年，随着经济的发展，人民群众生活水平的提高，对原有敖包的建设也在不断改善，不仅建设有院落、台阶，周围还建有附属建筑，进行了绿化。

建造敖包时，一般要根据其建造和祭祀者的意愿，邀请当地德高望重者或高僧喇嘛对建造敖包之地进行堪舆，选择在地势较高、风水较好之处建造。在古代则要由萨满选择地方，按照萨满教的仪轨施行建立敖包的程序，这在萨满教保留较多的我国东北地区，20 世纪仍在实行。而在内蒙古的大部地区，尤其是鄂尔多斯地区，自佛教传入后，多数敖包的建立都要请大德高僧参与，整个过程都按照佛教的仪轨实施。中华人民共和国建立以来，随着“移风易俗”的号召，其风俗多有改革，“文革”中基本停顿，自改革开放以来，随着民族政策的落实，敖包的建立与祭祀活动逐步恢复，建立敖包各地不尽相同：有些地方仍然要邀请大德高僧参与，其所有程序按照佛教仪轨进行；有些地方则是请当地或本族德高望重的长者参与，基本仪轨仍见萨满教与佛教的混合体。按照佛教的仪轨，较为重要的敖包，分为地宫、地基和包体三部分。一般敖包都要有地面压商和地下压商，大多就地取材。建成之后要由大德高僧或德高望重的老者主持，举行开光仪式并诵读祭辞启祭。祭祀敖包有多种形式，主要有血祭、火祭、酒祭和玉祭四种形式。血祭，即宰杀牛羊献牲，应当是最古老、最传统和最高等级的祭祀；火祭，即在敖包前燃火焚香，或点燃木材、沙蒿等可燃物，将食品等置于火中焚烧燃尽；酒祭，就是将鲜奶酒或烧酒向敖包献祭，在现在的祭祀活动中，一般火祭与酒祭同时进行；玉祭，即将珠宝、钱币之类置于敖包祭祀台或洒向敖包顶端。

敖包的祭祀时间依建造和祭祀者的规定不同，一年中在不同的时间内都有祭祀活动，但大多在阴历五月十三日进行。敖包祭祀根据敖包的不同性质，祭祀者的意愿有着不同的表达，其中蕴含了丰富的内容。除了传统的祭祀内容之外，在鄂尔多斯地区还有很多与成吉思汗有关的敖包，这些敖包是当年蒙古大军与西夏征战时的产物，其中祭祀体系最完整的是“十三胡热呼敖包”。“胡热呼”具有开会、集会之意，是成吉思汗攻伐西夏时召开军事会议，研究战情之地，人们为了纪念蒙古大军的胜利，把成吉思汗召开会议之处均建为纪念敖包。其中最大的一处位于乌审旗嘎鲁特镇北的高正胡热呼敖包，由 1 座主敖包和 13 座小敖包组成，属旗敖包，是一座集祭天与祭祖为一体的敖包，建筑材料就地取材，用砒砂岩建成圆形建筑，上插沙柳，敖包前设祭祀台。1949 年之前由旗札萨克管理，于每年鄂尔多斯历八月十三日（农历五月十三日）进行祭祀，祭祀时敬献 5 只全羊，由主持人领诵《伊金桑》和《苏勒德桑》，诵毕，分解全羊，以奶酒举办裸祭礼和召唤仪式，分尝敖包福份，吟诵：

囊括无色四邦，
收归一统天下的，

一代天骄成吉思汗，
盛名于宝日陶亥之
十三座胡热呼隆重的祭祀，
愿招来十善福禄，
呼瑞！呼瑞！呼瑞！

边吟诵边叩首膜拜并环绕敖包三圈。随后，由卫郭尔泌哈然第三苏木的二十户长名叫朝克森札布的人，把敖包供品和福份快马送至旗王府呈送札萨克。每逢十三年辰年，在敖包前准备好新的禄马风旗祭祀坛，成吉思汗之哈日苏勒德巡游之时，邀请至此举行威猛大祭，以提高敖包之威力[17]。

许多敖包祭祀结束后，还要举办男儿三技比赛。

敖包还有许多禁忌。比如：重要敖包周围要设立禁区，不得在禁区内行猎、放牧及进行一切生产活动；行人不得骑马从敖包旁边经过，要下马向敖包叩首膜拜，并要添上一些石块或树枝；有些敖包妇女不得靠近；祭祀敖包时要保持祭品和容器的洁净，祭祀者穿戴要整洁；有些敖包忌讳外人参祭，有罪之人不得靠近；敖包附近河湖内不得游泳、钓鱼；敖包周围要保持卫生，不得大小便，不许乱扔垃圾、动物骨头等等。

敖包作为蒙古族历史文化的一个载体，承载了该民族众多的期许。“从祭祀仪式和颂词来看，早期颂词一般为祈求某个愿望和希求，如祈求多赐猎物、祈求克敌制胜和汗权永固等，后来发展为颂词中祈求神灵保护、民族安康、草原兴旺、五畜肥壮为主要内容，最后祈求有个风调雨顺、人畜兴旺的好年景等。”[18]它不仅是蒙古族人民精神行为的象征，更是体现了草原人民崇拜天地、敬畏自然、保护环境、呵护草原、“崇尚自然、天人合一”的理念；不忘祖先、敬重父母，崇拜英雄、鄙视邪恶，尊重劳动、和睦邻里，遵法守纪、恪守信义等人文精神和传统美德。敖包已经成为内涵丰富，功能多样的社会化行为，是多元文化交汇融合的集中表现，是一种完全社会化、全民化的意识形态，是一种集体表象。敖包祭祀活动，同时早已成为草原人民的一个重要的传统节日。

党的十一届三中全会以来，鄂尔多斯各地陆续恢复了敖包的祭祀活动，尤其是自2000年以后，随着鄂尔多斯经济迅速发展，人民群众生活得到极大的改善，各地蒙古族群众纷纷筹资，或新建或对原有敖包进行大规模的扩建，增加了许多附属设施，恢复和丰富了祭祀内容；与此同时，在鄂尔多斯地区又增加了大量新的敖包，敖包文化更加深入人心，使这一宝贵的民族文化遗产得以发扬光大。但在修建和扩建一些古老的敖包的同时，不仅改变了原有的状态，也使许多珍贵的历史文化信息丢失，这是令人遗憾的。因此，亟待对此予以保护。

[17] 潘照东、刘俊宝：《敖包的传说》，中共乌审旗委员会、乌审旗人民政府《乌审旗民族文化系列丛书》，内蒙古党校印刷厂，2008年。

[18] 佟德富：《序》，潘照东、刘俊宝《敖包的传说》，中共乌审旗委员会、乌审旗人民政府《乌审旗民族文化系列丛书》，内蒙古党校印刷厂，2008年。

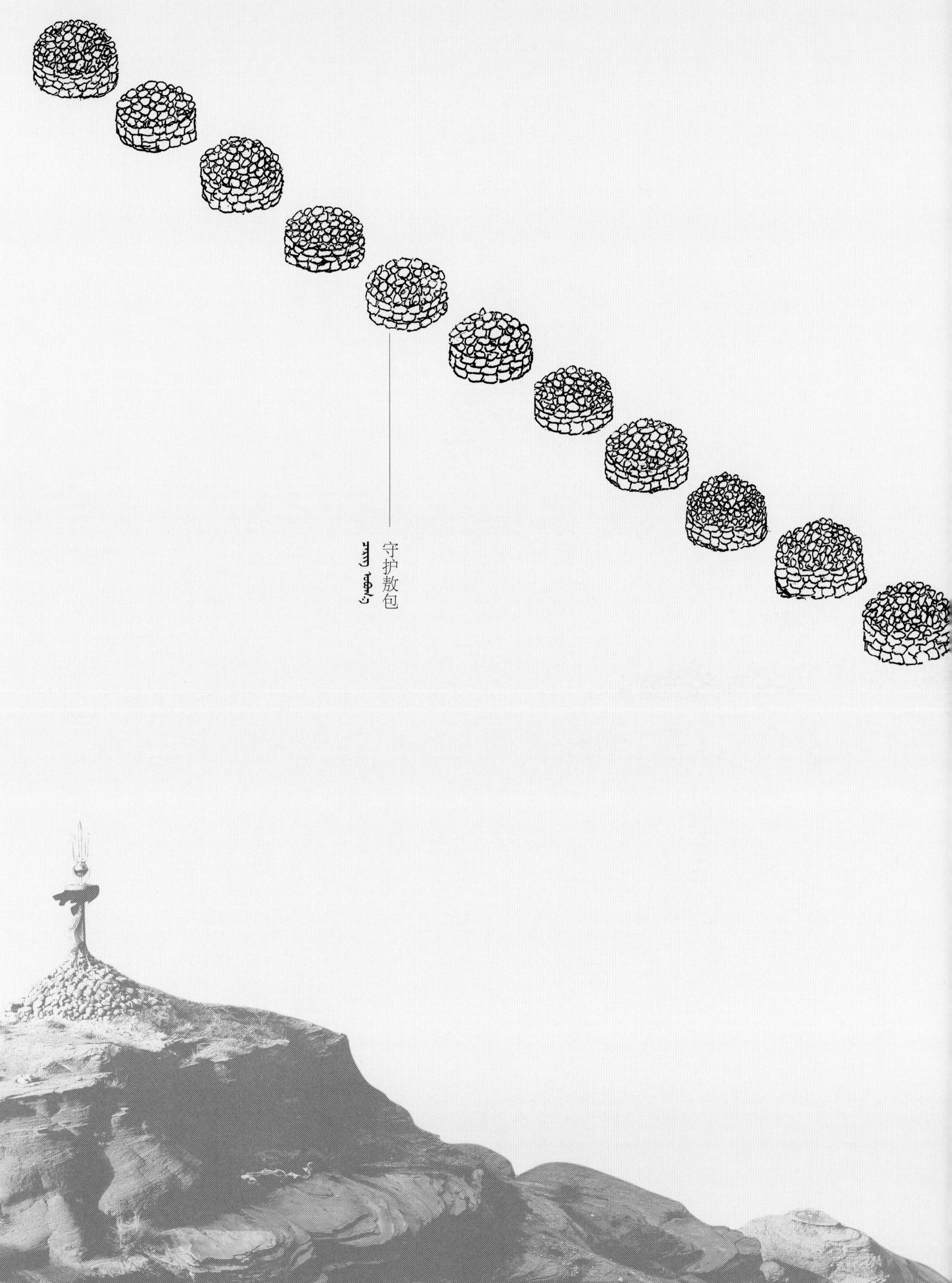

守护敖包

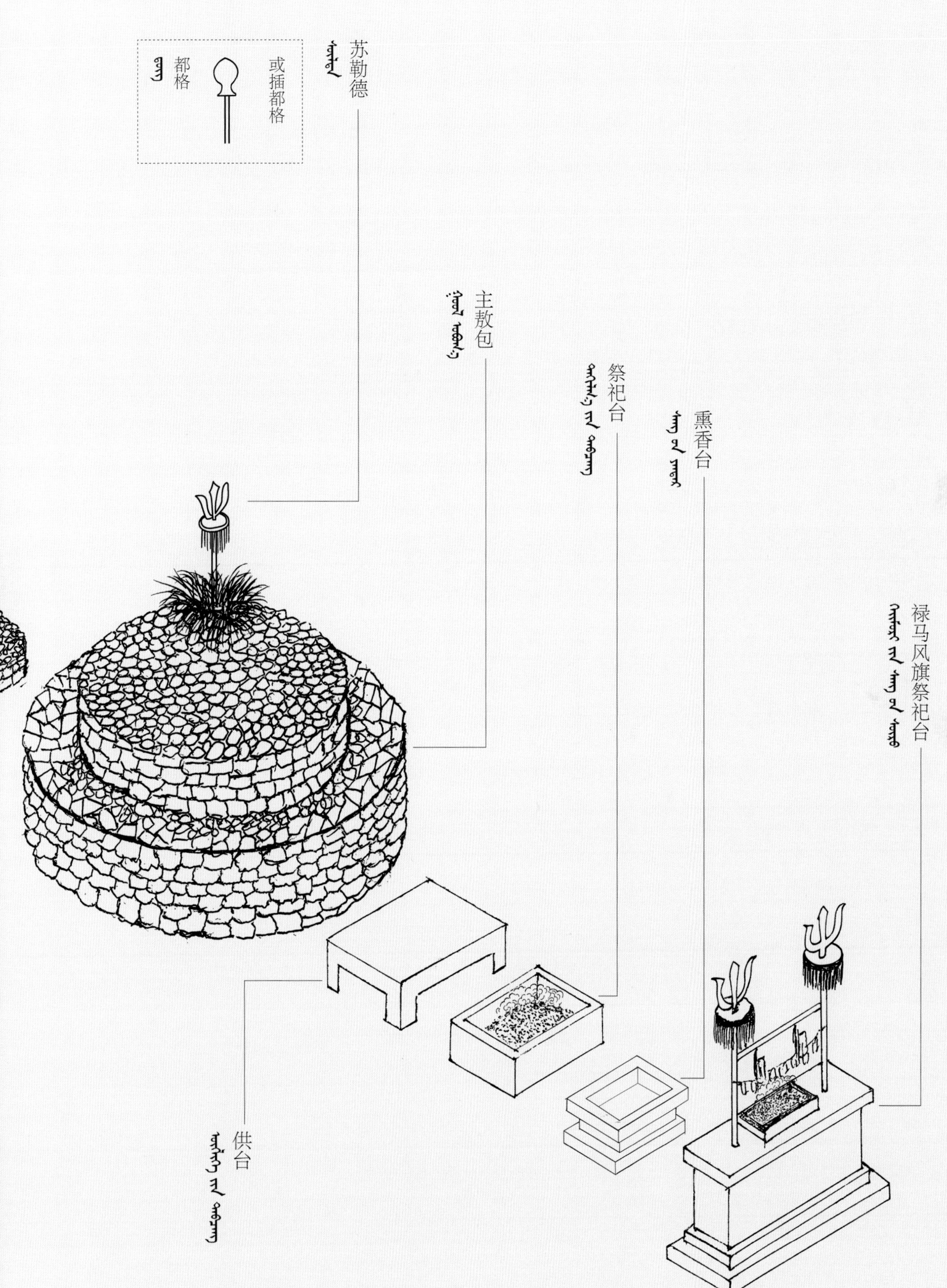

都格
或插都格
苏勒德
主敖包
祭祀台
熏香台
禄马风旗祭祀台
供台

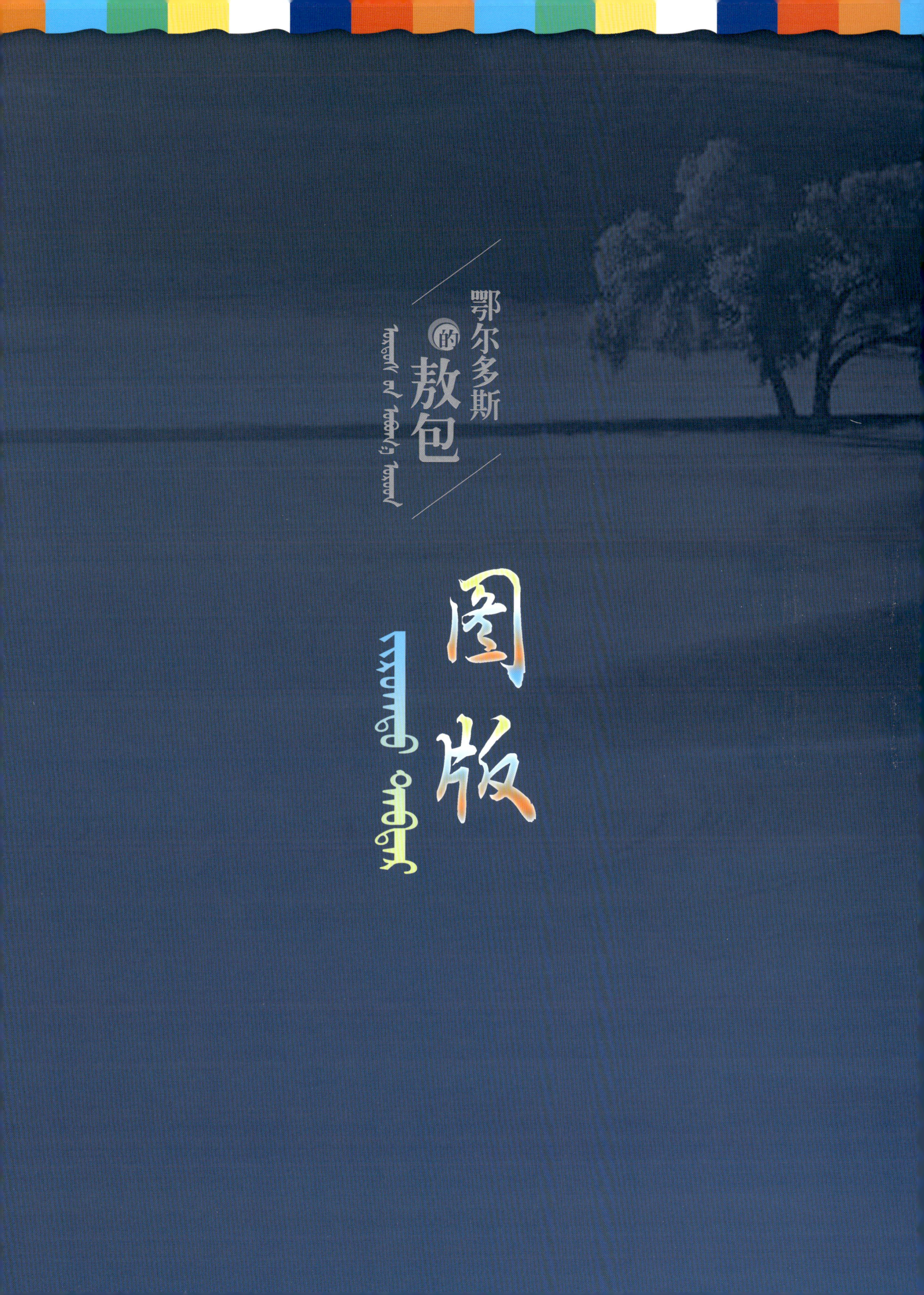

鄂尔多斯的敖包

图版

[illegible]

[illegible] [illegible]

[illegible] [illegible]

[illegible]

[illegible]

图版目录

陆 乌审旗

柒 杭锦旗

捌 鄂托克旗

玖 鄂托克前旗

ᠨᠢᠭᠡ
ᠬᠠᠩ ᠪᠠᠰ ᠲᠣᠭᠣᠷᠢᠭ

壹

康巴什区

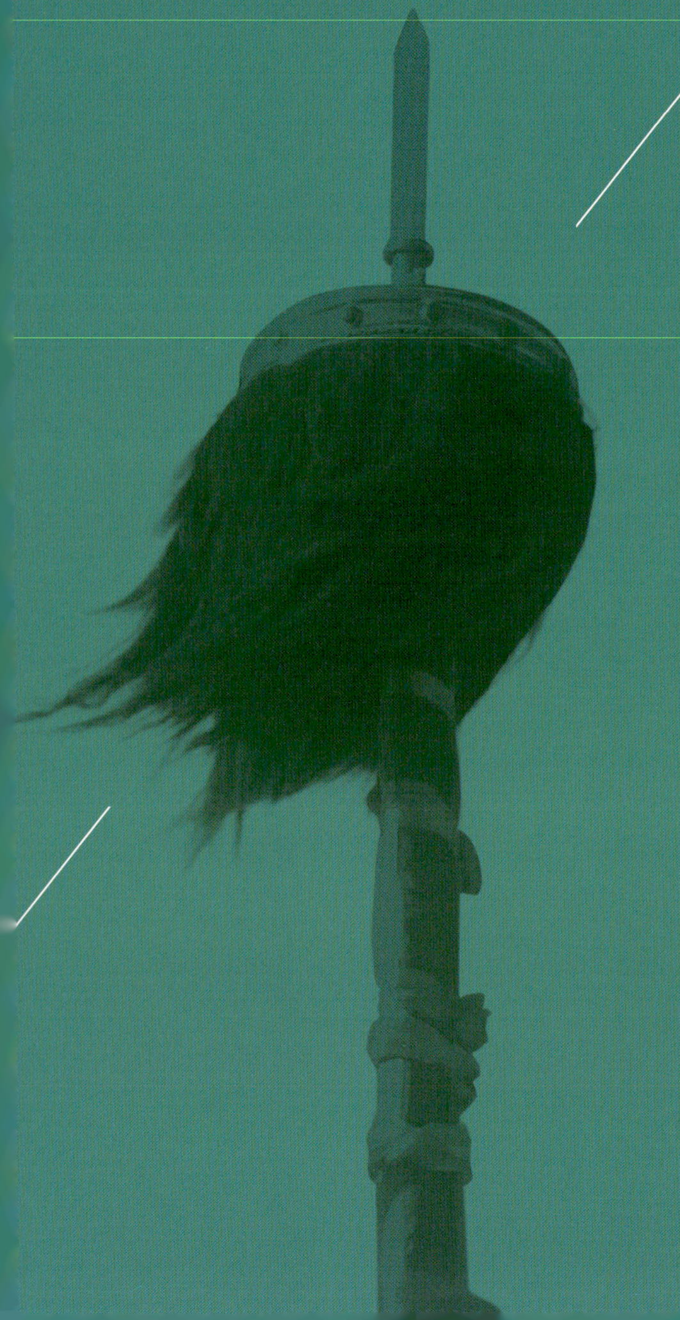

1 伊克敖包

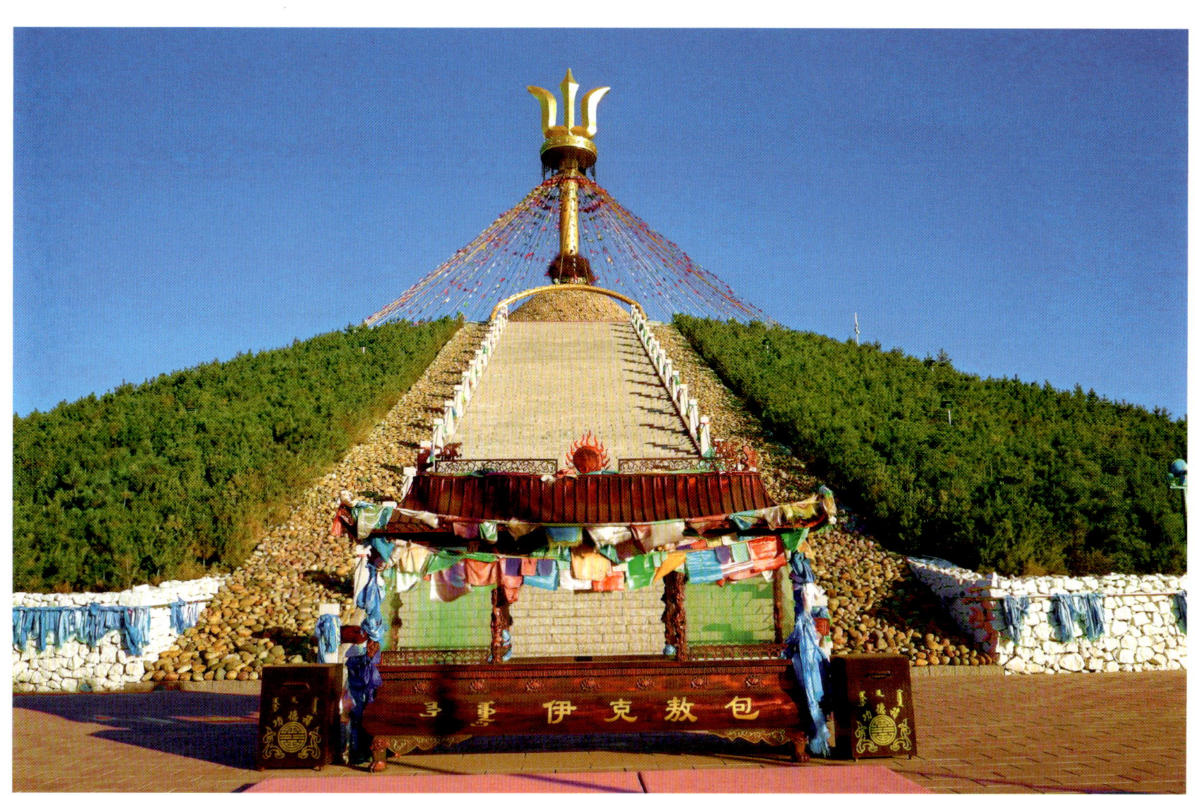

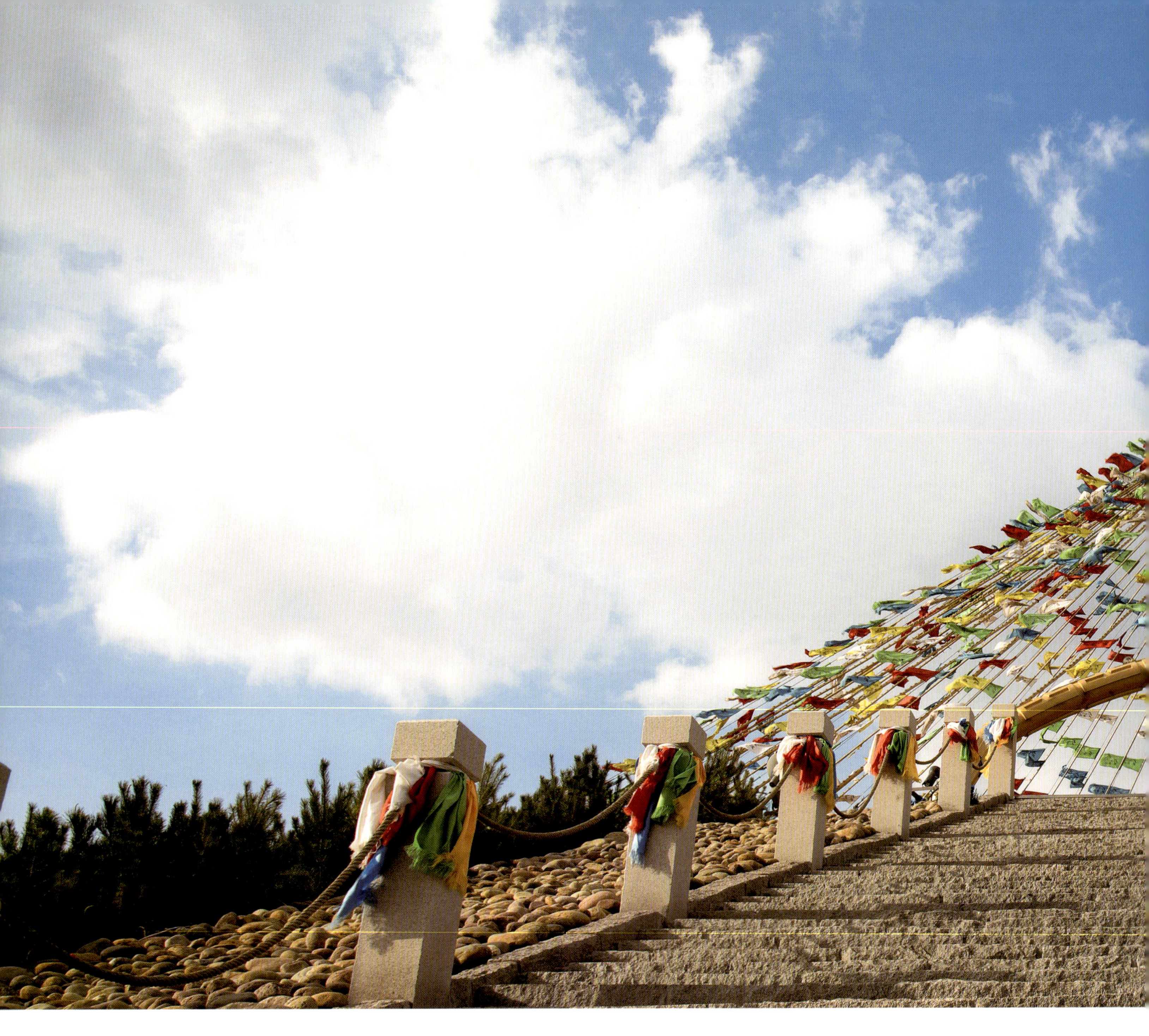

伊克敖包位于康巴什区境内，属康巴什区敖包。敖包建在康巴什区最高点——国家测绘基准点的梁峁上，由主敖包和12个守护敖包、供台、祭祀平台组成。主敖包外面用石块砌成圆形台，里面用石头堆砌为两层，包顶插一苏勒德和沙柳树枝。环绕主敖包，建有一圈平台，守护敖包就建在这圈平台上，用石头堆砌成两层，包顶插一苏勒德。祭祀平台直径54米，占地1500平方米，最多可同时容纳约3000人祭祀。敖包整体结构和祭祀平台由39根直径40厘米、长26米的钢筋混凝土桩基支撑。敖包正前方台阶下为9900平方米的广场，最多可同时容纳约15000人。广场到祭祀平台的朝圣步道由162级9米宽的石砌台阶组成。

主敖包高49米，宽27米；守护敖包高4.5米，宽3.6米。

祭祀方向： 东南

祭祀时间： 鄂尔多斯历查干月初三日（农历正月初三日）和八月十三日（农历五月十三日）

伊克敖包来自于白太敖包，亦称稍脑嘎勒吉敖包，原

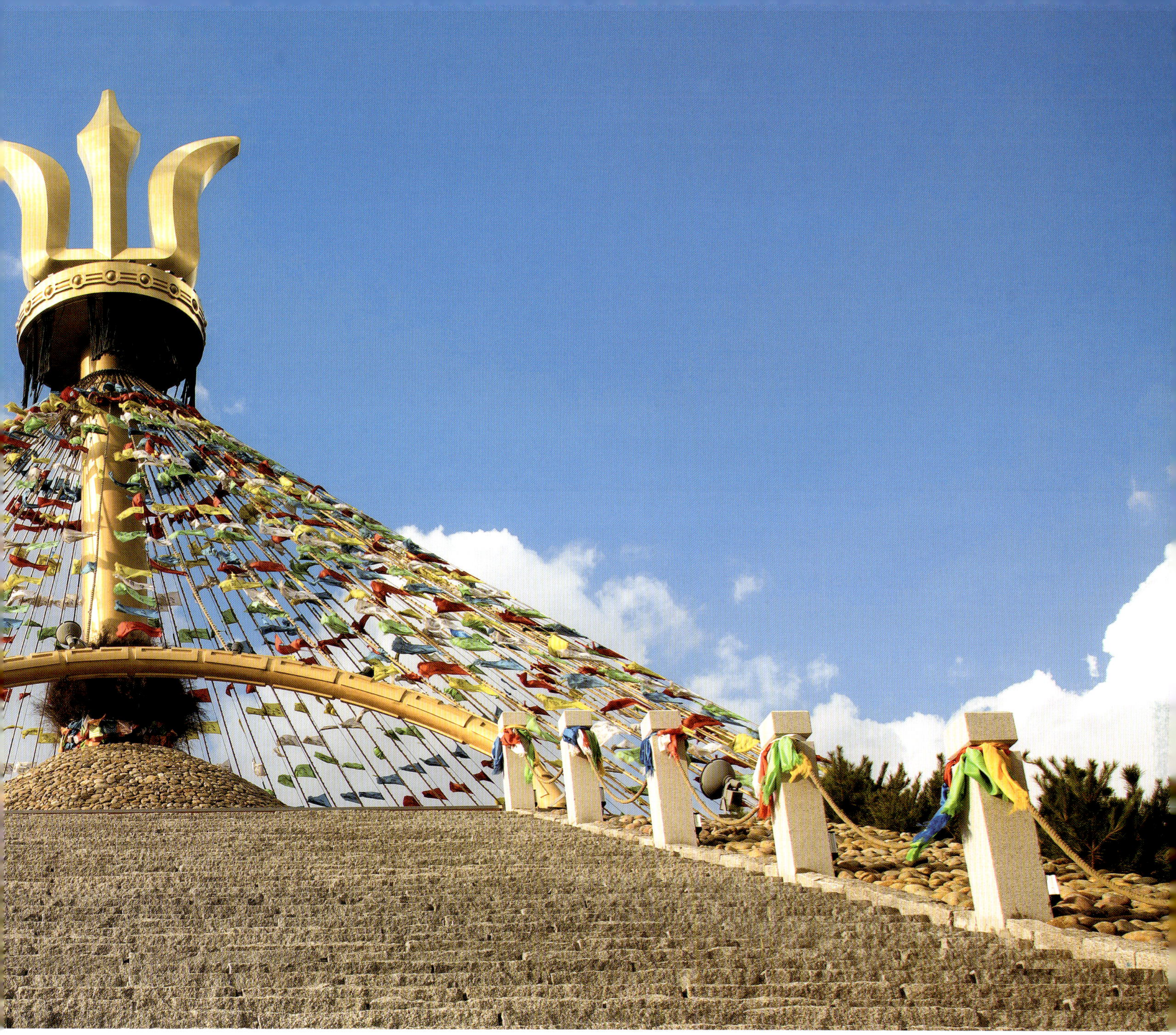

属氏族敖包。“稍脑嘎勒吉”，据前辈们说是植物名，白太敖包的“白太”来源于蒙古语“巴音太”（“富裕”之意），在古代由鄂尔多斯部落姓查干（白）特楞古斯的部分蒙古人祭祀。后来姓白的一部分蒙古人一直祭祀到现在。

2015年康巴什区少数民族风俗与文化研究协会和敖包管理委员会共同研究决定，重新改造扩建白太敖包并将敖包名称改为“伊克敖包”，作为康巴什区居民共同祭祀的康巴什区敖包，是康巴什区标志性建筑和重要的旅游景点之一。

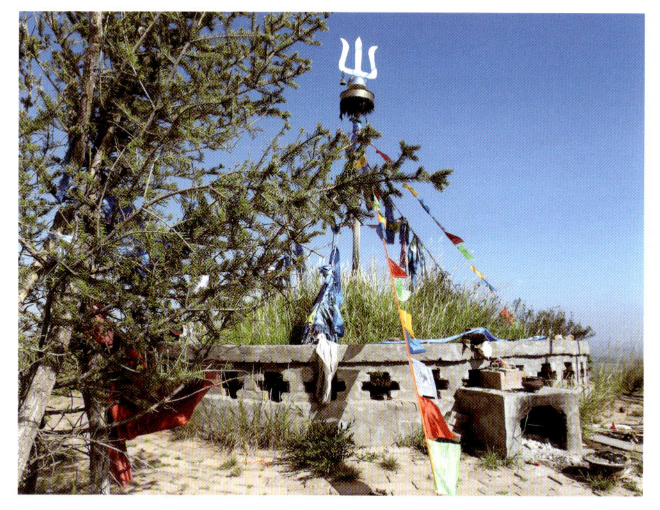
修缮前的伊克敖包（白太敖包）

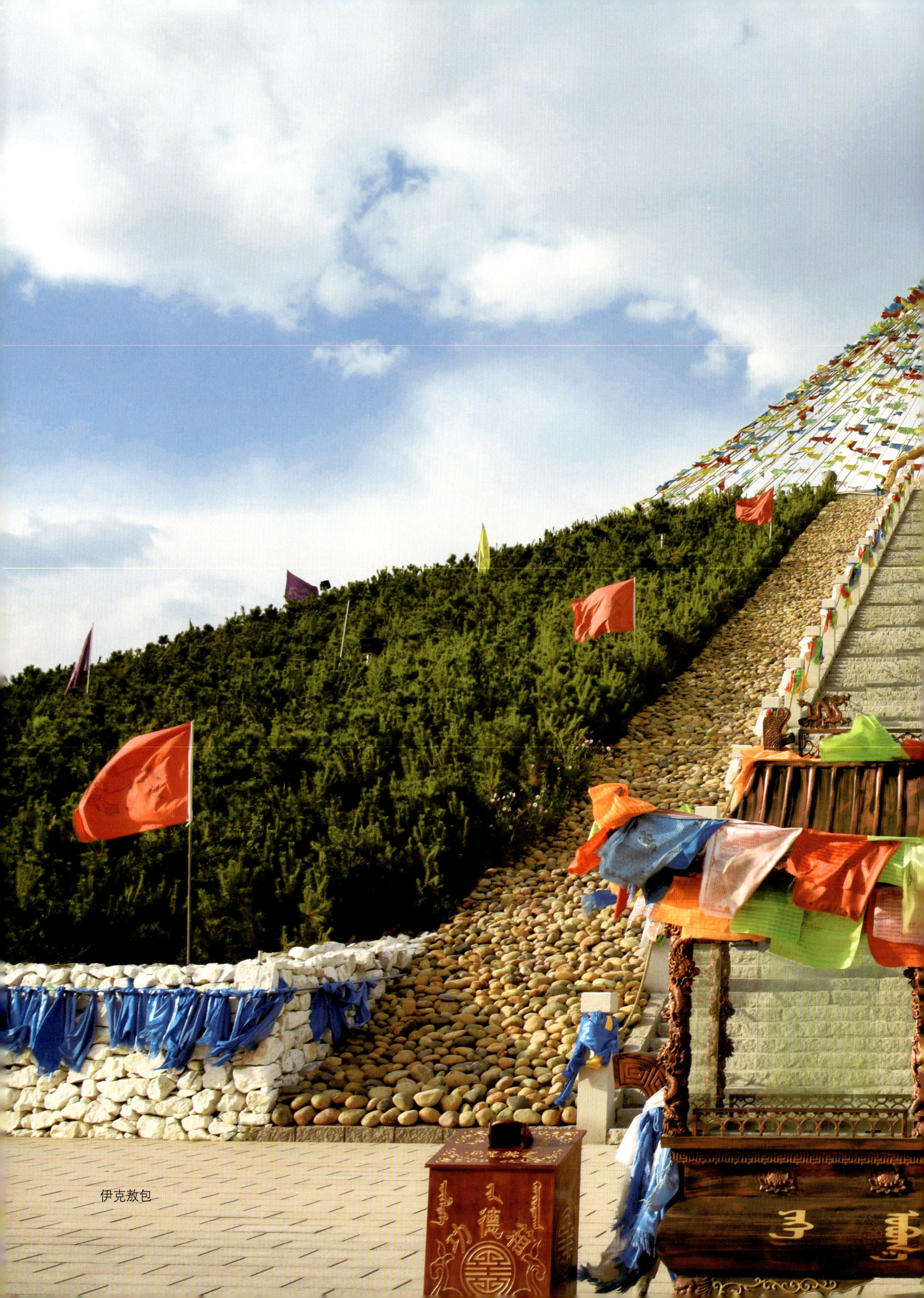

伊克敖包

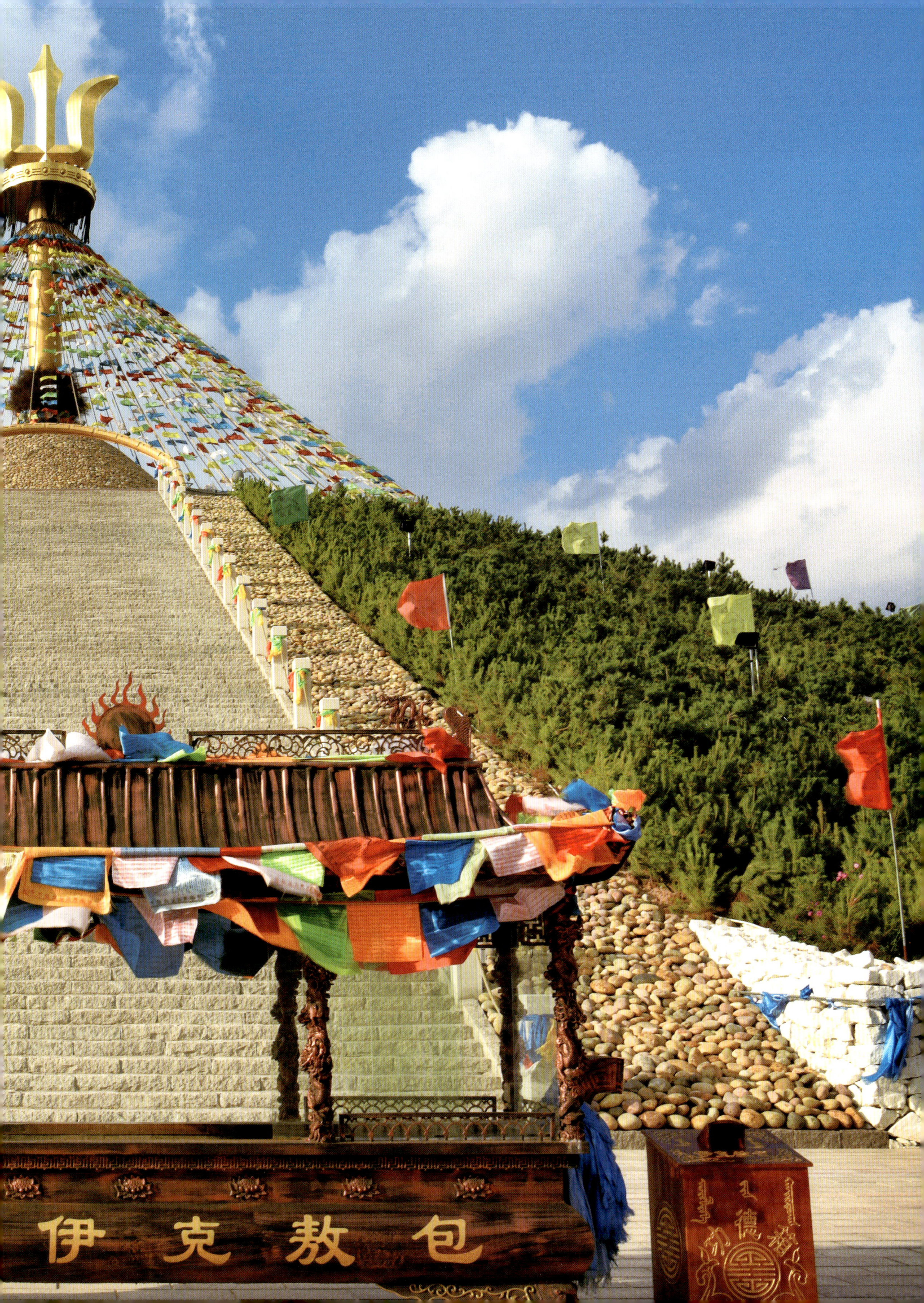
伊克敖包

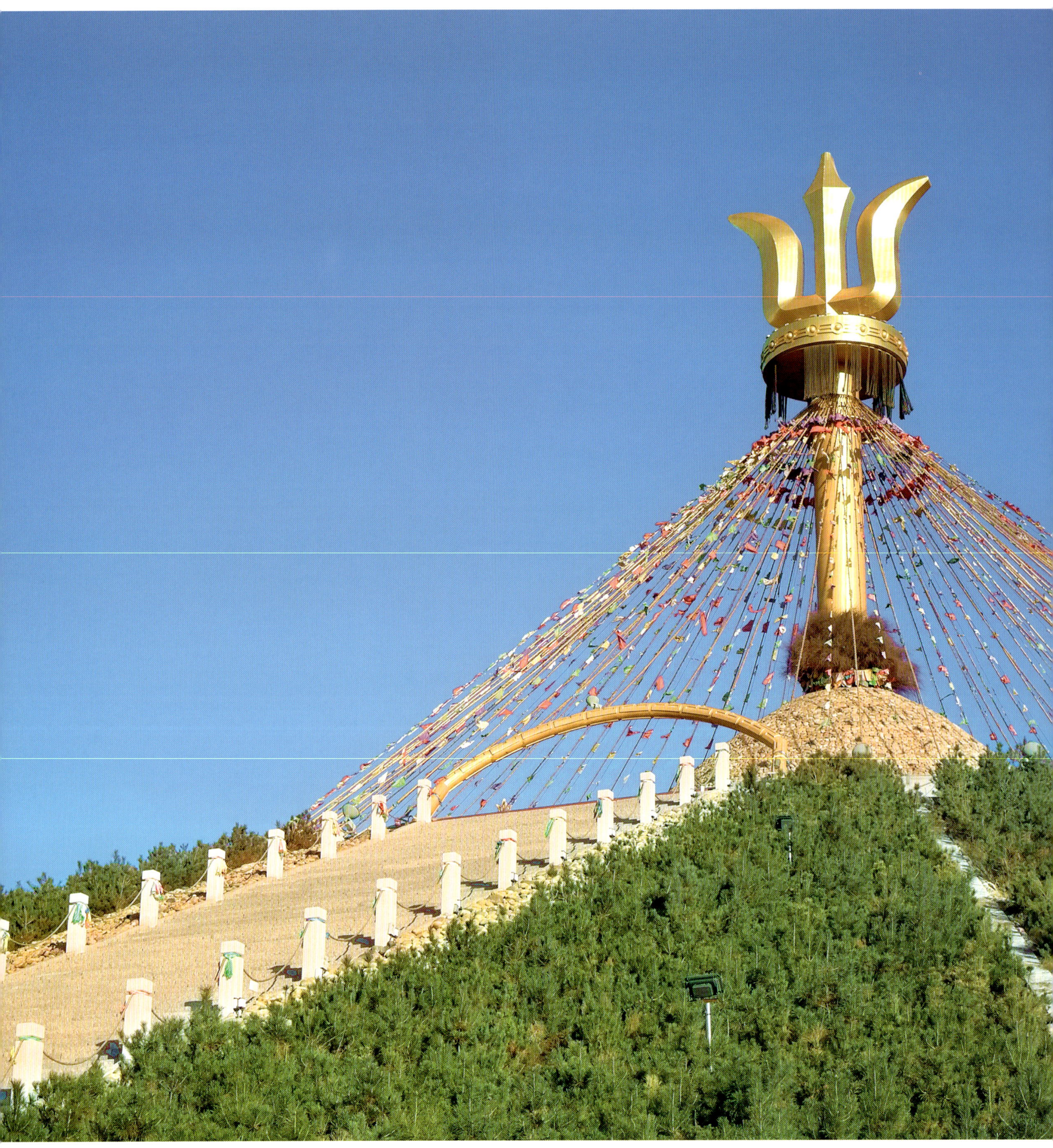

伊克敖包

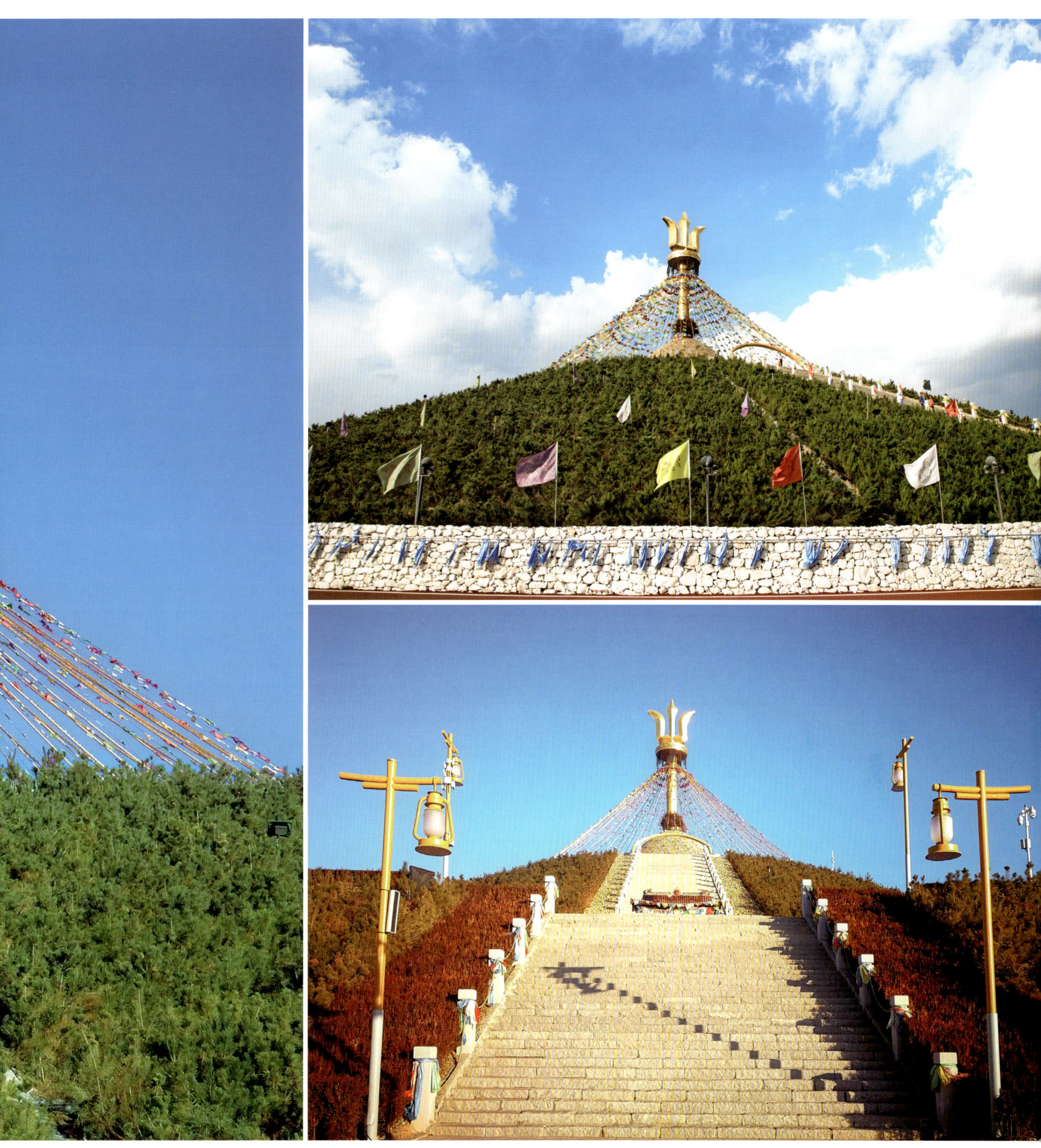

2 珠日和敖包

珠日和敖包位于康巴什区境内，属氏族敖包。敖包由主敖包和 12 个守护敖包组成，主敖包用石块堆建而成，包顶插一苏勒德和沙柳树枝，高 2.6 米，宽 3 米；守护敖包为小石头堆，高 0.3 米，宽 0.6 米。

祭祀方向： 东南

祭祀时间： 鄂尔多斯历八月十三日（农历五月十三日）

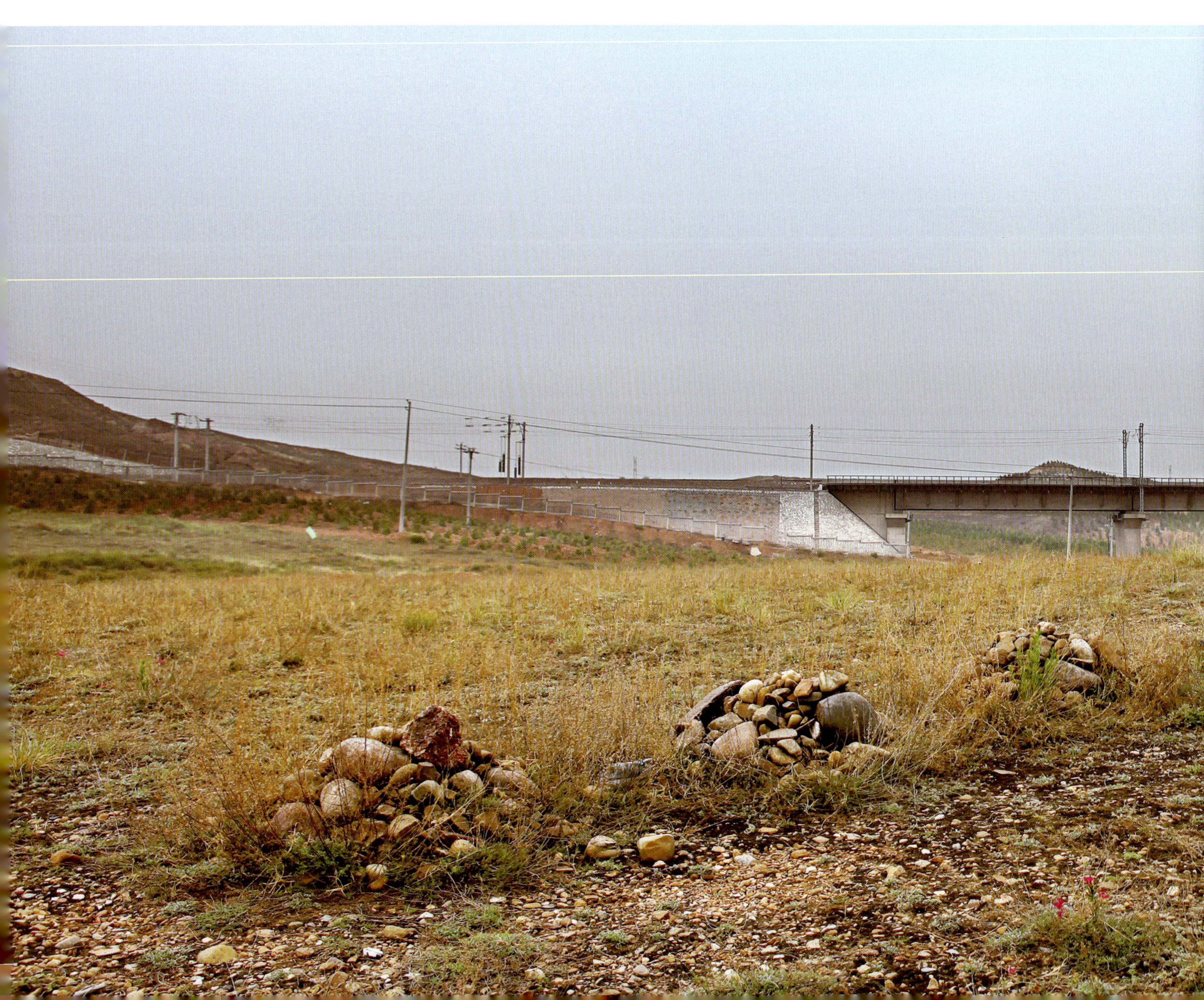

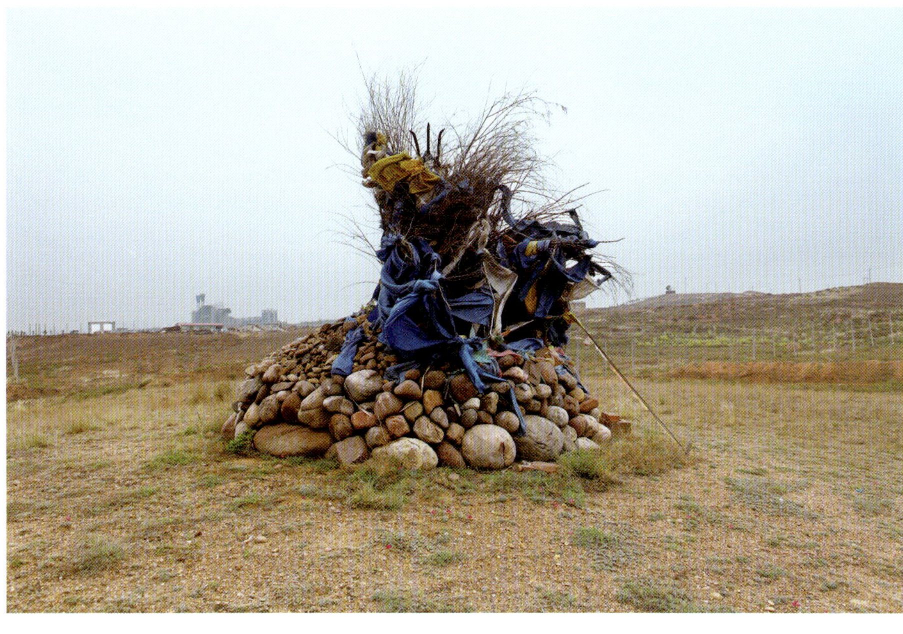

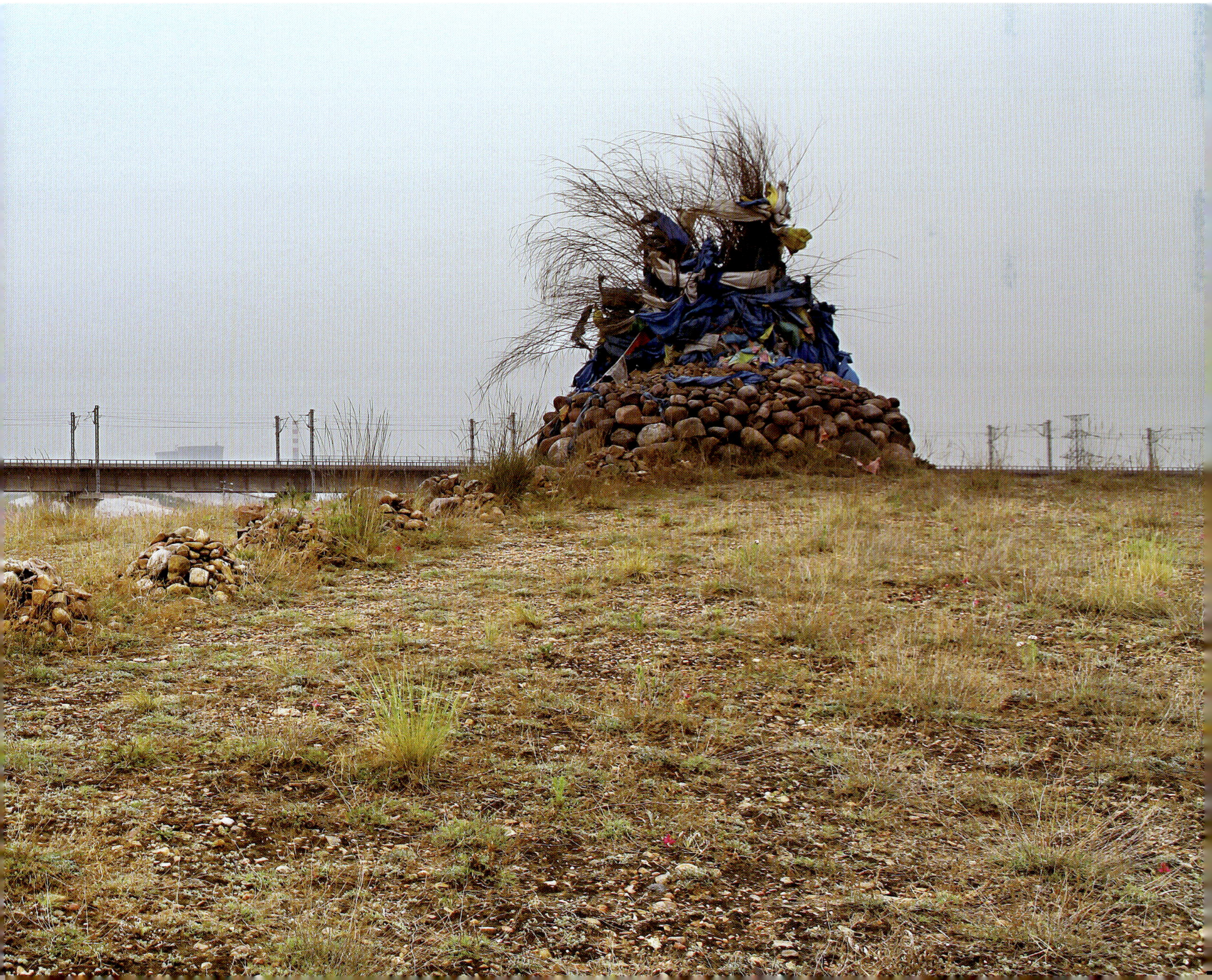

ᠬᠣᠶᠠᠷ

ᠳᠦᠩᠱᠧᠩ ᠲᠣᠭᠣᠷᠢᠭ

贰 东胜区

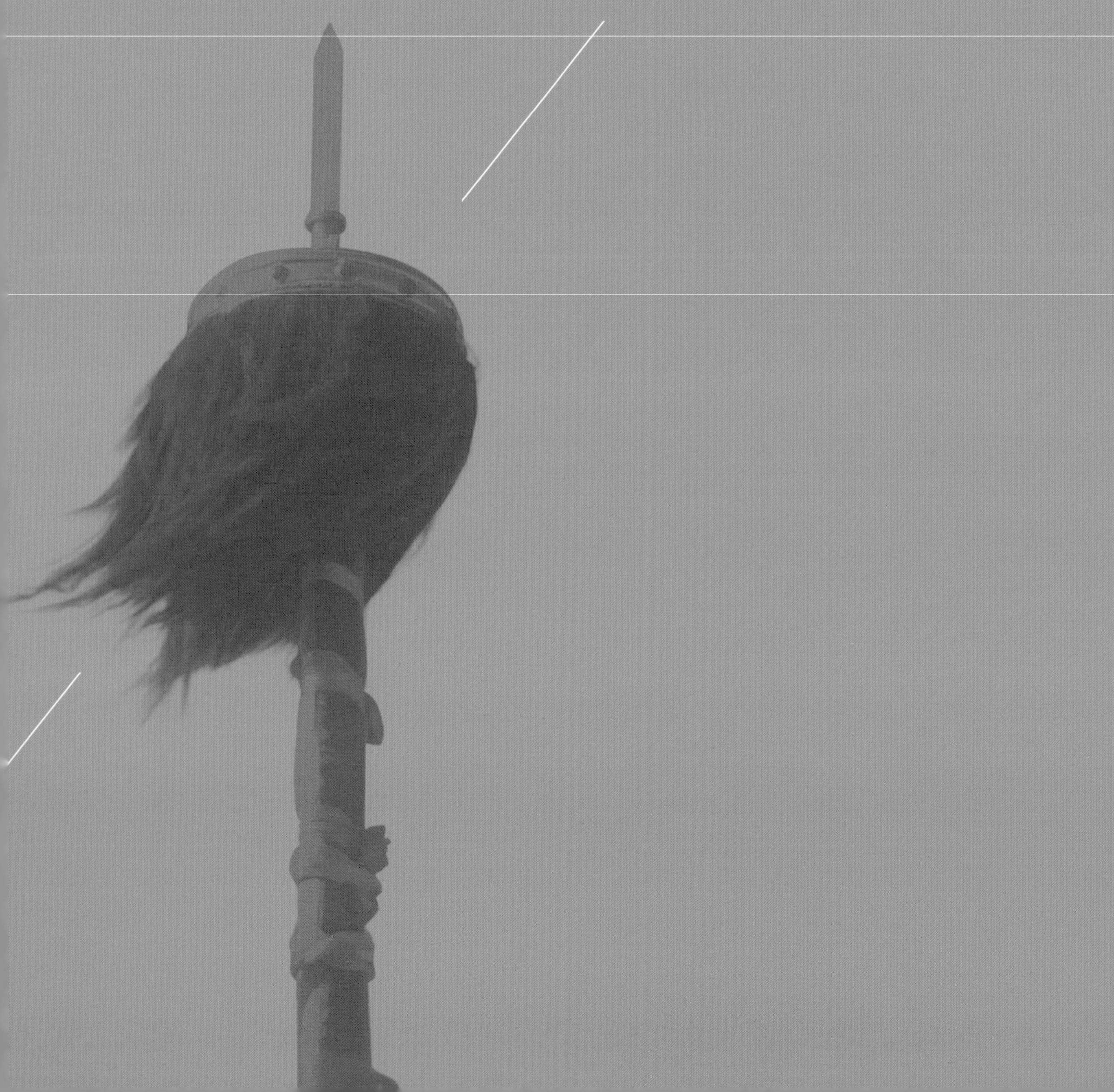

1 巴音孟克敖包

巴音孟克敖包位于东胜区境内，属努图格敖包。因祭祀人员的搬迁和城市建设需要，敖包所在地修建了现代城市装饰建筑。

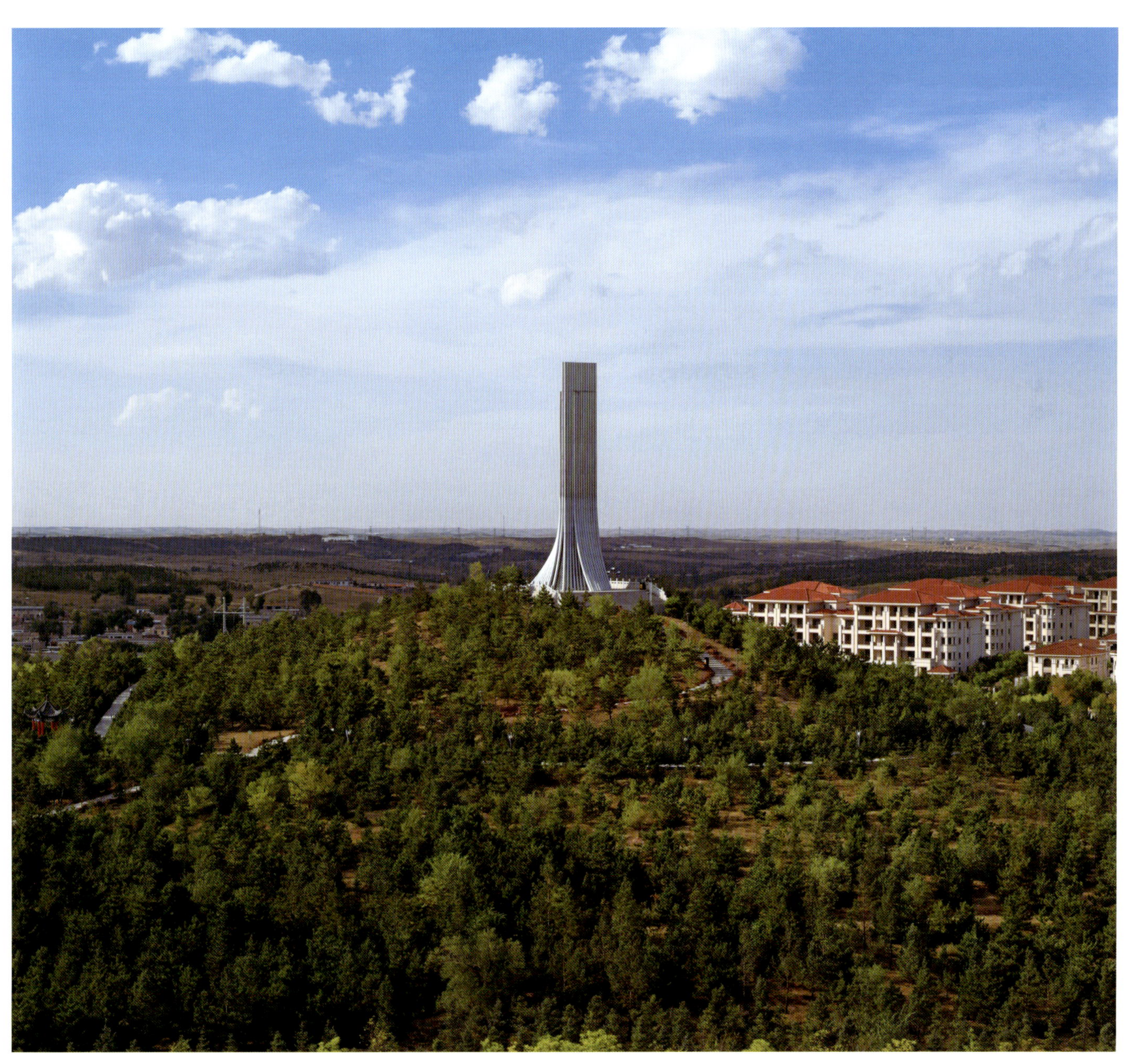

叁

达拉特旗

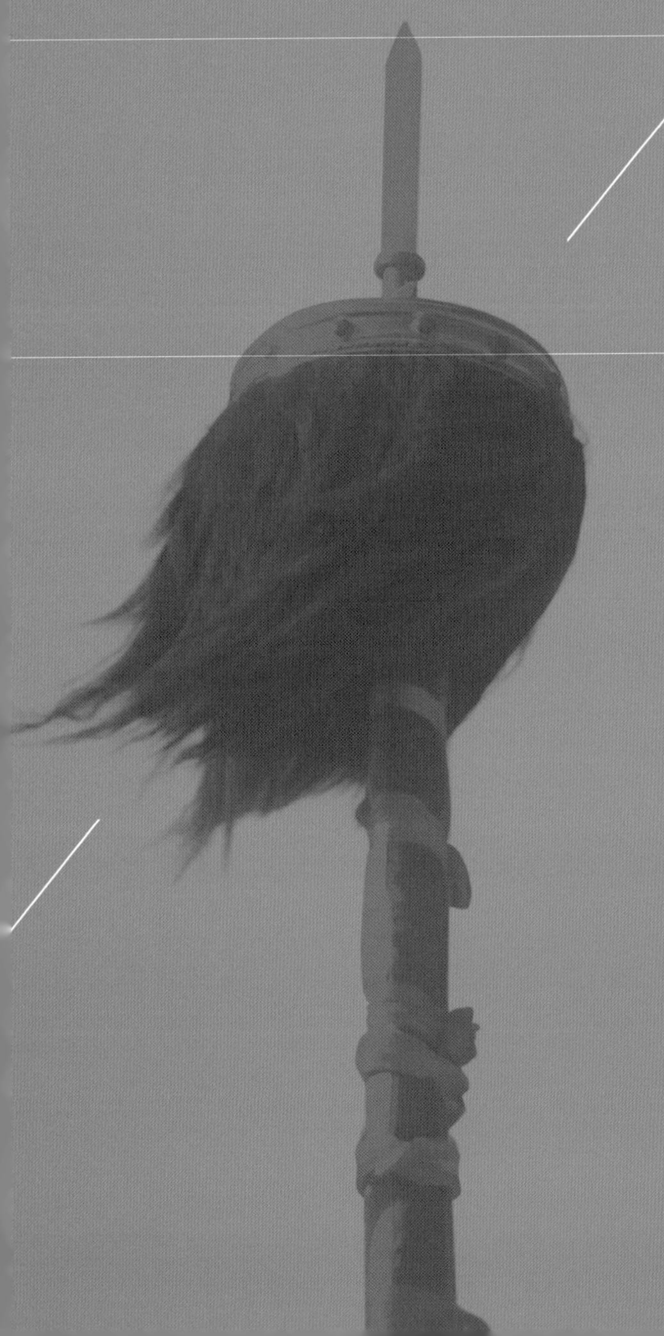

1 热希丹增敖包

热希丹增敖包位于达拉特旗王爱召镇境内，属庙敖包。热希丹增敖包由敖包、祭祀台和祭祀用房组成。敖包为砖混水泥建筑，中间插都格和沙柳树枝，高4.6米，宽4.4米。

祭祀方向：东南

祭祀时间：伊克昭盟成立时在王爱召庙举行会盟，所以当时每年有三次祭祀：鄂尔多斯历查干月初七日（农历正月初七日）由王爱召庙主持祭祀；鄂尔多斯历七月初七日（农历四月初七日）由郡王旗札萨克主持祭祀；鄂尔多斯历八月初七日（农历五月初七日）由左翼后旗札萨克主持祭祀。

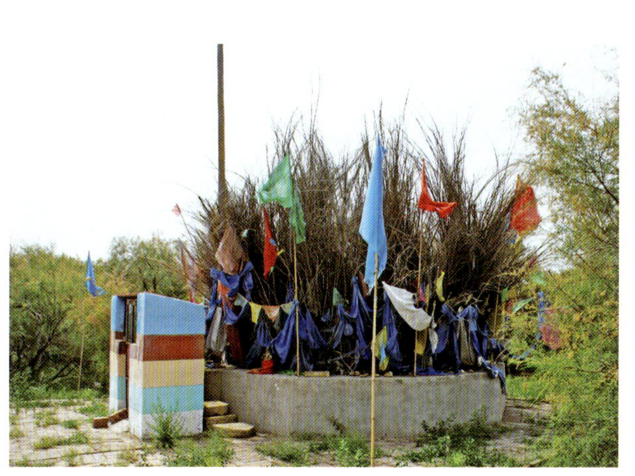

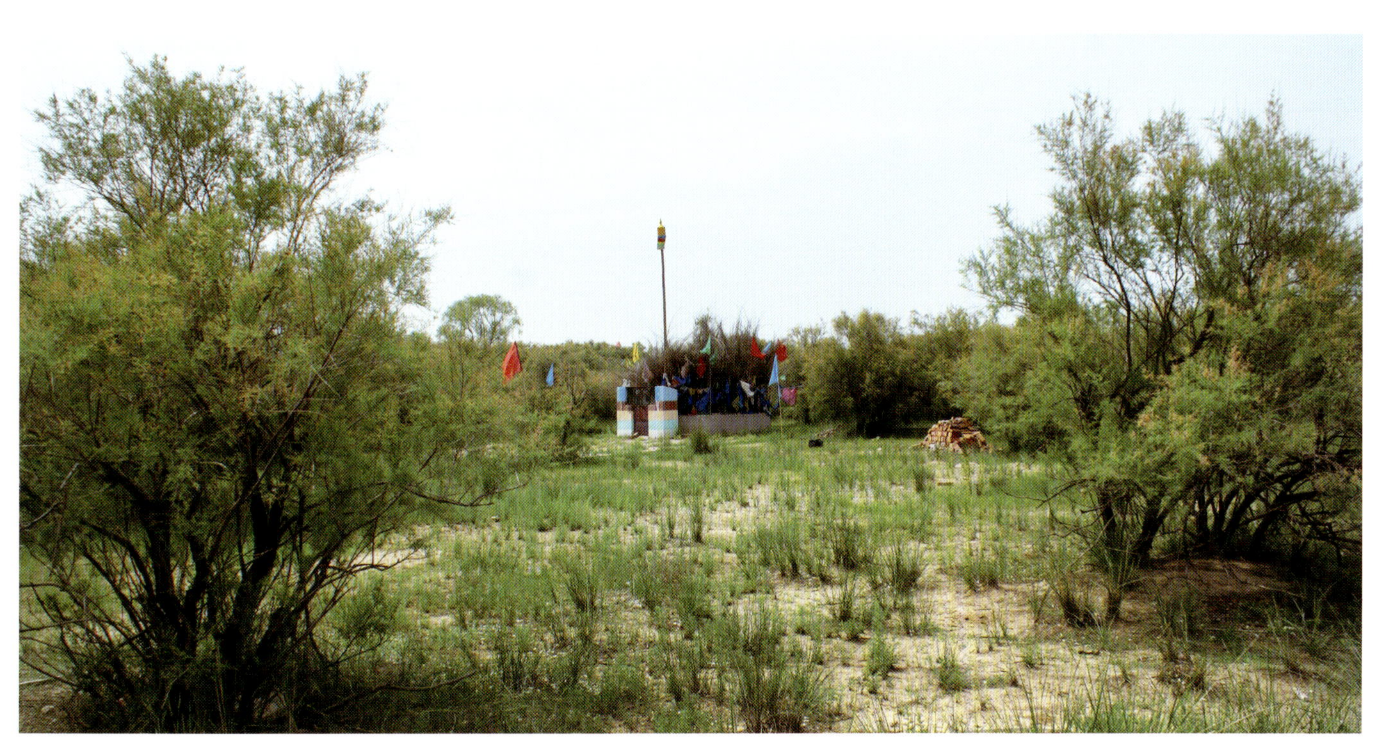

2 翁衮敖包

[illegible]

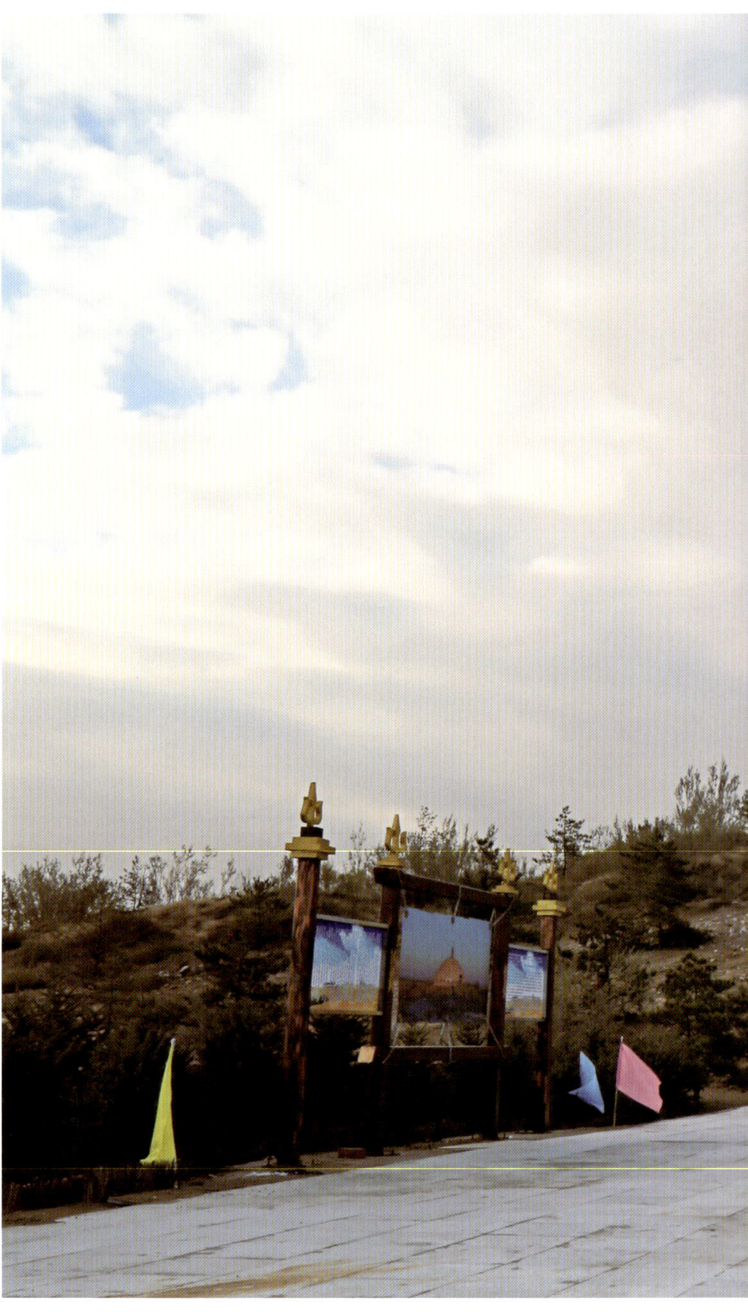

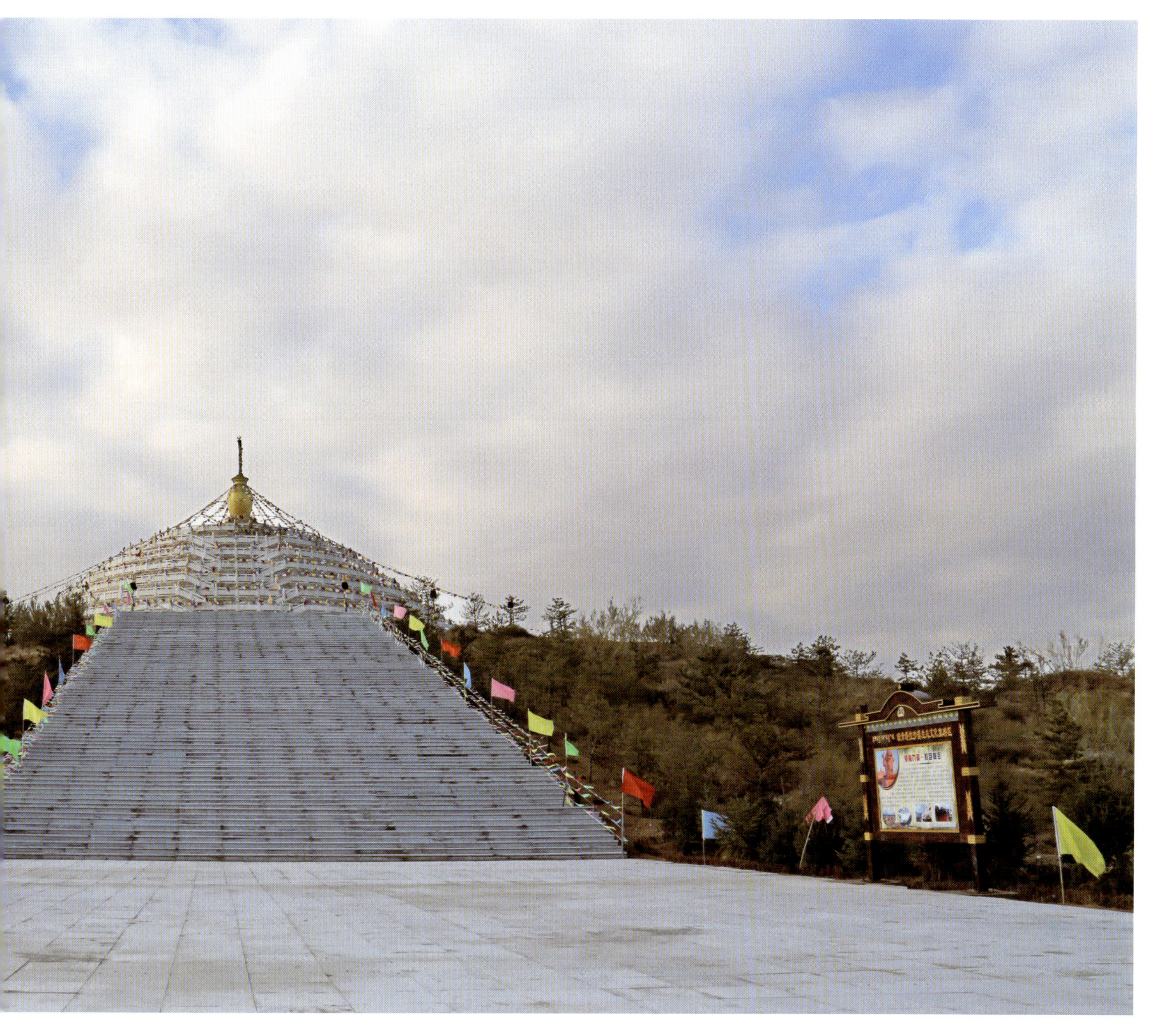

翁衮敖包位于达拉特旗展旦召苏木境内，属镇邪敖包。翁衮敖包由主敖包、供台、禄马风旗祭祀台、香炉和13个守护敖包组成。主敖包为八层石混水泥塔式建筑，包顶插苏勒德，高19.6米，宽26.3米；守护敖包为石头堆，高1.1米，宽1.3米。

祭祀方向：东北

祭祀时间：鄂尔多斯历十月二十三日（农历七月二十三日）

传说达延汗在位时，有一名叫“朱胡”的诅咒人，他骑着自己的黑毛驴一夜能行千里。有一天他准备渡黄河，见河流太急无法过去，一怒之下他前往腾格里沙漠装了一褡裢沙子准备埋掉黄河。当他拖着沙子走到此处时褡裢破了一个洞，沙子漏下来变成了大沙漠。在大风的作用下，当夜“恩和召”被沙埋了，如果继续发展黄河就有被埋的危险。所以为压制住这片沙漠，达延汗下令将一名有着络腮胡子的武士埋在此处，上面修建了敖包。

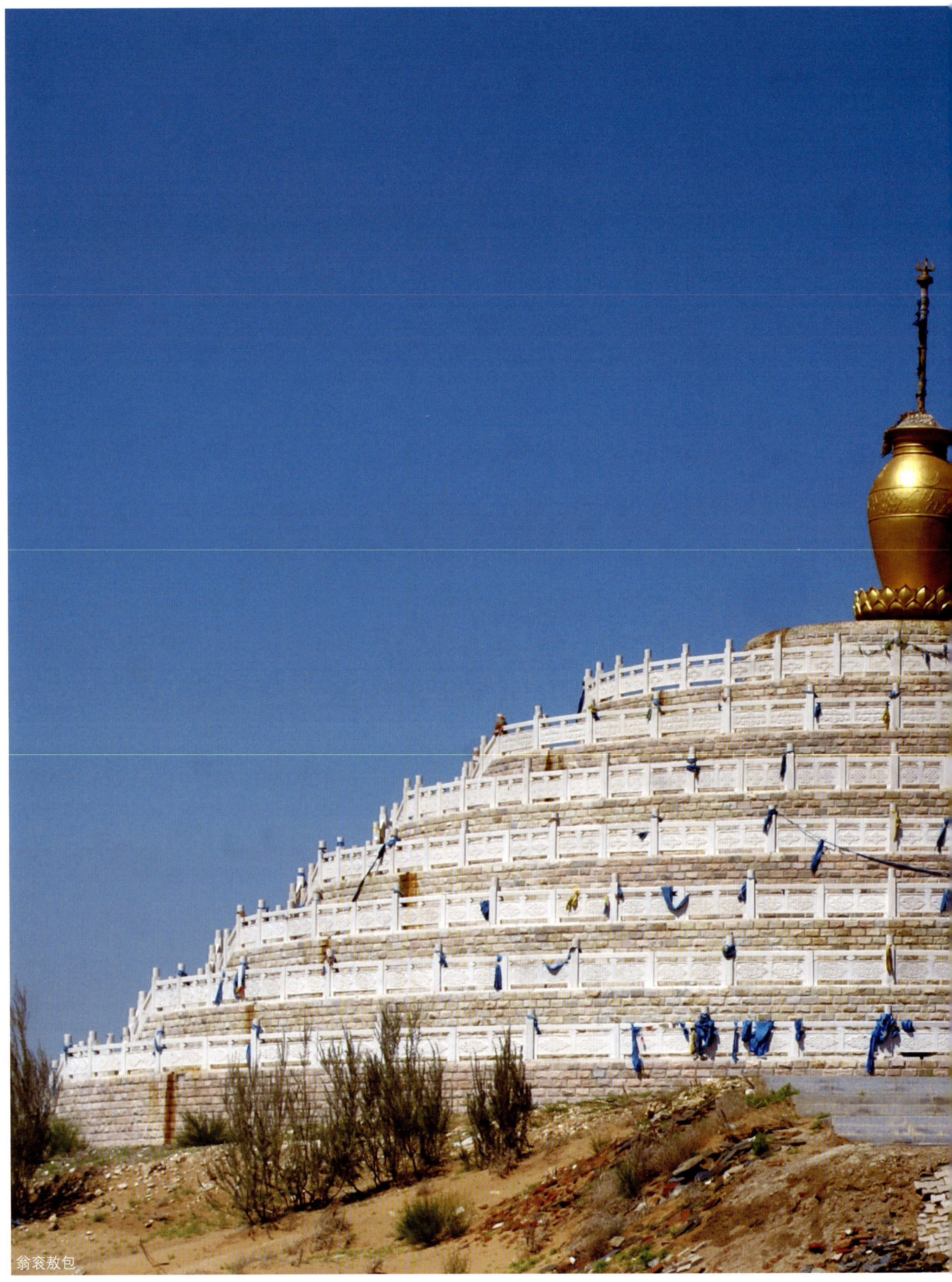

翁衮敖包

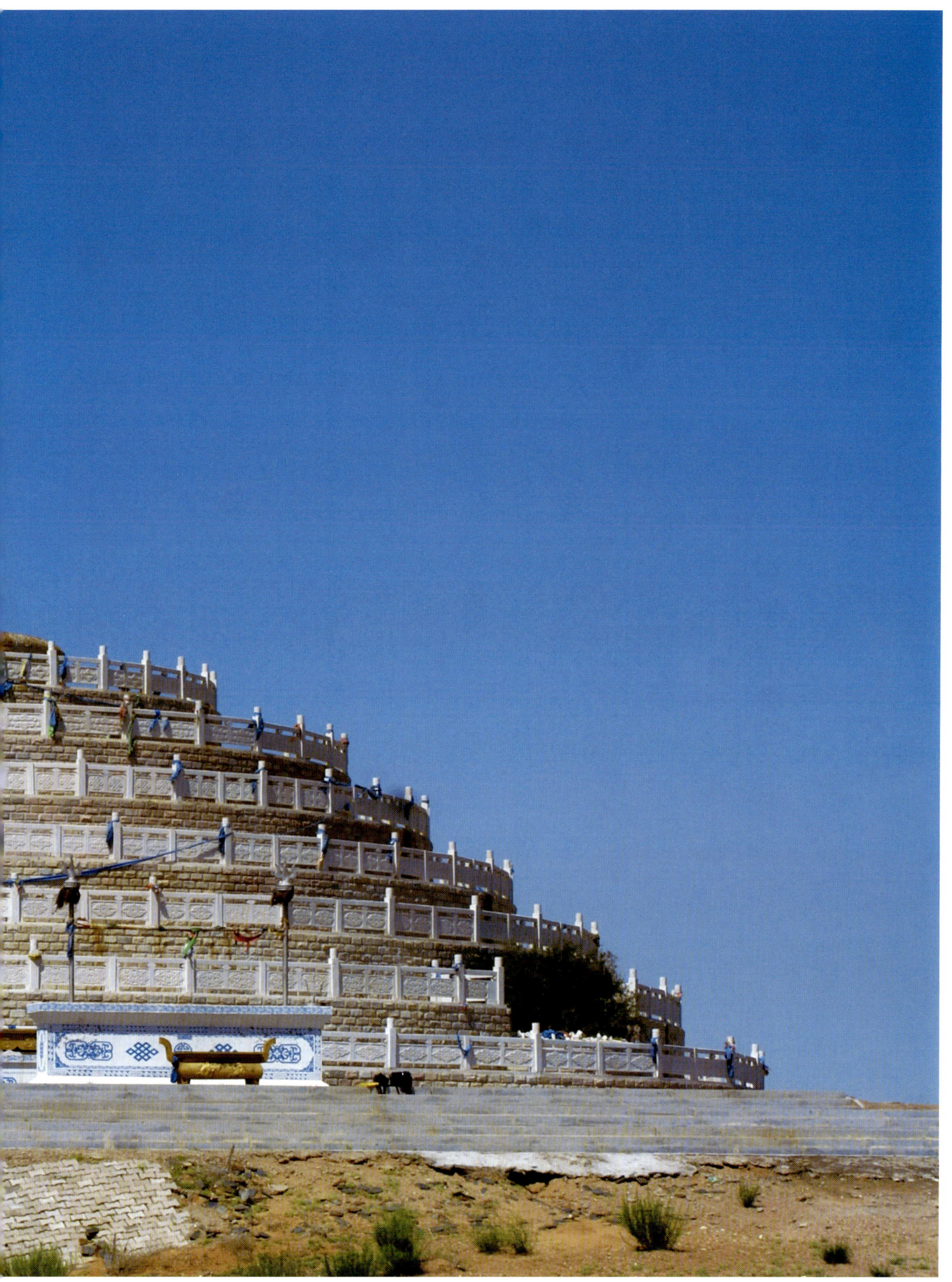

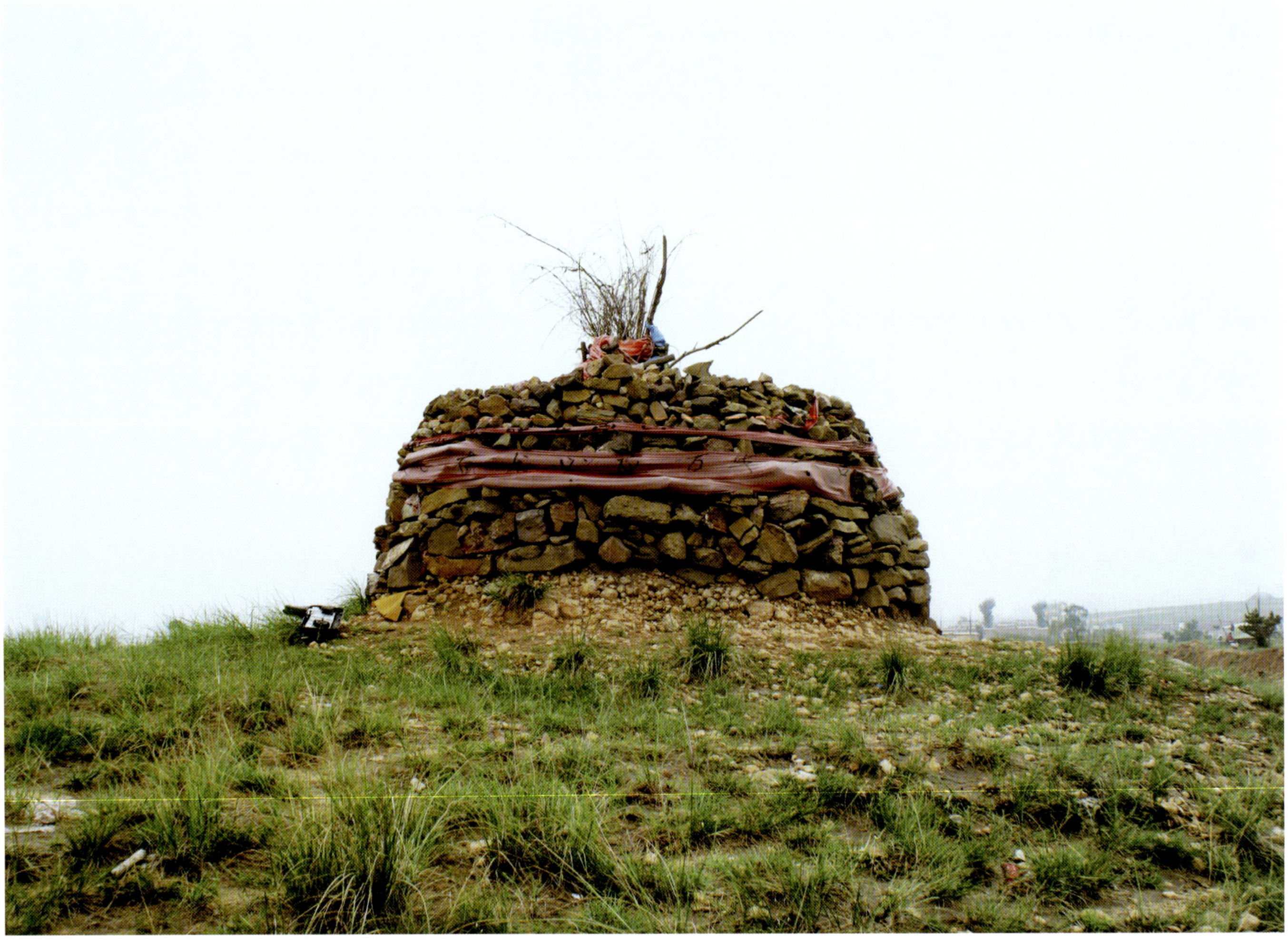

3 敖包梁敖包

敖包梁敖包位于达拉特旗白泥井镇境内，属努图格敖包。敖包用石块搭建而成，包顶插沙柳树枝，高3.9米。宽3.4米，

祭祀方向： 东南

祭祀时间： 鄂尔多斯历查干月初一日（农历正月初一日）、农历每月初一和十五日

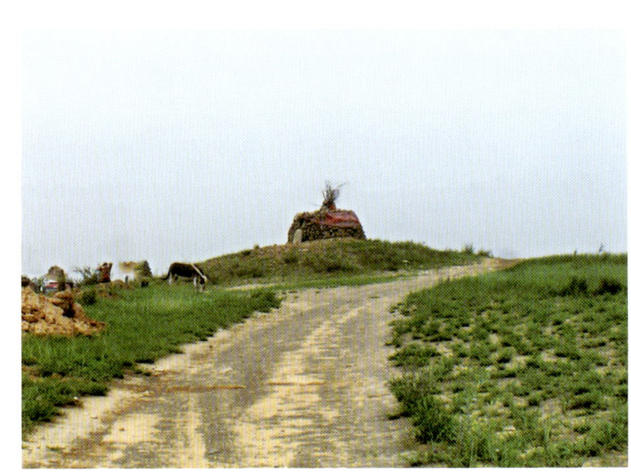

4 恩格贝敖包

ᠡᠩᠬᠡᠪᠡᠢ ᠶᠢᠨ ᠣᠪᠣᠭ᠎ᠠ

恩格贝敖包位于达拉特旗恩格贝镇境内，属庙敖包。敖包用沙石、石块堆建而成，高 5.7 米，宽 14 米。

祭祀方向：东南

祭祀时间：鄂尔多斯历八月十三日（农历五月十三日）

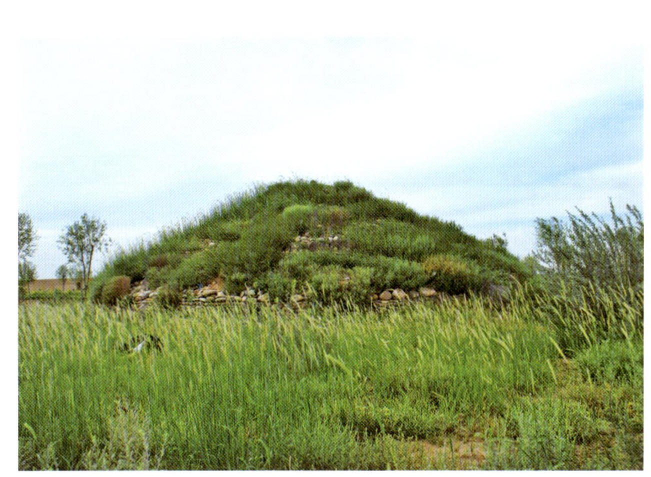

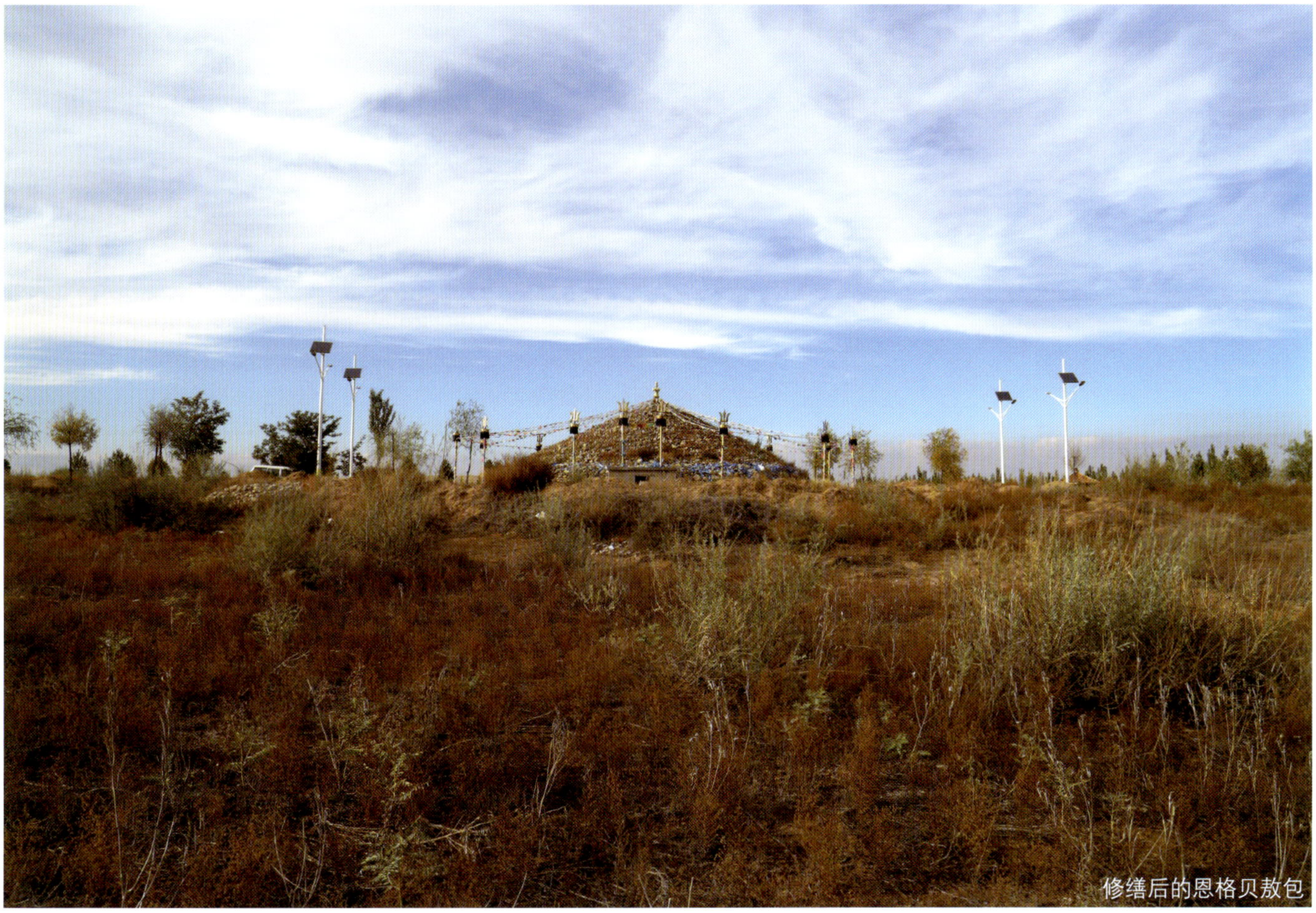

修缮后的恩格贝敖包

5 翁格查敖包

翁格查敖包位于达拉特旗恩格贝镇境内，属努图格敖包。翁格查敖包由主敖包和12个守护敖包组成。主敖包为石混水泥建筑，包顶插沙柳树枝，高5.67米，宽11米；守护敖包为石头堆，高0.4米，宽1.8米。

祭祀方向：东南

祭祀时间：鄂尔多斯历八月十三日（农历五月十三日）

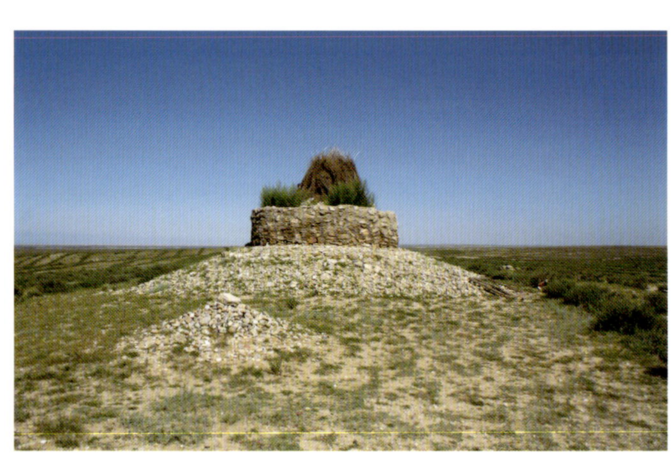

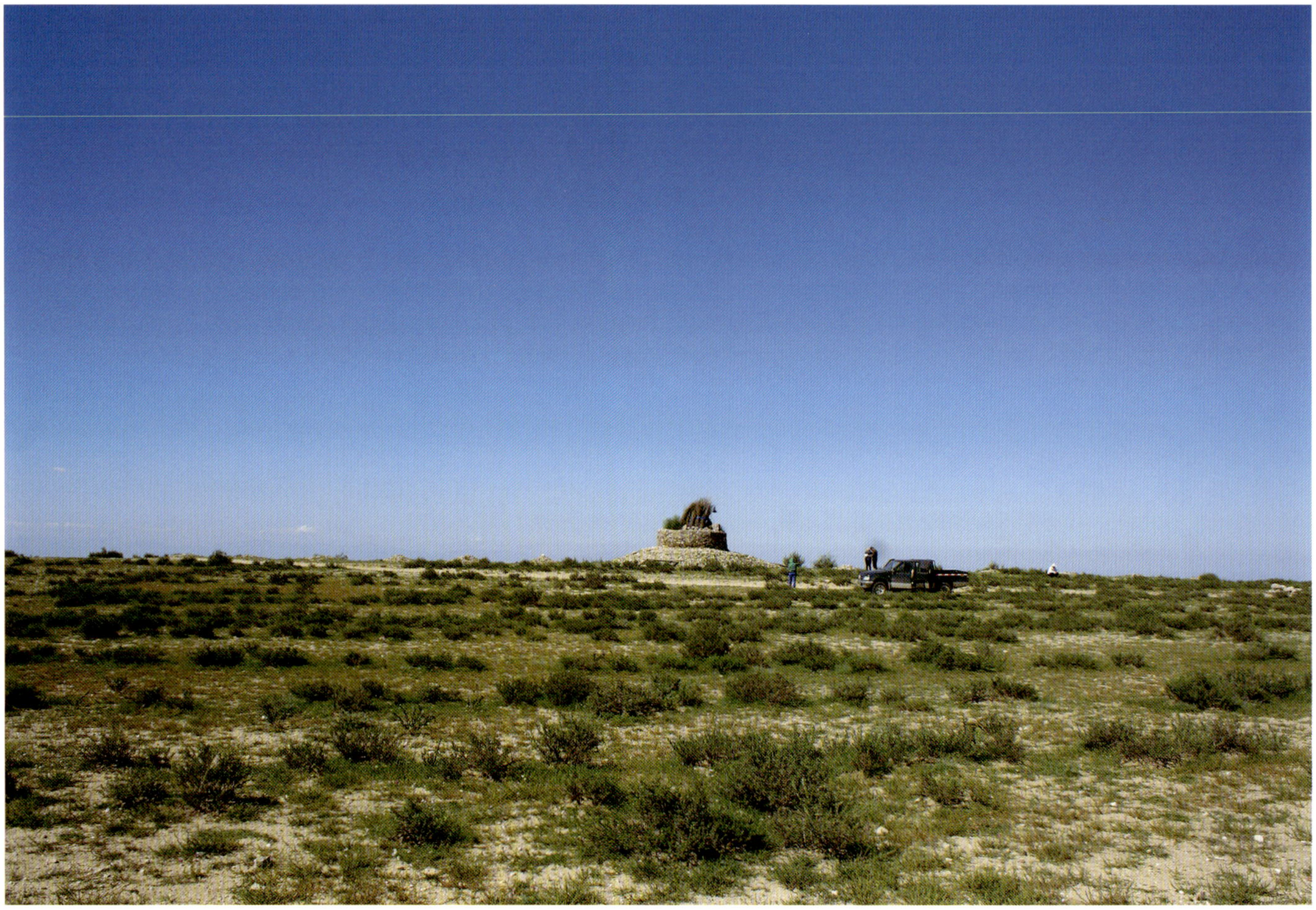

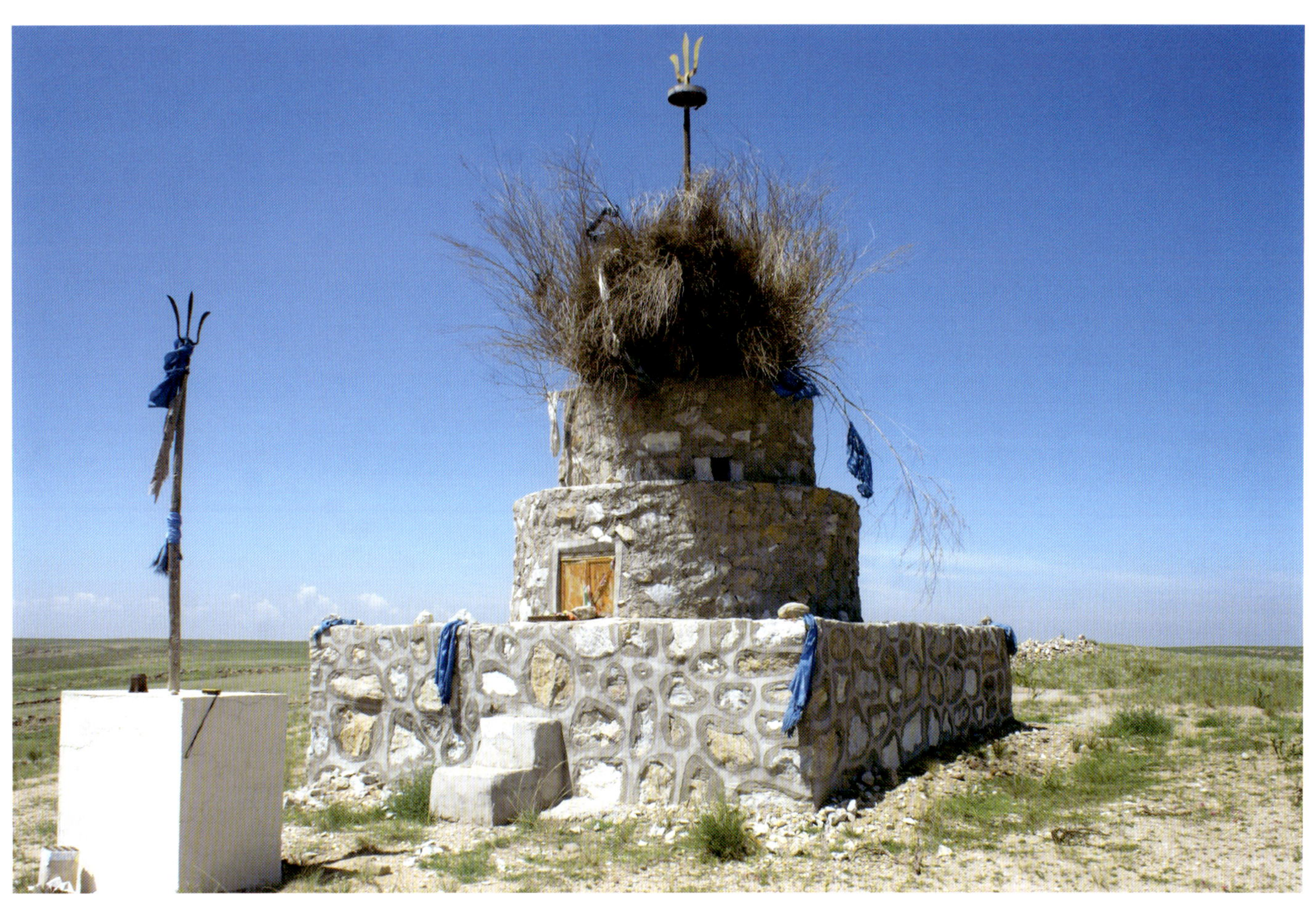

6 塔宾苏莫敖包

塔宾苏莫敖包位于达拉特旗展旦召苏木境内，属庙敖包。塔宾苏莫敖包由主敖包、禄马风旗祭祀台和12个守护敖包组成。主敖包为三层石混水泥塔式建筑，包顶插苏勒德和沙柳树枝，高7.34米，宽5米；守护敖包为石头堆，高1米，宽2.3米。

祭祀方向：东南

祭祀时间：鄂尔多斯历十月初三日（农历七月初三日）

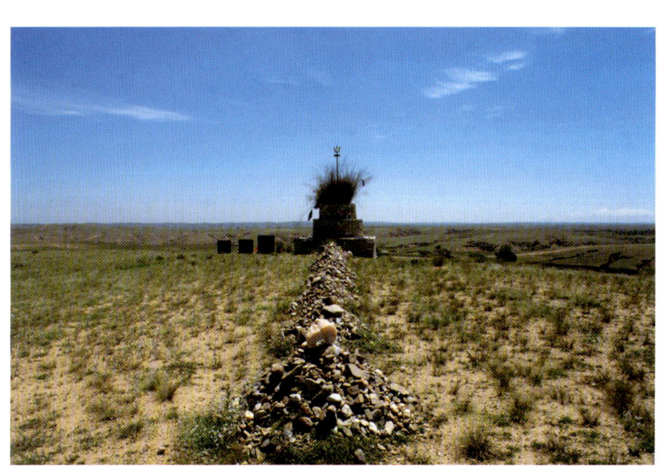

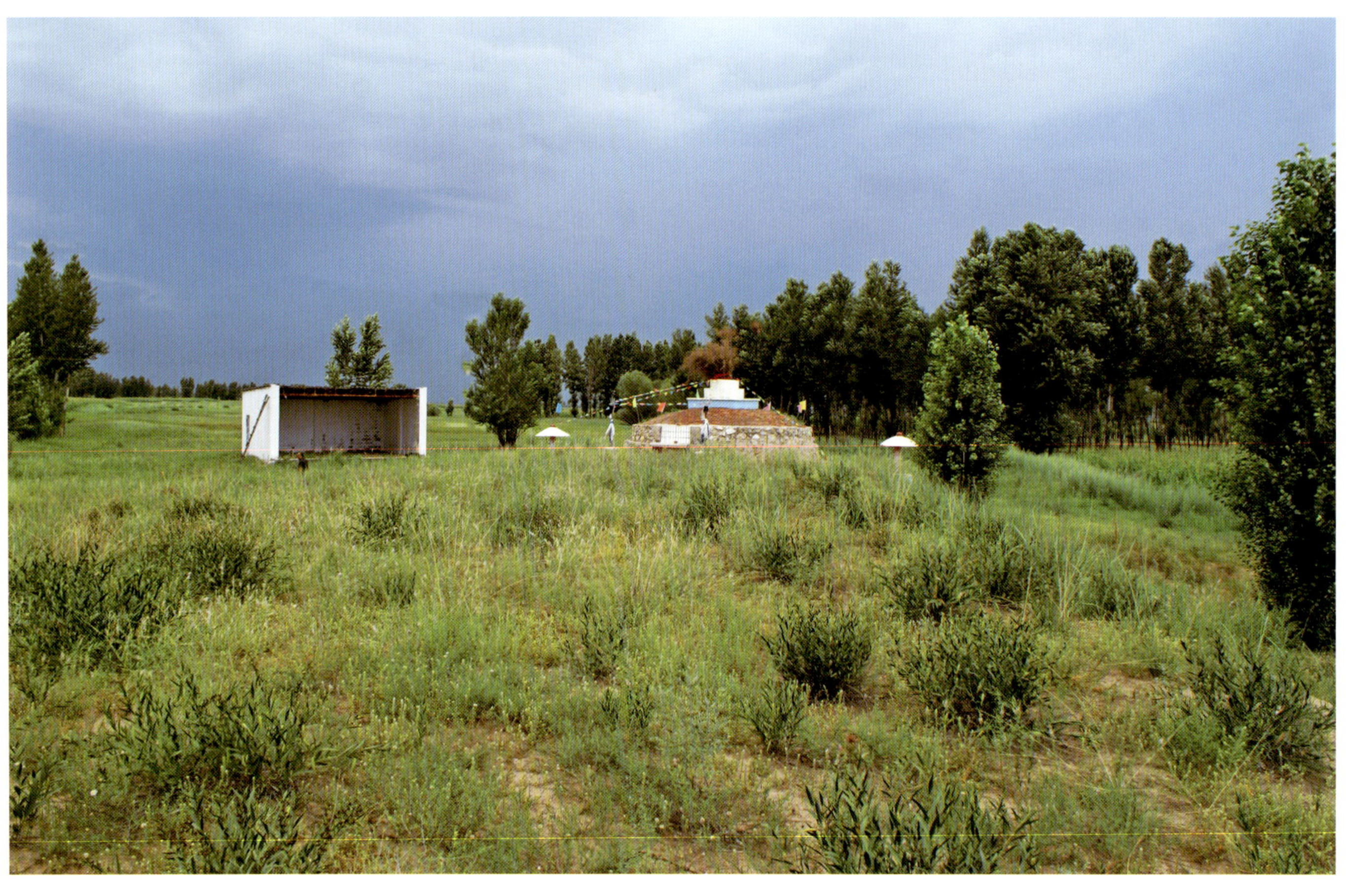

7 巴嘎苏莫敖包

巴嘎苏莫敖包位于达拉特旗昭君镇境内，属庙敖包。巴嘎苏莫敖包由敖包和苏勒德组成，敖包为五层石、砖混水泥塔式建筑，包顶插沙柳树枝，高6.6米，宽13.8米。

祭祀方向： 东南

祭祀时间： 鄂尔多斯历八月十三日（农历五月十三日）

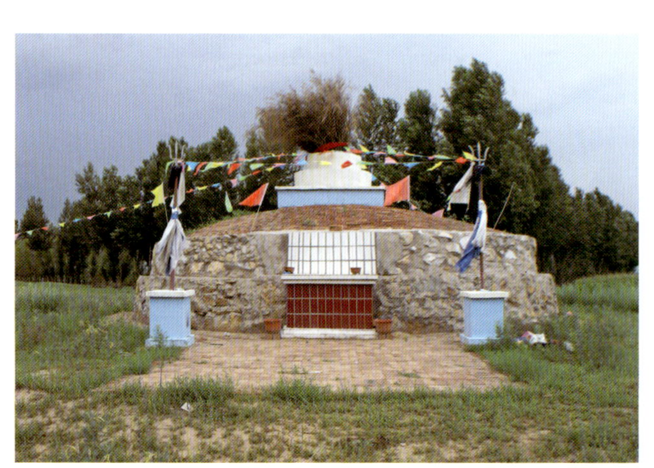

8 查干其鲁图敖包

查干其鲁图敖包位于达拉特旗昭君镇境内，属庙敖包。查干其鲁图敖包由主敖包、供台、禄马风旗和12个守护敖包组成。主敖包为石、砖混水泥建筑，包顶插都格和沙柳树枝，高4.97米，宽8.31米；守护敖包为石头堆，包顶插沙柳树枝，高3.5米，宽1.7米。

祭祀方向：东南

祭祀时间：鄂尔多斯历八月十三日（农历五月十三日）

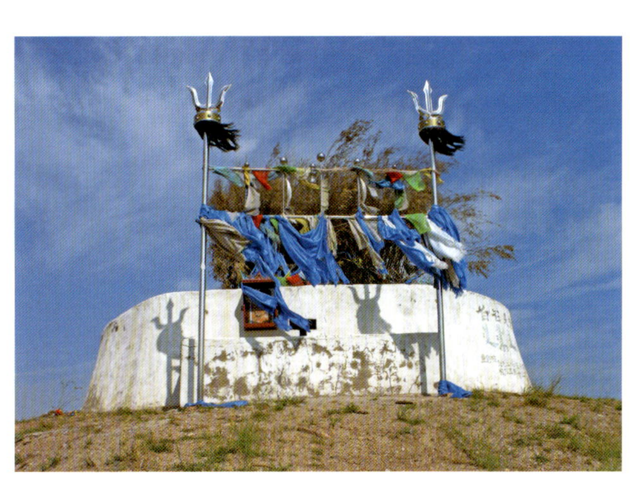

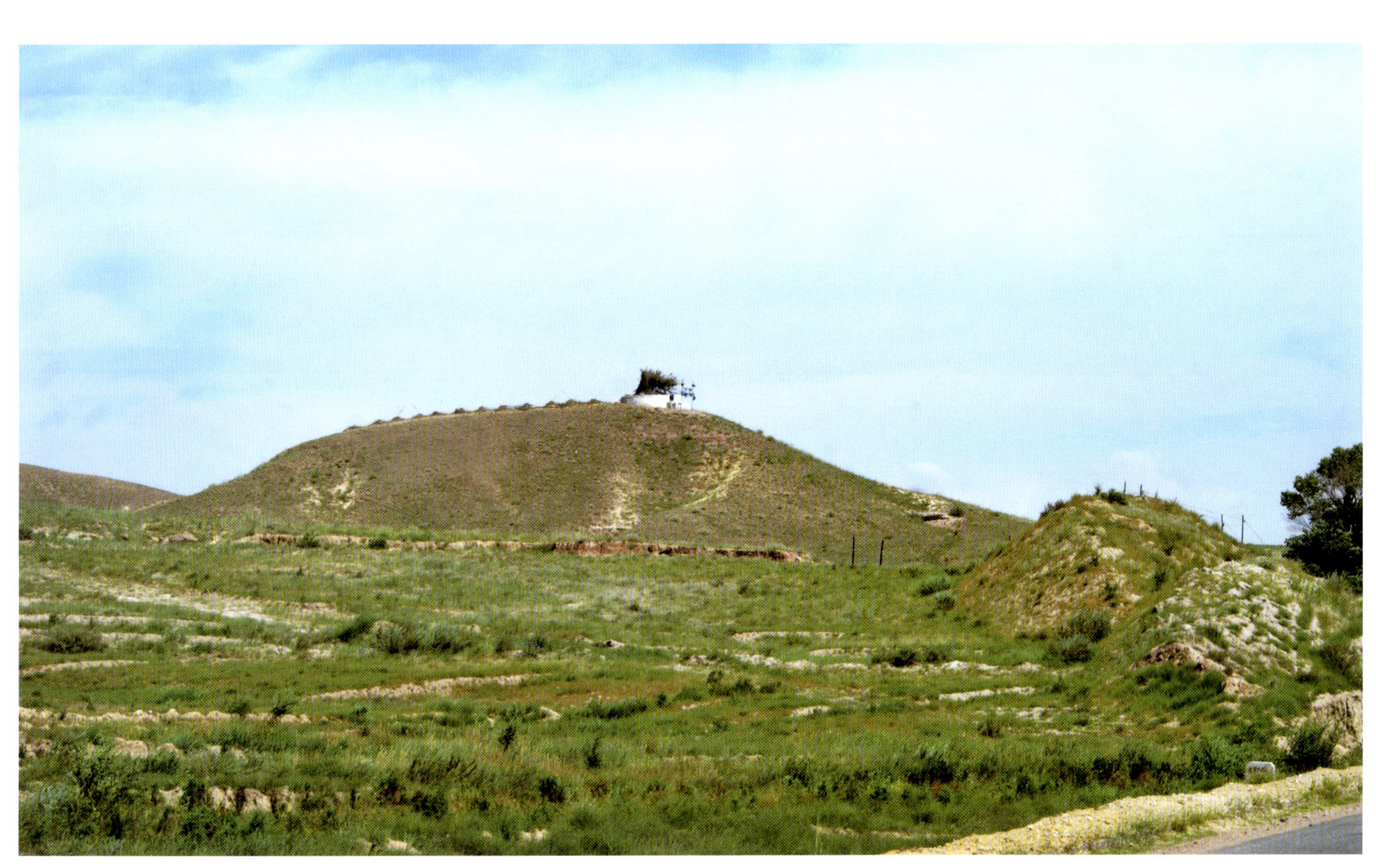

9 乌德日格敖包

乌德日格敖包位于达拉特旗昭君镇境内，属庙敖包。乌德日格敖包由主敖包、禄马风旗和 20 个守护敖包组成。主敖包为两层石混水泥塔式建筑，包顶插沙柳树枝，高 4.75 米，宽 4.1 米；守护敖包为小石头堆，高 0.3 米，宽 0.65 米。

祭祀方向：东南

祭祀时间：鄂尔多斯历八月十三日（农历五月十三日）

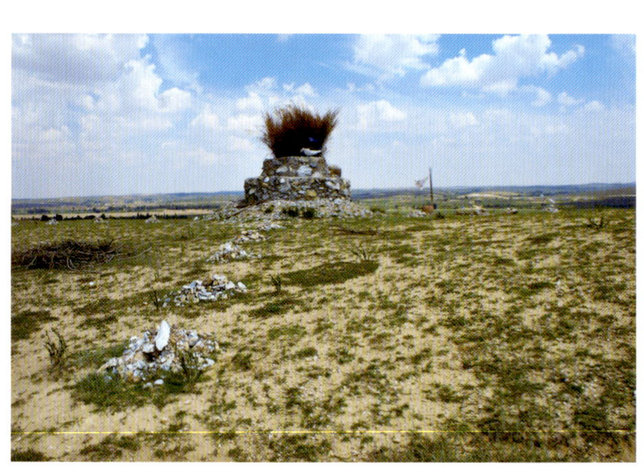

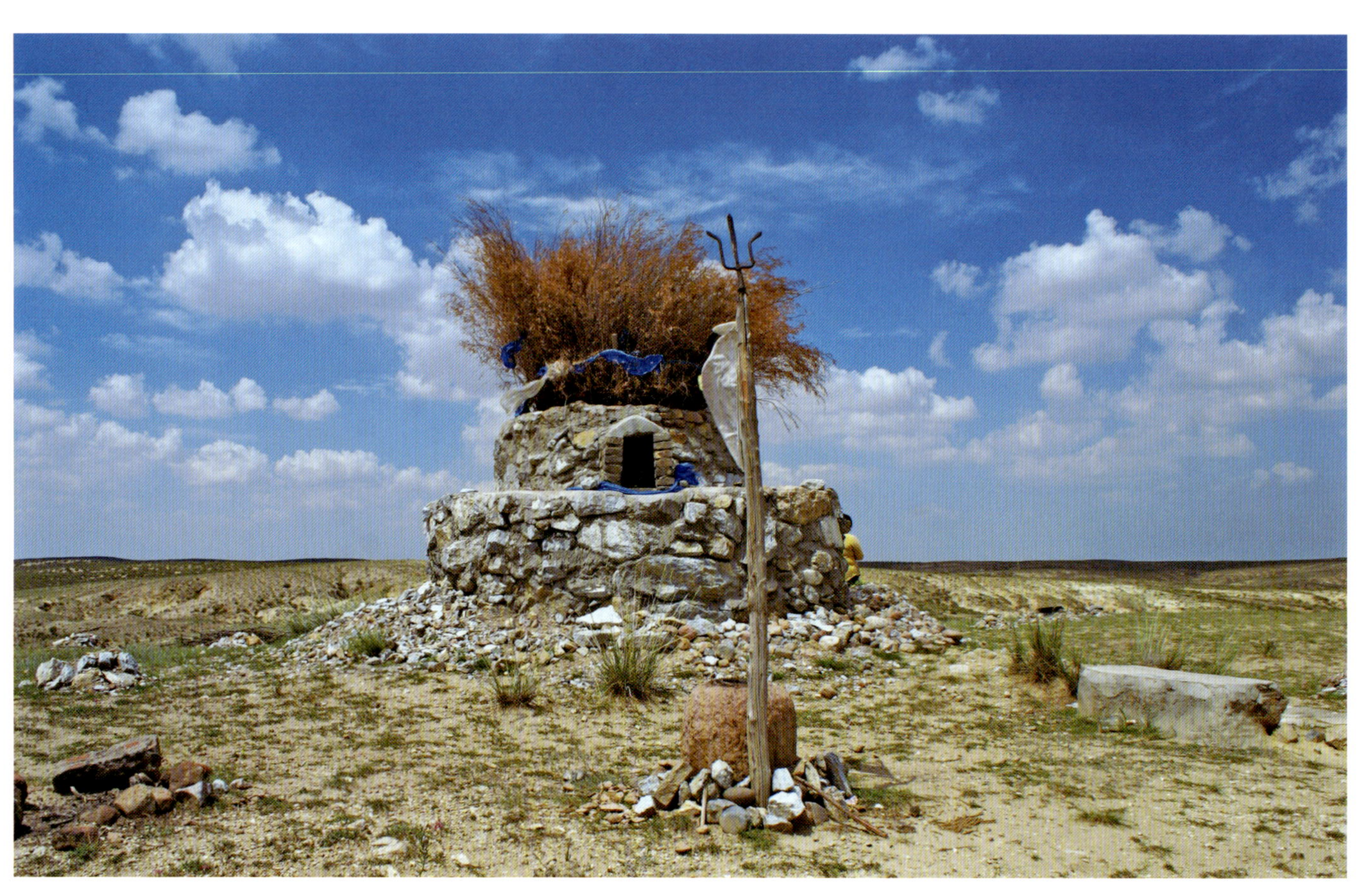

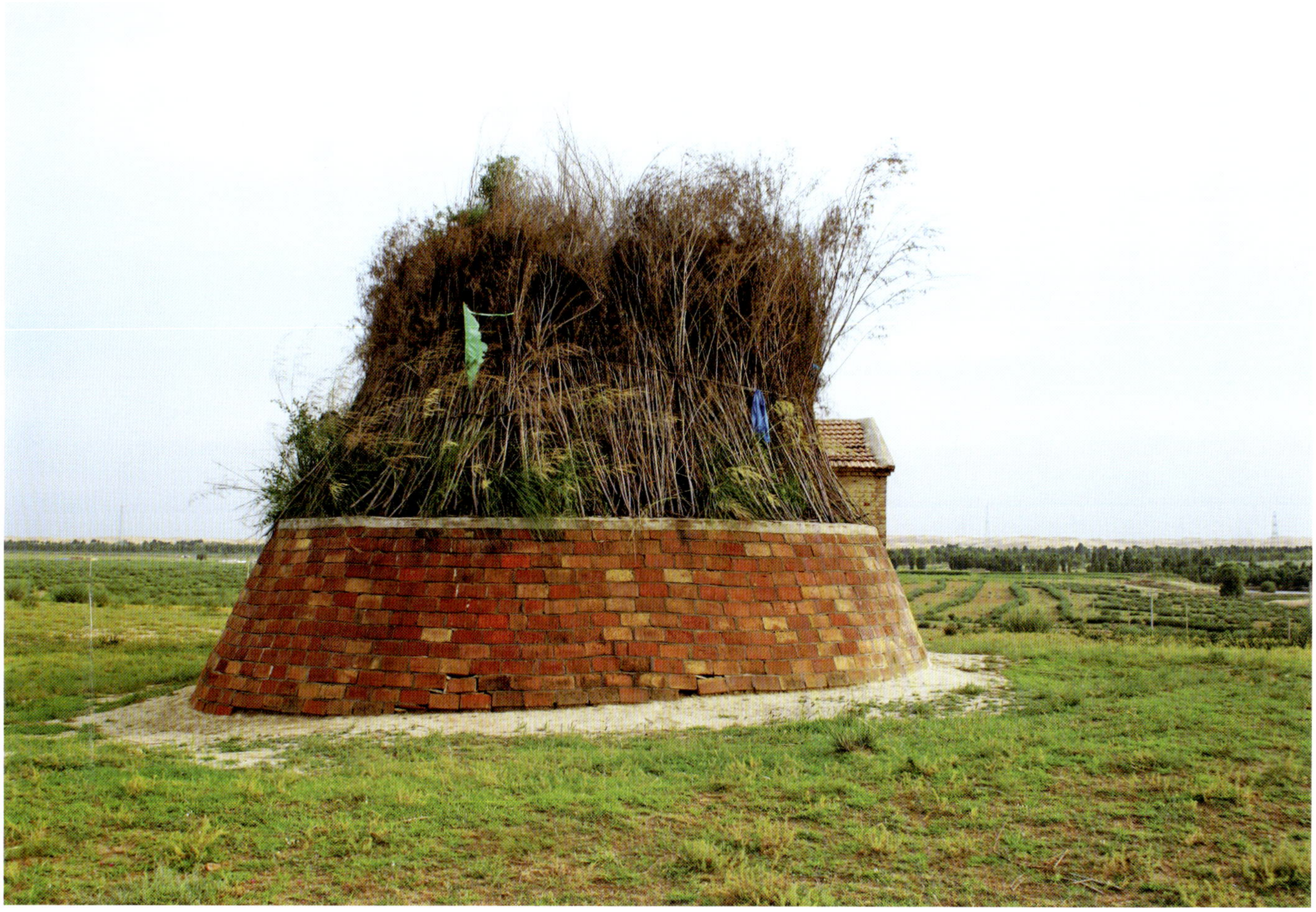

10 敖格特日贵敖包

敖格特日贵敖包位于达拉特旗中和西镇境内，属庙敖包。敖格特日贵敖包由敖包、祭祀台和祭祀用房组成。敖包为砖混水泥建筑，包顶插沙柳树枝，高5.3米，宽11.58米。

祭祀方向： 西南

祭祀时间： 鄂尔多斯历八月十三日（农历五月十三日）

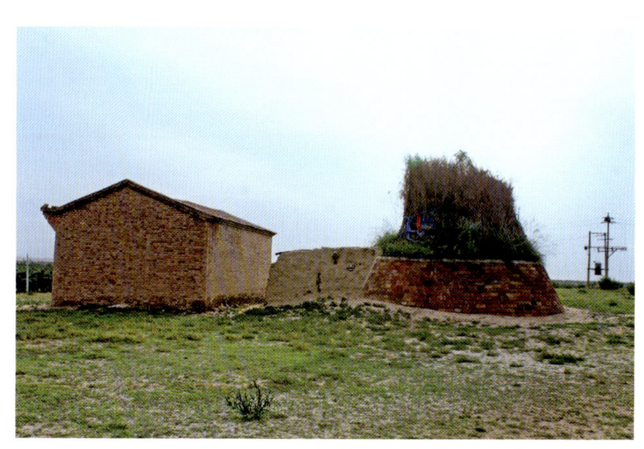

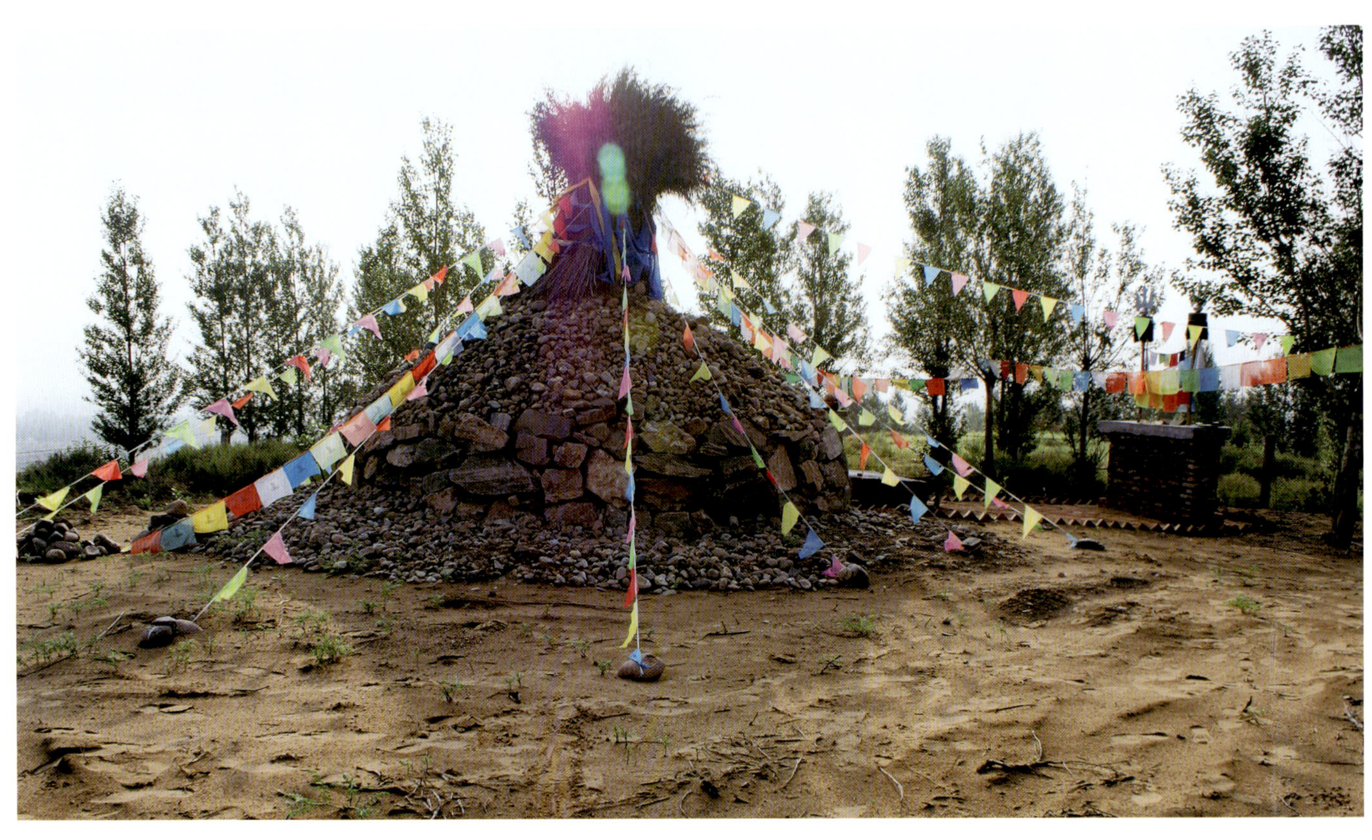

11 哈日嘎那图敖包

哈日嘎那图敖包位于达拉特旗中和西镇境内，属庙敖包。哈日嘎那图敖包由主敖包、供台、禄马风旗祭祀台和13个守护敖包组成。主敖包用石块堆建而成，包顶插沙柳树枝，高4.22米，宽11.47米。守护敖包为石头堆，大守护敖包高0.5米，宽0.8米；小守护敖包高0.43米，宽0.45米。

祭祀方向： 南

祭祀时间： 鄂尔多斯历九月初三日（农历六月初三日）

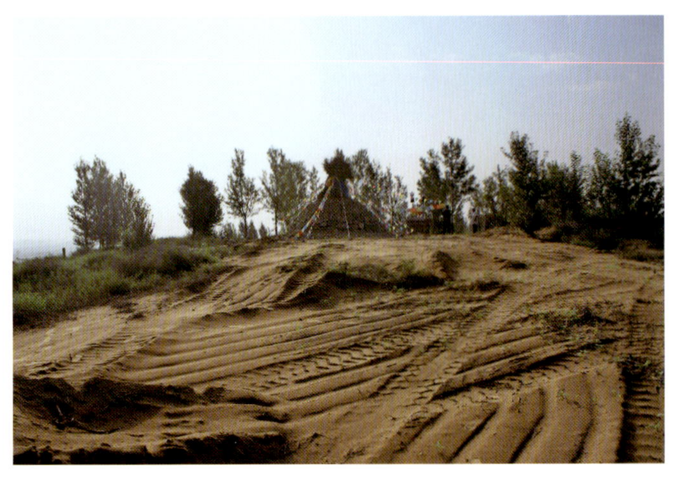

12 苏努高敖包

苏努高敖包位于达拉特旗中和西镇境内，属努图格敖包。苏努高敖包由主敖包、供台、禄马风旗祭祀台和20个守护敖包组成。主敖包用石块搭建而成，包顶插沙柳树枝，高5.52米，宽4.4米；守护敖包为石头堆，高0.4米，宽1米。

祭祀方向：东南

祭祀时间：鄂尔多斯历八月十三日（农历五月十三日）

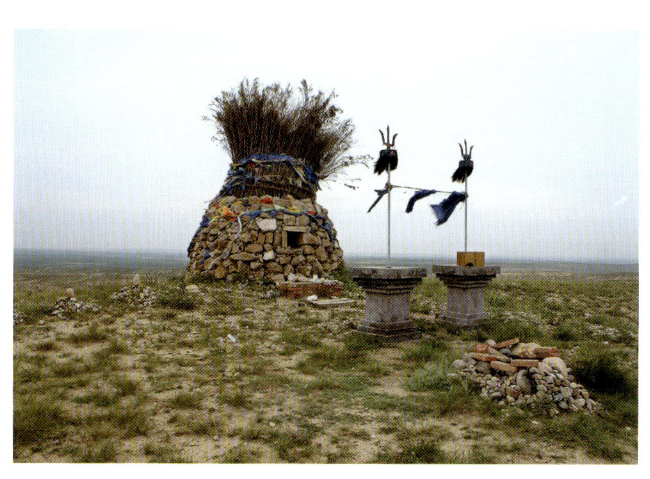

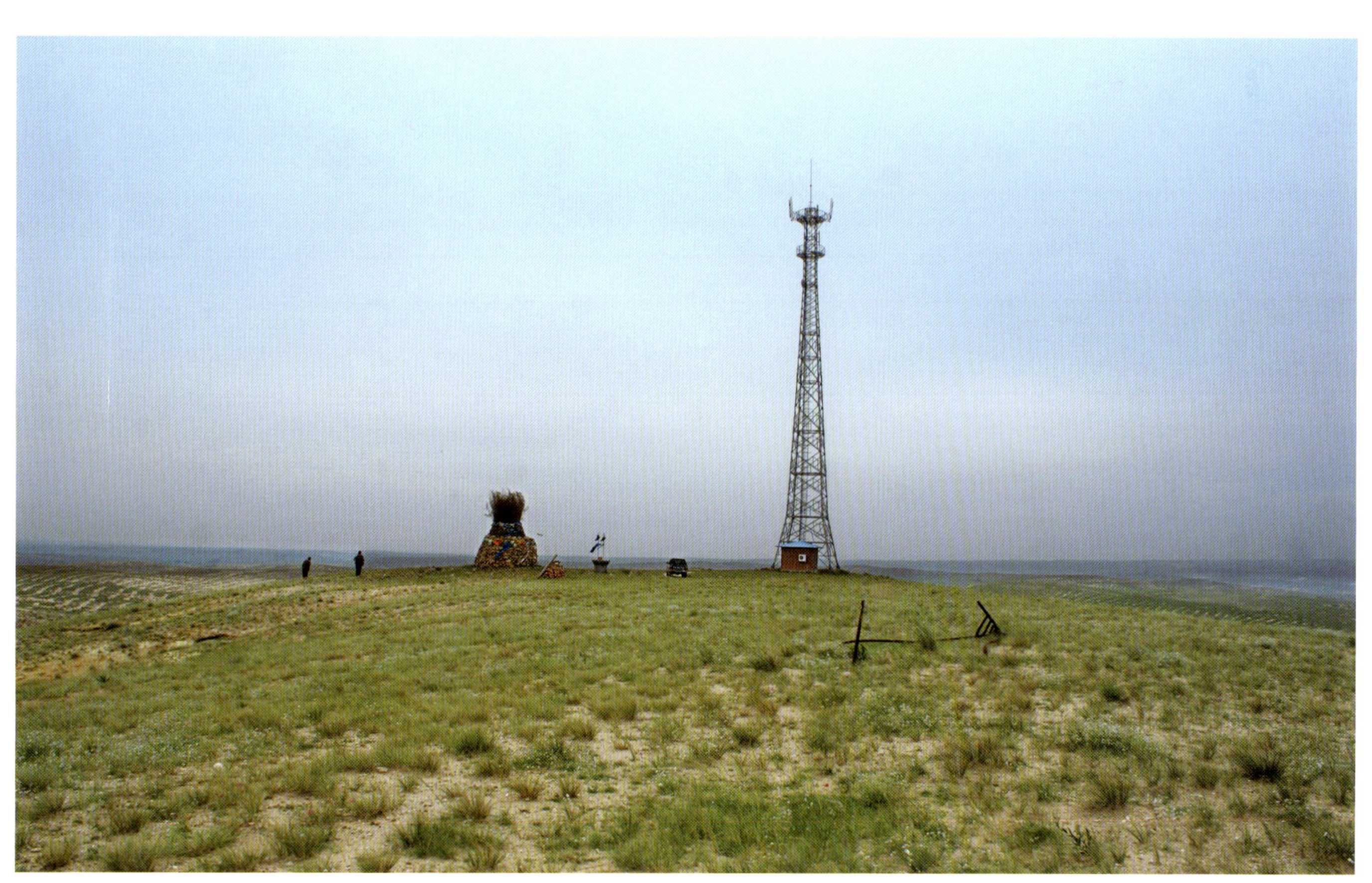

肆

准格尔旗

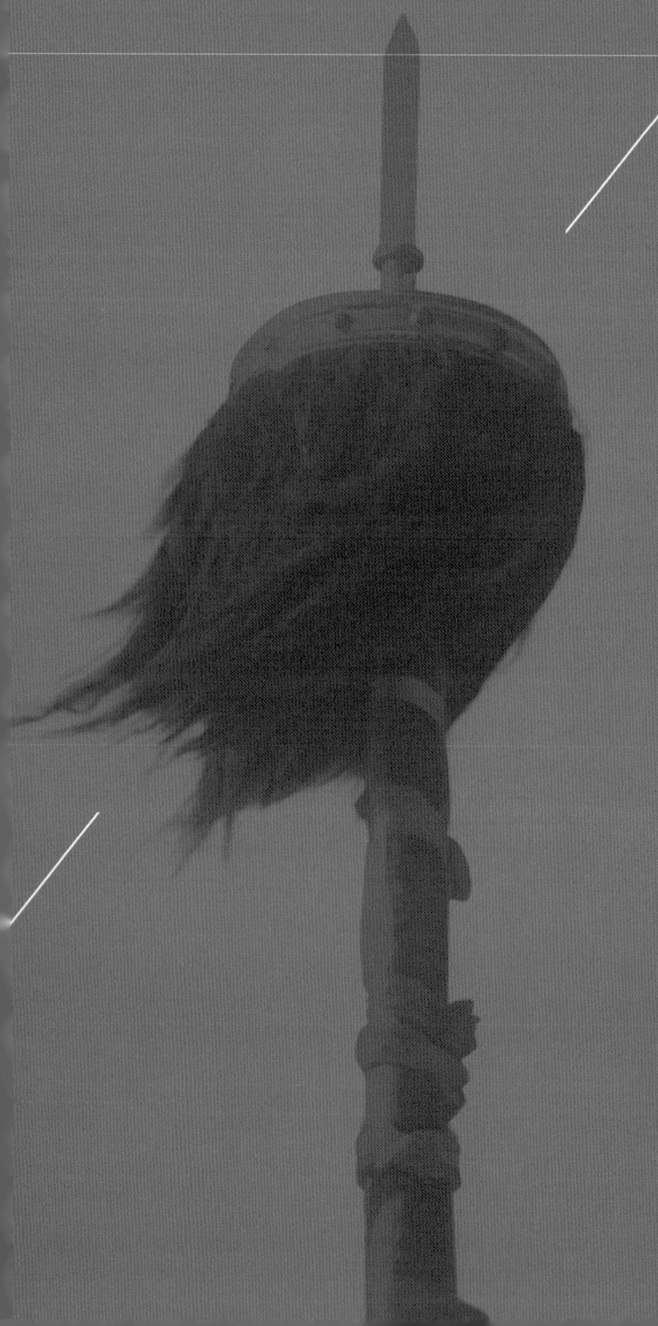

1 德日苏敖包

德日苏敖包位于准格尔旗宝日陶亥苏木境内，属旗敖包。德日苏敖包由主敖包、祭祀台、一座庙和 12 个守护敖包组成。主敖包为三层石、砖混水泥塔式建筑，包顶插苏勒德和沙柳树枝，高 15.55 米，宽 34.7 米；守护敖包为石头建筑，包顶插苏勒德和沙柳树枝，高 4 米，宽 4.2 米。

祭祀方向： 南

祭祀时间： 清朝时期，鄂尔多斯历查干月初三日（农历正月初三日）和鄂尔多斯历十月十五日（农历七月十五日）由旗王爷进行祭祀。现为鄂尔多斯历八月十三日（农历五月十三日）由周围的蒙、汉族农牧民进行祭祀。

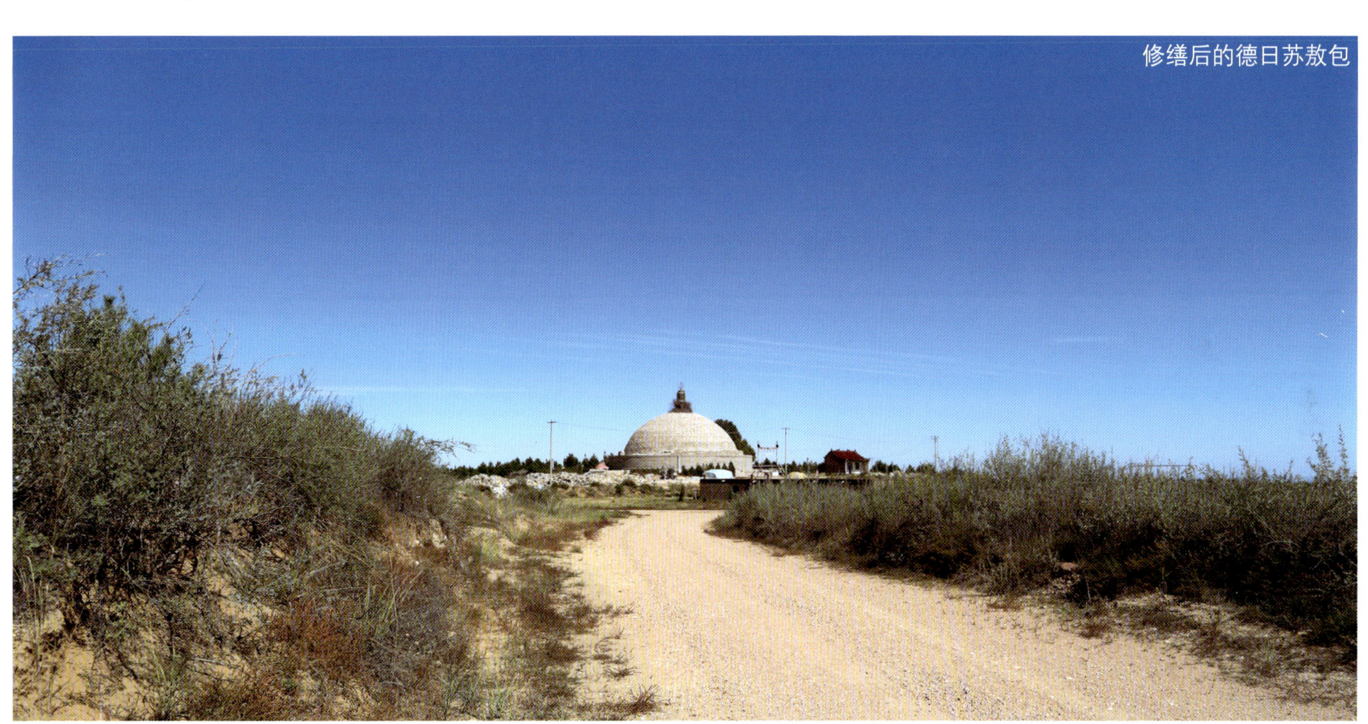
修缮后的德日苏敖包

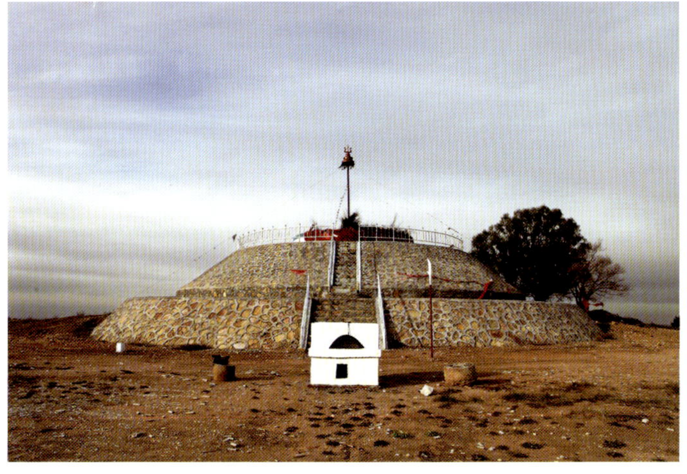

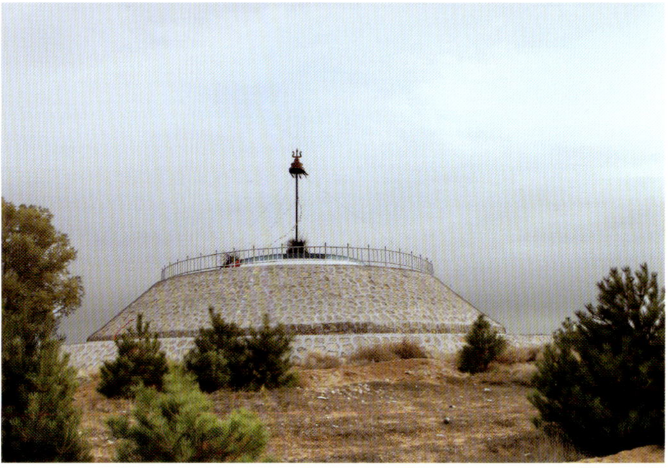

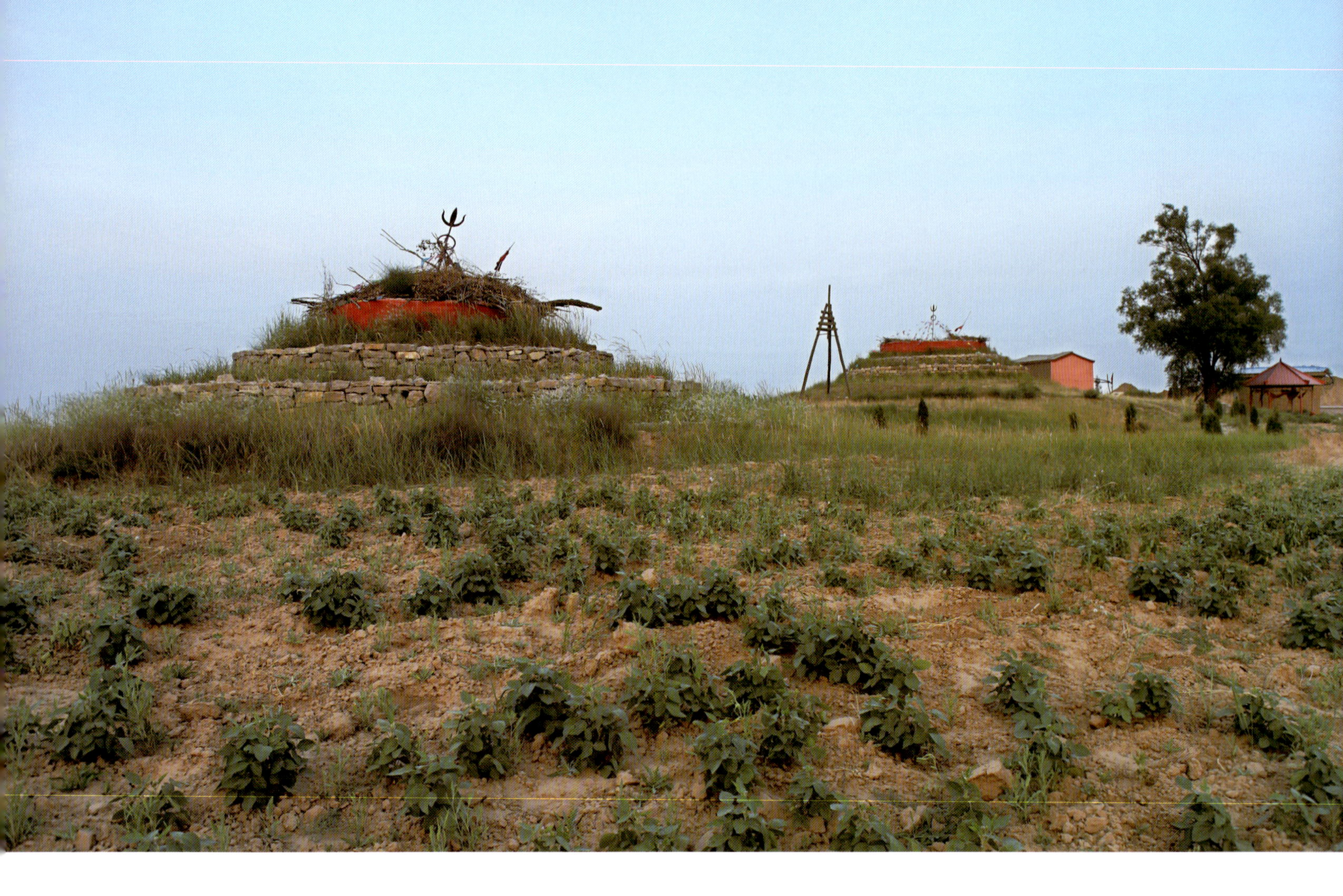

2 浩雅尔敖包

浩雅尔敖包位于准格尔旗龙口镇境内，属旗敖包。浩雅尔敖包由两个敖包和一座小庙组成。敖包为三层石头塔式建筑，包顶插苏勒德和沙柳树枝，南敖包高4.37米，宽35.15米；北敖包高4.02米，宽32.7米。

祭祀方向： 东南

祭祀时间： 清朝时期，鄂尔多斯历查干月初三日（农历正月初三日）和鄂尔多斯历八月十三日（农历五月十三日）由旗衙门主持祭祀。现农历每月初三、十三、二十三日进行祭祀。

传说从前有一位农民不听当地老人的劝阻，在敖包禁地内耕地，耕地时遇到了狼群，他好不容易摆脱了狼群的围攻，但拉犁的牛却莫名其妙地死在了敖包禁地里。见此景这位农民回想起老人的劝阻，就放弃了在敖包禁地内种地的想法。

3 喇嘛敖包

喇嘛敖包位于准格尔旗沙圪堵镇境内，属旗敖包。喇嘛敖包由敖包、两座小庙和一个小亭子组成。敖包为砖混水泥建筑，包顶插沙柳树枝，高3.2米，宽8.3米。

祭祀方向： 东南

祭祀时间： 鄂尔多斯历八月十三日（农历五月十三日）

清朝时期，由鄂尔多斯左翼前旗东协理东克尔斯仁掌管敖包的各项事宜。

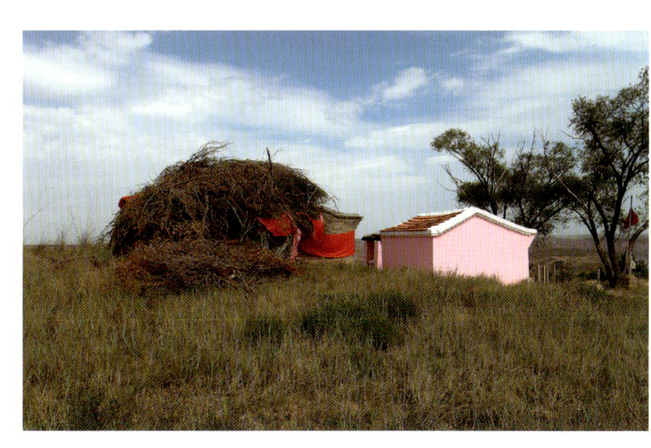

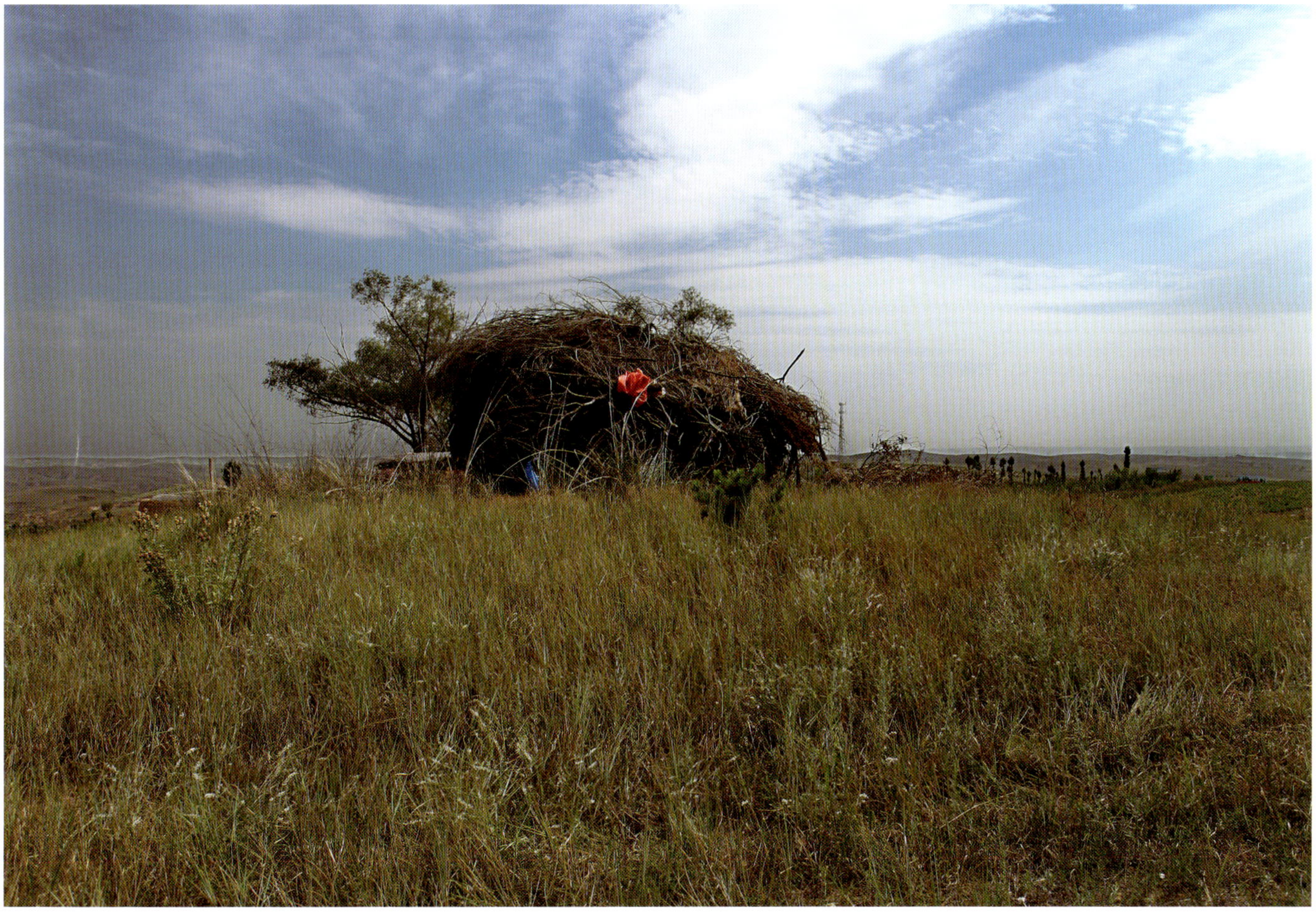

4 阿门高勒敖包

阿门高勒敖包位于准格尔旗纳日松镇境内，属氏族敖包。阿门高勒敖包由主敖包和12个守护敖包组成。主敖包为两层石头塔式建筑，包顶插沙柳树枝，高4.4米，宽4.6米；守护敖包为石头建筑，高1.2米，宽2.6米。

祭祀方向： 东

祭祀时间： 鄂尔多斯历八月十三日（农历五月十三日）

传说在很久以前，有人看到从敖包里走出一名身穿白色盔甲、骑着白色骏马的武士。

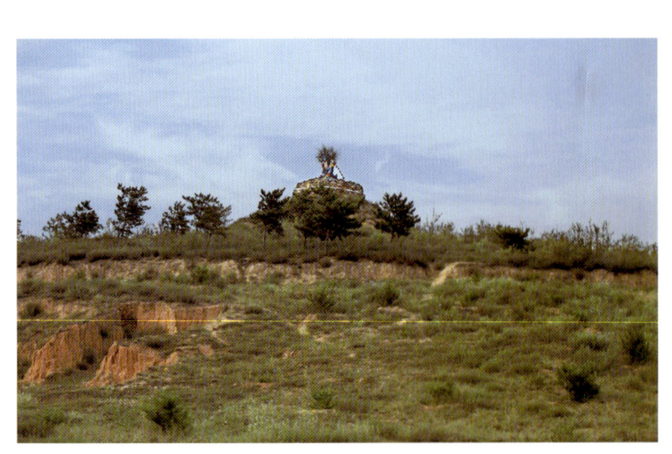

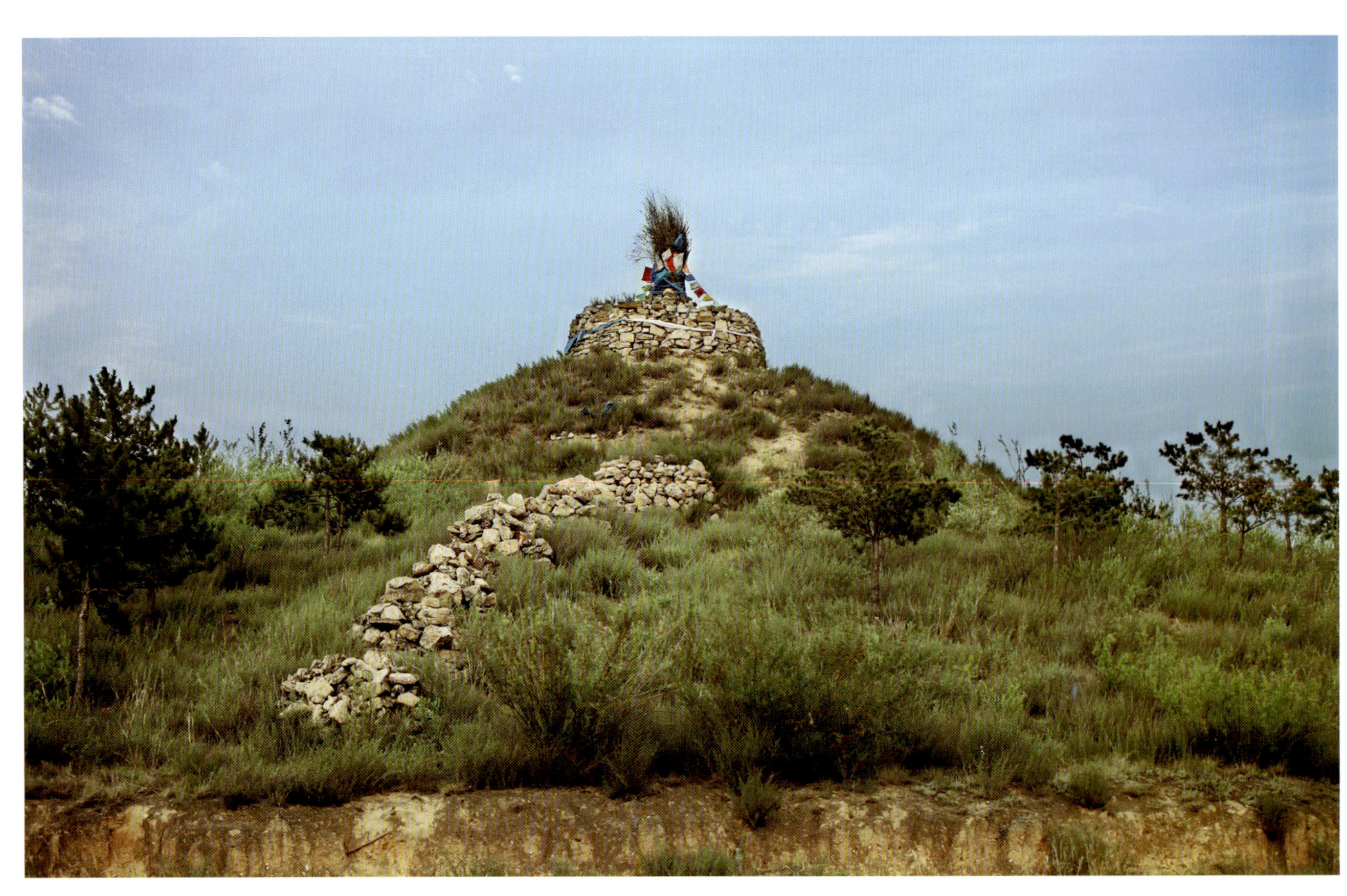

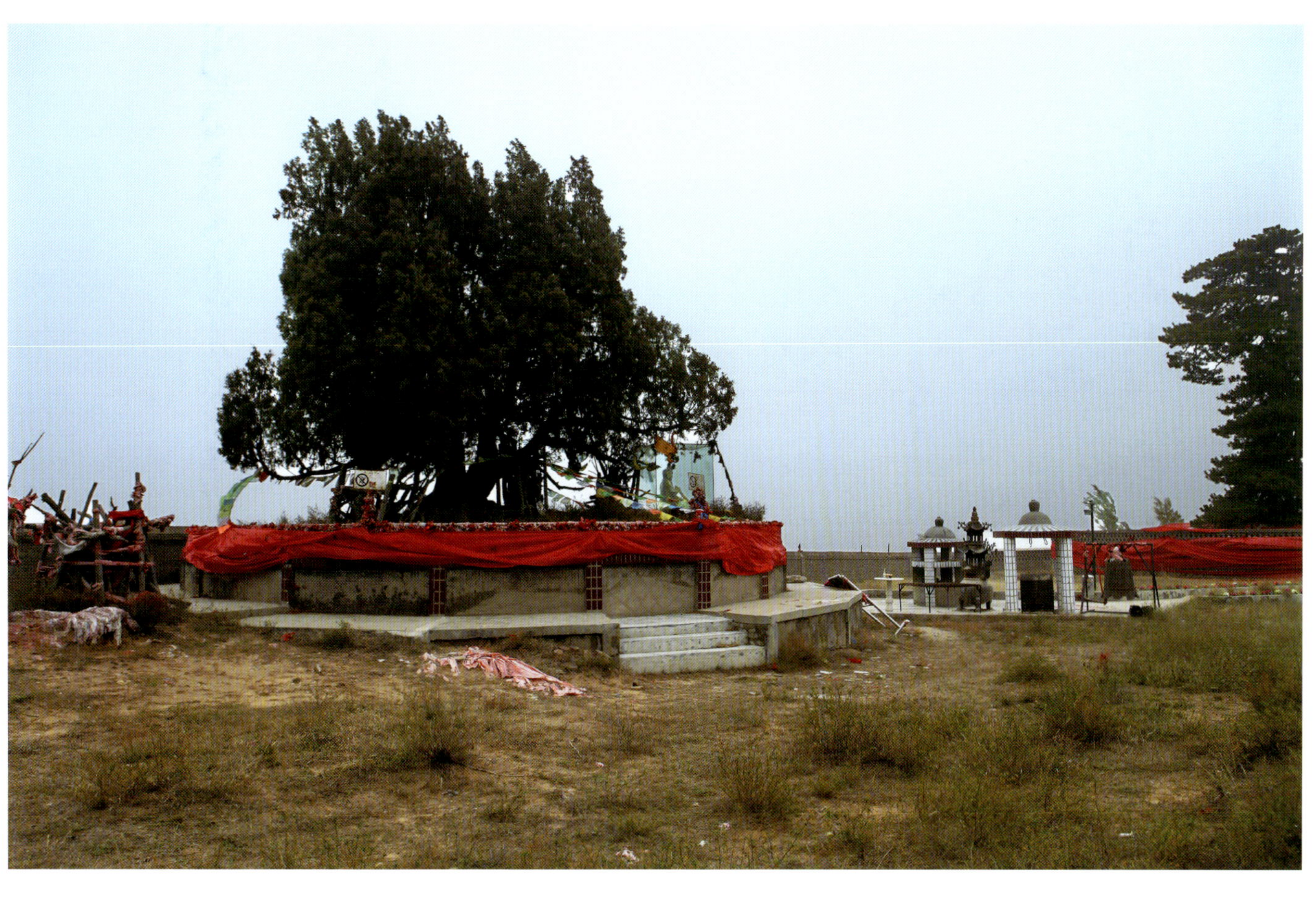

5 查干敖包

查干敖包位于准格尔旗纳日松镇境内，属努图格敖包。查干敖包由主敖包、供台、祭祀台、香炉、小凉亭和10个守护敖包组成。主敖包为两层砖混水泥塔式建筑，包顶长一棵松树，高1.8米，宽16.6米；守护敖包为木头建筑，高3.6米，宽2.4米。

祭祀方向： 东南

祭祀时间： 鄂尔多斯历八月十三日（农历五月十三日）

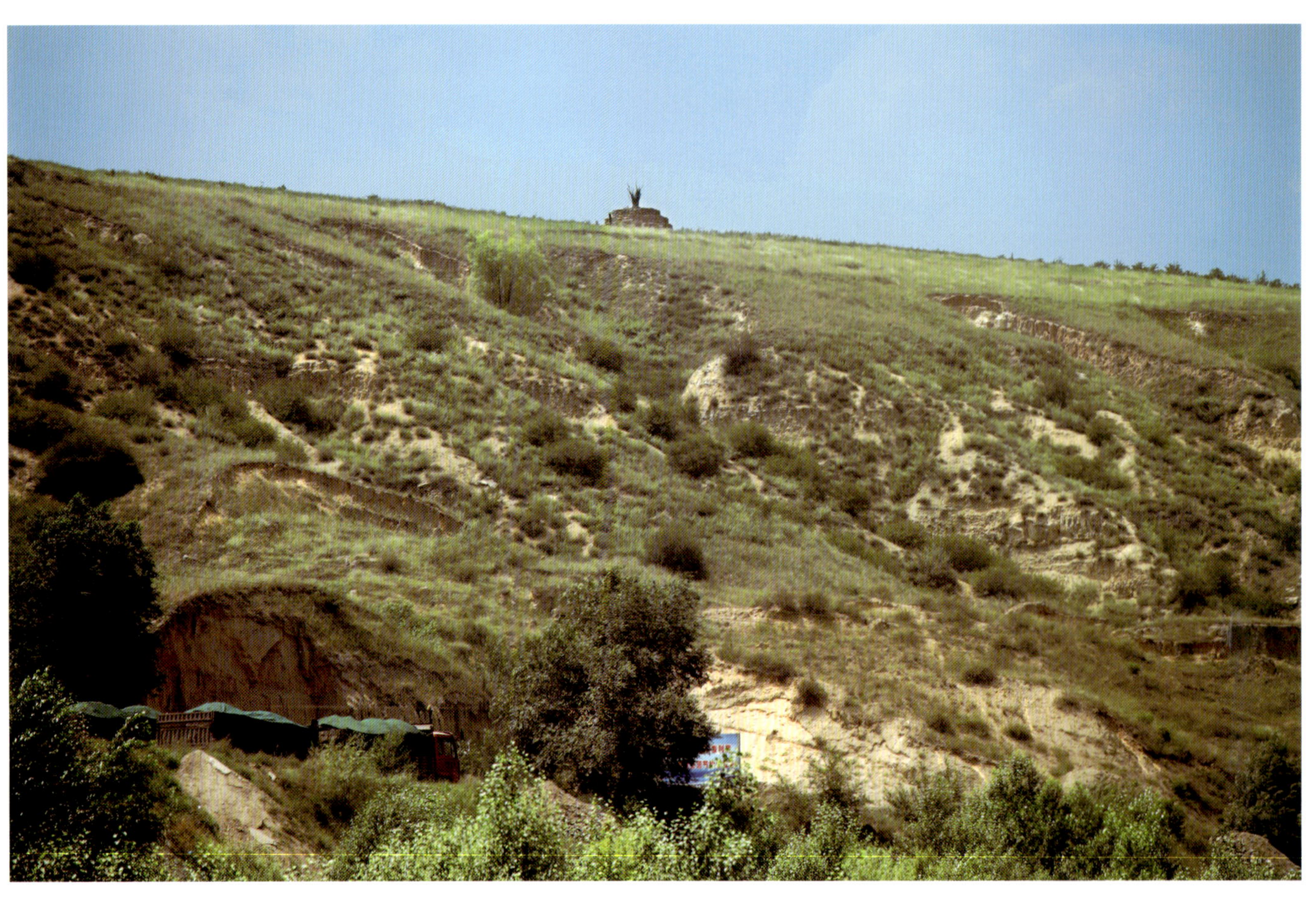

6 那木斯热敖包

那木斯热敖包位于准格尔旗纳日松镇境内，属努图格敖包。那木斯热敖包由主敖包和一排守护敖包组成。主敖包为三层石头塔式建筑，包顶插沙柳树枝，高 4.77 米，宽 6.2 米；守护敖包为石块堆建而成，高 1 米，一排总长 25.5 米。

祭祀方向： 东南

祭祀时间： 鄂尔多斯历八月十三日（农历五月十三日）

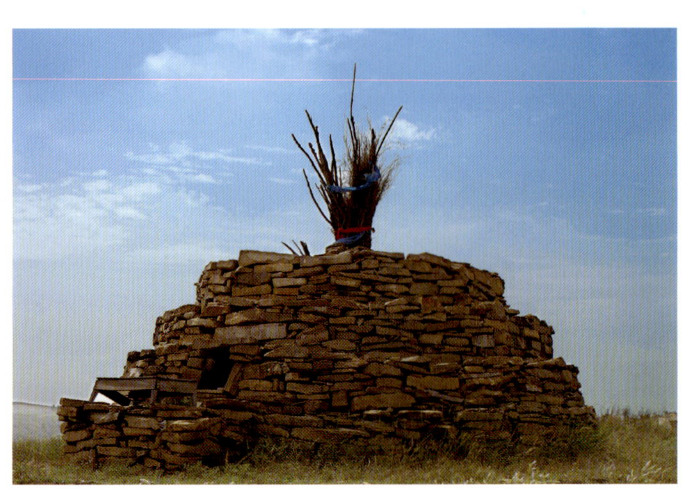

7 巴润布日都敖包

巴润布日都敖包位于准格尔旗十二连城乡境内，属努图格敖包。敖包用沙蒿堆积而成，高2.3米，宽2.9米。

祭祀方向： 西南

祭祀时间： 鄂尔多斯历乌格勒金月二十三日（农历腊月二十三日）、查干月初一日（农历正月初一日）、八月十三日（农历五月十三日）

传说从前有一藏族喇嘛路过此地，他骑的毛驴死在了敖包东边的泥潭中。喇嘛一怒之下上敖包念了诅咒经，从此这里每年遭冰雹灾害。当地牧民从希尼召（准格尔高勒音召）请来有法术的喇嘛念经，并将敖包移至现在的位置，此后这里再也没有遭受过冰雹灾害。

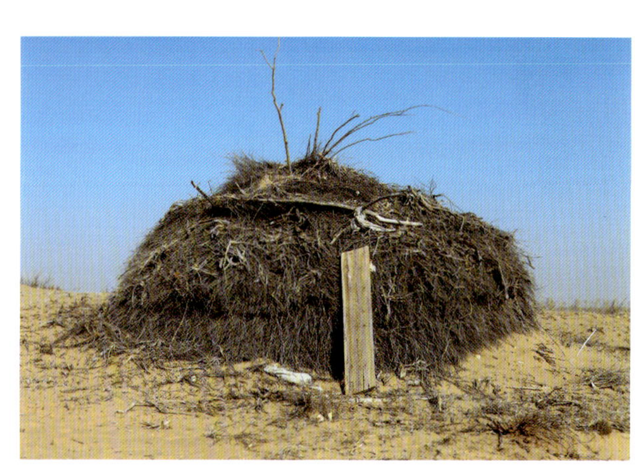

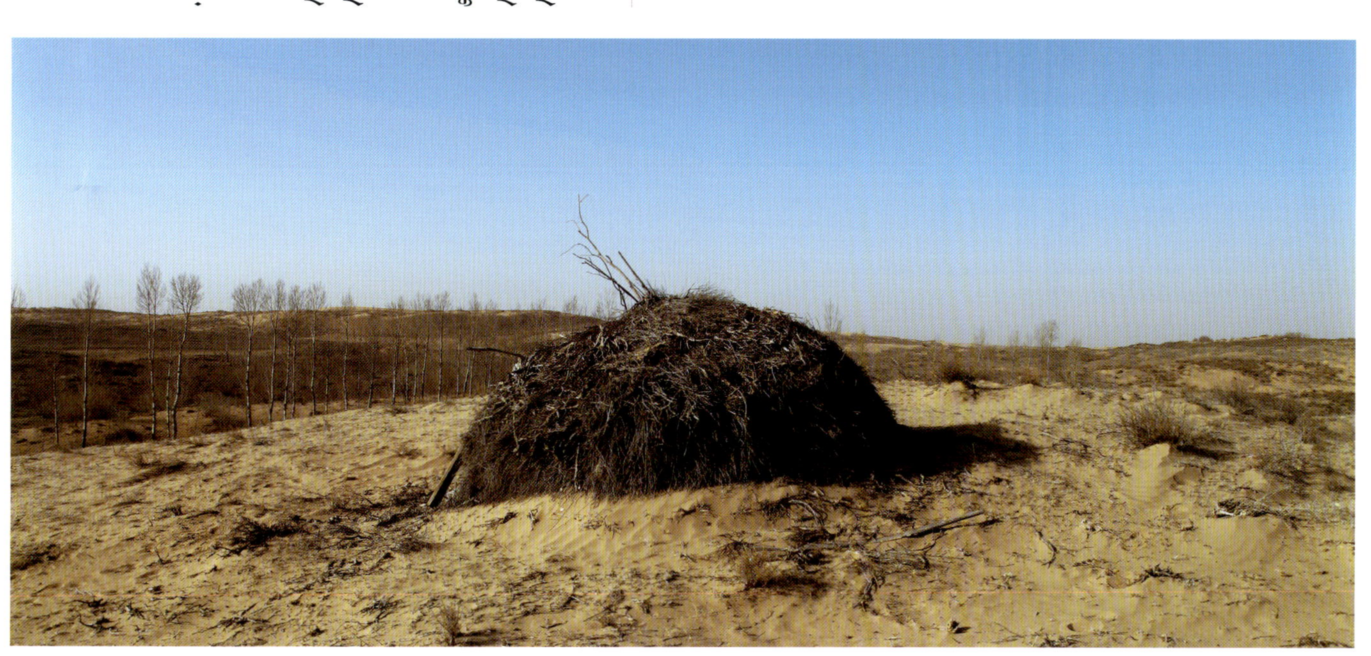

8 查干敖包

查干敖包位于准格尔旗沙圪堵镇境内，属努图格敖包。查干敖包由主敖包、祭祀台和10个守护敖包组成。主敖包为砖混水泥建筑，包顶插松树枝，高3.5米，宽6.8米；守护敖包为石头堆，高0.8米，宽1.1米。

祭祀方向： 东南

祭祀时间： 鄂尔多斯历查干月初一日（农历正月初一日）

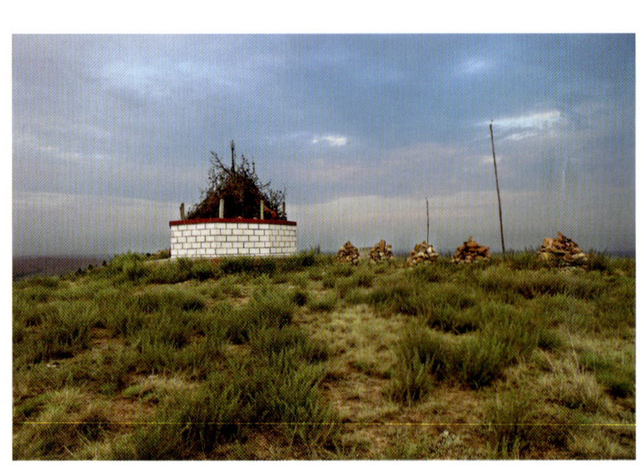

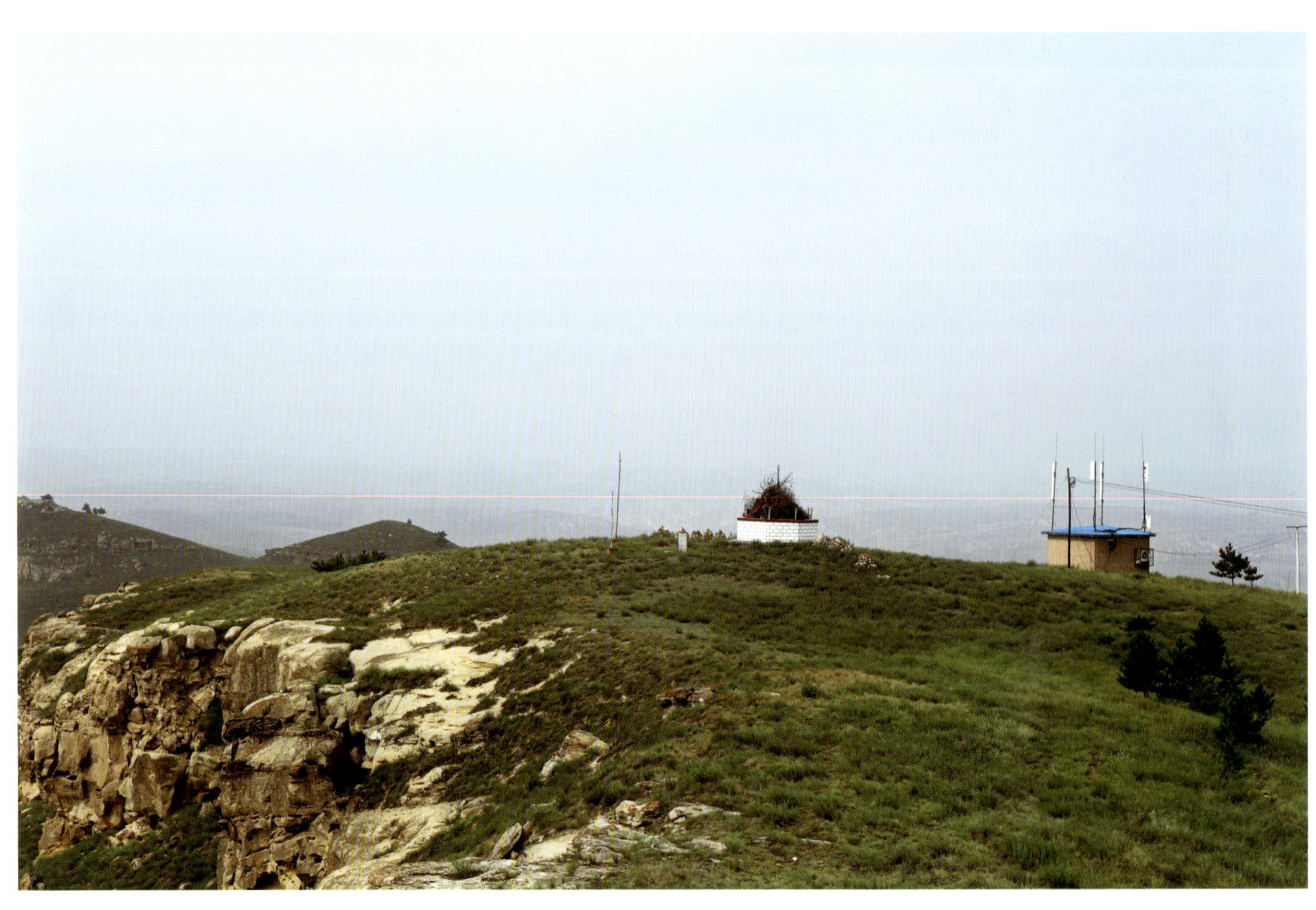

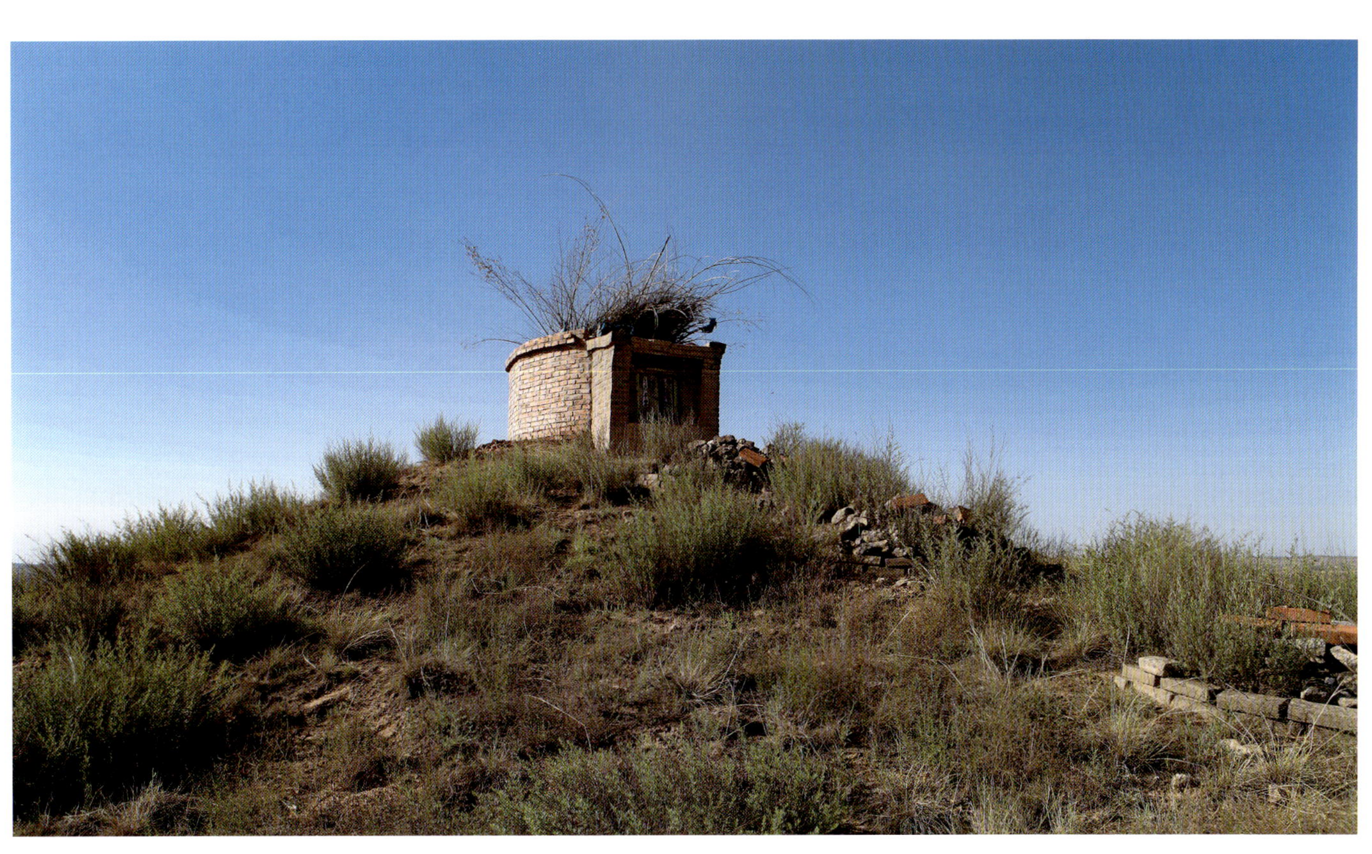

9 达日登敖包

达日登敖包位于准格尔旗沙圪堵镇境内，属努图格敖包。达日登敖包由南北两个大敖包以及小庙、祭祀台、祭祀用房和 11 个守护敖包组成。敖包为砖混水泥建筑，包顶插沙柳树枝，南敖包高 4.84 米，宽 4.7 米；北敖包高 4.84 米，宽 3.5 米。守护敖包为小砖堆，高 0.4 米，宽 1.1 米。

祭祀方向： 东南

祭祀时间： 鄂尔多斯历八月十三日（农历五月十三日）

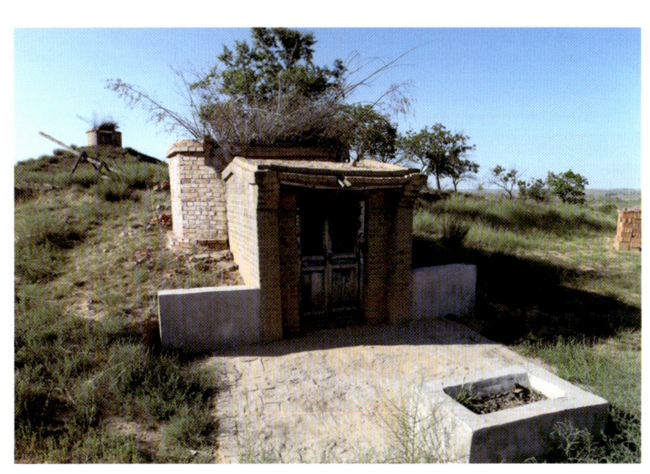

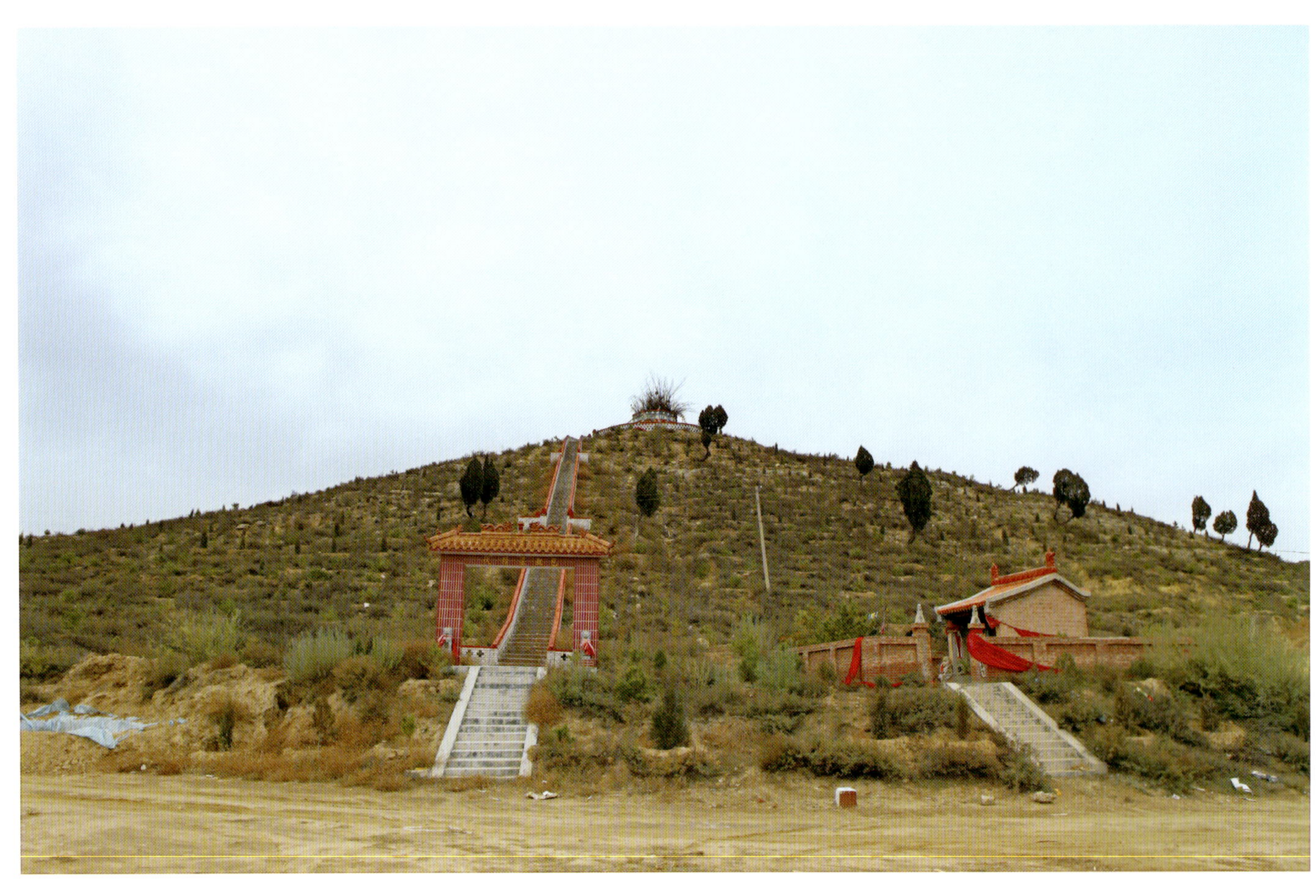

10 呼热希里敖包

呼热希里敖包位于准格尔旗沙圪堵镇境内，属努图格敖包。呼热希里敖包由敖包、围墙、祭祀台和一座小庙组成。敖包为三层砖混水泥塔式建筑，包顶插沙柳树枝，高6.21米，宽7.2米。

祭祀方向： 东南

祭祀时间： 鄂尔多斯历九月初四日（农历六月初四日）

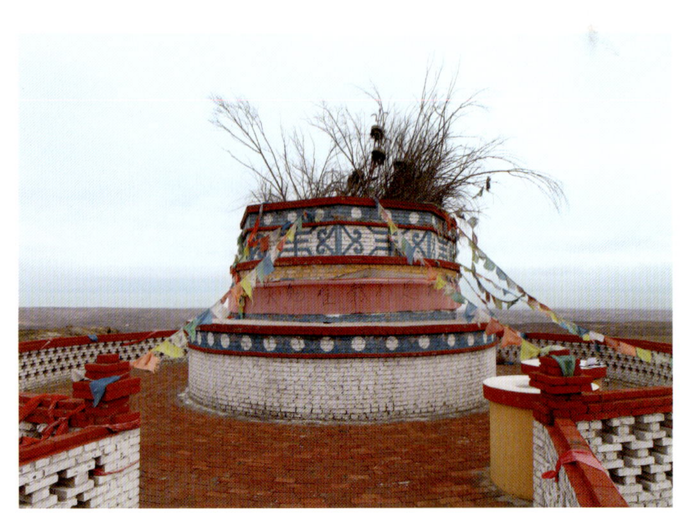

11 查干敖包

查干敖包位于准格尔旗暖水乡境内，属努图格敖包。查干敖包由主敖包、祭祀台和 12 个守护敖包组成。主敖包为砖混水泥建筑，包顶插苏勒德和沙柳树枝，高 5.65 米，宽 4.4 米；守护敖包为砖混水泥建筑，包顶插沙柳树枝，高 3.02 米，宽 1 米。

祭祀方向：南

祭祀时间：鄂尔多斯历八月十三日（农历五月十三日）

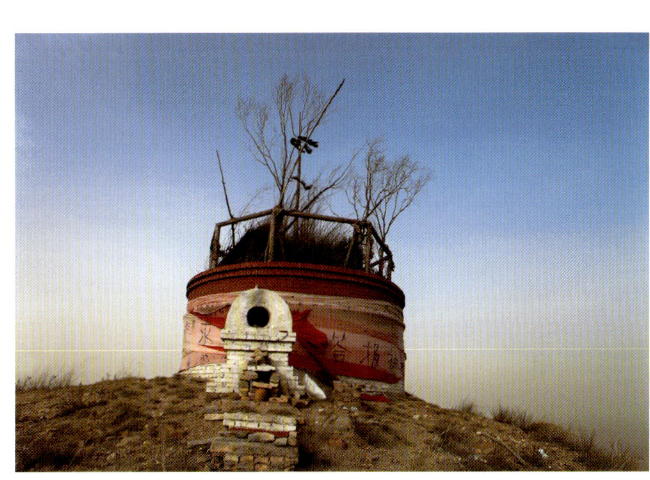

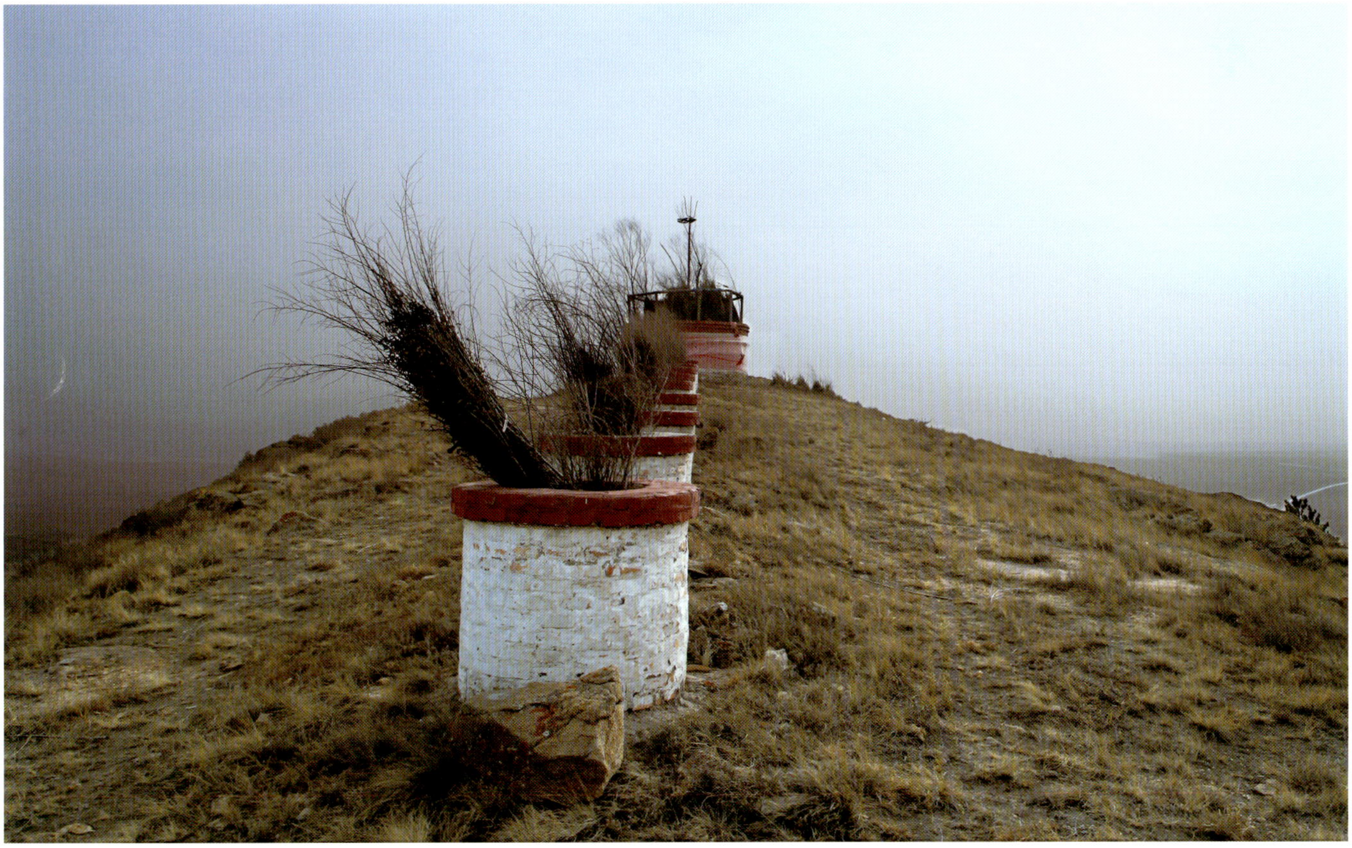

12 查干敖包

查干敖包位于准格尔旗准格尔召镇境内，属庙敖包。查干敖包由敖包、供台、祭祀台和围墙组成。敖包为两层砖混水泥塔式建筑，包顶插苏勒德和沙柳树枝，高6.33米，宽6.04米。

祭祀方向： 西北

祭祀时间： 鄂尔多斯历八月十五日（农历五月十五日）；鄂尔多斯历十月初十日（农历七月初十日）

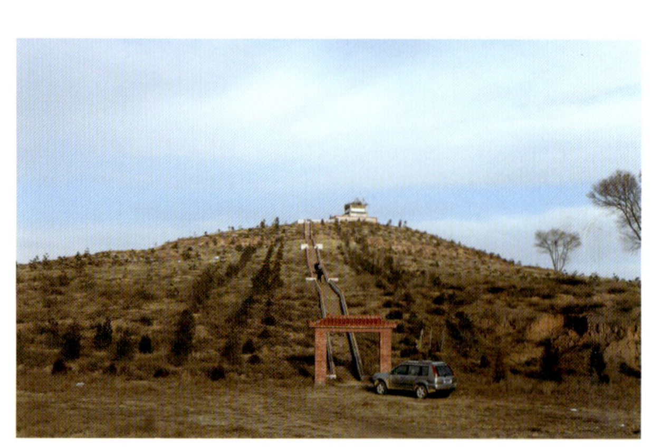

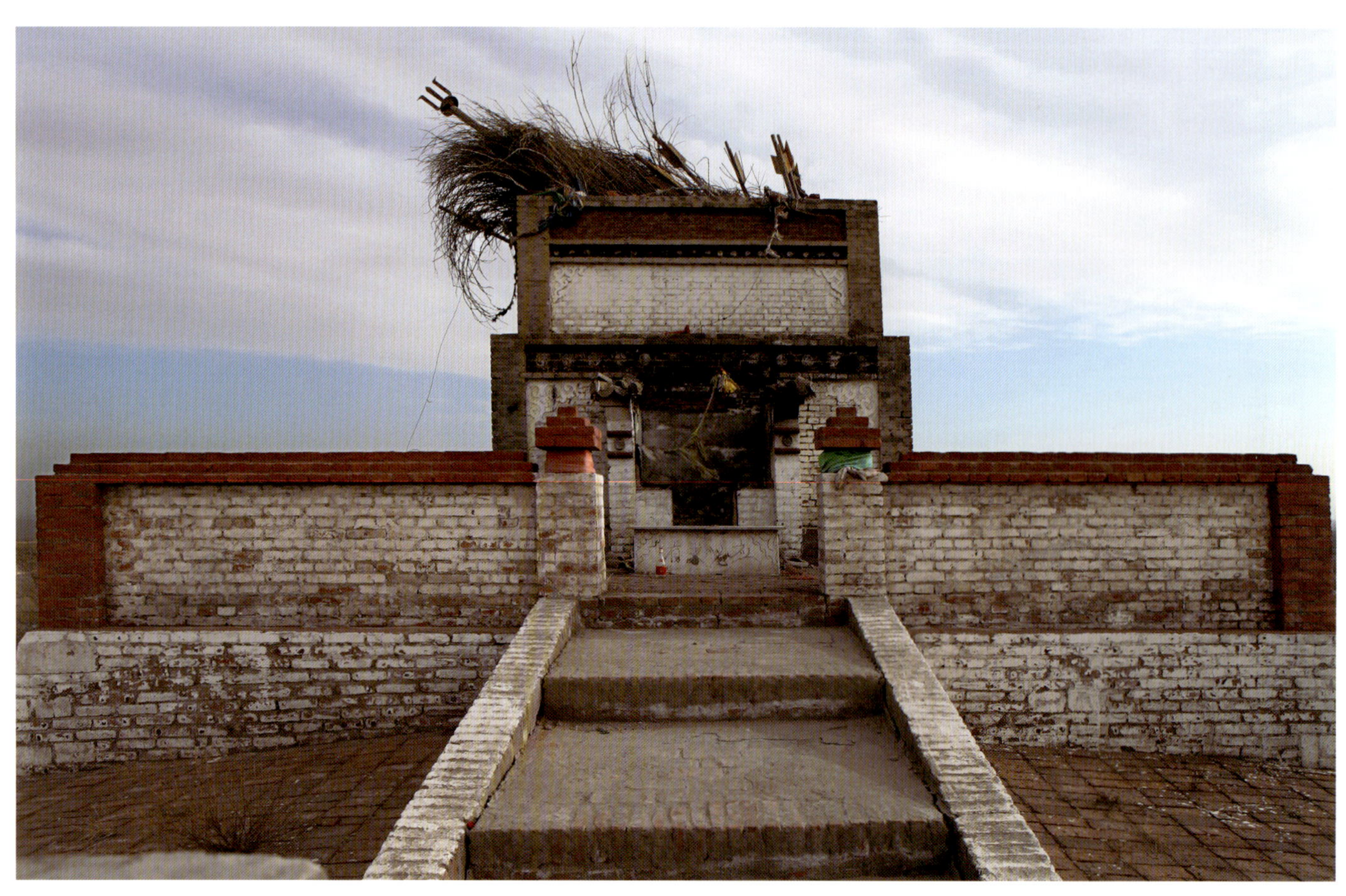

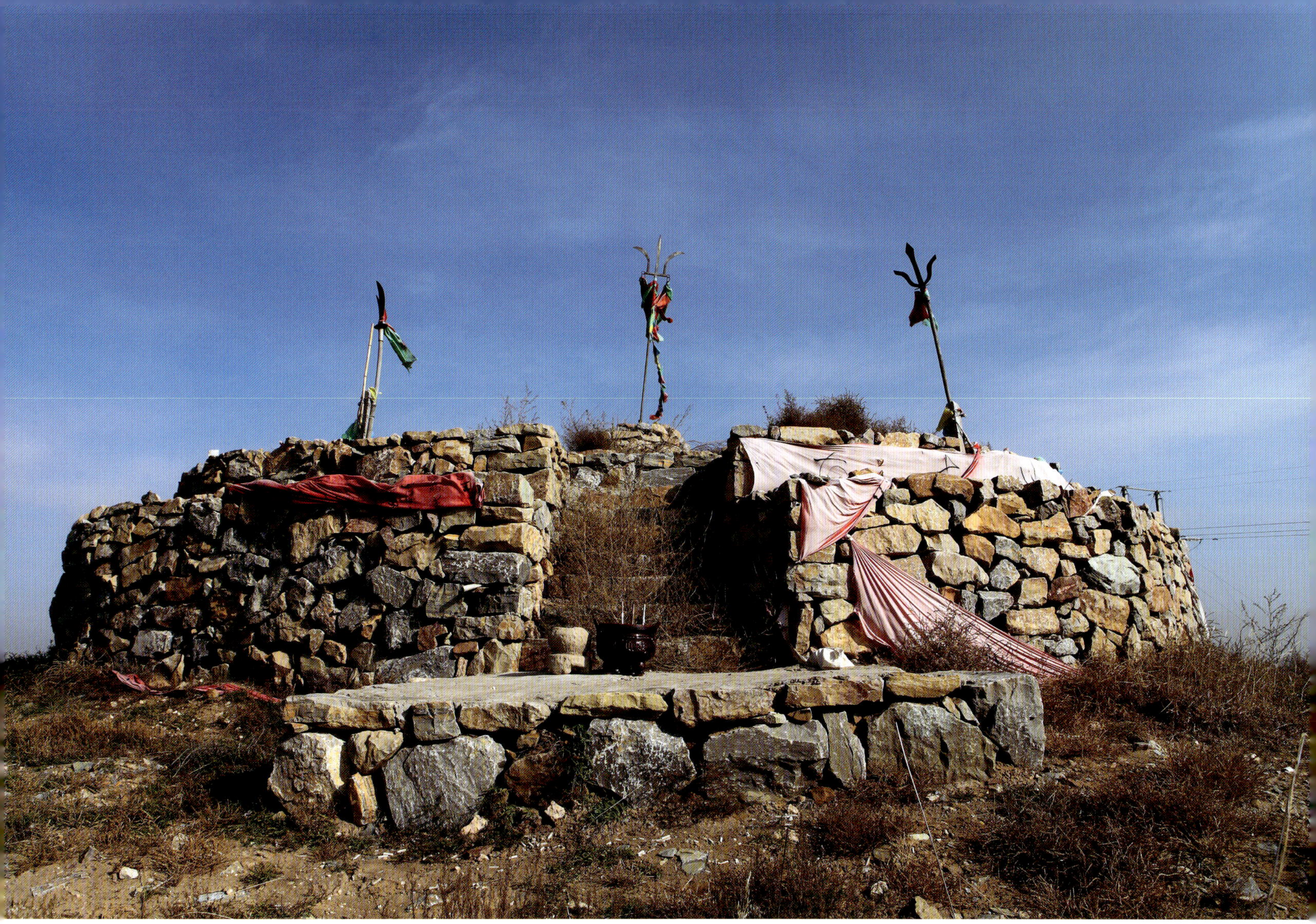

13 特格敖包

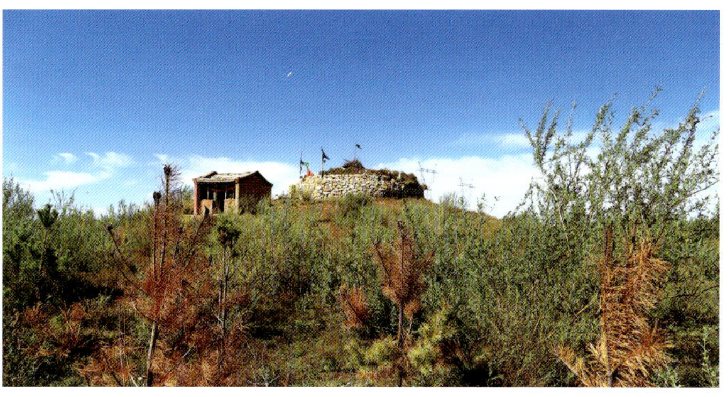

特格敖包位于准格尔旗大路镇境内，属镇邪敖包。特格敖包由敖包和一座小庙组成。敖包为四层塔式石头建筑，包顶插苏勒德，高 5.25 米，宽 12 米。

祭祀方向： 西南

祭祀时间： 鄂尔多斯历八月十三日（农历五月十三日）

传说马化龙为首的土匪从宁夏一路掠夺钱财到此处时，远远看到特格敖包梁上军队在练兵，于是马化龙不敢继续往前撤了回去。

ᠲᠠᠪᠤ

ᠡᠵᠡᠨ ᠬᠣᠷᠣᠭ᠎ᠠ ᠬᠣᠰᠢᠭᠤ

伍

伊金霍洛旗

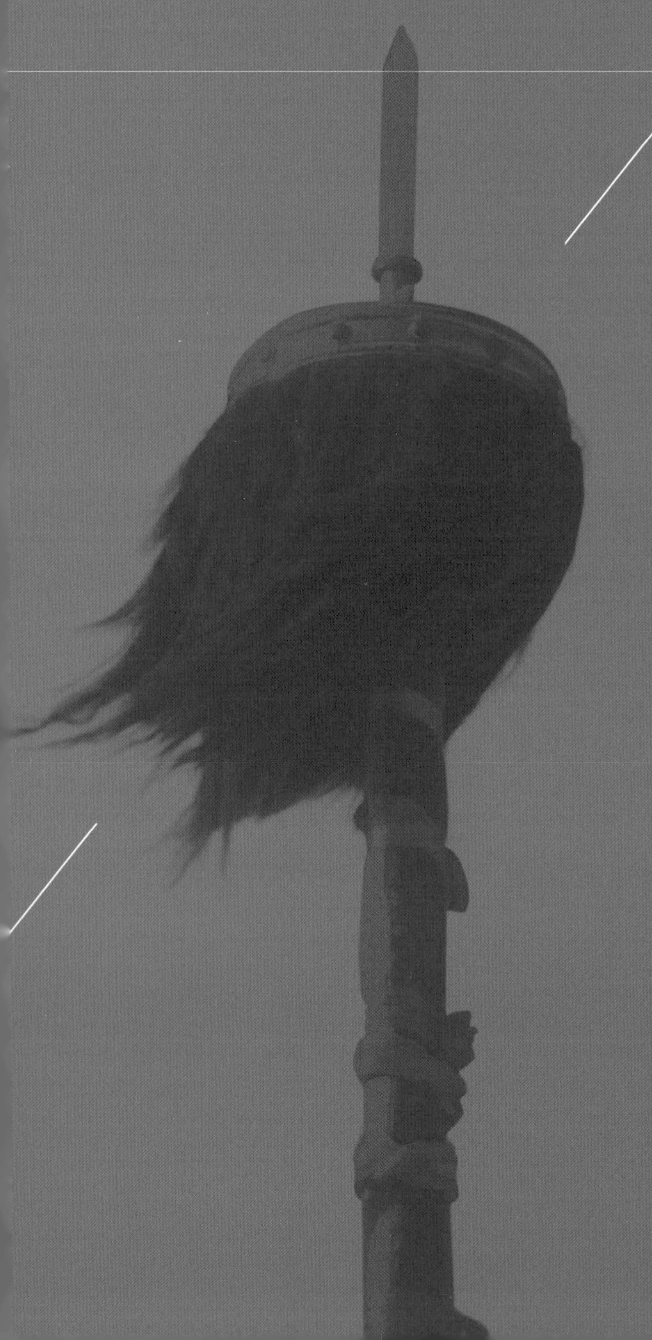

1 稍荣敖包

稍荣敖包亦称道劳岱敖包，位于伊金霍洛旗苏布尔嘎镇境内，属会盟敖包。稍荣敖包建在被称为道劳岱的砂岩山包上，由南北两个敖包组成，均用石块堆建而成。南敖包为主敖包，包顶插一苏勒德，高2.5米，宽5.6米；北敖包高1.8米，宽5.6米。

祭祀方向：东南

祭祀时间：鄂尔多斯历八月十三日（农历五月十三日）

传说鄂尔多斯历史上七个旗每个旗在这里曾经都建过一个敖包，一共七个敖包，所以蒙古语叫“道劳台”，后来演变为“道劳岱”，是过去伊克昭盟七旗的会盟敖包。

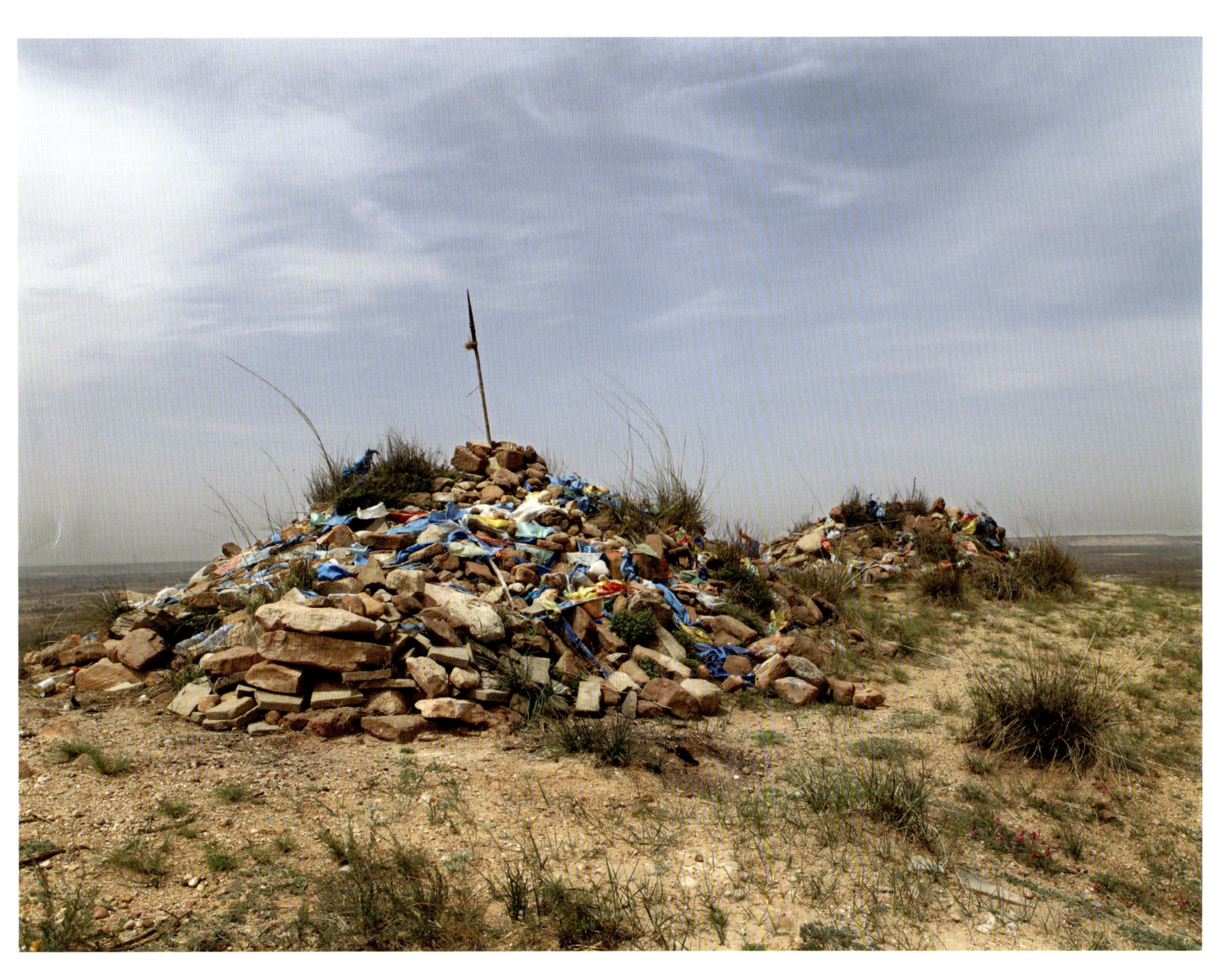

2 都岗敖包

都岗敖包，亦称都岗胡热呼敖包，位于伊金霍洛旗札萨克镇境内，属乌审旗13个胡热呼敖包之一。敖包建在一座突起的梁峁上，由主敖包和12个守护敖包、苏勒德、祭祀用房、禄马风旗祭祀台组成。主敖包用沙柳树枝堆建而成，包顶插一苏勒德，高6.8米，宽7.6米；守护敖包为小石头堆，高0.5米，宽0.8米。

祭祀方向： 东南

祭祀时间： 鄂尔多斯历九月十三日（农历六月十三日）

此地原属乌审旗，设立札萨克旗时都岗敖包所在地的一部分划分给了札萨克旗，札萨克旗和郡王旗合并为现在的伊金霍洛旗，因此这个敖包现归属于伊金霍洛旗。

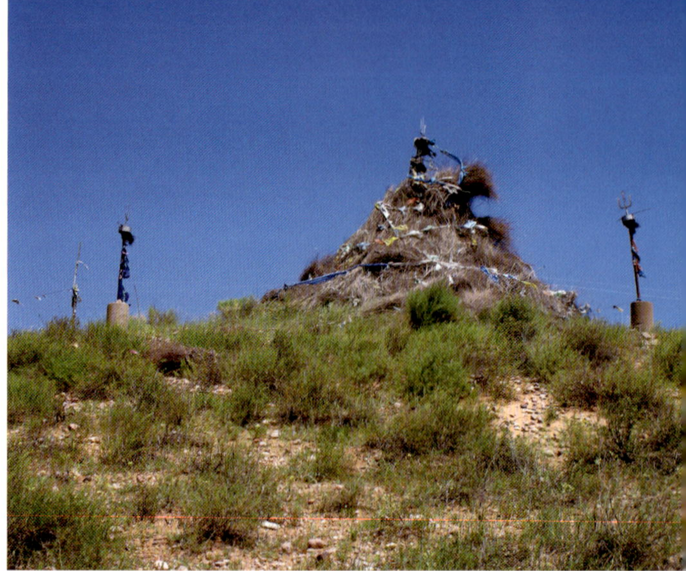

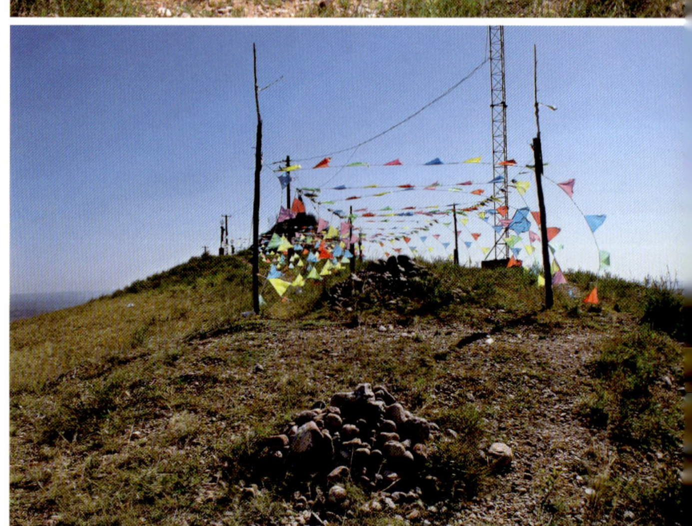

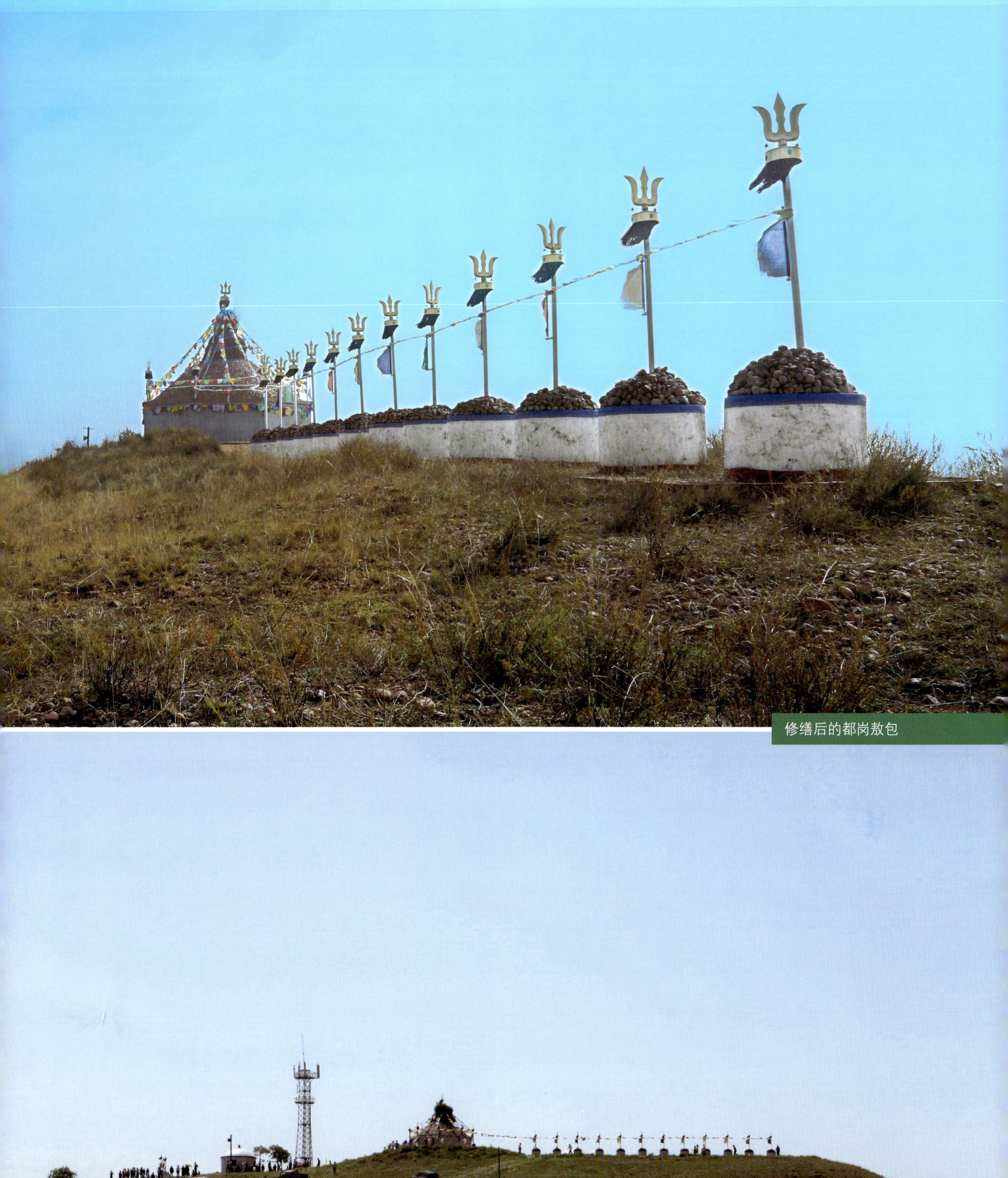

修缮后的都岗敖包

3 乌拉胡热呼敖包

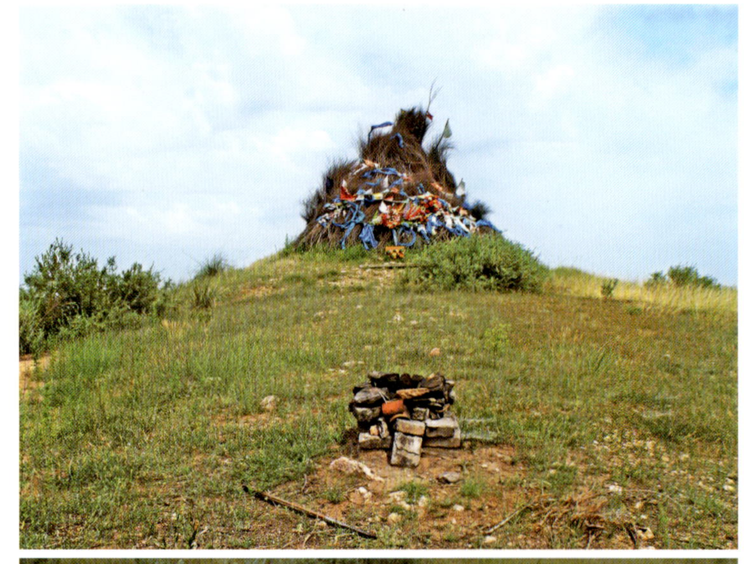

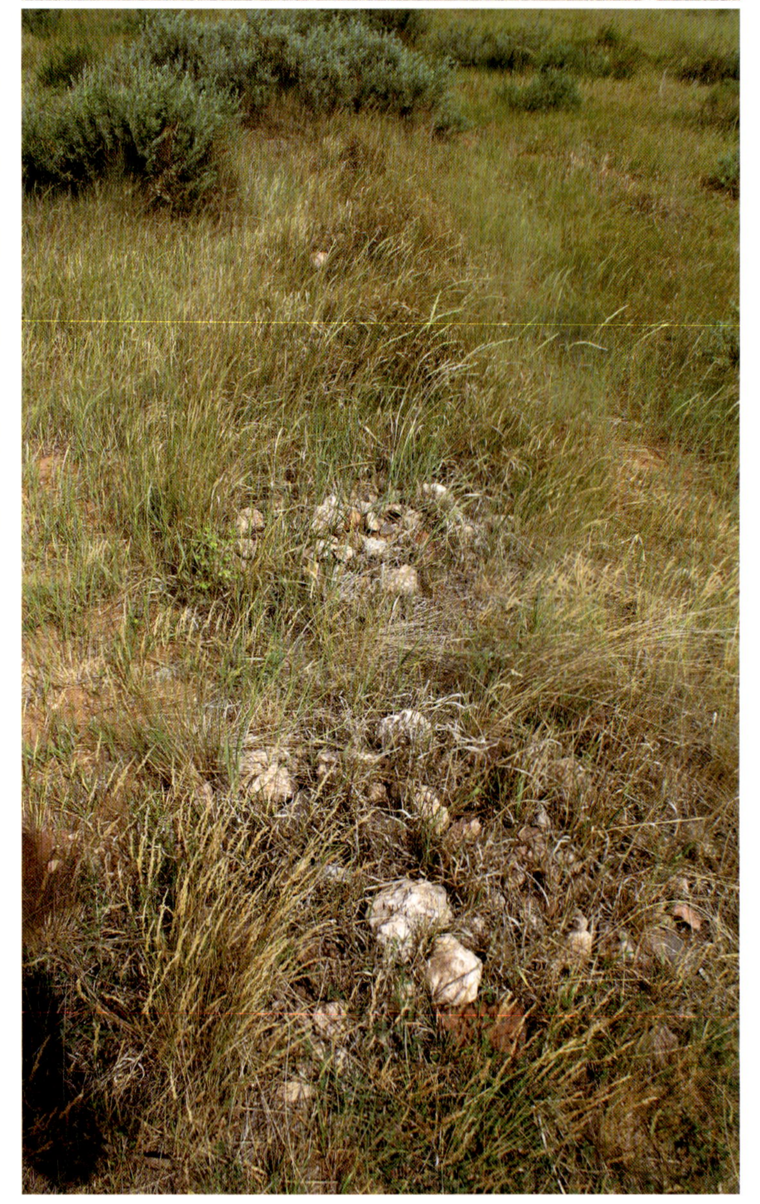

乌拉胡热呼敖包位于伊金霍洛旗札萨克镇境内，属乌审旗13个胡热呼敖包之一。敖包建在乌拉庙后面的高坡上，由主敖包和13个守护敖包、熏香台组成。主敖包用沙柳树枝堆建而成，高6.3米，宽6米；守护敖包为小石头堆，高0.2米，宽0.9米。

祭祀方向： 东南

祭祀时间： 鄂尔多斯历十月初九日（农历七月初九日）

由于设立札萨克旗时，将包括乌拉胡热呼敖包在内的乌审旗部分区域划分给了札萨克旗，后来札萨克旗和郡王旗合并为现在的伊金霍洛旗，因此乌拉胡热呼敖包现归属伊金霍洛旗。

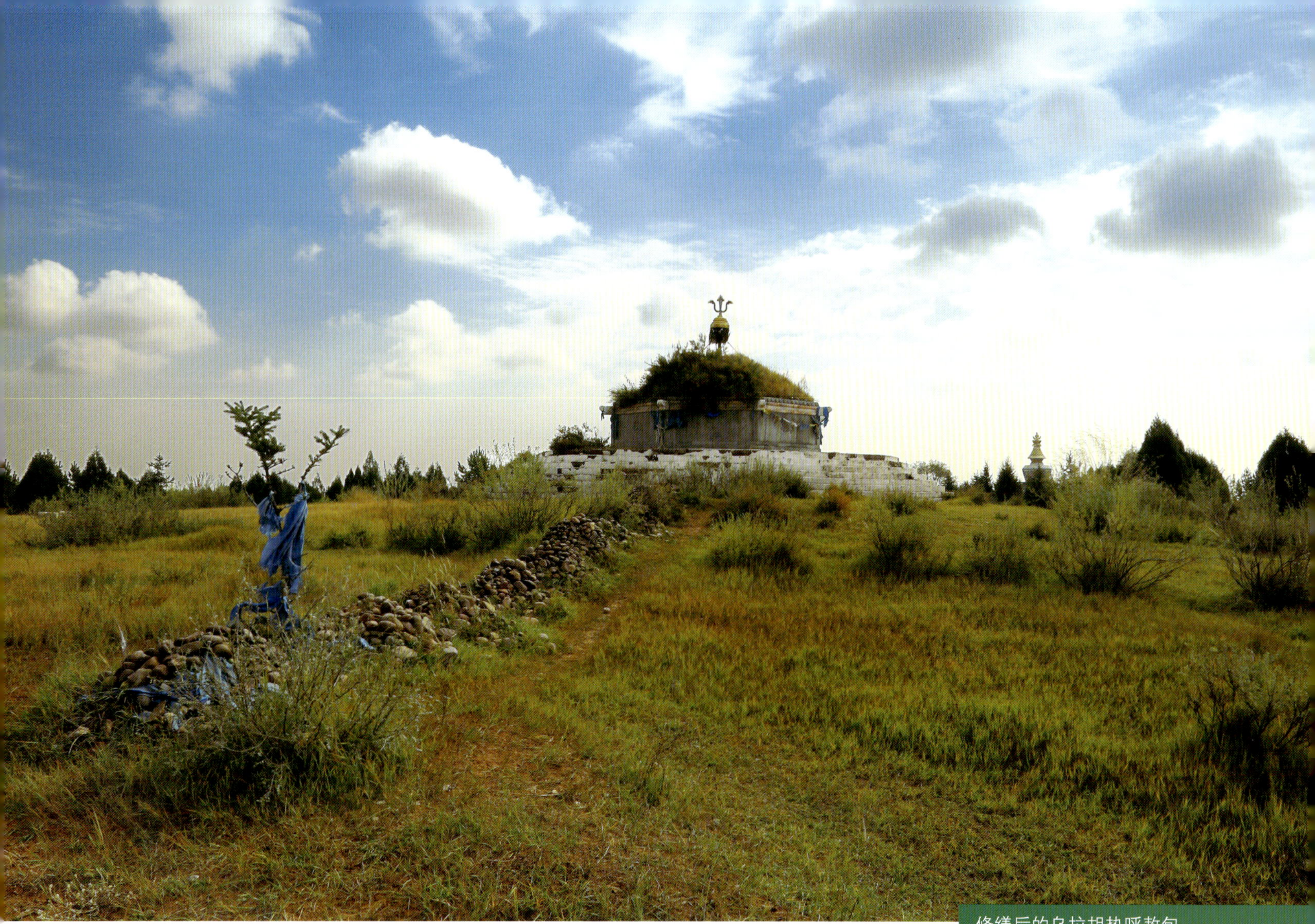

修缮后的乌拉胡热呼敖包

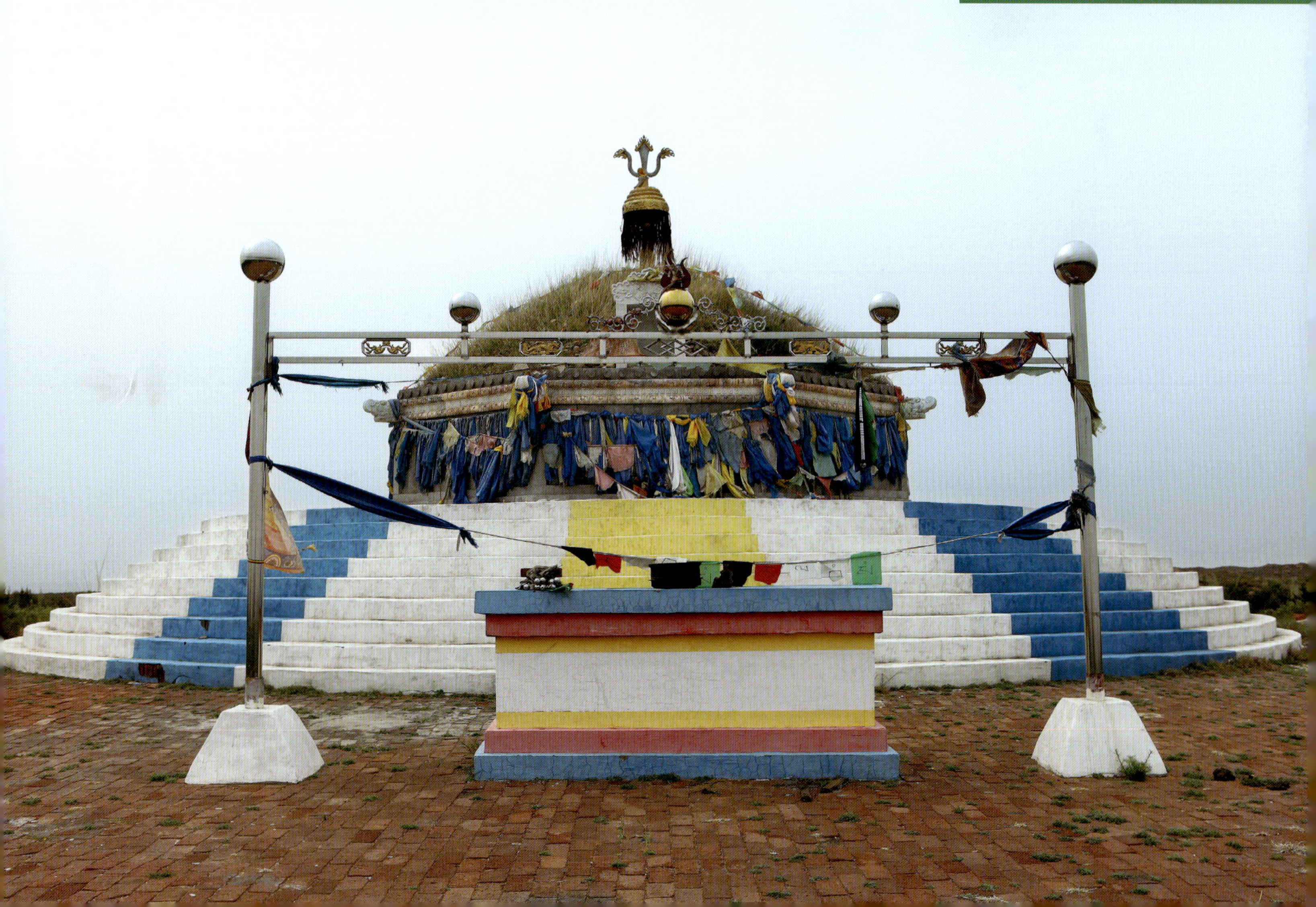

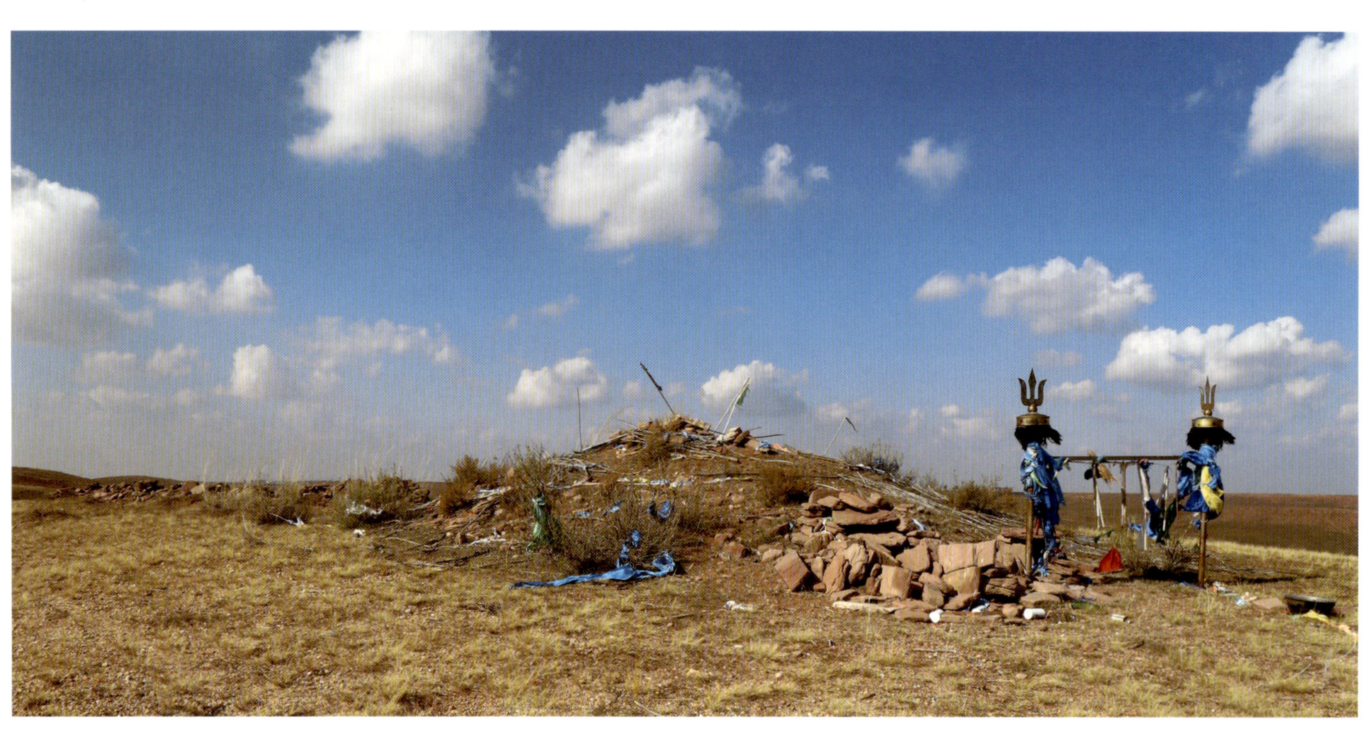

4 珠拉敖包

珠拉敖包，亦称珠拉胡热呼敖包，位于伊金霍洛旗红庆河镇境内，属乌审旗13个胡热呼敖包之一，由主敖包和13个守护敖包、熏香台组成。主敖包用石块堆建而成，包顶插沙柳树枝，高1.8米，宽9.3米；守护敖包亦用石块堆建而成，高0.7~1.2米，宽1.8~2.4米。

祭祀方向： 东南

祭祀时间： 鄂尔多斯历八月十三日（农历五月十三日）

关于珠拉敖包这个名称，据说是过去由于祭祀时敬献很多珠拉（藏语，意为“佛灯”），所以称之为“珠拉敖包”。珠拉胡热呼敖包原属于乌审旗，成立札萨克旗的时候，此敖包所在区域划分给了札萨克旗，后来札萨克旗和郡王旗合并为现在的伊金霍洛旗，因此这个敖包现归属于伊金霍洛旗。

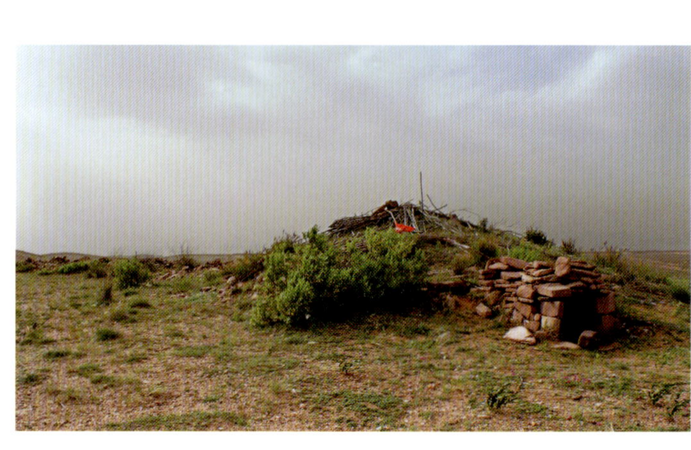

5 阿拉腾甘德尔敖包

阿拉腾甘德尔敖包位于伊金霍洛旗伊金霍洛镇境内，属达尔扈特敖包。敖包建在成吉思汗陵园内灵包院外东南高台上，由主敖包和12个守护敖包、供台、熏炉组成。主敖包为有三层底座的圆形石头建筑，出檐，上面堆满石头，包顶插一个甘吉日（梵语），高3.4米，宽8米；守护敖包为上下出檐的圆形石头建筑，上堆满石头，包顶插一甘吉日，高2.2米，宽1.5米。

祭祀方向：东南

祭祀时间：鄂尔多斯历六月二十一日（农历三月二十一日）和八月十三日（农历五月十三日）

传说当年成吉思汗攻打西夏时路过此地，被这里美丽的草原景色所吸引，无意中手里的马鞭掉在了地上，后来人们认为这是吉祥之地，于是建立了敖包并祭祀。

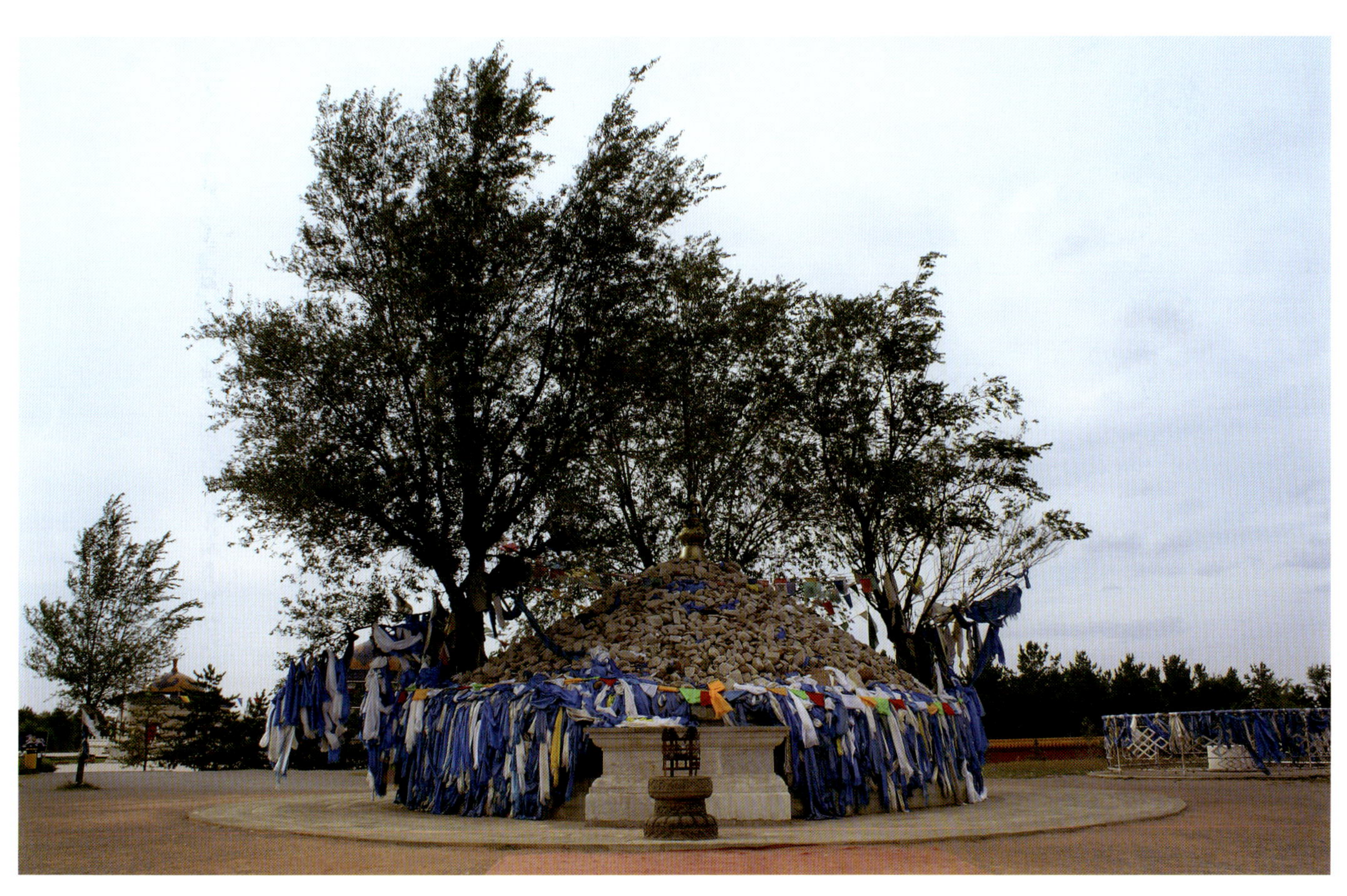

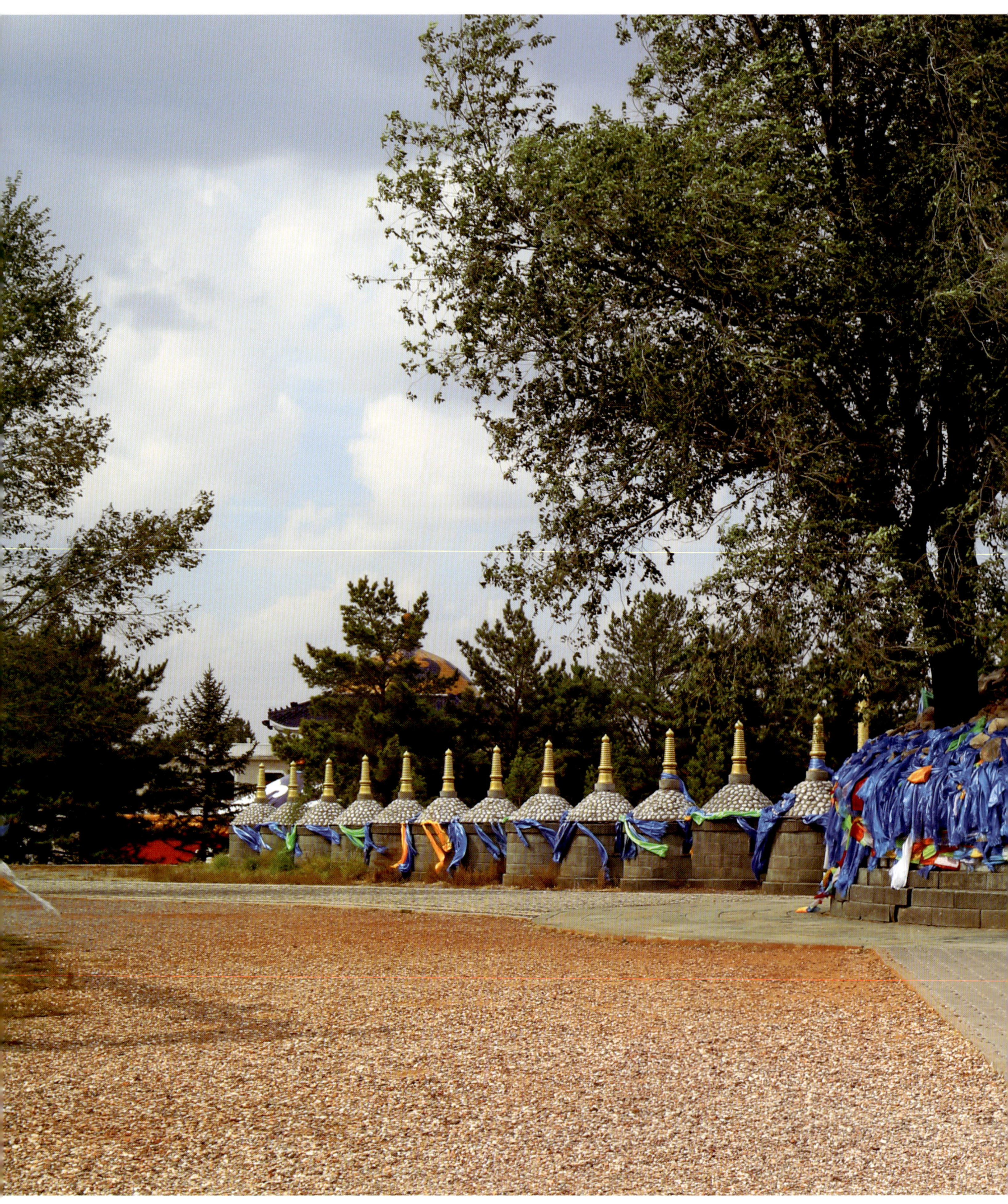

阿拉腾甘德尔敖包

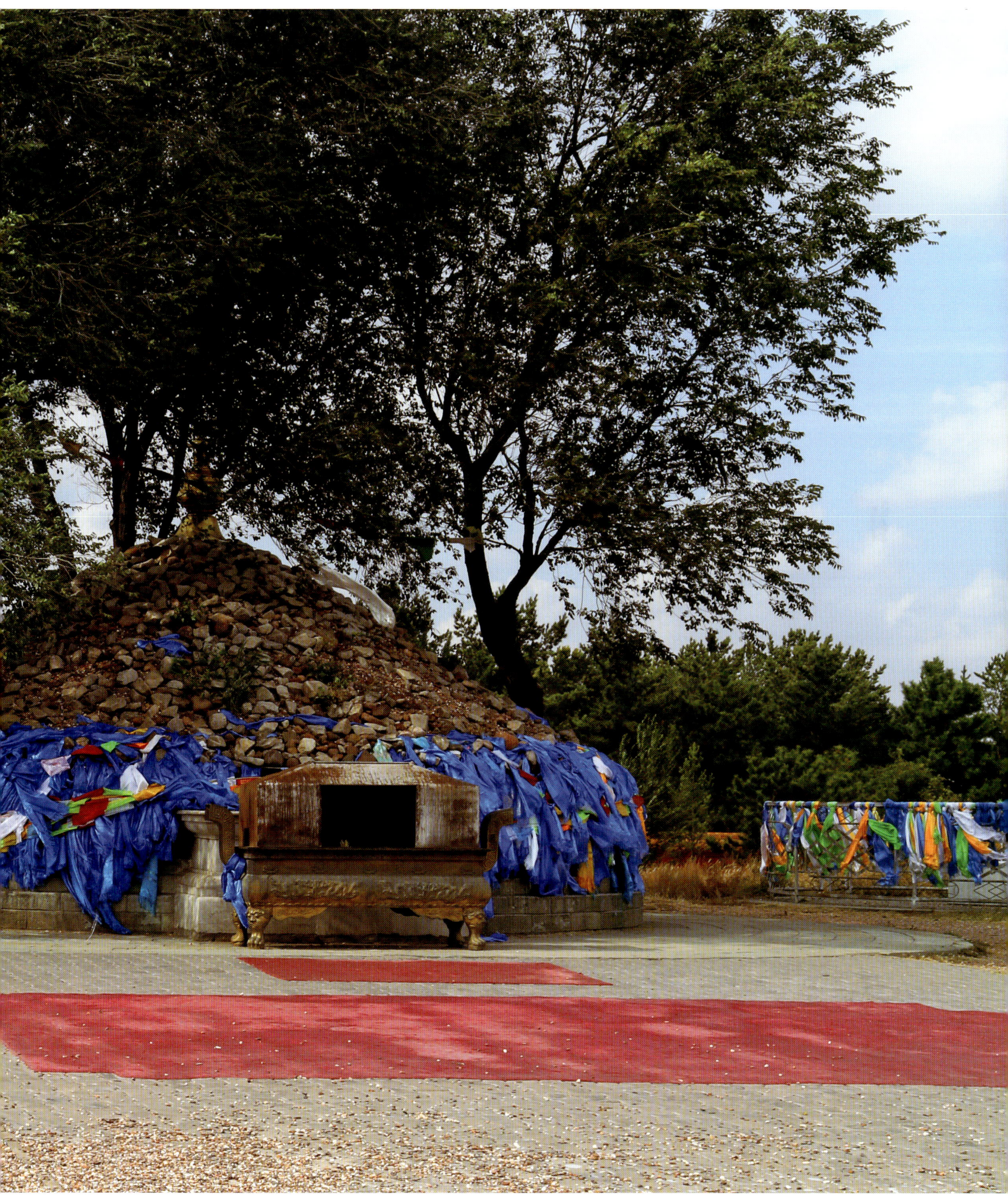

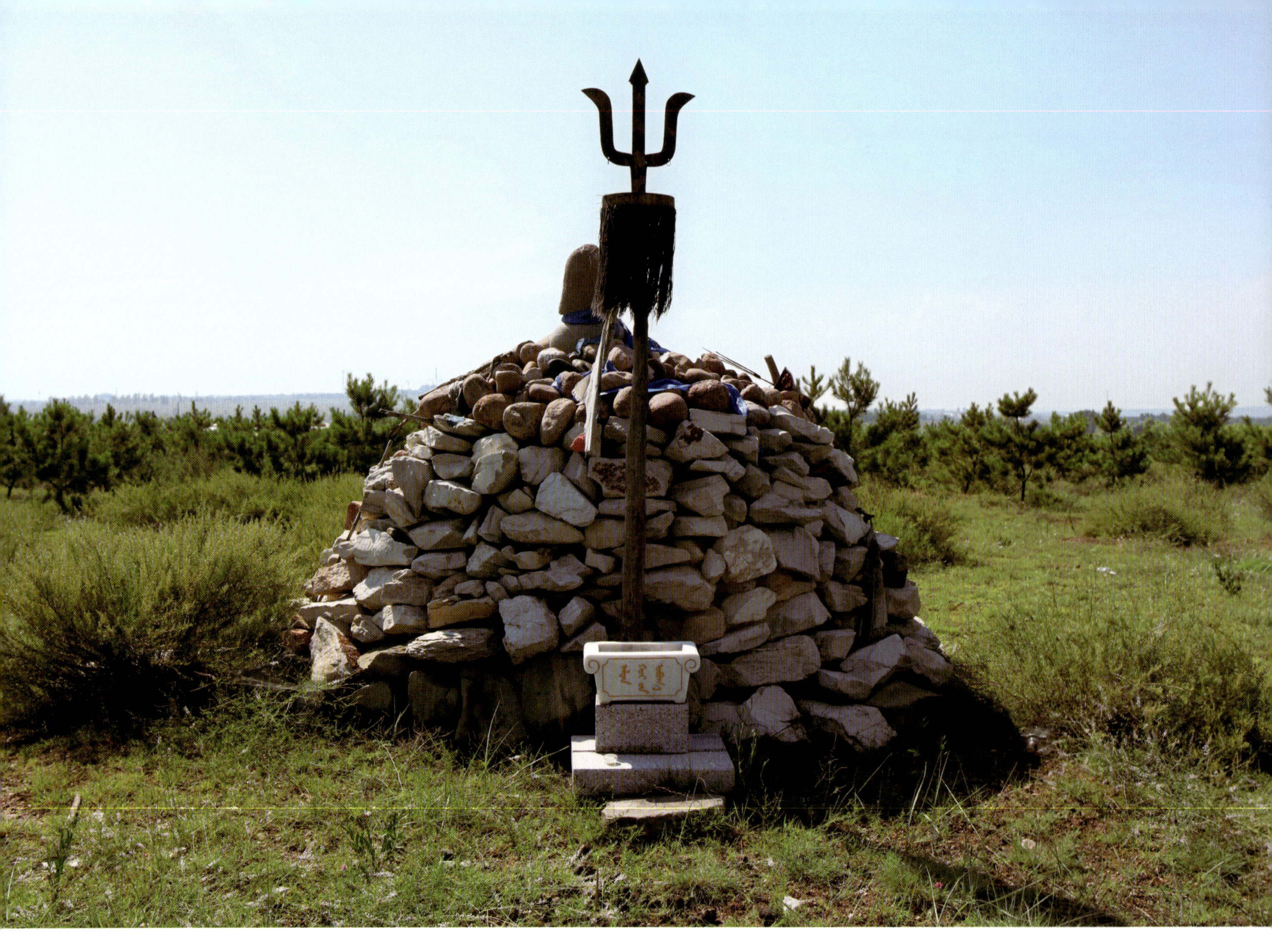

6 阿拉腾呼日敖包

阿拉腾呼日敖包位于伊金霍洛旗伊金霍洛镇境内，属达尔扈特敖包。阿拉腾呼日敖包由敖包、苏勒德、熏香台组成，敖包用石块堆建而成，高 1.8 米，宽 2.5 米。

祭祀方向：东南

祭祀时间：鄂尔多斯历查干月初一日（农历正月初一日）

7 巴音温都尔敖包

巴音温都尔敖包位于伊金霍洛旗伊金霍洛镇境内，属庙敖包。敖包建在公尼召庙东北梁上，由主敖包和 12 个守护敖包、熏香台组成。主敖包用石块堆建而成，包顶插一苏勒德，高 6.5 米，宽 8 米；守护敖包亦用石块堆建而成，包顶插苏勒德，高 4.6 米，宽 1.5 米。

祭祀方向：东南

祭祀时间：鄂尔多斯历八月十三日（农历五月十三日）

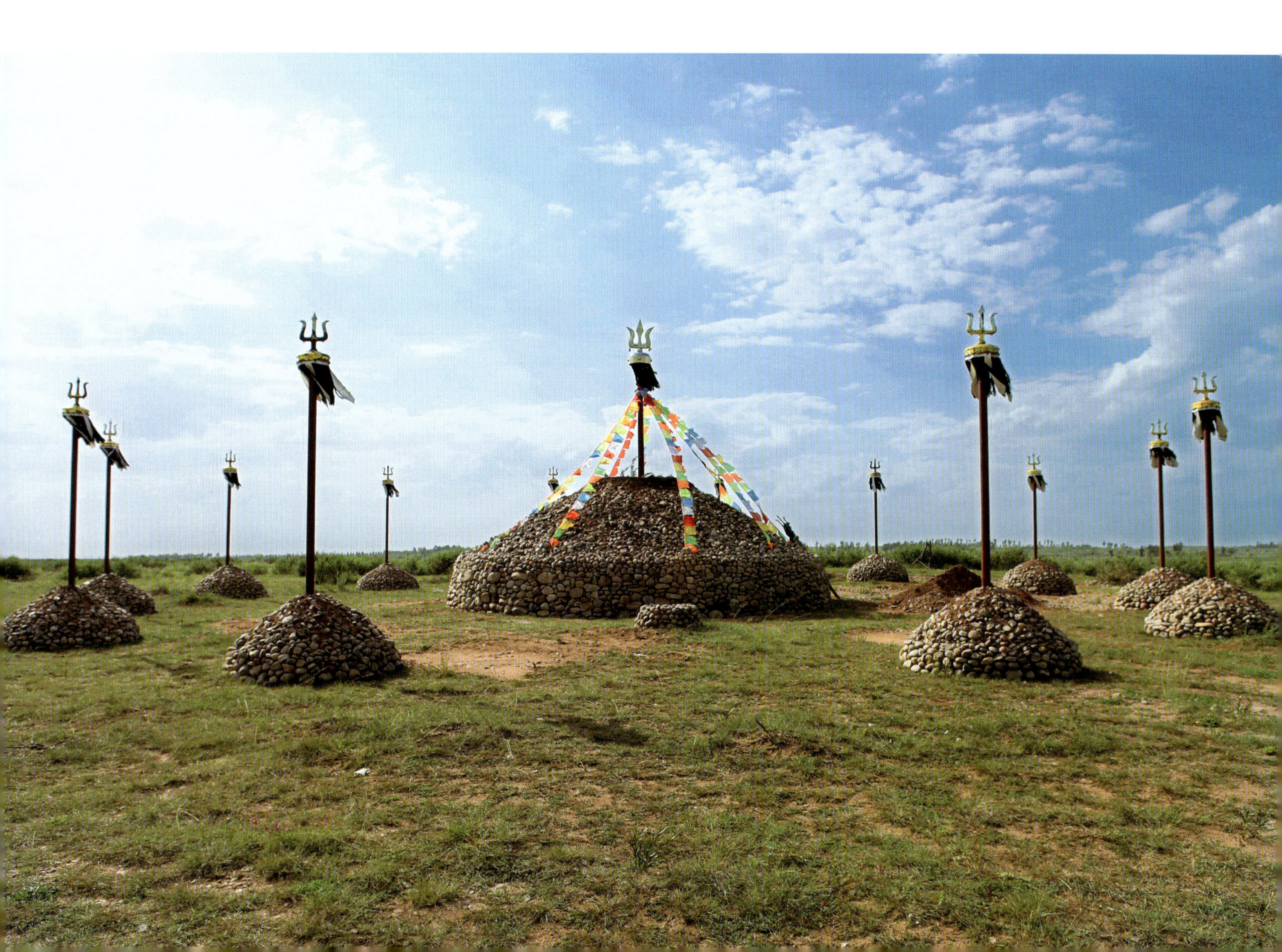

8 宝日陶勒盖敖包

宝日陶勒盖敖包位于伊金霍洛旗伊金霍洛镇境内，属达尔扈特敖包。敖包建在平地上，由敖包、禄马风旗祭祀台组成。敖包用石块堆建而成，高2.7米，宽3.9米。

祭祀方向：东南

祭祀时间：鄂尔多斯历查干月初三日（农历正月初三日）

传说这里曾经是祭祀盛有成吉思汗九十九匹白骒马马奶的圣奶桶——“宝日温都尔”的地方，所以称为“宝日陶勒盖敖包”

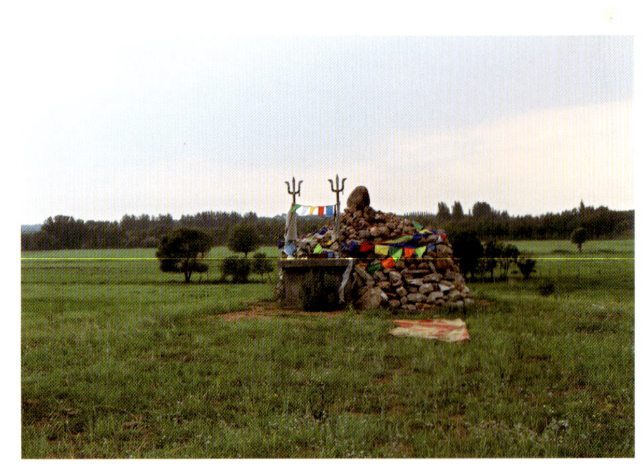

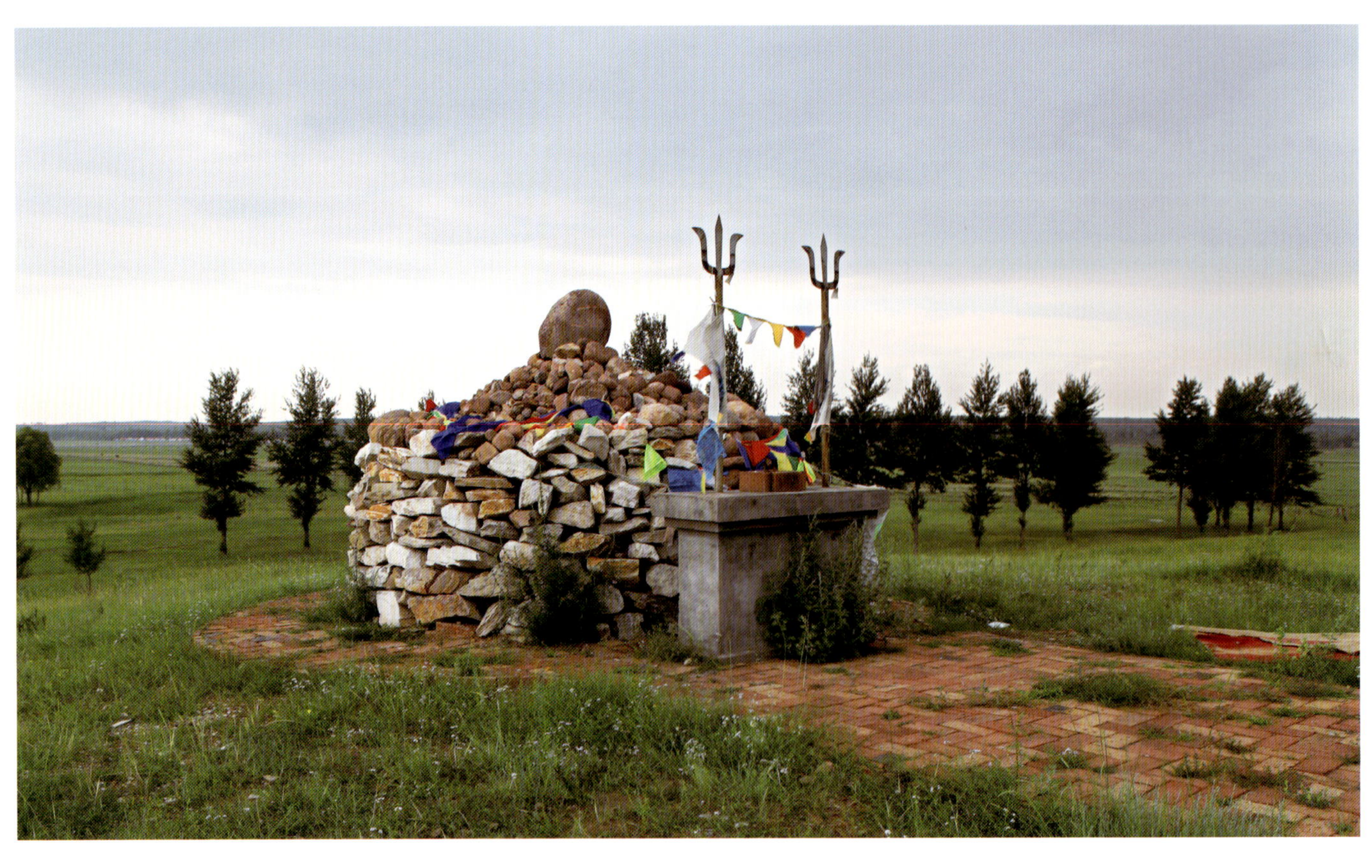

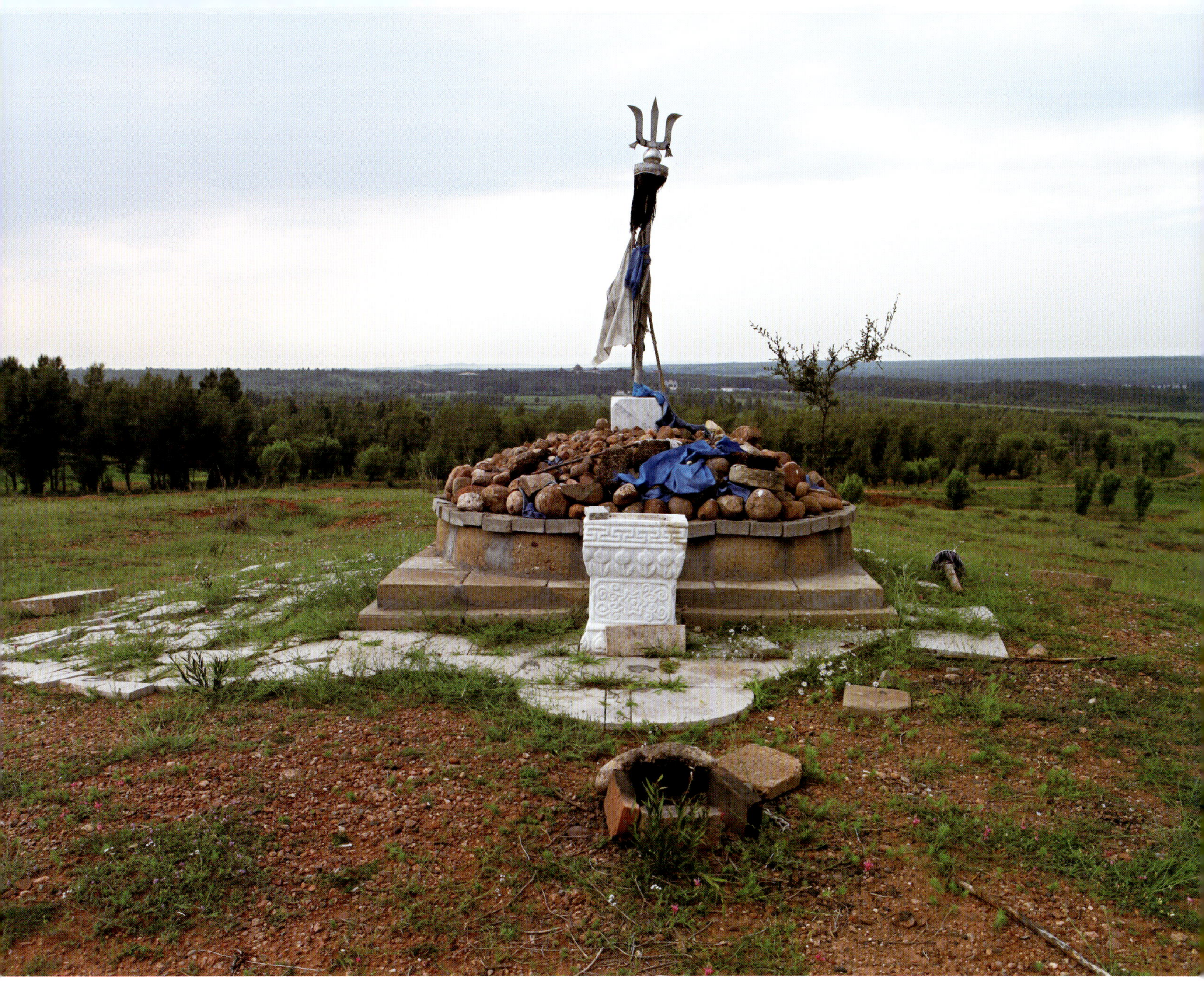

9 高召嘎尔敖包

高召嘎尔敖包位于伊金霍洛旗伊金霍洛镇境内，属达尔扈特司火者敖包。敖包建在石子梁峁上，由敖包和熏香台组成。敖包为建在两层方形基座上的圆形砖混水泥建筑，上出檐，上面堆满石头，包顶竖立一苏勒德，高 2.36 米，宽 2.42 米。

祭祀方向： 东南

祭祀时间： 鄂尔多斯历查干月初三日（农历正月初三日）和八月十三日（农历五月十三日）

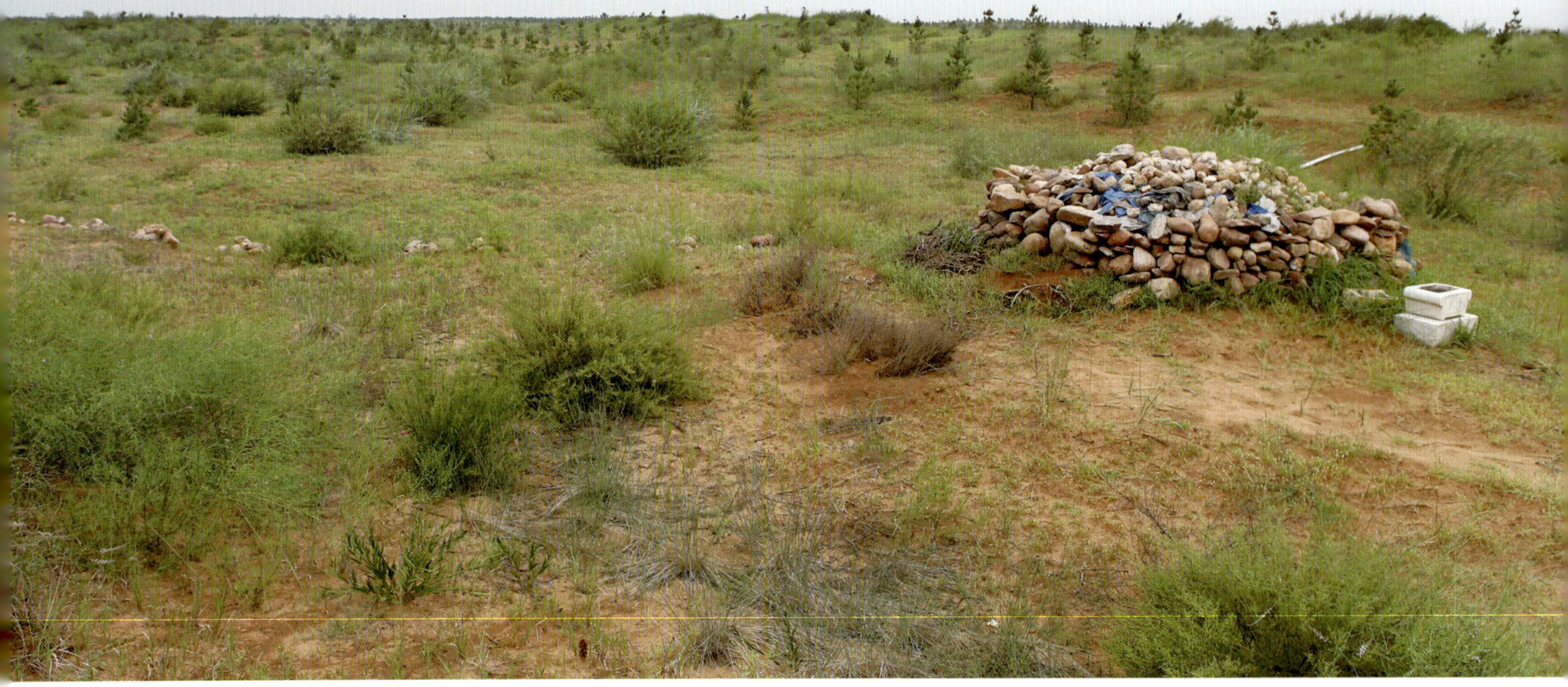

10 哈日敖包

哈日敖包位于伊金霍洛旗伊金霍洛镇境内，属努图格敖包。哈日敖包由主敖包和 11 个守护敖包、熏香台组成，主敖包用石块堆建而成，高 0.96 米，宽 3.2 米；守护敖包为小石头堆，高 0.15 米，宽 0.4 米。

祭祀方向： 东南

祭祀时间： 鄂尔多斯历查干月初三日（农历正月初三日）和八月十三日（农历五月十三日）

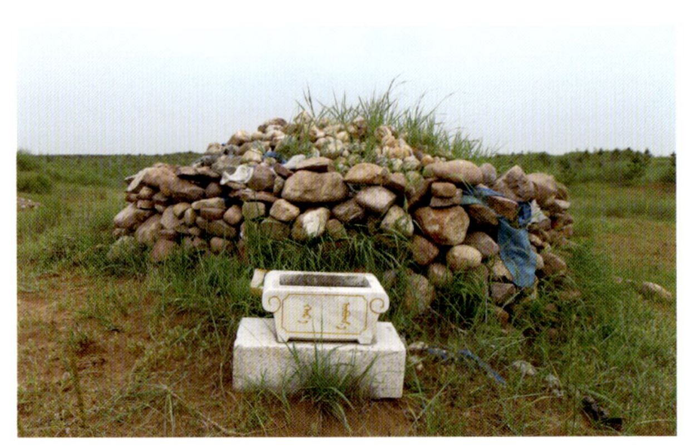

11 哈西拉嘎敖包

哈西拉嘎敖包位于伊金霍洛旗伊金霍洛镇境内，属努图格敖包。哈西拉嘎敖包由主敖包和12个守护敖包及熏香台、供台、禄马风旗祭祀台组成。主敖包为八角形砖混水泥建筑，出檐，上面堆满石头，包顶插树枝，高2.5米，宽4.6米；守护敖包为圆形砖混水泥建筑，中间堆满石头，高0.4米，宽1米。

祭祀方向：东南

祭祀时间：鄂尔多斯历九月十一日（农历六月十一日）

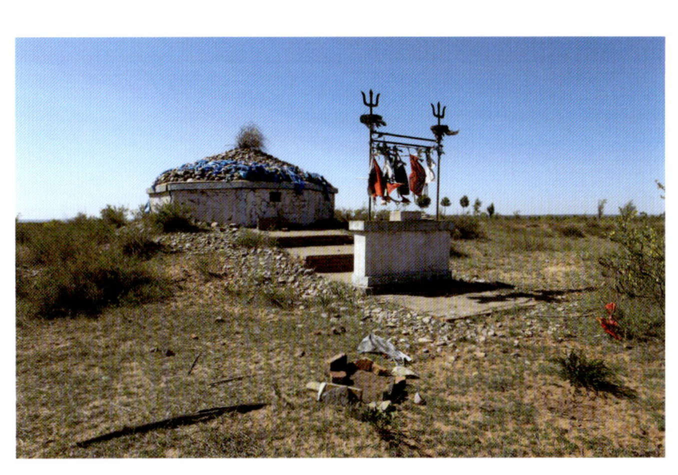

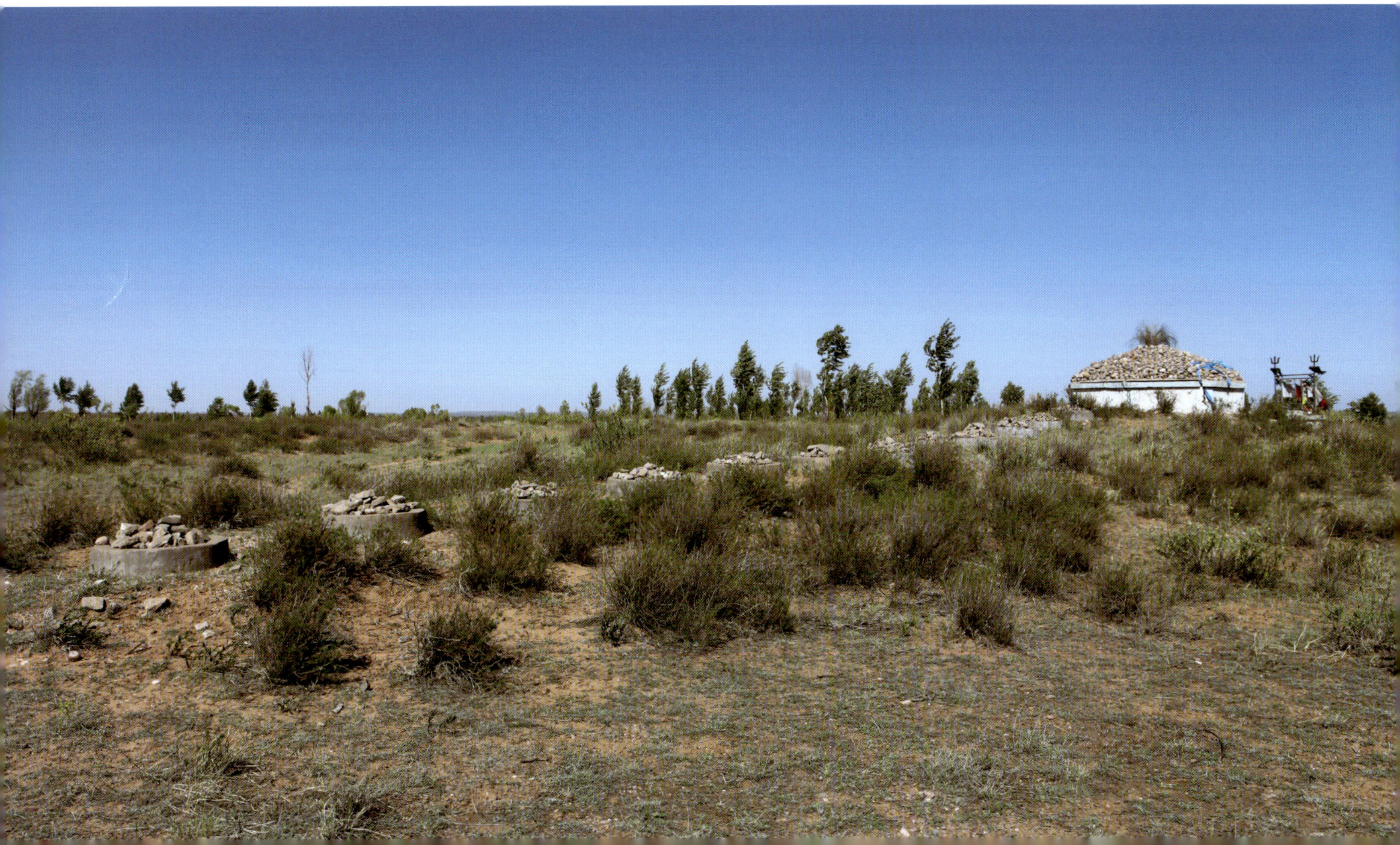

12 喇嘛敖包

喇嘛敖包位于伊金霍洛旗伊金霍洛镇境内，属庙敖包。喇嘛敖包建在公尼召庙西北的梁峁上，由主敖包和 12 个守护敖包及熏香台组成。主敖包是用沙石和大石块堆建成两层，包顶插一苏勒德，高 6.5 米，宽 7 米；守护敖包用石块堆建而成，包顶插一苏勒德，高 3.5 米，宽 1.1 米。

祭祀方向： 东南

祭祀时间： 鄂尔多斯历八月十三日（农历五月十三日）

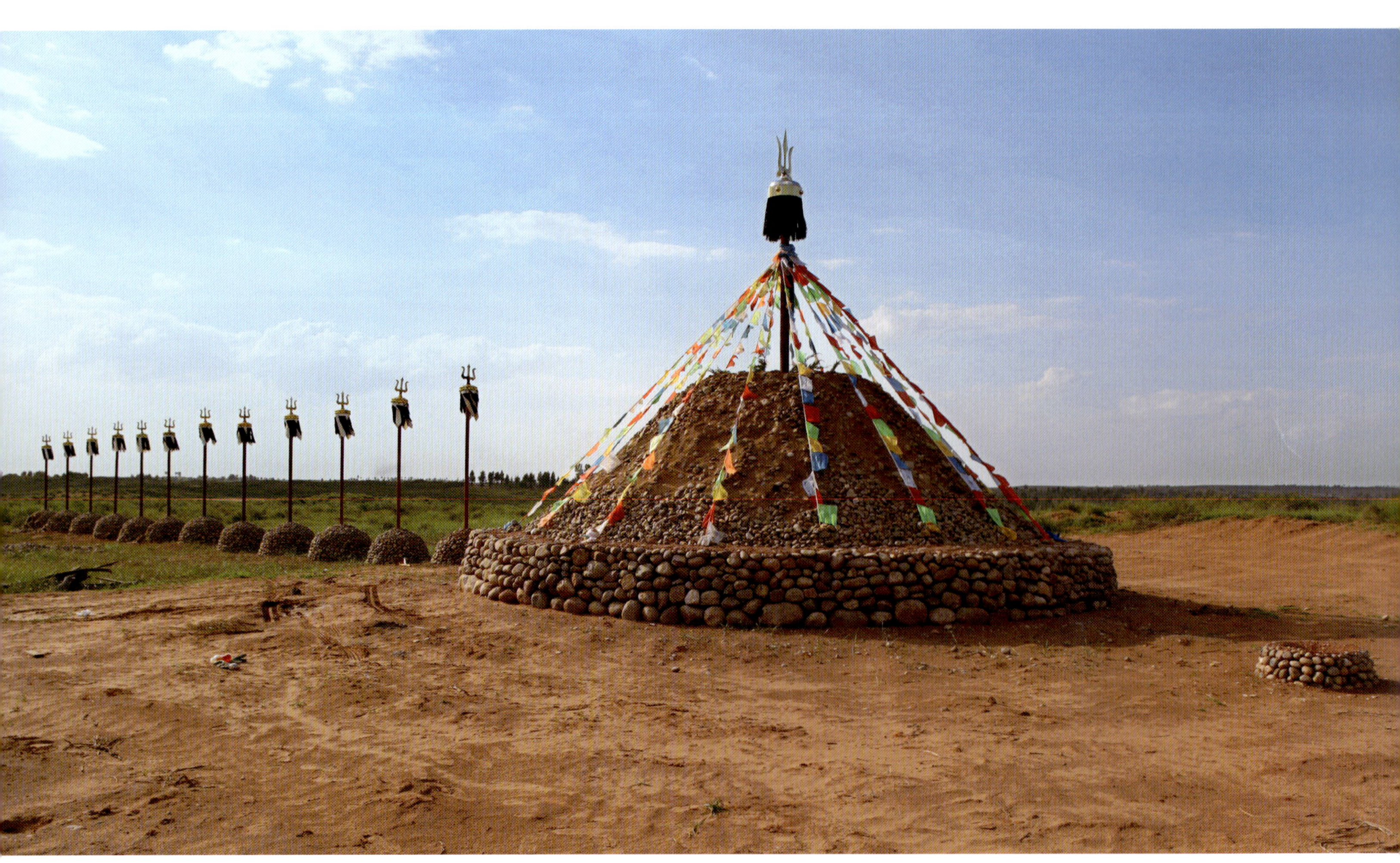

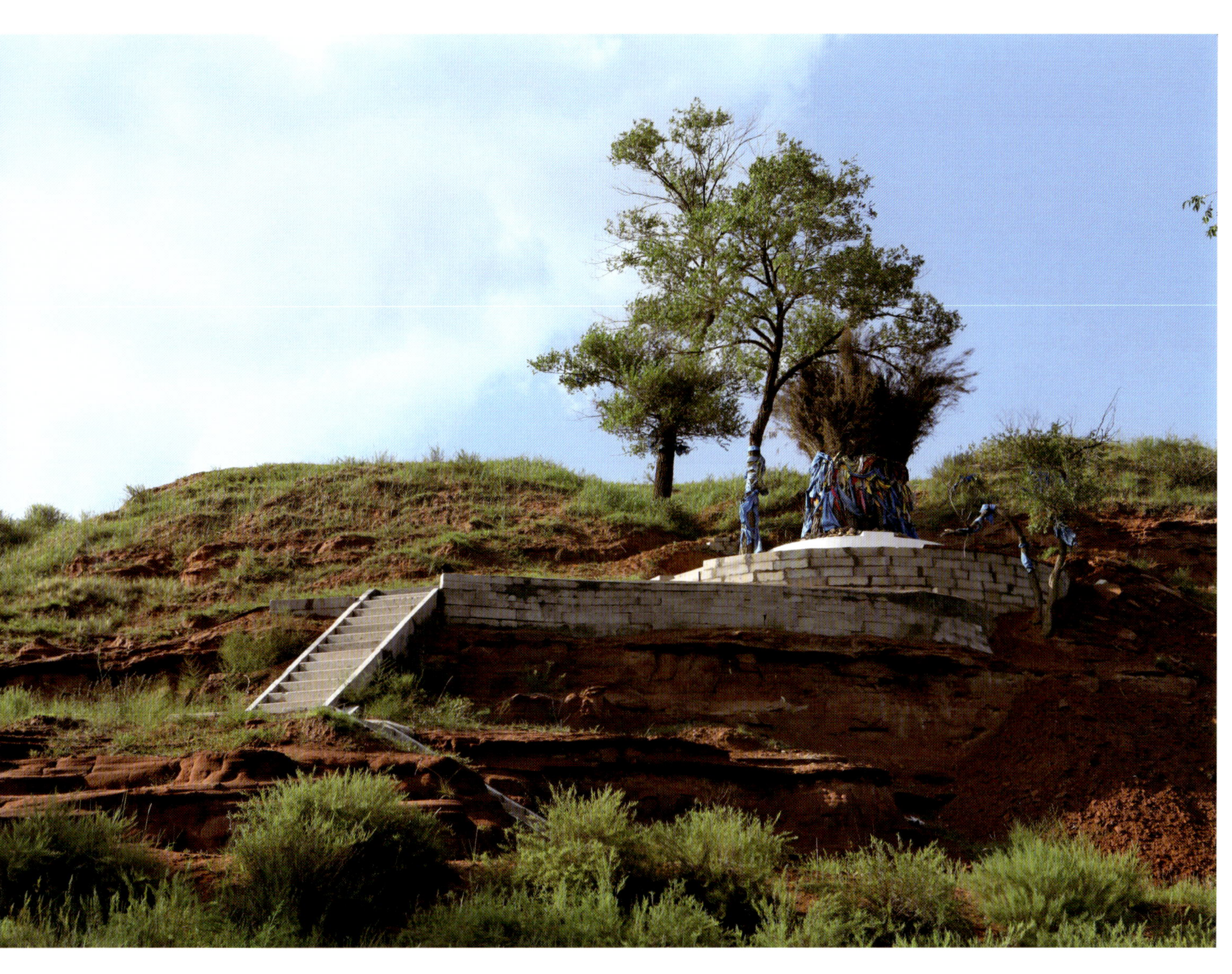

13 其日贝庙敖包

其日贝庙敖包位于伊金霍洛旗伊金霍洛镇境内，属达尔扈特庙敖包。敖包建在其日贝庙西北的红砂岩半坡上，由敖包和熏香台组成。敖包为建在半圆形基座上的圆形砖混水泥、石头建筑，上面堆满石头，基座有步梯，包顶插沙柳树枝，高3.9米，宽3.8米。

祭祀方向： 正南

祭祀时间： 鄂尔多斯历八月十三日（农历五月十三日）

14 赛乌奈格图敖包

赛乌奈格图敖包位于伊金霍洛旗伊金霍洛镇境内，属努图格敖包。敖包建在一独立隆起的山上，由敖包和供桌组成。敖包用沙石堆建而成，上面满铺沙柳树枝，正中央插一苏勒德，高 7.5 米，宽 12 米。

祭祀方向： 东南

祭祀时间： 鄂尔多斯历查干月初一日（农历正月初一日）和八月十三日（农历五月十三日）

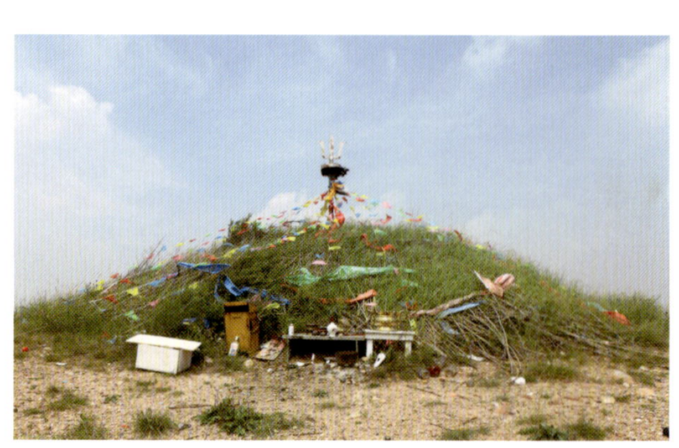

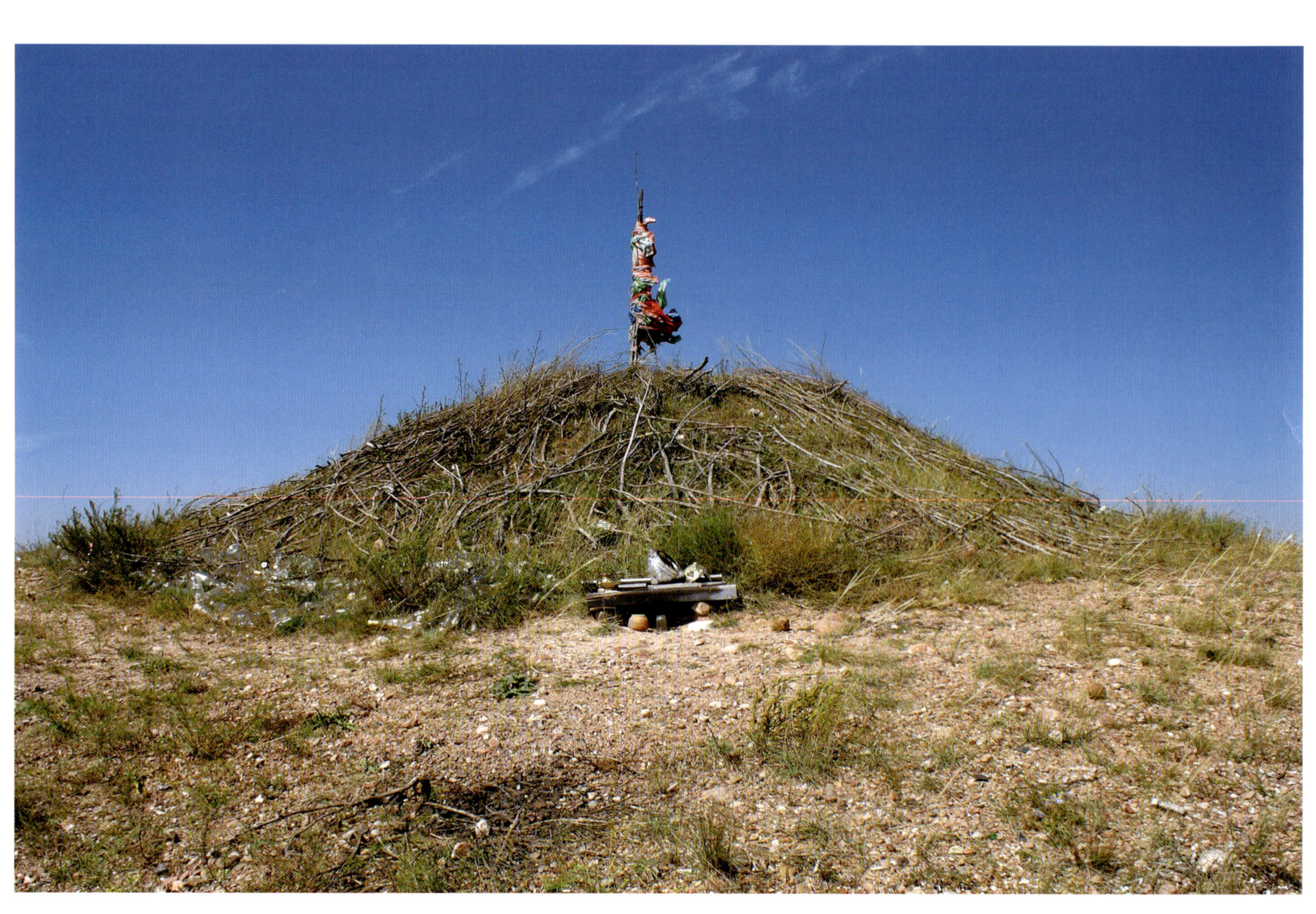

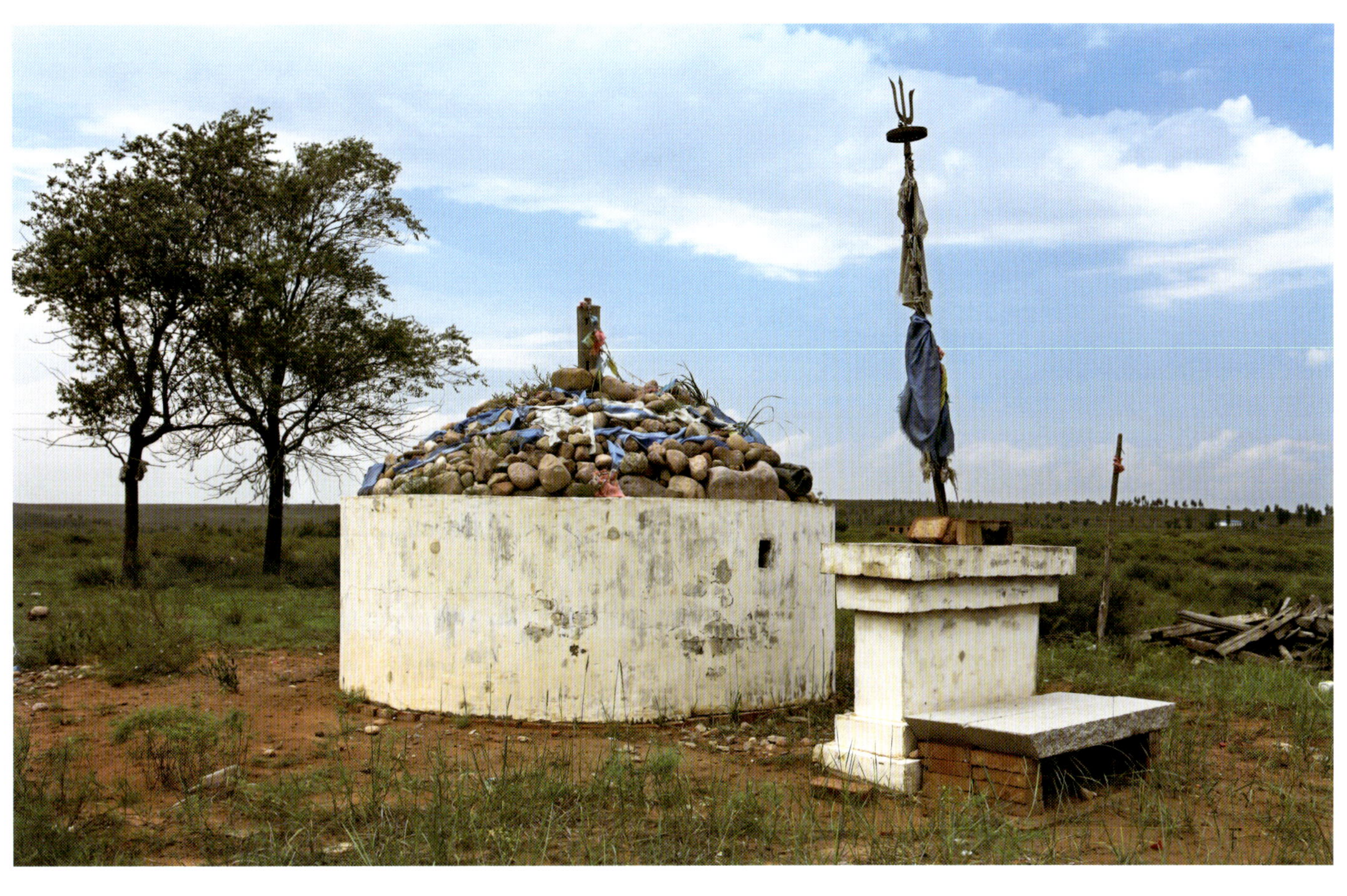

15 沙日塔拉庙敖包

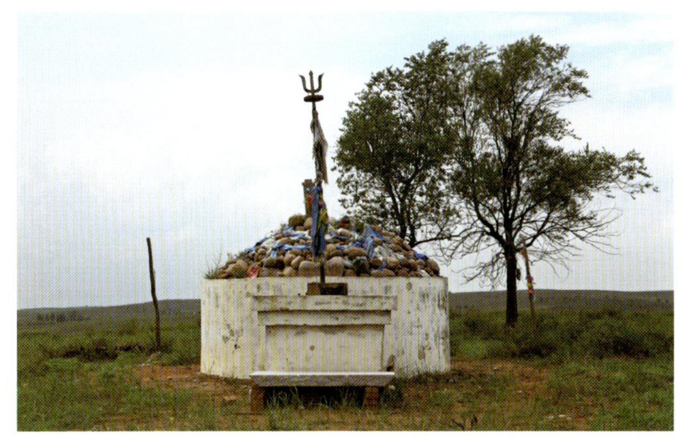

沙日塔拉庙敖包位于伊金霍洛旗伊金霍洛镇境内，属庙敖包。敖包建在沙日塔拉庙西北的红泥土包上，由敖包、禄马风旗祭祀台、供台组成。敖包为圆形砖混水泥建筑，上堆满石头，包顶插一块木板，高2.02米，宽2.6米。

祭祀方向： 东南

祭祀时间： 鄂尔多斯历九月十三日（农历六月十三日）

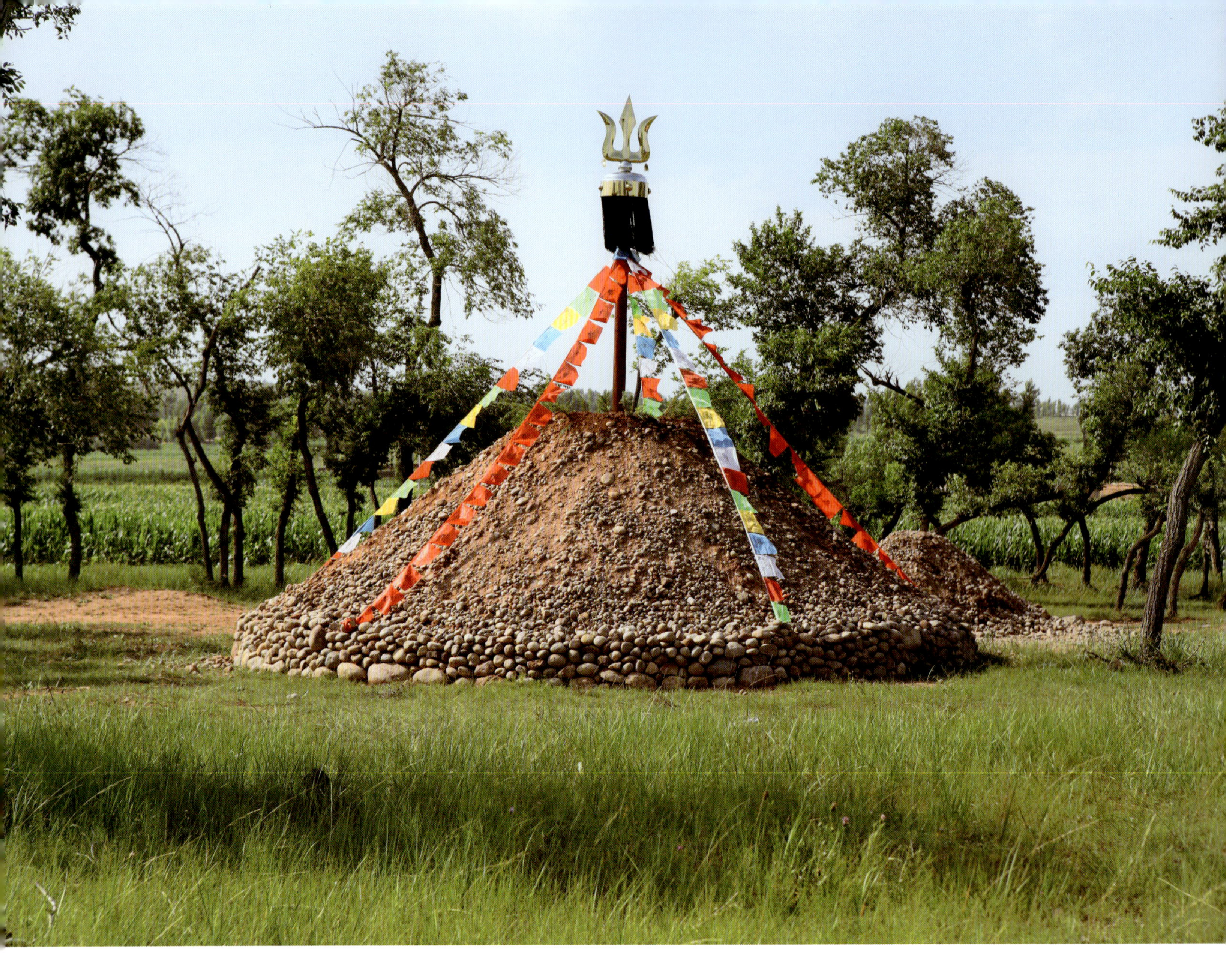

16 塔尔巴敖包

塔尔巴敖包位于伊金霍洛旗伊金霍洛镇境内，属庙敖包。敖包建在公尼召庙东北的平地上，用沙石堆建而成，包顶插一苏勒德，高 8.8 米，宽 8 米。

祭祀方向： 东南

祭祀时间： 鄂尔多斯历八月十三日（农历五月十三日）

17 希里苏莫敖包

希里苏莫敖包位于伊金霍洛旗伊金霍洛镇境内，属庙敖包。敖包建在希里苏莫（蒙古语，“希里”意为“梁”，“苏莫”意为“庙”）西北的小土包上，由敖包和供台组成。敖包是用沙柳树枝围绕而成，高2.5米，宽3.9米。

祭祀方向： 东南

祭祀时间： 鄂尔多斯历八月十三日（农历五月十三日）

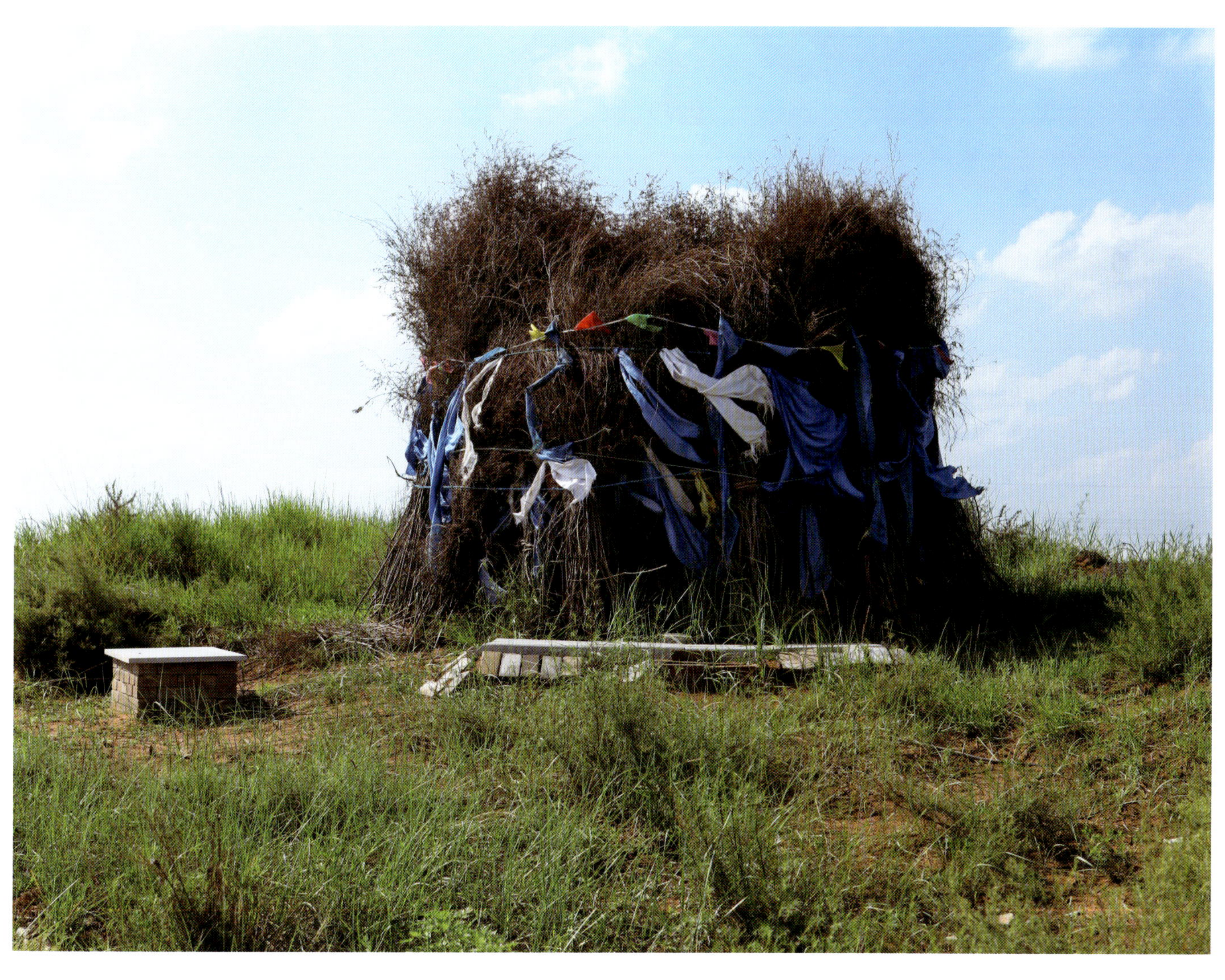

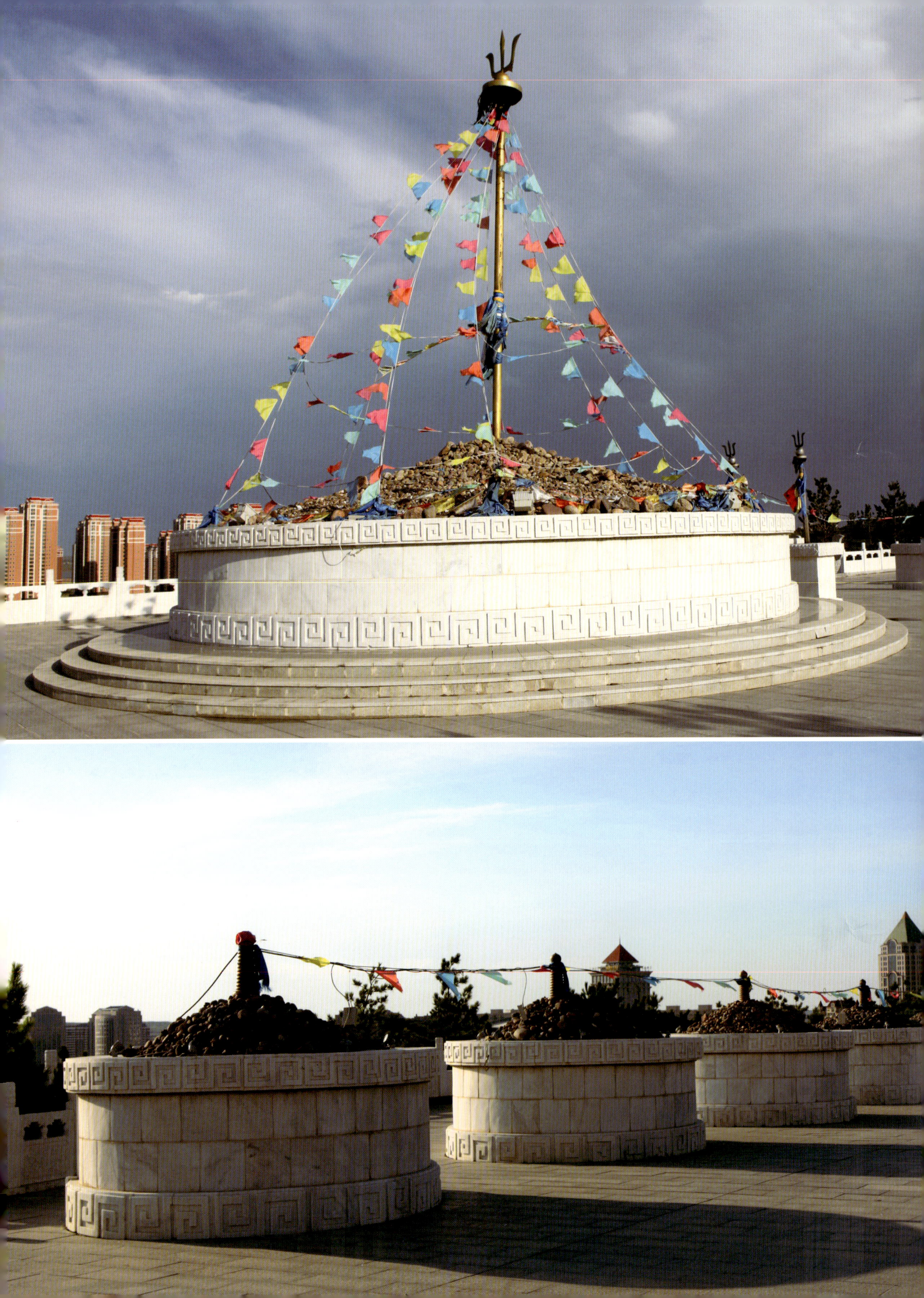

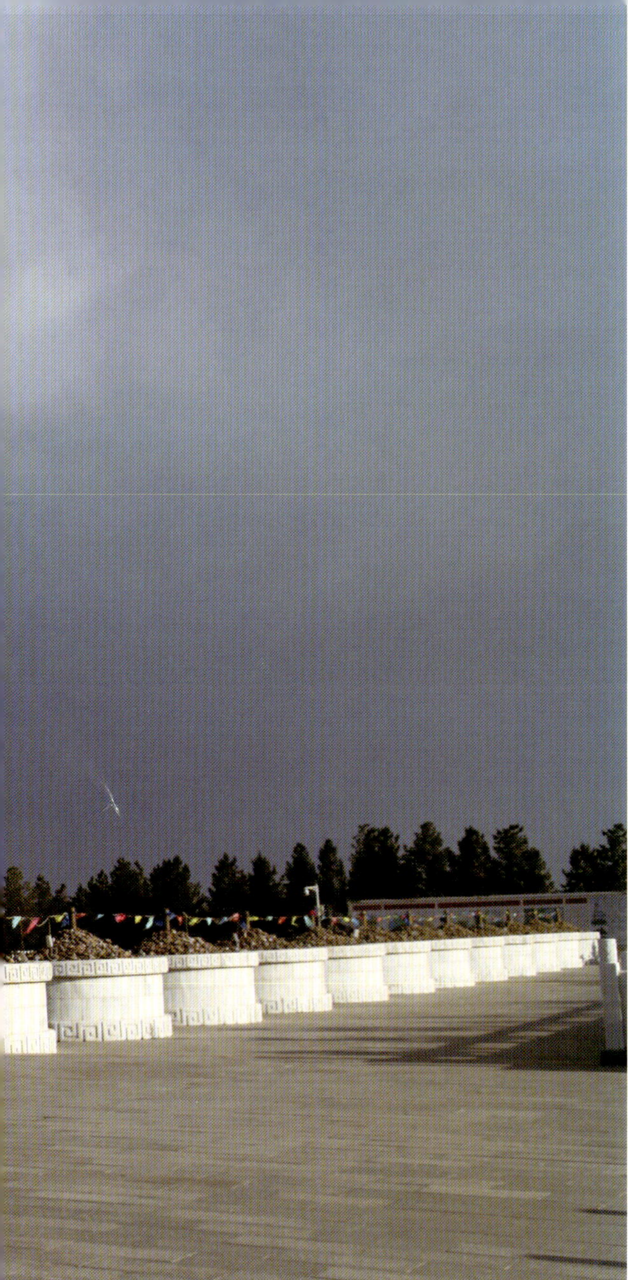

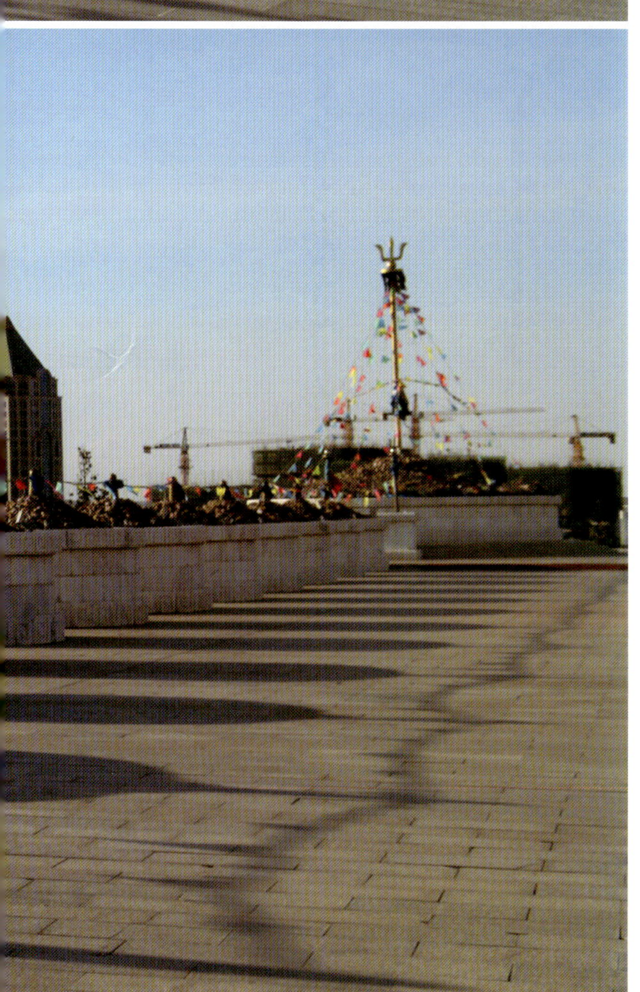

18 宝日陶勒盖敖包

宝日陶勒盖敖包位于伊金霍洛旗阿拉腾席热镇境内，属氏族敖包。敖包建在母亲公园院内的高梁上，由主敖包和12个守护敖包、禄马风旗祭祀台、熏炉组成。主敖包建在用石头砌成的三层基座上，为上下出檐的圆形石砌建筑，里面堆满石头，包顶插一苏勒德，高11.09米，宽11.7米；守护敖包为上下出檐的圆形石砌建筑，里面堆满石头，包顶插一甘吉日，高2.16米，宽3米。

祭祀方向： 西南

祭祀时间： 鄂尔多斯历八月十三日（农历五月十三日）

传说这个敖包是郡王旗王爷祭祀的敖包。鄂尔多斯历八月十三日这天，早晨太阳还未升起，王爷就要骑着马先上道劳岱山祭祀稍荣敖包，回去路上祭祀位于合同庙的阿拉腾（阿尔呼特）敖包，快到中午的时候祭祀位于阿拉腾席热镇的都拉嘎敖包，到了下午，最后祭祀这个敖包。

19 布尔嘎素台敖包

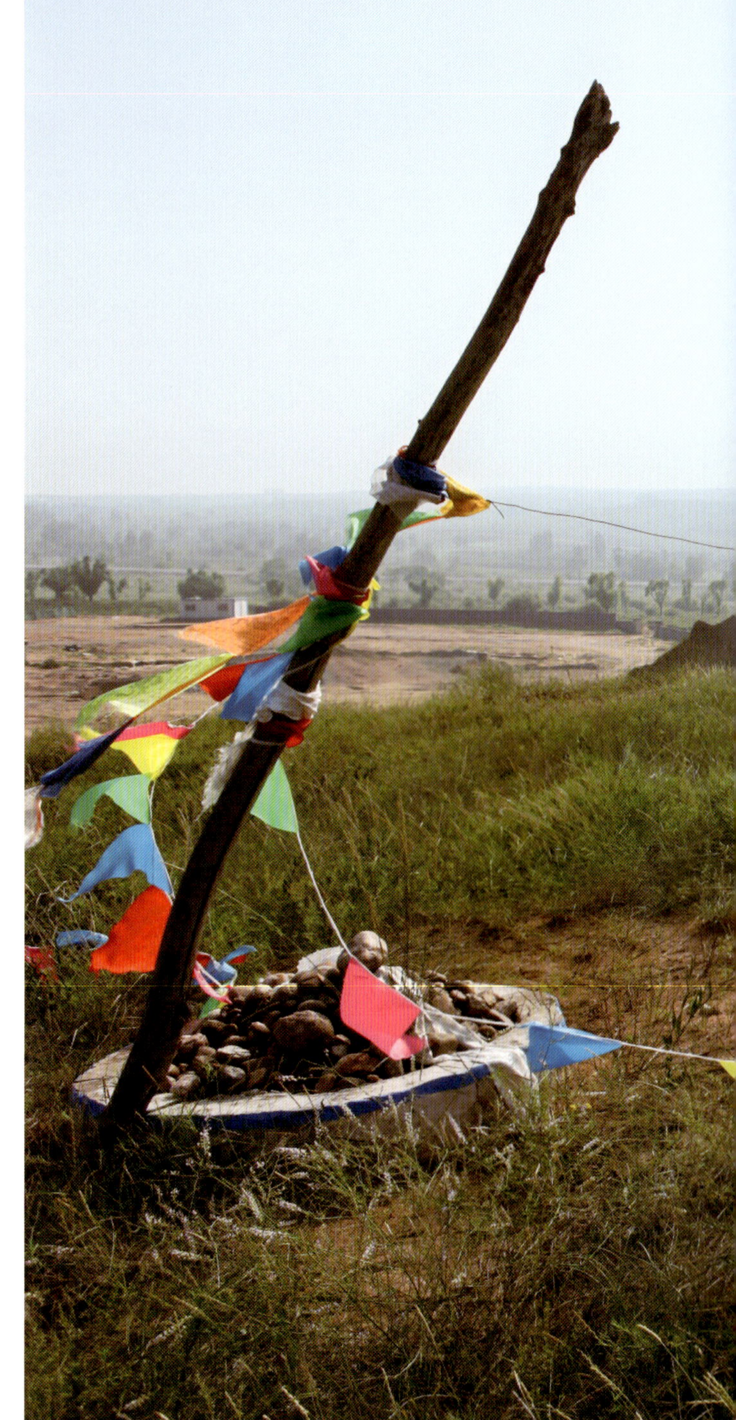

布尔嘎素台敖包位于伊金霍洛旗红庆河镇境内，属庙敖包。敖包建在查嘎日格召庙西北，由主敖包和 12 个守护敖包、供台、熏香台、禄马风旗祭祀台组成。主敖包为圆形砖混水泥建筑，里面堆满石块，包顶插一苏勒德和沙柳树枝，高 7.9 米，宽 4.7 米；守护敖包为圆形砖混水泥建筑，里面堆满石块，高 0.5 米，宽 1.15 米。

祭祀方向：东南

祭祀时间：鄂尔多斯历八月十三日（农历五月十三日）

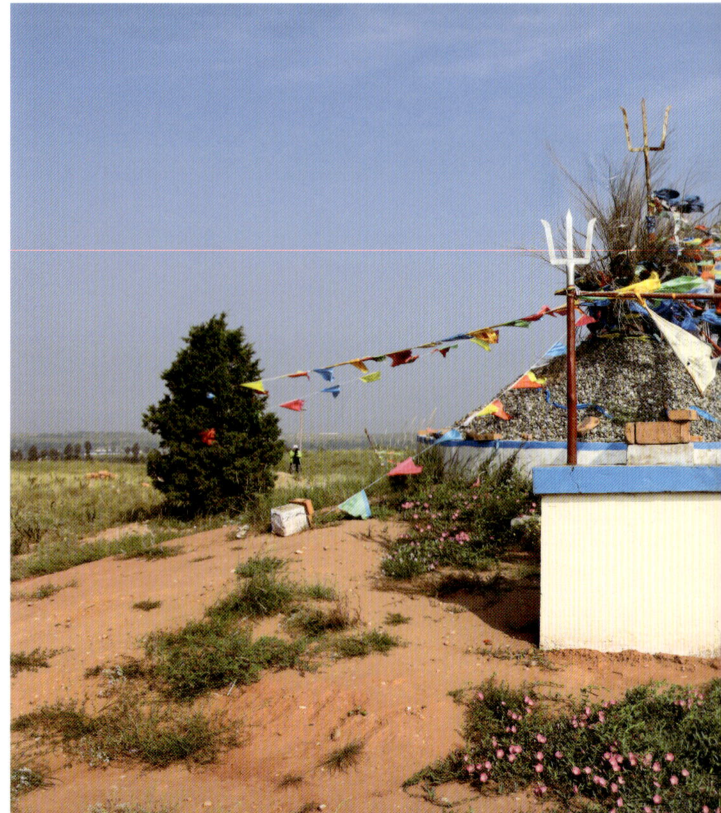

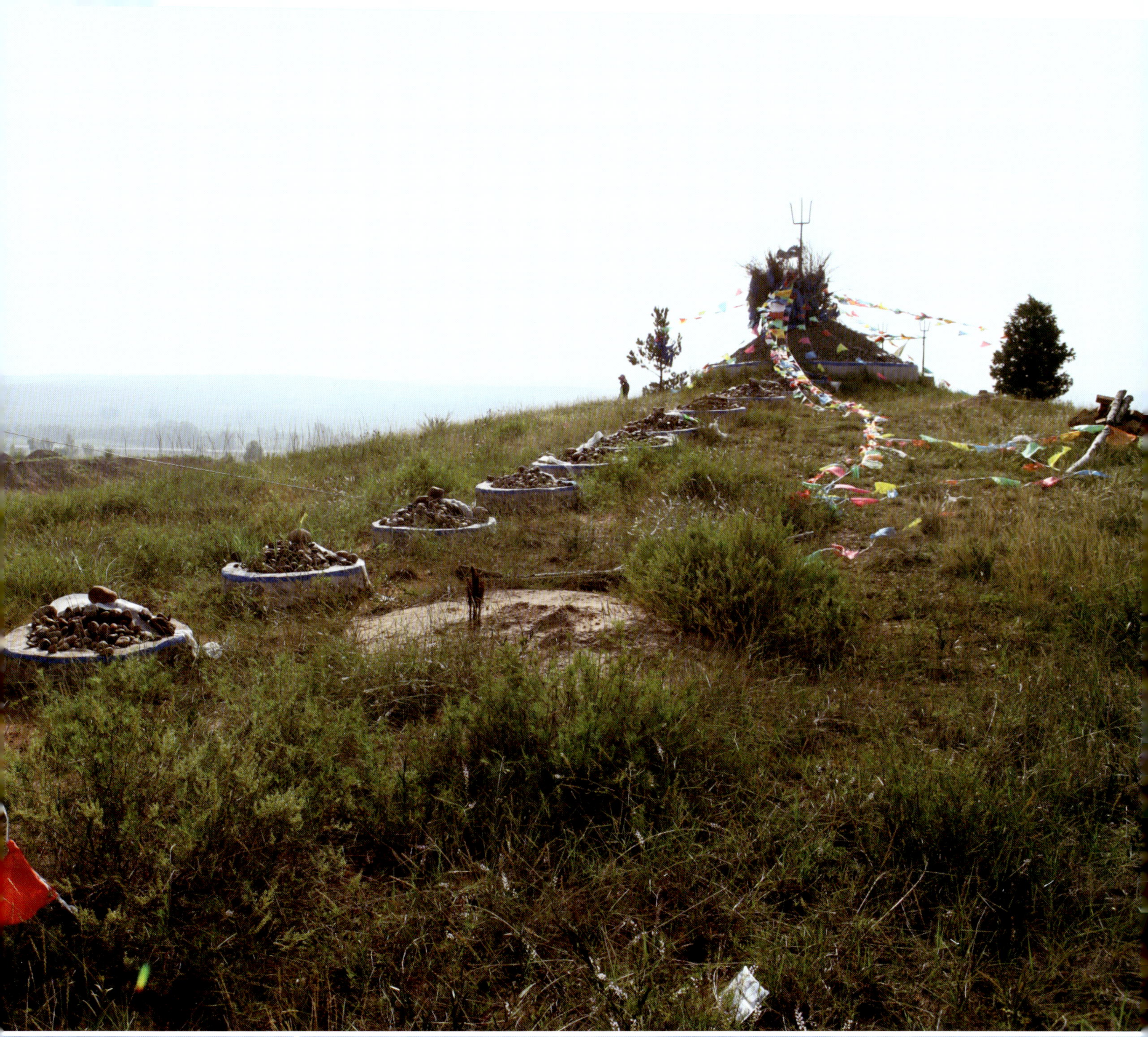

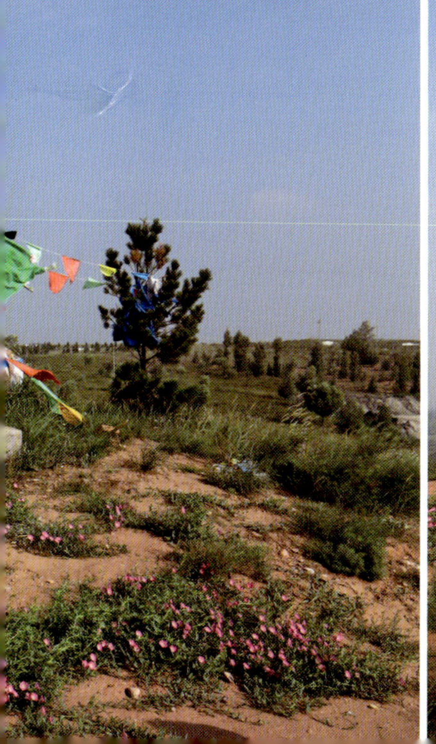

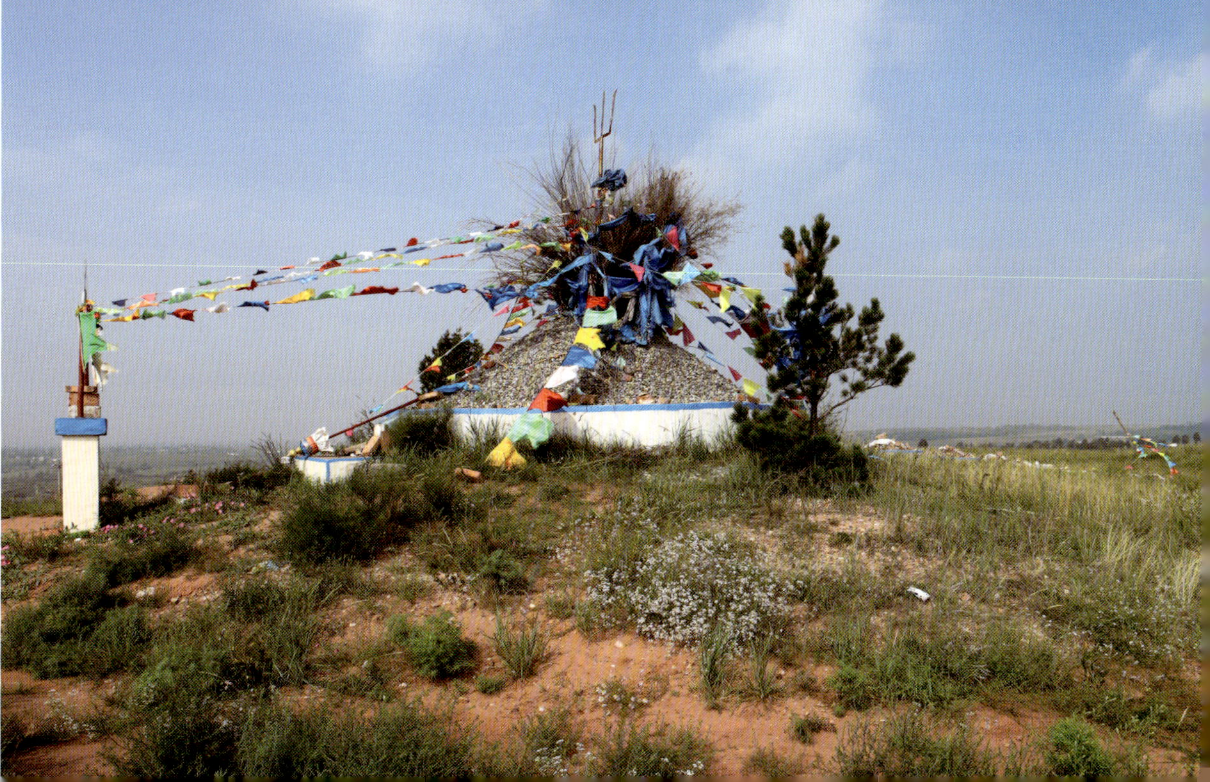

20 塔宾敖包

塔宾敖包位于伊金霍洛旗红庆河镇境内，属驿站敖包。敖包由主敖包和13个守护敖包、禄马风旗祭祀台组成。主敖包用石块堆建而成，包顶插沙柳树枝，高3.5米，宽4.1米；守护敖包为石头堆，高0.9米，宽1.6米。

祭祀方向： 东南

祭祀时间： 鄂尔多斯历八月十三日（农历五月十三日）

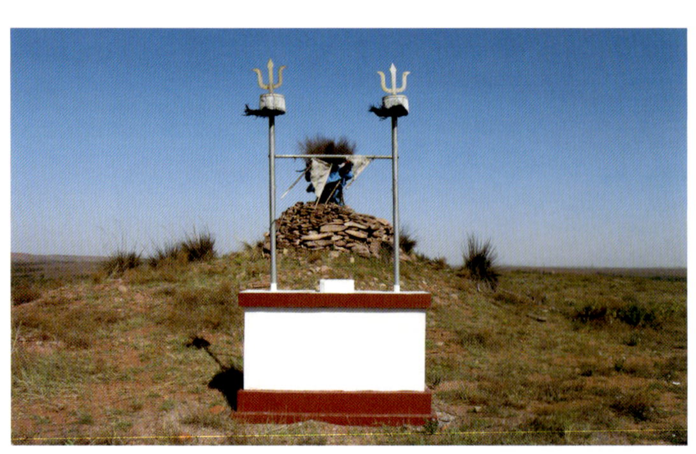

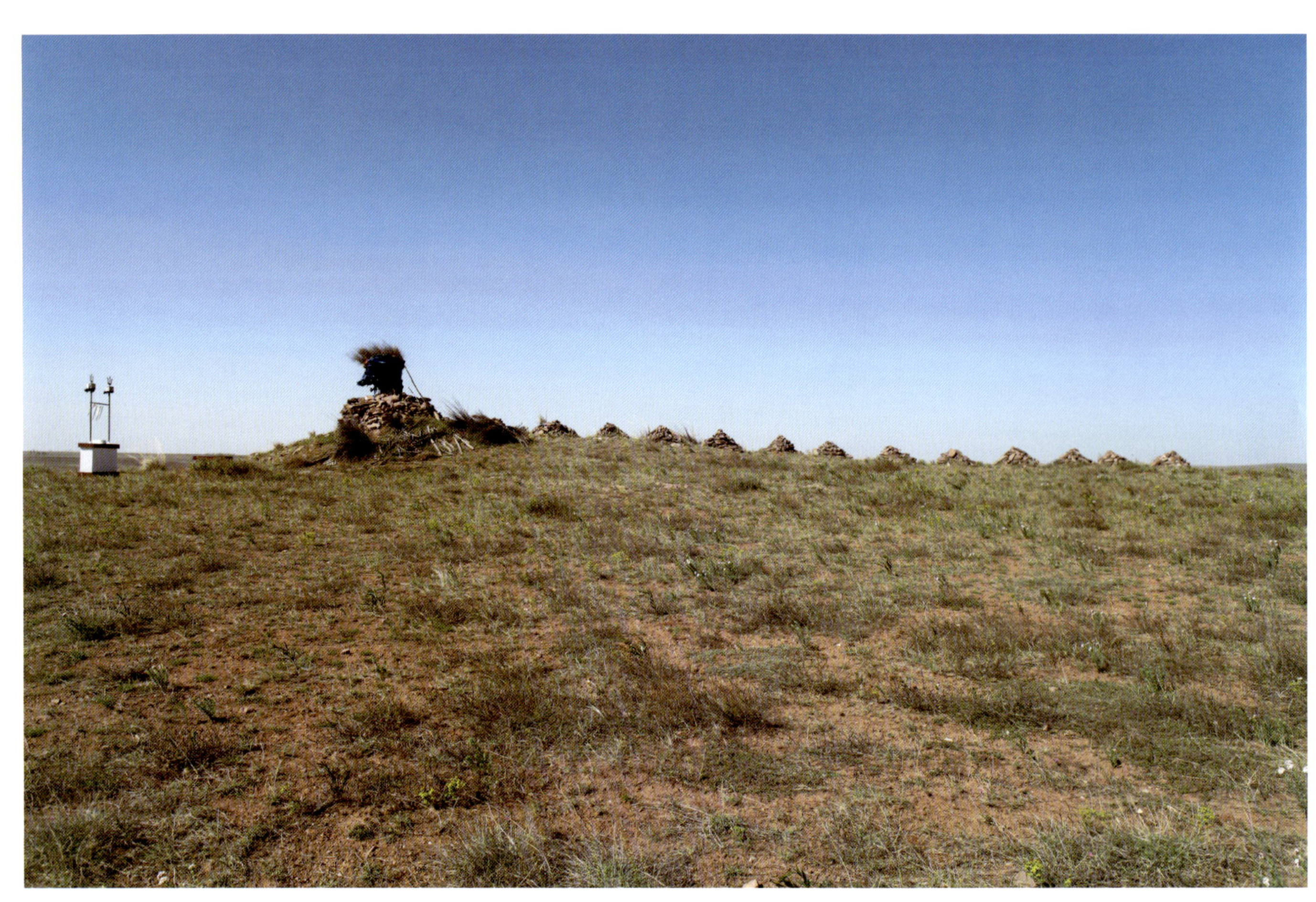

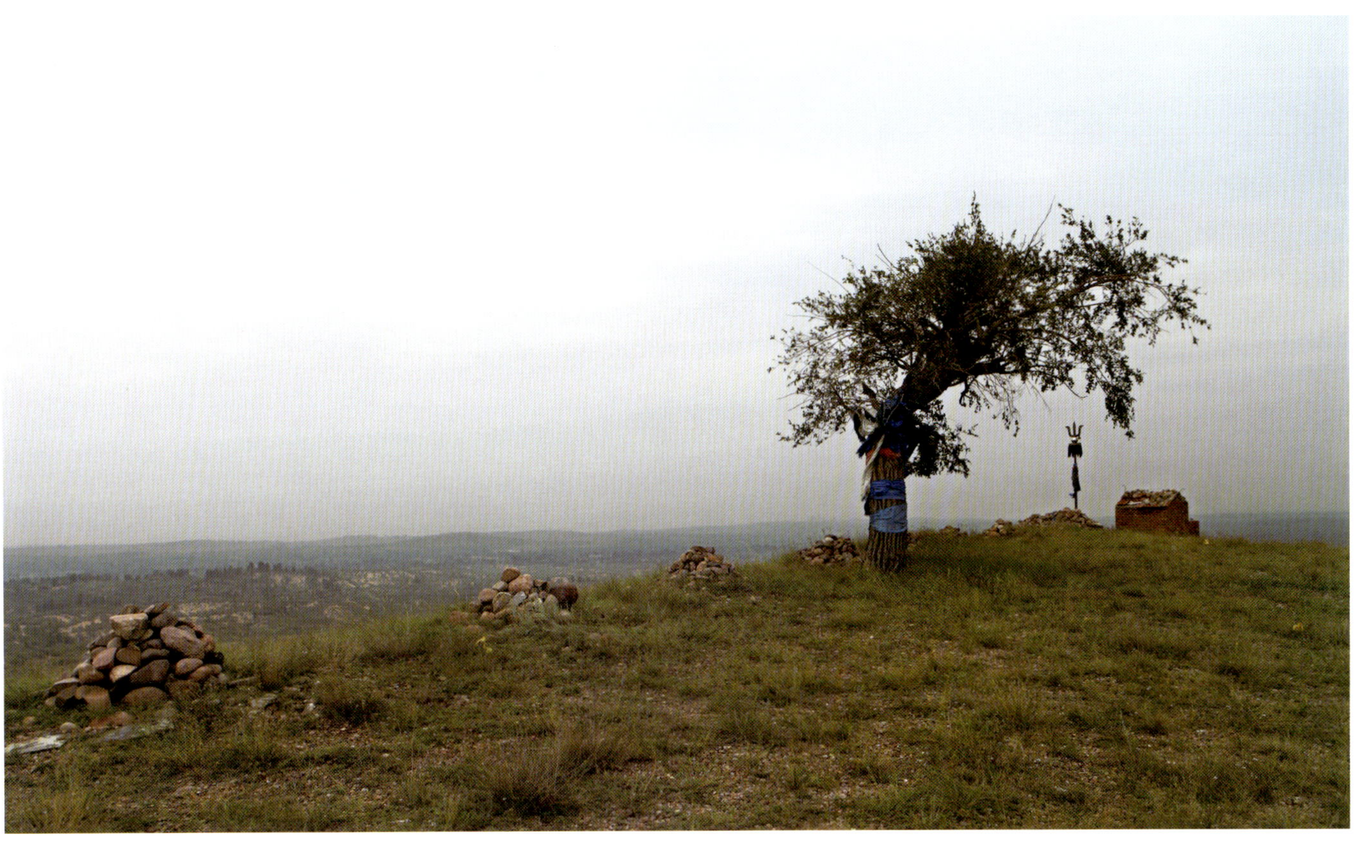

21 哈日斯尔敖包

哈日斯尔敖包位于伊金霍洛旗纳林陶亥镇境内，属氏族敖包。敖包由主敖包和 12 个守护敖包、熏香台组成。主敖包用石块堆建而成，包顶插一苏勒德，高 3.2 米，宽 1.7 米；守护敖包为石头堆，高 0.6~0.8 米，宽 0.7~0.9 米。

祭祀方向： 东南

祭祀时间： 鄂尔多斯历查干月初一日（农历正月初一日）和八月十三日（农历五月十三日）

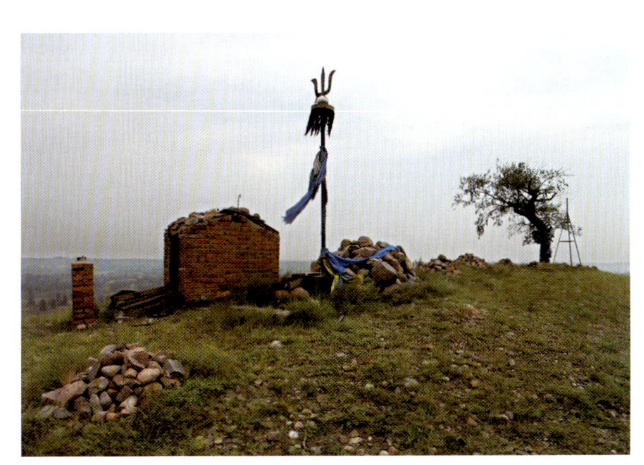

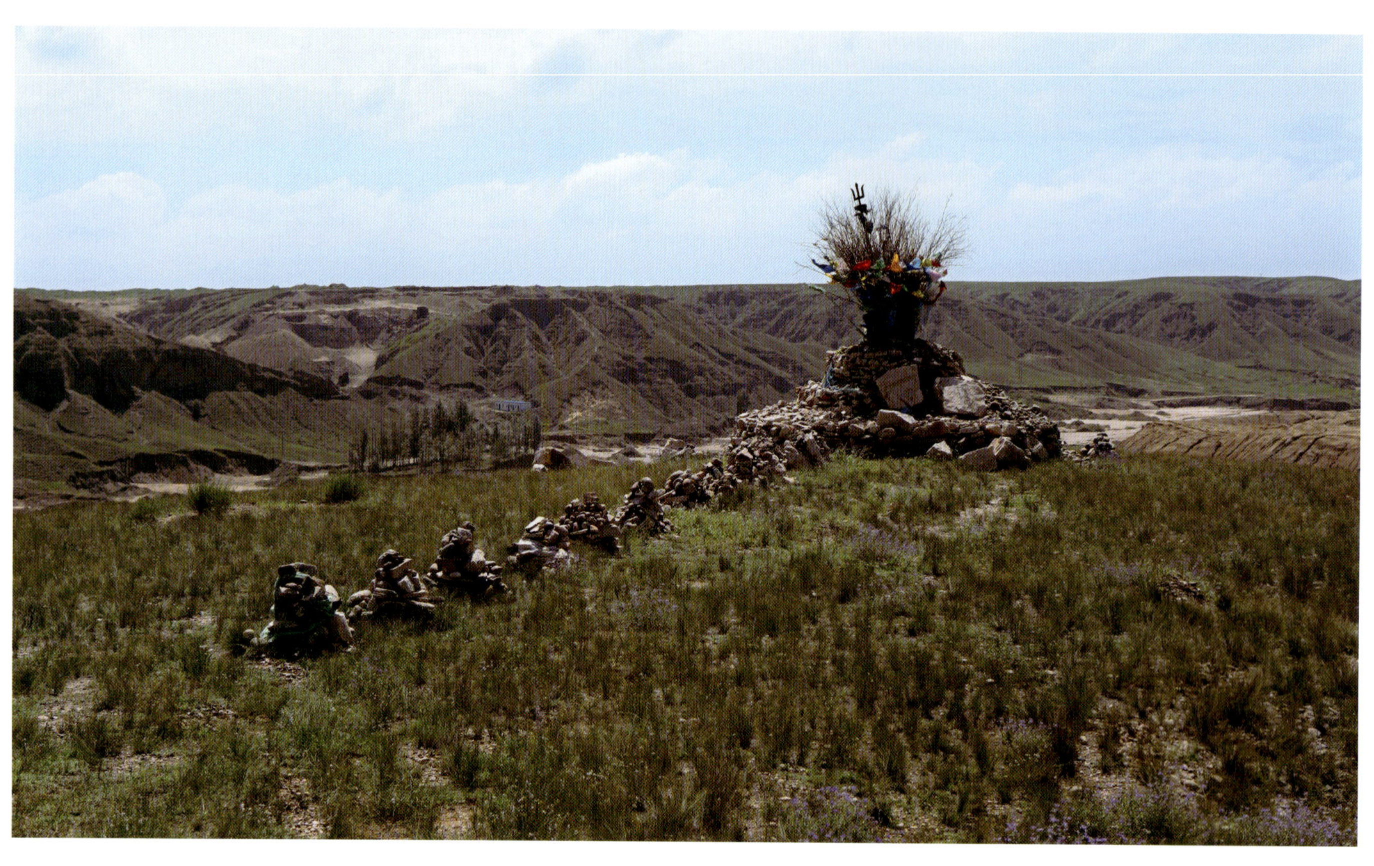

22 呼希高勒敖包

呼希高勒敖包位于伊金霍洛旗纳林陶亥镇境内，属氏族敖包。敖包建在山丘上，由主敖包和12个守护敖包、供台组成。主敖包为三层圆形塔式石头建筑，包顶插一苏勒德和沙柳树枝，高5.67米，宽6.8米；守护敖包为石头堆，高0.9米，宽0.7米。

祭祀方向： 正南

祭祀时间： 鄂尔多斯历八月十三日（农历五月十三日）

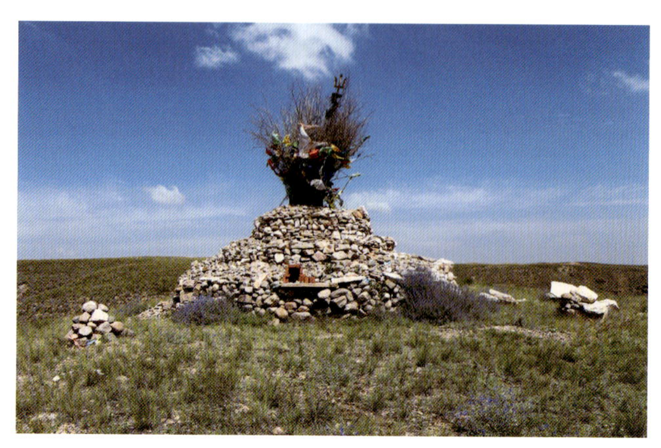

23 赛布拉格敖包

赛布拉格敖包位于伊金霍洛旗纳林陶亥镇境内，属氏族敖包。敖包建在山丘上，由主敖包和 13 个守护敖包组成。主敖包用石块堆建而成，包顶插野生树木，高 1.7 米，宽 2.98 米；守护敖包为石头堆，高 0.7 米，宽 0.7 米。

祭祀方向： 东南

祭祀时间： 鄂尔多斯历八月十三日（农历五月十三日）

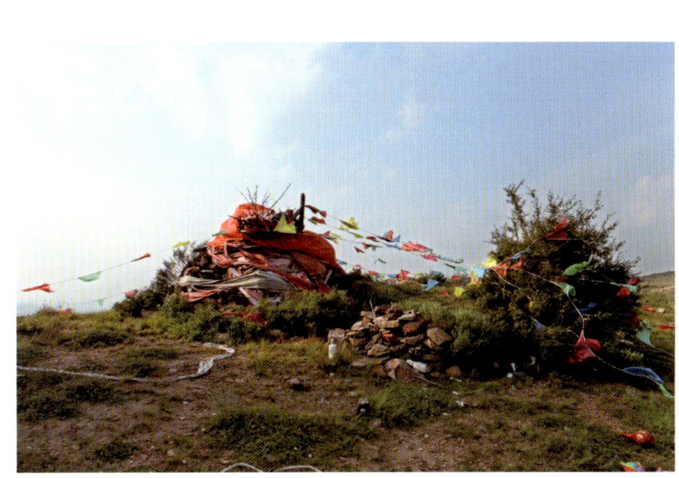

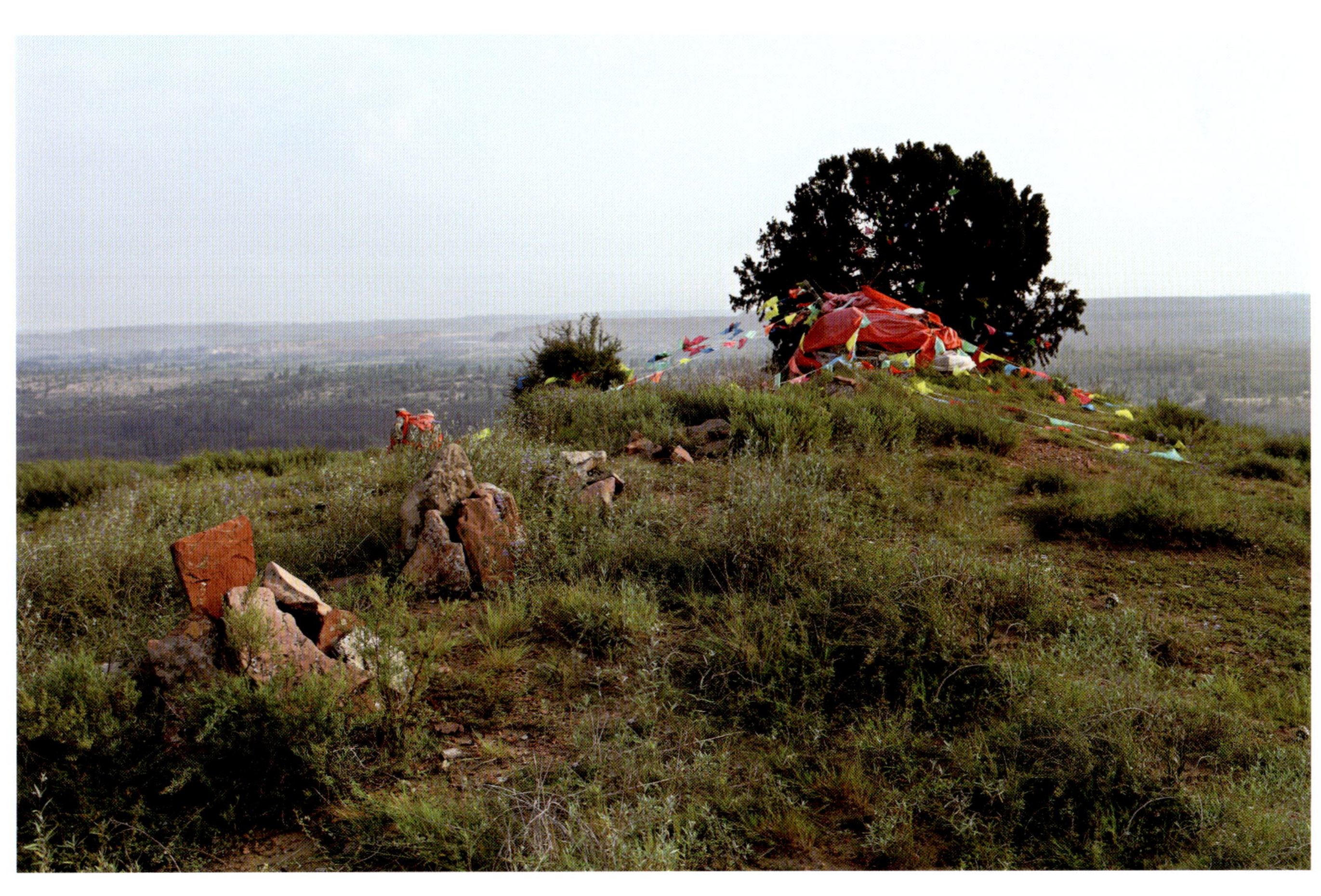

24 沙日哈丹召敖包

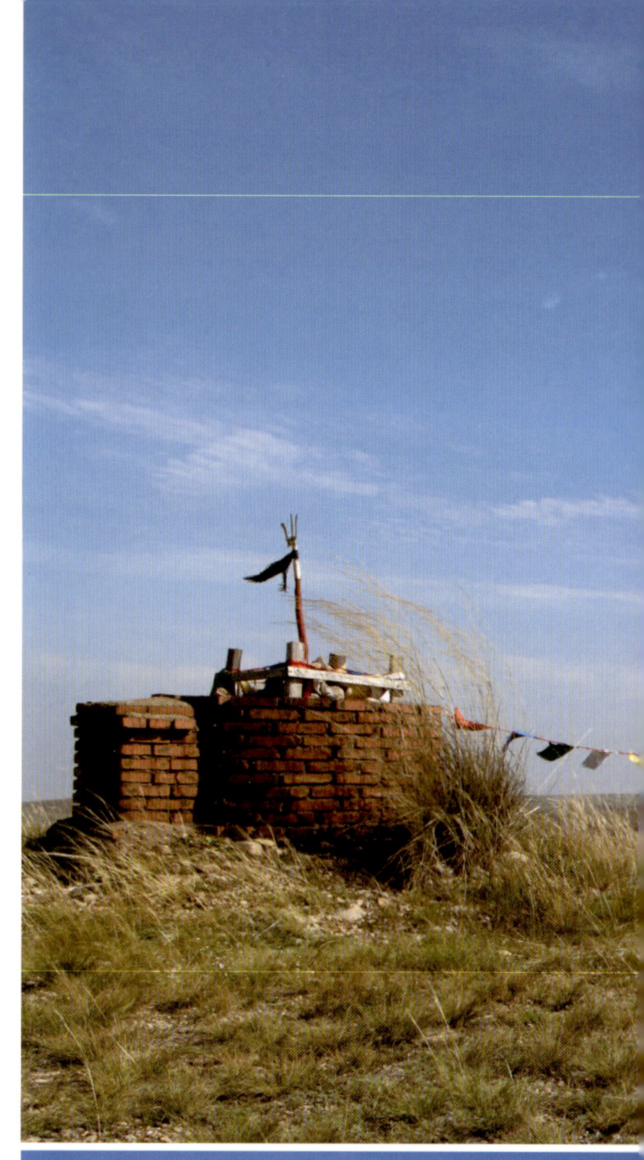

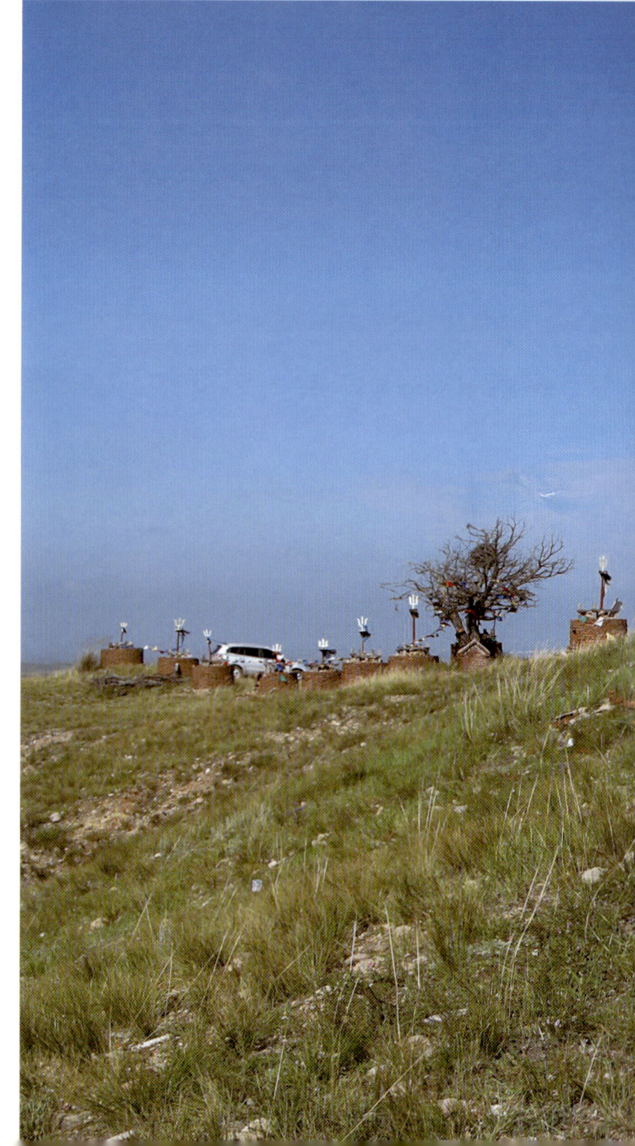

沙日哈丹召敖包位于伊金霍洛旗纳林陶亥镇境内，属庙敖包。敖包建在沙日哈丹召东北的一个山包上，由主敖包和12个守护敖包、苏勒德、小庙、祭祀用房组成。主敖包为圆形砖混水泥建筑，中间堆满石头，包顶插一苏勒德和沙柳树枝，高5.6米，宽6.6米；守护敖包为圆形砖砌建筑，里面堆满石头，上有木框，中间插一苏勒德，高2.53米，宽1.38米。

祭祀方向： 东南

祭祀时间： 鄂尔多斯历八月十三日（农历五月十三日）

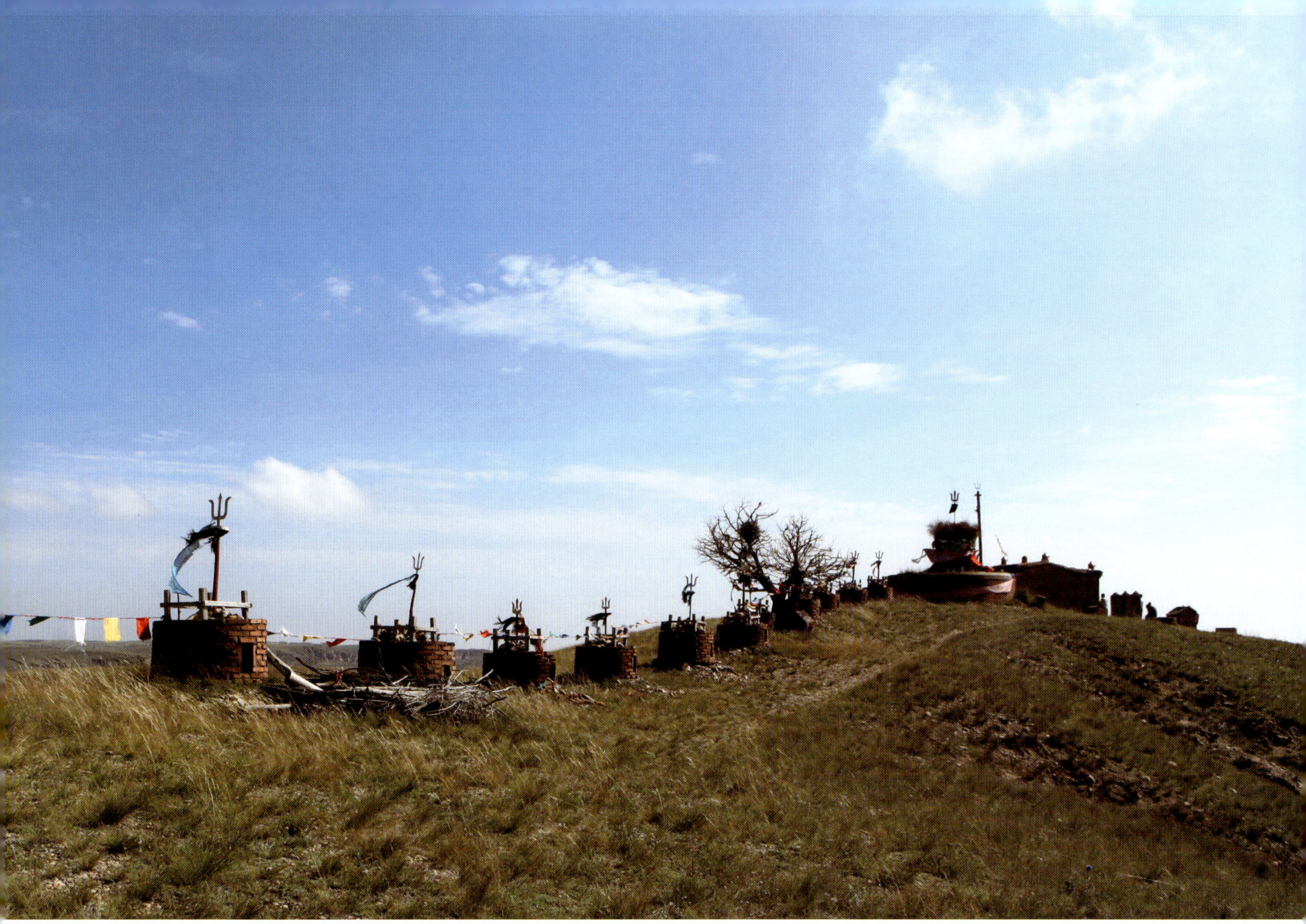

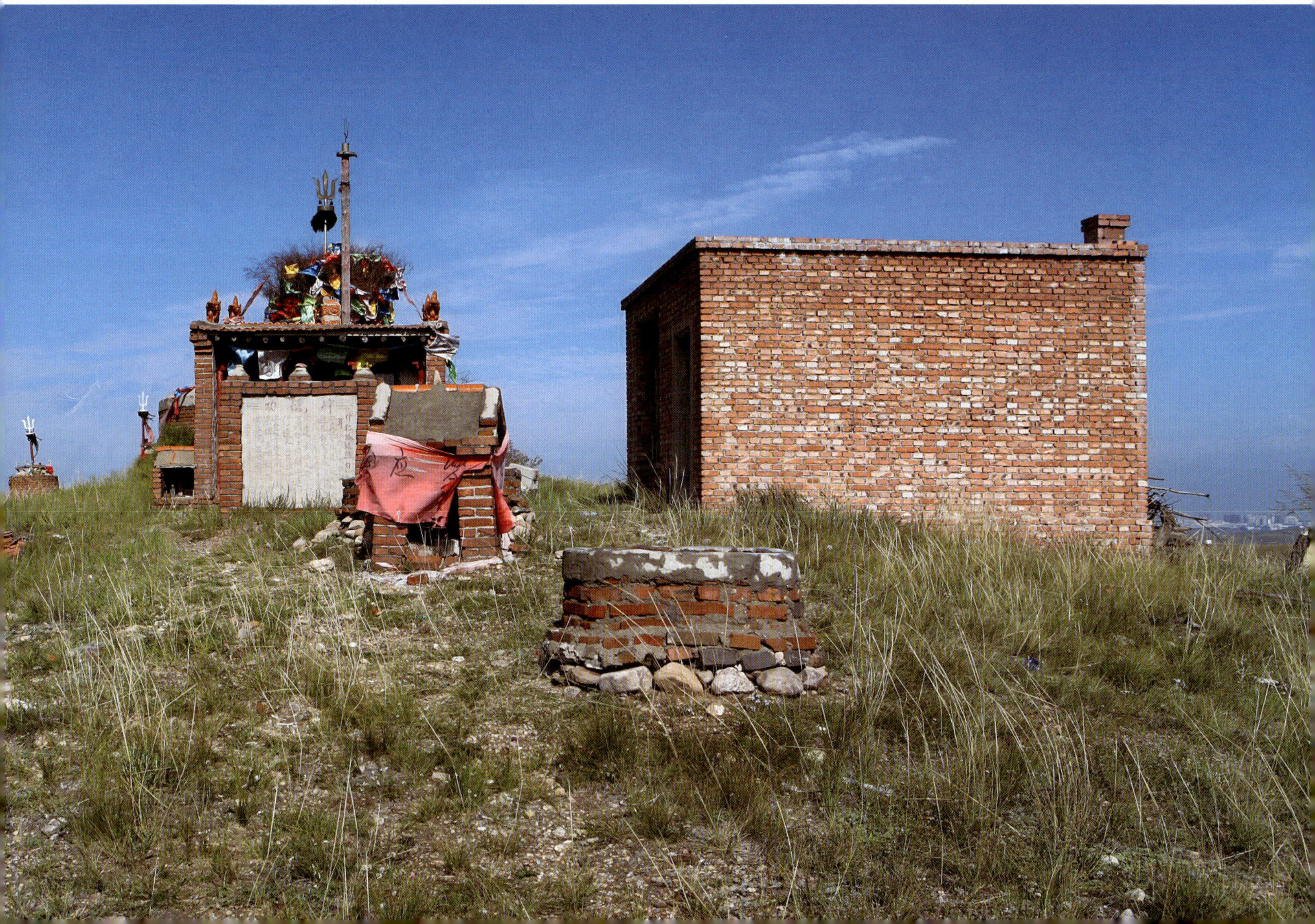

25 乌兰敖包

乌兰敖包位于伊金霍洛旗纳林陶亥镇境内，属氏族敖包。敖包建在红石头山坡上，由主敖包和12个守护敖包、小庙、禄马风旗祭祀台组成。主敖包为圆形砖混水泥建筑，出檐，里面堆满石块，包顶插三杆苏勒德，高4.15米，宽7.45米；守护敖包为圆形砖混水泥建筑，里面堆满石头，包顶插树干，高1.8~2.1米，宽1.8~2.2米。

祭祀方向： 东南

祭祀时间： 鄂尔多斯历查干月初一日（农历正月初一日）和八月十三日（农历五月十三日）

这座敖包是成吉思汗黄金家族子孙乞颜部巴图孟克达延汗三子巴尔斯博罗特后裔祭祀的敖包。

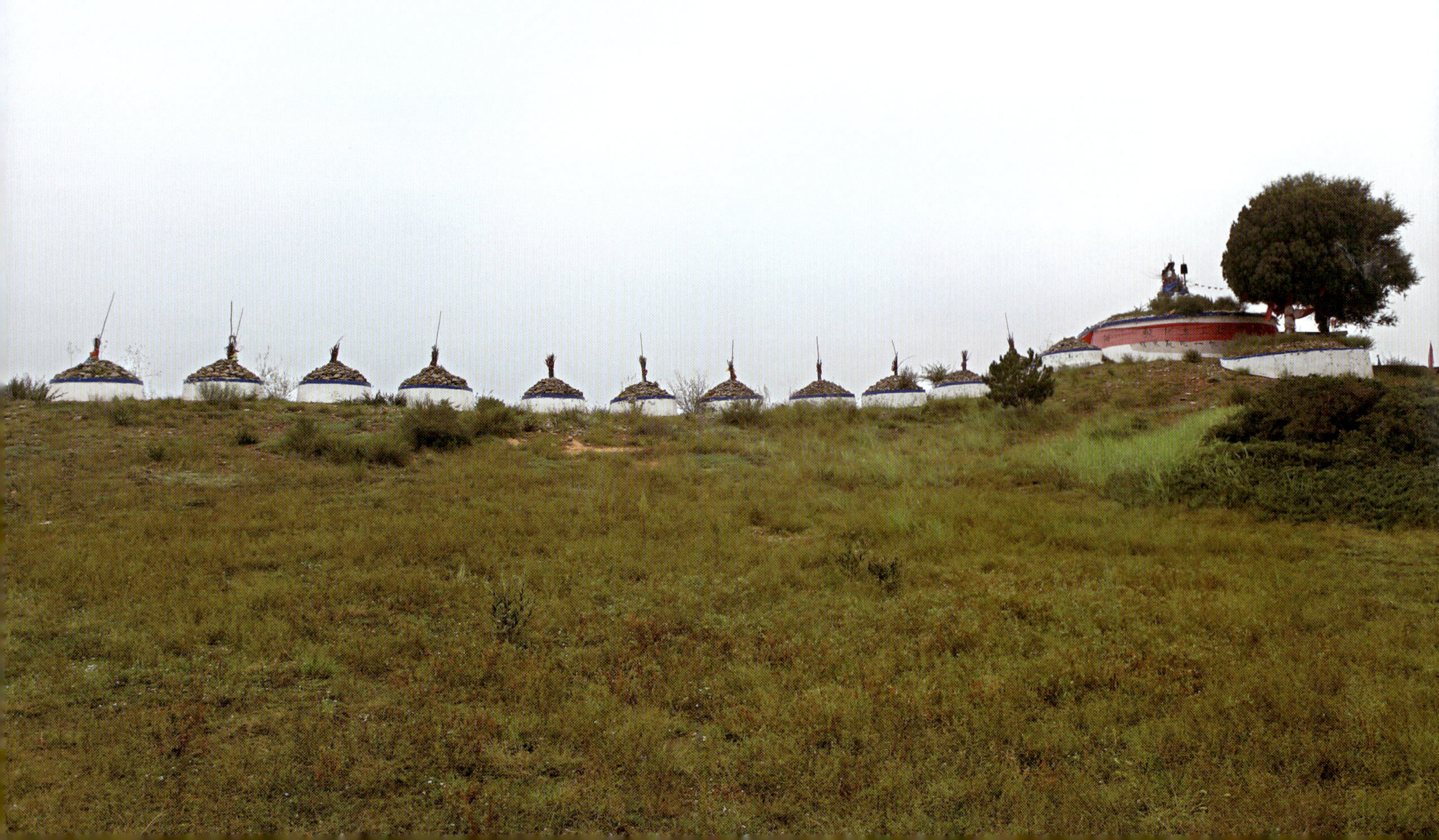

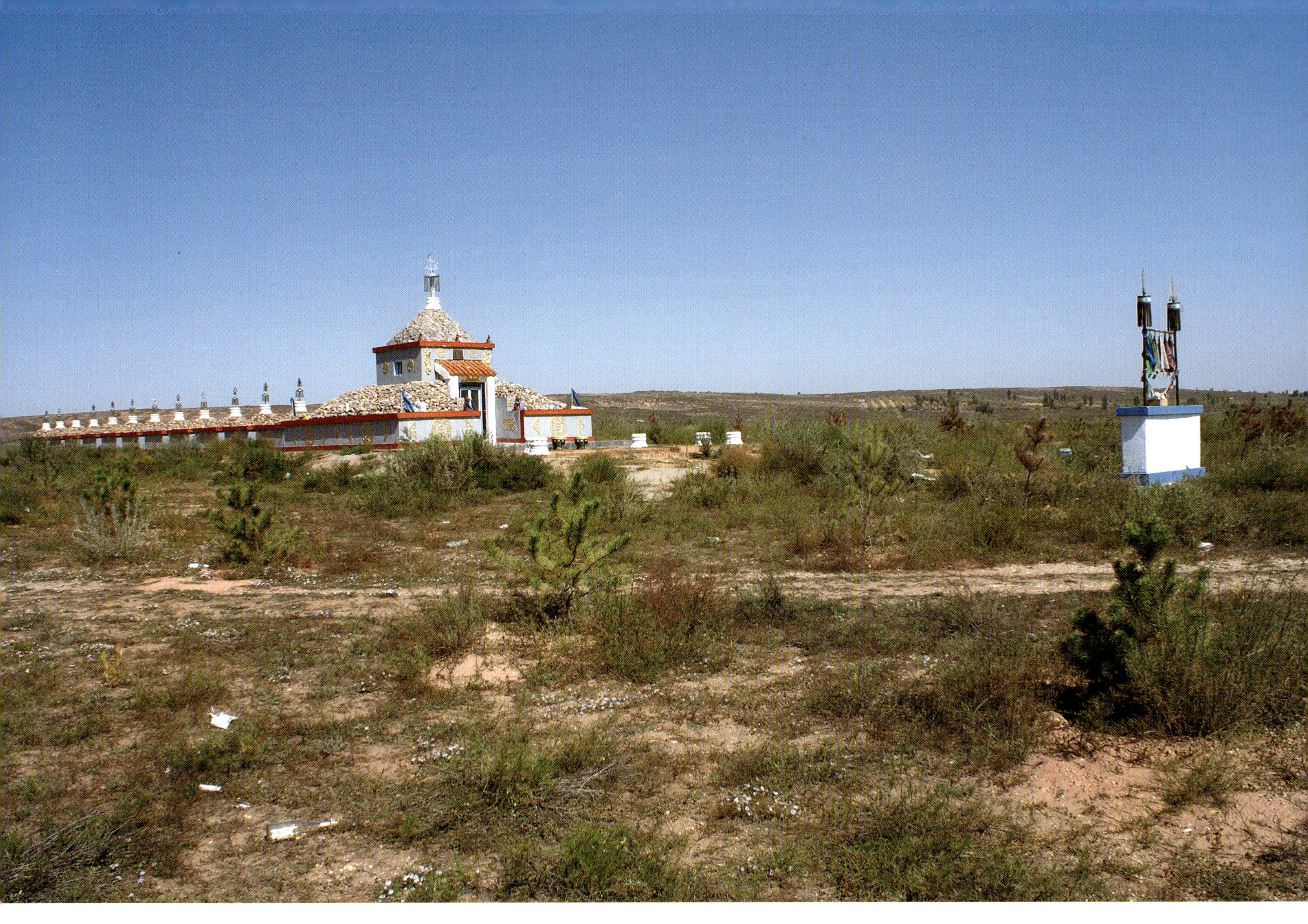

26 阿拉腾敖包

阿拉腾敖包亦称阿尔呼特敖包，位于伊金霍洛旗苏布尔镇境内，属氏族敖包。敖包由主敖包和 12 个守护敖包、熏香台、禄马风旗祭祀台、祭祀用房组成。主敖包中间为方形砖混房屋式建筑，出檐，东南开门，外建四方形院落，出檐，内填石头至房屋半腰，房屋顶部堆砌石块呈立锥形，立锥顶部置一柱础，上立苏勒德。主敖包高 4.51 米，宽 7.69 米。守护敖包为方形砖混水泥建筑，出檐，中间堆满石头，顶部置柱础，上立苏勒德，高 2.62 米，宽 2.5 米。

祭祀方向： 东南

祭祀时间： 鄂尔多斯历九月十三日（农历六月十三日）

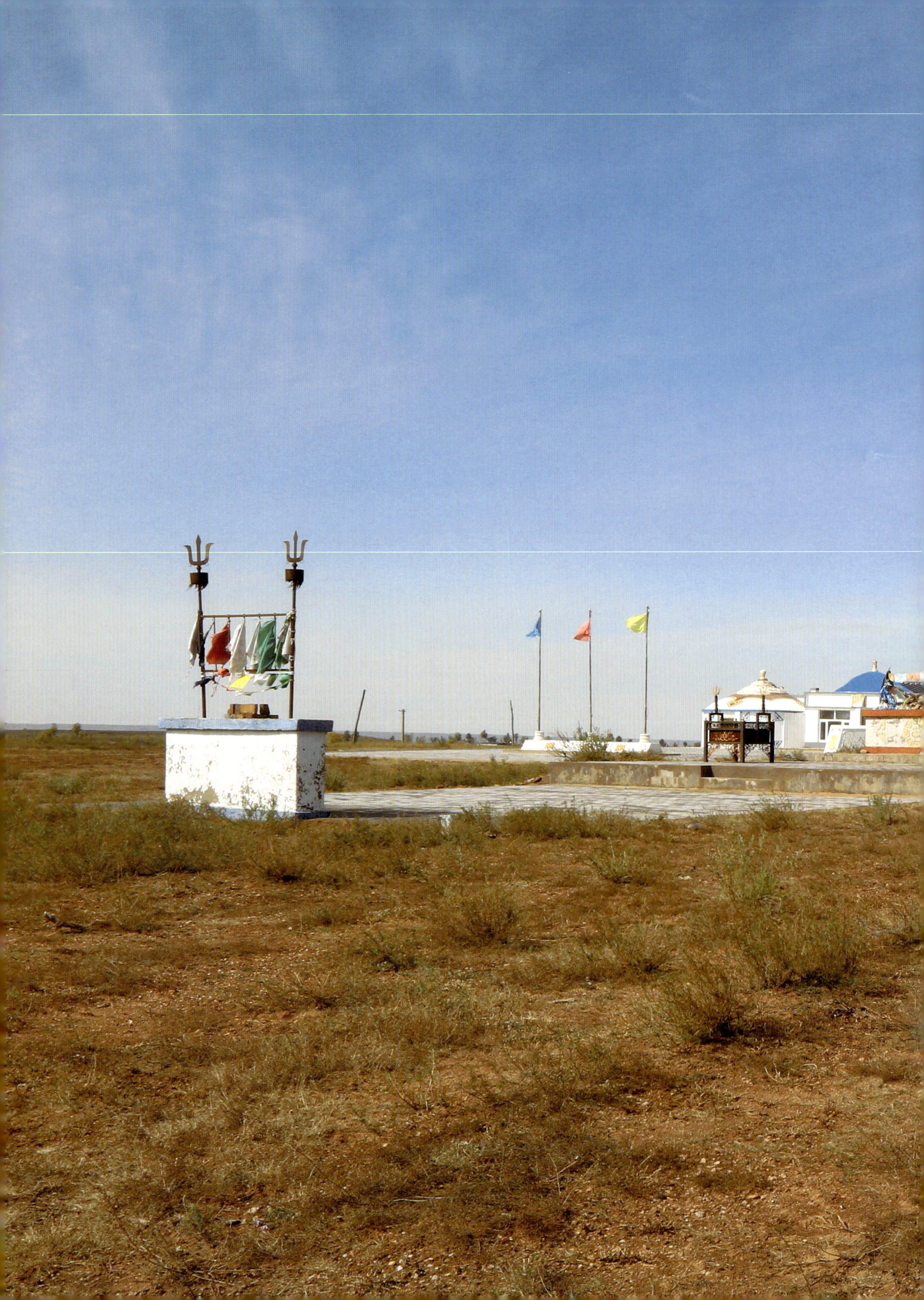

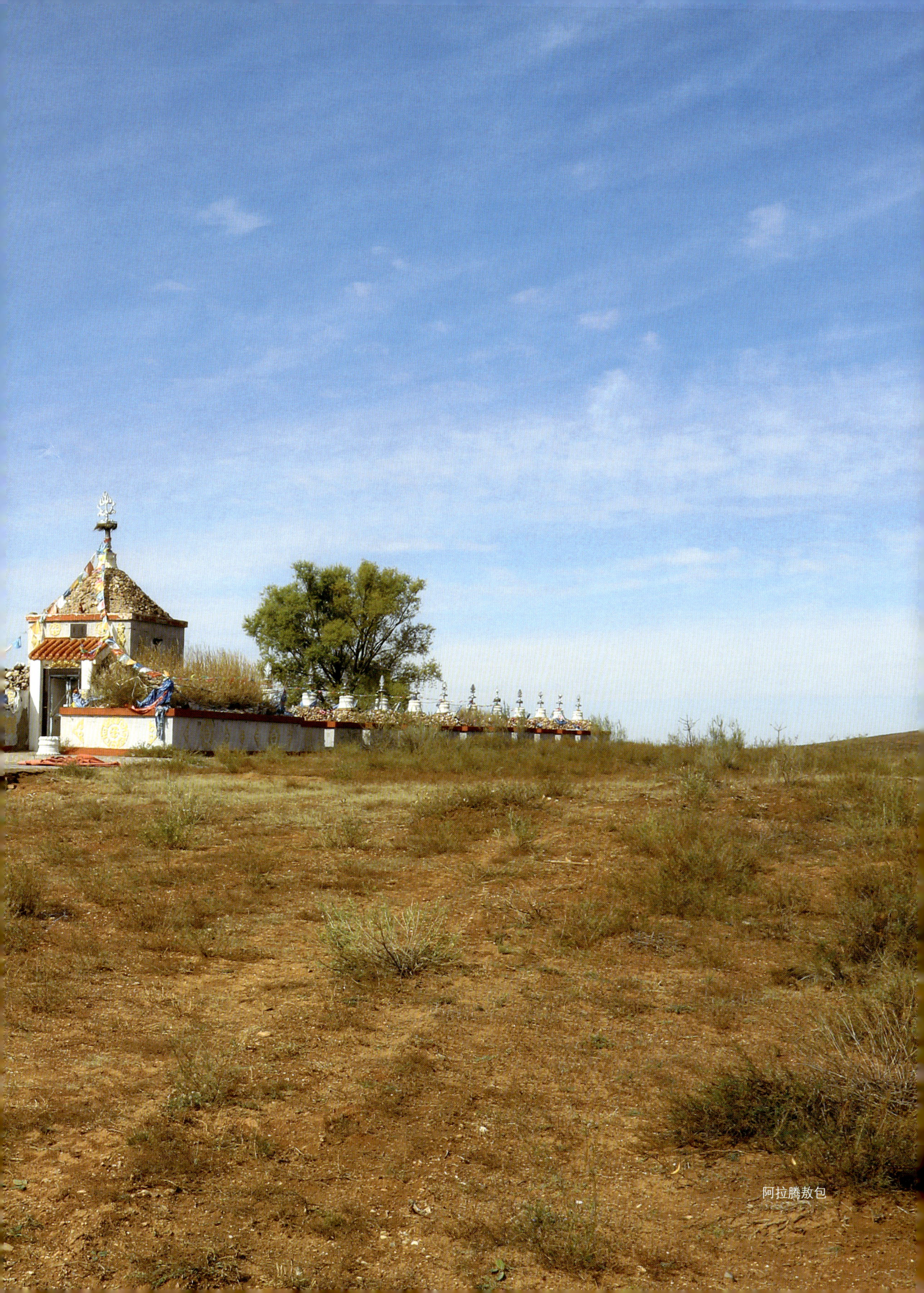

阿拉腾敖包

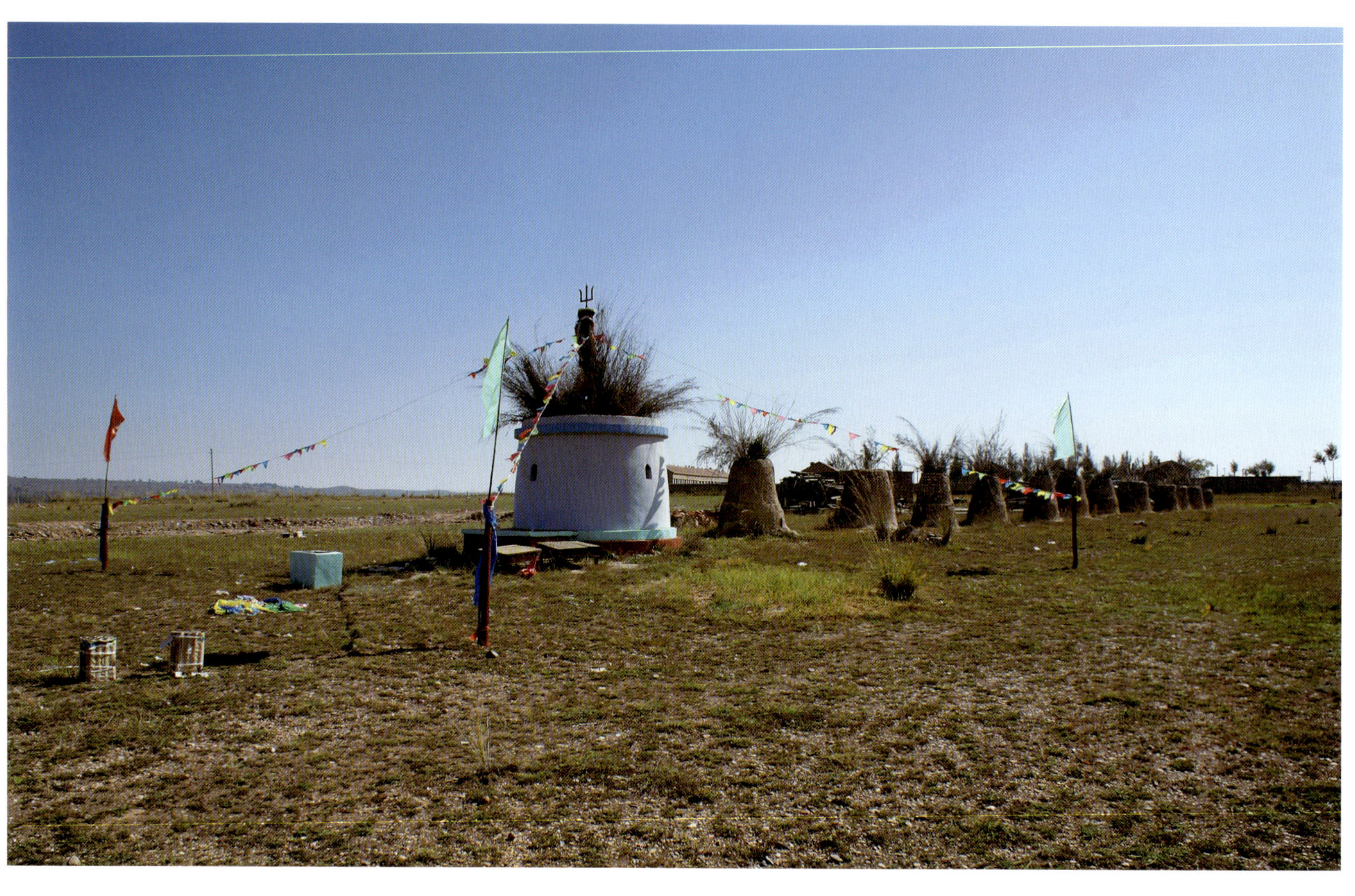

27 合同庙敖包

合同庙敖包位于伊金霍洛旗苏布尔嘎镇境内，属庙敖包。敖包建在合同庙西北的平地上，由主敖包和12个守护敖包、供台、熏香台组成。主敖包为建在两层圆形基座上的砖混水泥建筑，出檐，包顶插一苏勒德和沙柳树枝，高4.18米，宽1.74米；守护敖包为泥土及砖垒建而成，呈锥形，包顶插沙柳树枝，高2.75米，宽1.3米。

祭祀方向： 西北

祭祀时间： 鄂尔多斯历九月十三日（农历六月十三日）

“合同”这个名称来源于汉语的“火墩”，蒙古人称它为“胡同”。很早以前这里的高坡上有个烽火台遗址，旁边有一条河叫合同（胡同）河，后来在此建了一座庙叫合同（胡同）庙，这个敖包属于这座庙。

28 毛乌奈格图敖包

毛乌奈格图敖包位于伊金霍洛旗苏布尔嘎镇境内，属镇邪敖包。毛乌奈格图敖包由敖包、供桌、禄马风旗祭祀台组成，敖包为混凝土建筑，包顶插一苏勒德和沙柳树枝，高 2.5 米，宽 3.95 米。

祭祀方向： 东南

祭祀时间： 鄂尔多斯历九月十三日（农历六月十三日）

传说很久以前，这里狐狸成群，对周围牧民的羊群造成危害，因此人们在这里建立了“毛乌奈格图敖包”进行祈祷祭祀，保佑牧民的羊群。

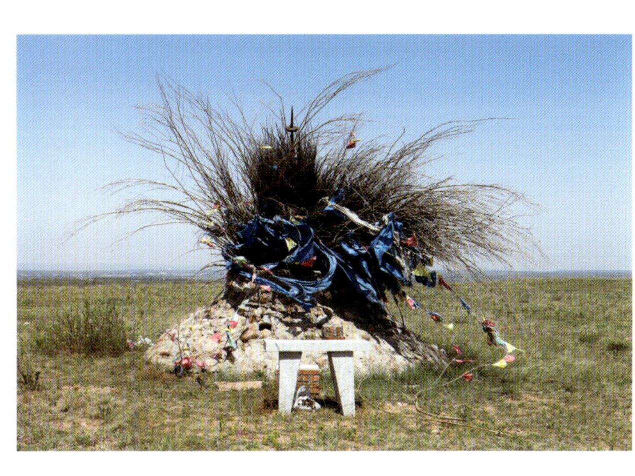

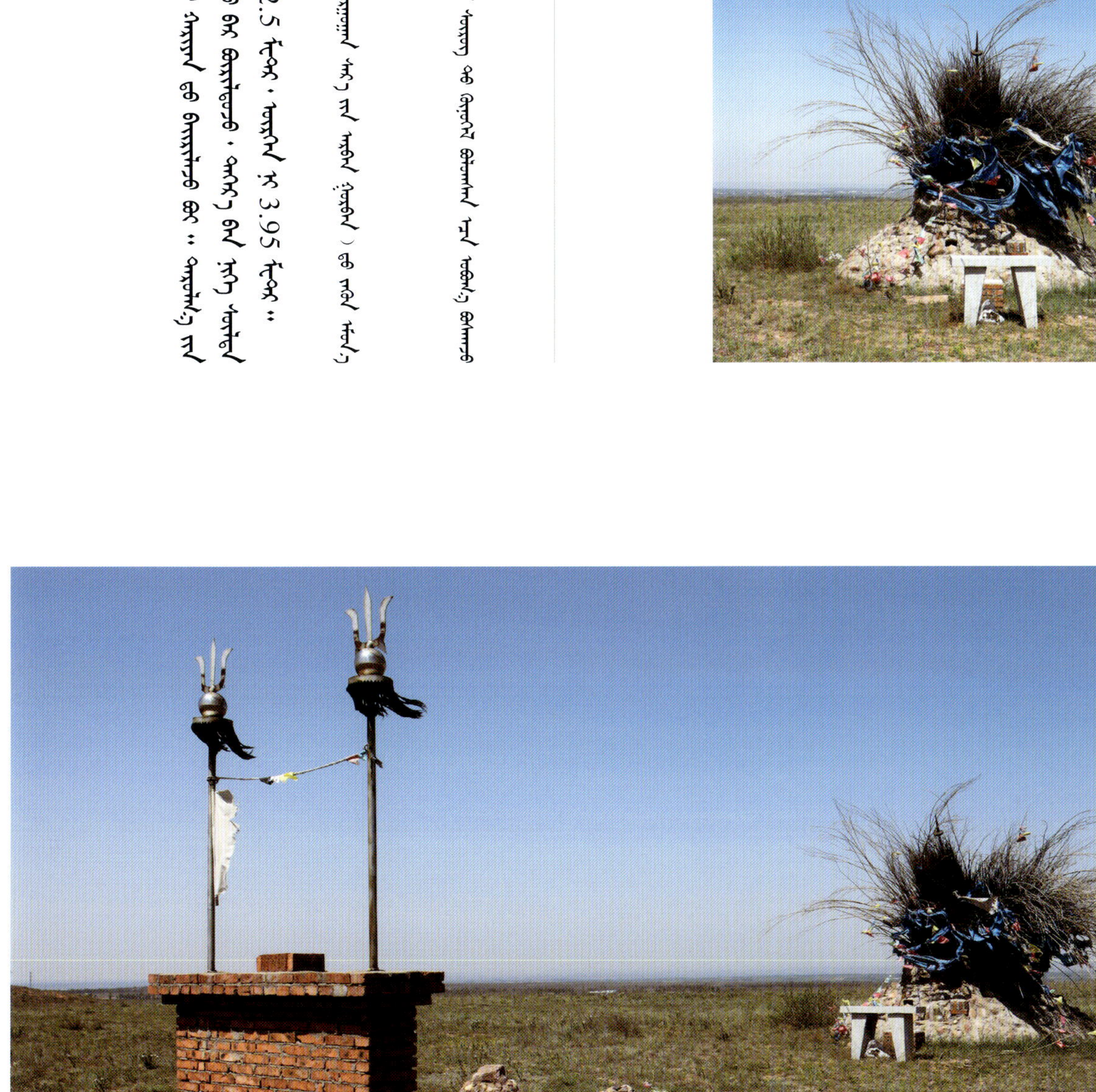

29 萨拉干敖包

萨拉干敖包位于伊金霍洛旗苏布尔嘎镇境内，属努图格敖包。萨拉干敖包由主敖包和5个守护敖包、祭祀台、禄马风旗祭祀台组成。主敖包用石块堆建而成，高2.1米，宽6.5米；守护敖包为石头堆，高0.9米，宽1.3米。

祭祀方向：东南

祭祀时间：鄂尔多斯历八月二十三日（农历五月二十三日）

传说由于敖包位于敖尔给河支流旁的红砂岩上，因此称“萨拉干（蒙古语，意为“分支”“分岔”）敖包”。过去杭锦旗牧民到巴音柴达木庙参加庙会时，都要来祭祀这个敖包。

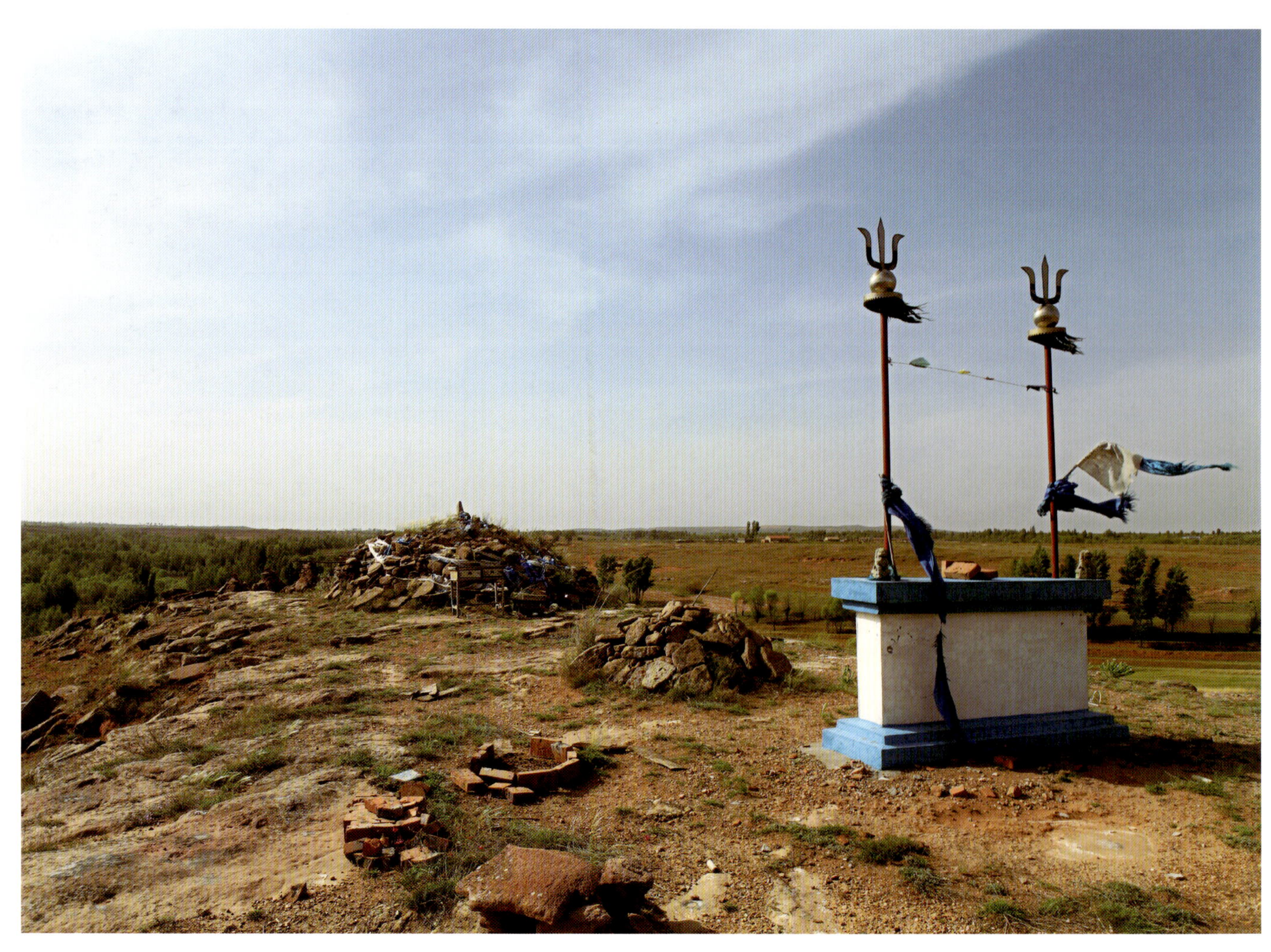

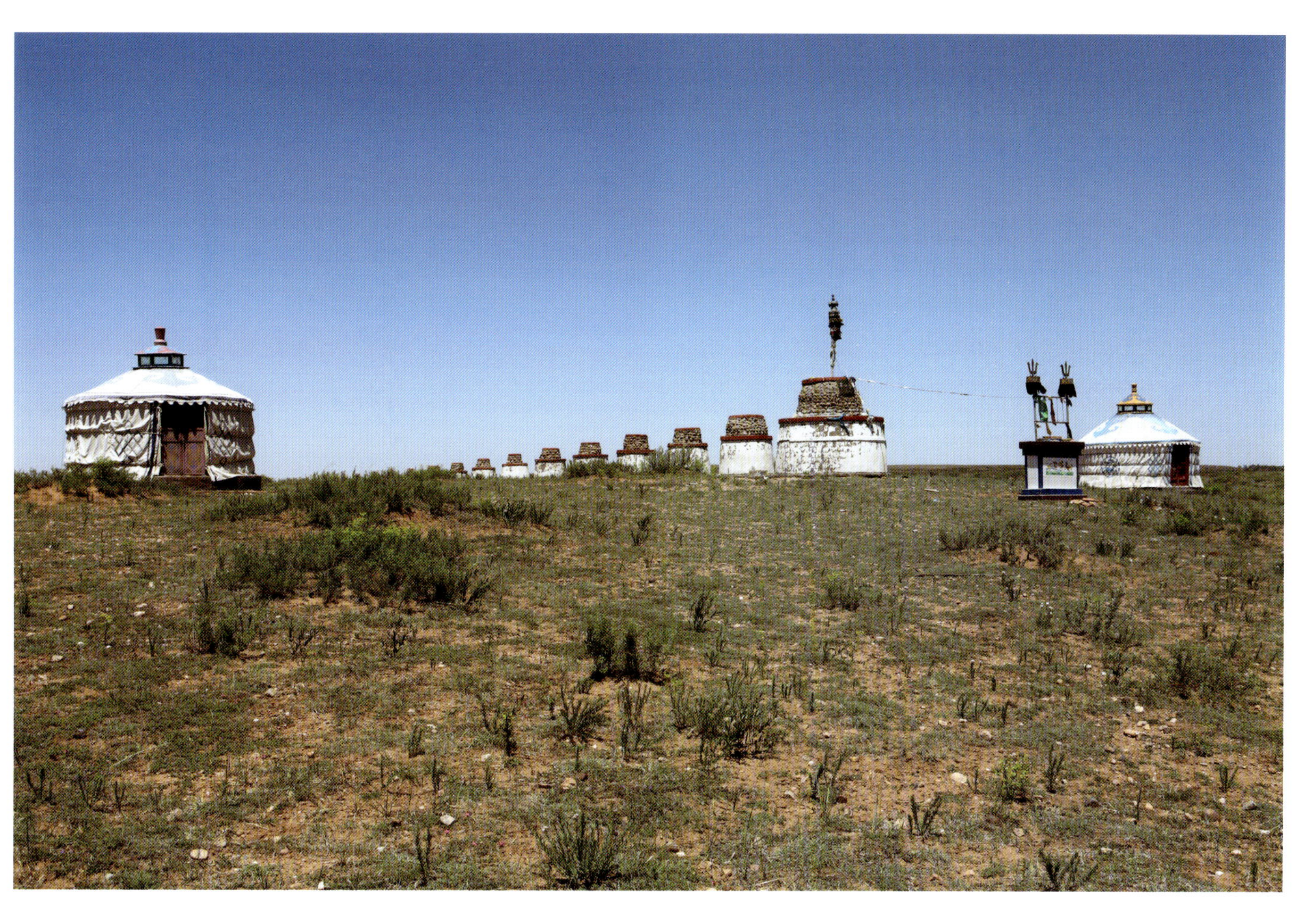

30 特格希里敖包

特格希里敖包位于伊金霍洛旗苏布尔嘎镇境内，属努图格敖包。特格希里敖包由主敖包和13个守护敖包、禄马风旗祭祀台、祭祀用房组成。主敖包一层为圆形砖混水泥建筑，中间和上部出檐；二层是石头堆砌的圆形建筑，上出檐，包顶插一都格（藏语），高4.32米，宽3.3米；守护敖包建筑形式同主敖包，高1.16~1.66米，宽1.1~1.6米。

祭祀方向：东南

祭祀时间：鄂尔多斯历查干月初三日（农历正月初三日）和八月十三日（农历五月十三日）

传说过去这里水草丰美，特和（蒙古语，意为“公岩羊”）经常来此喝泉水，到这个梁上吃草，所以这个梁被称为“特和希里”。梁上建的敖包叫“特和希里敖包”，后来“特和”变音为“特格”，成为“特格希里敖包”。

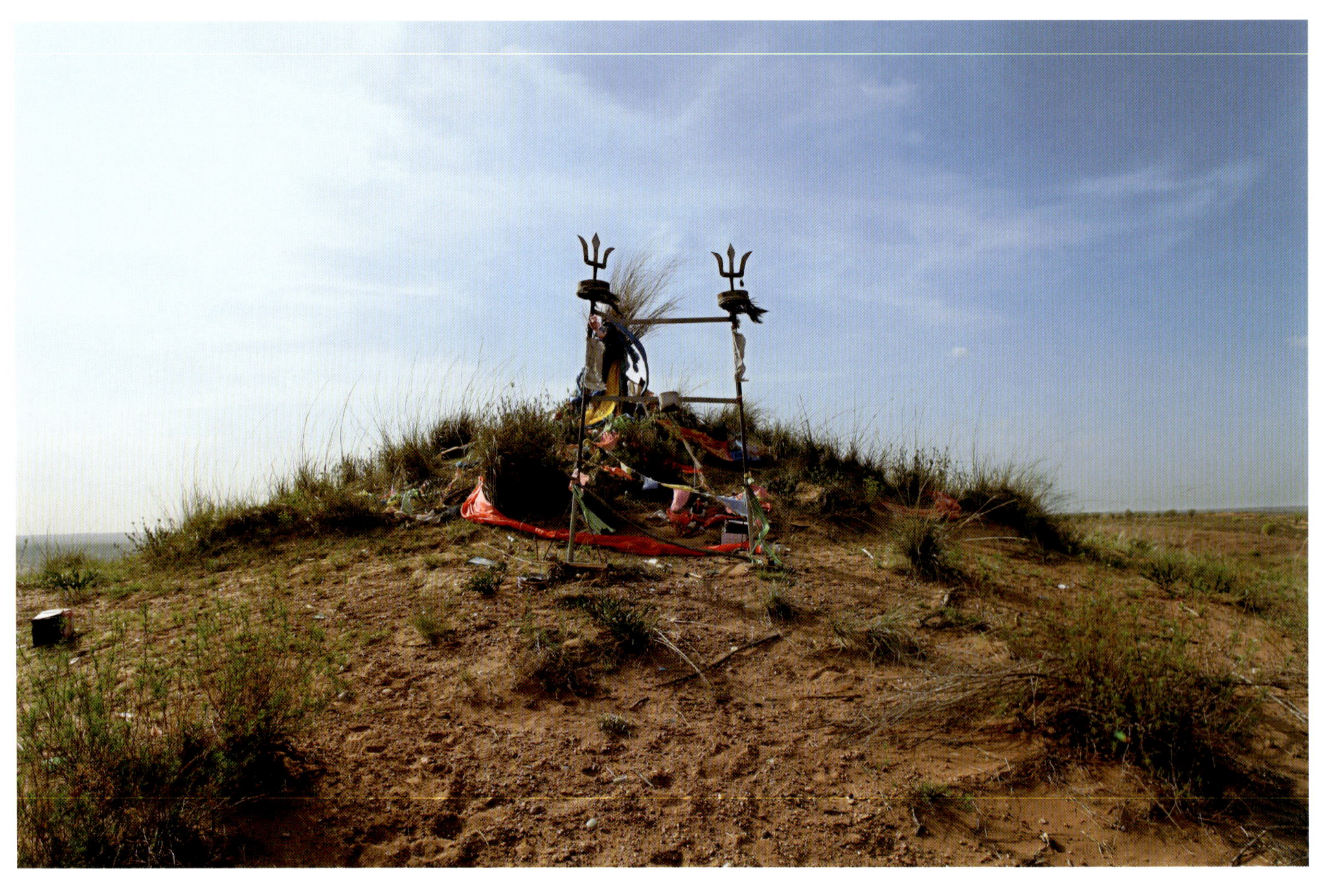

31 伊克乌兰敖包

伊克乌兰敖包位于伊金霍洛旗红庆河镇境内，属努图格敖包。伊克乌兰敖包由主敖包和 13 个守护敖包以及禄马风旗组成。主敖包用沙子和石头堆建而成，上面竖立沙柳树枝，高 1.2 米，宽 3.1 米；守护敖包为小石头堆，高 0.4 米，宽 0.7~1.1 米。

祭祀方向： 东南

祭祀时间： 鄂尔多斯历八月十三日（农历五月十三日）

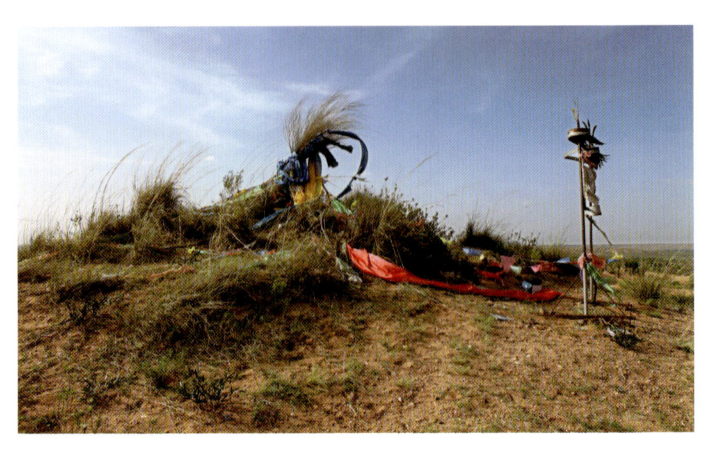

32 巴特尔敖包

巴特尔敖包位于伊金霍洛旗乌兰木伦镇境内，属达尔扈特敖包。巴特尔敖包由主敖包和12个守护敖包、供台、祭祀台组成。主敖包为圆形砖混水泥建筑，包顶插一苏勒德和沙柳树枝，高3.1米，宽4.1米；守护敖包为圆形砖混水泥建筑，上出檐，上面堆满石头，高1.54米，宽1.15米。

祭祀方向： 东南

祭祀时间： 鄂尔多斯历八月十三日（农历五月十三日）

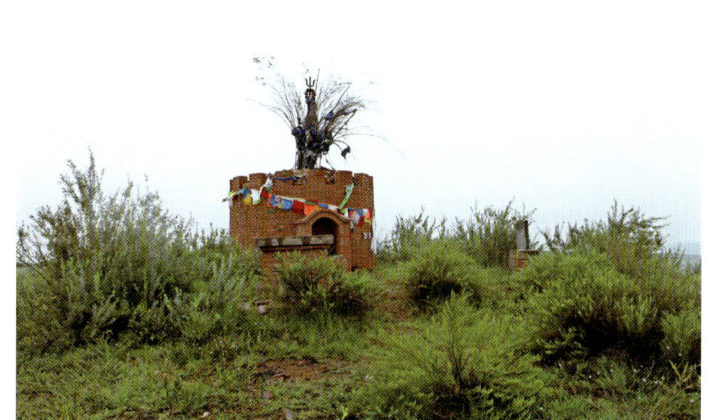

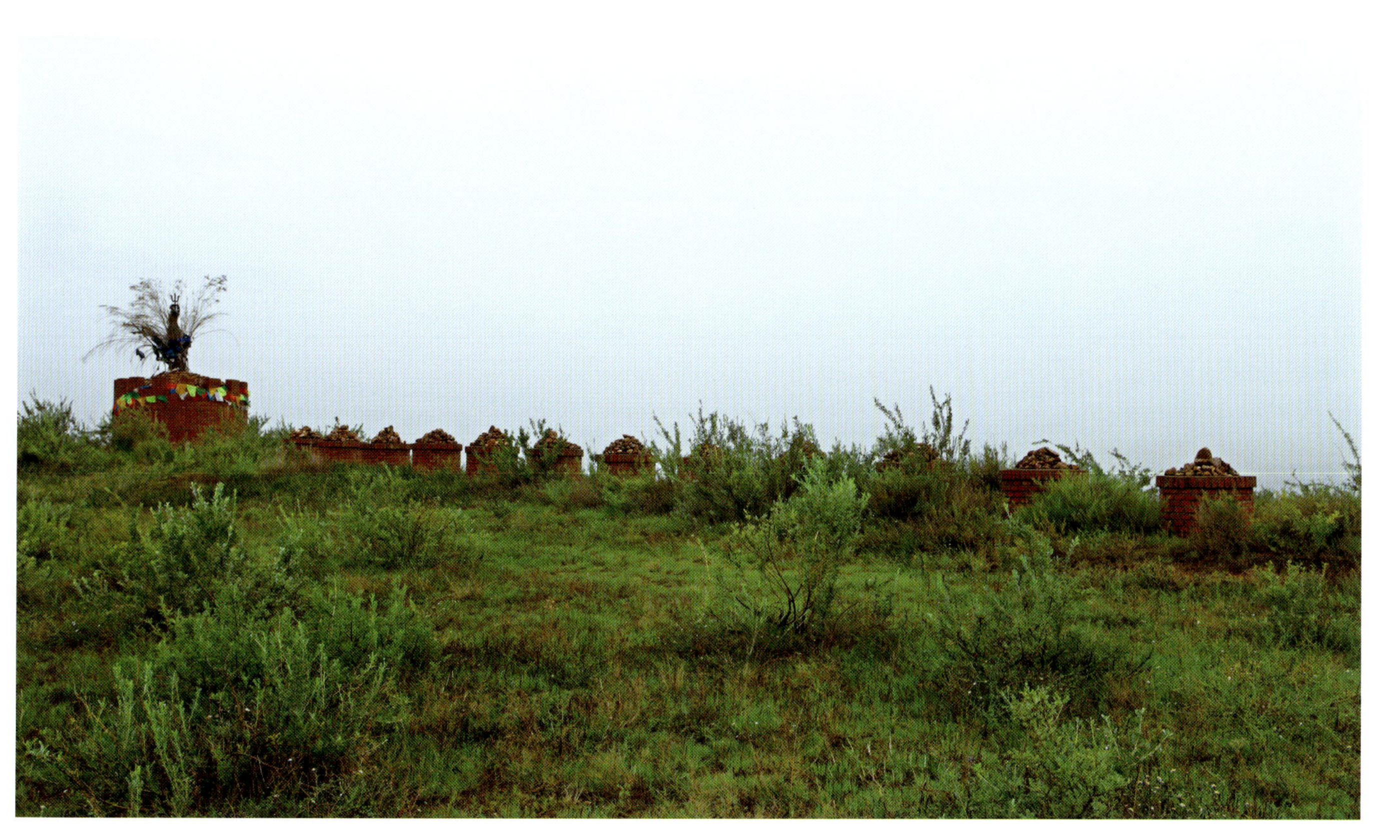

33 宝日台格庙敖包

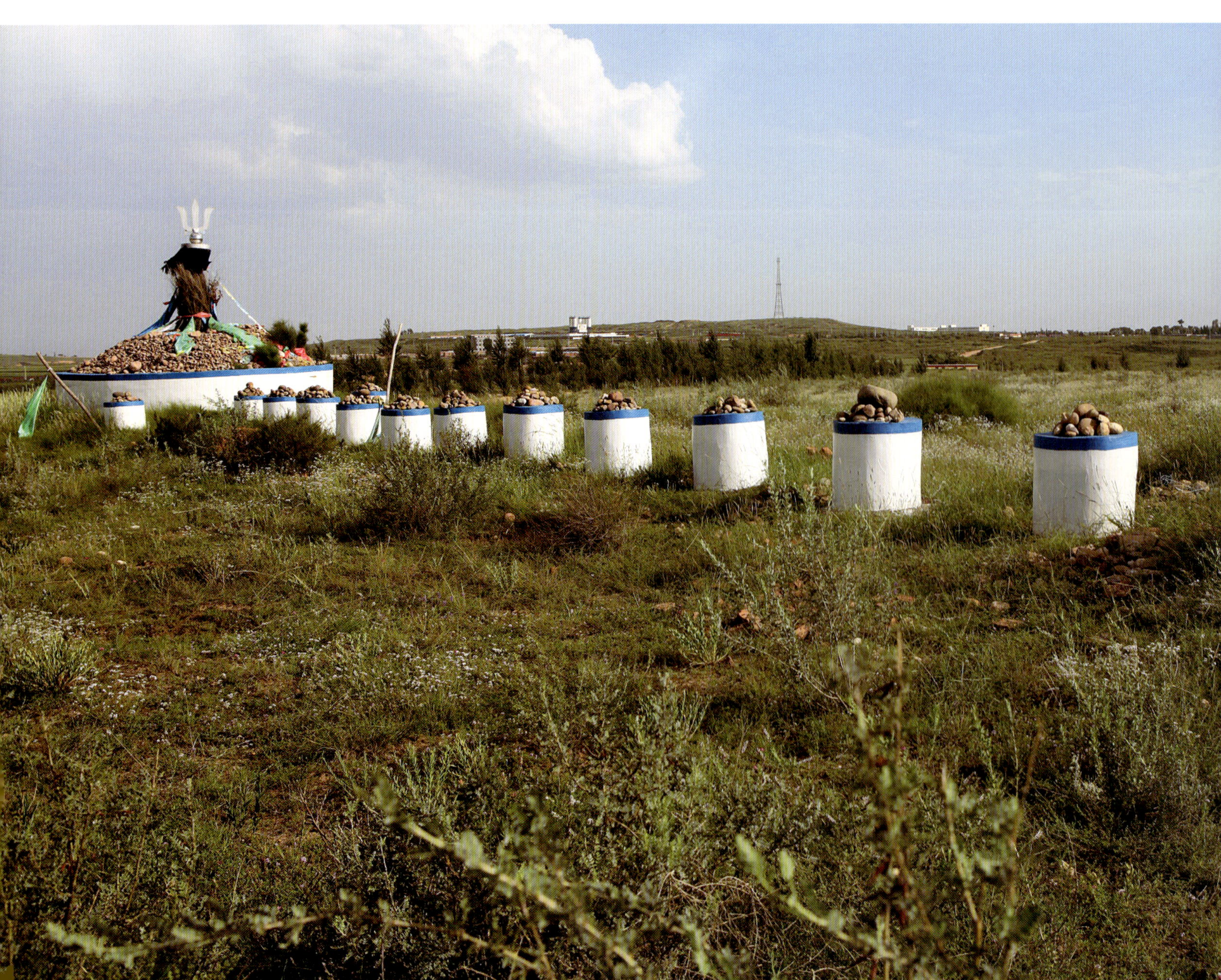

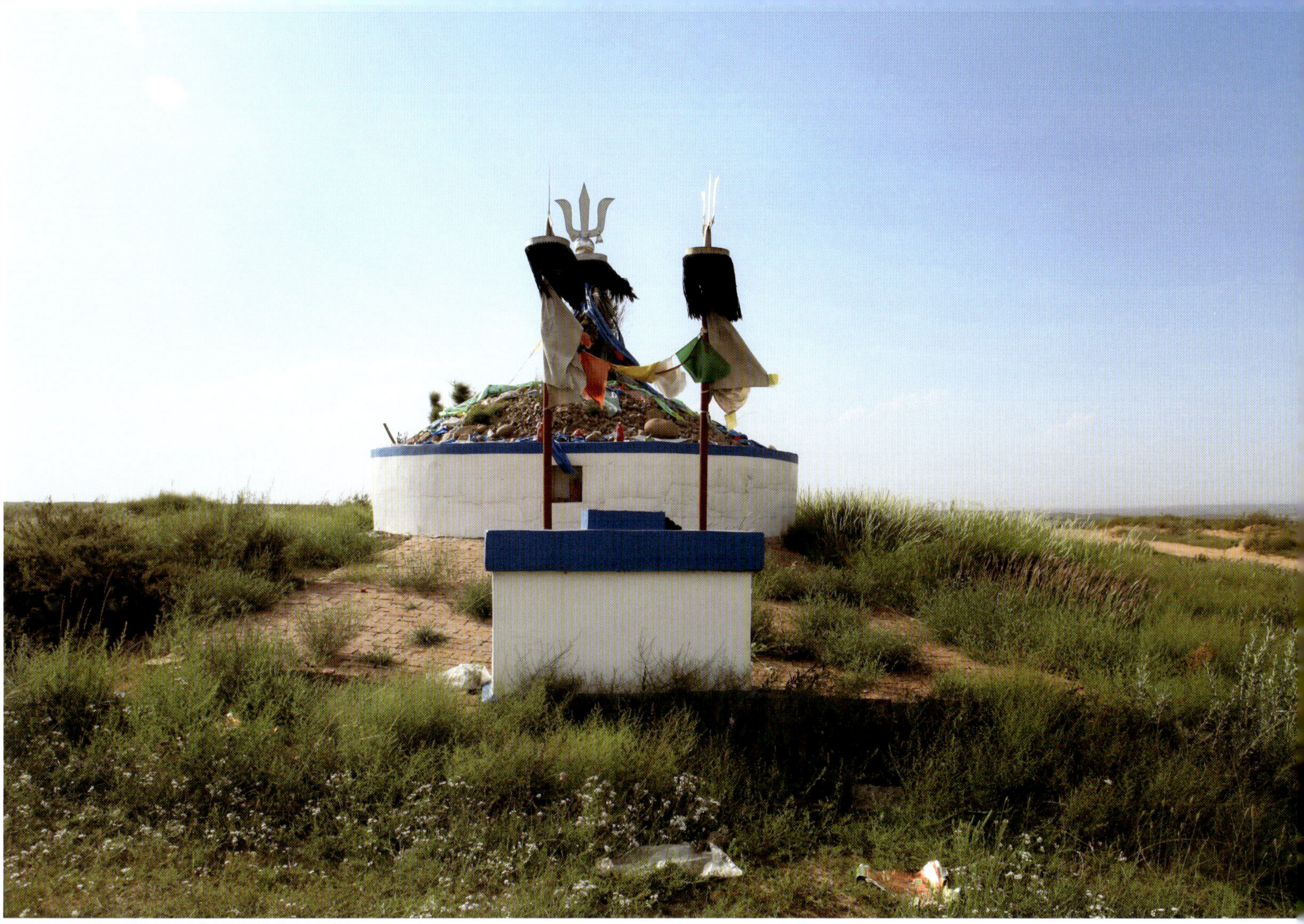

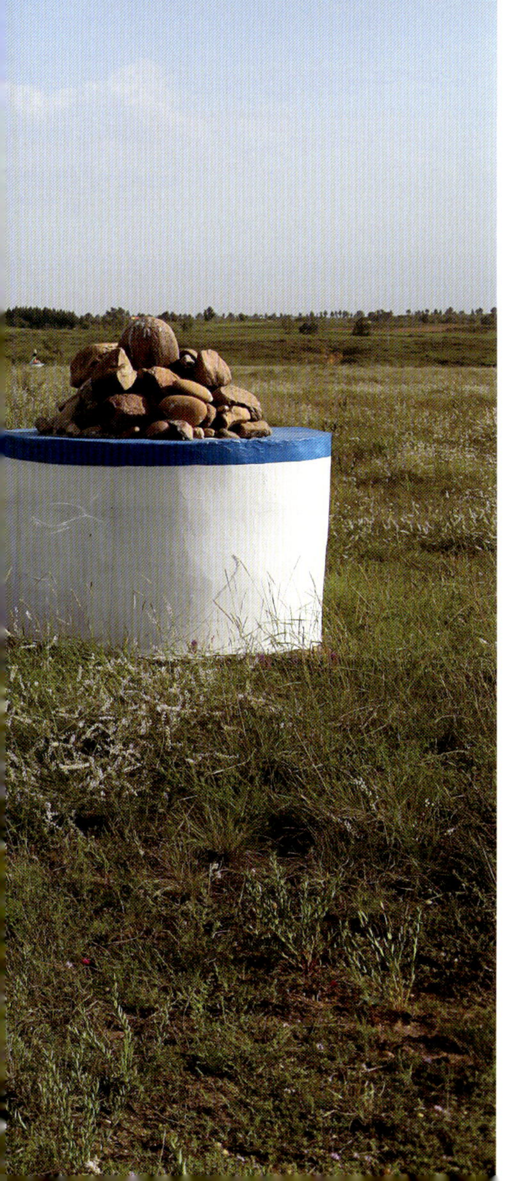

宝日台格庙敖包，亦称其其格敖包，位于伊金霍洛旗乌兰木伦镇境内，属庙敖包。敖包建在宝日台格庙西北的小土包上，由主敖包和14个守护敖包、禄马风旗祭祀台组成。主敖包为圆形砖混水泥建筑，中间堆满石头，包顶插一苏勒德和沙柳树枝，高3.45米，宽6.1米；守护敖包为圆形砖混水泥建筑，上堆满石头，高0.6~0.8米，宽0.7~1.3米。

祭祀方向：东南

祭祀时间：鄂尔多斯历八月十三日（农历五月十三日）

传说在很久以前，达赖喇嘛从西藏去北京，途中经过此地，看到这里景色优美，就搭起帐篷住了下来。那时这里正好天花（蒙古语称为“其其格”）病蔓延，达赖喇嘛也染上了此病，在这里治疗了数十日。他发现此病如不加紧控制危害极大，于是达赖喇嘛到宝日台格庙上集中僧众颁发敕令，赋予他们预防和治疗天花病的特殊权力。因此，宝日台格庙的僧人都学会了预防和治疗天花病的方法，而且涌现出很多名医，这座庙就成了预防和治疗天花病的发祥之地。后人为了纪念这一事件，就在这里垒砌了一座敖包并称为“其其格敖包”。

34 查干陶勒盖敖包

查干陶勒盖敖包，亦称苏勒德查干敖包，位于伊金霍洛旗乌兰木伦镇境内，属达尔扈特敖包。查干陶勒盖敖包建在高梁上，由主敖包和 12 个守护敖包、小庙、禄马风旗祭祀台组成。主敖包为建在三层圆形基座上的圆形砖混水泥建筑，上下出檐，上堆满石头，包顶插一凤凰旗杆和沙柳树枝，高 4.92 米，宽 7 米；守护敖包为圆形砖混水泥建筑，上面堆满石头，包顶插沙柳树枝，高 0.3~0.77 米，宽 1.3 米。

祭祀方向： 东南

祭祀时间： 鄂尔多斯历八月十三日（农历五月十三日）

达尔扈特人在这个敖包举行向成吉思汗哈日苏勒德的方向熏香柏的祭祀活动，所以这个敖包就被称为“苏勒德查干敖包”。在巡游祭祀时，中途休息需要将哈日苏勒德安放在特定的敖包，休息之后继续赶路。为了区别，中途休息安放哈日苏勒德的敖包被称为“巴嘎（小）查干敖包”，祭祀敖包被称为“苏勒德伊克（大）查干敖包”。

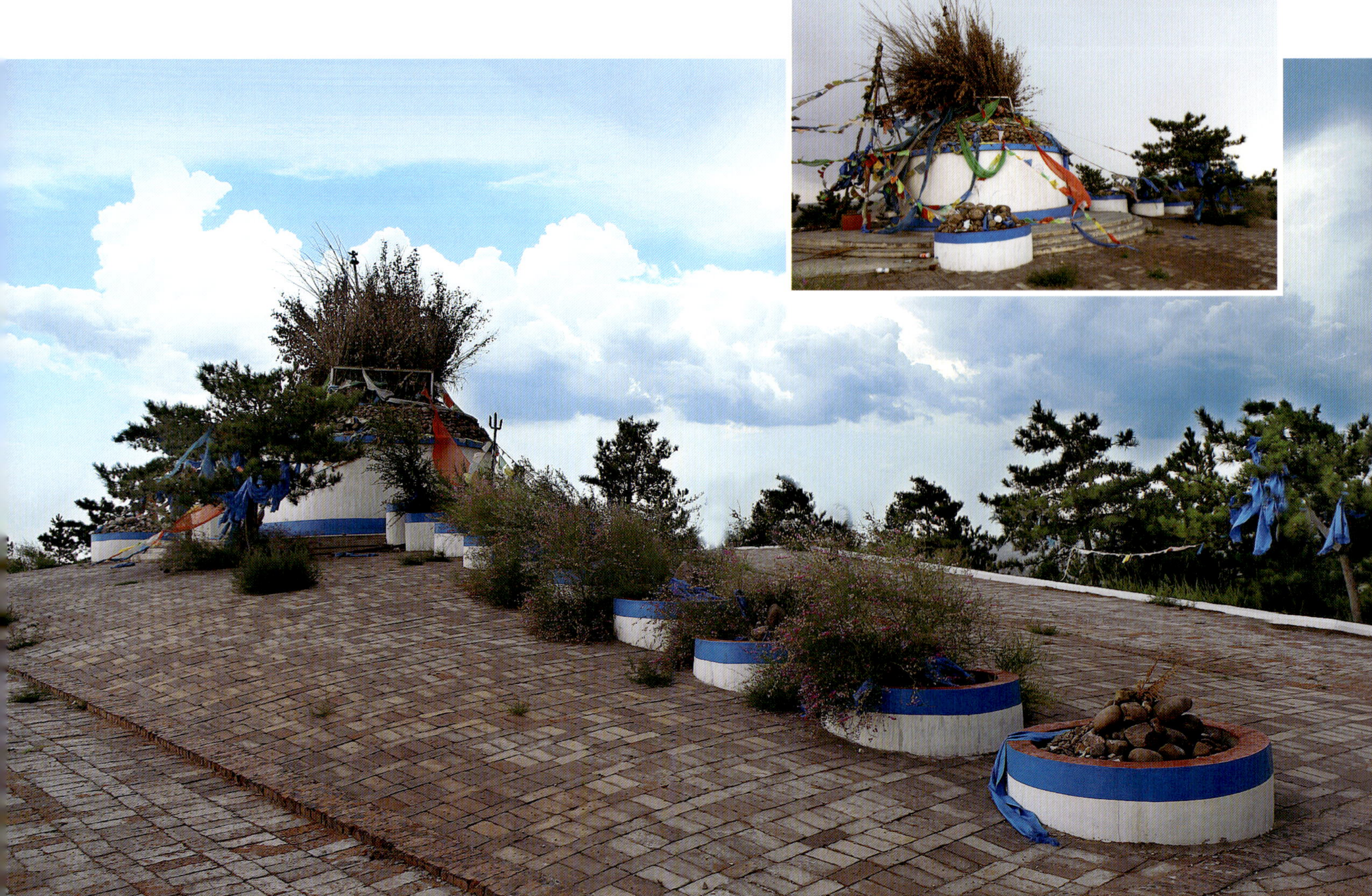

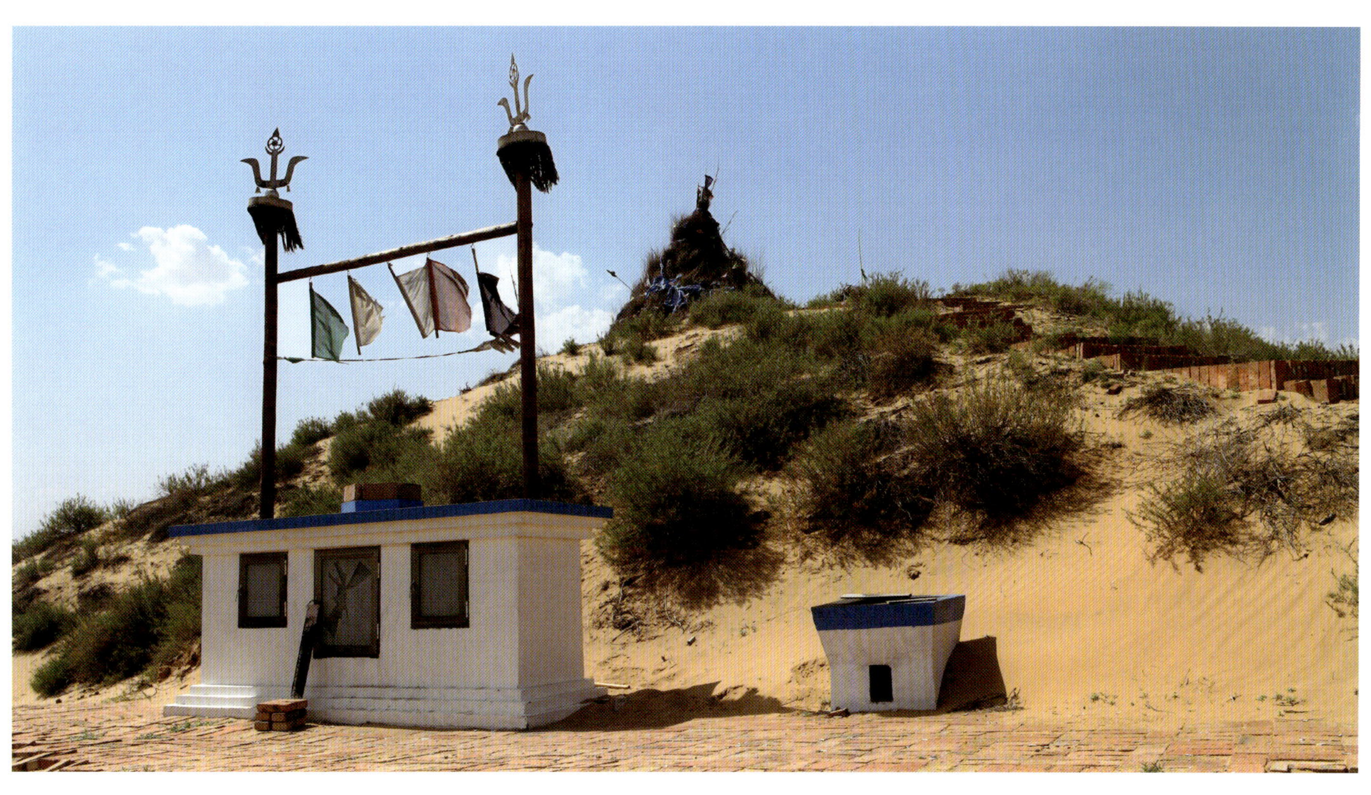

35 高勒哈日敖包

高勒哈日敖包位于伊金霍洛旗札萨克镇境内，属札拉嘎胡热呼敖包分支敖包。高勒哈日敖包建在沙梁上，由敖包、禄马风旗祭祀台、熏香台组成。敖包用沙柳树枝堆建而成，高 6 米，宽 7.1 米。

祭祀方向： 东南

祭祀时间： 鄂尔多斯历八月十日（农历五月十日）

由于札拉嘎胡热呼敖包所在地现归属陕西省管辖，于是负责祭祀这个敖包的一部分蒙古族群众把原敖包的一些石头和沙柳枝带到自己的草场上，重新建立一座敖包作为分支敖包，因建在“高勒哈日”这个地方，所以称为“高勒哈日敖包”。

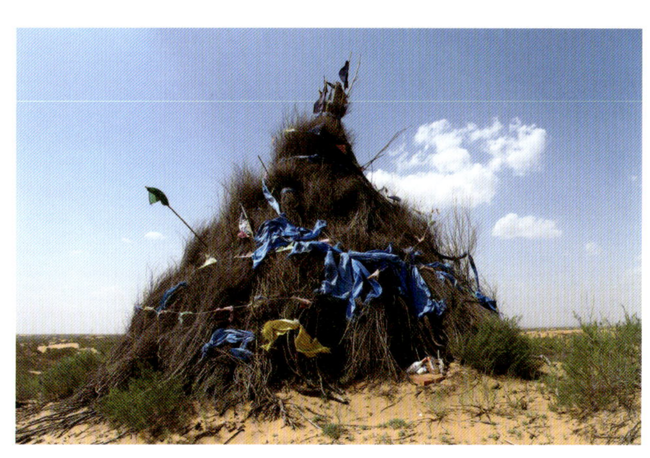

36 喇嘛庙敖包

喇嘛庙敖包位于伊金霍洛旗札萨克镇境内，属庙敖包。敖包建在喇嘛庙东南的红砂岩上，用石块堆建而成，包顶插一苏勒德，高3.4米，宽2.4米。

祭祀方向： 西北

祭祀时间： 鄂尔多斯历十月十日（农历七月十日）

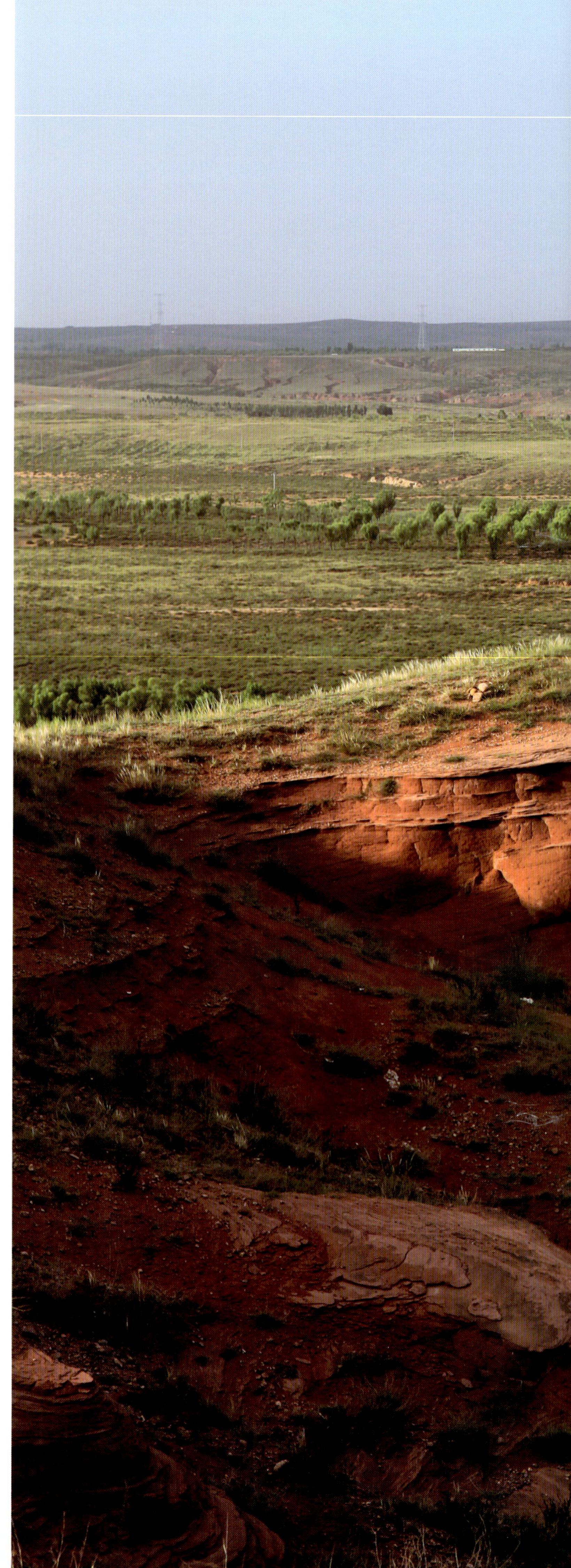

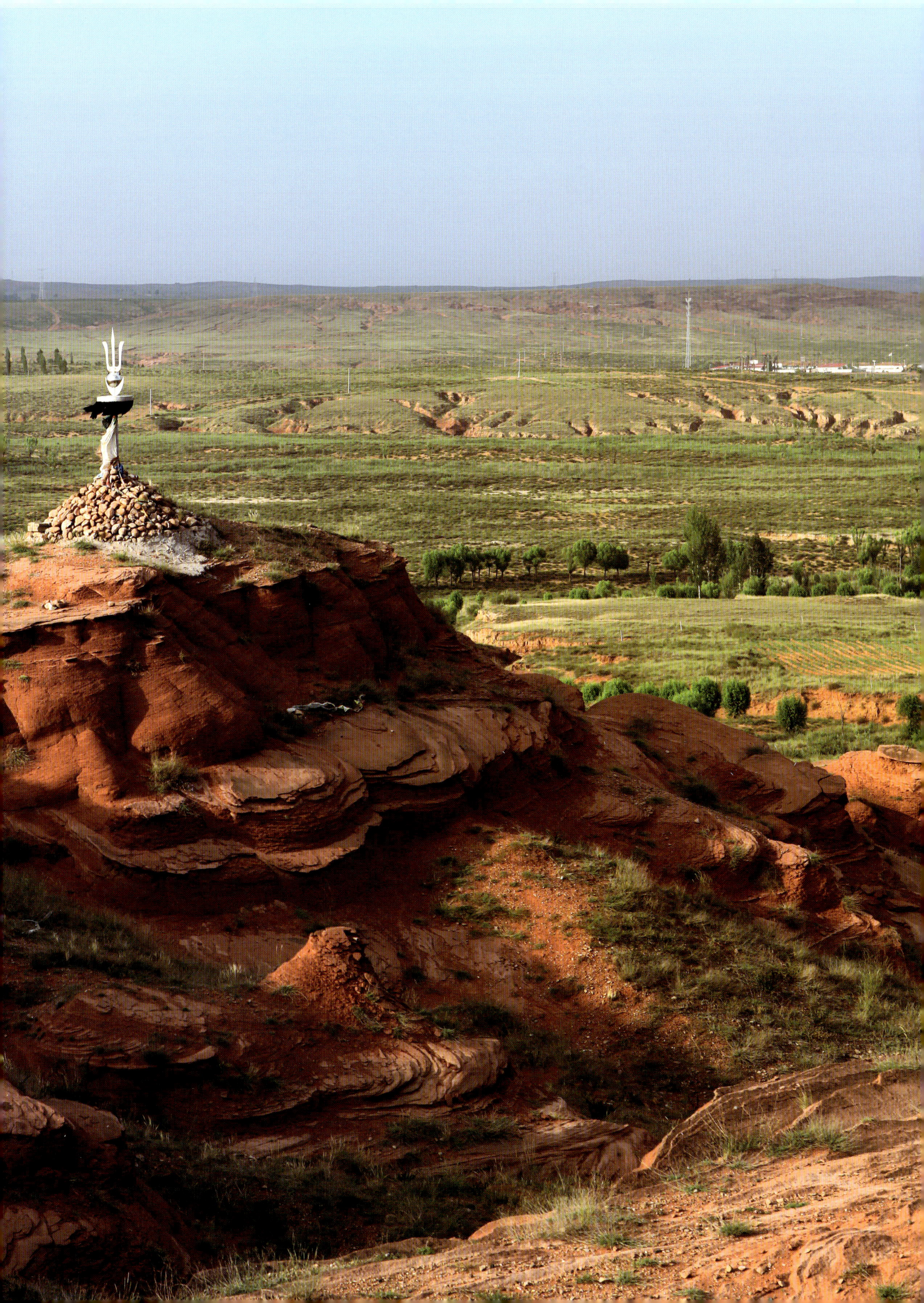

37 台格敖包

台格敖包位于伊金霍洛旗札萨克镇境内，属努图格敖包。敖包建在一个高梁上，由主敖包和12个守护敖包以及都格、禄马风旗祭祀台、祭祀用房组成。主敖包用石块堆建而成，包顶和四角分别竖立苏勒德，高6.6米，宽14米；守护敖包为圆形砖混水泥建筑，里面堆满石头，高1米，宽2米。

祭祀方向：东南

祭祀时间：鄂尔多斯历九月初一日（农历六月初一日）

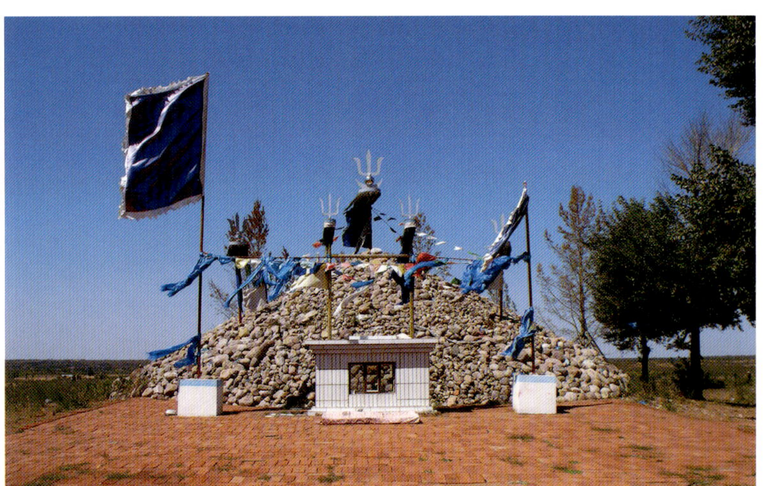

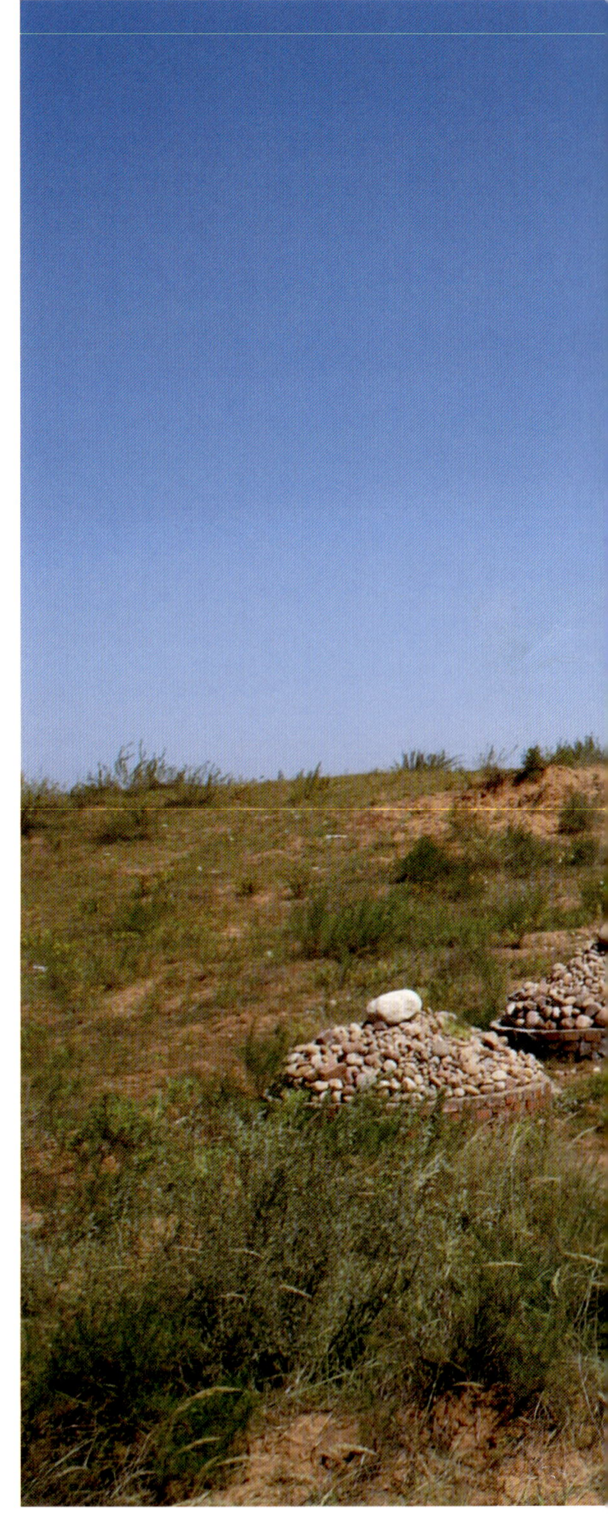

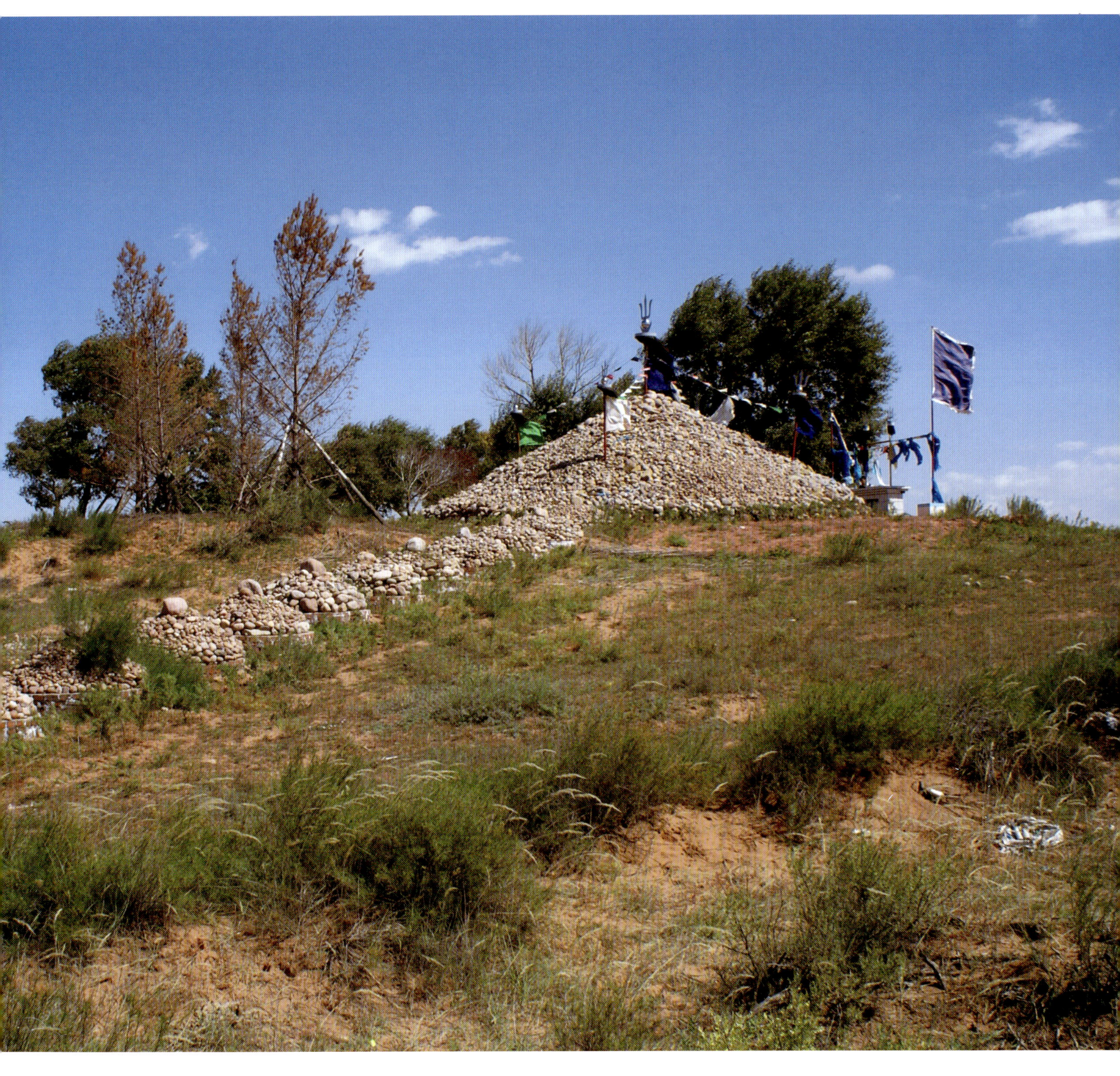

ᠵᠢᠷᠭᠤᠭᠠ
ᠤᠤᠱᠢᠨ ᠬᠤᠱᠢᠭᠤ

陆

乌审旗

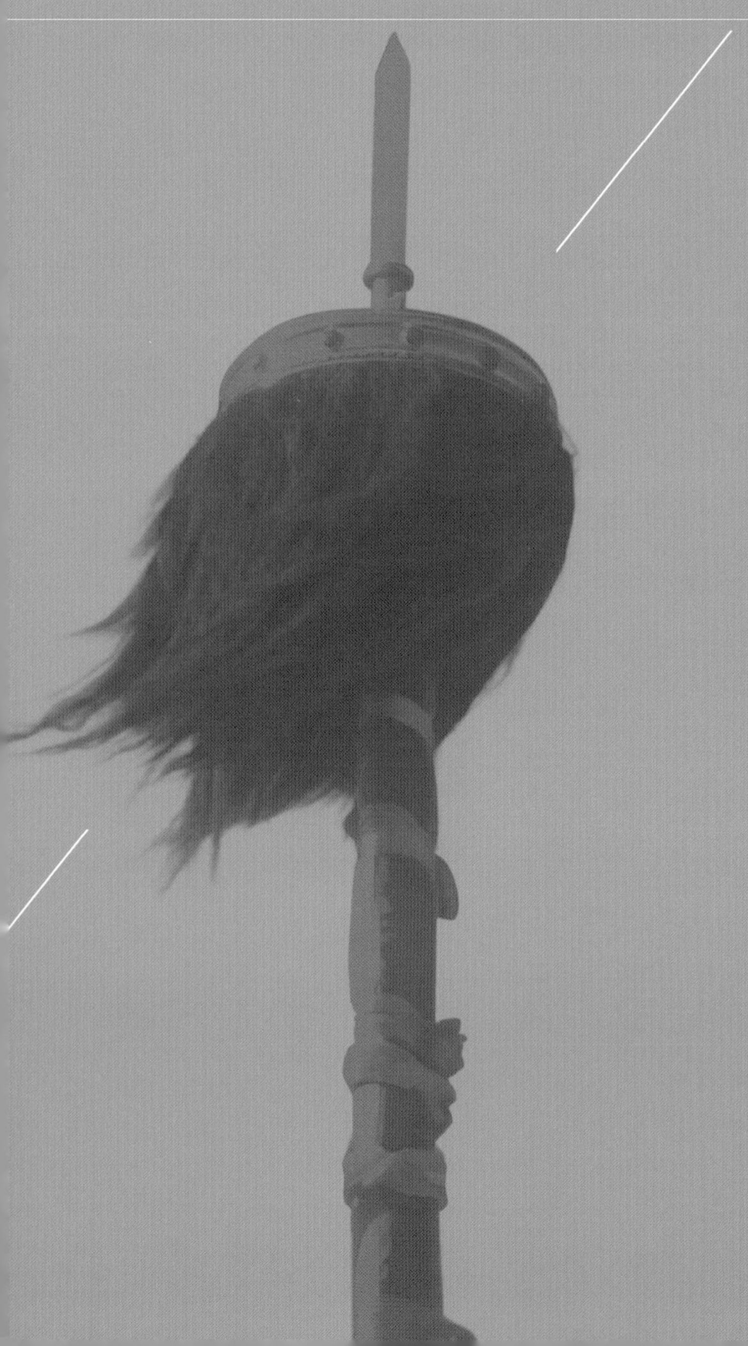

1 阿巴亥胡热呼敖包

阿巴亥胡热呼敖包位于乌审旗图克镇境内，属乌审旗13个胡热呼敖包之一。阿巴亥胡热呼敖包由敖包、禄马风旗祭祀台、祭祀用房、凉亭组成。敖包用沙石堆建而成，上立成捆沙柳树枝，中央插树干，高13.8米，宽22米。

祭祀方向：东南

祭祀时间：鄂尔多斯历九月初三日（农历六月初三日）

传说过去在这个敖包后面曾经有过乌审衙门（诺颜商，在当地也称图吉商），专门负责祭祀这个敖包。据说在这里安葬有黄金家族的公主，蒙古语叫“阿巴亥”，所以称为“阿巴亥胡热呼敖包”。

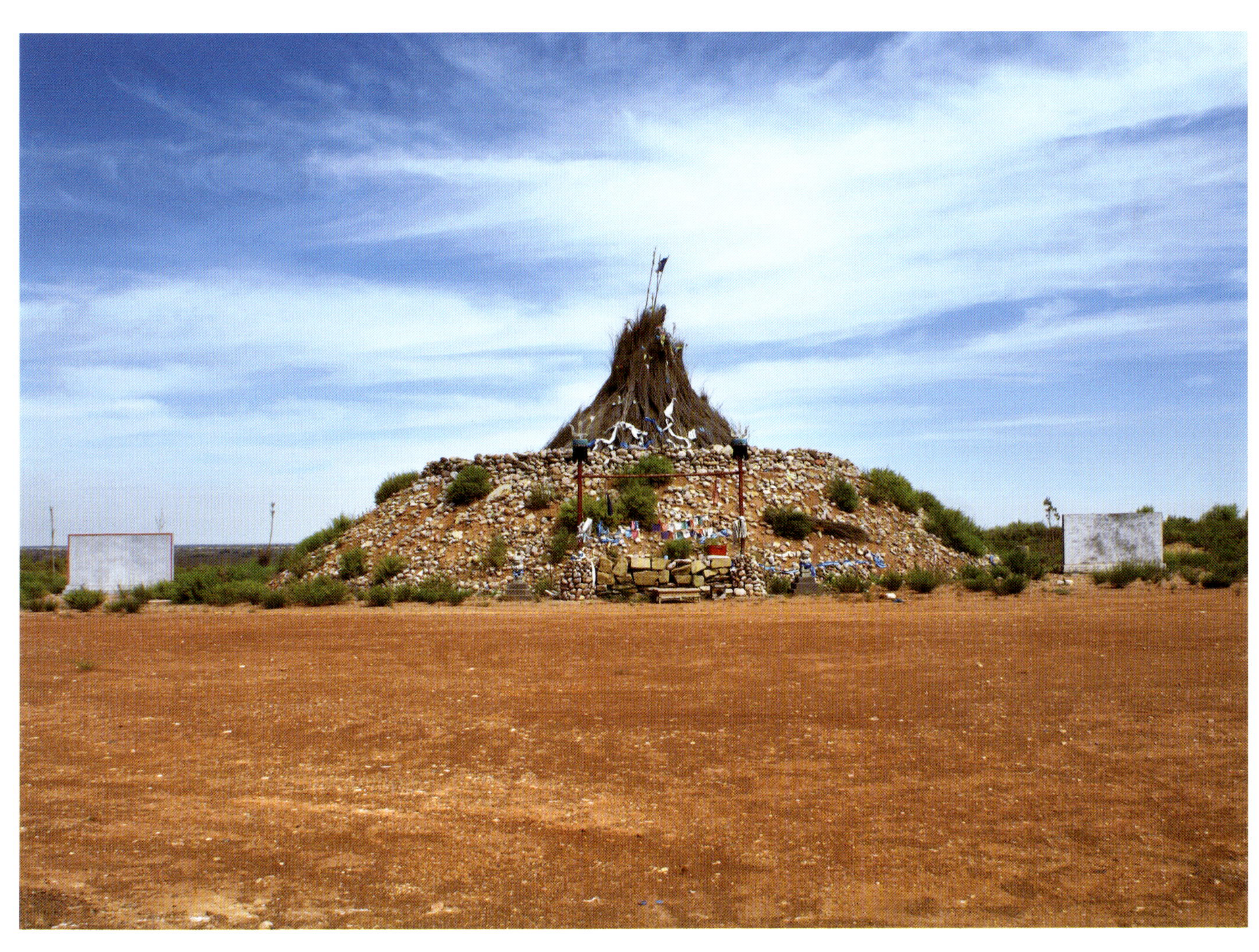

2 阿都亥胡热呼敖包

阿都亥胡热呼敖包位于乌审旗查干淖尔镇境内，属乌审旗13个胡热呼敖包之一。敖包建在一个较高的土包上，由主敖包和13个守护敖包、熏香台组成。主敖包以沙土作为底座，上覆盖有沙柳树枝条以及石头，沙堆上建有一塔式砖混水泥建筑，底下三层为塔基，三层上面出檐，再上面为覆钵式塔，包顶插一苏勒德，高3.85米，宽2米；守护敖包用石块堆建而成，包顶插沙柳树枝，高1.5米，宽0.15米。

祭祀方向： 东南

祭祀时间： 鄂尔多斯历八月十三日（农历五月十三日）

传说“阿都亥”源自阿都（马群），这个地方原来是骏马奔腾、美丽富饶、五畜兴旺之地。

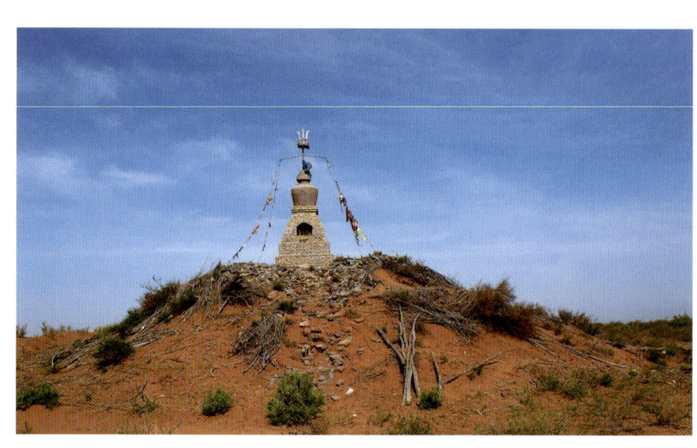

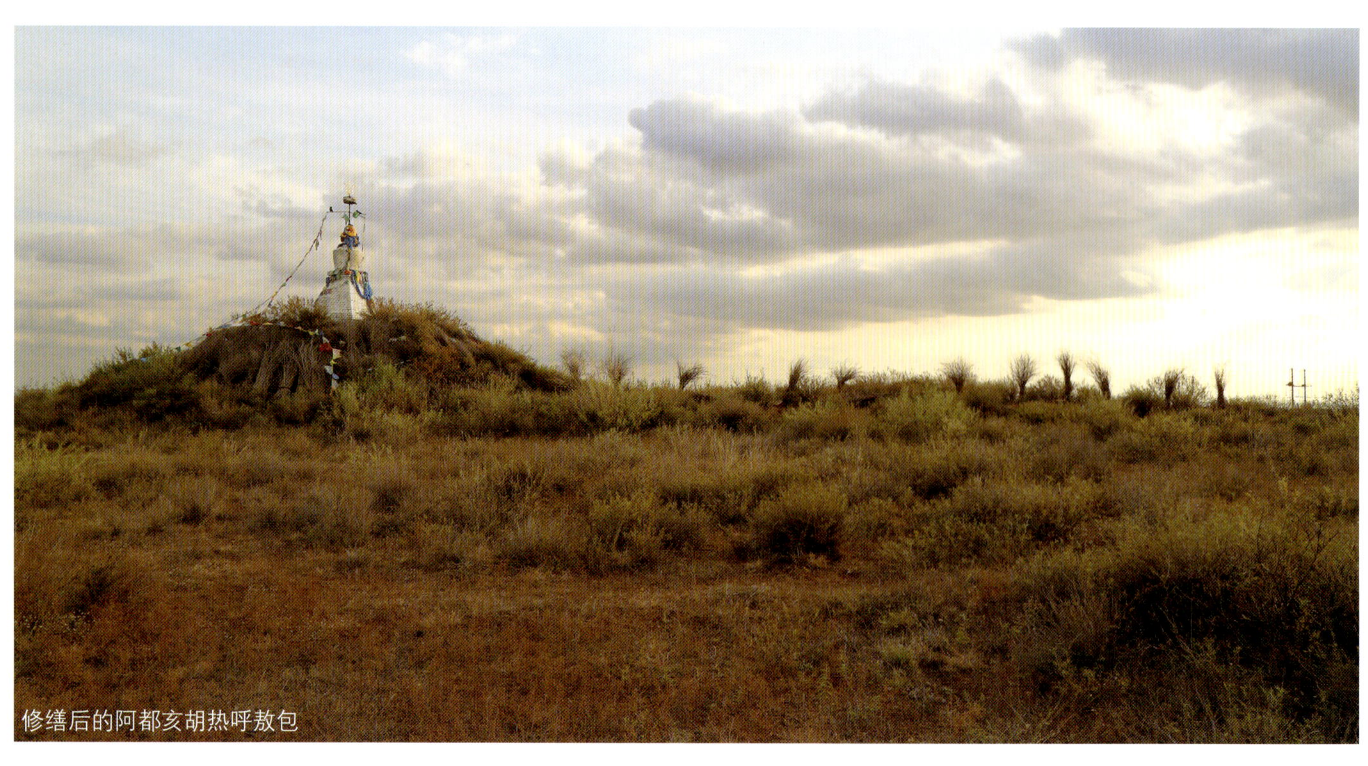

修缮后的阿都亥胡热呼敖包

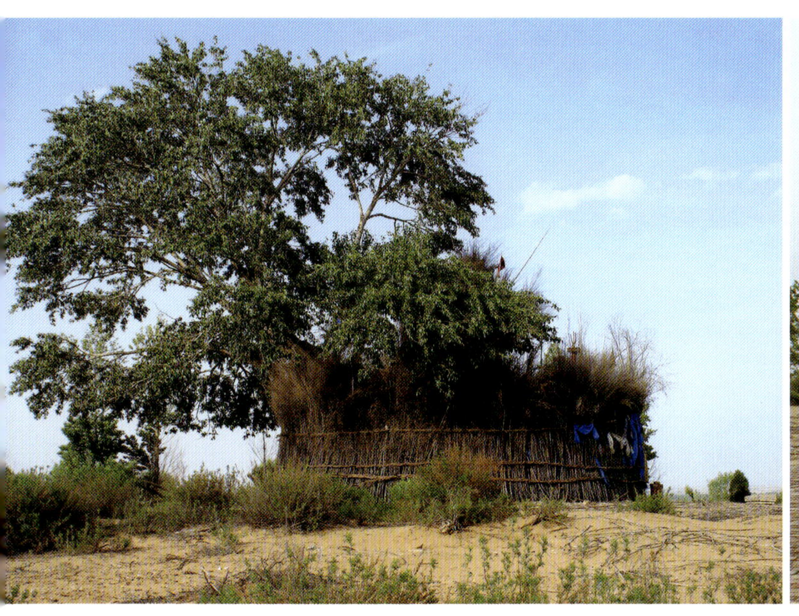

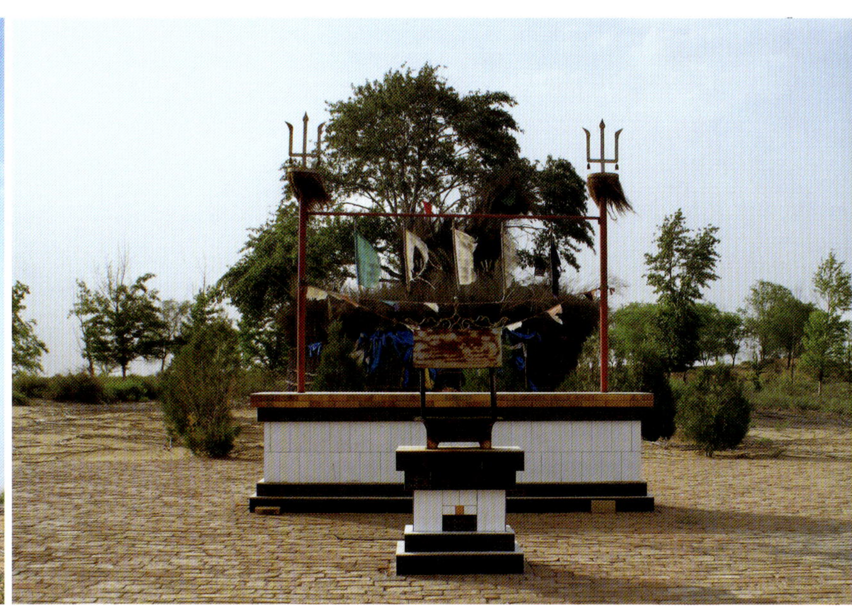

3 德力格尔胡热呼敖包

德力格尔胡热呼敖包位于乌审旗乌兰陶勒盖镇境内，属乌审旗13个胡热呼敖包之一，也属于别速惕哈日颜敖包。德力格尔胡热呼敖包由敖包、禄马风旗祭祀台、祭祀用房组成。敖包用柳树堆建成两层，包顶插两杆苏勒德，高5.4米，宽8.8米。

祭祀方向：东南

祭祀时间：鄂尔多斯历查干月初三日（农历正月初三日）和八月十三日（农历五月十三日）

传说原来这个敖包叫“德力格尔胡热呼”或“特里古胡热呼”，乌审王爷为了取吉祥如意之意，在图吉商建立旗衙门时舍弃了“特里古胡热呼”之名，沿用了“德力格尔胡热呼”这个名字，因此这个敖包命名为“德力格尔胡热呼敖包”。

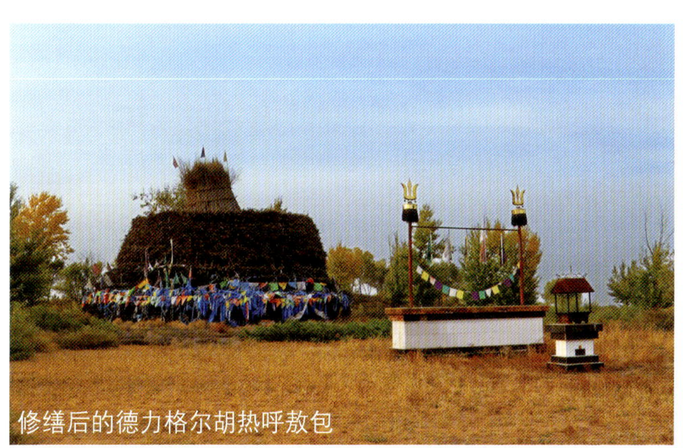

修缮后的德力格尔胡热呼敖包

4 高正胡热呼敖包

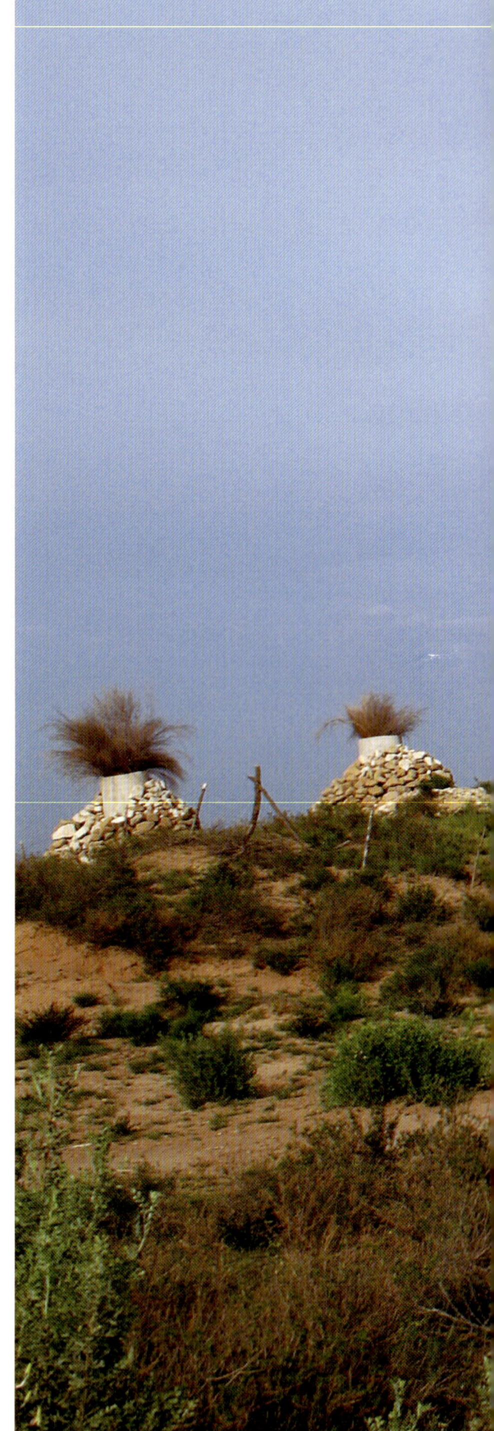

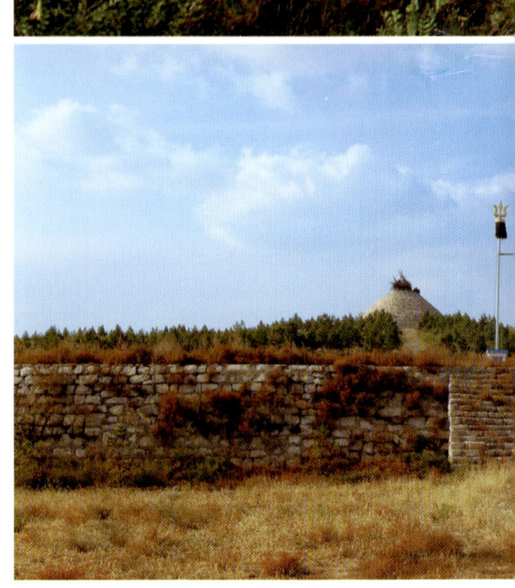

高正胡热呼敖包，亦称温都尔胡热呼敖包，位于乌审旗嘎鲁图镇境内，属乌审旗13个胡热呼敖包之一。高正胡热呼敖包建在一个高梁上，由主敖包和13个守护敖包以及供台、祭祀台、祭祀用房组成。主敖包用石块堆建而成，包顶插沙柳树枝，高15米，宽18.5米；守护敖包用石头堆砌，中间立水泥管，包顶插沙柳树枝，高3.5米，宽2.6米。

祭祀方向：东南

祭祀时间：鄂尔多斯历查干月初三日（农历正月初三日）和八月十三日（农历五月十三日）

传说13世纪，成吉思汗带领大军攻打西夏路过河套（鄂尔多斯）时，西夏军队顽固抵抗，成吉思汗挑选高处，召开忽勒勒泰，做出决策攻破城池。每当占领一座城市时，就聚集在那座城市的最高处庆祝战争的胜利，奖赏将士们，离开时堆起石头做记号，高正胡热呼敖包便是其中之一。

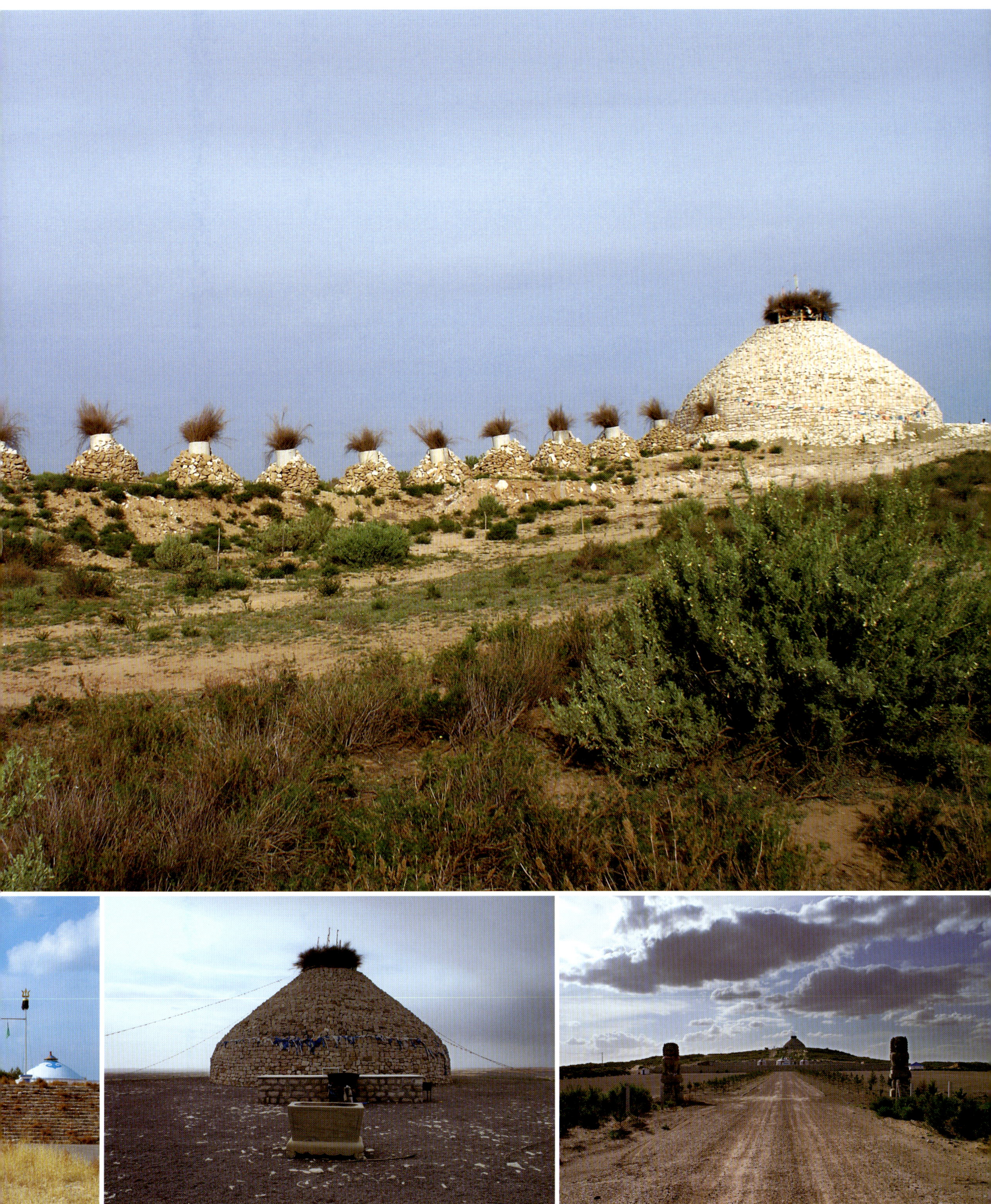

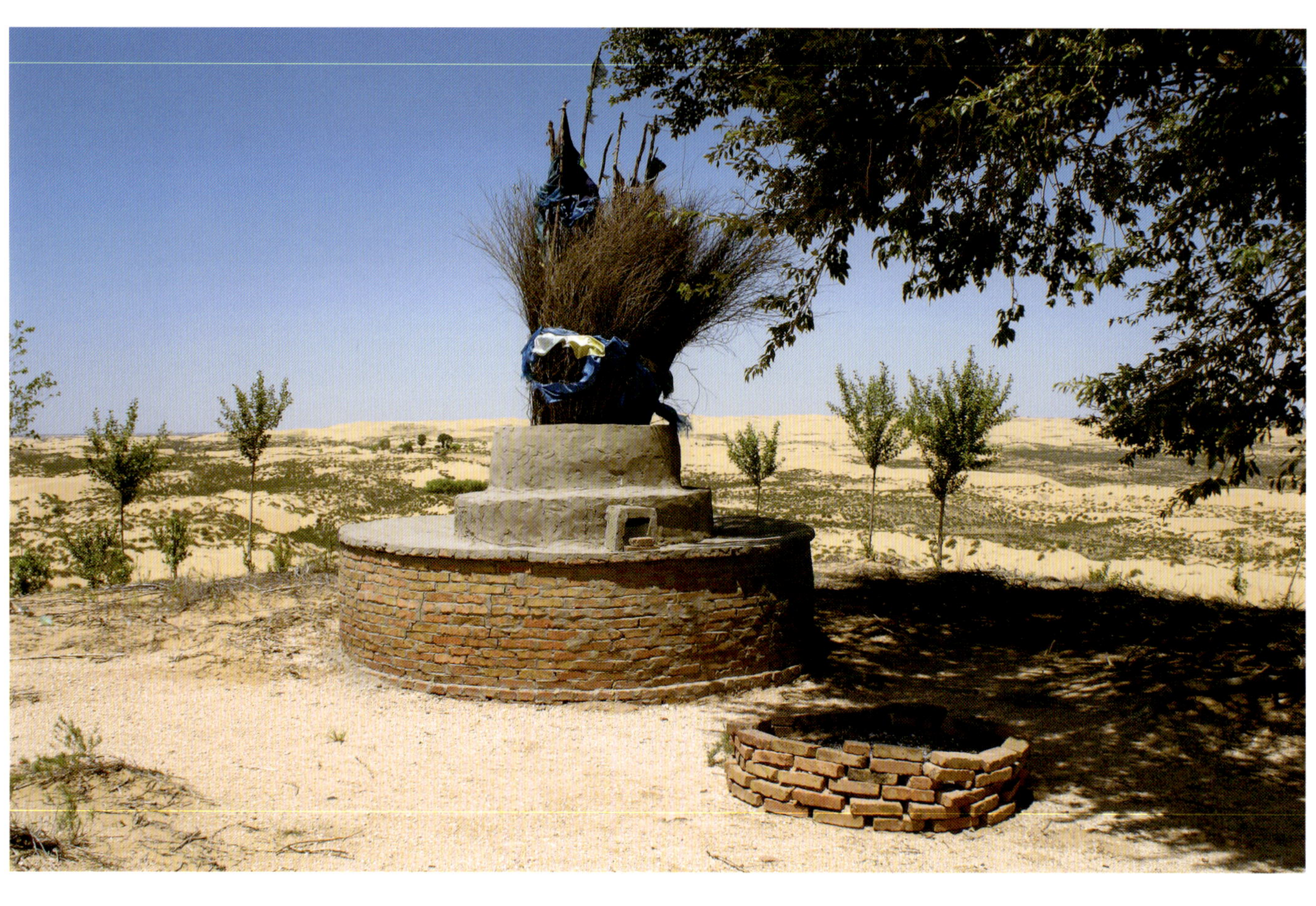

5 珠日和胡热呼敖包

珠日和胡热呼敖包位于乌审旗苏勒德苏木境内，属乌审旗13个胡热呼敖包之一。敖包建在一处高沙梁上，由敖包和熏香台组成。敖包为三层圆形砖混水泥建筑，一层出檐，包顶插沙柳树枝，高4.08米，宽3.3米。

祭祀方向：东南

祭祀时间：鄂尔多斯历八月十三日（农历五月十三日）

传说在很久以前，成吉思汗攻打西夏时受到哈日亚勒其哈日额木根（“哈日亚勒其哈日额木根”为蒙古语，意为“黑巫婆”）的阻挡，如果不除掉她，战争就不能顺利进行。当时能够镇压这个女巫的只有成吉思汗的胞弟哈撒尔，哈撒尔力大无比，用弓箭射杀了“黑巫婆”，将其心脏（蒙古语称“珠日和”）葬于现在敖包所在地，并在上面建立敖包以作镇压，因此这个敖包叫“珠日和胡热呼敖包”。

6 芒哈图胡热呼敖包

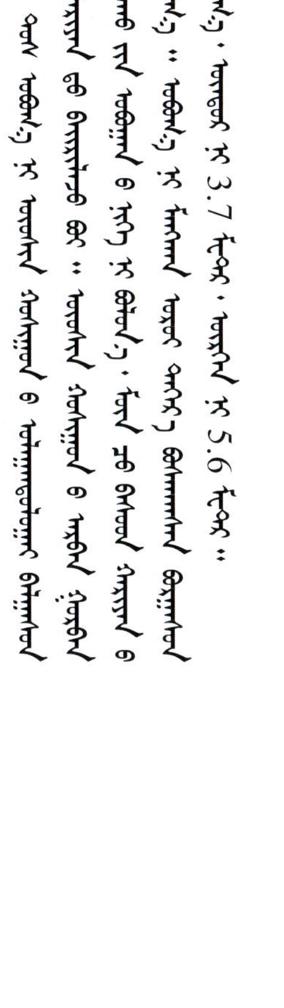

芒哈图胡热呼敖包位于乌审旗乌兰陶勒盖镇境内，属乌审旗13个胡热呼敖包之一，也属于别速惕哈日颜敖包。敖包建在沙梁上，用沙柳树枝竖立堆建而成。敖包高3.7米，宽5.6米。

祭祀方向： 东南

祭祀时间： 鄂尔多斯历八月十五日（农历五月十五日）

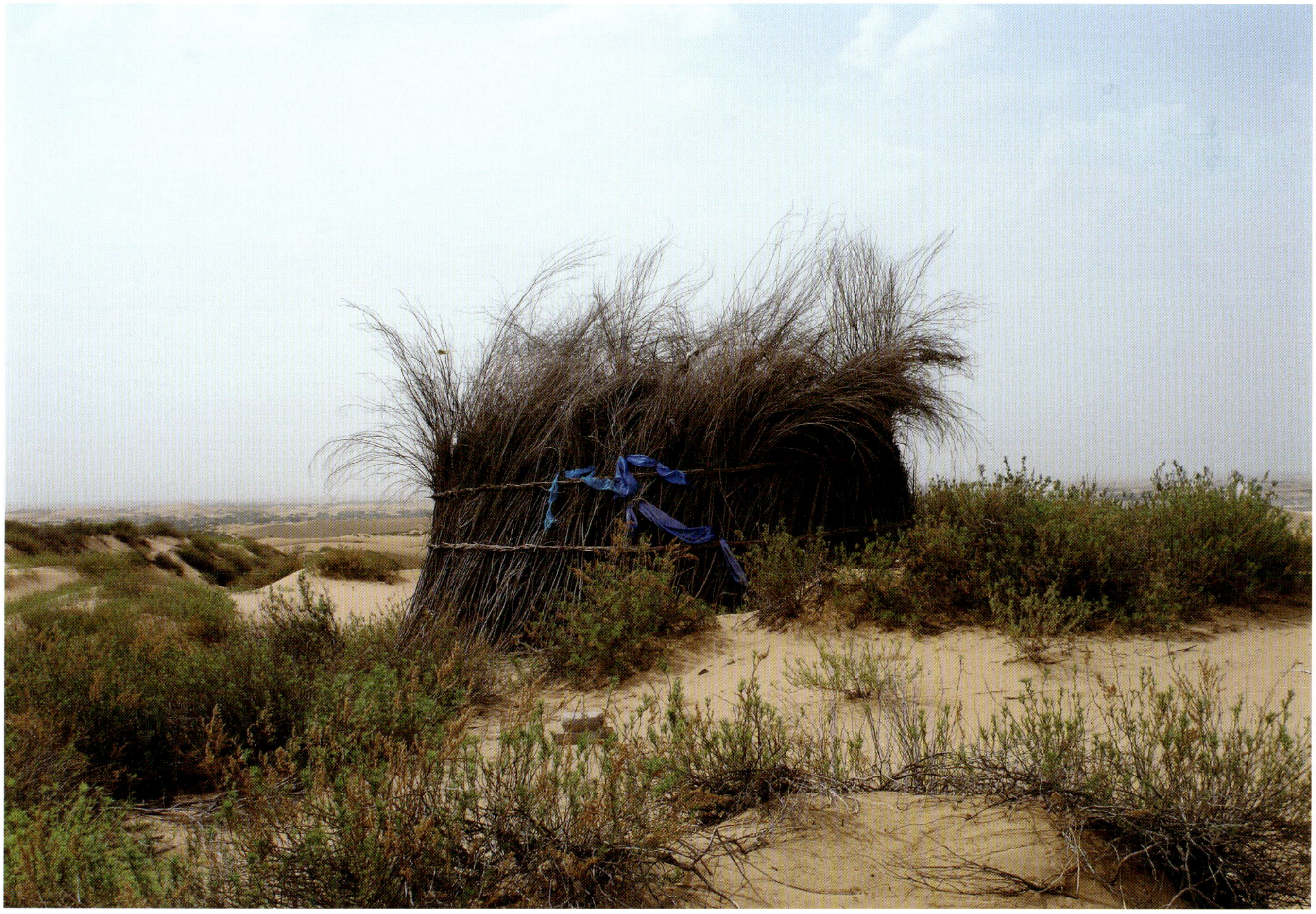

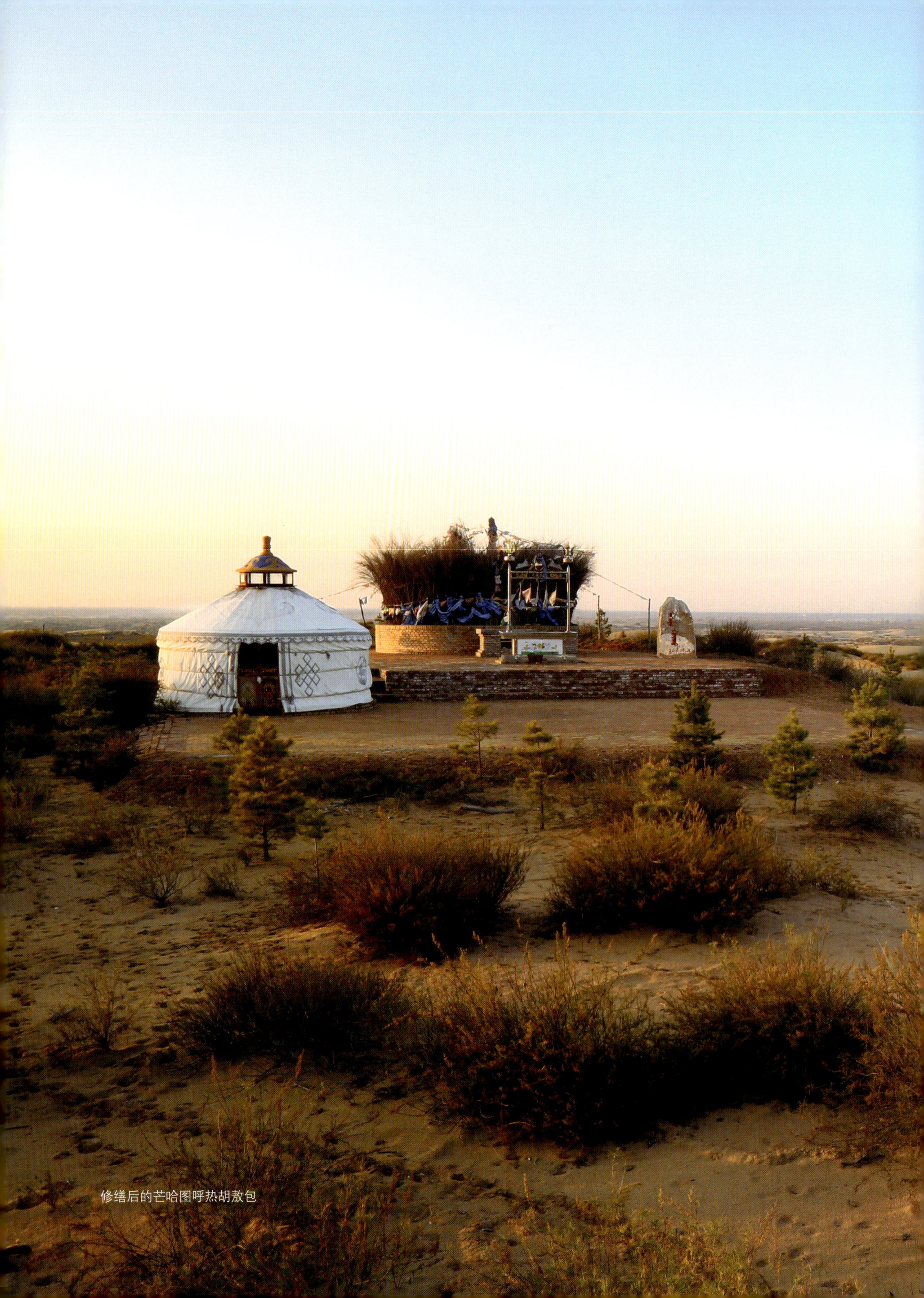

修缮后的芒哈图呼热胡敖包

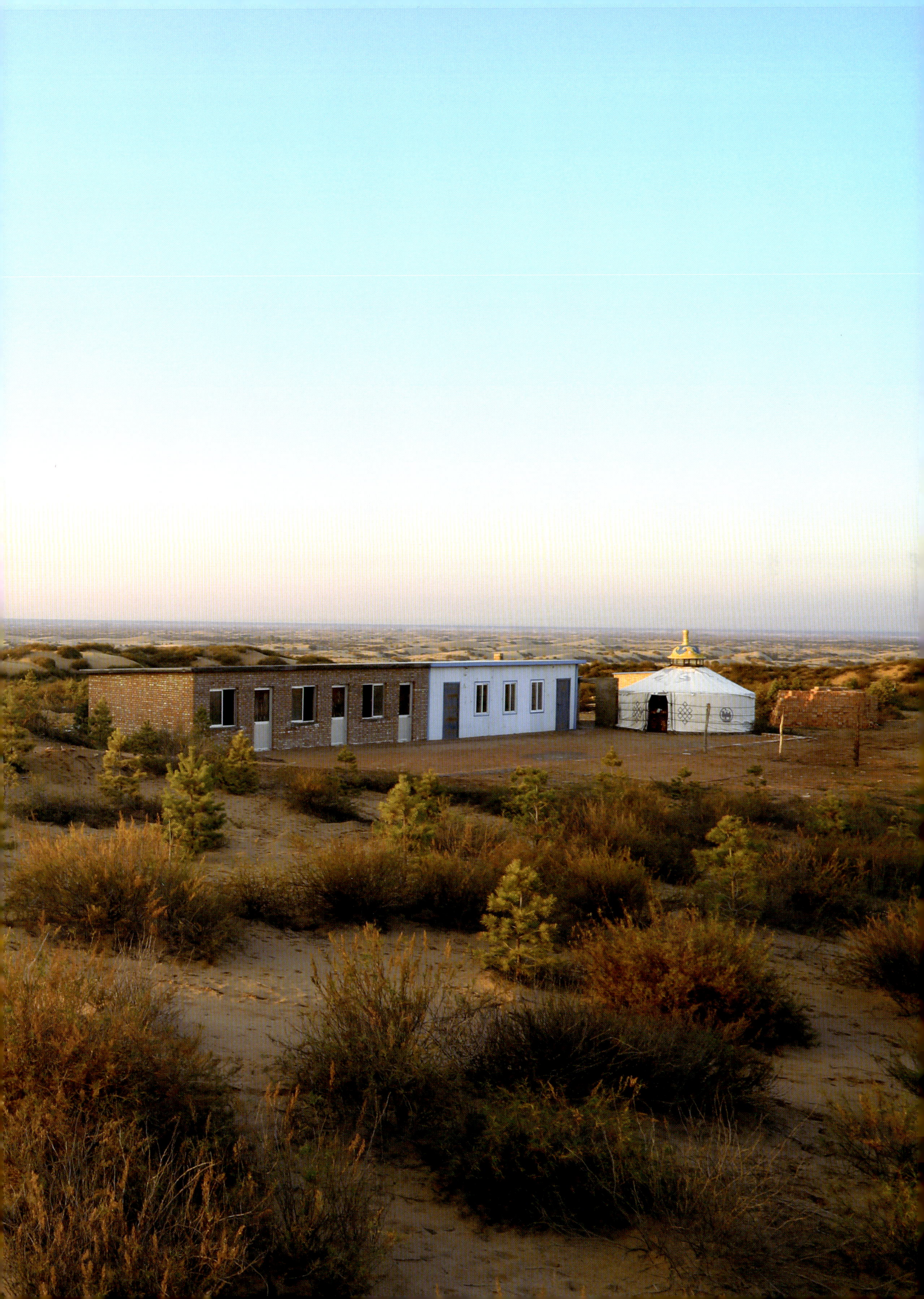

7 敖其尔胡热呼敖包

敖其尔胡热呼敖包，亦称乌审胡热呼敖包，位于乌审旗苏勒德苏木境内，属乌审旗13个胡热呼敖包之一。敖其尔胡热呼敖包由敖包、禄马风旗祭台组成。敖包为建在方形基座上的四层仿塔式砖混水泥建筑，包顶插一苏勒德和沙柳树枝，高5.51米，宽2.7米。

祭祀方向：东南

祭祀时间：鄂尔多斯历八月二十五日（农历五月二十五日）

传说一，当年成吉思汗听闻他的大军遇到了敌人的顽强抵御，于是来到此地并选择最高处，带领全军将士祭天祭地，召开忽勒勒泰制定战略计划，取得了一次又一次的胜利。为了纪念所取得的胜利，把原来召开忽勒勒泰的地方叫胡热呼梁，在上面建立了敖包并进行祭祀。

传说二，成吉思汗带领大军攻打西夏城宝日巴拉嘎素并占领该城后，到此处庆祝战争胜利。成吉思汗十分赞美这个地方："这个地方是苍天赐给的有意思的（蒙古语称"敖其尔太"）地方。"战士们为了纪念战争的胜利便在此建立了敖包，取名为"敖其尔胡热呼敖包"并祭祀。

传说三，此敖包原来曾经由乌审哈日颜祭祀，曾被称为"乌审胡热呼敖包"。后来三世达赖喇嘛锁南佳措到胡图克台彻辰洪台吉家闭关修炼（修行）了三个月后，去呼和浩特拜见阿拉坦汗，路过这里时把自己的瓦其尔（藏语，金刚杵）安放在此，所以该敖包被称为"瓦其尔胡热呼敖包"。

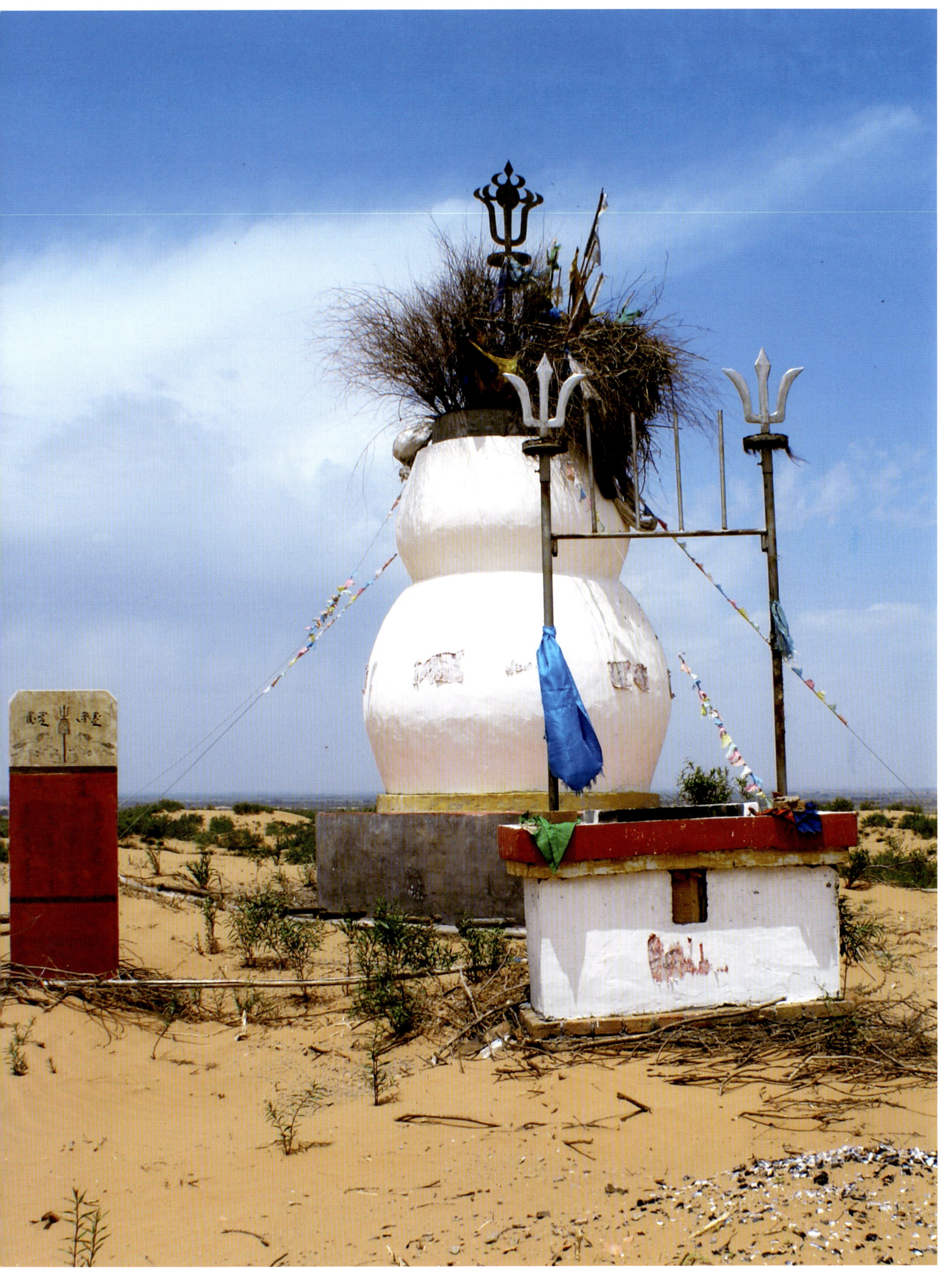

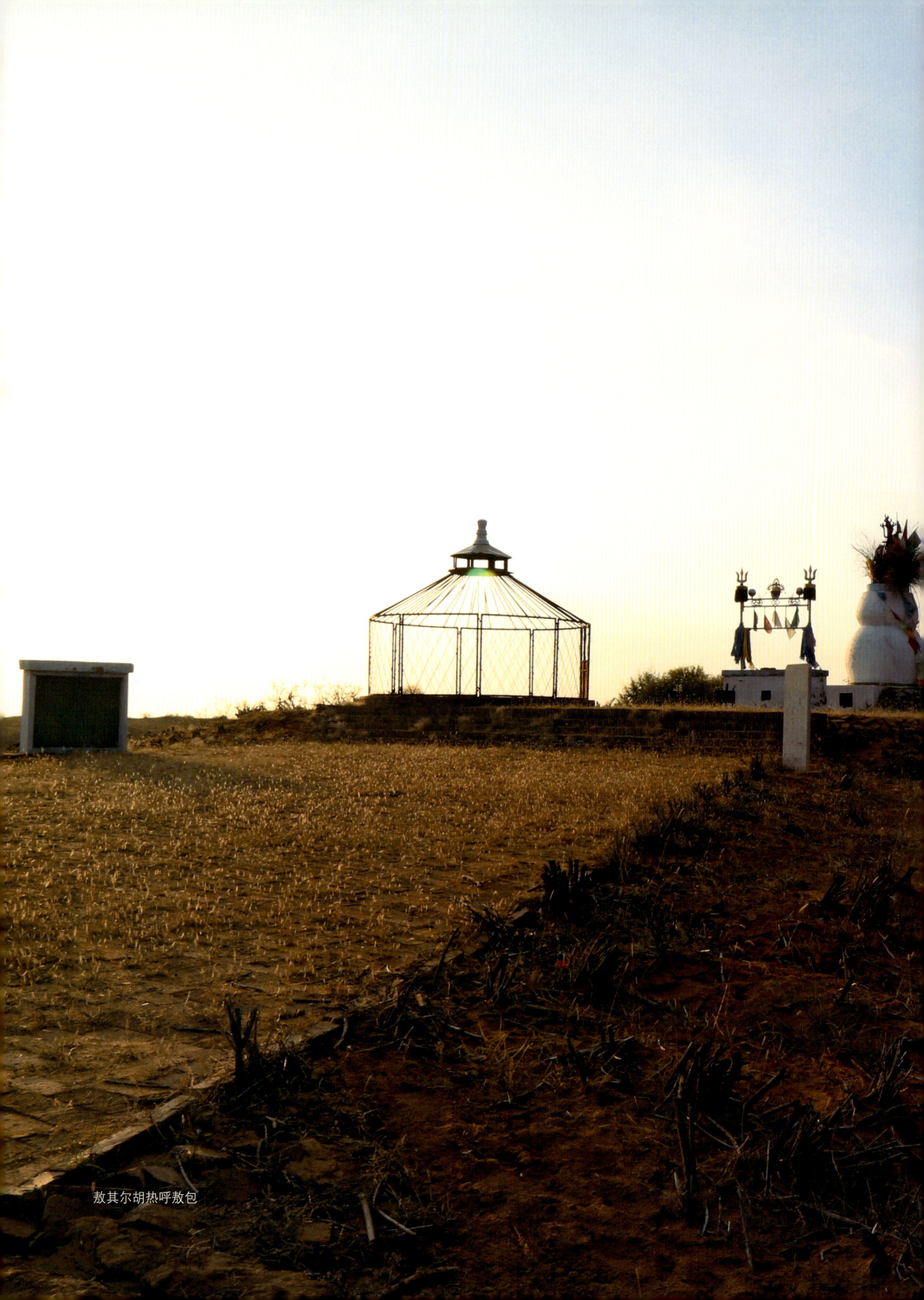

敖其尔胡热呼敖包

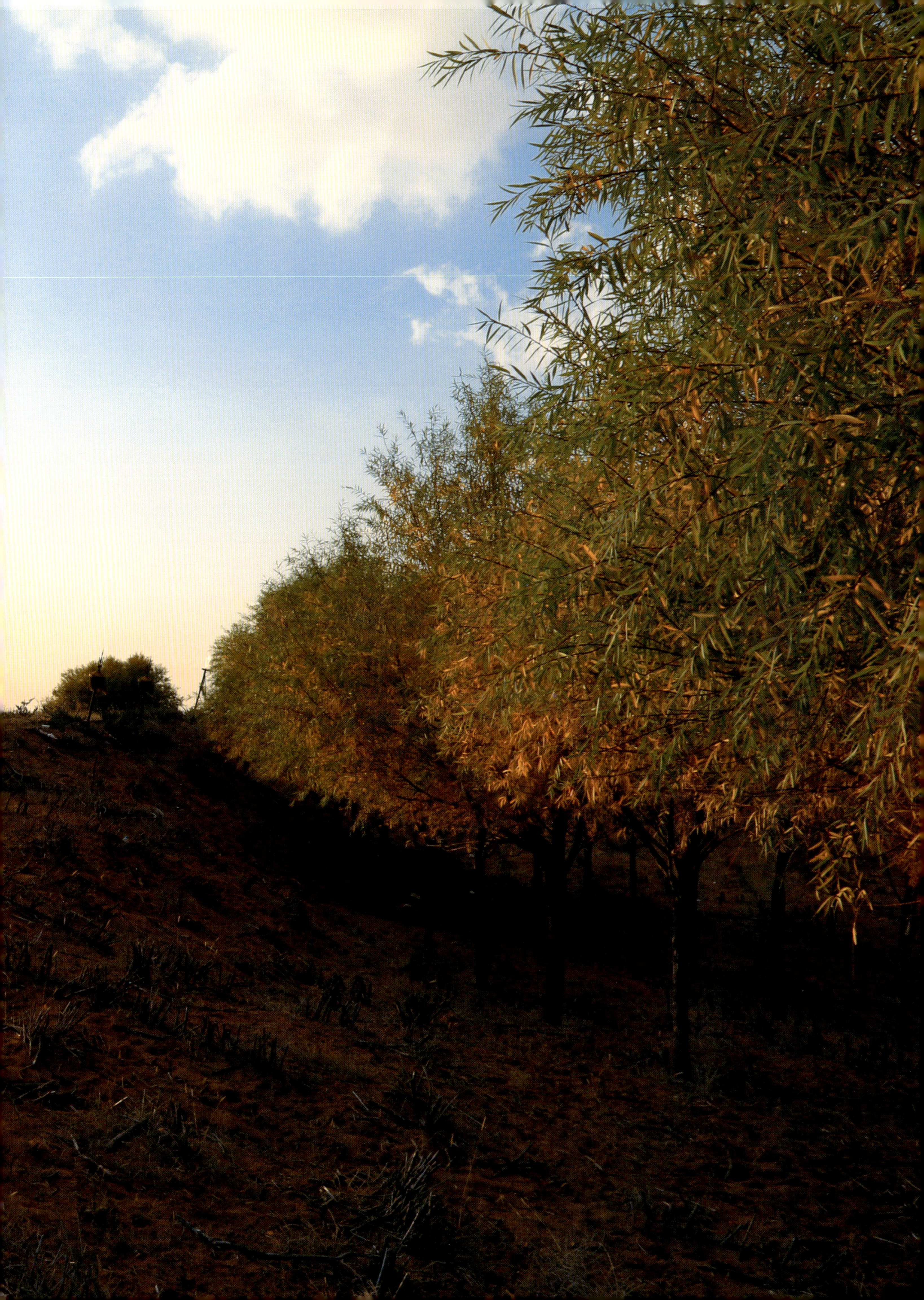

8 札拉嘎胡热呼敖包

札拉嘎胡热呼敖包位于陕西省榆林市榆阳区小壕兔乡境内，属乌审旗13个胡热呼敖包之一。札拉嘎胡热呼敖包由相距1.2公里分别建在西北和东南方向沙丘上的两个敖包组成，皆为用沙柳树枝堆建而成。西北敖包高8.5米，宽11.3米；东南敖包高6.8米，宽5.1米。

祭祀方向： 均为东南

祭祀时间： 鄂尔多斯历八月十三日（农历五月十三日）

传说在很久以前这里是西夏和金的边界，成吉思汗带领军队将领在这里连续（蒙古语称“札拉嘎”）召开忽勒勒泰进行战略部署，战争中取得了一次又一次（蒙古语称“札拉嘎札拉嘎”）的胜利。由于叫“胡热呼”的地方很多，为了区别于其他“胡热呼”，人们把这里称为“札拉嘎（zhalga）胡热呼敖包”，后来演变为“札拉嘎（zhalaga）胡热呼敖包”。

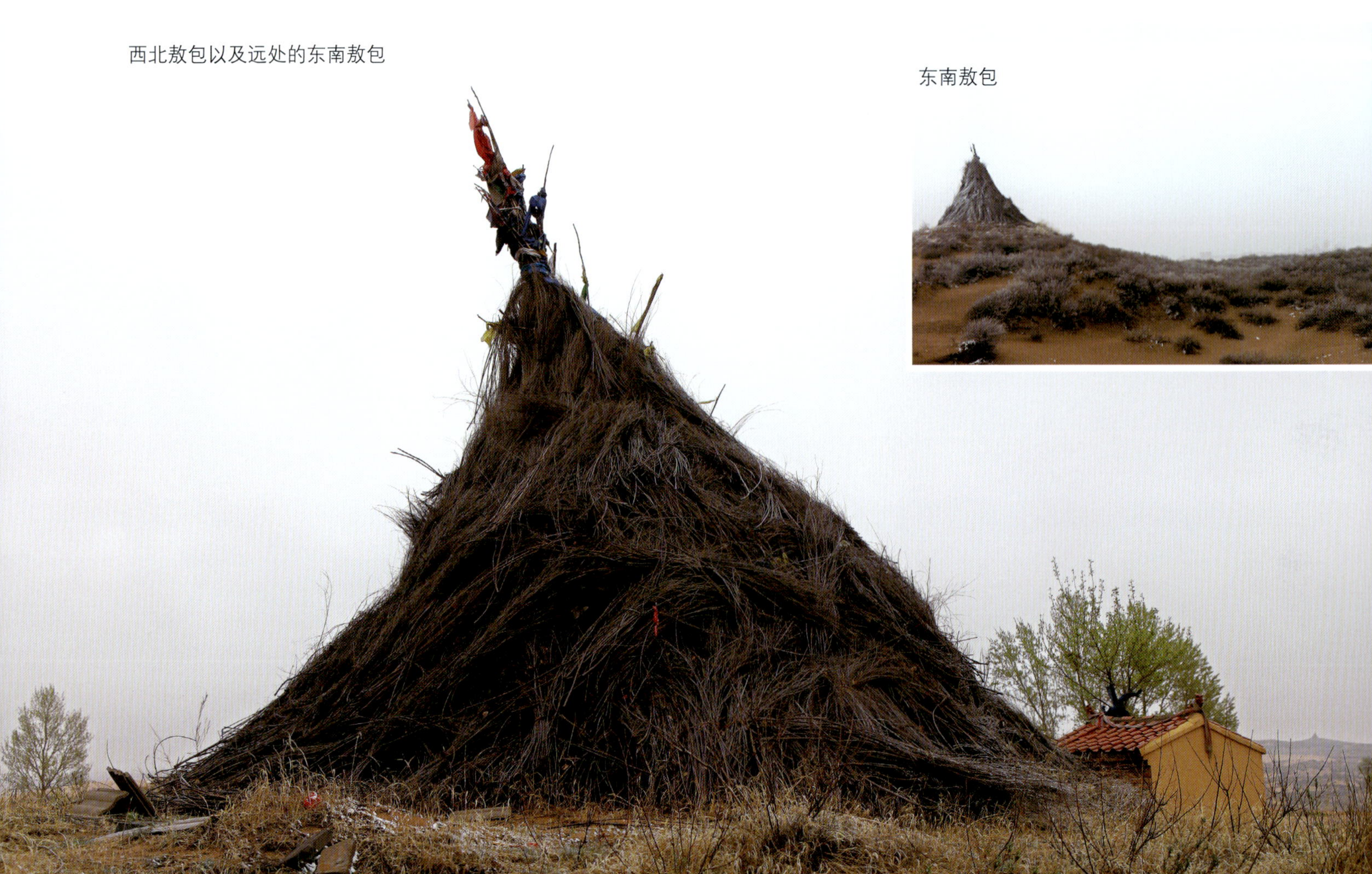

西北敖包以及远处的东南敖包

东南敖包

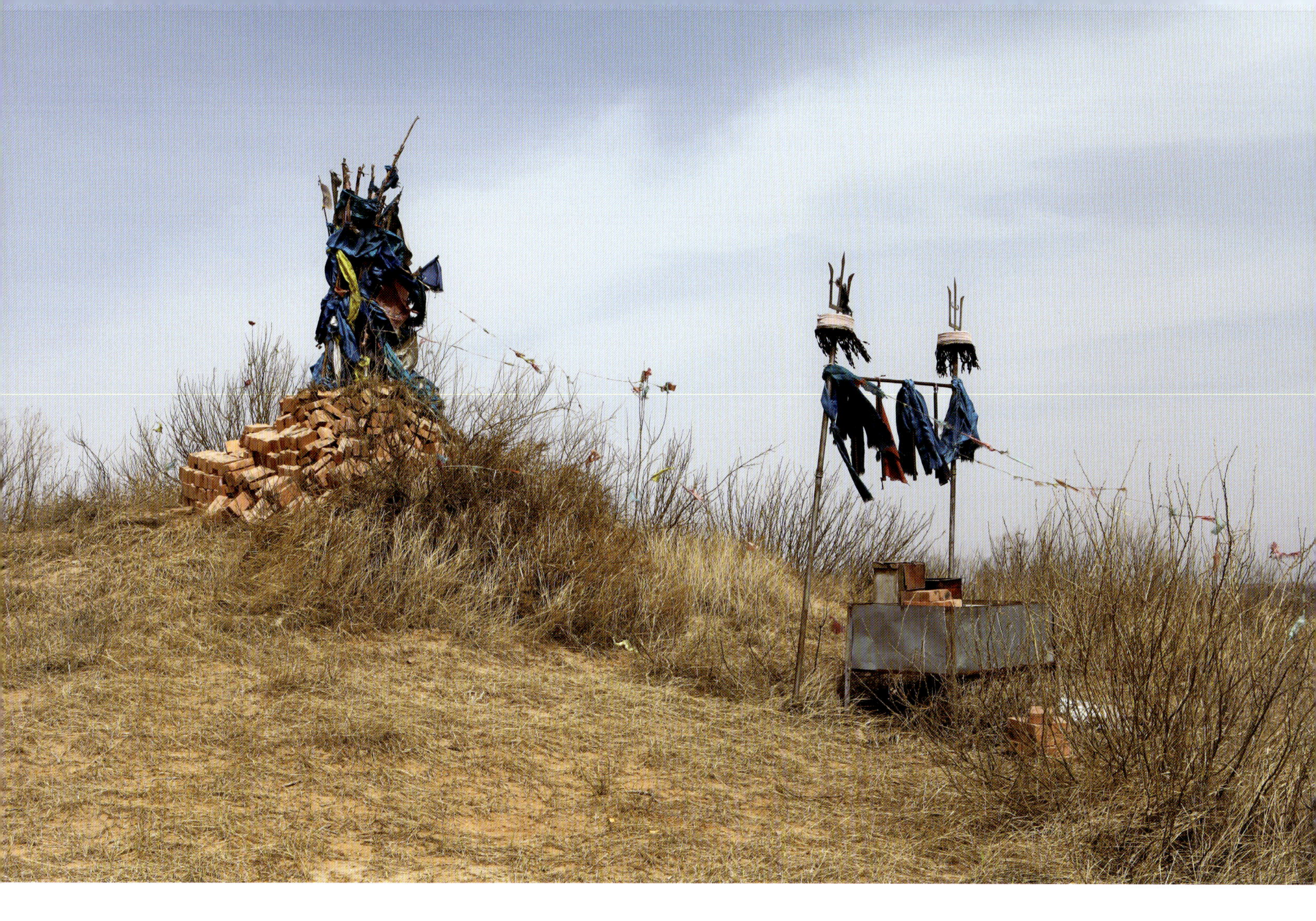

9 札兰敖包

札兰敖包，亦称为札哈图胡热呼敖包，位于陕西省榆林市靖边县海则滩镇境内，属乌审旗13个胡热呼敖包之一。敖包建在一个高沙头上，由主敖包和12个守护敖包以及禄马风旗祭祀台组成。主敖包用红砖堆建而成，包顶插沙柳树枝，高2.15米，宽2.6米；守护敖包为小砖堆，高0.3~0.35米，宽0.7~0.8米。

祭祀方向： 东南

祭祀时间： 鄂尔多斯历九月初三日（农历六月初三日）

据说“札兰”是哈日颜首领，史料记载上称“甲喇”，这座敖包是因哈日哈腾哈日颜札兰负责主持祭祀而得名。

10 昌黄敖包

昌黄敖包，位于乌审旗苏勒德苏木境内，属氏族敖包。昌黄敖包由敖包、供台、禄马风旗祭祀台以及祭台组成。敖包为两层砖混水泥建筑，包顶插沙柳树枝，高3.79米，宽2.24米。

祭祀方向：东南

祭祀时间：鄂尔多斯历八月十三日（农历五月十三日）

传说很久以前，成吉思汗率军攻打西夏时在这里扎营，竖立起了瞭望塔（蒙古语称“查玛哈格”，汉语演变为“昌黄”）。有一天，拴着的战马跑了，兵士们一路追踪寻找，在东北方向一片很大的湿地找到了战马掉落的鞍韂。由此人们把竖立昌黄（瞭望塔）的湿地叫“查玛哈格柴达木”（昌黄湿地），把找到鞍韂的地方叫“希日德格音柴达木”。

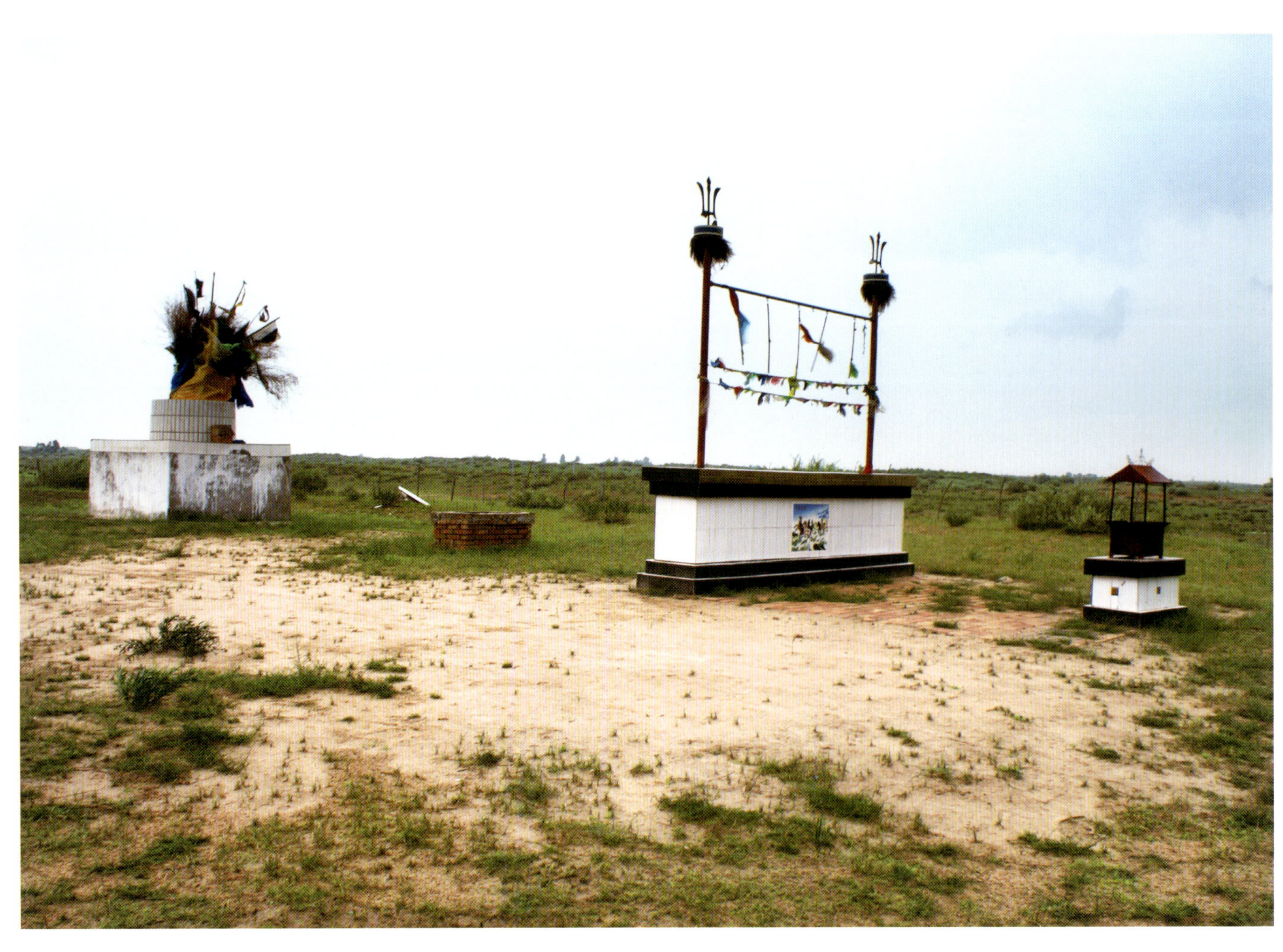

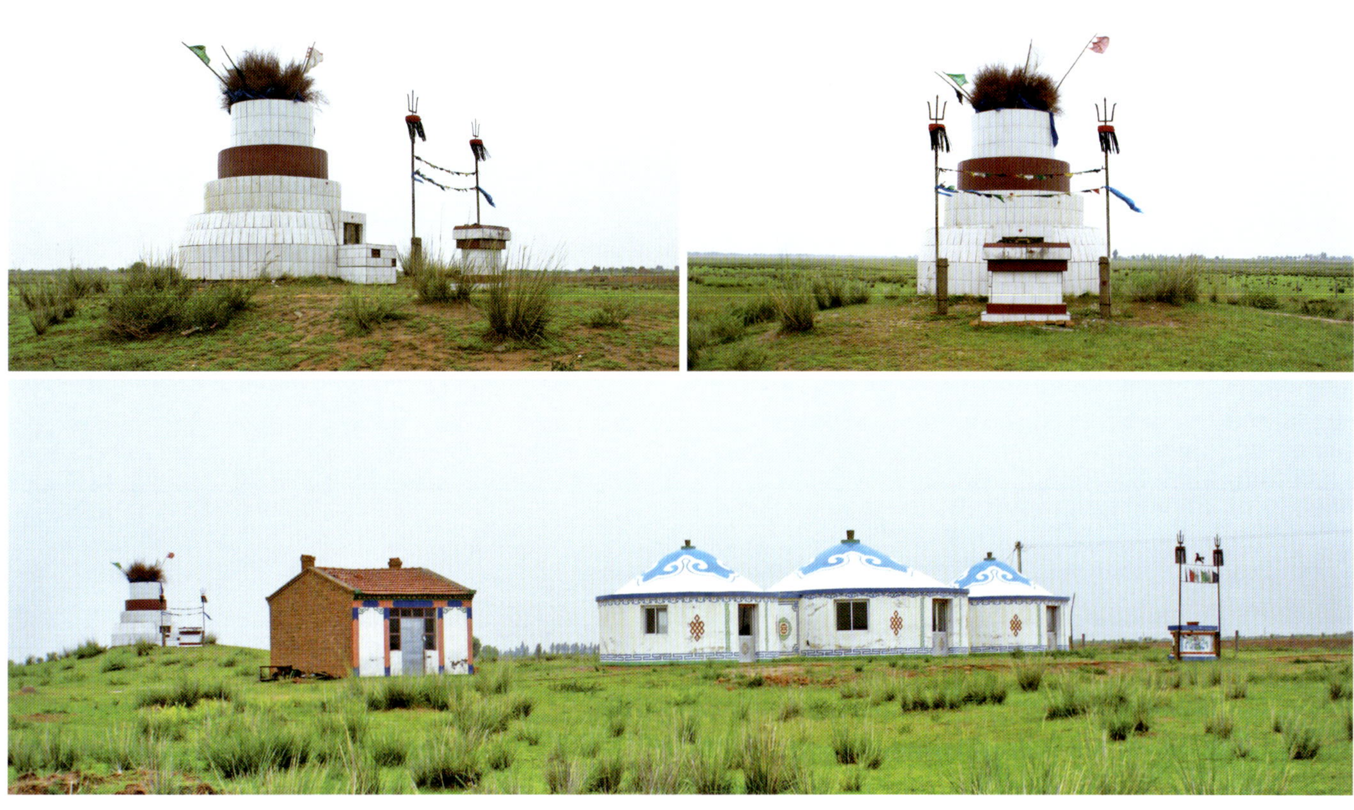

11 朝岱敖包

朝岱敖包，位于乌审旗苏勒德苏木境内，属努图格敖包。朝岱敖包由敖包、供台、禄马风旗祭祀台以及祭祀用房组成。敖包是四层圆形塔式砖混水泥建筑，包顶插沙柳树枝，高4.37米，宽3.3米。

祭祀方向：东南

祭祀时间：鄂尔多斯历八月初二日（农历五月初二日）

传说当年成吉思汗攻打西夏时，因为西夏城墙高大坚固，久攻不破，因此退回到现在朝岱这个地方进行休整，并放风（蒙古语称为“朝达日哈呼”）说：明年的五月份再打西夏。到了第二年，成吉思汗没等到五月，而是在农历的二月就和西夏宣战，西夏方面毫无准备，他们问：“不是说五月份作战吗？”成吉思汗答：“我们蒙古历法是过了正月就是五月。”从此以后这个地方就叫“朝台”后来演变成“朝岱”，由此鄂尔多斯蒙古族历法也就诞生了。

12 其伦敖包

其伦敖包位于乌审旗苏勒德苏木境内，属努图格敖包。敖包建在高梁上，由主敖包和13个守护敖包、两个供台、两个禄马风旗祭祀台以及祭祀用房组成。主敖包用石块堆建成两层，包顶插沙柳树枝，高7.9米，宽8米；守护敖包亦用石块堆建而成，高1.5米，宽1.87米。

祭祀方向：东南、西北。其伦敖包是乌审旗和鄂托克旗共同建立的敖包，所以乌审旗人从南面祭祀，鄂托克旗人从北面祭祀，形成了双面祭祀的敖包。

祭祀时间：鄂尔多斯历八月十九日（农历五月十九日）

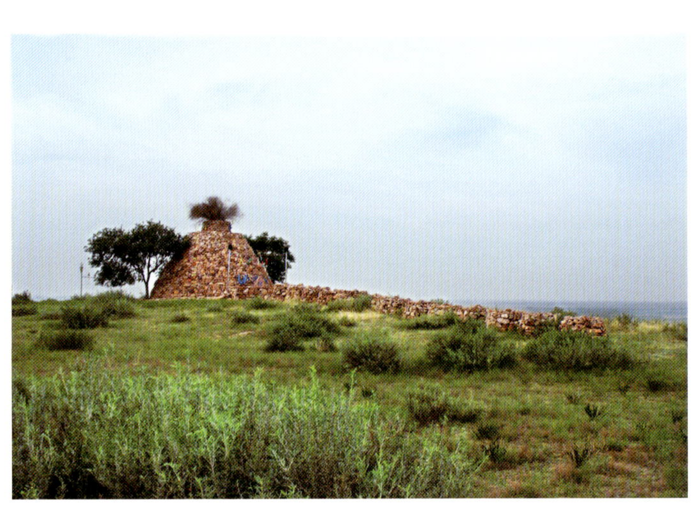

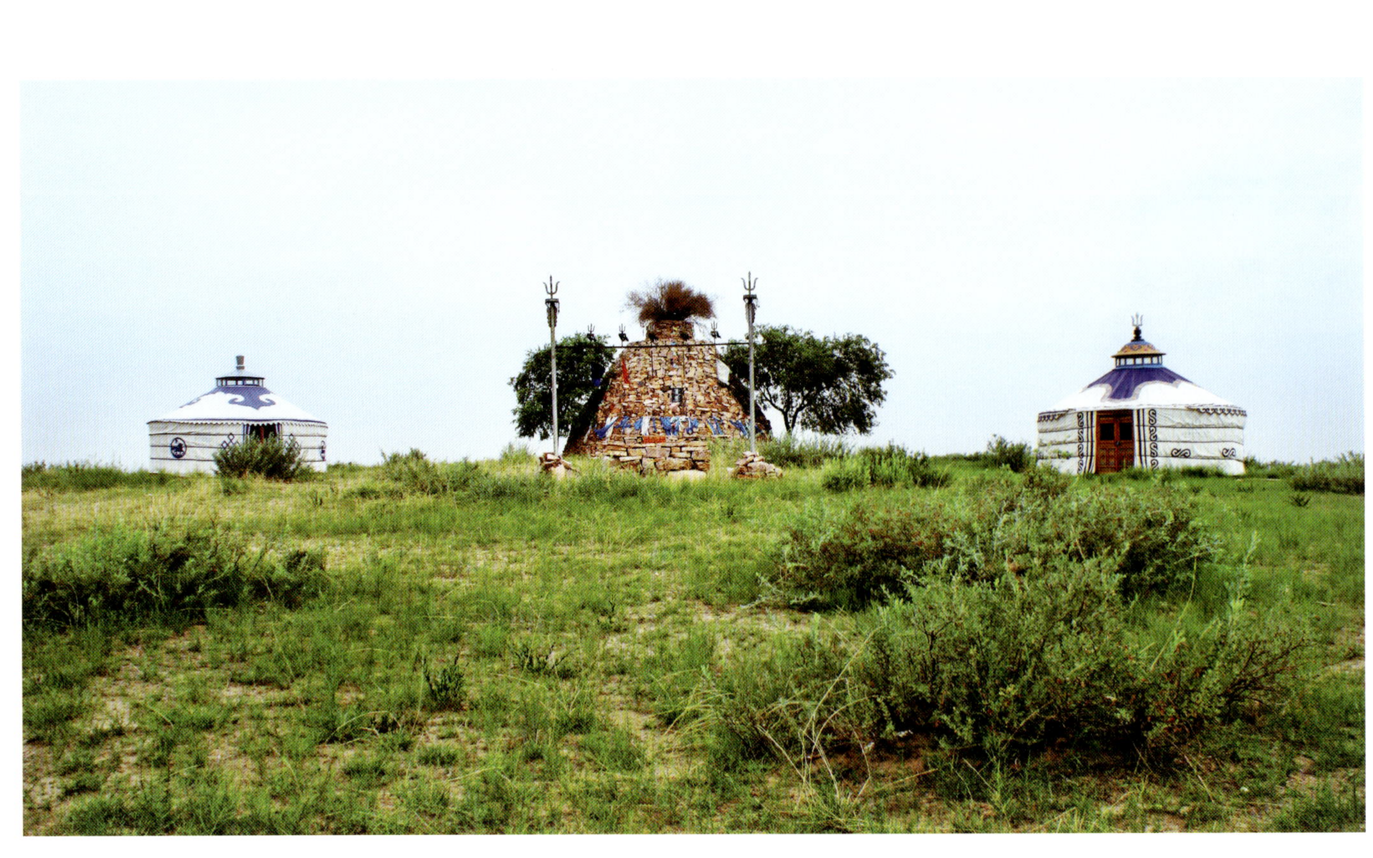

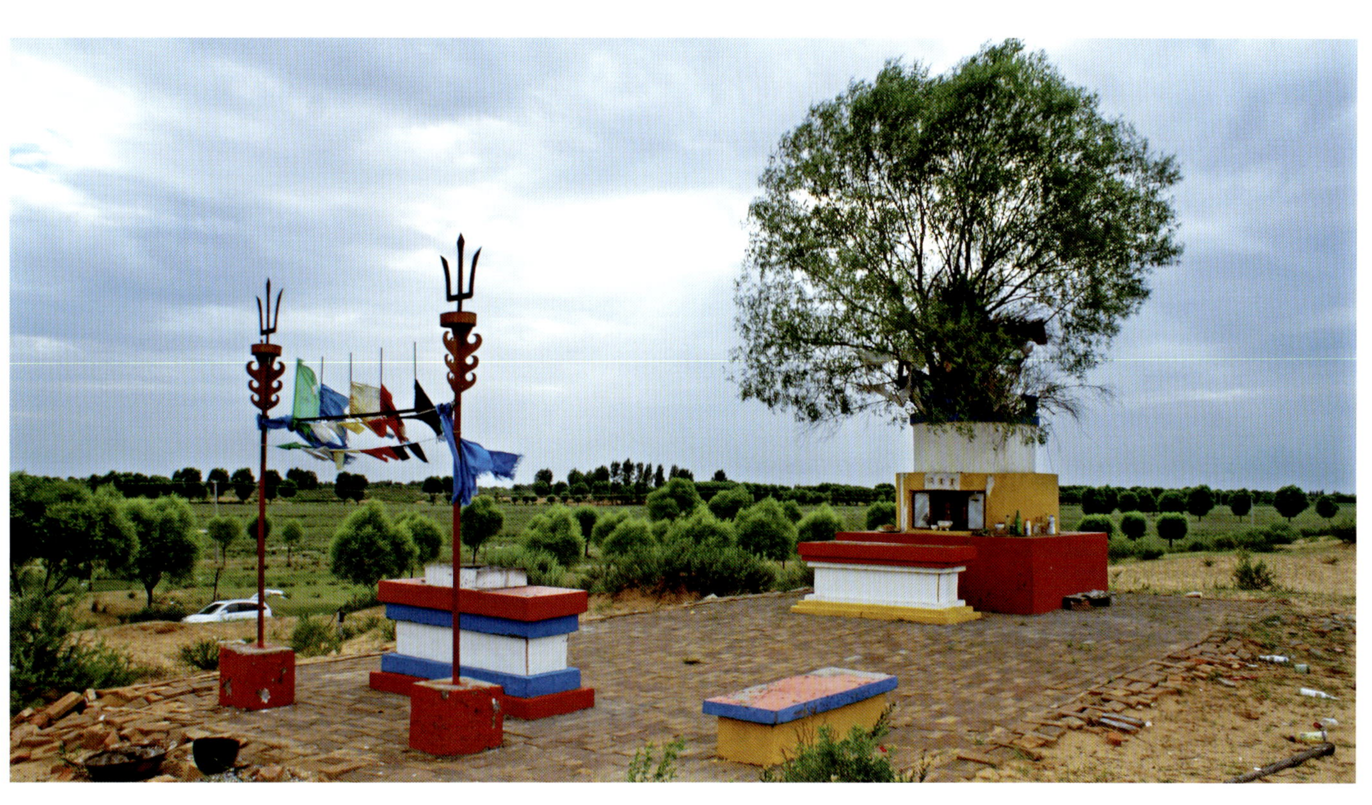

13 迪勒巴敖包

迪勒巴敖包位于乌审旗苏勒德苏木境内，属努图格敖包。由敖包、供台、禄马风旗祭祀台组成。敖包为建在方形基座上的两层圆形砖混水泥建筑，包顶插沙柳树枝，中间长出一棵柳树，高 3.71 米，宽 2.57 米。

祭祀方向： 东南

祭祀时间： 鄂尔多斯历八月十九日（农历五月十九日）

传说很久以前，有一位叫迪勒巴的富人，祭祀哈塔很楚德（“哈塔很”为氏族名，“楚德”表示复数）的邦很(这个氏族祭祀的神灵)敖包。有一次迪勒巴去参加邦很敖包的祭祀活动，摔跤比赛举行之后，在奖励马匹的问题上迪勒巴和别的哈塔很楚德意见不同。次年他没参加鄂尔多斯历八月十五日（农历五月十五日）举行的敖包祭祀，过了四天，迪勒巴在这个敖包的南面自己另外搭建了敖包并进行祭祀。他的后裔继续祭祀这个敖包，因此称为“迪勒巴敖包”。后来，逐渐由迪勒巴家庭祭祀的家庭敖包，演变成为整个宝日呼德嘎查（村）乡亲们祭祀的努图格敖包。

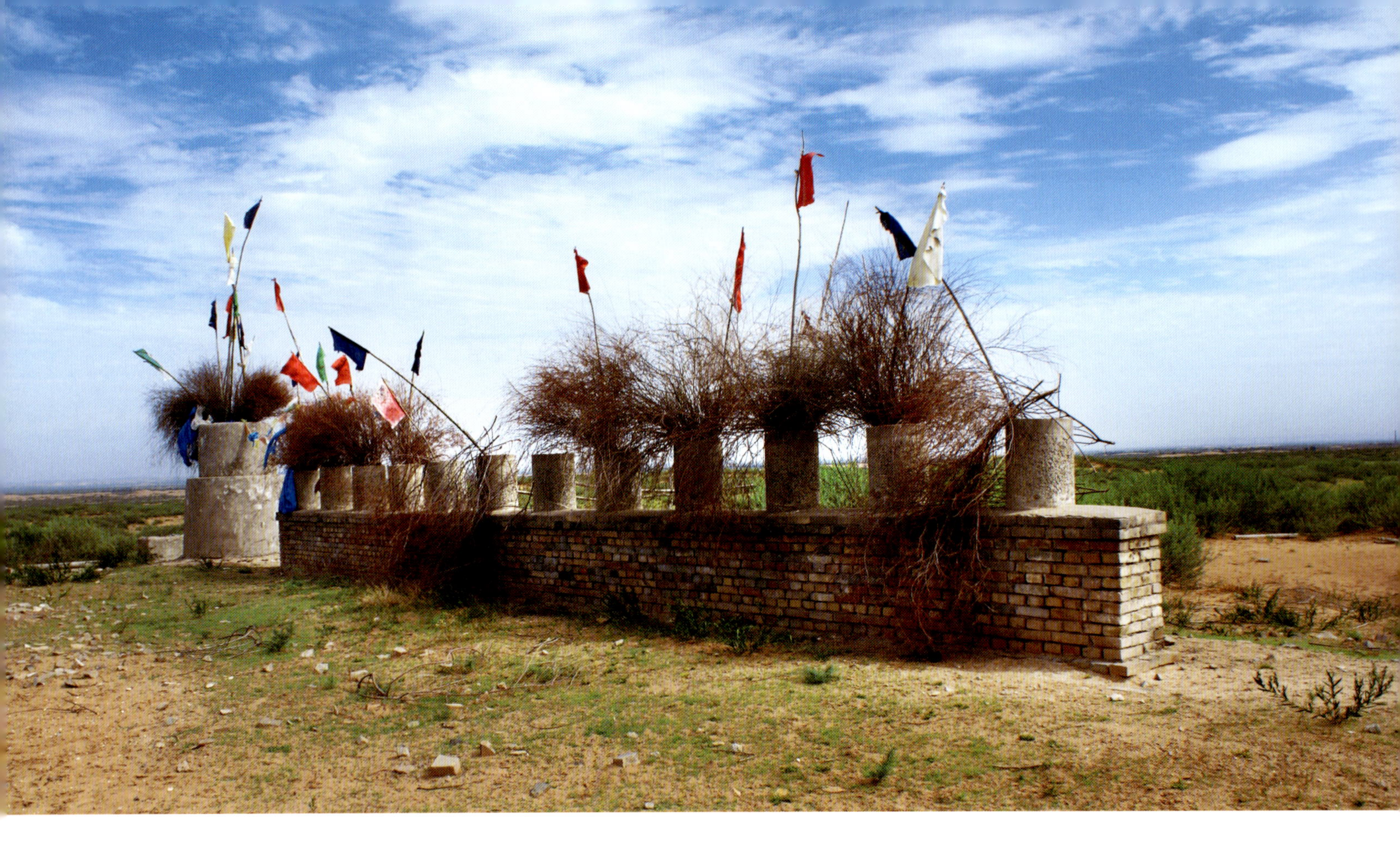

14 商敖包

商敖包位于乌审旗苏勒德苏木境内，属努图格敖包。商敖包由主敖包和12个守护敖包、供台以及祭祀台组成。主敖包为两层圆形砖混水泥建筑，包顶插沙柳树枝，高3.23米，宽1.85米；守护敖包是用砖砌成长方形，上竖立水泥管，包顶插沙柳树枝，高1.7米，宽0.4米。

祭祀方向： 东南

祭祀时间： 鄂尔多斯历八月十三日（农历五月十三日）

传说大约一百多年前，鄂托克旗一批人为了躲避匪患迁徙至此，为了安居乐业，寄托美好愿望，与乌审旗当地人共同建立了这个敖包并进行祭祀，最初叫“乌力吉（蒙古语，为“吉祥”之意）敖包”。由于敖包后面的地方叫古尔班希里，也曾经称为“古尔班敖包”。后来，这个敖包由乌审旗西公商管理和祭祀，所以现在叫“商敖包”。

15 图格其敖包

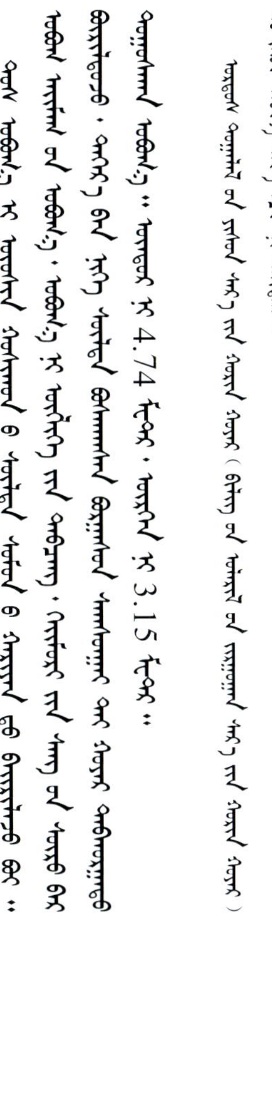

图格其敖包位于乌审旗苏勒德苏木境内，属氏族敖包。图格其敖包由敖包、供台以及禄马风旗祭祀台组成。敖包为两层圆形砖混水泥建筑，包顶插一苏勒德和沙柳树枝，高4.74米，宽3.15米。

祭祀方向：东南

祭祀时间：鄂尔多斯历九月二十二日（农历六月二十二日）

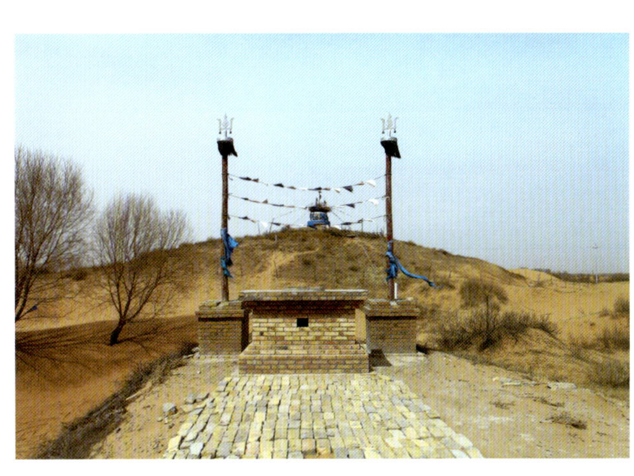

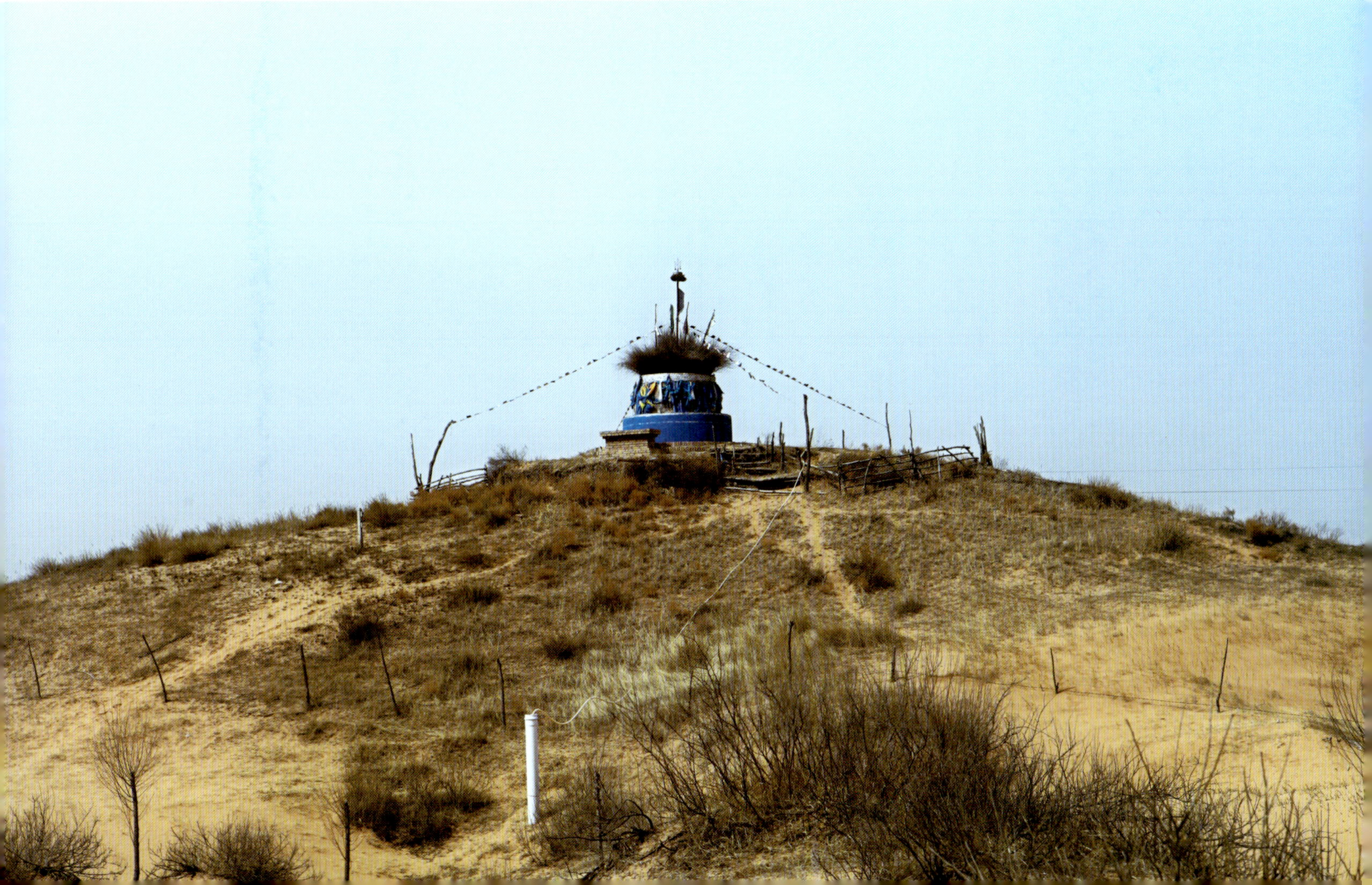

16 查干敖包

查干敖包位于乌审旗苏勒德苏木境内，属哈日颜敖包。查干敖包由主敖包和13个守护敖包、供台、祭祀台、禄马风旗祭台以及祭祀用房组成。主敖包为建在石头基座上的圆形砖混水泥建筑，包顶插一苏勒德和沙柳树枝，高6.31米，宽13.5米；守护敖包用石块堆建而成，高3米，宽3.3米。

祭祀方向：东南

祭祀时间：鄂尔多斯历八月十三日（农历五月十三日）

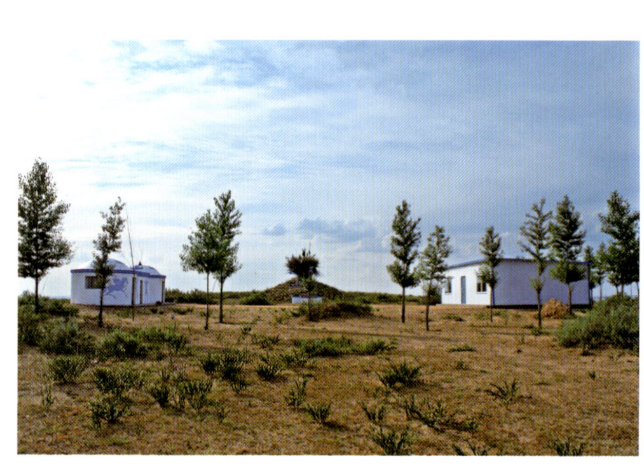

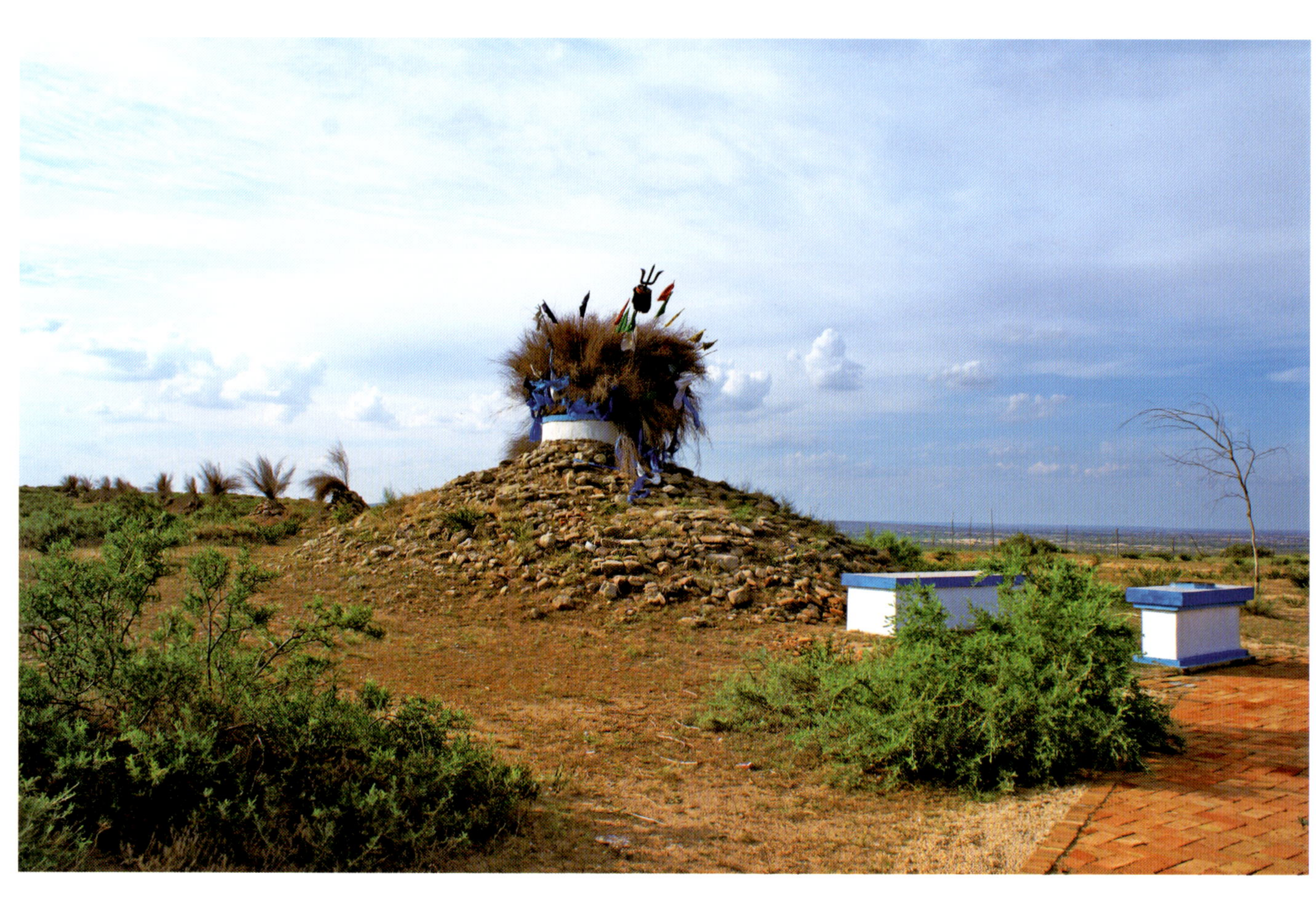

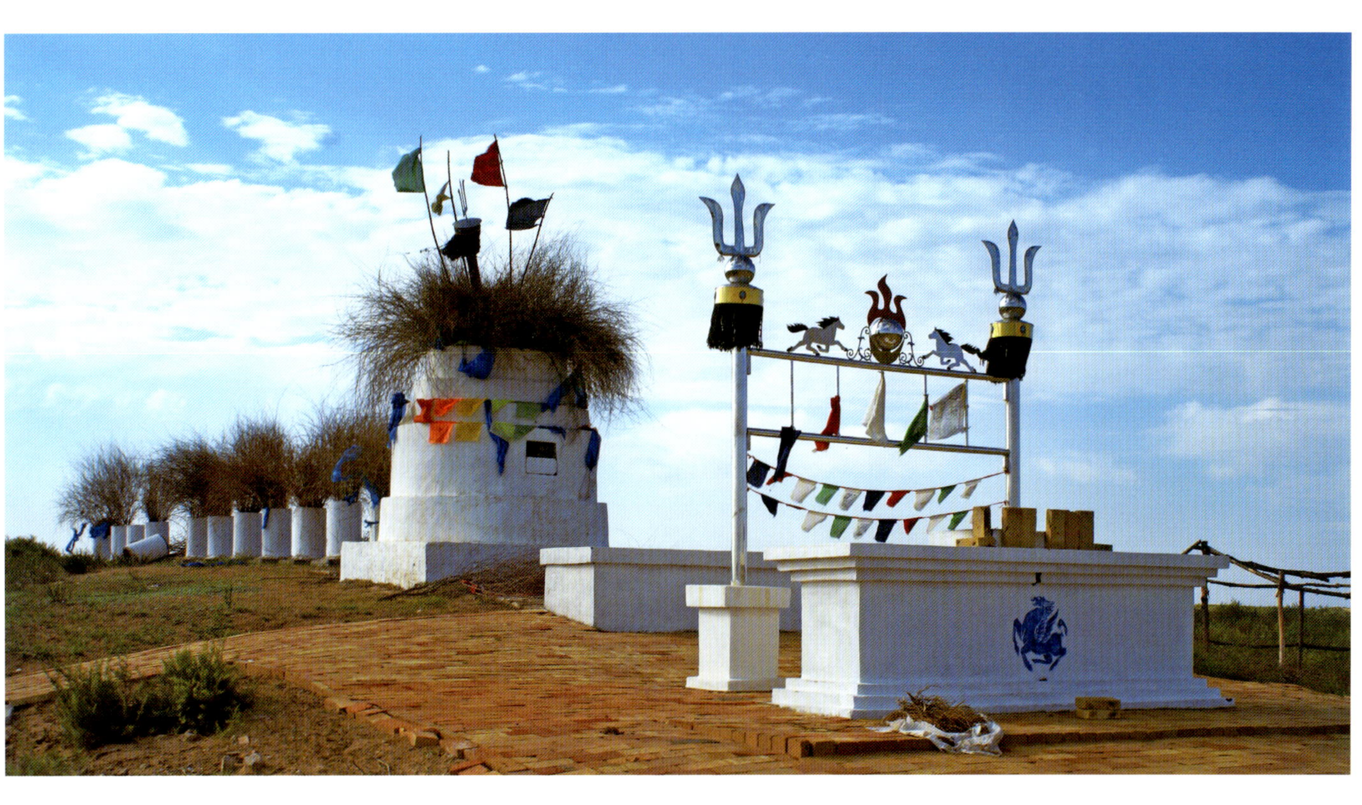

17 察哈尔查干敖包

察哈尔查干敖包位于乌审旗苏勒德苏木境内，属哈日颜敖包。察哈尔查干敖包由主敖包和12个守护敖包、供台以及禄马风旗祭祀台组成。主敖包为建在方形基座上的五层圆形塔式砖混水泥建筑，包顶插一苏勒德和沙柳树枝，高3.49米，宽2.35米；守护敖包为立式水泥管，包顶插沙柳树枝，高1.95米，宽0.65米。

祭祀方向： 东南

祭祀时间： 鄂尔多斯历八月初三日（农历五月初三日）

传说在1634年林丹汗抗击后金失败率部远走青海，1635年林丹汗去世后，他的夫人和儿子投降清，部分察哈尔部人留在了鄂尔多斯，负责守护并祭祀查干苏勒德，他们信仰景教。有一次康熙皇帝路过察哈尔人的故乡，对察哈尔人的带头人章格巴岱说："你们最好建一个敖包、一座寺庙。"之后察哈尔人便筹资建起了这个敖包并祭祀。

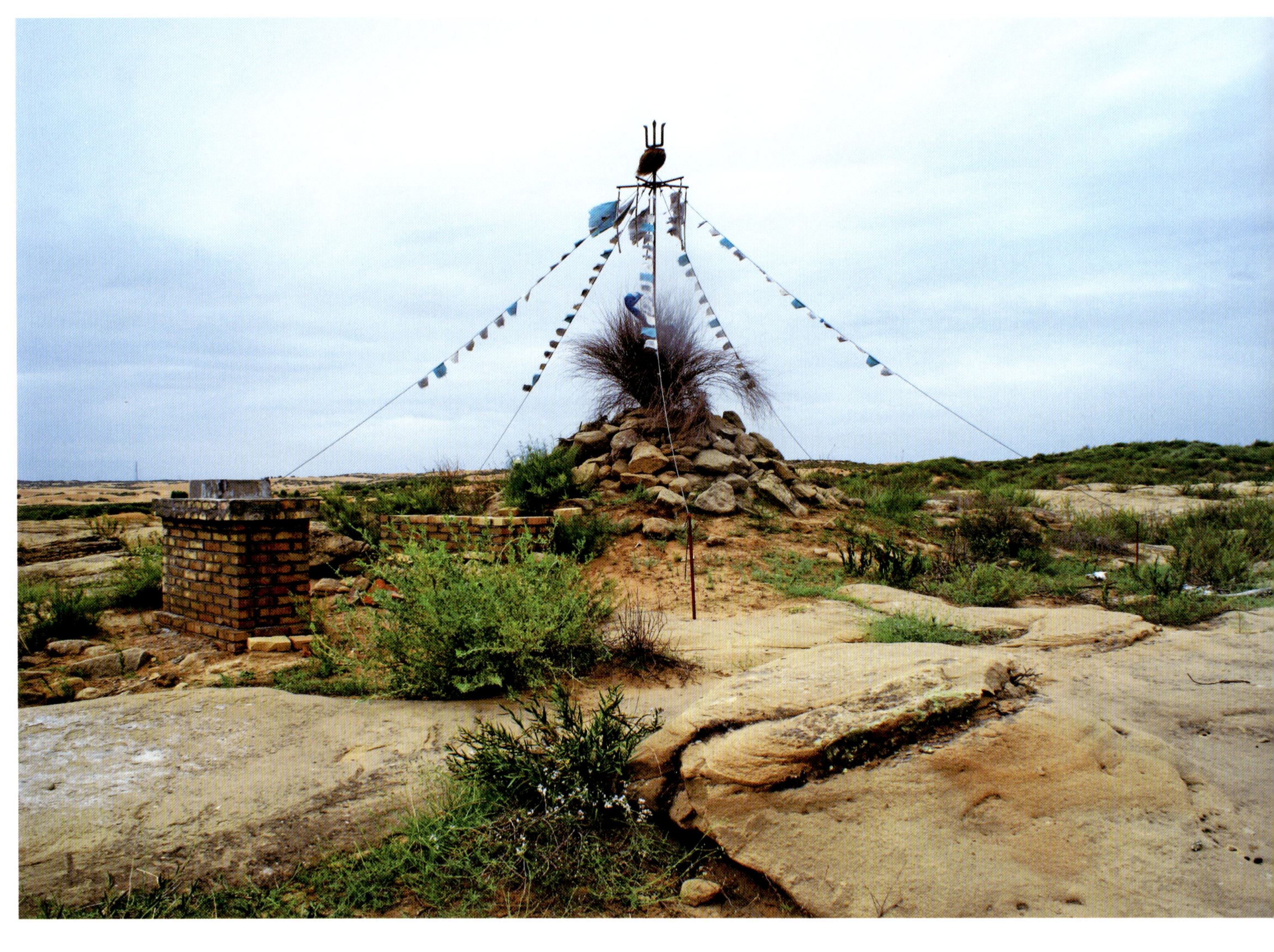

18 哈丹敖包

哈丹敖包位于乌审旗苏勒德苏木境内，亦称哈日沙巴格哈丹敖包，属努图格敖包。哈丹敖包由敖包、供台、祭祀台组成。敖包用石块堆建而成，包顶插一苏勒德和沙柳树枝，高2.95米，宽5.12米

祭祀方向：东南

祭祀时间：鄂尔多斯历九月十日（农历六月十日）

19 陶日木庙敖包

陶日木庙敖包位于乌审旗苏勒德苏木境内，属庙敖包。陶日木庙敖包建在陶日木庙东北处，由敖包和祭祀台组成。敖包为建在三层基座上的二层砖混水泥建筑，顶部出檐，上建女儿墙，四角各立一苏勒德，包顶插一苏勒德和沙柳树枝，高6.27米，宽3.56米。

祭祀方向：东南

祭祀时间：鄂尔多斯历特润呼格勒尔月初一日（农历八月初一日）

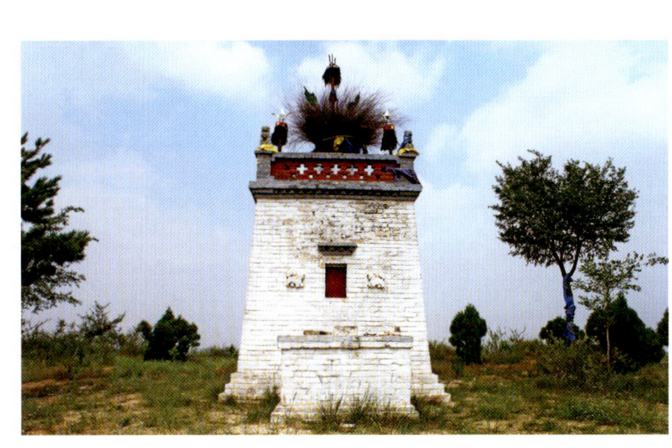

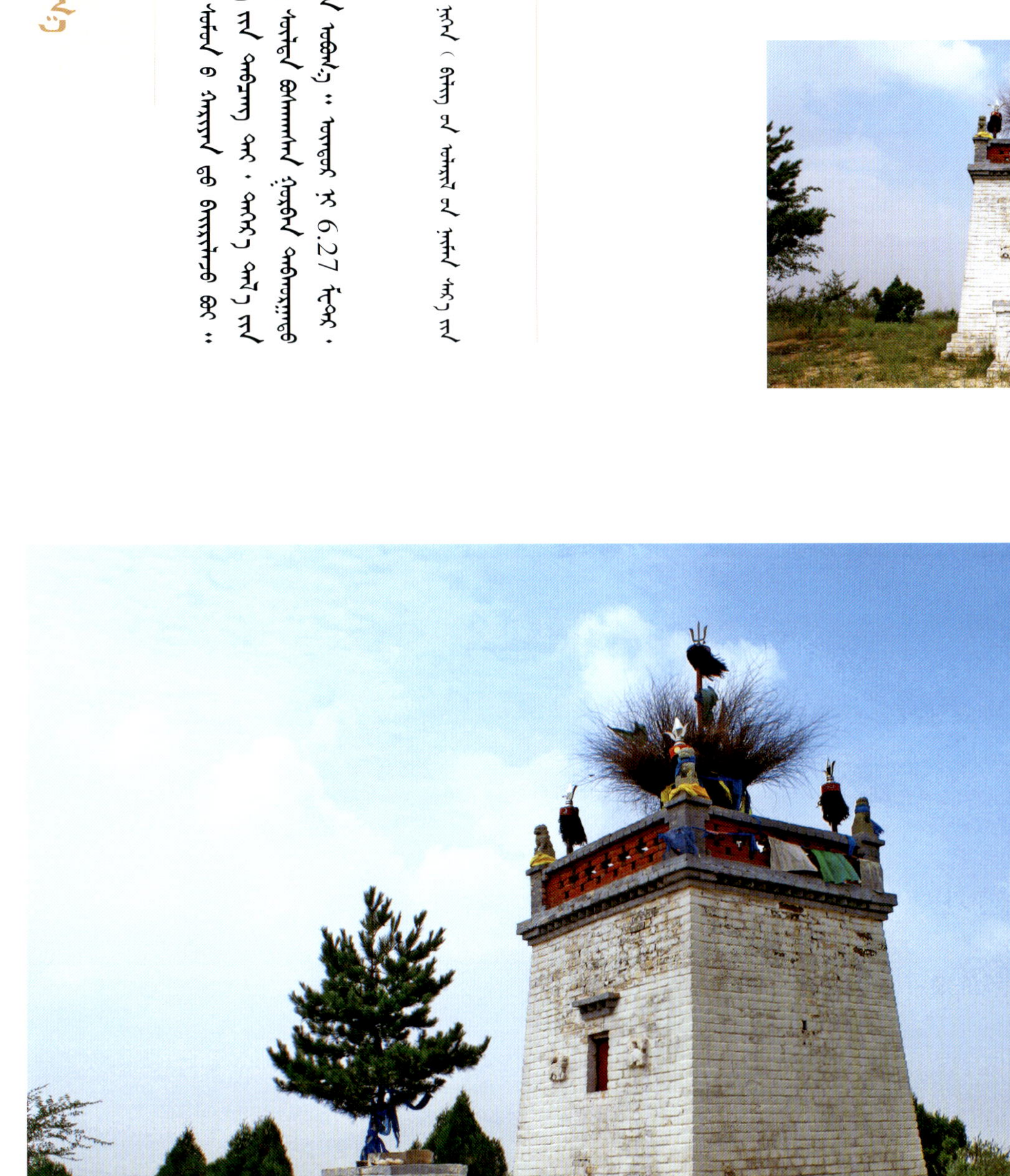

20 特格敖包

特格敖包位于乌审旗苏勒德苏木境内，属努图格敖包。特格敖包由主敖包和12个守护敖包、供台、祭祀台组成。主敖包用石头垒建成四层，三层四角各竖立一苏勒德，包顶插一苏勒德和沙柳树枝，高10.25米，宽8.9米；守护敖包用石块堆建而成，包顶插沙柳树枝，高4.1米，宽2米。

祭祀方向：西北

祭祀时间：鄂尔多斯历八月十三日（农历五月十三日）

传说三世达赖喇嘛为在蒙古草原弘扬佛法，拟去呼和浩特谒见阿拉坦汗，路过特格敖包时把自己的贡布图格达（法器）安放在了这个敖包上，他对当地人说："经常祭祀这个敖包的话，这个地方会伊克特格（特格tege，藏语，和谐或和平的意思）"。后来"特格tege"变音为现在的"特格，蒙古语tegeg"。

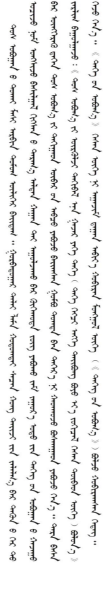

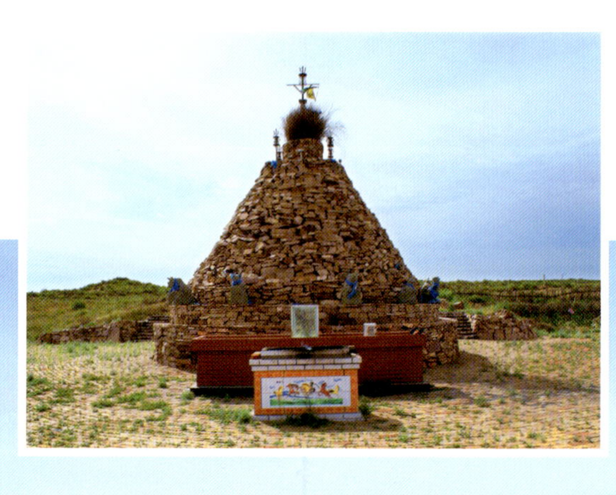

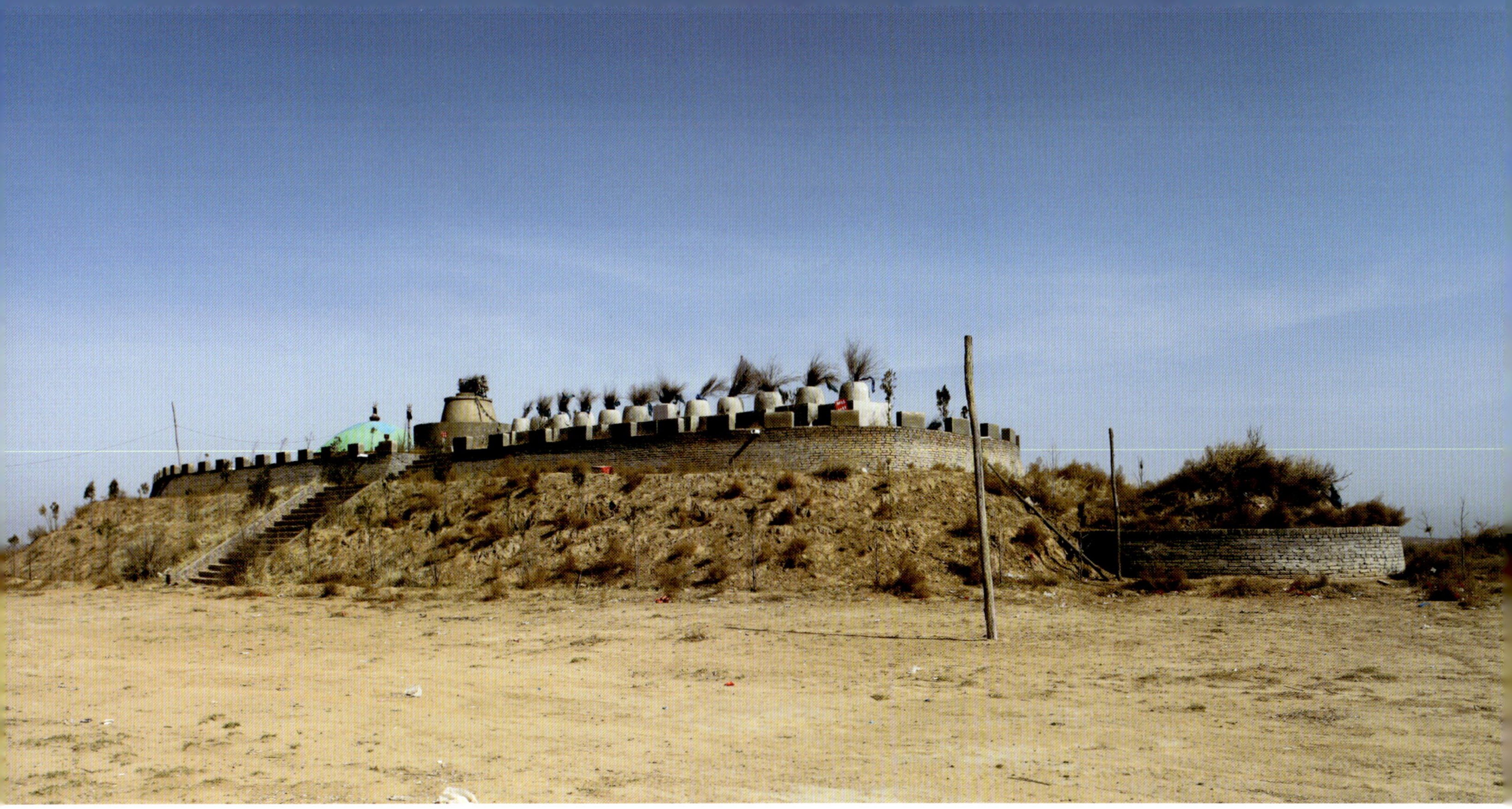

21 安拜敖包

安拜敖包位于陕西省榆林市靖边县红墩界镇境内，属氏族敖包。安拜敖包建在一个土山上，由主敖包和 12 个守护敖包、禄马风旗祭祀台、祭祀台、供台以及祭祀用房组成。主敖包为三层塔式砖混水泥建筑，二层出檐，包顶插沙柳树枝，高 4.31 米，宽 4.72 米；守护敖包为两层圆形砖混水泥建筑，包顶插沙柳树枝，高 0.71~0.95 米，宽 1.57 米。

祭祀方向： 西北

祭祀时间： 鄂尔多斯历八月十三日（农历五月十三日）

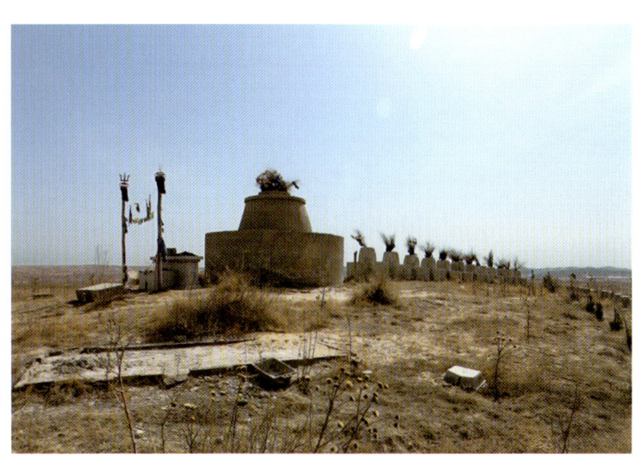

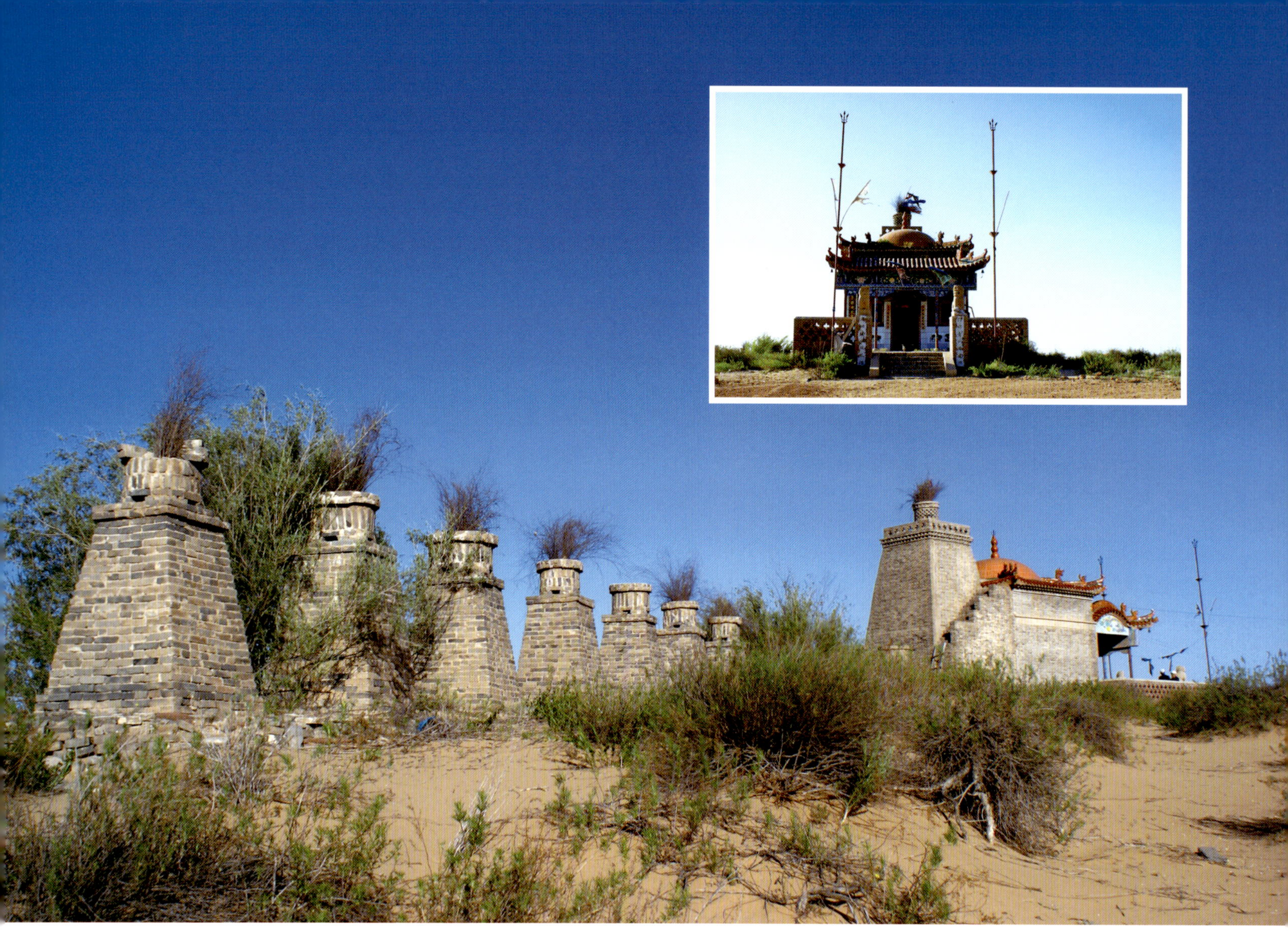

22 京肯敖包

京肯敖包位于陕西省榆林市榆阳区小纪汗镇境内，属氏族敖包。京肯敖包由主敖包和 12 个守护敖包、庙组成。主敖包为砖砌塔式建筑，出檐，上建女儿墙，顶部为筒形建筑，包顶插沙柳树枝，外置步梯。高 8.5 米，宽 3.9 米；守护敖包为砖砌塔式建筑，出檐，上建筒形建筑，出檐，包顶插沙柳树枝，高 3.15 米，宽 1.25 米。

祭祀方向： 东南

祭祀时间： 鄂尔多斯历八月十三日（农历五月十三日）

据清宣统年间的档案记载，京肯敖包是“在成吉思汗亲征西夏时，他的英雄所建的敖包”。该敖包由现居乌审旗境内的畏兀尔津氏负责祭祀，由当地汉民负责守护。

23 札拉嘎敖包

札拉嘎敖包位于陕西省榆林市榆阳区小壕兔乡境内。札拉嘎柴达木是20世纪初乌审旗“独贵龙运动”领袖悉尼喇嘛（原名为乌力吉日嘎拉）的故乡。札拉嘎敖包是悉尼喇嘛家族祭祀的敖包，属于氏族敖包。敖包建在沙丘上，用沙柳树枝竖立围建而成，高3.3米，宽5.8米。

祭祀方向： 南

祭祀时间： 现当地汉族百姓分别于农历二月二日、五月二十五日、六月二十三日进行祭祀

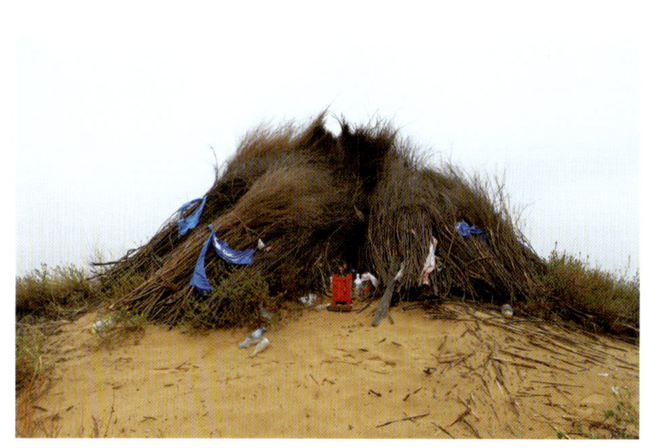

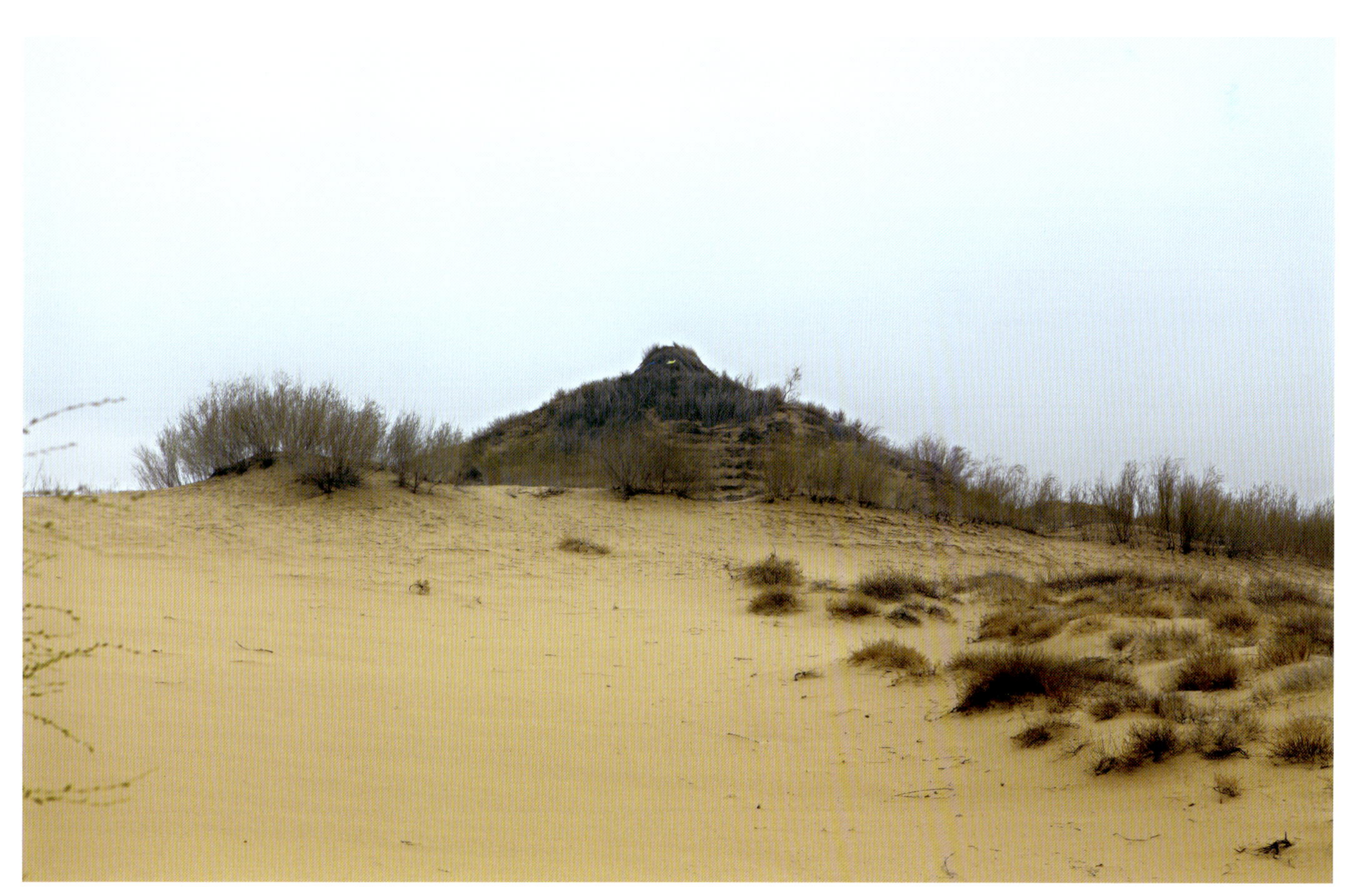

24 札木斯仁敖包

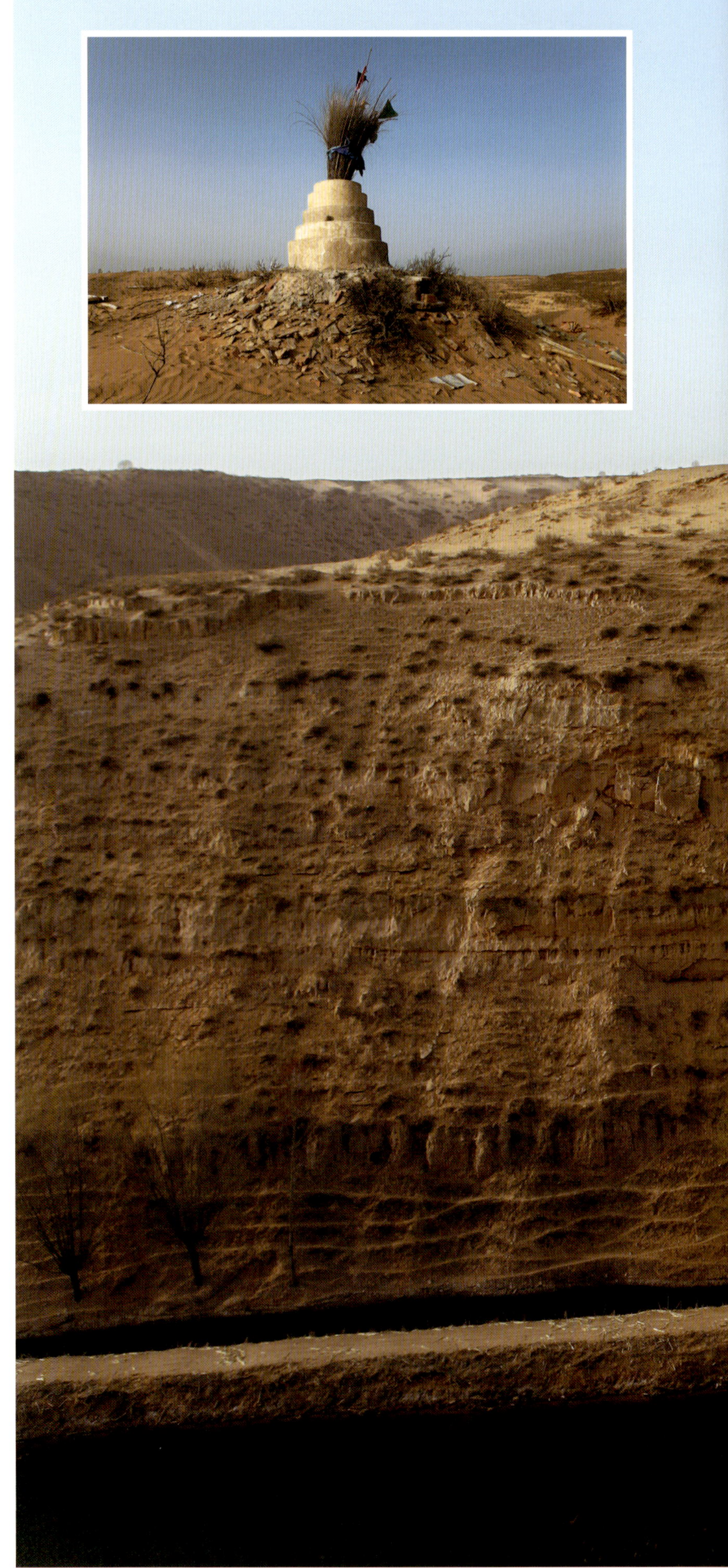

札木斯仁敖包位于乌审旗无定河镇境内，属努图格敖包。札木斯仁敖包建在三岔河岛最高处，由敖包、熏香台、小庙组成。敖包为五层圆形塔式砖混水泥建筑，包顶插沙柳树枝，高 2.19 米，宽 1.46 米。

祭祀方向：正南

祭祀时间：鄂尔多斯历八月二十五日（农历五月二十五日）

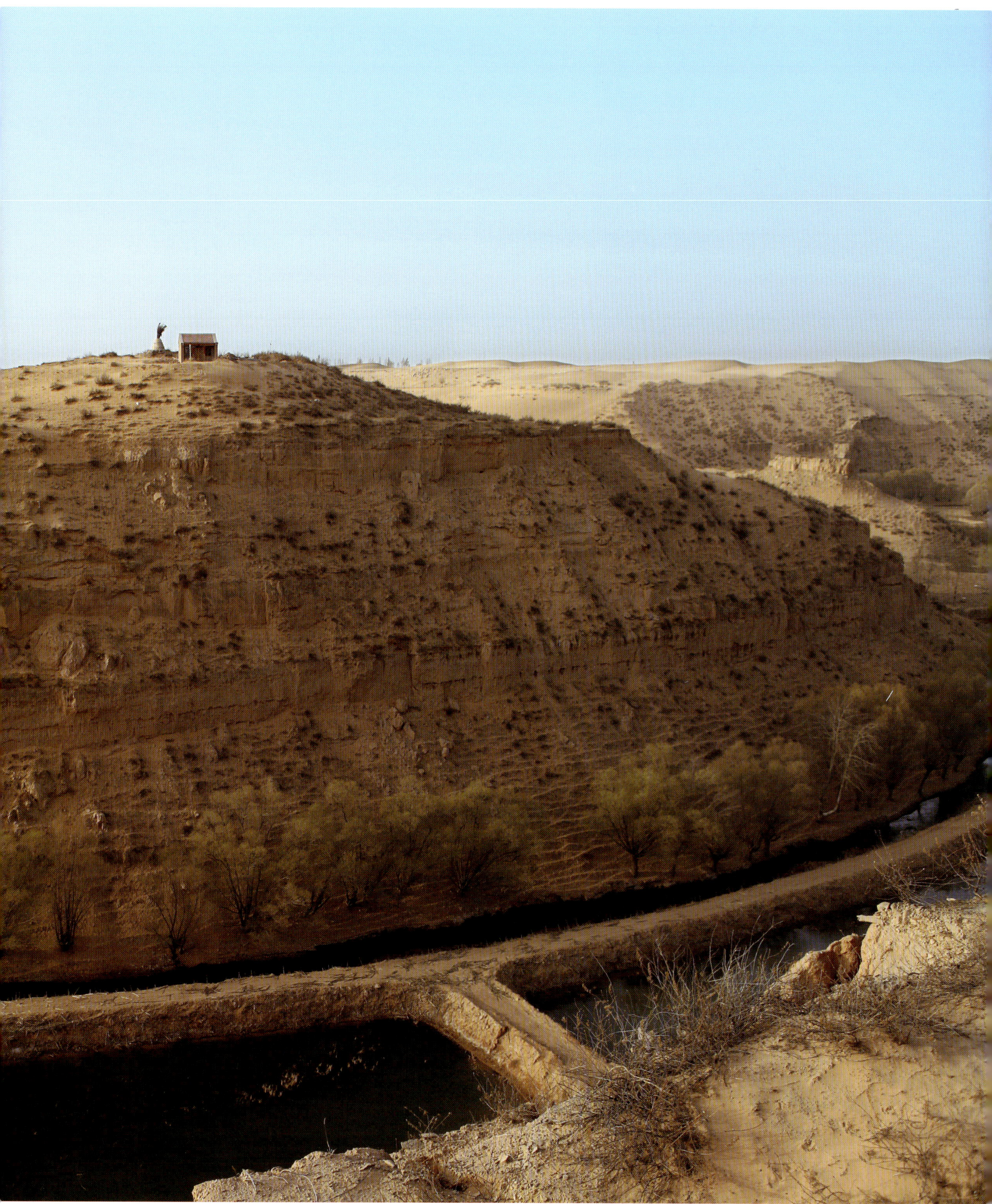

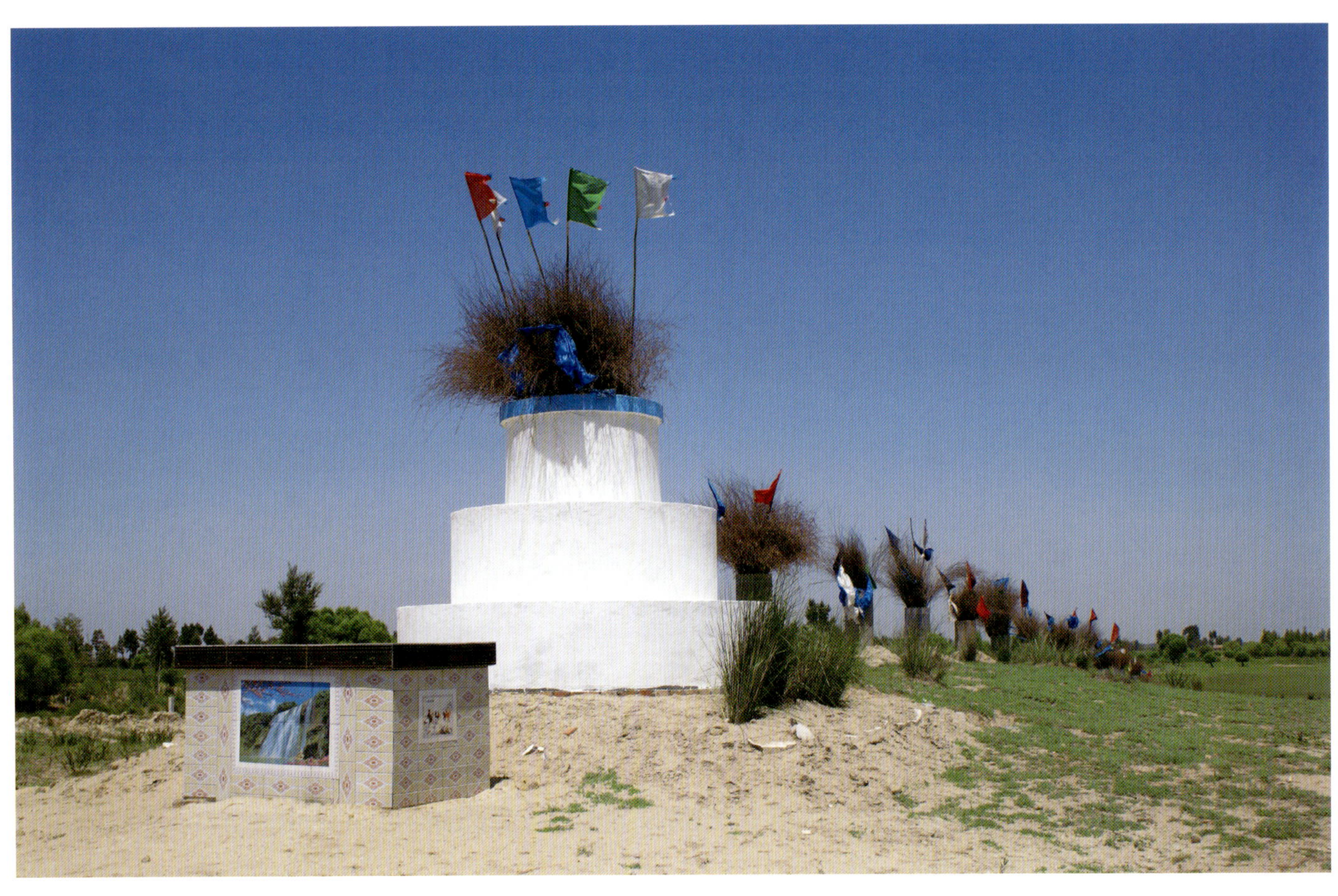

25 毛布拉格十三敖包

毛布拉格十三敖包位于乌审旗无定河镇境内，属努图格敖包。毛布拉格十三敖包由主敖包和 12 个守护敖包、供台组成。主敖包为三层圆形塔式砖混水泥建筑，三层出檐，包顶插沙柳树枝，高 4.35 米，宽 3.2 米；守护敖包为竖立的水泥管，包顶插沙柳树枝，高 1.67 米，宽 0.4 米。

祭祀方向：东南

祭祀时间：鄂尔多斯历八月十三日（农历五月十三日）

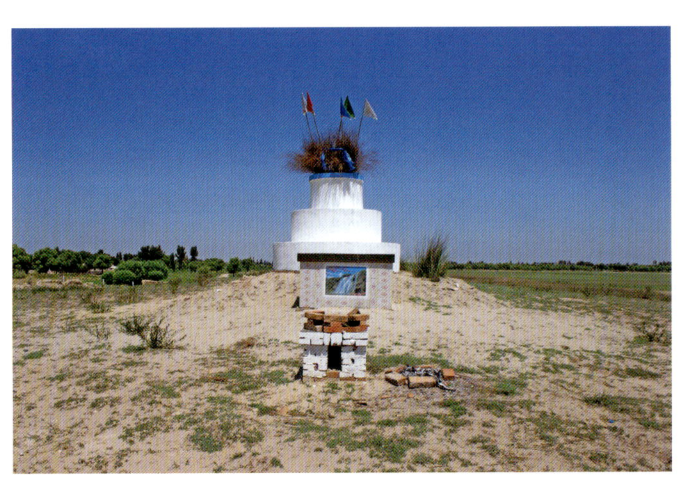

26 海流图庙敖包

海流图庙敖包位于乌审旗嘎鲁图镇境内，属庙敖包。海流图庙敖包建在海流图庙西北的土包上，由主敖包和12个守护敖包、萨巴达格庙和祭祀台组成。主敖包为建在方形基座上的两层仿塔式砖混水泥建筑，包顶插沙柳树枝，高4.02米，宽3.2米；守护敖包为方形砖混水泥基座上竖立的水泥管，包顶插沙柳树枝，高2.31米，宽0.75米。

祭祀方向：东南

祭祀时间：鄂尔多斯历查干月十三日（农历正月十三日）、五月二十二日（农历二月二十二日）、十月初三日（农历七月初三日）

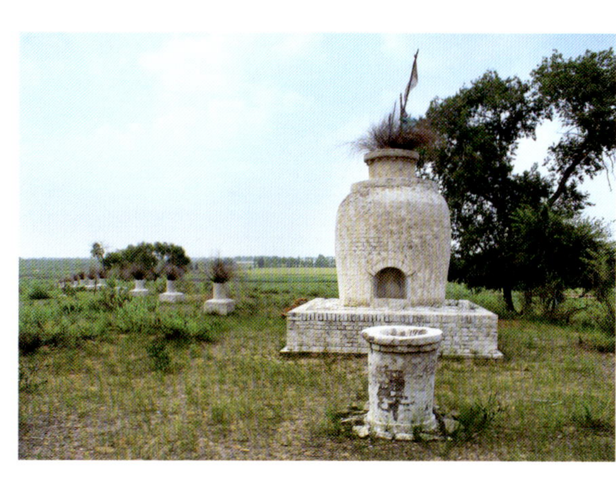

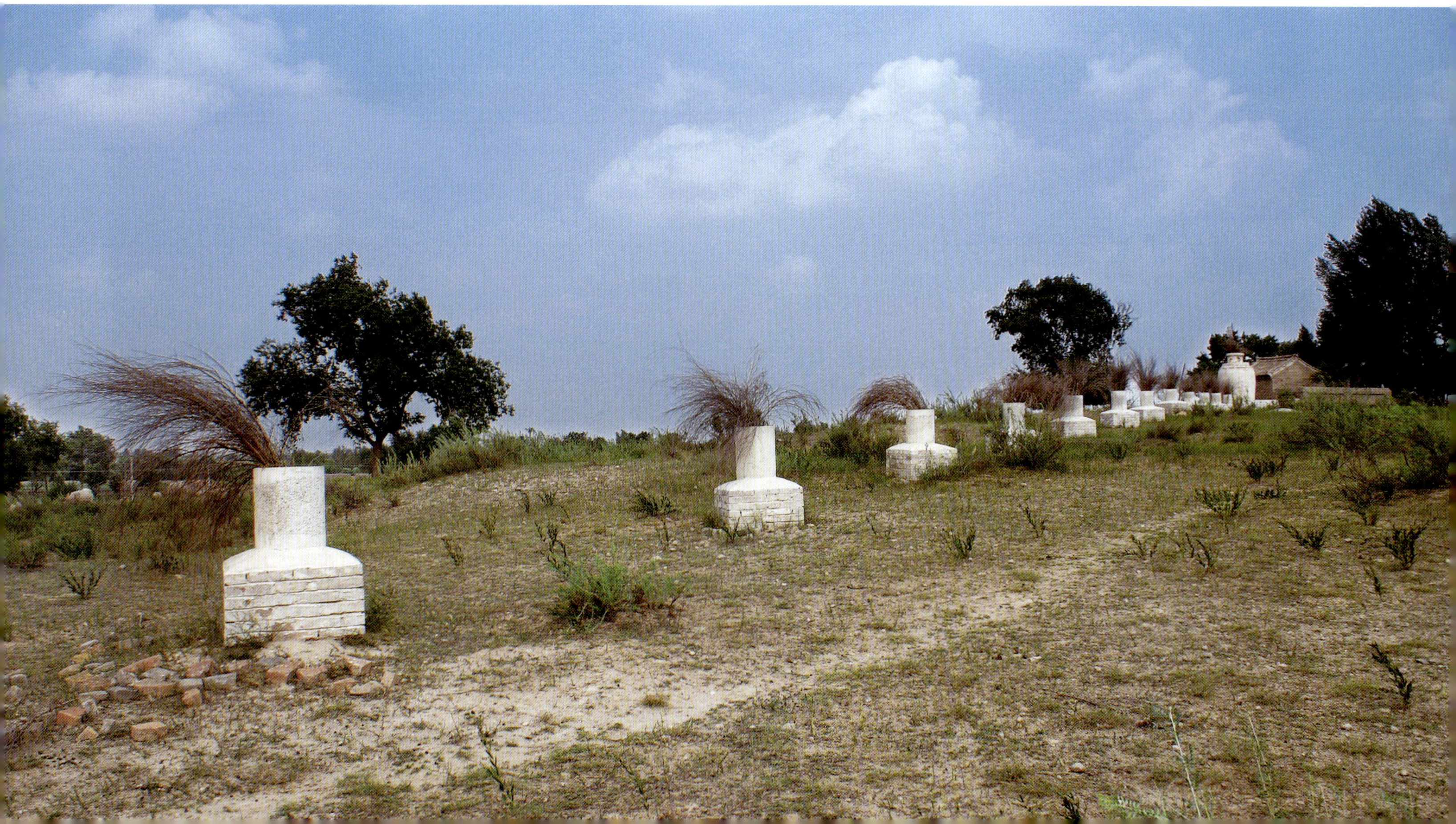

27 赞巴嘎敖包

赞巴嘎敖包位于乌审旗嘎鲁图镇境内，属努图格敖包。敖包建在一个沙峁之上，由敖包、苏勒德、供台、祭祀台组成。敖包为圆形砖混水泥建筑，出檐，包顶插柳树枝，高2.92米，宽1.7米。

祭祀方向：东南

祭祀时间：鄂尔多斯历八月十三日（农历五月十三日）

传说很早以前这个地方有一位叫娜仁的老婆婆，老婆婆的女儿叫赞巴嘎，经常生病。老婆婆去海留图庙向喇嘛问卦，喇嘛说：你们家有个你们家族前辈祭祀过的敖包，已经多年没有祭祀了，你回去把敖包祭祀了就平安无事了。于是娜仁老婆婆回去祭祀了这个敖包，女儿赞巴嘎的病也渐渐地好了。老人过世后，女儿赞巴嘎继续祭祀该敖包，一家人过着幸福快乐的生活，后人把这个敖包称之为“赞巴嘎敖包”。

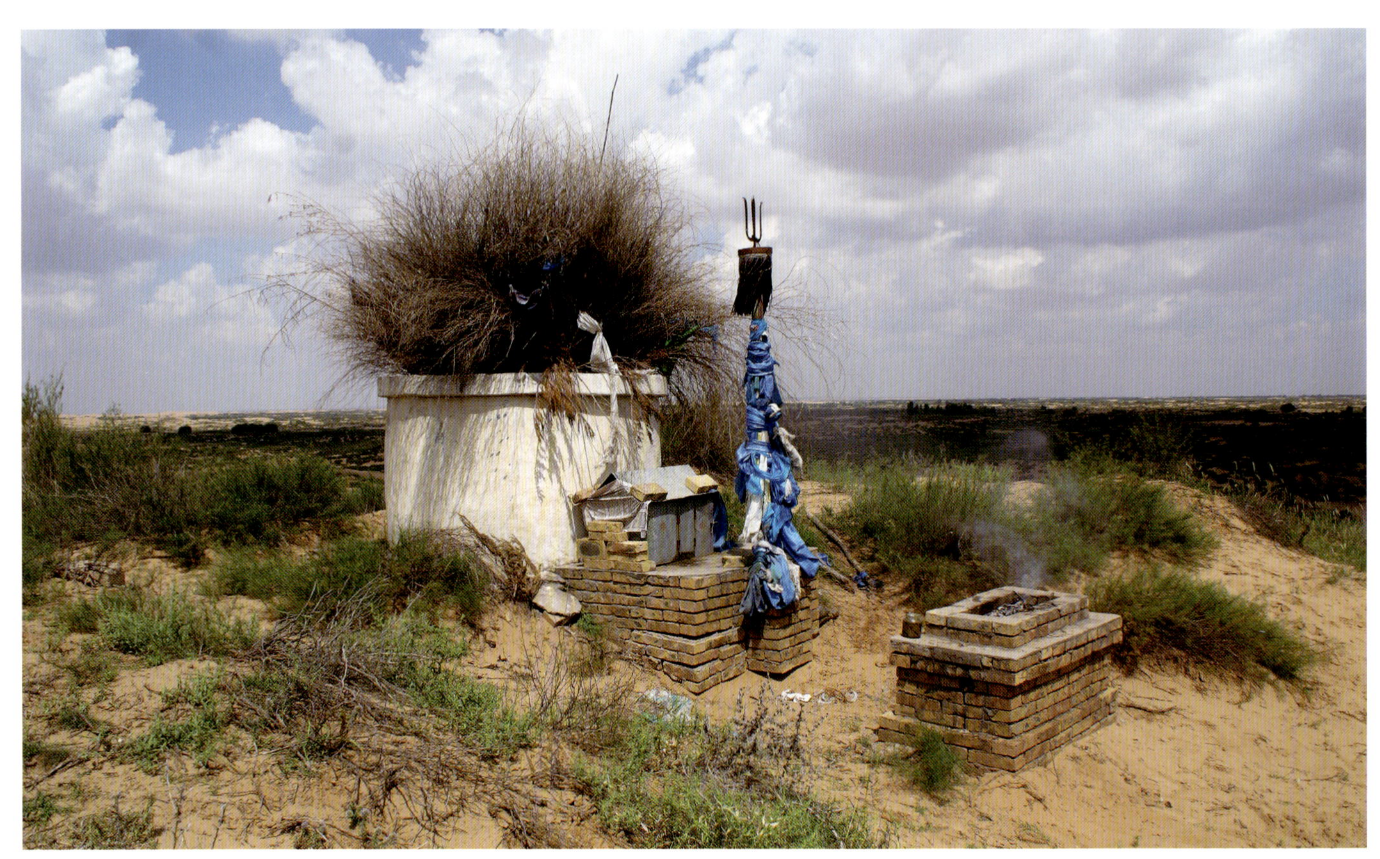

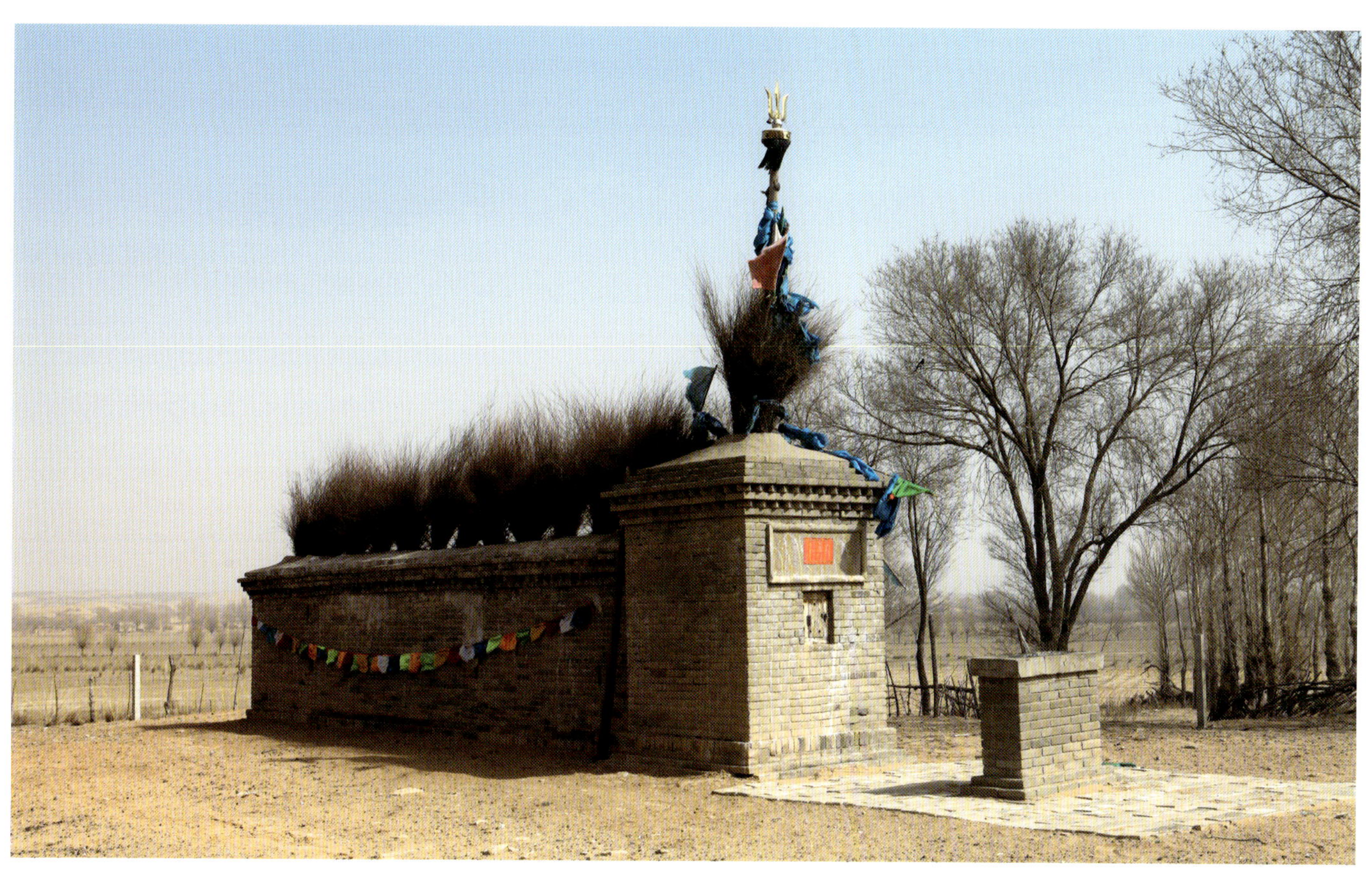

28 嘎鲁图庙敖包

嘎鲁图庙敖包位于乌审旗嘎鲁图镇境内，原嘎鲁图苏木政府所在地，属庙敖包。敖包建在嘎鲁图庙东北的平地上，由主敖包和12个守护敖包、祭祀台组成。主敖包为建在两层方形基座上的方形砖砌建筑，出檐，包顶插一苏勒德和沙柳树枝，高5.46米，宽2米；守护敖包为建在长方形基座上的砖砌长条建筑，上出檐，包顶插沙柳树枝，高3.6米，宽0.78米。

祭祀方向： 正南

祭祀时间： 鄂尔多斯历查干月十三日（农历正月十三日）和十月十三日（农历七月十三日）

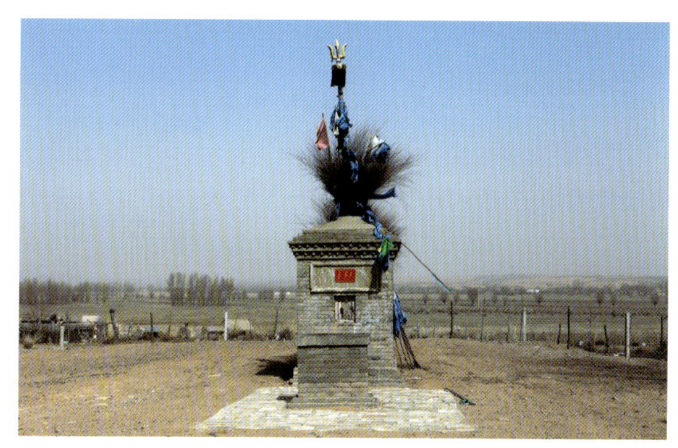

南敖包及远方的北敖包

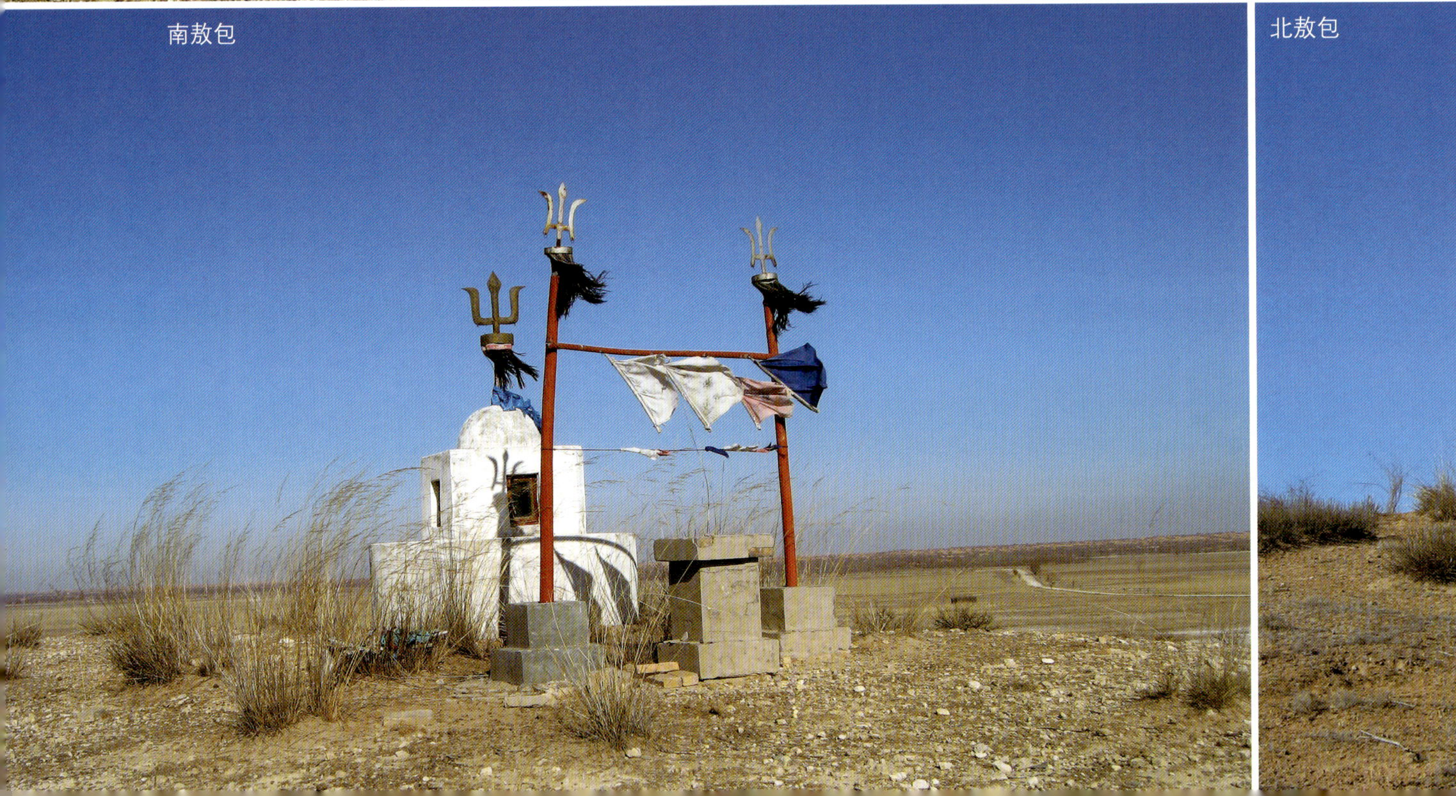
南敖包

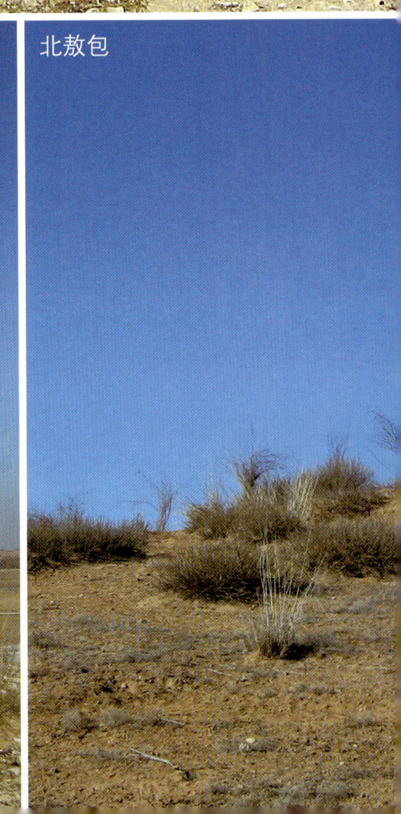
北敖包

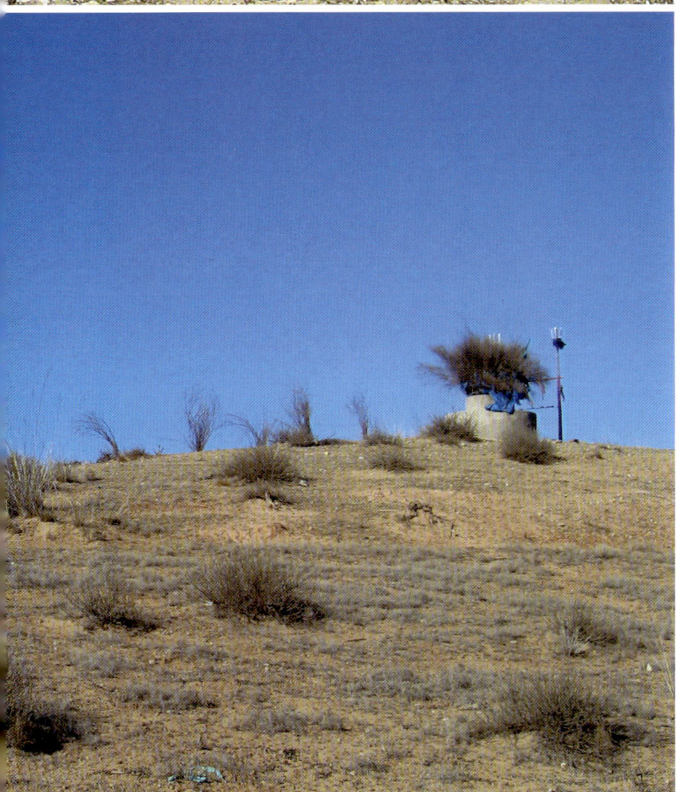

29 浩勒宝乐吉敖包

浩勒宝乐吉敖包位于乌审旗嘎鲁图镇境内，属努图格敖包。浩勒宝乐吉敖包由南北两个敖包组成，由于这两个敖包分别建在鄂托克旗和乌审旗两个旗交界处，北面的敖包由鄂托克旗人祭祀，叫“鄂托克敖包”；南面的敖包由乌审旗人祭祀，叫“乌审敖包”。鄂托克敖包由主敖包和13个守护敖包、禄马风旗祭祀台和祭祀用房组成。主敖包为两层圆形砖混水泥建筑，包顶插沙柳树枝，高0.8米，宽1.6米；守护敖包是将柳树枝扎成一捆插入地下，高1.5米，宽0.15米。乌审敖包为三层塔式砖混水泥建筑，一层为圆形，二层为方形，三层为半球形，包顶插一苏勒德，高0.75米，宽1.4米。

祭祀方向： 鄂托克敖包为北，乌审敖包为南。

祭祀时间： 鄂托克敖包为鄂尔多斯历八月二十五日（农历五月二十五日），乌审敖包为鄂尔多斯历八月二十六日（农历五月二十六日）。

30 青克乐敖包

青克乐敖包位于乌审旗现嘎鲁图镇境内，属努图格敖包。敖包建在一个较高梁峁上，由主敖包和 12 个守护敖包、熏香台、祭祀用房组成。主敖包为建在方形基座上的三层塔式石头建筑，一层上立两杆苏勒德，方形基座四面有步梯，包顶插沙柳树枝，高 5.75 米，宽 8 米；守护敖包为石头围栏里种的 12 棵松树，高 0.55 米，宽 0.6 米。

祭祀方向： 东南

祭祀时间： 鄂尔多斯历八月二十一日（农历五月二十一日）

传说过去这个地方草木茂密，牲畜兴旺，但是野狼也很多，经常祸害牲畜，危害人们的生活。为了镇此灾祸，有个叫青克乐的人在此建立了这座敖包，所以叫“青克乐敖包”。

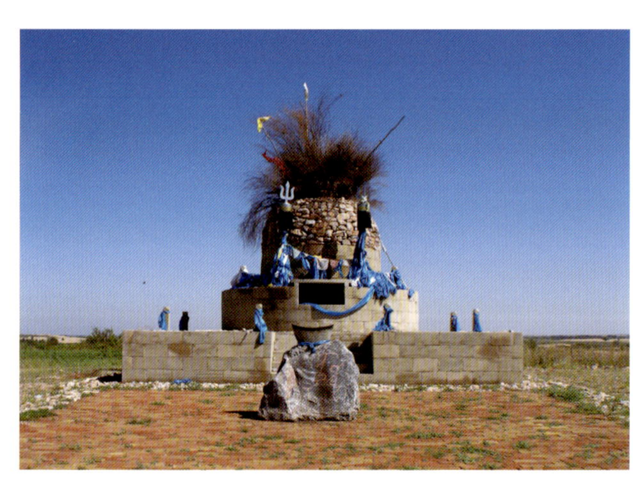

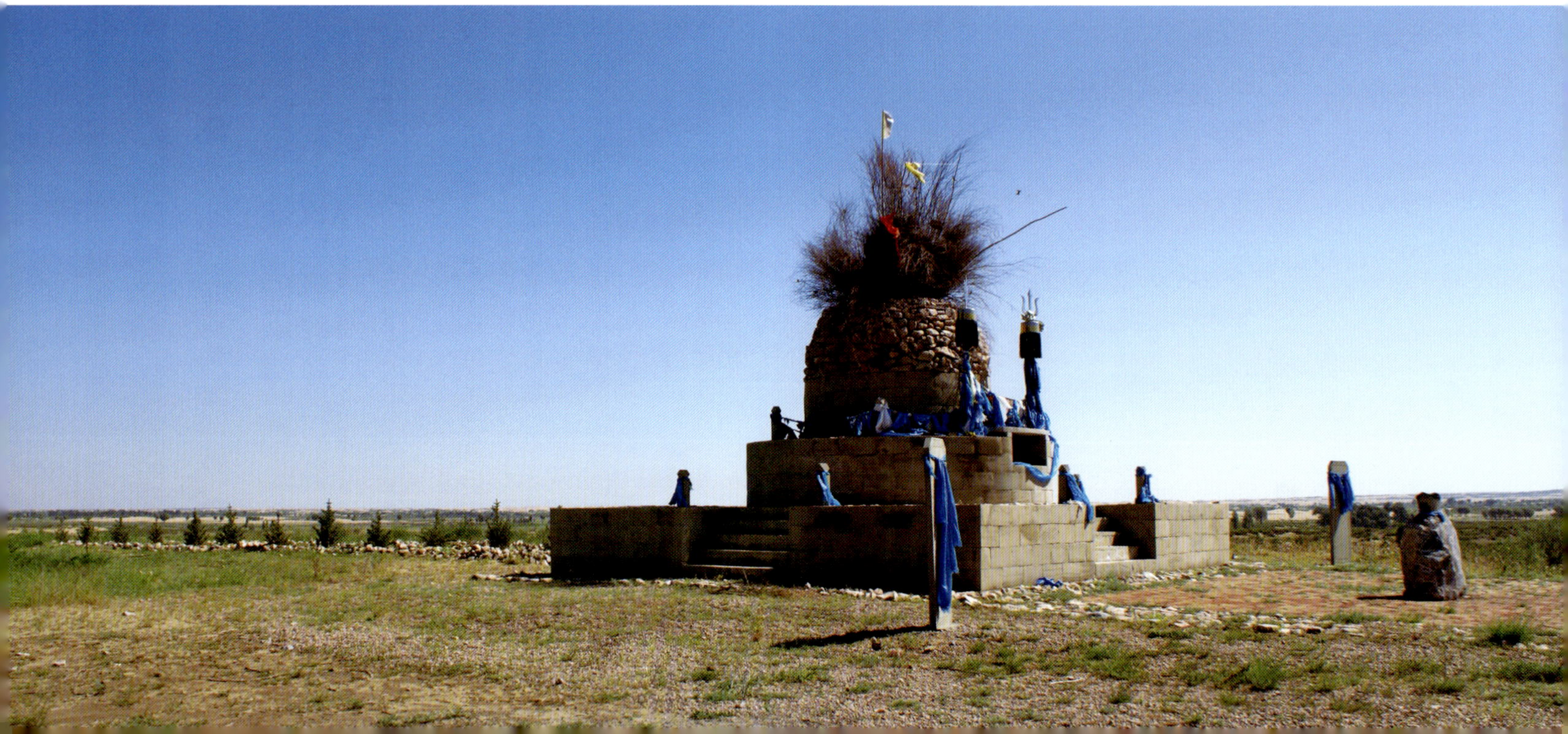

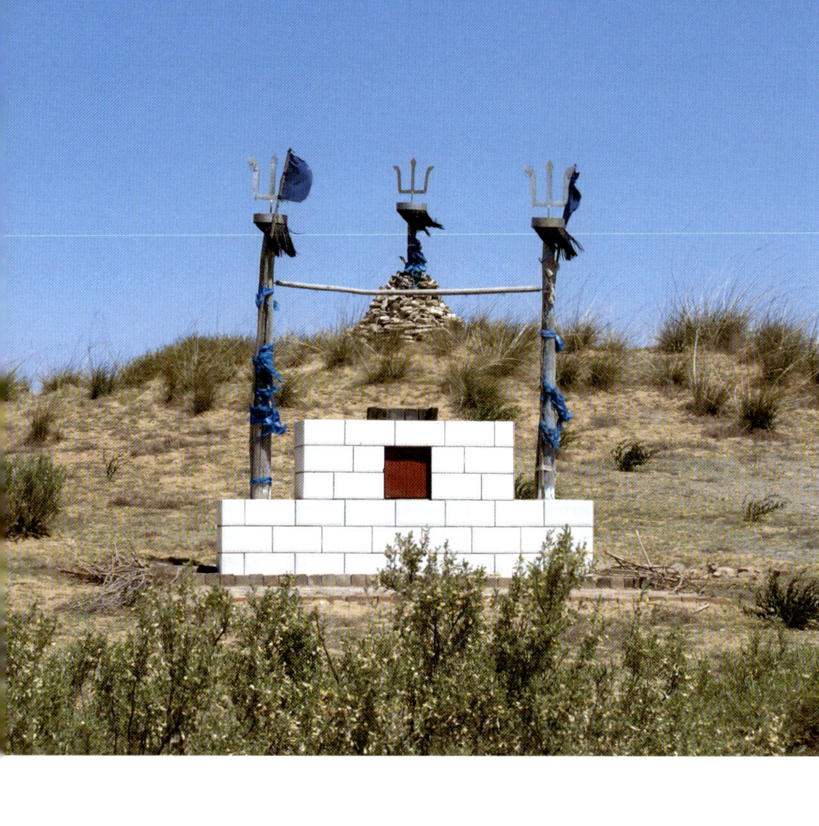

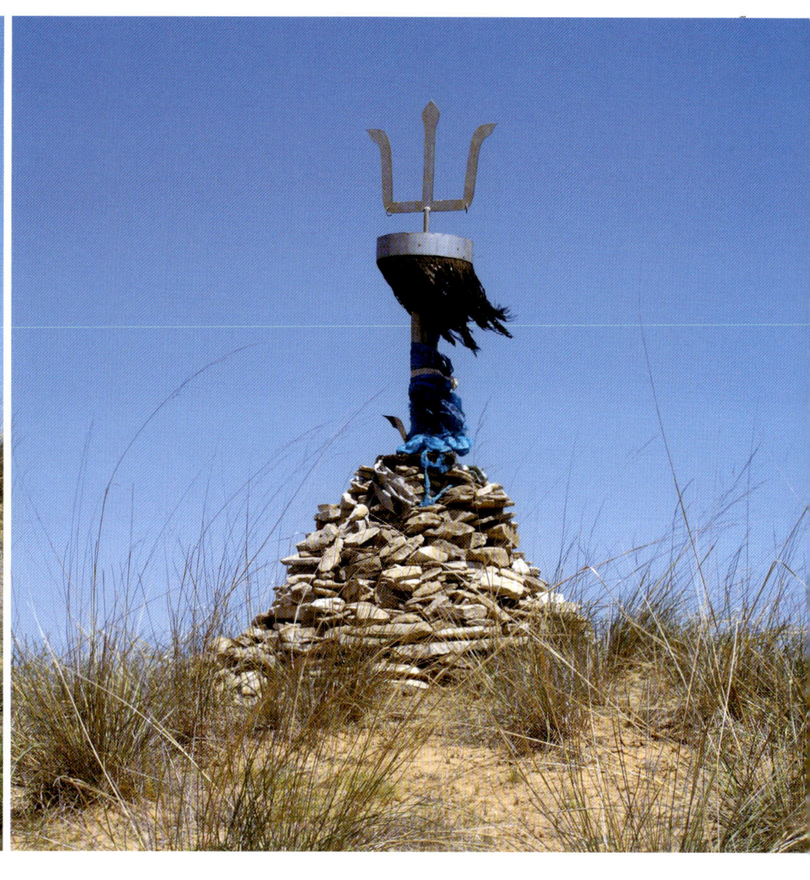

31 特木尔敖包

特木尔敖包位于乌审旗嘎鲁图镇境内，属努图格敖包。特木尔敖包建在一个梁上，由敖包、禄马风旗祭祀台、祭祀用房组成。敖包用石块堆建而成，包顶插大、小两杆苏勒德，高3.7米，宽2.2米。

祭祀方向：东南

祭祀时间：鄂尔多斯历每月十三日（农历每月十三日），其中鄂尔多斯历八月十三日（农历五月十三日）举行大型祭祀。

传说很久以前，成吉思汗率军在这里和西夏军队进行了一场激烈战斗，战斗中成吉思汗的大将军特木尔壮烈牺牲，当时他的士兵们把他的遗体就安葬在了这里，形成一个敖包。因为这是安葬成吉思汗大将特木尔的秘密敖包，为区别于其他敖包，包顶只插苏勒德。后人把特木尔巴特尔敖包还称为“特木尔胡热呼敖包”。

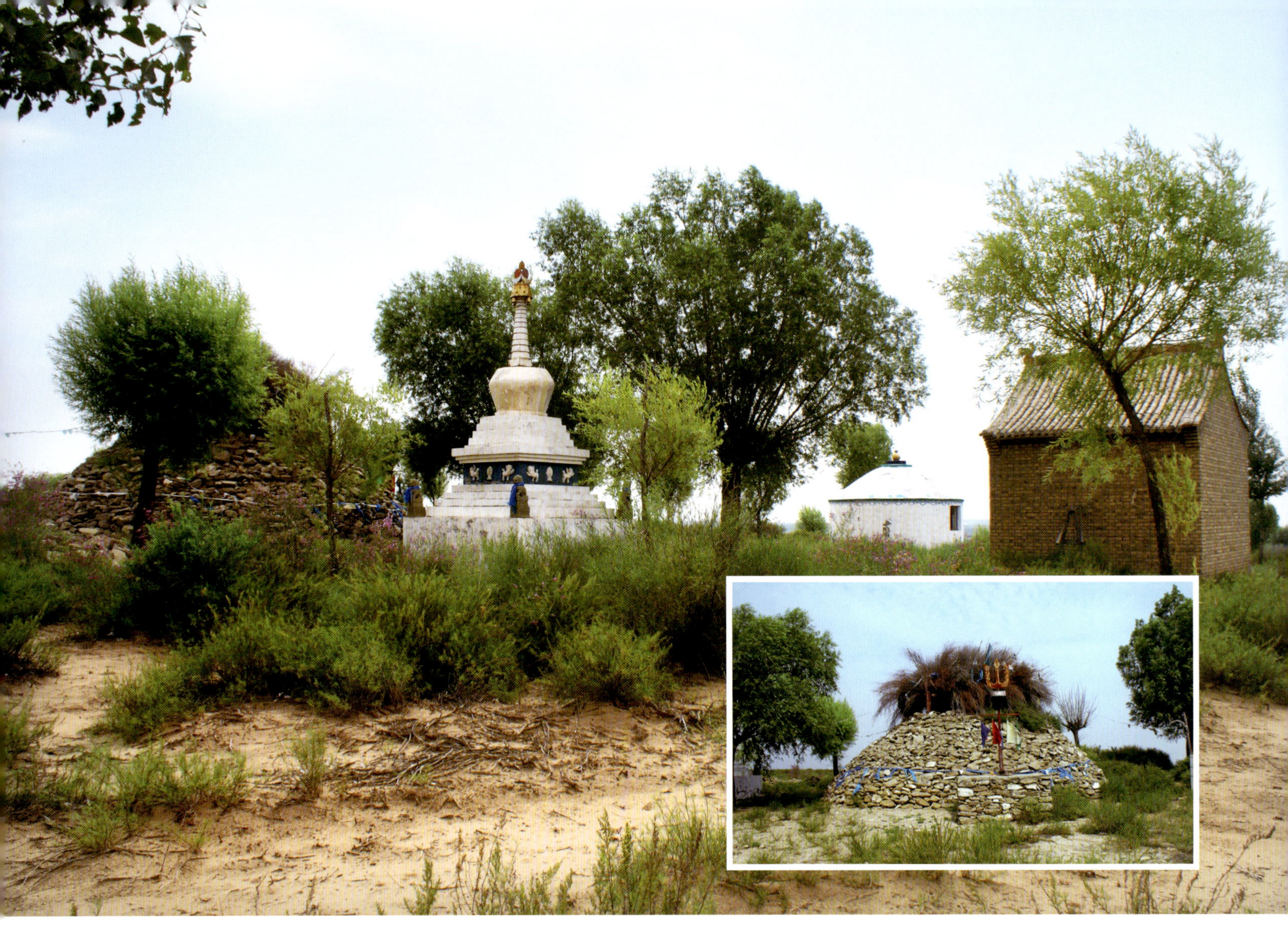

32 通嘎拉格敖包

通嘎拉格敖包位于乌审旗嘎鲁图镇境内，属努图格敖包。通嘎拉格敖包建在较高的土包上，由敖包、禄马风旗祭祀台、庙、白塔、纪念馆组成。敖包用石块堆建而成，包顶插沙柳树枝，高6.3米，宽9.9米。

祭祀方向： 东南

祭祀时间： 鄂尔多斯历八月十三日（农历五月十三日）

传说天气晴朗的时候，站在这座敖包旁能够看得很远，周围的敖包、寺庙、碱湖等一览无遗。有一次悉尼喇嘛看见这种景象激动地说："这个地方真的是个能看清楚周围风景的地方（蒙古语称"通嘎拉格"）。"他的战士们说：那按团长您的意思，把这座敖包叫"通嘎拉格敖包"吧！这个敖包就被称为"通嘎拉格敖包"。

33 阿什敖包

阿什敖包位于乌审旗图克镇境内，属努图格敖包。阿什敖包由敖包、禄马风旗祭祀台、祭祀用房组成。敖包为三层塔式砖混水泥建筑，一、二层为方形，二层四角各竖立一苏勒德，三层为圆形，包顶插沙柳树枝，高4.8米，宽8米。

祭祀方向：东南

祭祀时间：鄂尔多斯历九月初一日（农历六月初一日）

传说在很早以前，有阿什、呼什兄弟俩，有一次兄弟俩去参加成吉思汗陵祭祀，走着走着天黑了，于是在路上住了一宿。第二天继续赶路时，突然发现带的檀木佛珠丢失了，他们非常沮丧。参加祭祀活动之后，兄弟俩顺着原路返回，在他们住过的地方找到了檀木佛珠，兄弟俩认为这个地方是个吉祥之地，一商量，在此建立个敖包并以哥哥名字命名为“阿什”。此后，他们的后裔一直祭祀至今。

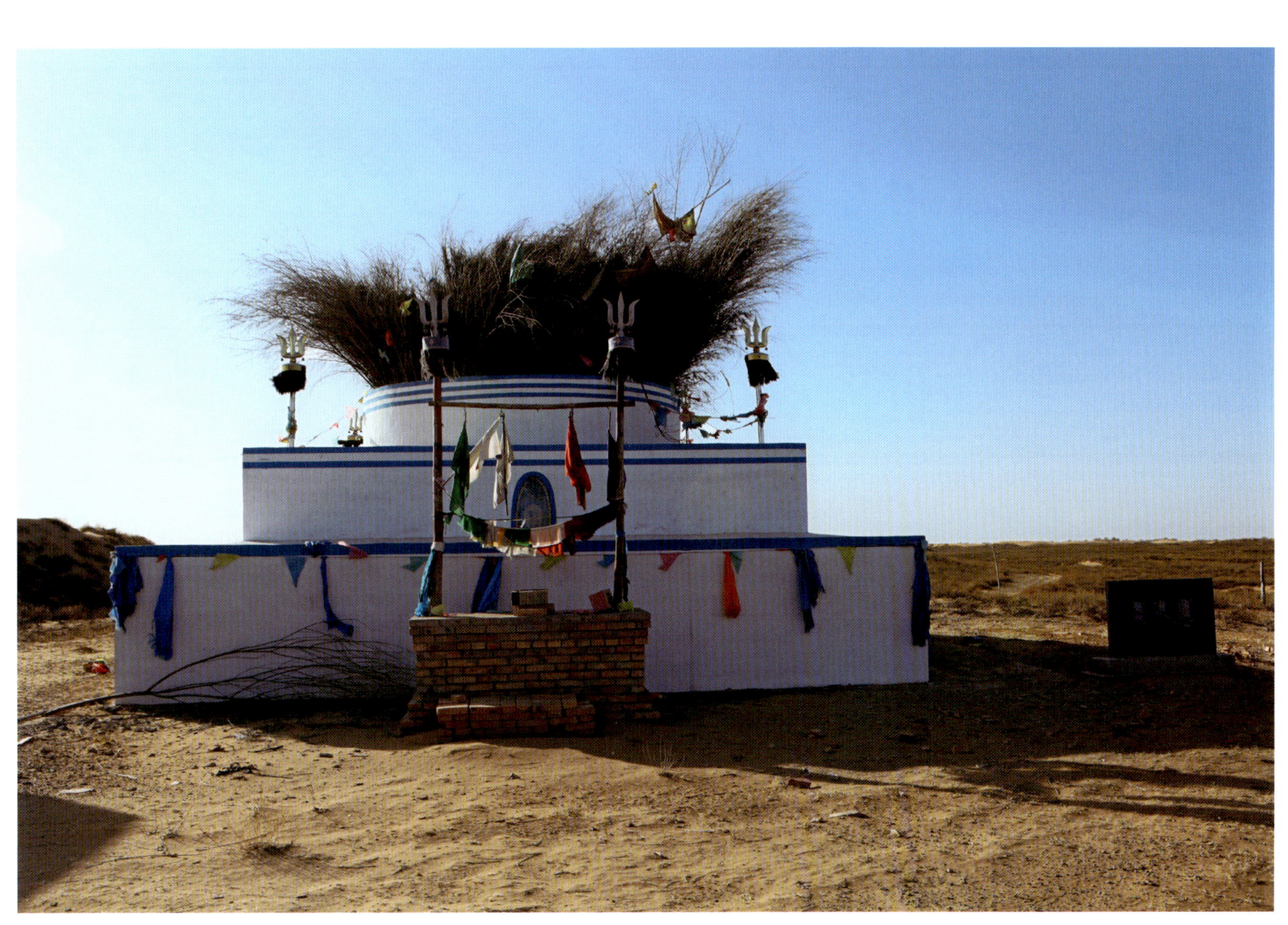

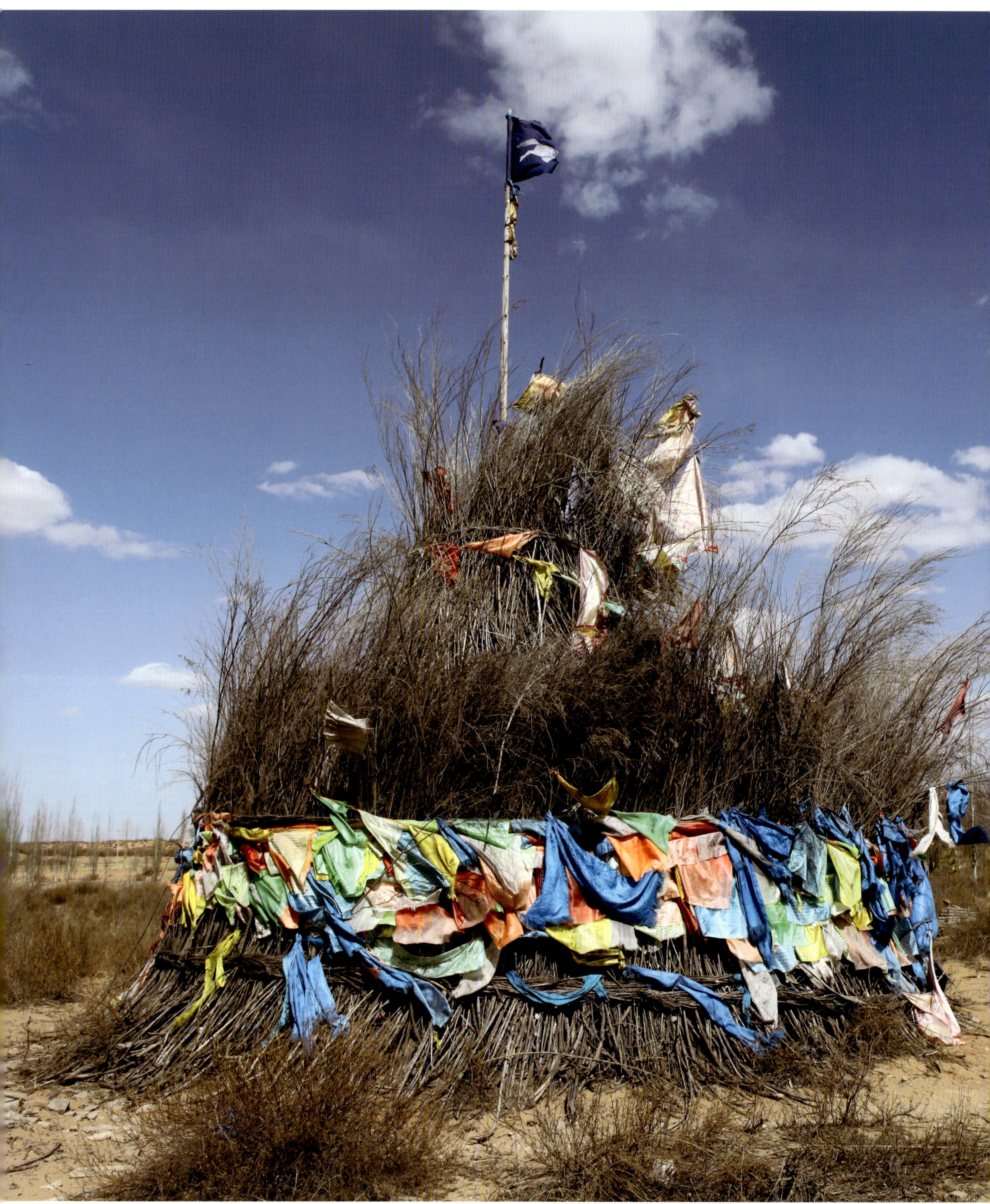

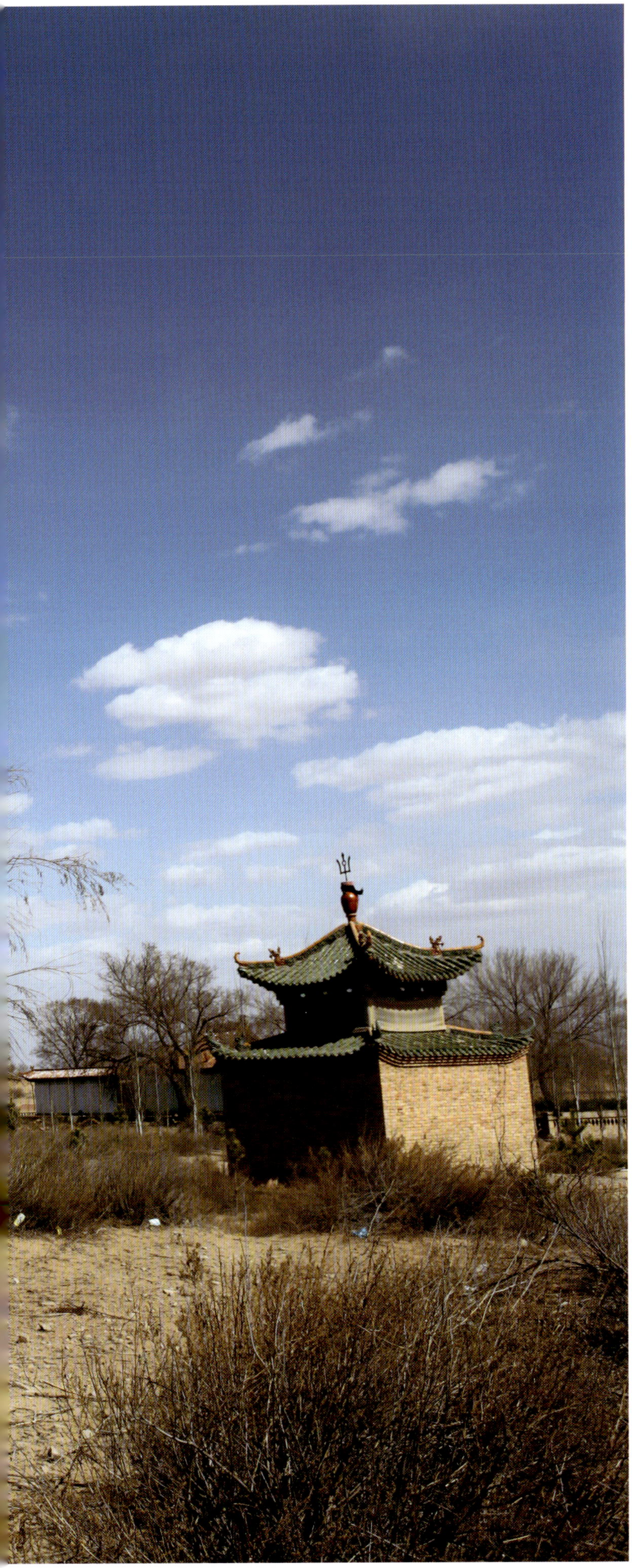

34 德力格尔敖包

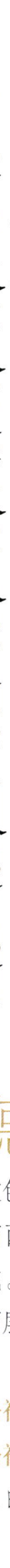

德力格尔敖包位于乌审旗图克镇境内，属哈日颜敖包。德力格尔敖包建在梅林庙西北处，由敖包和小庙组成。敖包是用沙柳树枝竖立成两层，高8.5米，宽6米。

祭祀方向： 东南

祭祀时间： 鄂尔多斯历八月初三日（农历五月初三日）

原来这个敖包位于现陕西省榆林市大宝当境内，由于那里的土地被租赁，负责祭祀这个敖包的人们把敖包迁至这里。

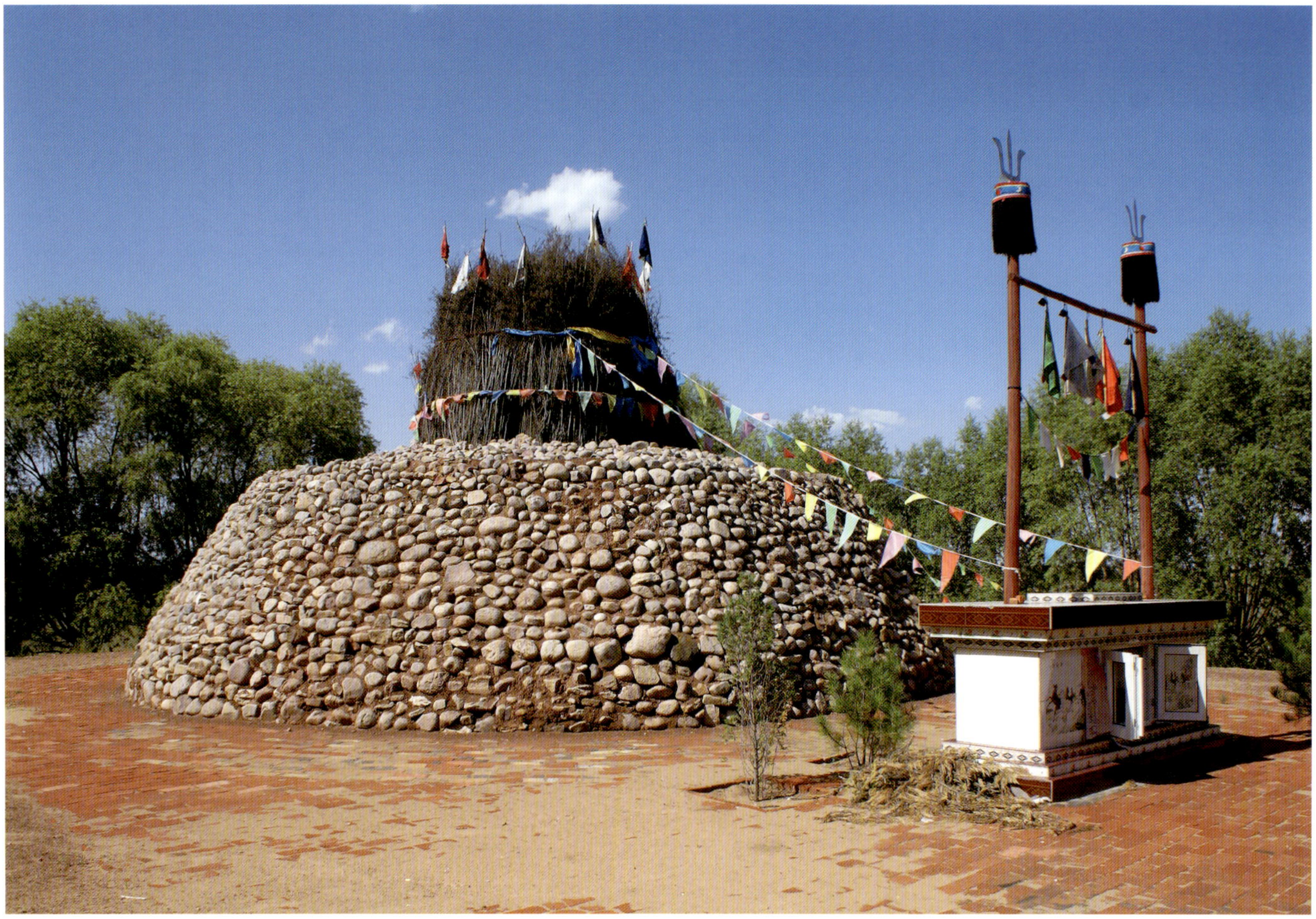

35 塔吉奈敖包

塔吉奈敖包位于乌审旗图克镇境内，属务图格敖包。塔吉奈敖包由敖包、禄马风旗祭祀台、祭祀用房组成。敖包用石头堆建而成，包顶插柳树枝，高6.9米，宽10.4米。

祭祀方向：东南

祭祀时间：鄂尔多斯历九月十三日（农历六月十三日）

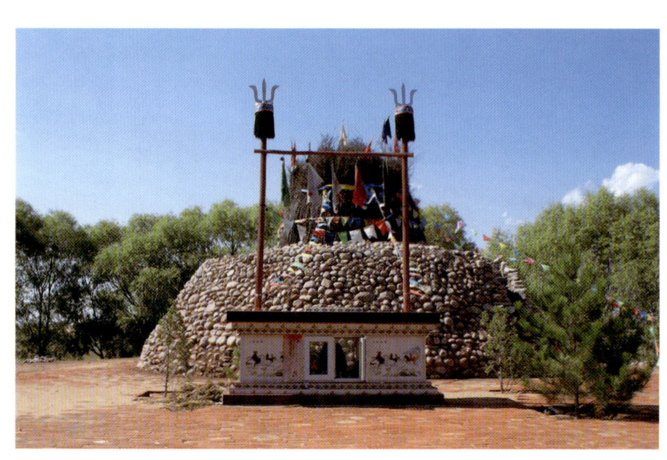

36 伊克尔敖包

伊克尔敖包位于乌审旗乌兰陶勒盖镇境内，属努图格敖包。伊克尔敖包由两个敖包、供台、祭祀台、禄马风旗以及祭祀用房组成，砖砌的围墙将两个敖包围在里面。“伊克尔”为蒙古语，意为双、两个。两个敖包均由沙柳树枝竖立堆围而成，均高4.46米，宽6.7米。

祭祀方向： 东南

祭祀时间： 鄂尔多斯历八月十三日（农历五月十三日）

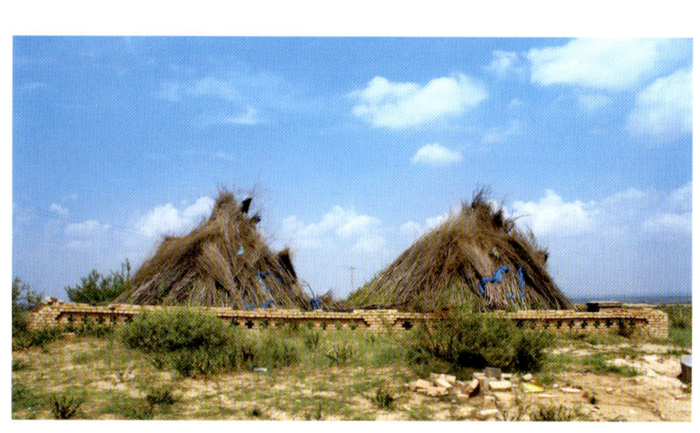

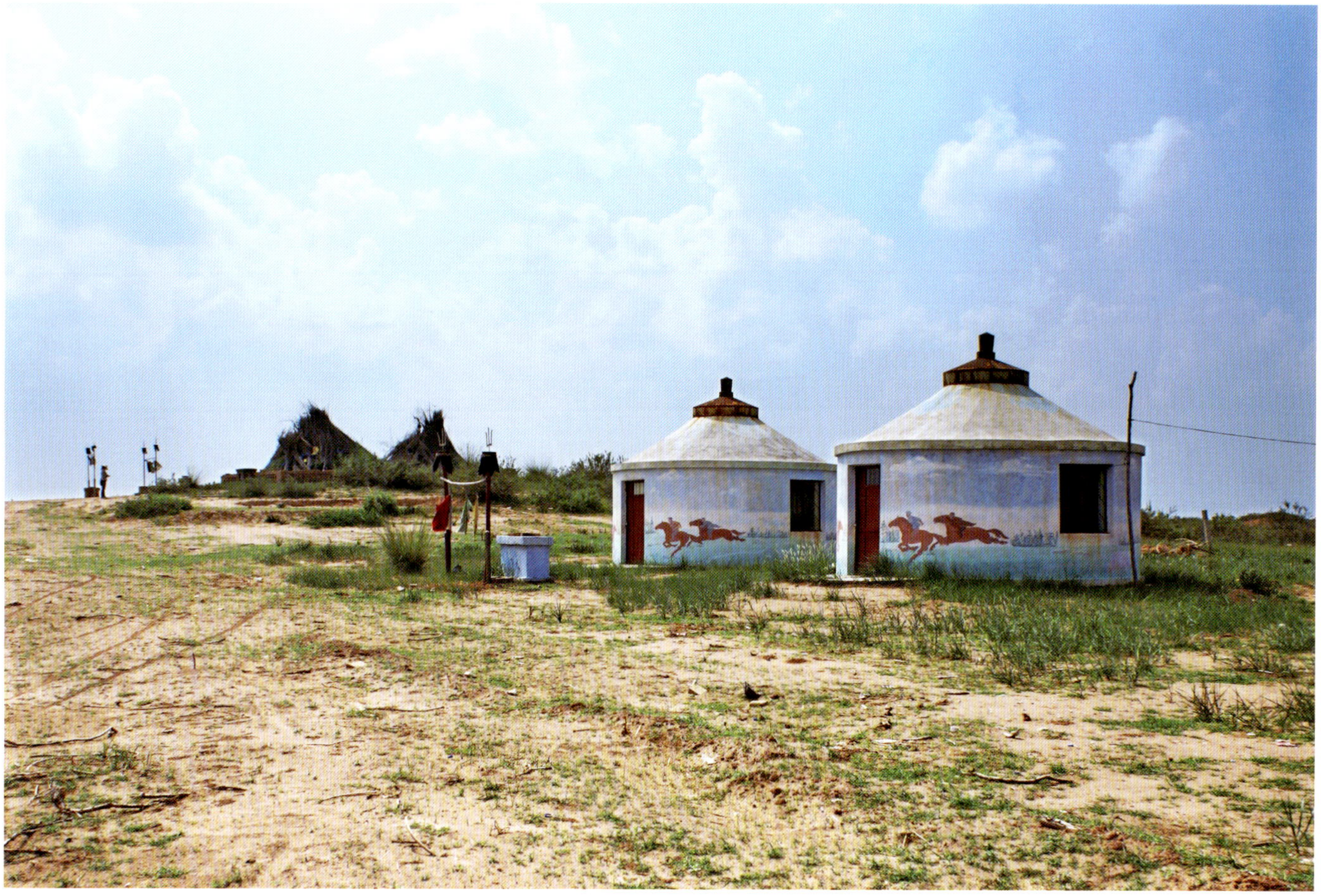

37 苏米图敖包

苏米图敖包位于乌审旗现乌审召镇境内，亦称苏白敖包，属努图格敖包。苏米图敖包由敖包、敖包庙、青牛塑像、骑羊护法殿、苏勒德蒙古包、禄马风旗祭祀台以及祭祀用房组成。敖包身为建在八角形基座上的八角形塔式建筑，中间和上面出檐，顶部为银碗形，均为砖混水泥建筑，高10.6米，宽6.4米。

祭祀方向：东南

祭祀时间：鄂尔多斯历八月初三日（农历五月初三日）和十月十日（农历七月十日）

传说这个敖包所在地曾有大规模的旧庙遗址，因此这个敖包叫“苏米图（意为“有庙的地方”）敖包”。在很久以前有个老婆婆叫“苏白婆婆”，她有一头母牛，有一天母牛生下了一头三只眼的青色牛犊。人们认为三只眼的青色牛犊是降阎魔尊的化身，是富裕的标志，于是建立了敖包，因苏白婆婆而叫“苏白敖包”。苏白婆婆每年进行祭祀，从此五畜兴旺，成为当地有名的富裕人家。后来苏白婆婆的后裔把“苏白敖包”迁至苏米图敖包这里，与苏米图敖包合并，所以苏米图敖包也叫苏白敖包。

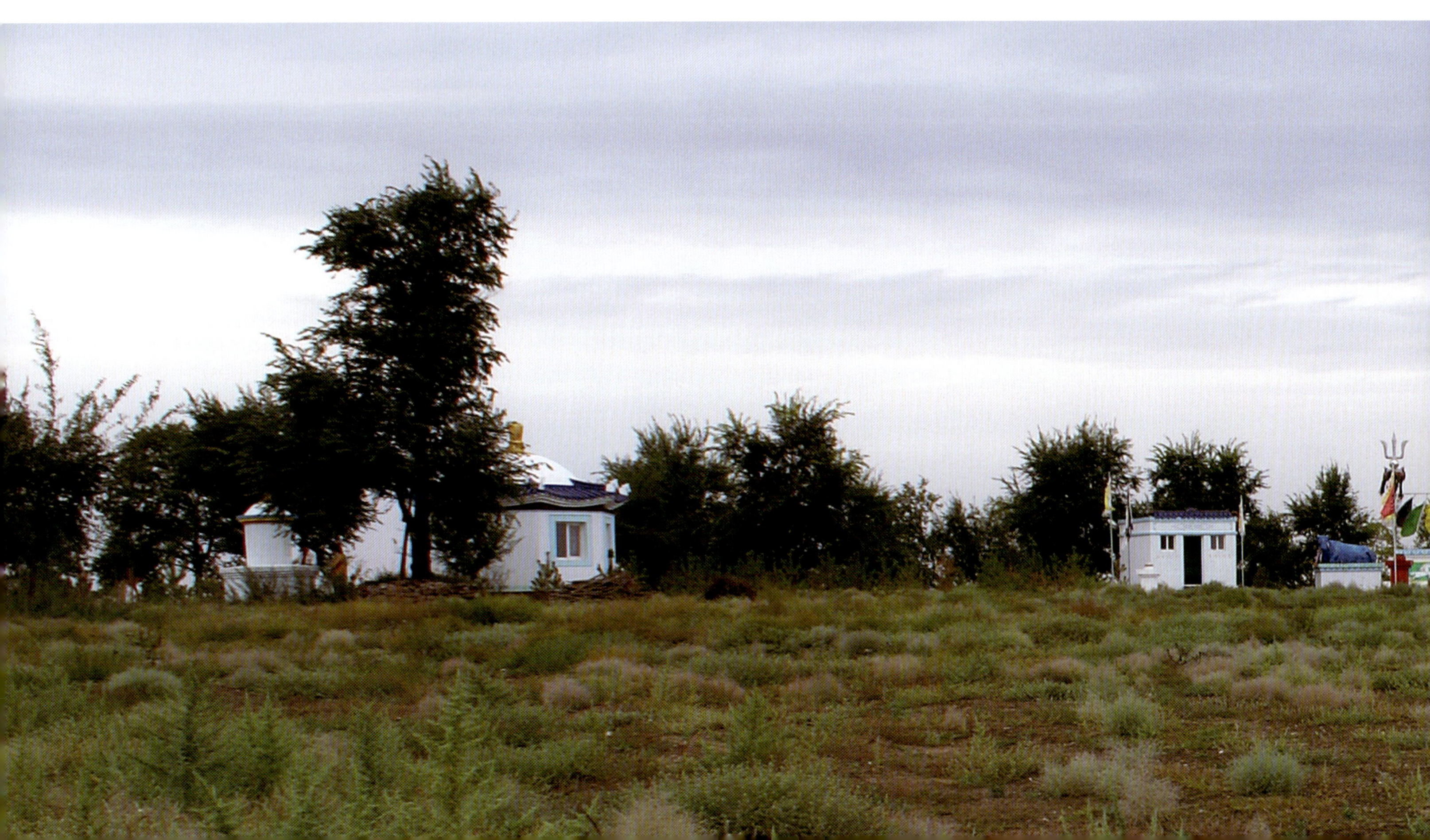

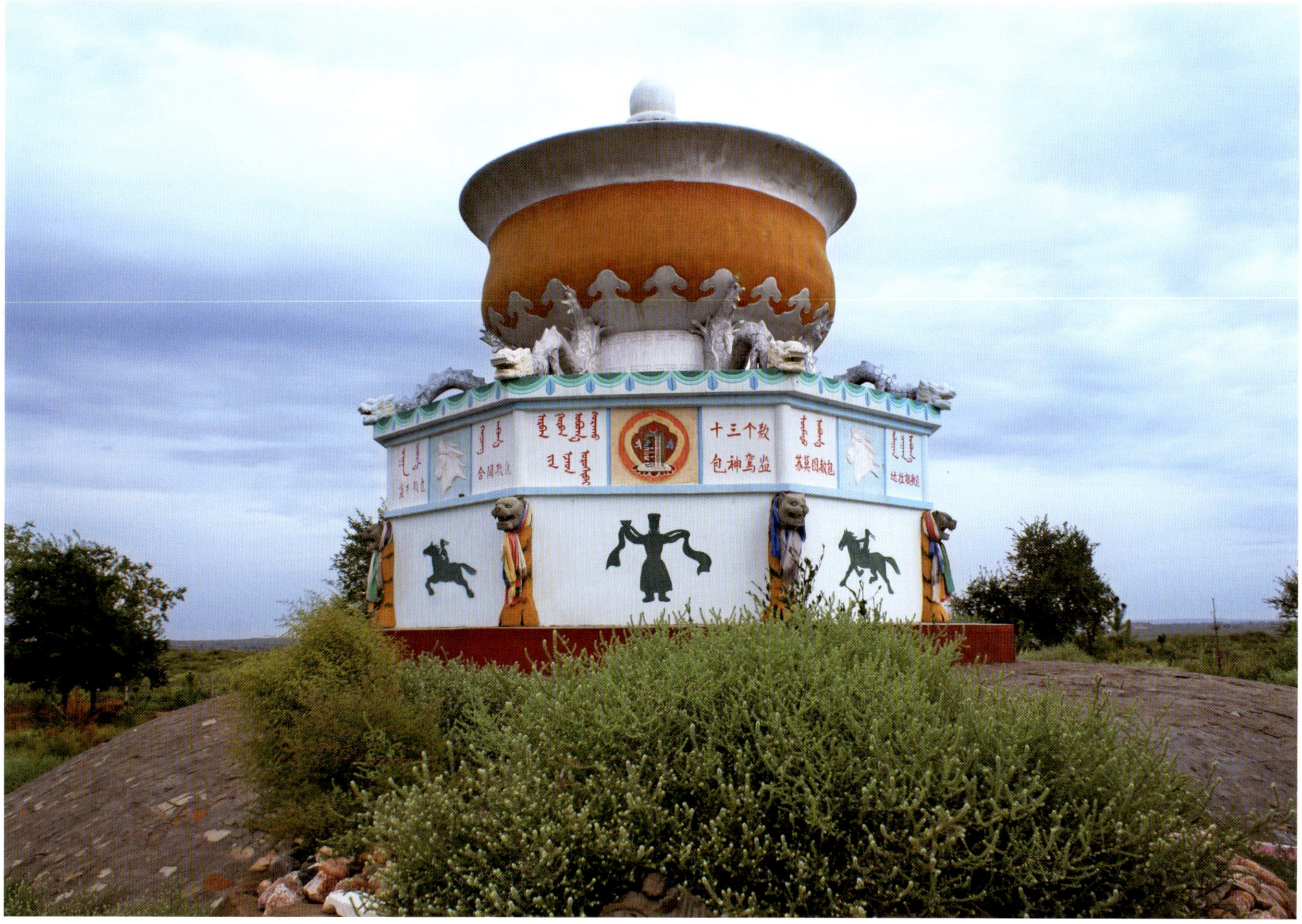

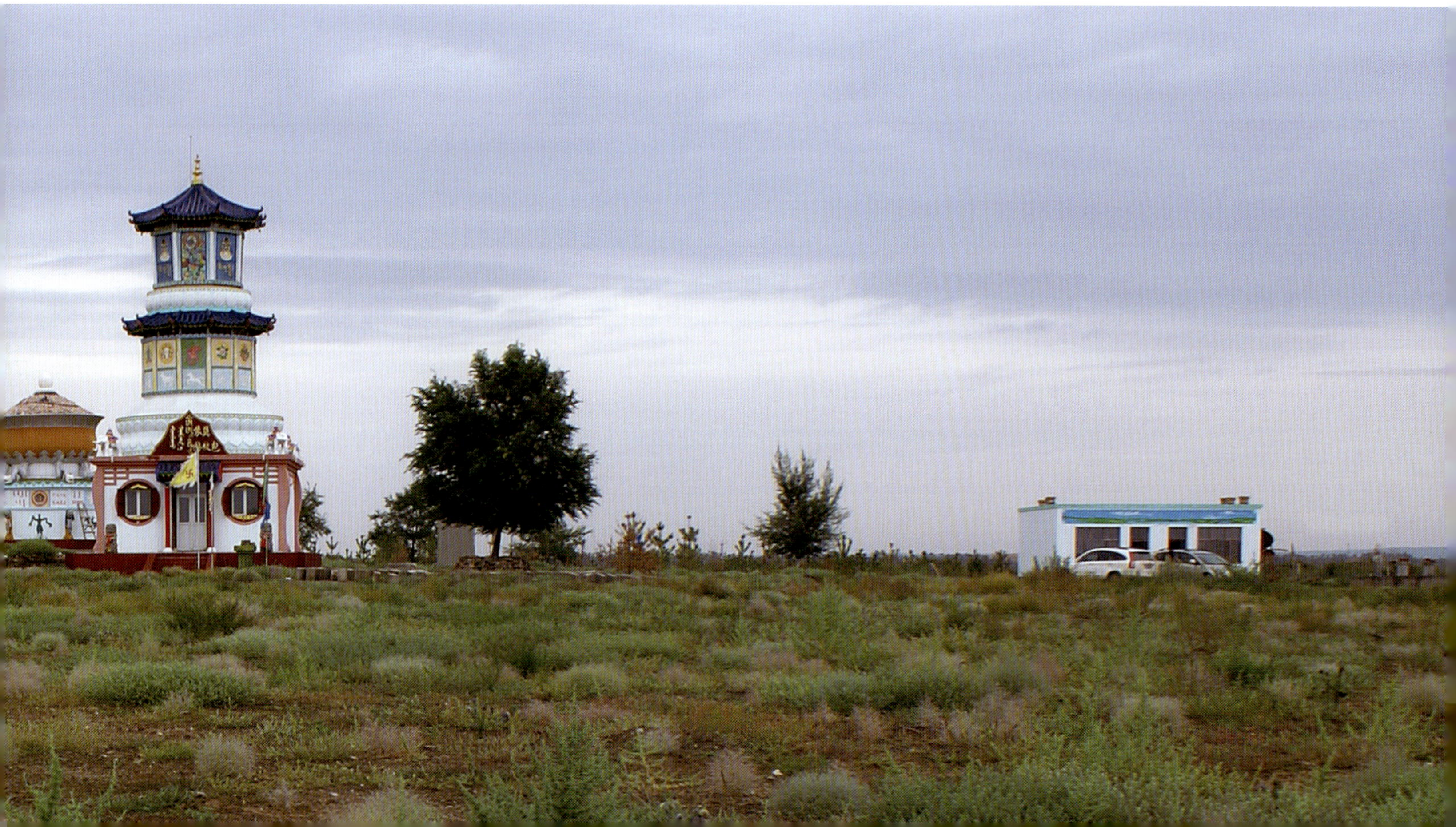

ᠳᠣᠯᠣᠭ᠎ᠠ

ᠬᠠᠩᠭᠢᠨ ᠬᠣᠰᠢᠭᠤ

柒

杭锦旗

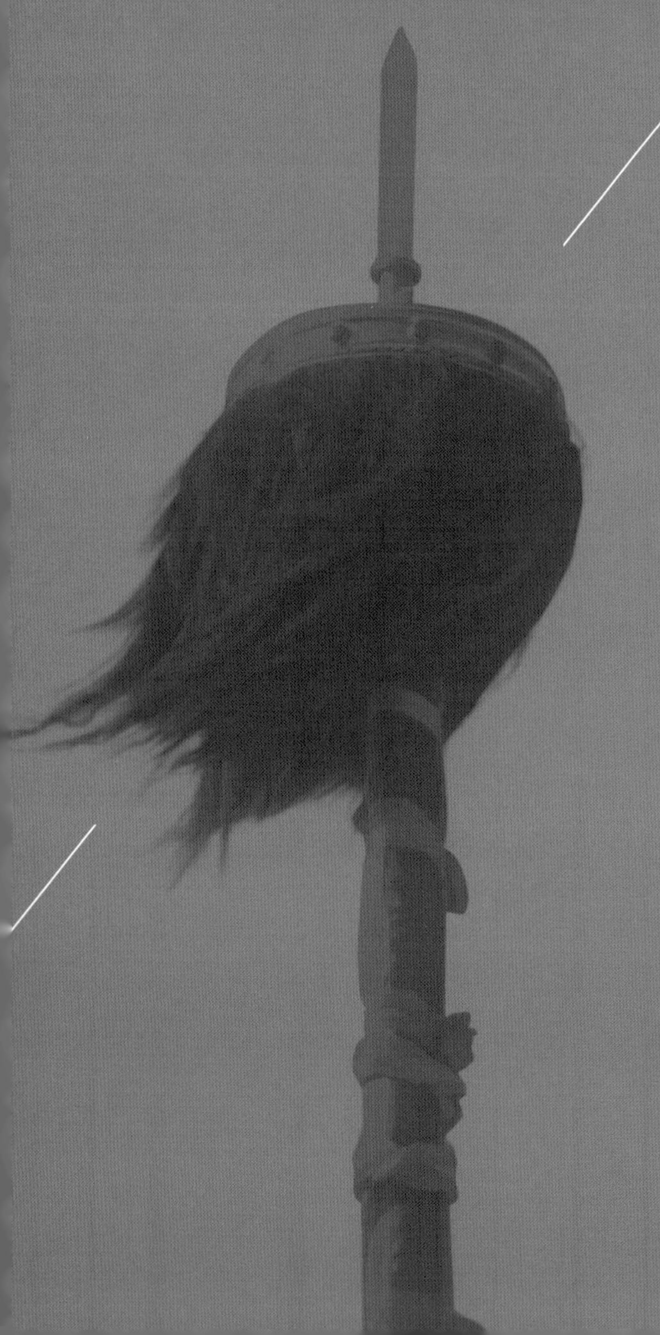

1 阿拉腾敖包

阿拉腾敖包位于杭锦旗伊和乌素苏木境内，属盟府敖包。阿拉腾敖包由主敖包、祭祀台、禄马风旗祭祀台、祭祀用房和13个守护敖包组成，主敖包用石块、沙石堆建而成，包顶插都格和沙柳树枝，高12.1米，宽20.55米；守护敖包用石块堆建而成，包顶插苏勒德，高4.3米，宽1.5米。

祭祀方向： 东南

祭祀时间： 鄂尔多斯历八月初三日（农历五月初三日）

阿拉腾敖包是“哈日芒乃淖尔”盐湖敖包。据史书记载，此盐湖早在汉朝时期就已开发利用。因这里的食盐口感好、质量高，在清朝时期专门成立行政机构进行管理，并且伊克昭盟七旗食盐都从这里供应，所以阿拉腾敖包就成为七旗札萨克共同祭祀的盟府敖包。

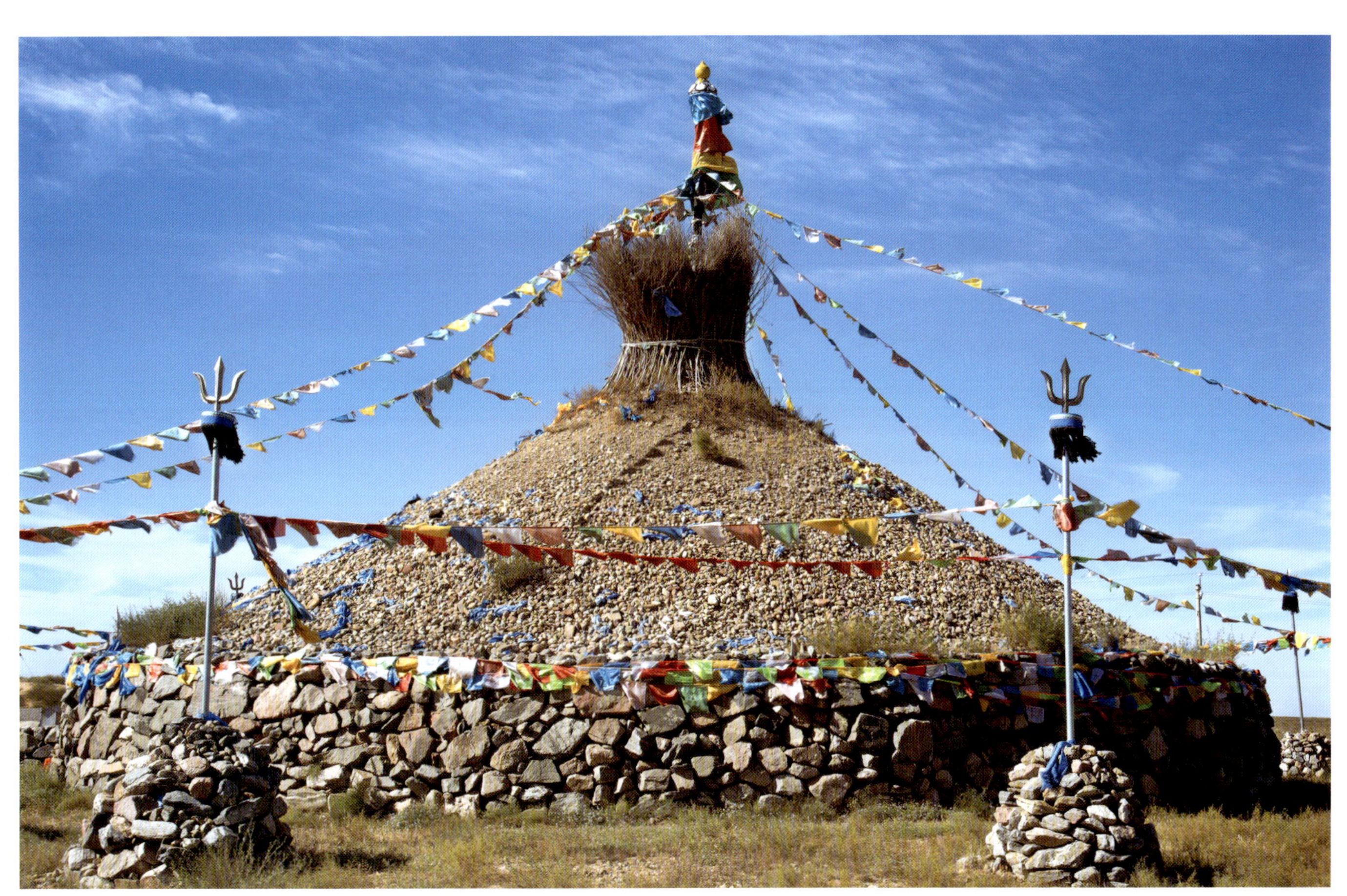

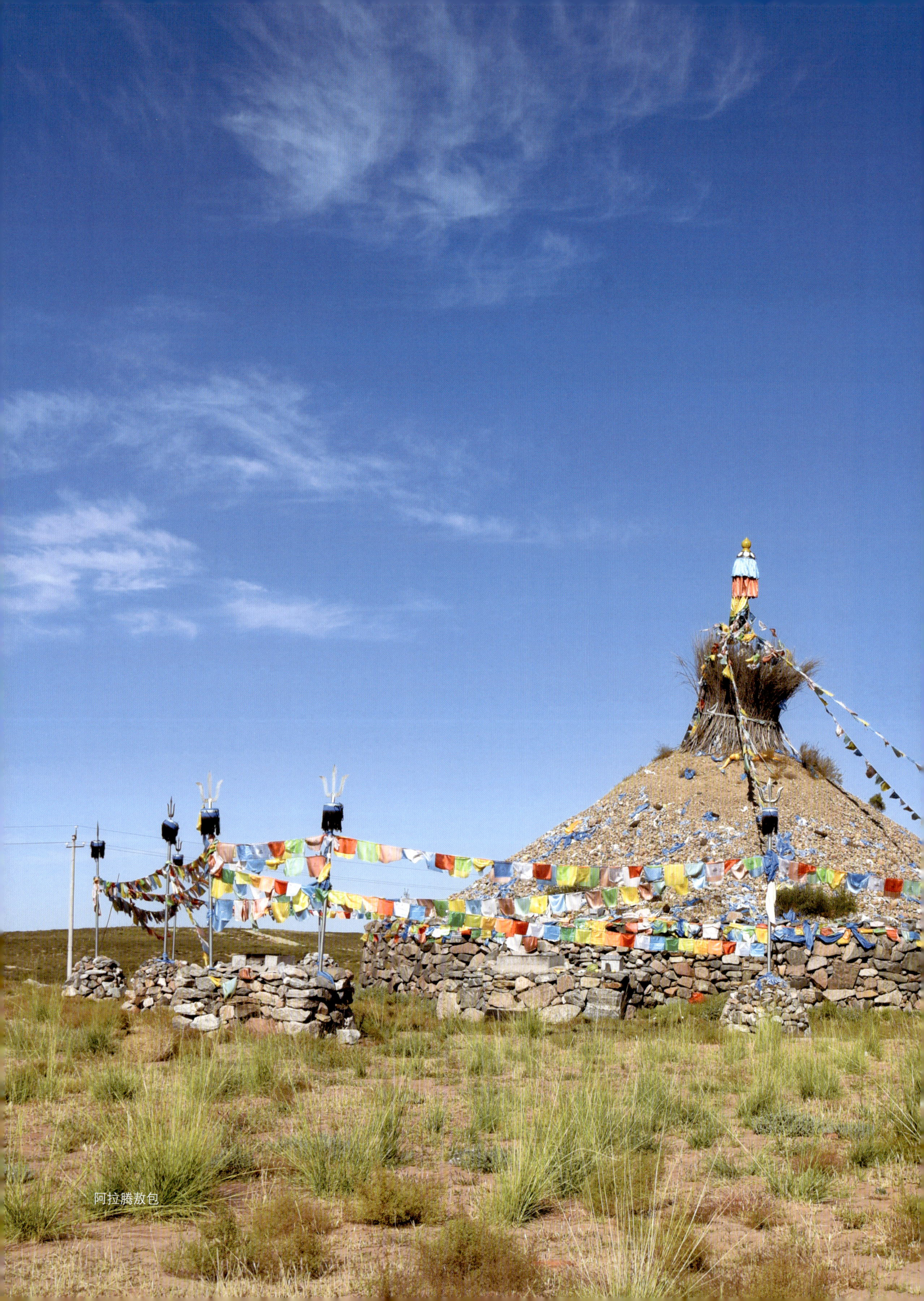
阿拉腾敖包

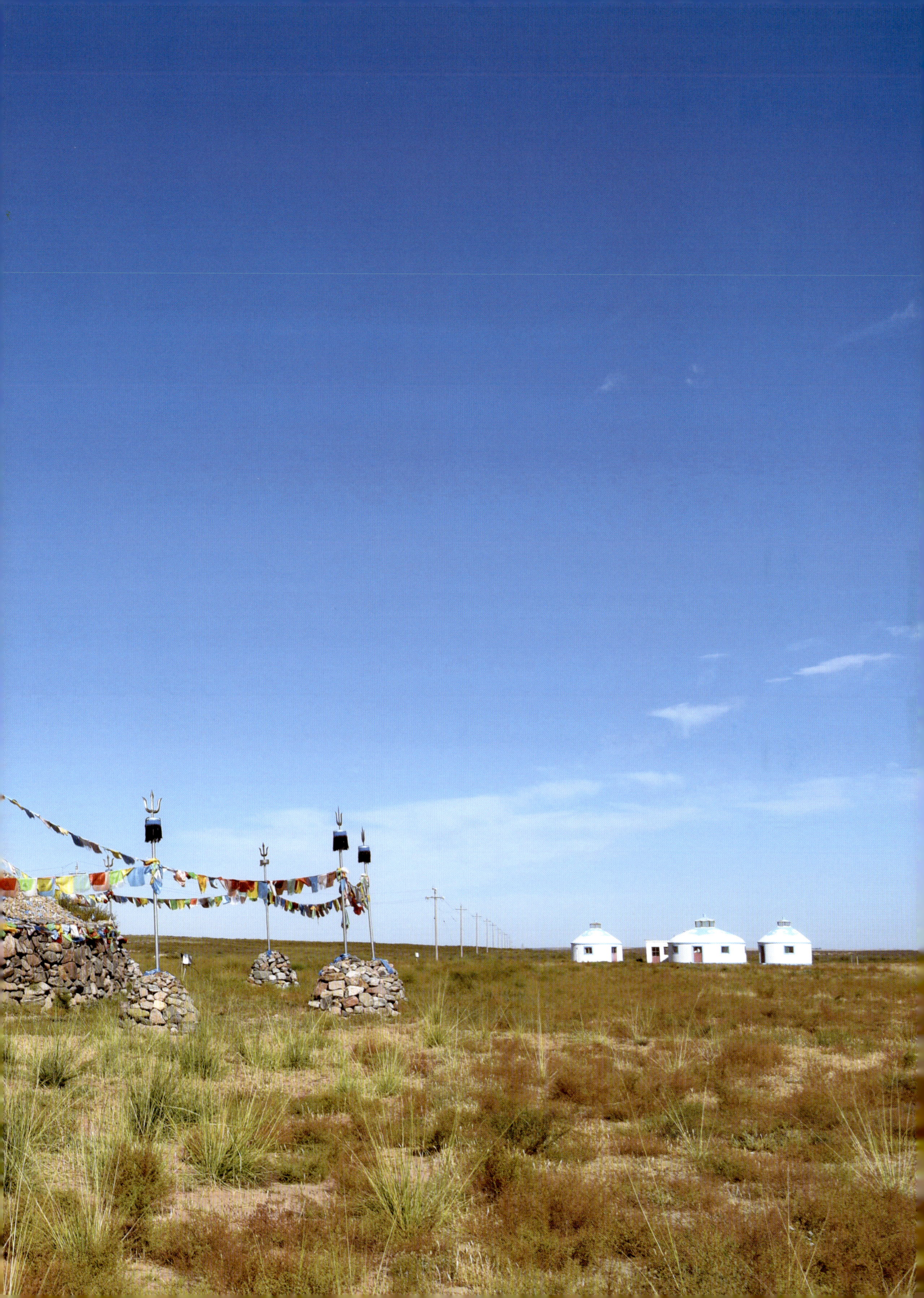

2 给拉塔嘎那敖包

给拉塔嘎那敖包位于杭锦旗锡尼镇境内，属旗敖包。敖包为砖混水泥建筑，中间插满沙柳树枝，高2.45米，宽5米。

祭祀时间：鄂尔多斯历八月十三日（农历五月十三日）

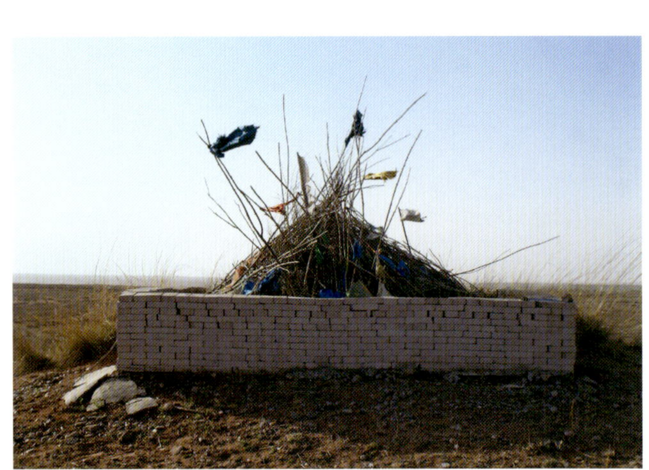

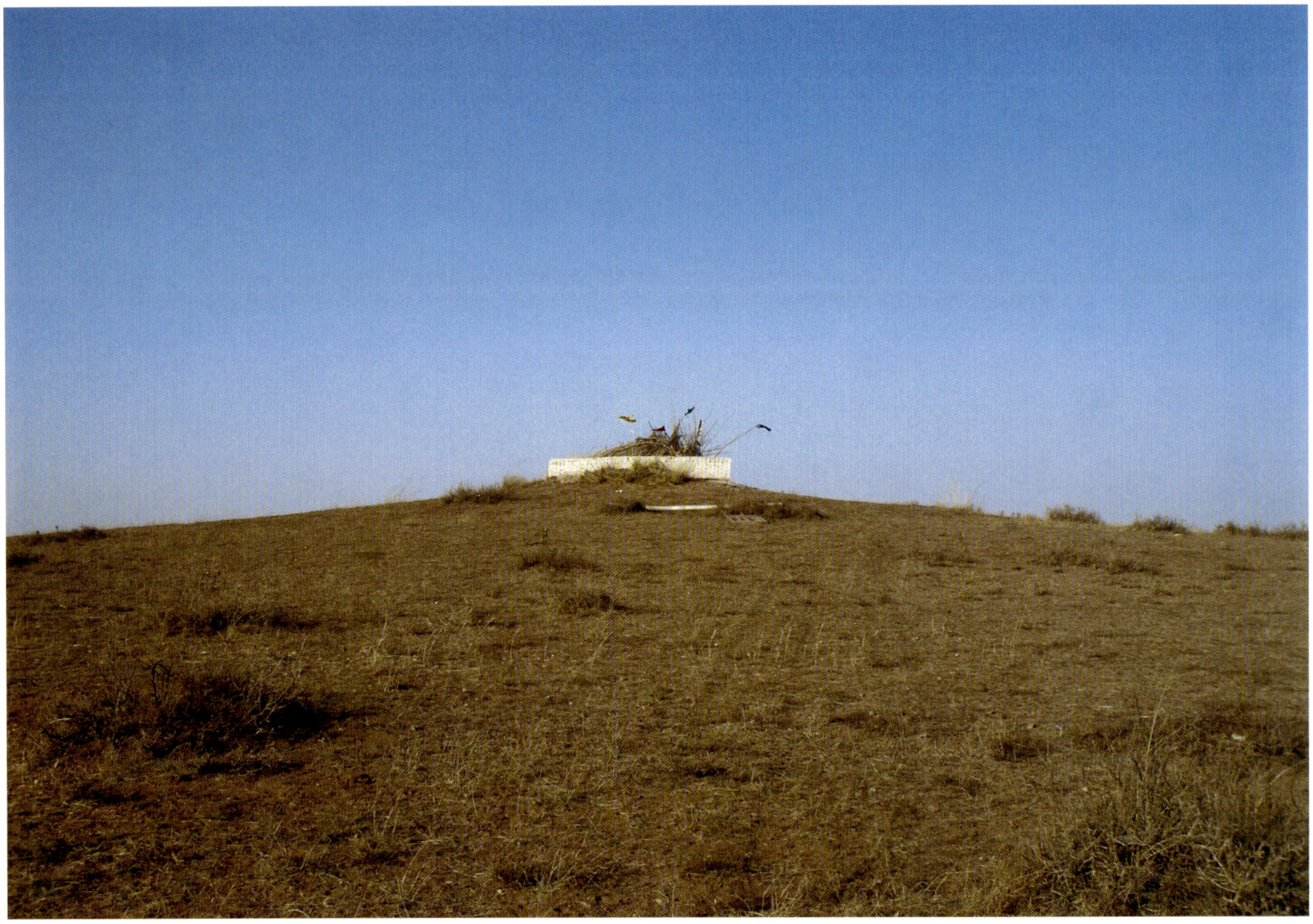

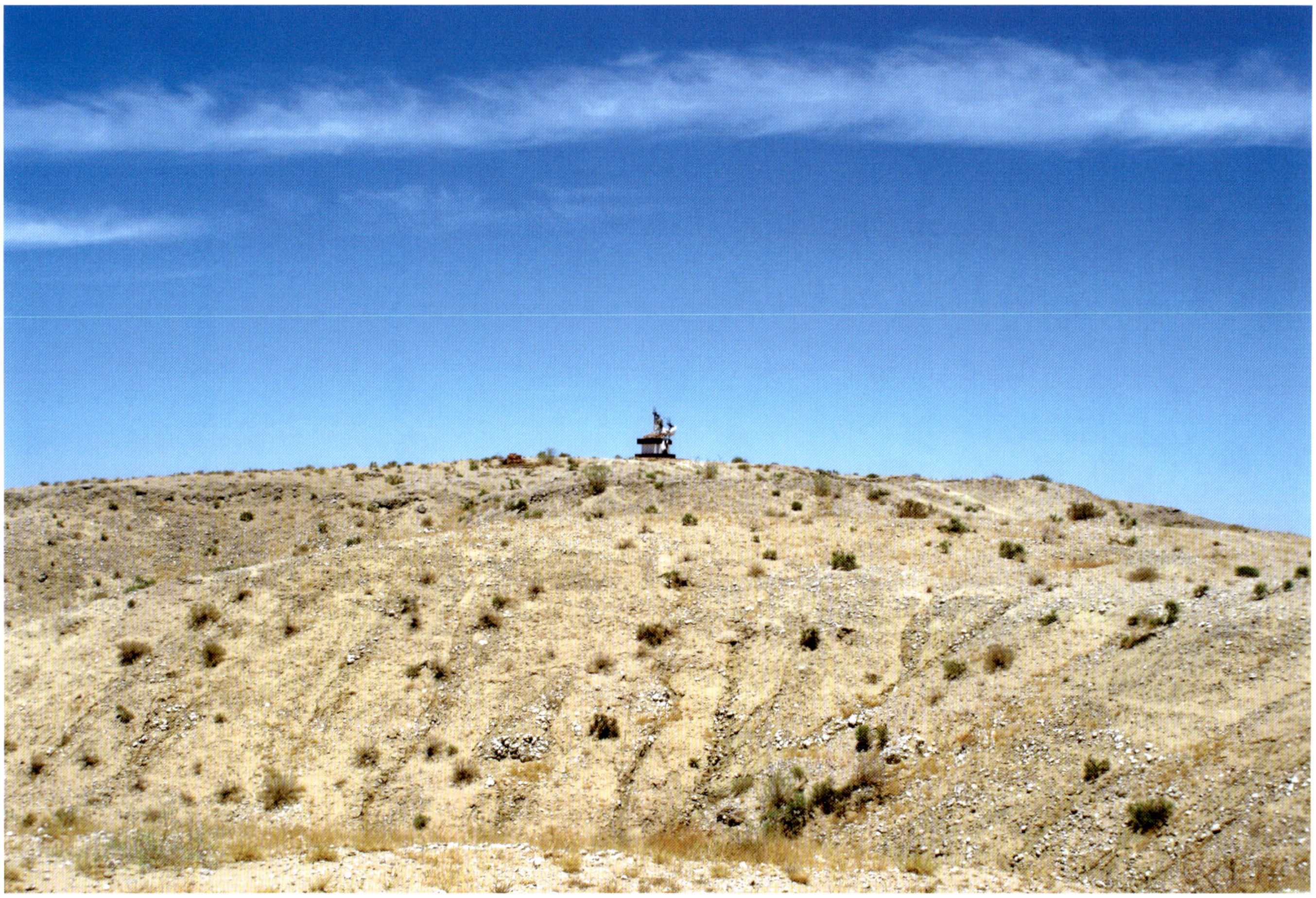

3 宝图高敖包

宝图高敖包位于杭锦旗巴拉贡镇境内，属努图格敖包。宝图高敖包由敖包和禄马风旗祭祀台组成，敖包为石、砖混水泥建筑，包顶插苏勒德，高 3.47 米，宽 1.8 米。

祭祀方向：东南

祭祀时间：鄂尔多斯历八月十三日（农历五月十三日）

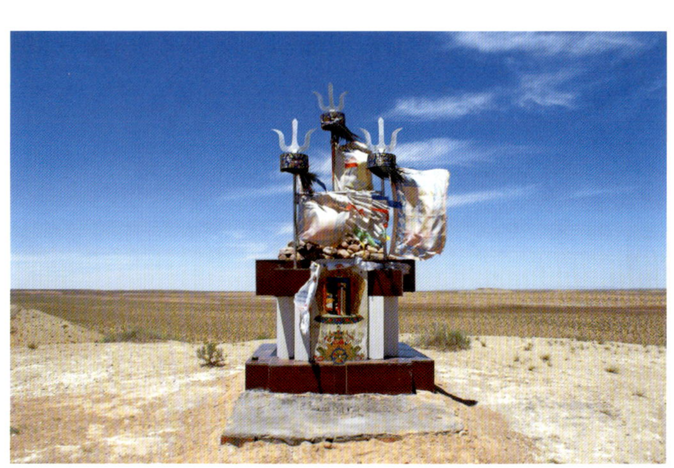

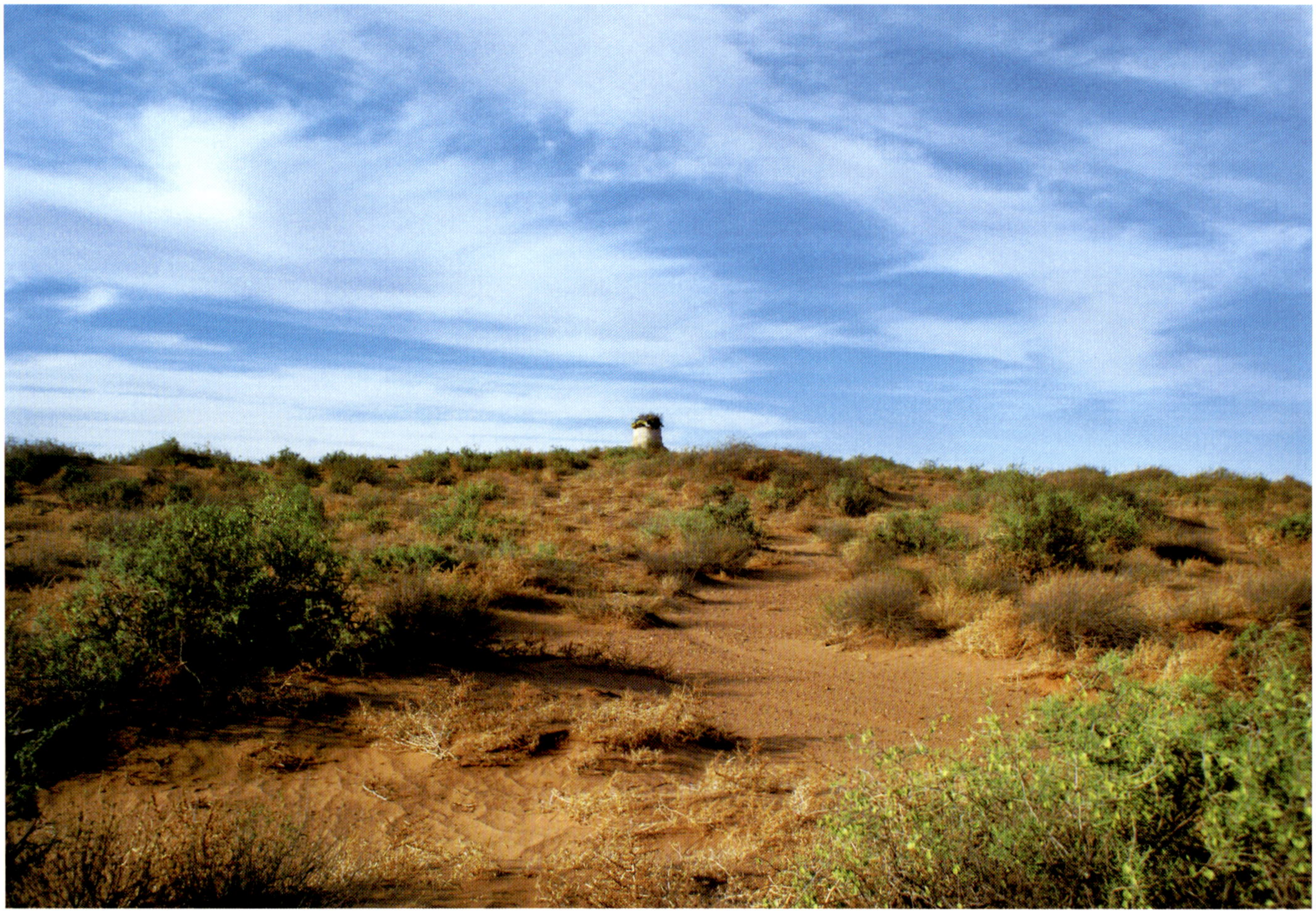

4 查干敖包

查干敖包位于杭锦旗巴拉贡镇境内，属努图格敖包。查干敖包由敖包和供台组成，敖包为三层砖混水泥塔式建筑，包顶插柴木，高3.45米，宽3.7米。

祭祀方向：东南

祭祀时间：鄂尔多斯历八月十三日（农历五月十三日）

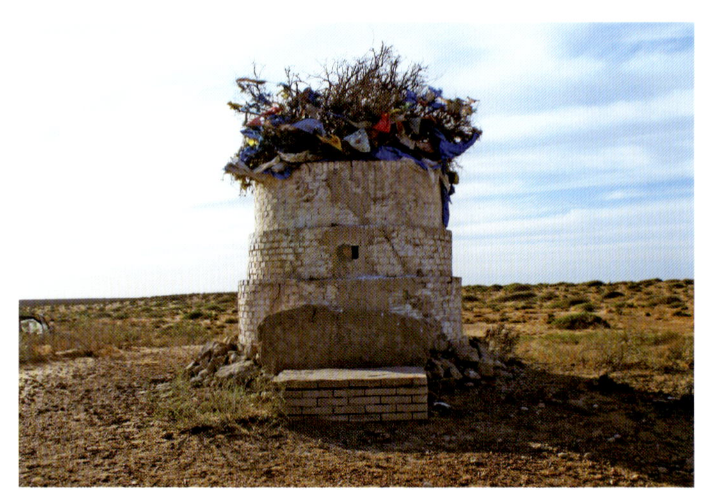

5 德古登敖包

德古登敖包位于杭锦旗巴拉贡镇境内，属庙敖包。敖包为两层塔式石头建筑，包顶插柴木，高1.45米，宽2.3米。

祭祀时间：鄂尔多斯历那木日音东达月初二日（农历八月初二日）由乌勒吉尔庙进行祭祀；鄂尔多斯历八月初三和十三日（农历五月初三和十三日）由附近牧民进行祭祀。

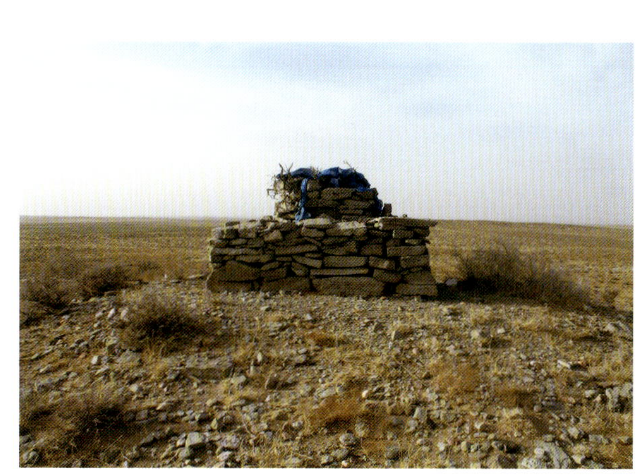

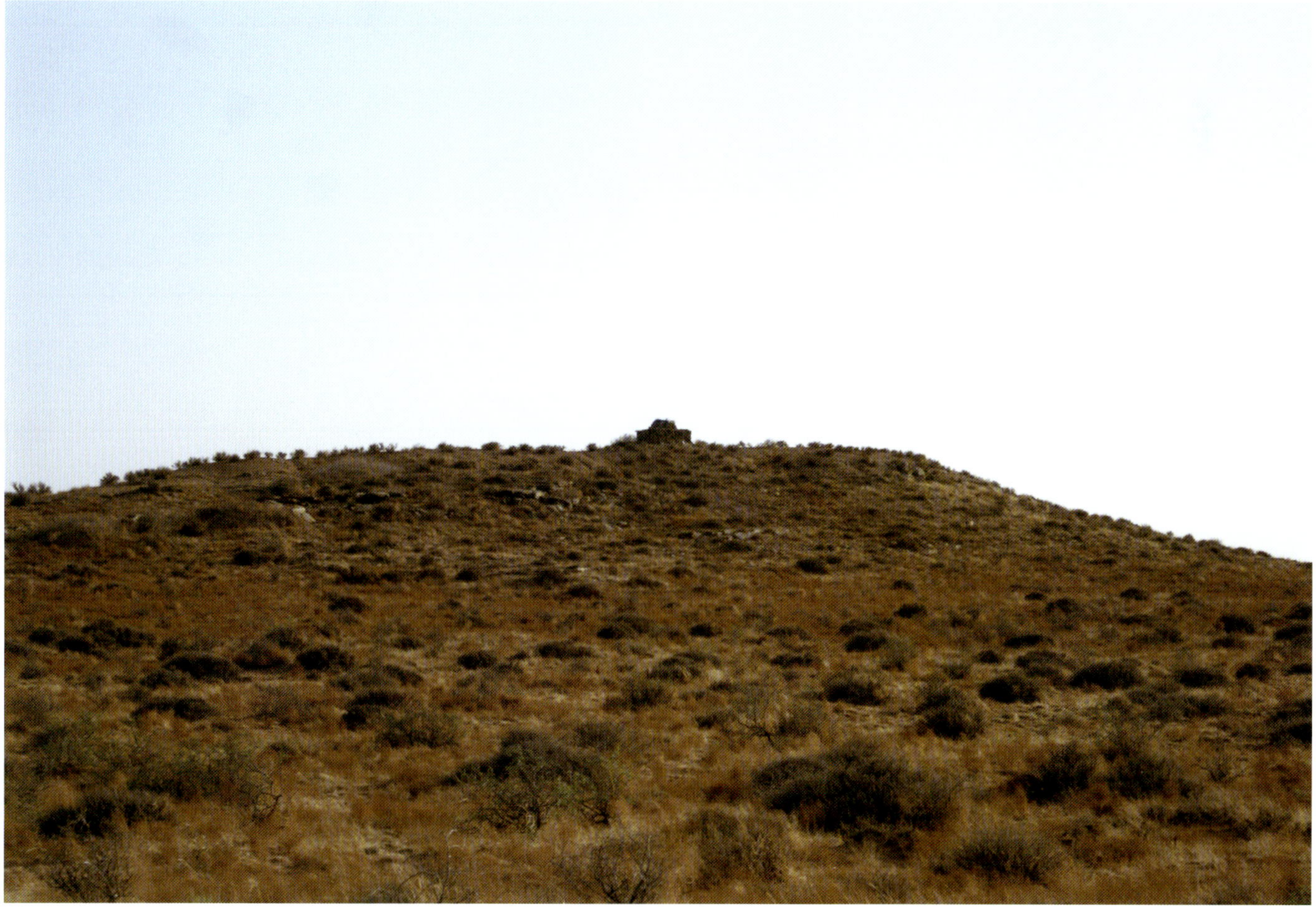

6 额尔和图敖包

额尔和图敖包位于杭锦旗巴拉贡镇境内，属纪念敖包。额尔和图敖包由敖包、禄马风旗祭祀台、一间小屋、凉亭和祭祀用房组成。敖包为两层砖混水泥塔式建筑，包顶插沙柳树枝，高4.05米，宽4.7米。

祭祀方向：东南

祭祀时间：鄂尔多斯历八月十三日（农历五月十三日）

传说成吉思汗第六次攻打西夏时，他的右翼军队留在此地练兵、狩猎过冬，担任大军的后卫。他们通过狩猎过了一个富足的冬天，所以将此地命名为“巴音额尔盖图”。“巴音”为蒙古语，意为“富足”；“额尔盖图”为蒙古语，意为“土坎儿多的地方”。后人修建了一座纪念敖包，叫“巴音额尔盖图敖包”，后来慢慢演变为“额尔和图敖包”。

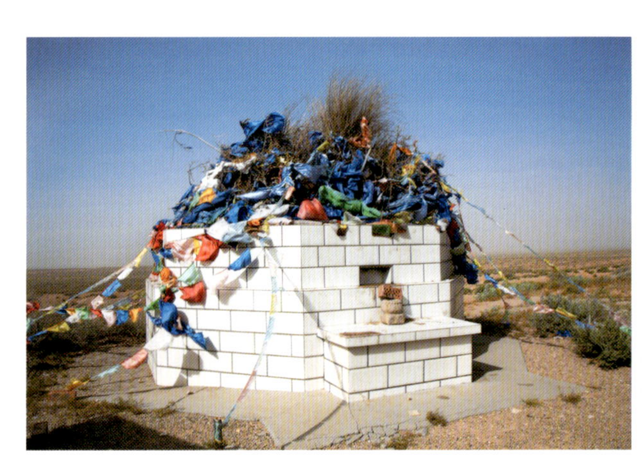

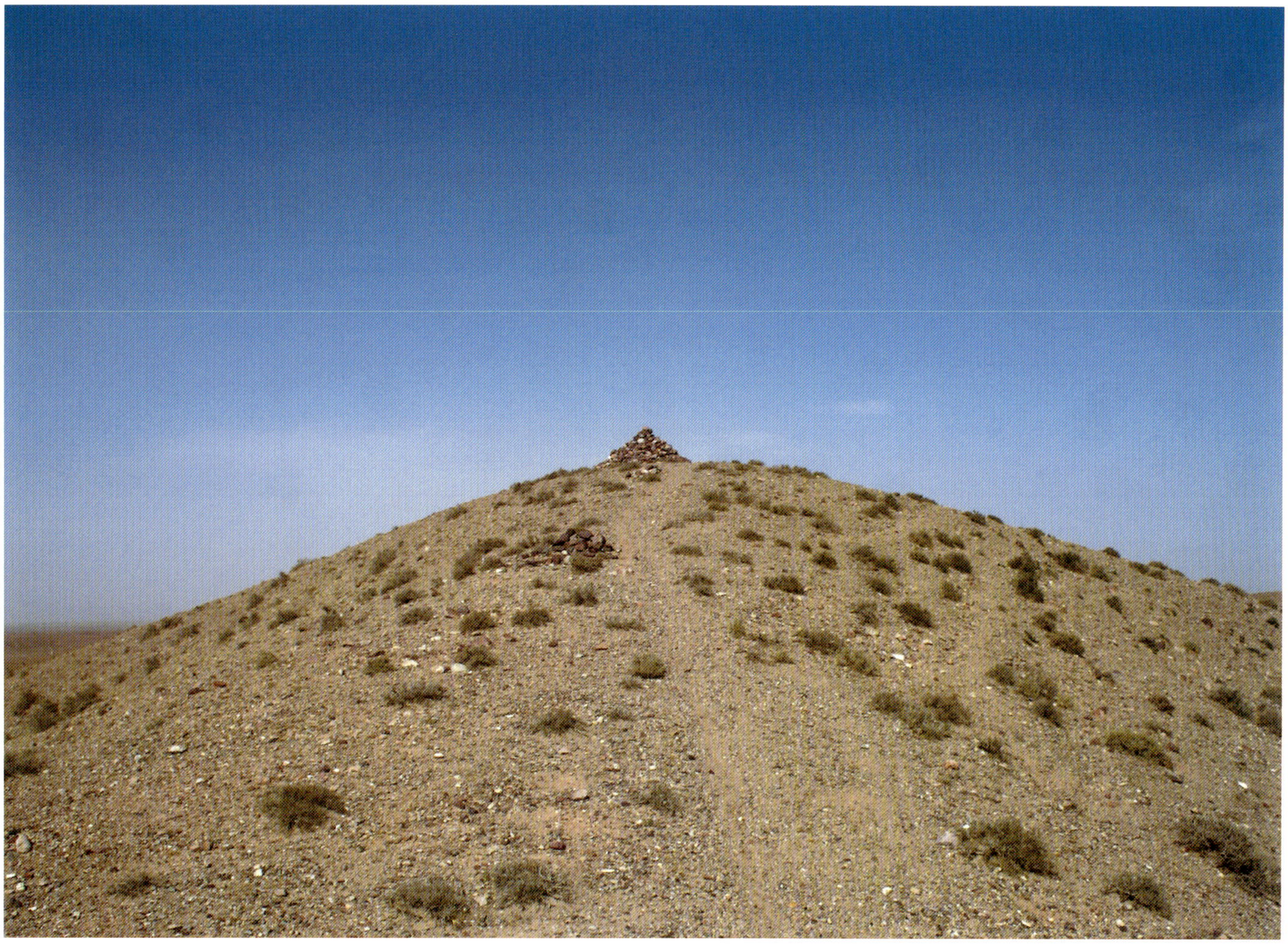

7 哈日敖包

哈日敖包位于杭锦旗巴拉贡镇境内，属努图格敖包。敖包用石块堆建而成，高 1.8 米，宽 4 米。

祭祀时间： 鄂尔多斯历八月十三日（农历五月十三日）

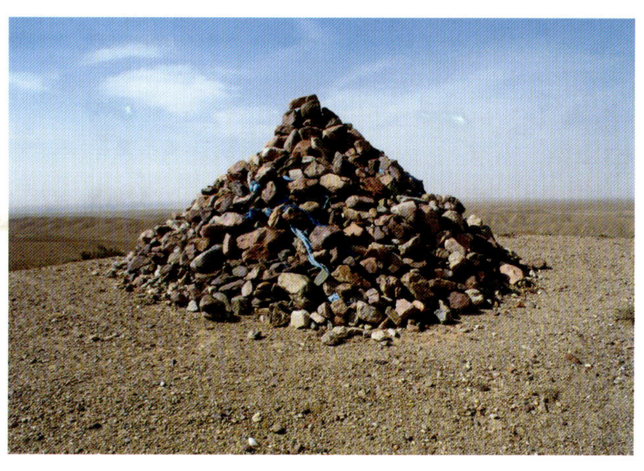

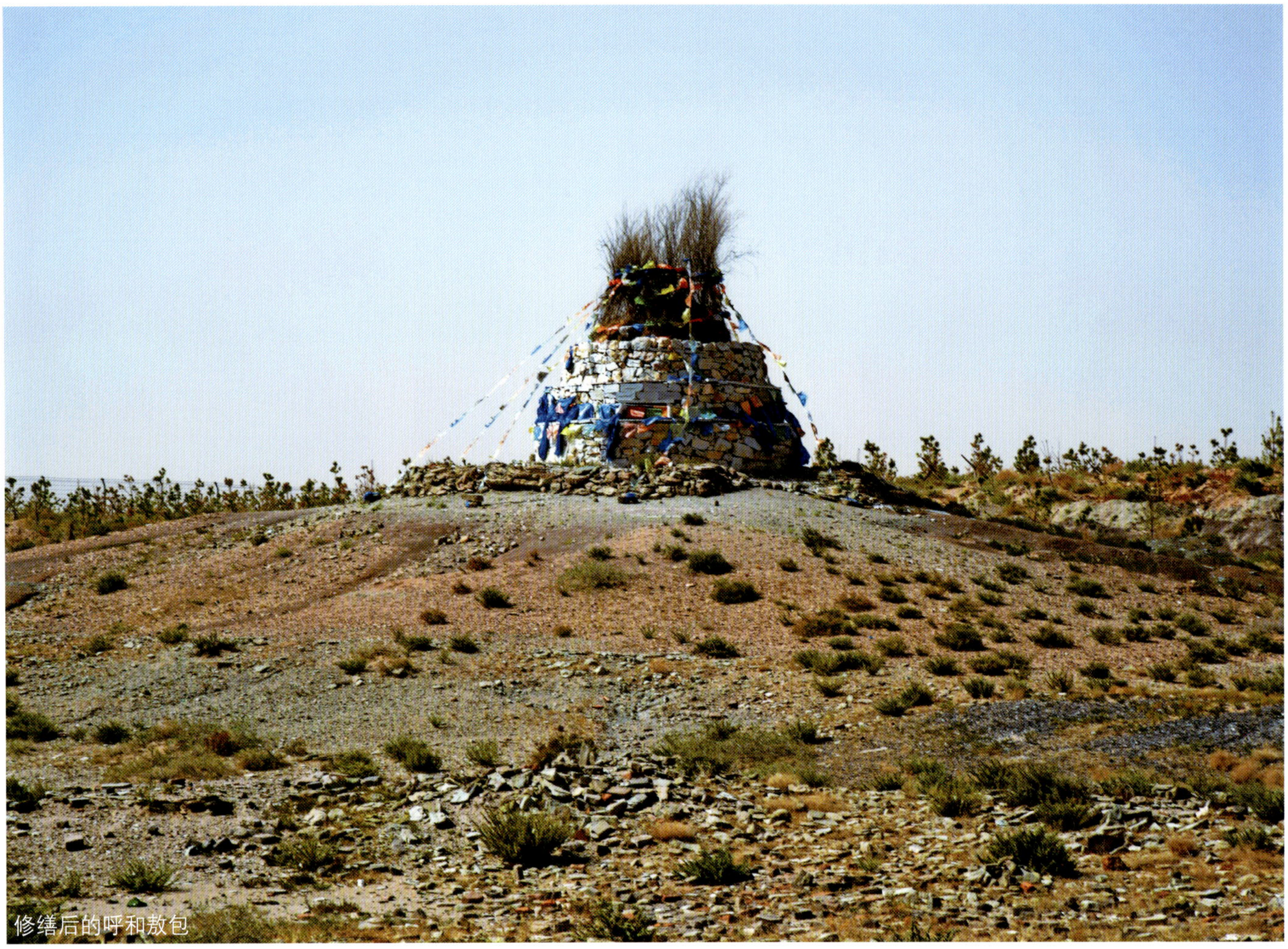

修缮后的呼和敖包

8 呼和敖包

呼和敖包位于杭锦旗巴拉贡镇境内，属庙敖包。敖包用石块搭建而成，包顶插柴木，高2.79米，宽3.5米。

祭祀方向：东南

祭祀时间：鄂尔多斯历八月十三日（农历五月十三日）

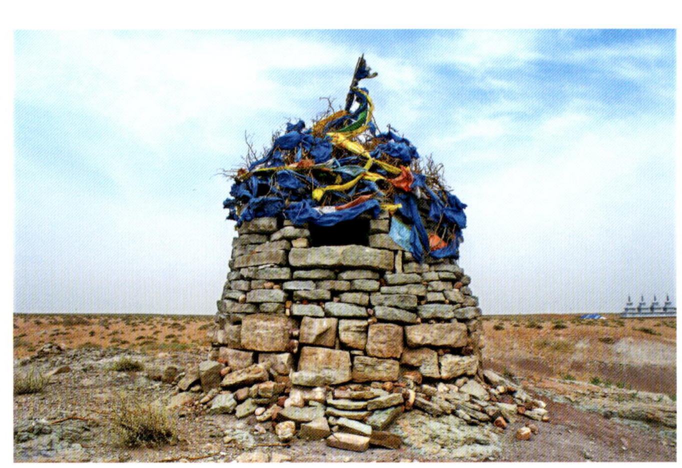

9 朗音敖包

朗音敖包位于杭锦旗巴拉贡镇境内，属务图格敖包。朗音敖包由敖包和熏香台组成，敖包为三层砖混水泥塔式建筑，包顶插沙柳树枝，高 3.8 米，宽 3.79 米。

祭祀方向：东南

祭祀时间：鄂尔多斯历八月十三日（农历五月十三日）

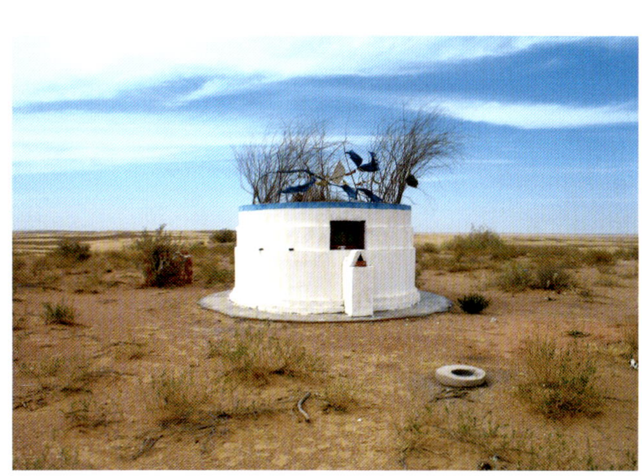

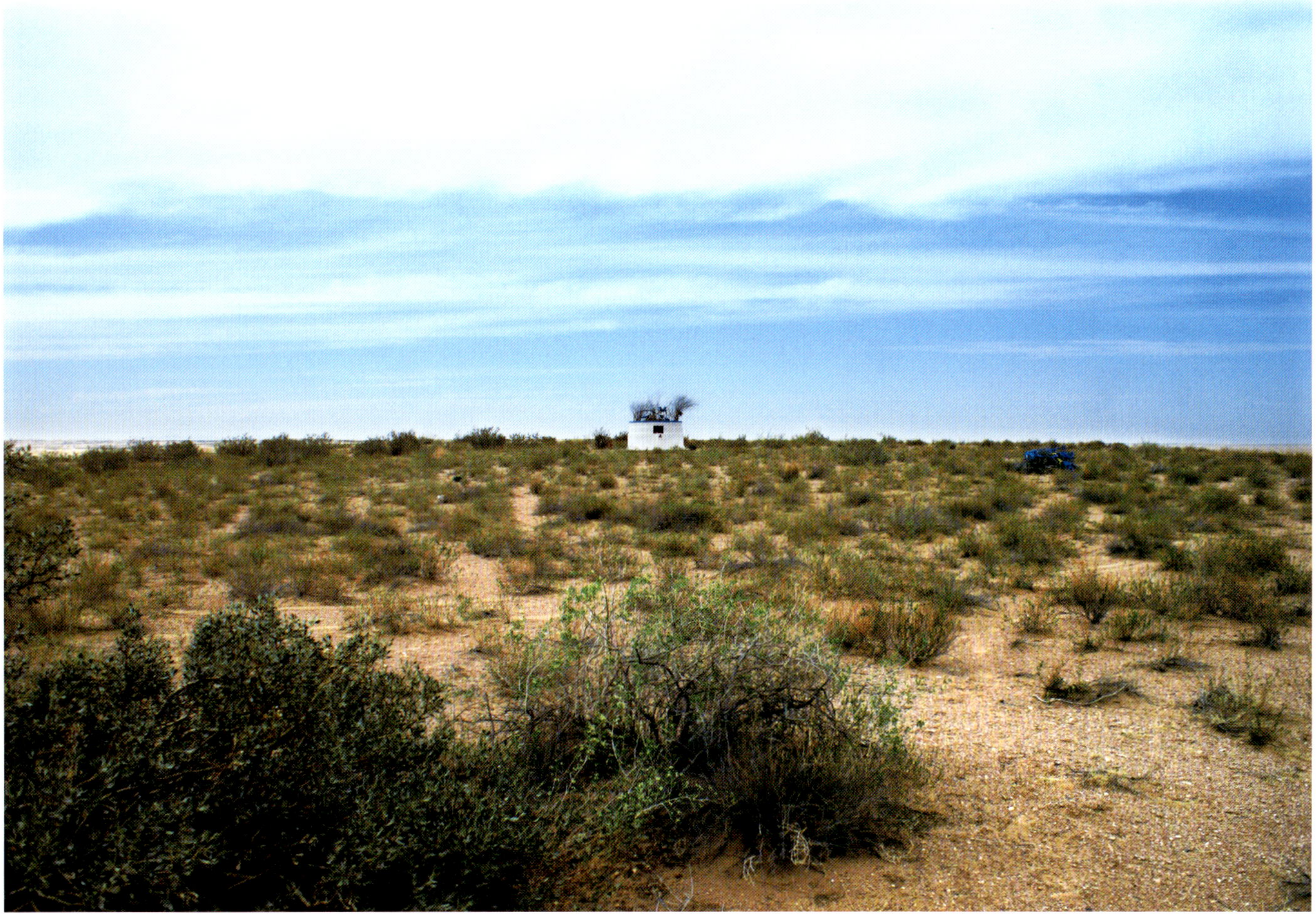

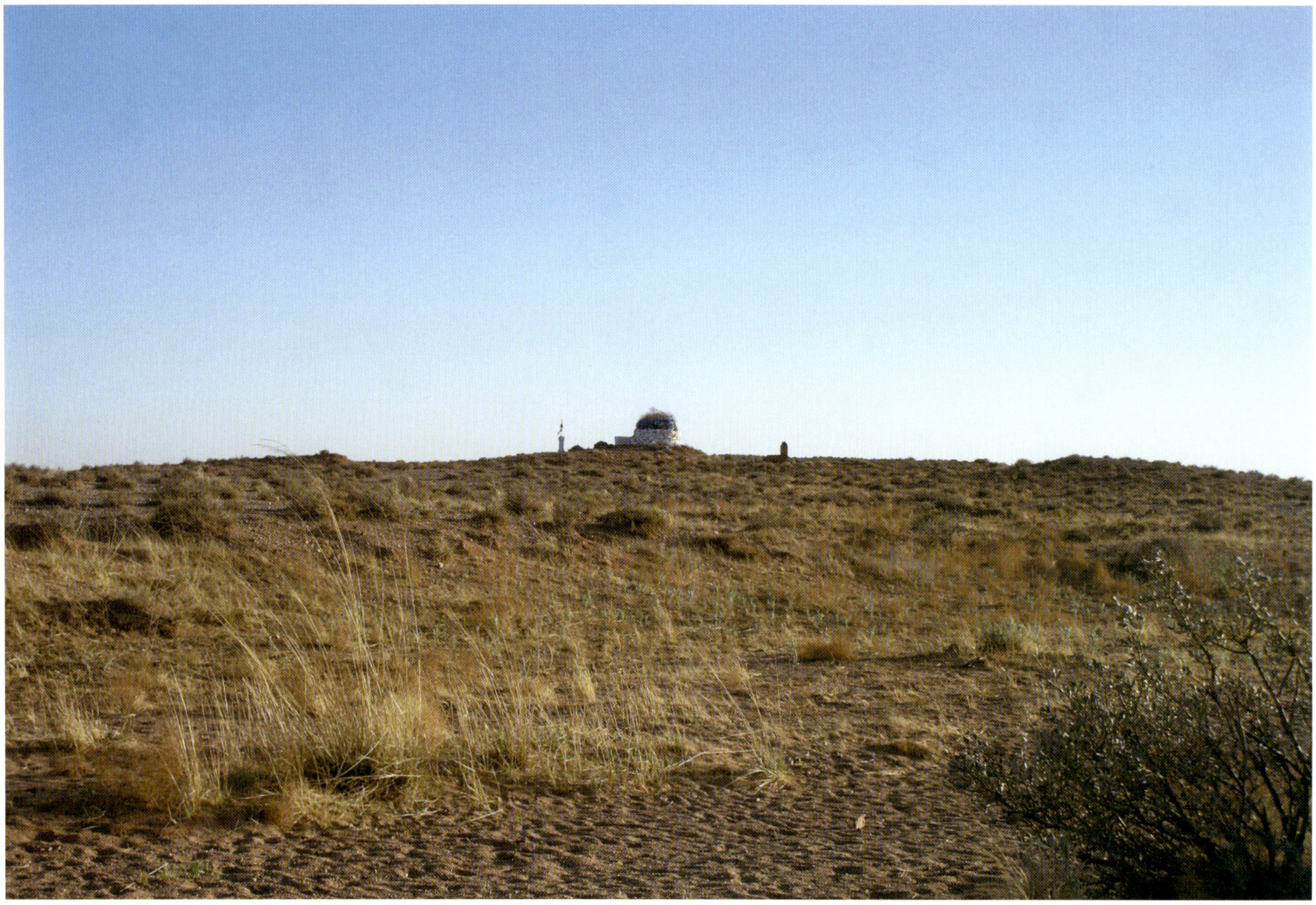

10 麦勒敖包

麦勒敖包位于杭锦旗巴拉贡镇境内，属努图格敖包。麦勒敖包由主敖包、供台、禄马风旗祭祀台和 12 个守护敖包组成。主敖包用石块搭建而成，包顶插柴木，高 2.92 米，宽 5 米；守护敖包为石头堆，高 0.6 米，宽 0.8 米。

祭祀方向：东南

祭祀时间：鄂尔多斯历八月十三日（农历五月十三日）

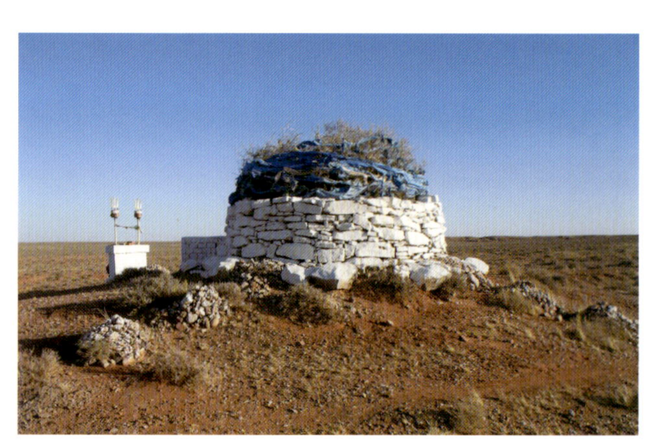

11 沙巴格敖包

沙巴格敖包位于杭锦旗巴拉贡镇境内，属努图格敖包。沙巴格敖包由两个敖包、蒙古包和祭祀用房组成。两个敖包均为两层砖混水泥塔式建筑，包顶插苏勒德和柴草，高2.58米，宽2.2米。

祭祀方向： 东

祭祀时间： 鄂尔多斯历八月十三日（农历五月十三日）

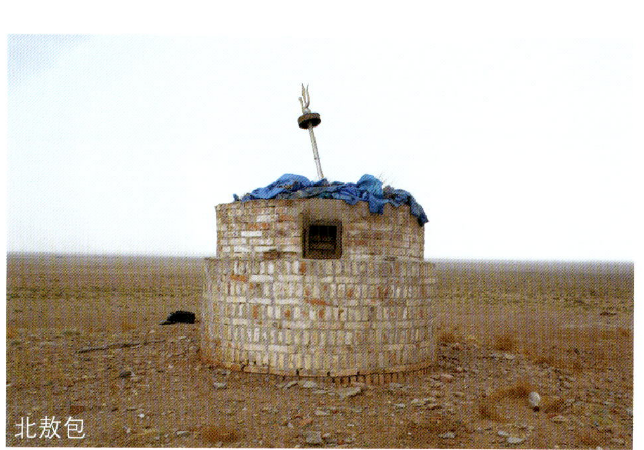

北敖包

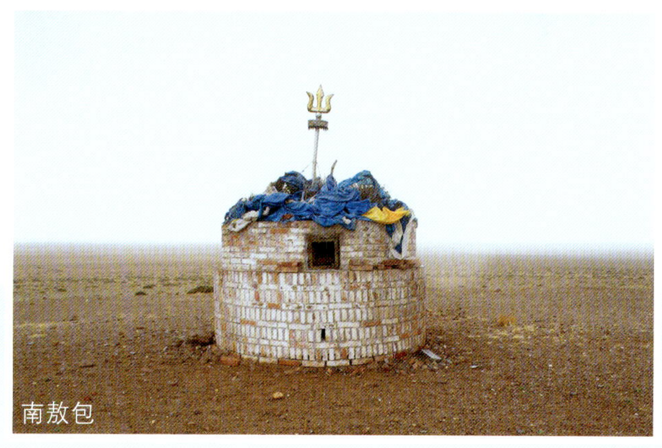

南敖包

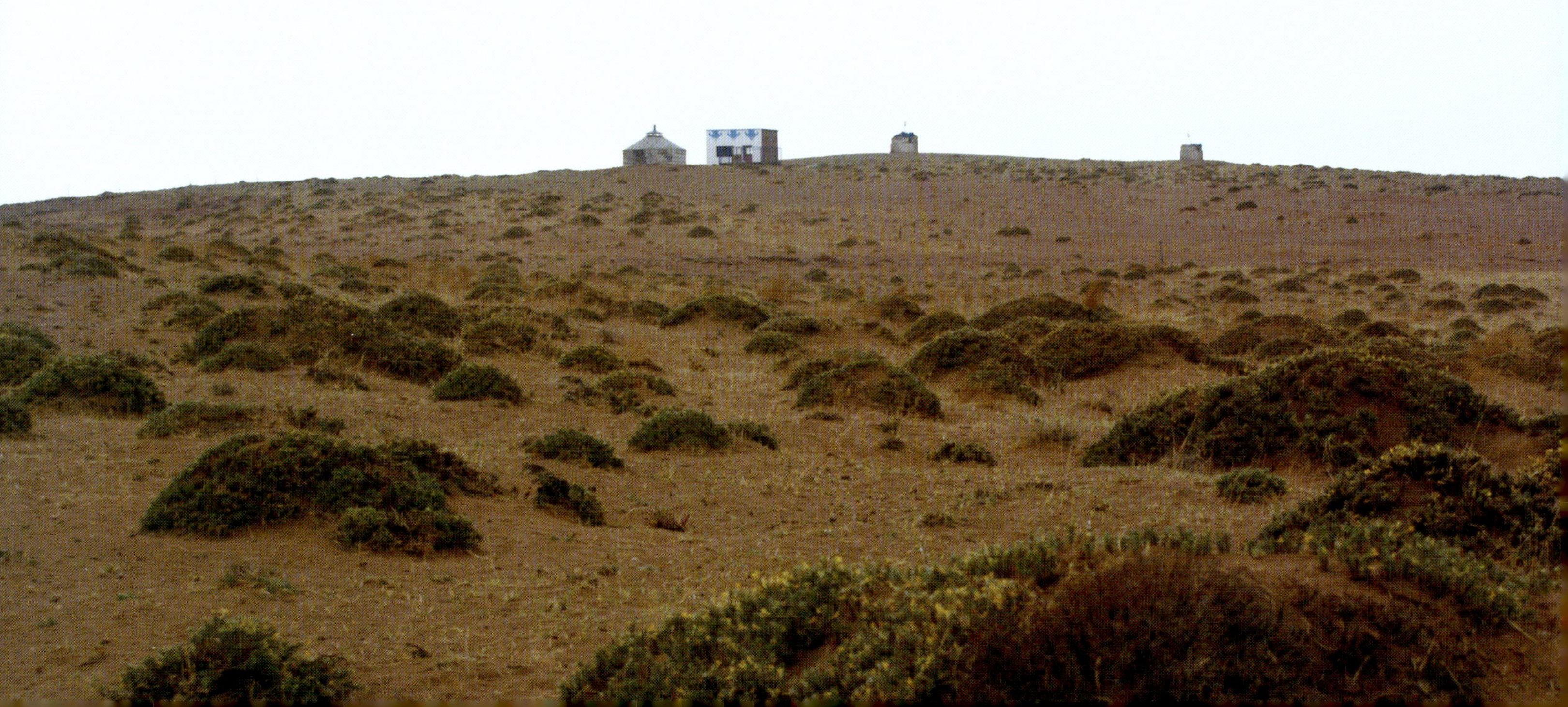

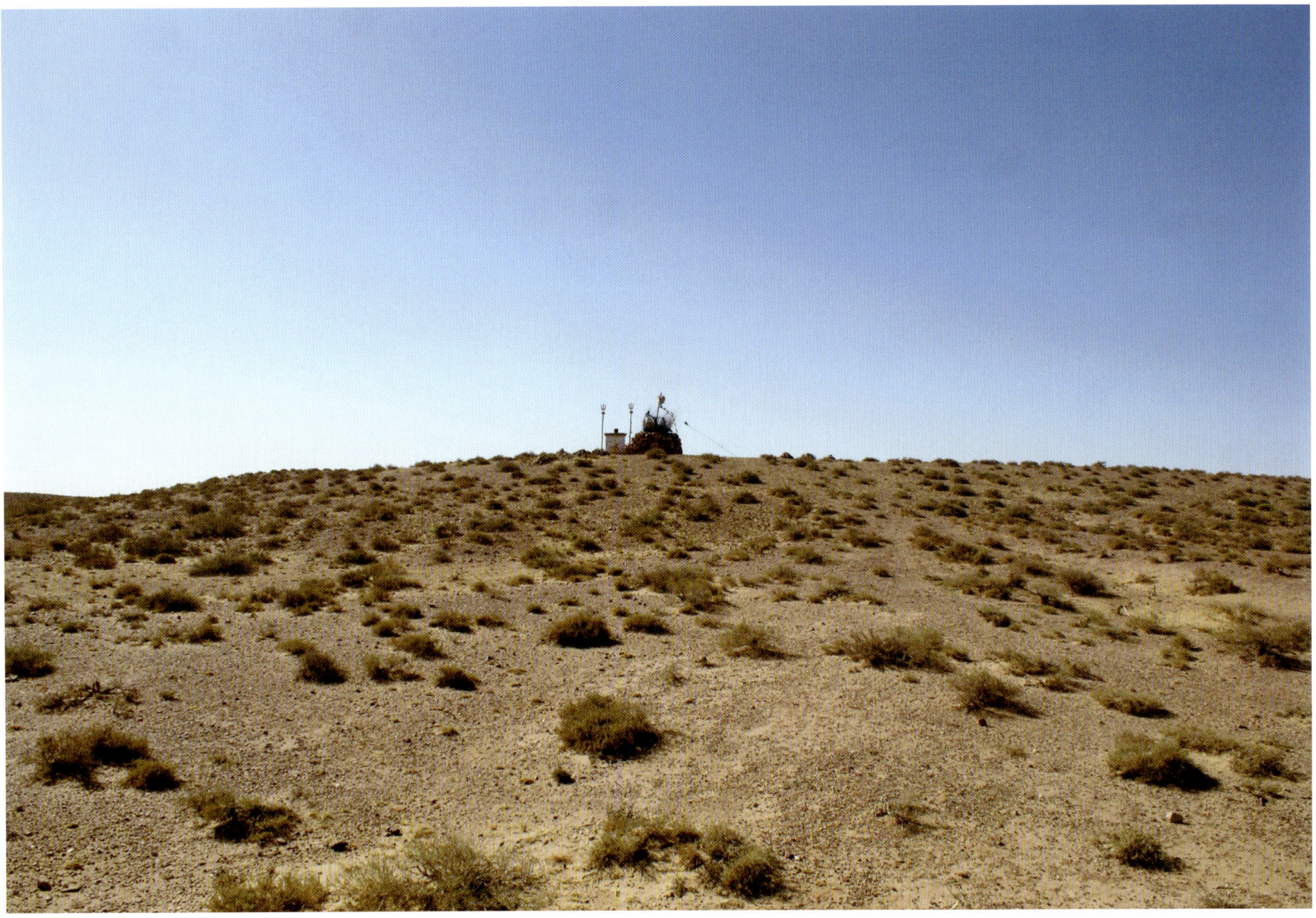

12 商达敖包

商达敖包位于杭锦旗巴拉贡镇境内，属庙敖包。商达敖包由主敖包、禄马风旗祭祀台、13个守护敖包和祭祀用房组成。主敖包用石块搭建而成，包顶插都格和沙柳树枝，高3.33米，宽3.15米；守护敖包为小石头堆，高0.4米，宽1米。

祭祀方向： 东南

祭祀时间： 鄂尔多斯历九月初三日（农历六月初三日）

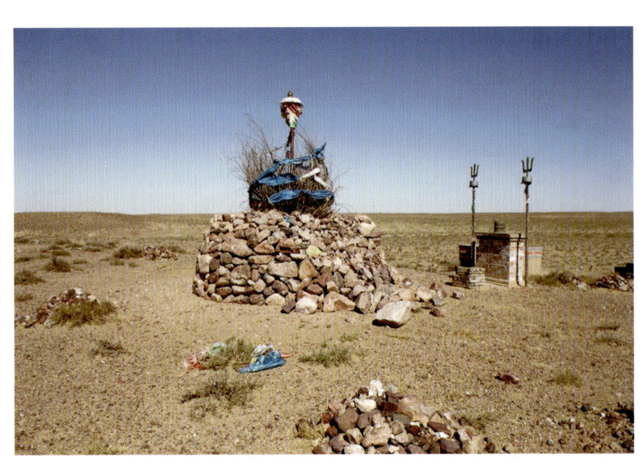

13 巴音敖包

巴音敖包位于杭锦旗独贵塔拉镇境内，属努图格敖包。巴音敖包由敖包、供台、熏香台和祭祀用房组成。敖包用石块搭建而成，包顶插沙柳树枝，高5.8米，宽9.8米。

祭祀方向：东南

祭祀时间：鄂尔多斯历八月初三日（农历五月初三日）

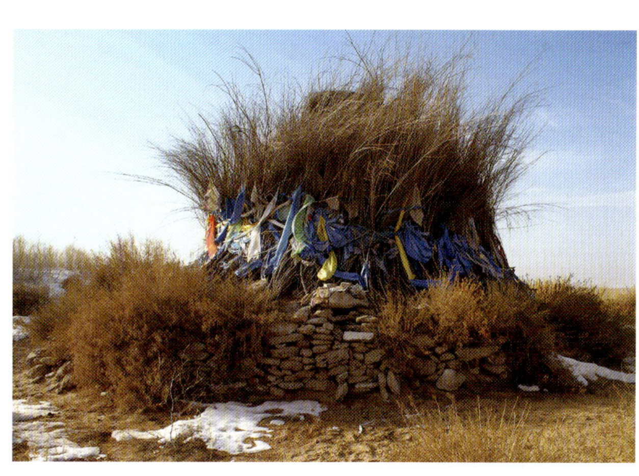

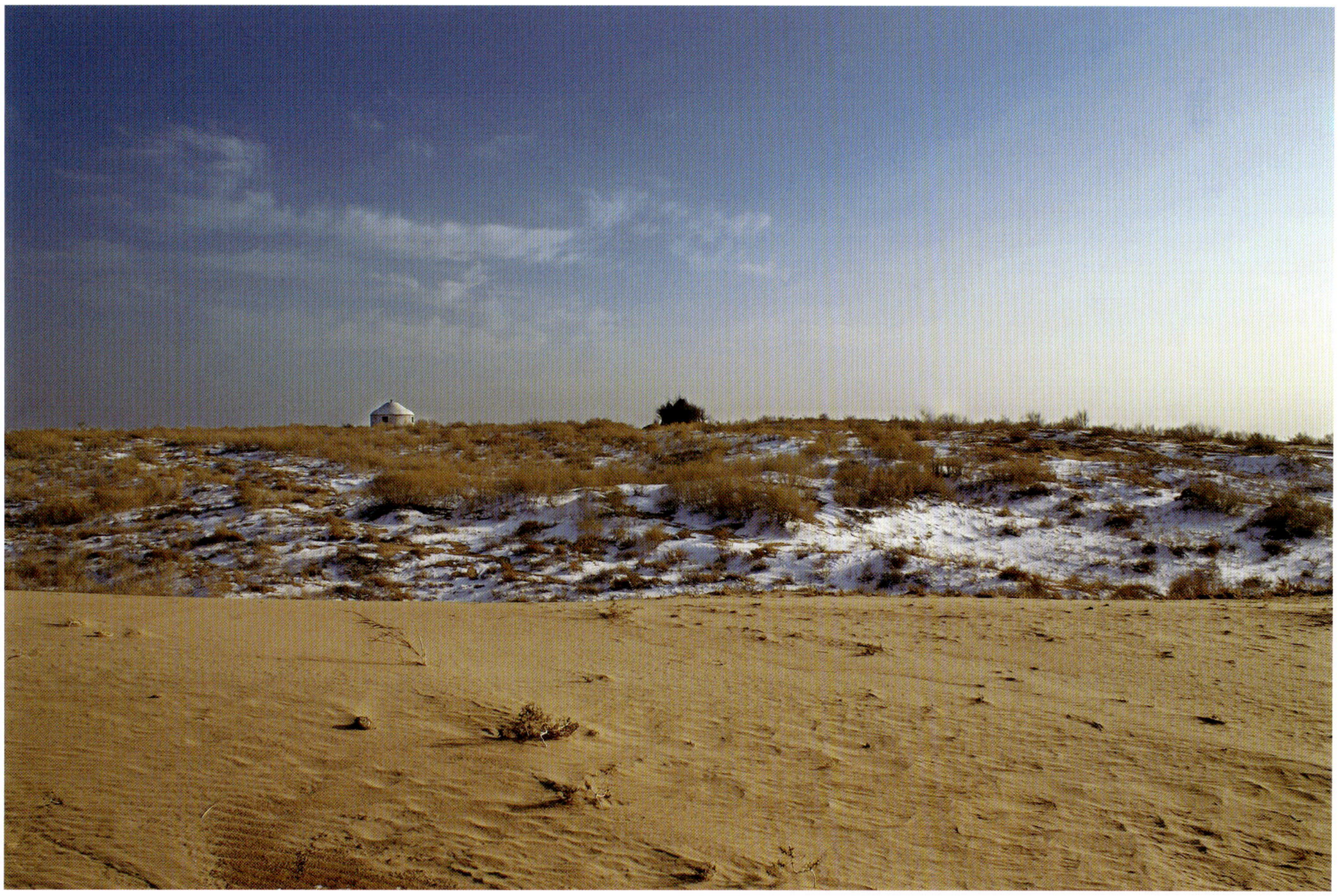

14 查干敖包

查干敖包位于杭锦旗独贵塔拉镇境内，属努图格敖包。查干敖包用石块搭建而成，包顶插苏勒德，高2.46米，宽2.8米。

祭祀时间： 鄂尔多斯历八月十三日（农历五月十三日）

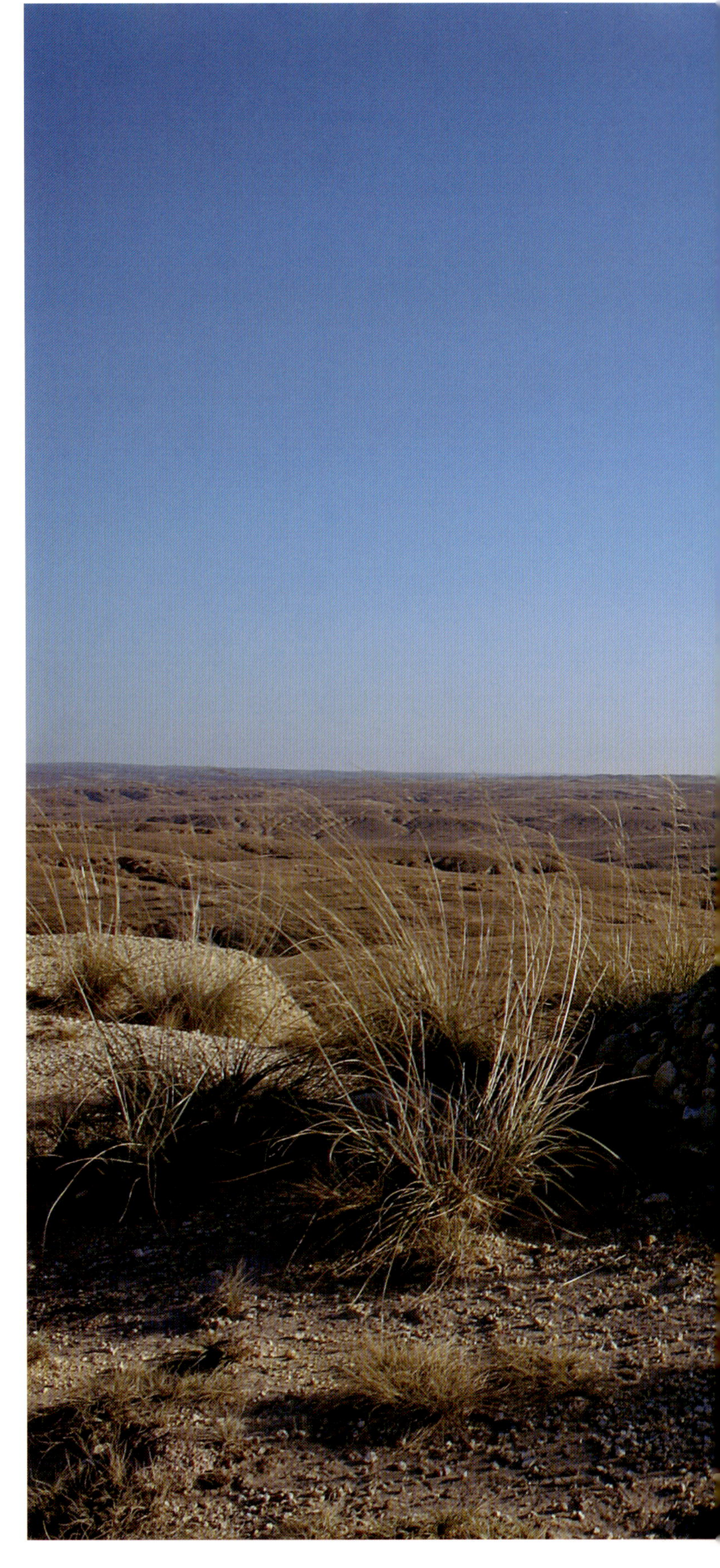

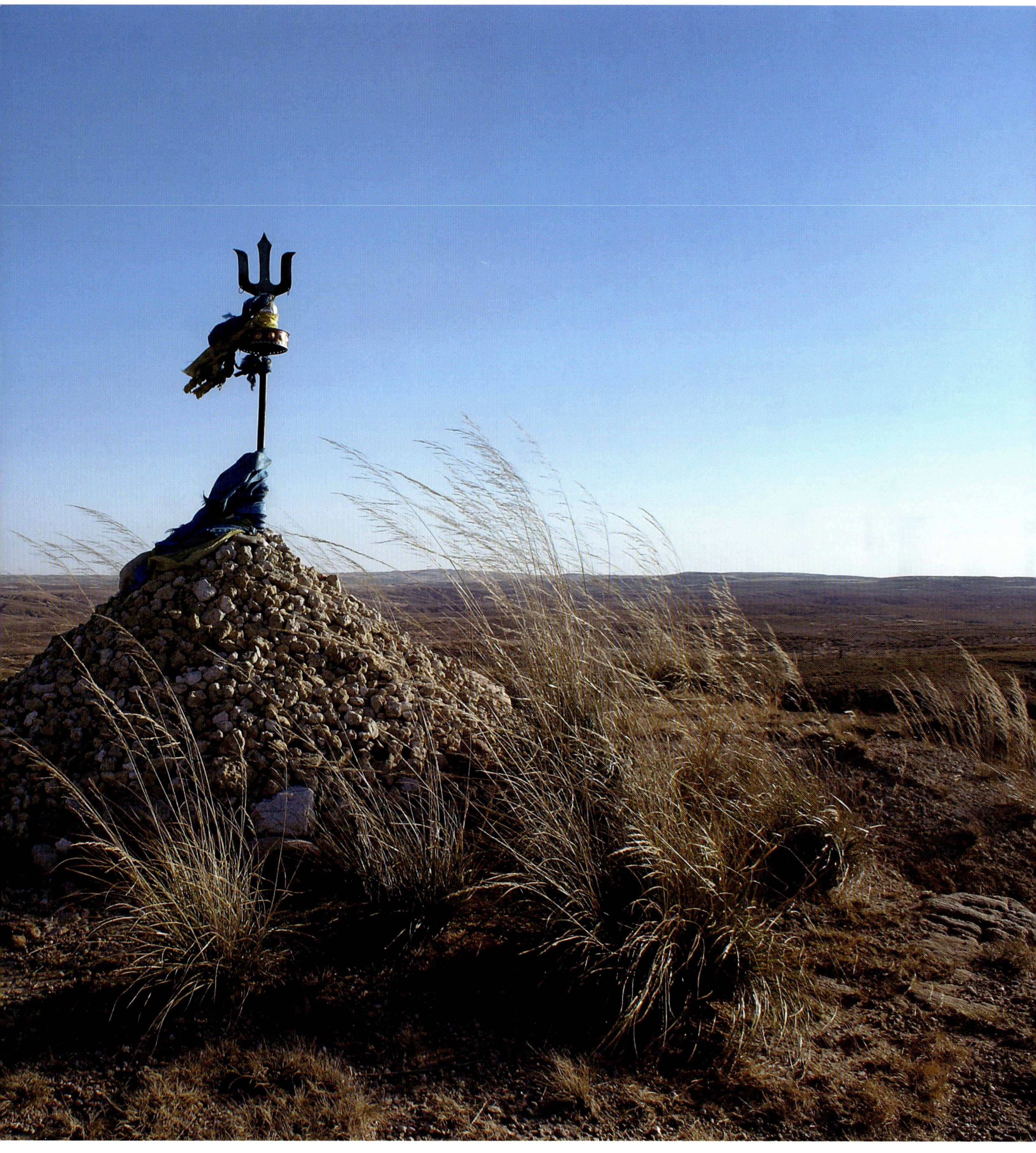

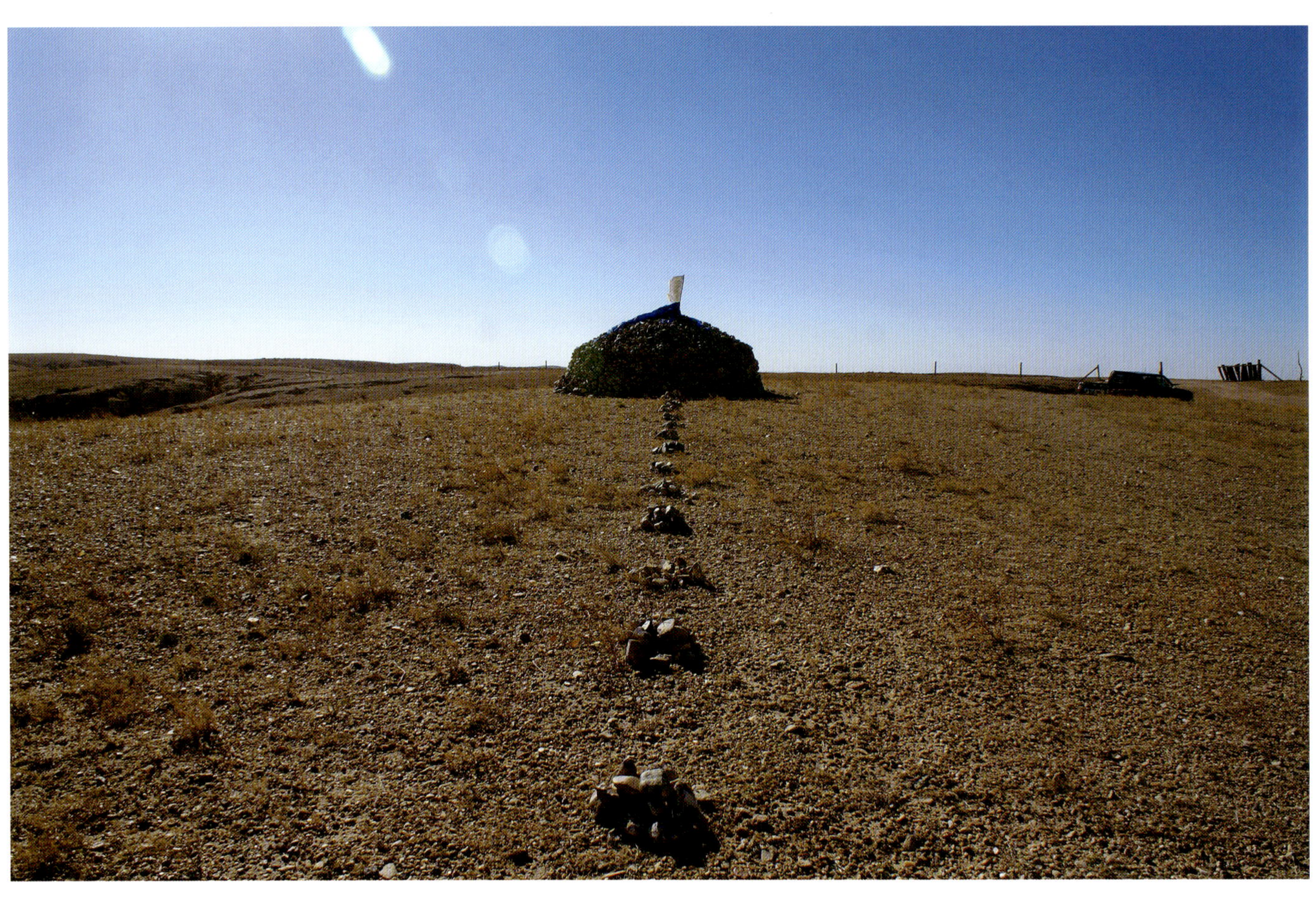

15 朝格吉拉敖包

朝格吉拉敖包位于杭锦旗独贵塔拉镇境内，属家庭敖包。朝格吉拉敖包由主敖包和13个守护敖包组成。主敖包用石块搭建而成，包顶插禄马风旗，高2.45米，宽3.1米；守护敖包为小石头堆，高0.15米，宽0.3米。

祭祀时间： 鄂尔多斯历八月初五日（农历五月初五日）

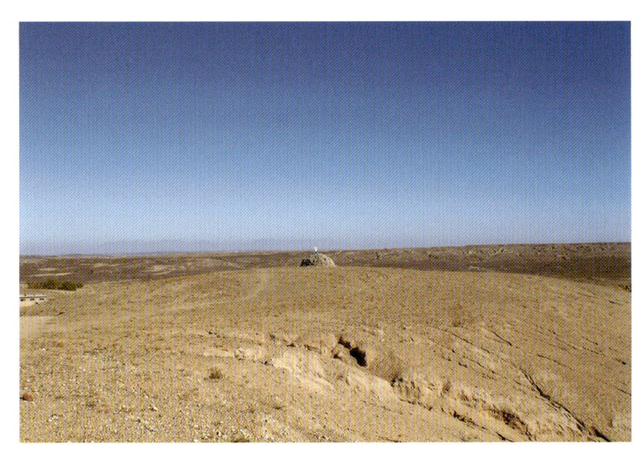

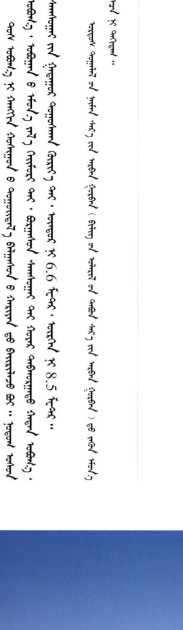

16 哈日敖包

哈日敖包位于杭锦旗独贵塔拉镇境内，属努图格敖包。哈日敖包由敖包和禄马风旗组成。敖包为两层石、砖混水泥塔式建筑，包顶插沙柳树枝，高6.6米，宽8.5米。

祭祀方向： 东南

祭祀时间： 鄂尔多斯历八月十三日（农历五月十三日）

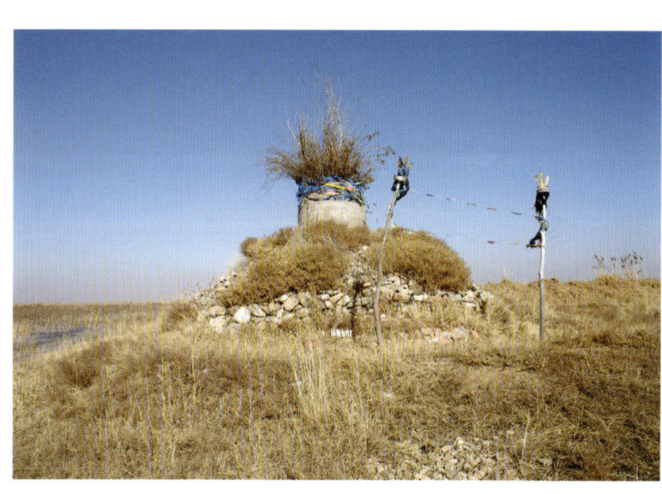

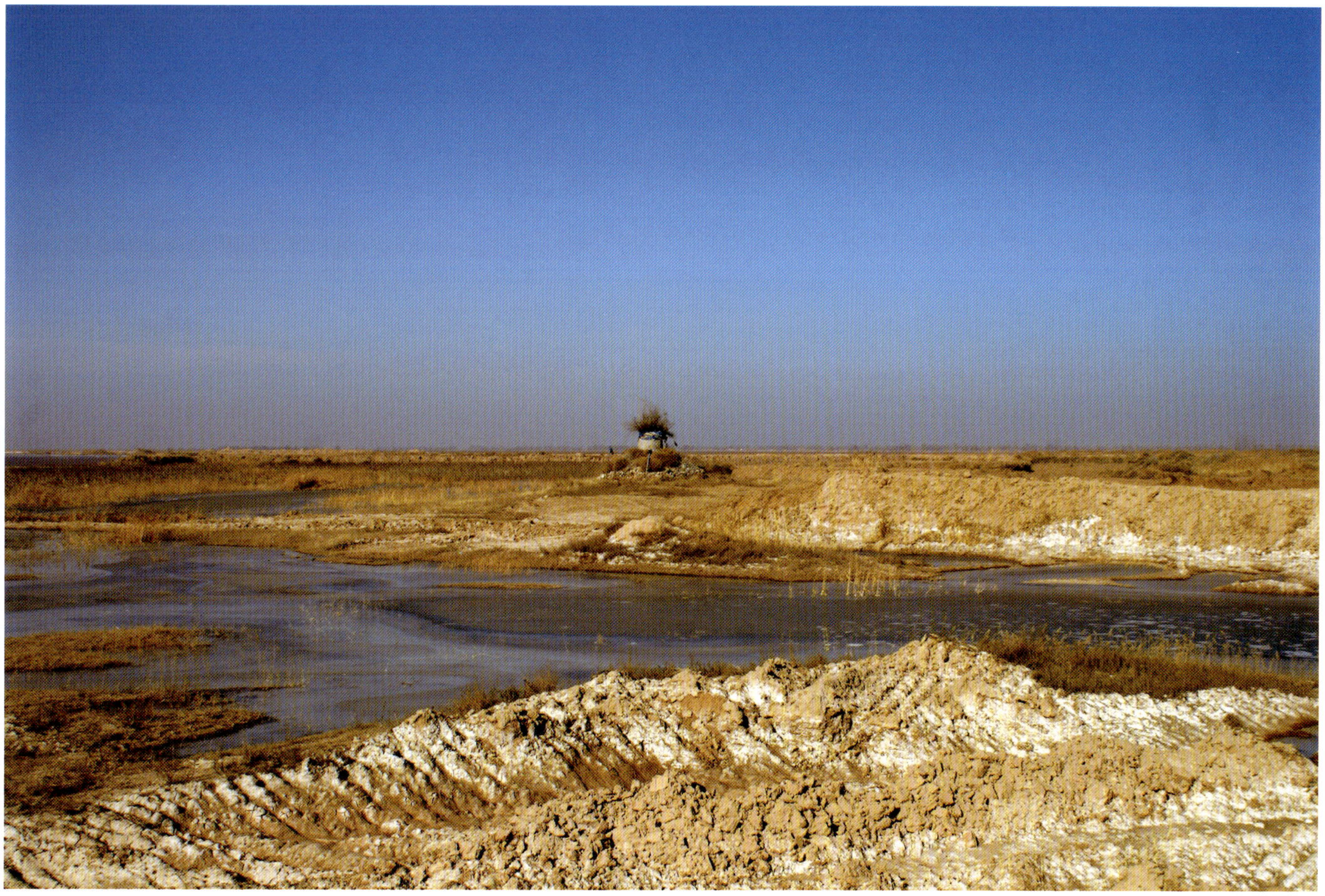

17 呼吉尔淖尔敖包

呼吉尔淖尔敖包位于杭锦旗独贵塔拉镇境内，属庙敖包。呼吉尔淖尔敖包由敖包和禄马风旗祭祀台组成。敖包用石块和砖块搭建而成，包顶插沙柳树枝，高5.81米，宽7.5米。

祭祀方向： 东南

祭祀时间： 鄂尔多斯历八月二十三日（农历五月二十三日）

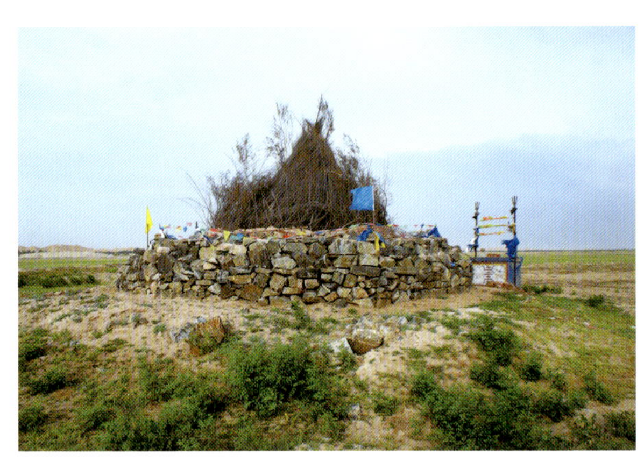

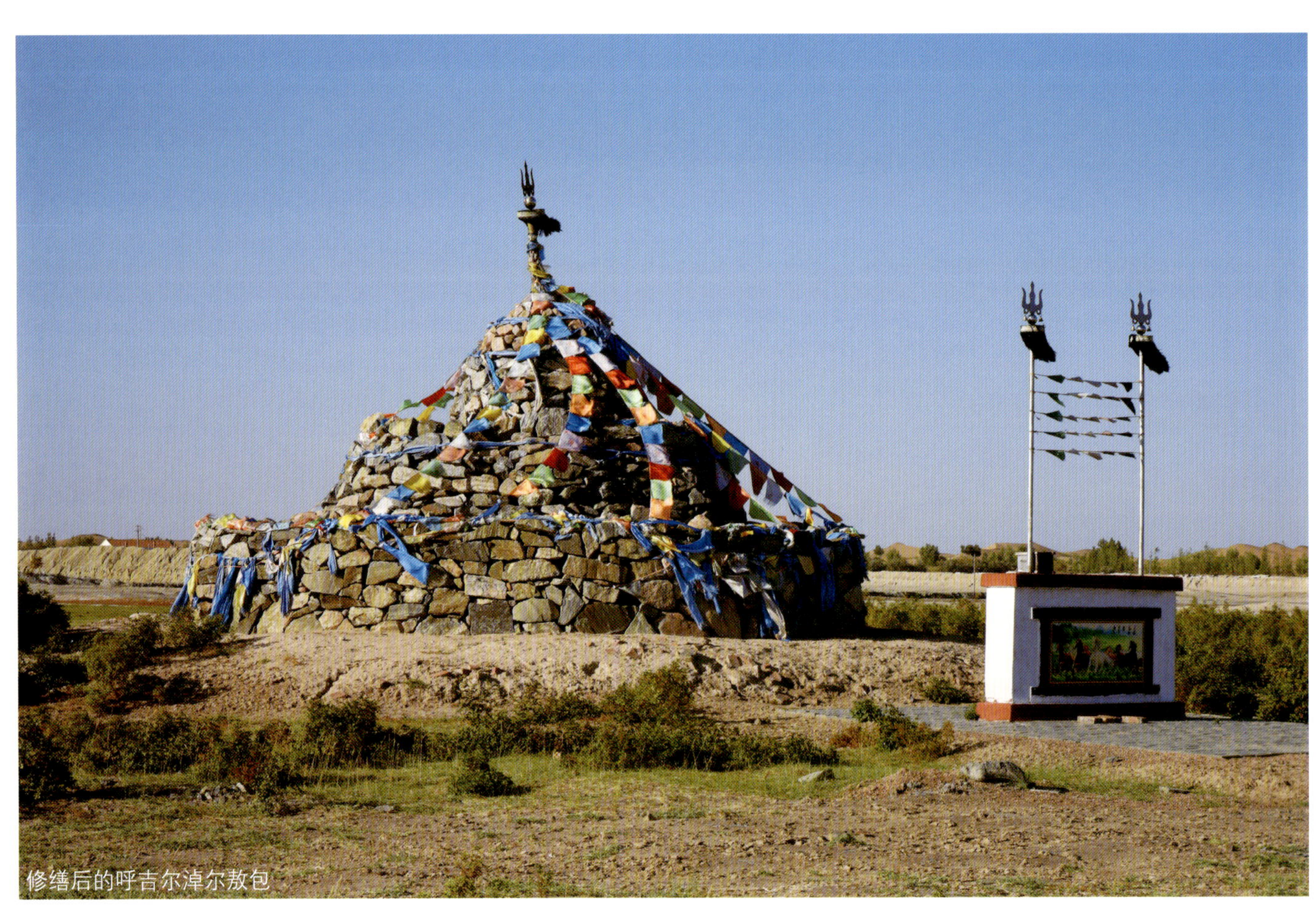

修缮后的呼吉尔淖尔敖包

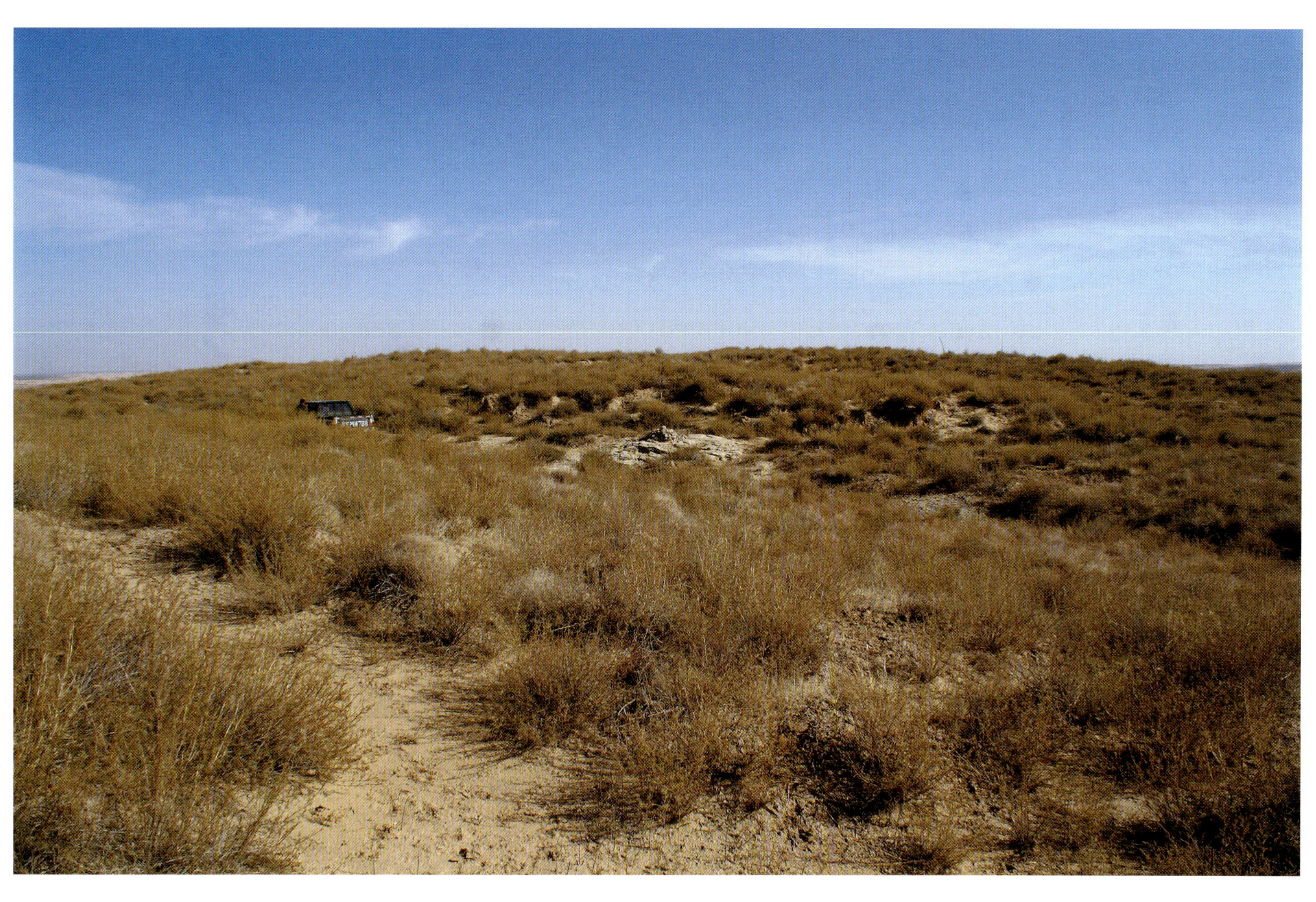

18 玛尔寨敖包

玛尔寨敖包位于杭锦旗独贵塔拉镇境内，属纪念敖包。敖包用石块堆建而成，高0.45米，宽1.3米。

祭祀时间：原为鄂尔多斯历八月十三日（农历五月十三日），现在没有固定祭祀时间。

传说成吉思汗攻打西夏时，从今独贵塔拉渡口过了黄河，在马尔寨梁上休息并用过午餐。后人为纪念此事在这梁上修建了玛尔寨敖包。

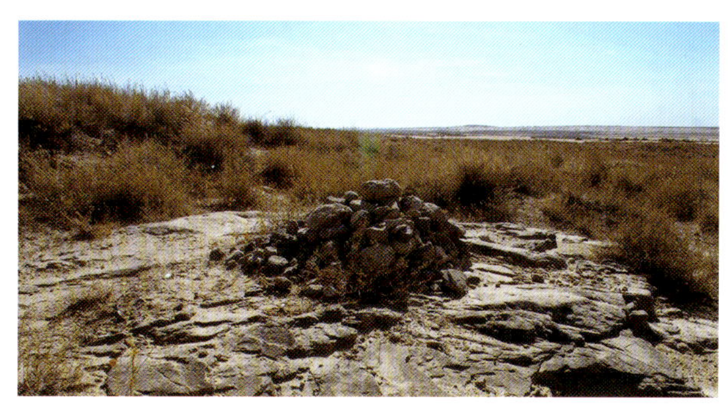

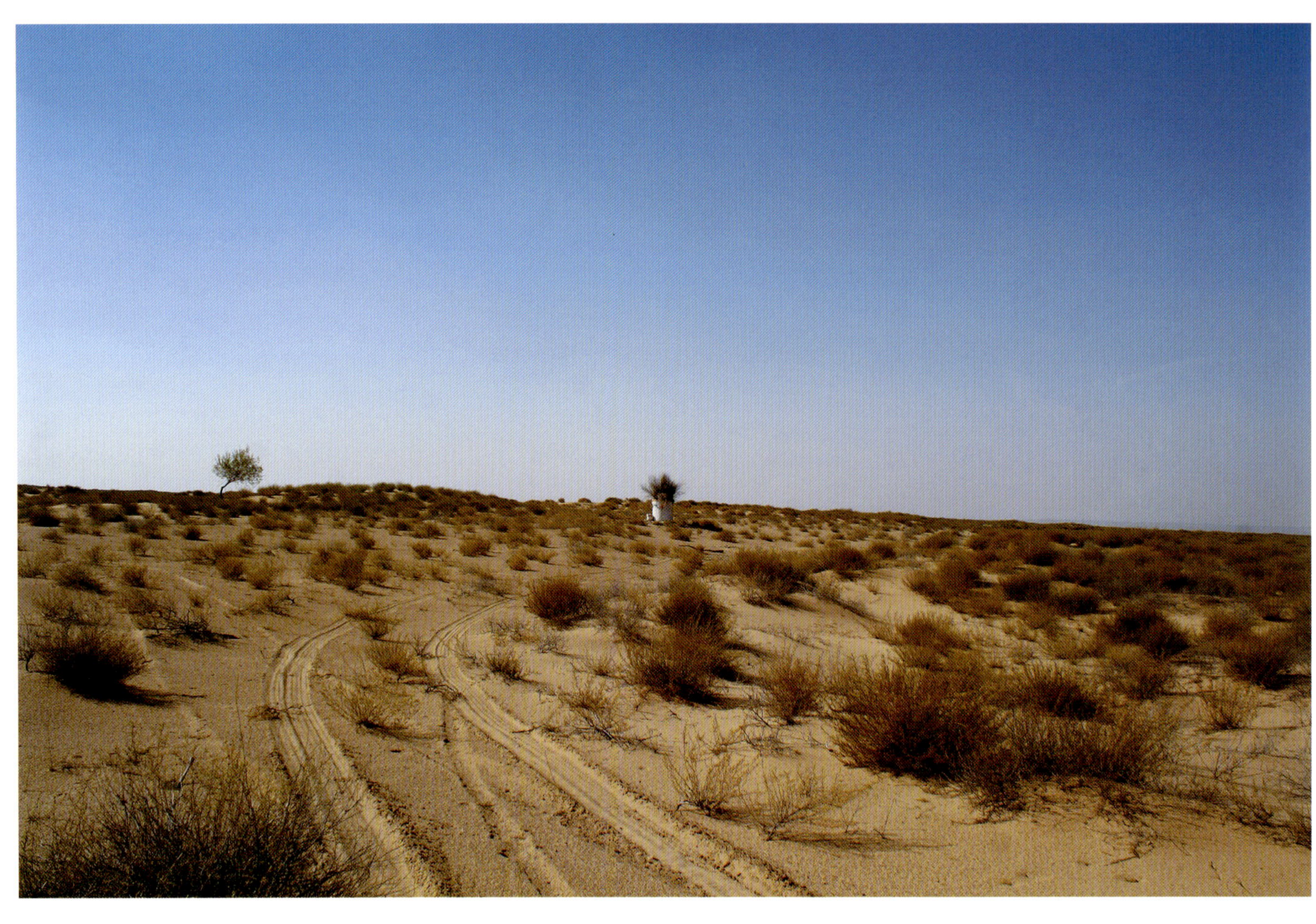

19 毛仁陶勒盖敖包

ᠮᠠᠭᠤ ᠲᠣᠯᠭᠠᠢ ᠶᠢᠨ ᠣᠪᠤᠭ᠎ᠠ

毛仁陶勒盖敖包位于杭锦旗独贵塔拉镇境内，属努图格敖包。毛仁陶勒盖敖包由敖包和祭祀台组成，敖包为砖混水泥建筑，包顶插沙柳树枝，高3.86米，宽2.6米。

祭祀方向：东南

祭祀时间：鄂尔多斯历八月十三日（农历五月十三日）

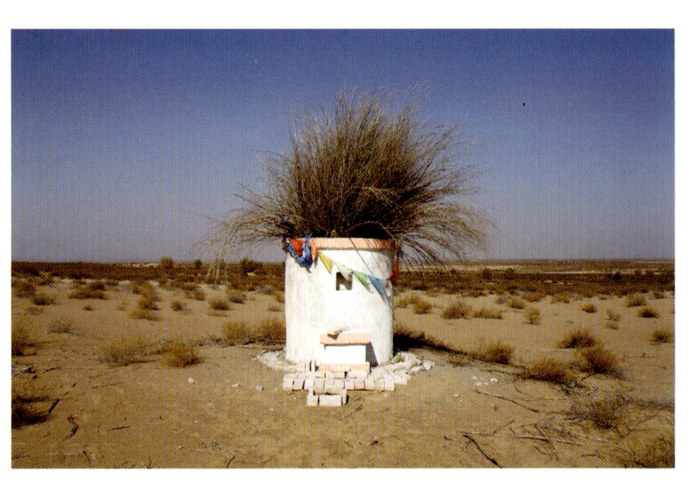

20 台达盖敖包

台达盖敖包位于杭锦旗独贵塔拉镇境内，属努图格敖包。台达盖敖包由敖包、供台和祭祀用房组成，敖包用沙柳树枝堆积而成，高4.5米，宽6.2米。

祭祀方向：东南

祭祀时间：鄂尔多斯历八月十三日（农历五月十三日）

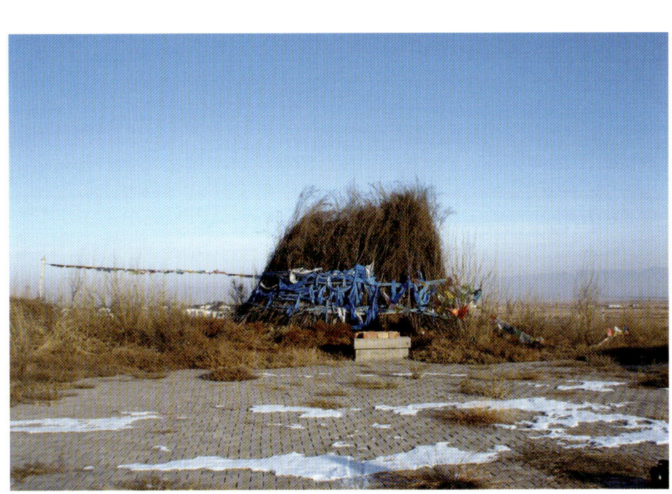

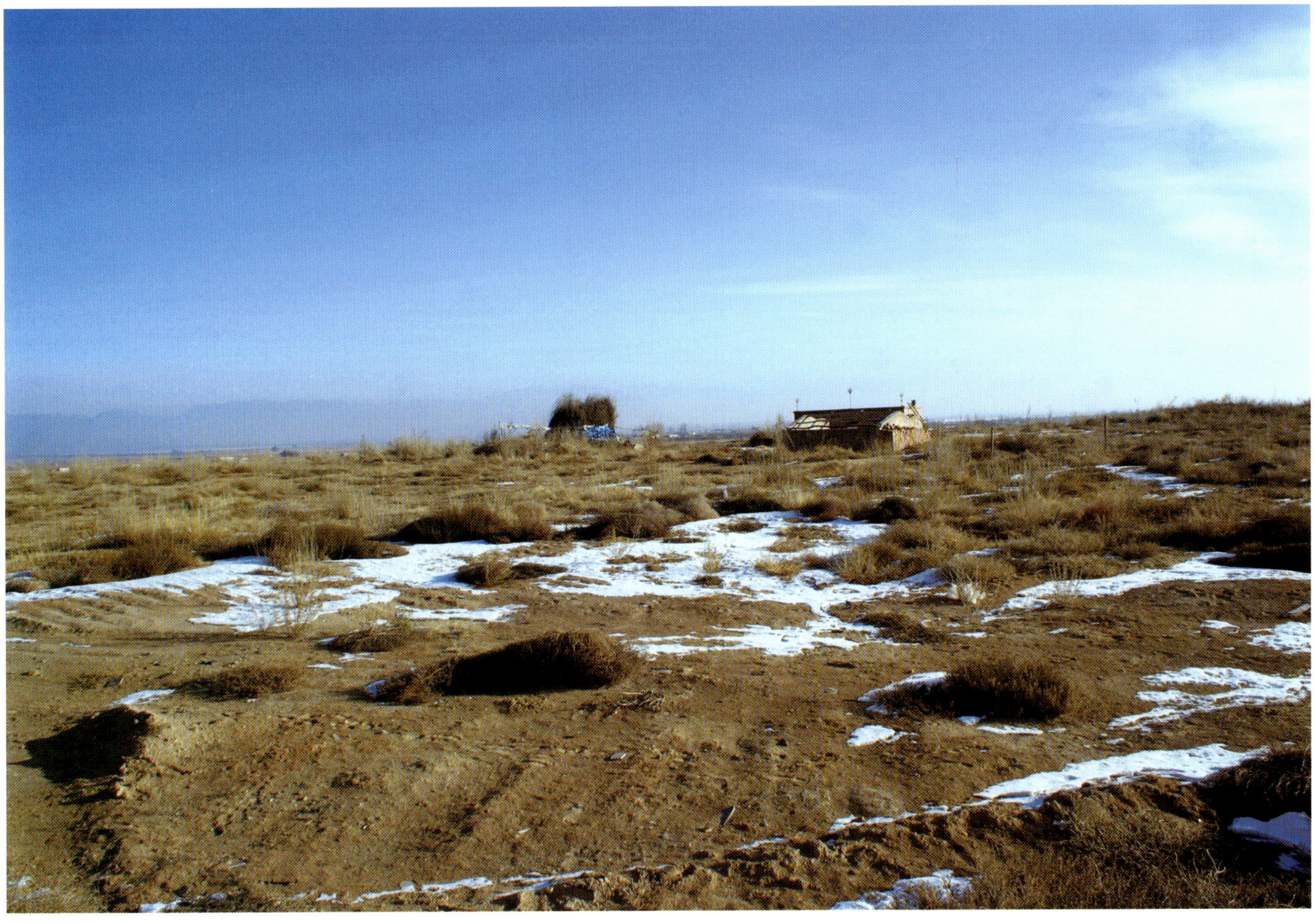

21 图古日格敖包

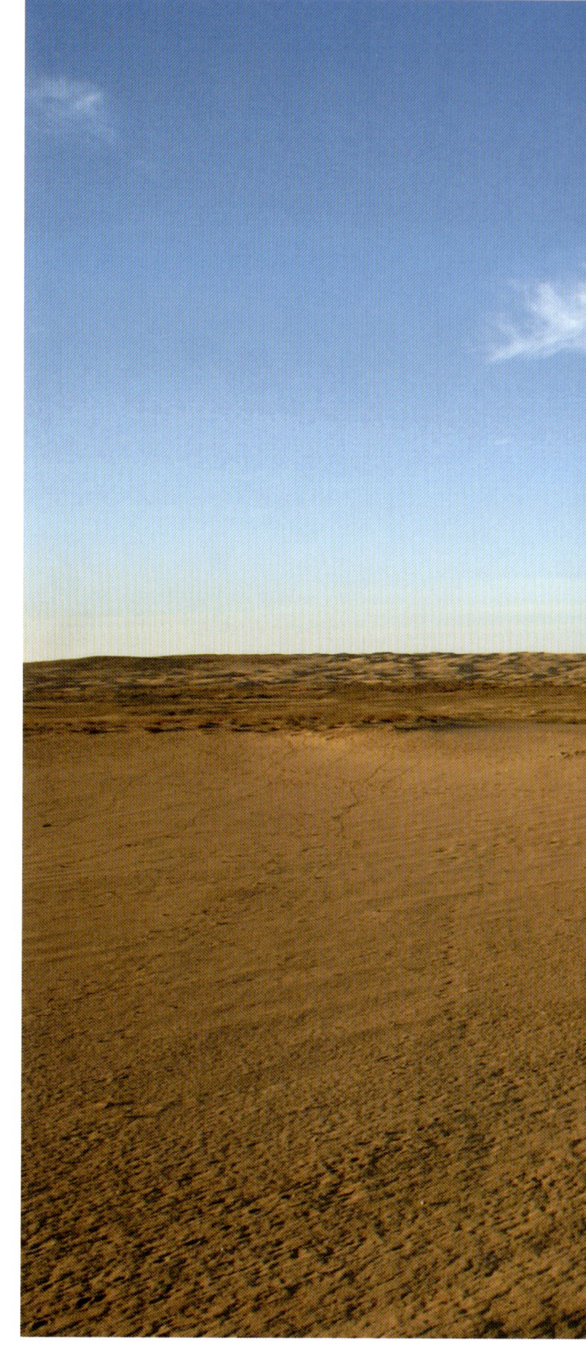

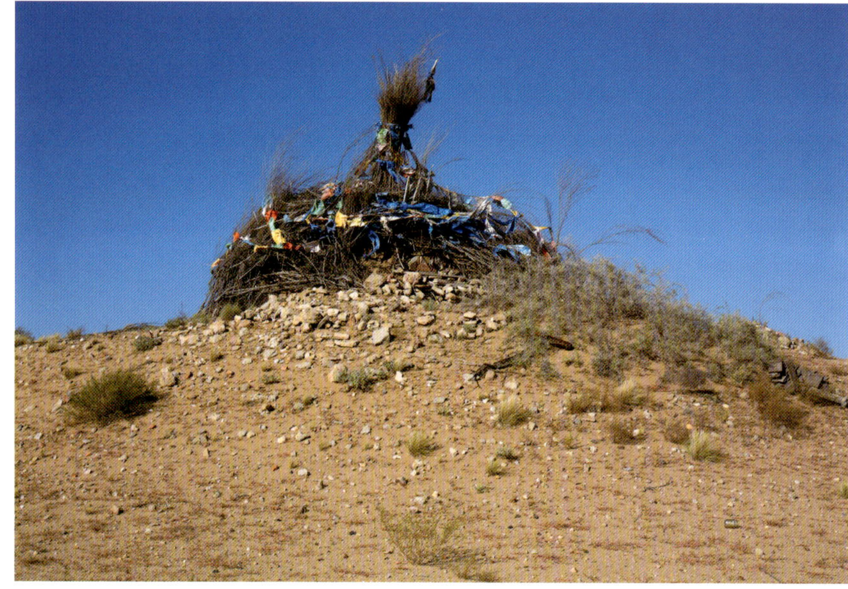

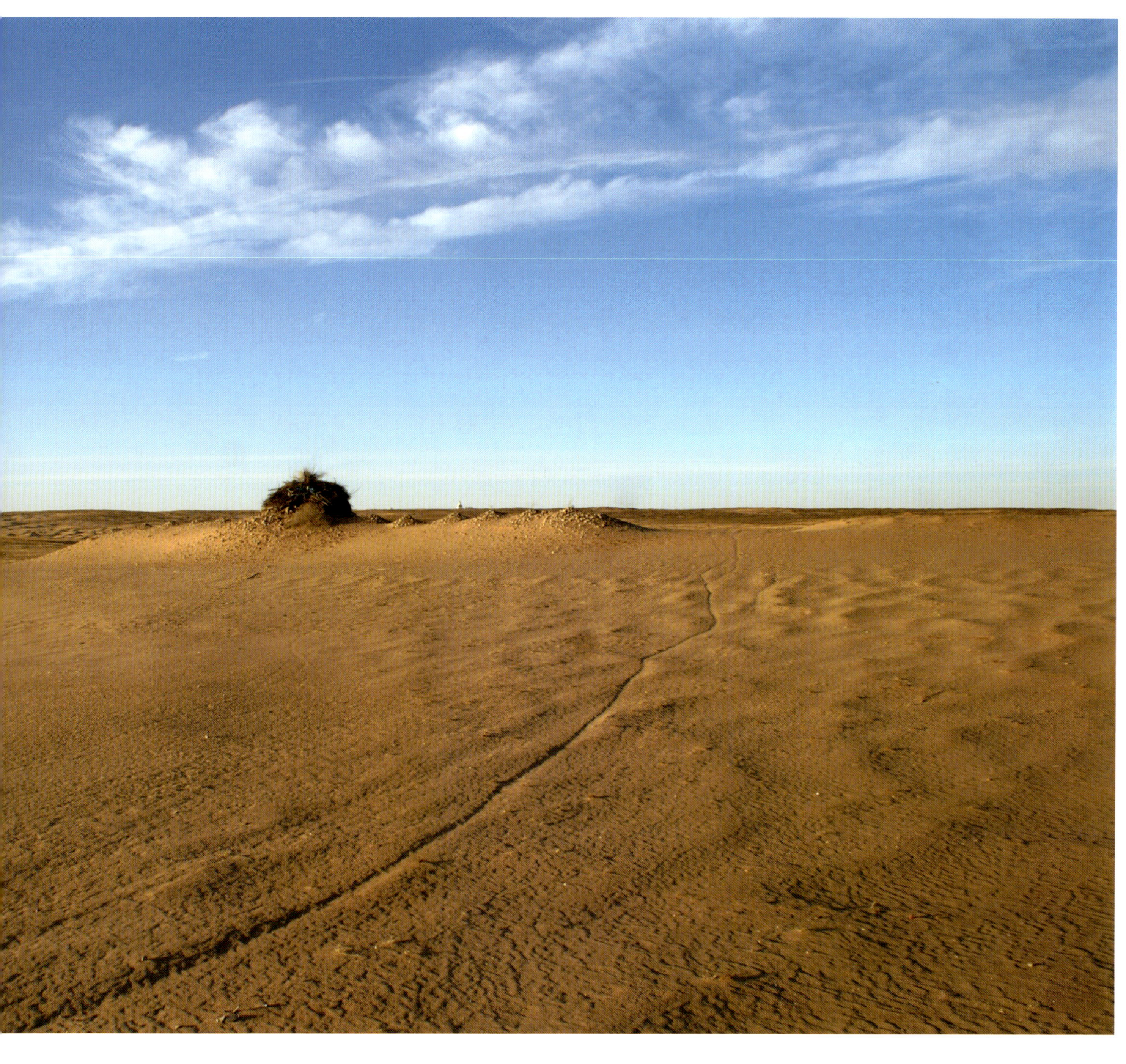

图古日格敖包位于杭锦旗独贵塔拉镇境内，属努图格敖包。图古日格敖包由主敖包和12个守护敖包组成。主敖包用石块堆建而成，包顶堆满了沙柳树枝，高2.7米，宽6.5米；守护敖包为石头堆，包顶插沙柳树枝，高0.95米，宽2米。

祭祀方向：南

祭祀时间：鄂尔多斯历八月十三日（农历五月十三日）

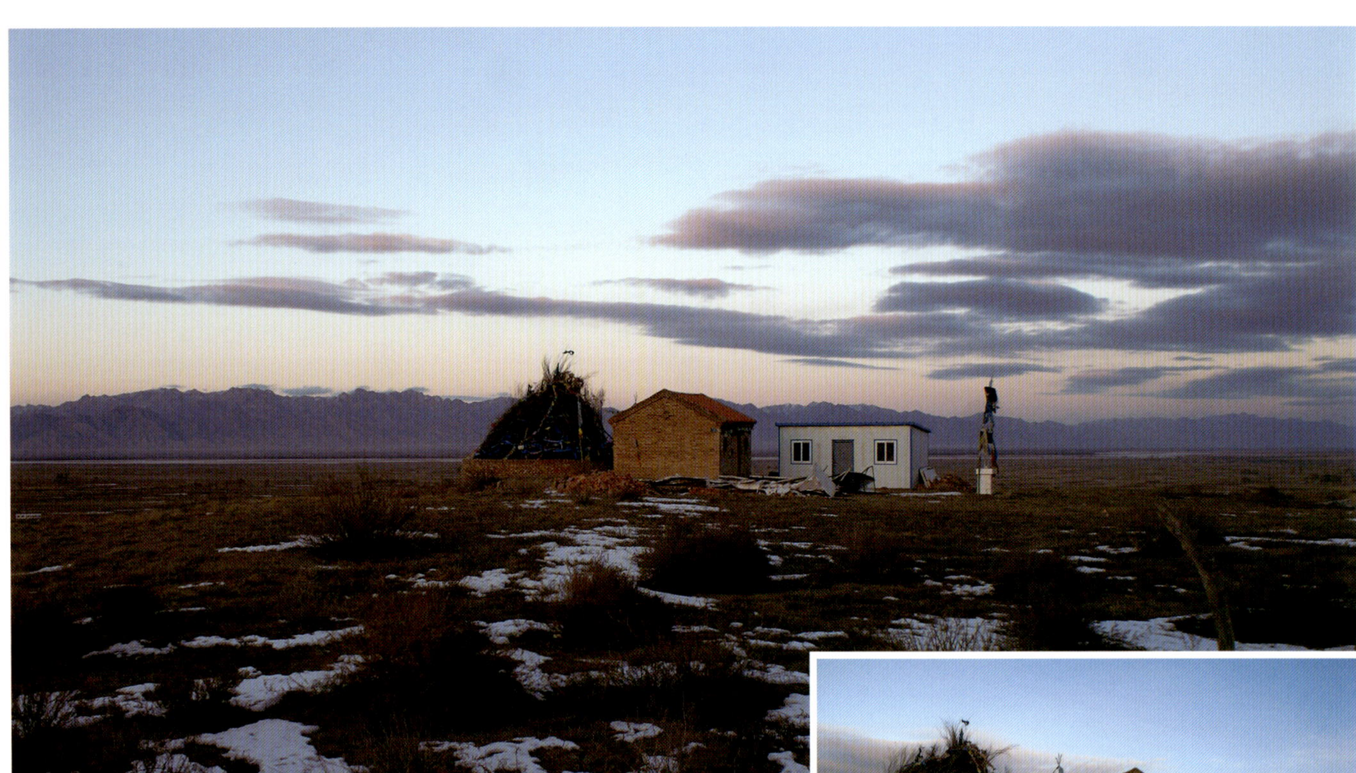

22 希尔嘎岱敖包

希尔嘎岱敖包位于杭锦旗独贵塔拉镇境内，属纪念敖包。希尔嘎岱敖包由敖包、小庙、禄马风旗祭祀台和祭祀用房组成。敖包为砖混水泥建筑，中间插满沙柳树枝，高6.02米，宽8米。

祭祀方向： 东南

祭祀时间： 鄂尔多斯历八月十三日（农历五月十三日）

传说成吉思汗攻打西夏时，哈撒尔率领的军队渡过黄河在此遭遇了巫师率领的西夏军队，在战斗中哈撒尔不幸受伤，但他坚持带伤作战，终于从这高梁上成功射杀了西夏巫师。战斗中哈撒尔的弓箭弦断掉的地方被命名为“库布其沙漠”，“库布其”为蒙古语，意为“弓箭弦”。后人为纪念此事在这里修建了敖包，命名为“希尔哈台敖包”，“希尔哈台”为蒙古语，意为“有伤”，后来敖包的名字慢慢演变成“希尔嘎岱敖包”。

23 希图根庙敖包

希图根庙敖包位于杭锦旗独贵塔拉镇境内，属庙敖包。希图根庙敖包由敖包、供台、祭祀台和 4 根柱子组成。敖包为八层砖混水泥塔式建筑，包顶插都格，高 2.5 米，宽 1.4 米。

祭祀方向：东

祭祀时间：鄂尔多斯历八月初五日（农历五月初五日）

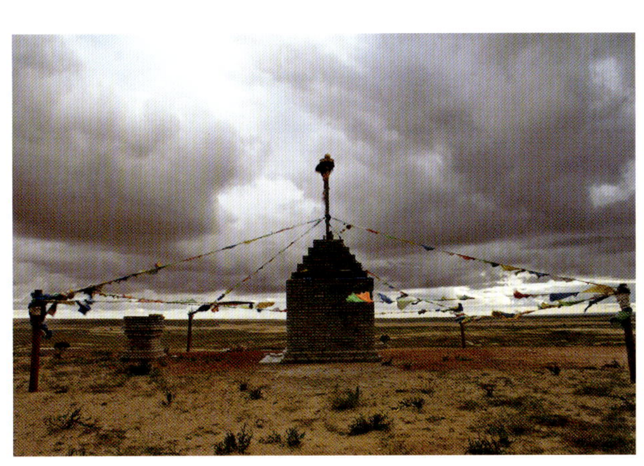

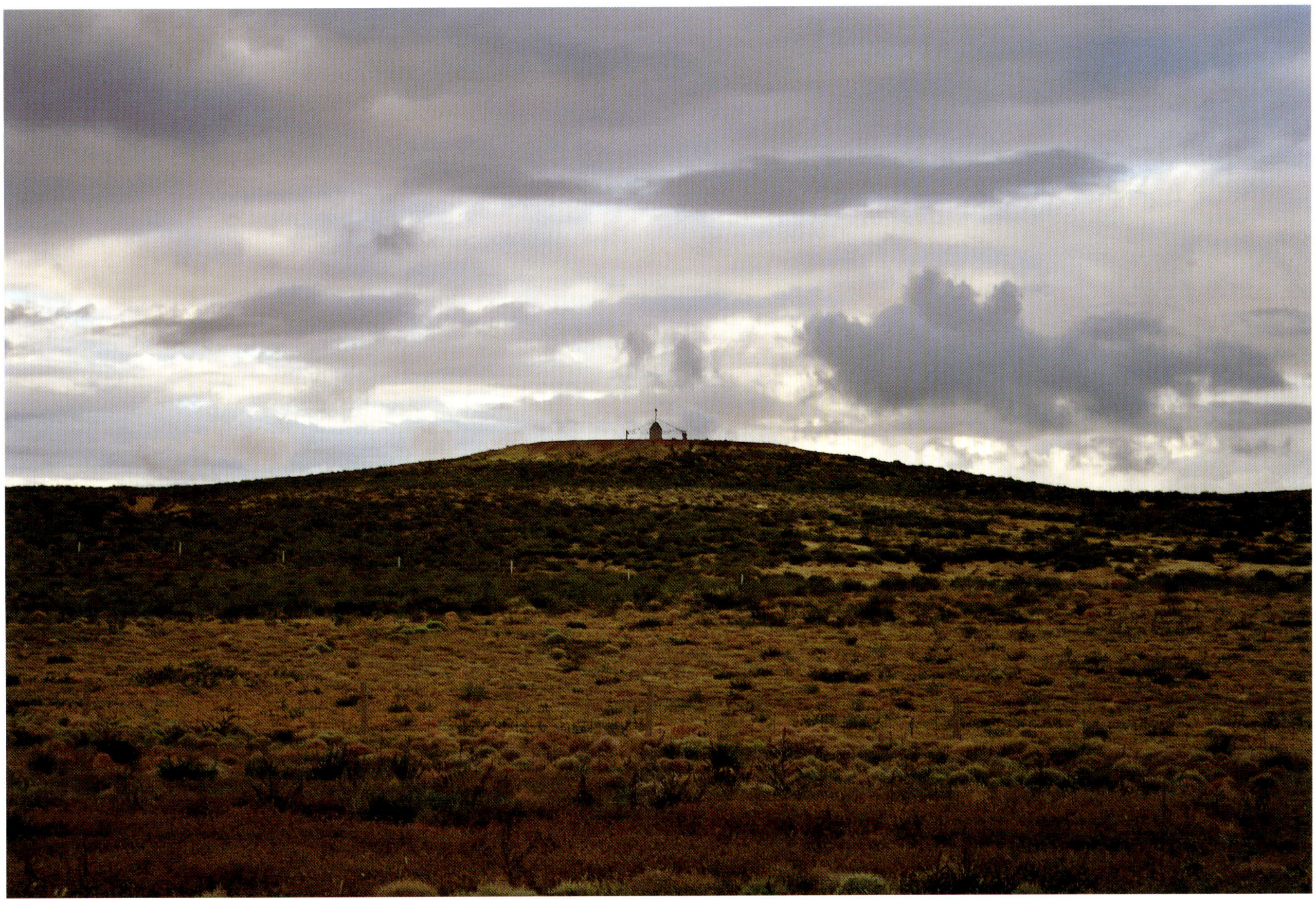

24 查干敖包

查干敖包位于杭锦旗呼和木独镇境内，属家庭敖包。查干敖包由敖包和禄马风旗祭祀台组成，敖包为石头建筑，包顶插都格和沙柳树枝，高 4.95 米，宽 3.7 米。

祭祀方向：东南

祭祀时间：公历 5 月 2 日

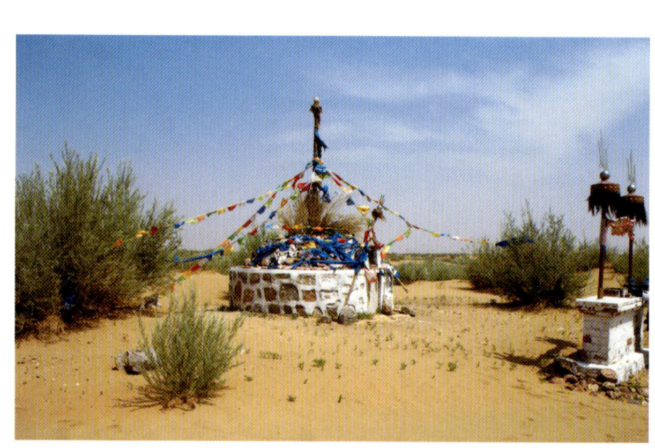

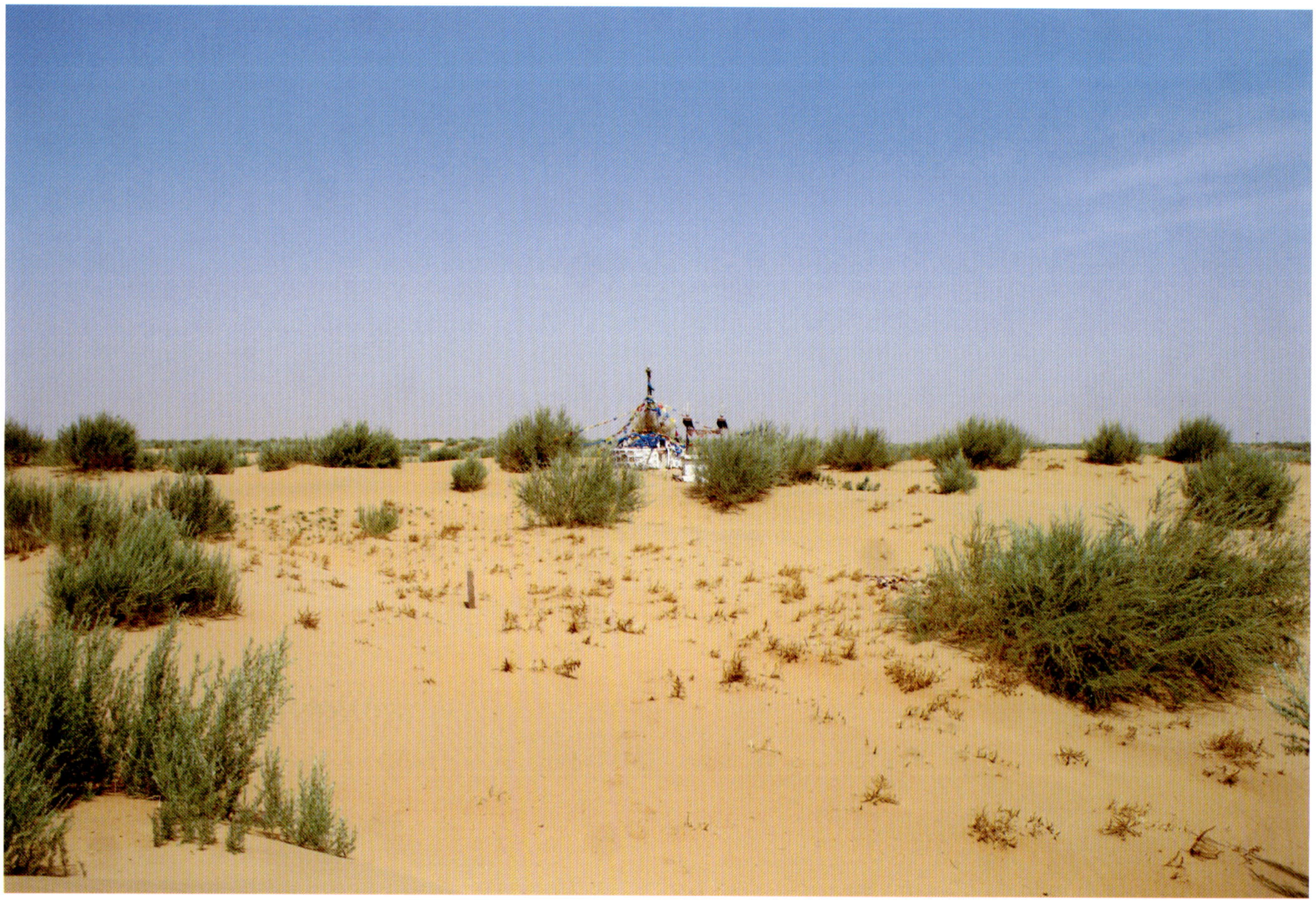

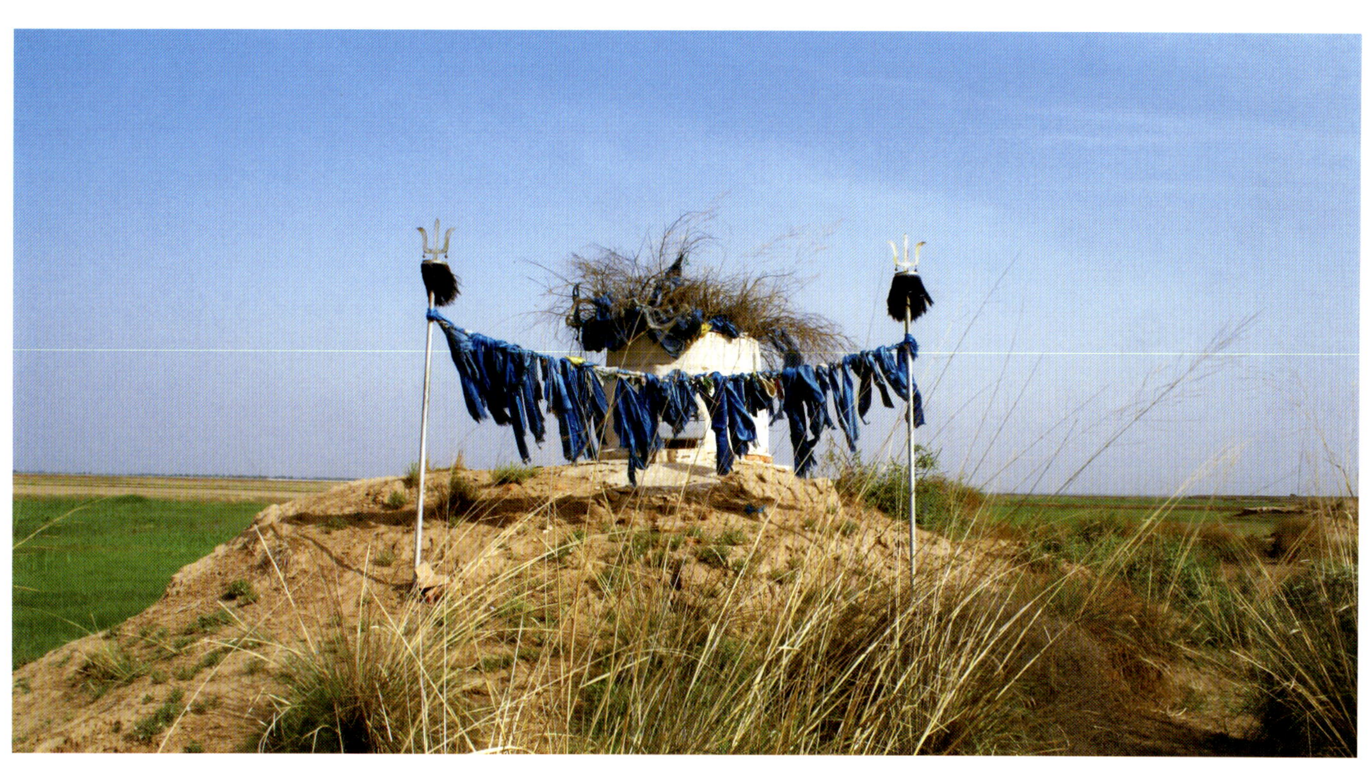

25 呼和木敦敖包

呼和木敦敖包位于杭锦旗呼和木独镇境内，属庙敖包。呼和木敦敖包由敖包、祭祀台和两杆苏勒德组成。敖包为三层砖混水泥塔式建筑，包顶插沙柳树枝，高2.83米，宽2.22米。

祭祀方向： 东南

祭祀时间： 鄂尔多斯历八月十三日（农历五月十三日）

传说岱庆召庙由黄河北岸南迁时将庙敖包（呼和木敦敖包）一起迁至巴音恩格尔，从此岱庆召庙的喇嘛连连生病，久治不愈。后来算卦，占卜显示是由迁移敖包所致，所以众喇嘛念经，把庙敖包迁回原地，之后岱庆召庙喇嘛的病也就不治而愈了。

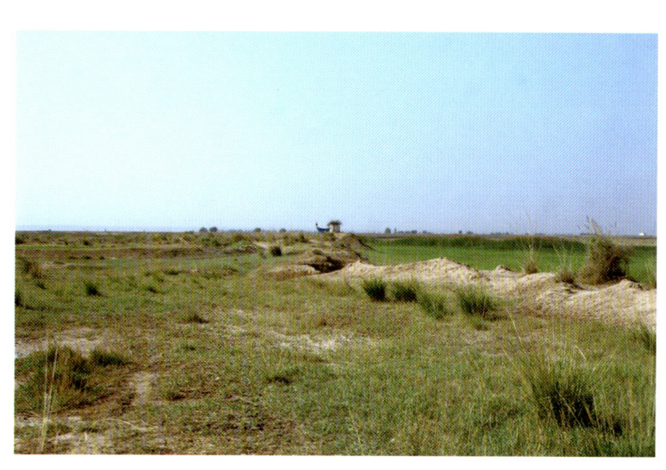

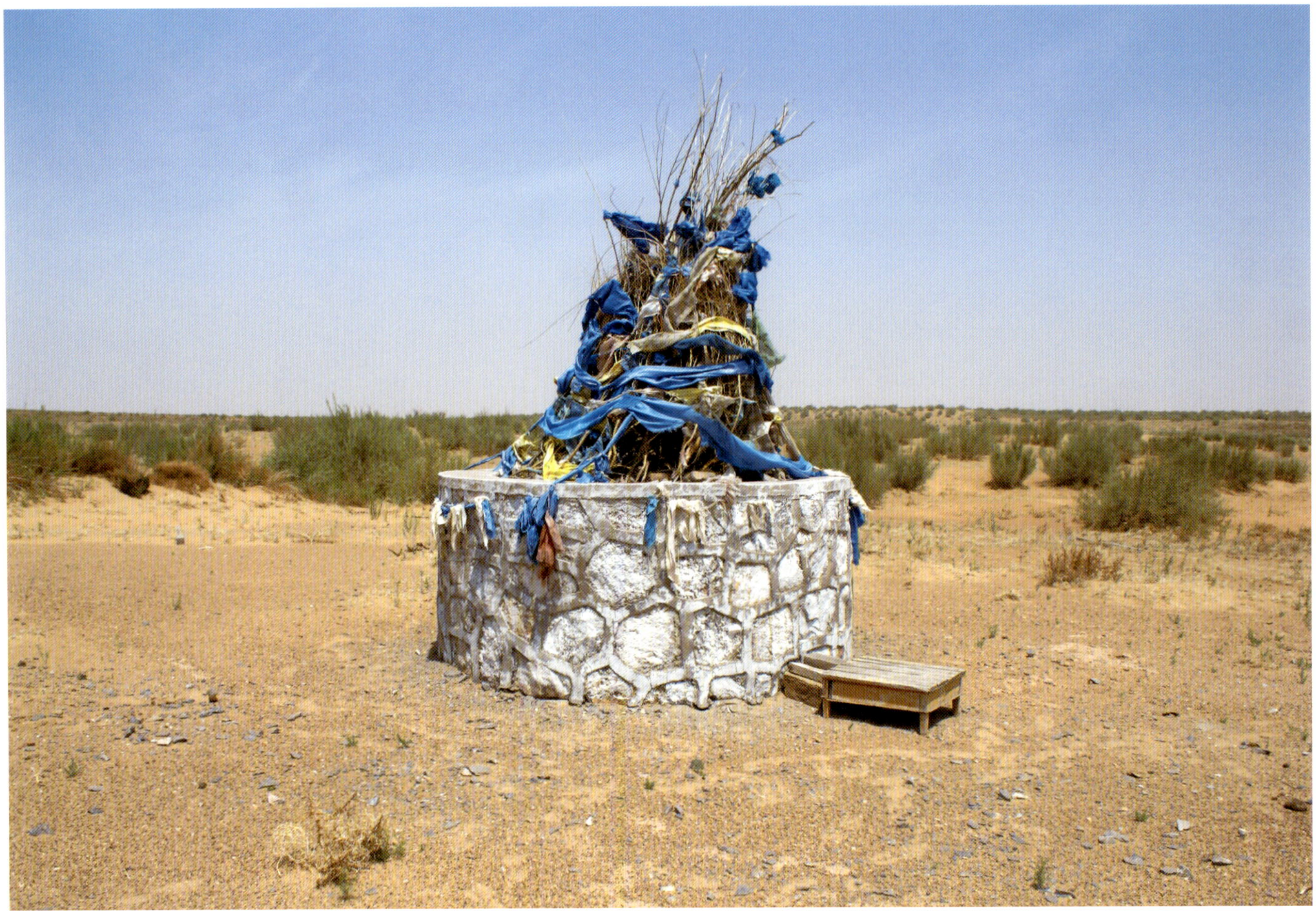

26 希图根庙敖包

希图根庙敖包位于杭锦旗呼和木独镇境内，属庙敖包。希图根庙敖包由敖包和供桌组成。敖包为石混水泥建筑，包顶插沙柳树枝，高4.05米，宽2.7米。

祭祀方向： 东南

祭祀时间： 鄂尔多斯历八月十三日（农历五月十三日）

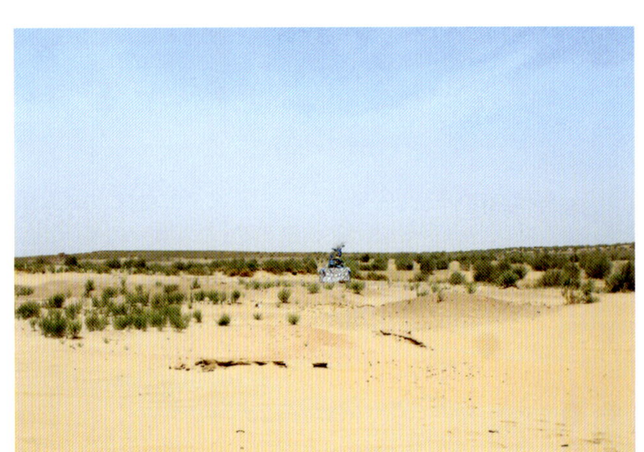

27 达希古尔敖包

达希古尔敖包位于杭锦旗锡尼镇境内，属纪念敖包。达希古尔敖包由主敖包、祭祀台和13个守护敖包组成。主敖包为石、砖混水泥塔式建筑，包顶插禄马风旗，高3.25米，宽4.5米；守护敖包为石头堆，高0.45米，宽0.7米。

祭祀方向：东南

祭祀时间：鄂尔多斯历六月十三日（农历三月十三日）

传说成吉思汗攻打西夏时路过此地，在这小丘上休息的时候，他的马鞭不小心掉在了地上，成吉思汗认为这是天意，就没让随从捡起马鞭，而是留在了这里，后人将成吉思汗的马鞭安葬在了小丘上并修建了敖包，命名为“达希古尔敖包”。

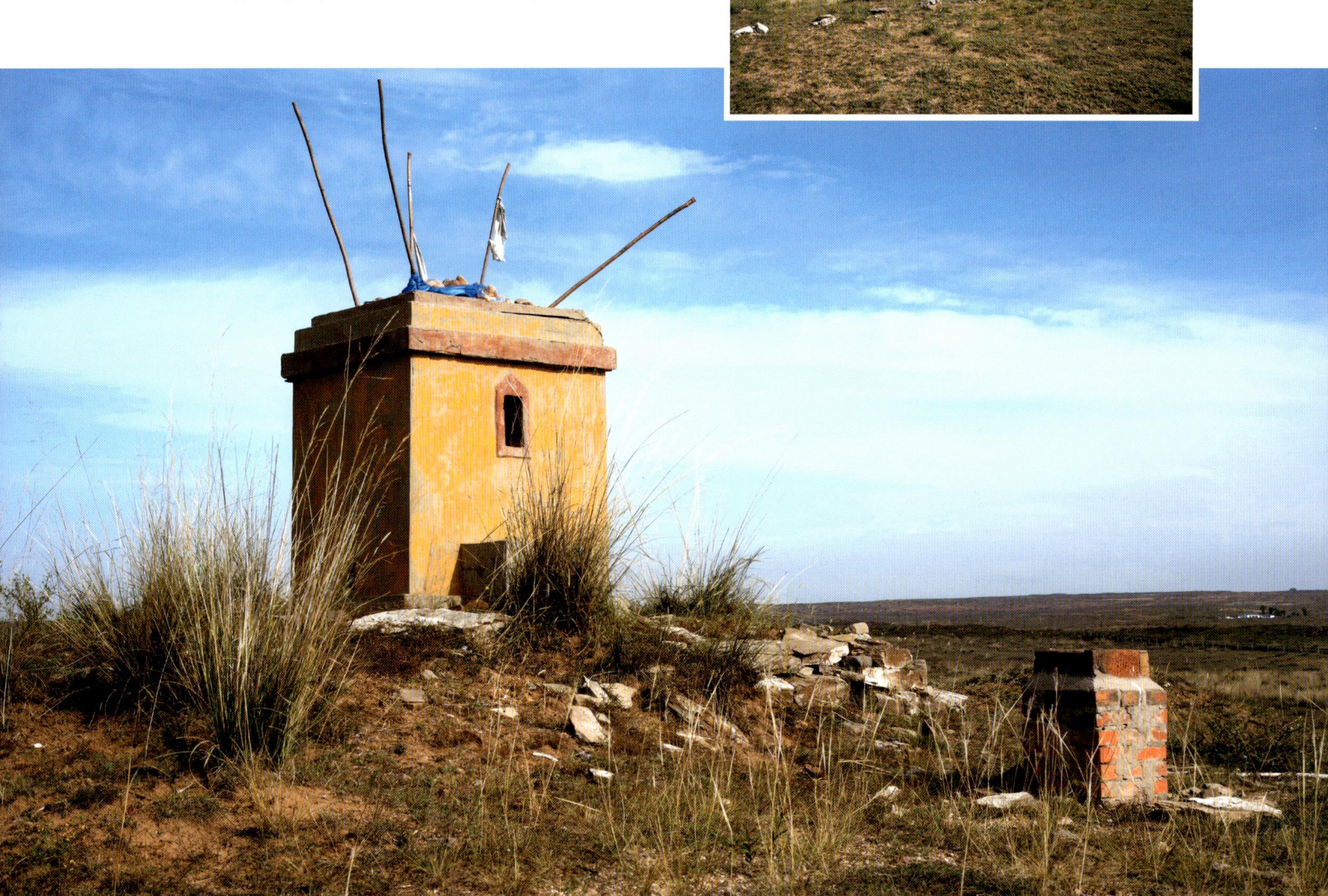

28 哈毕日嘎庙敖包

哈毕日嘎庙敖包位于杭锦旗锡尼镇境内，属庙敖包。哈毕日嘎庙敖包由主敖包、禄马风旗、祭祀台和7个守护敖包组成。主敖包为三层石、砖混水泥塔式建筑，包顶插沙柳树枝，高6.7米，宽7.44米；守护敖包为石、砖混水泥建筑，旁边立苏勒德，高2.86米，宽0.5米。

祭祀方向： 东南

祭祀时间： 鄂尔多斯历八月十三日（农历五月十三日）

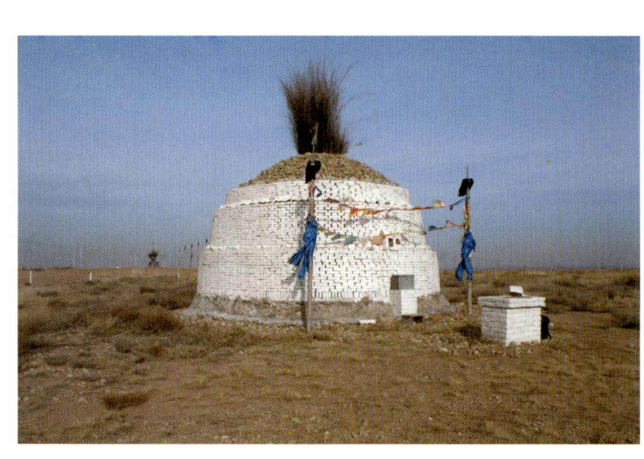

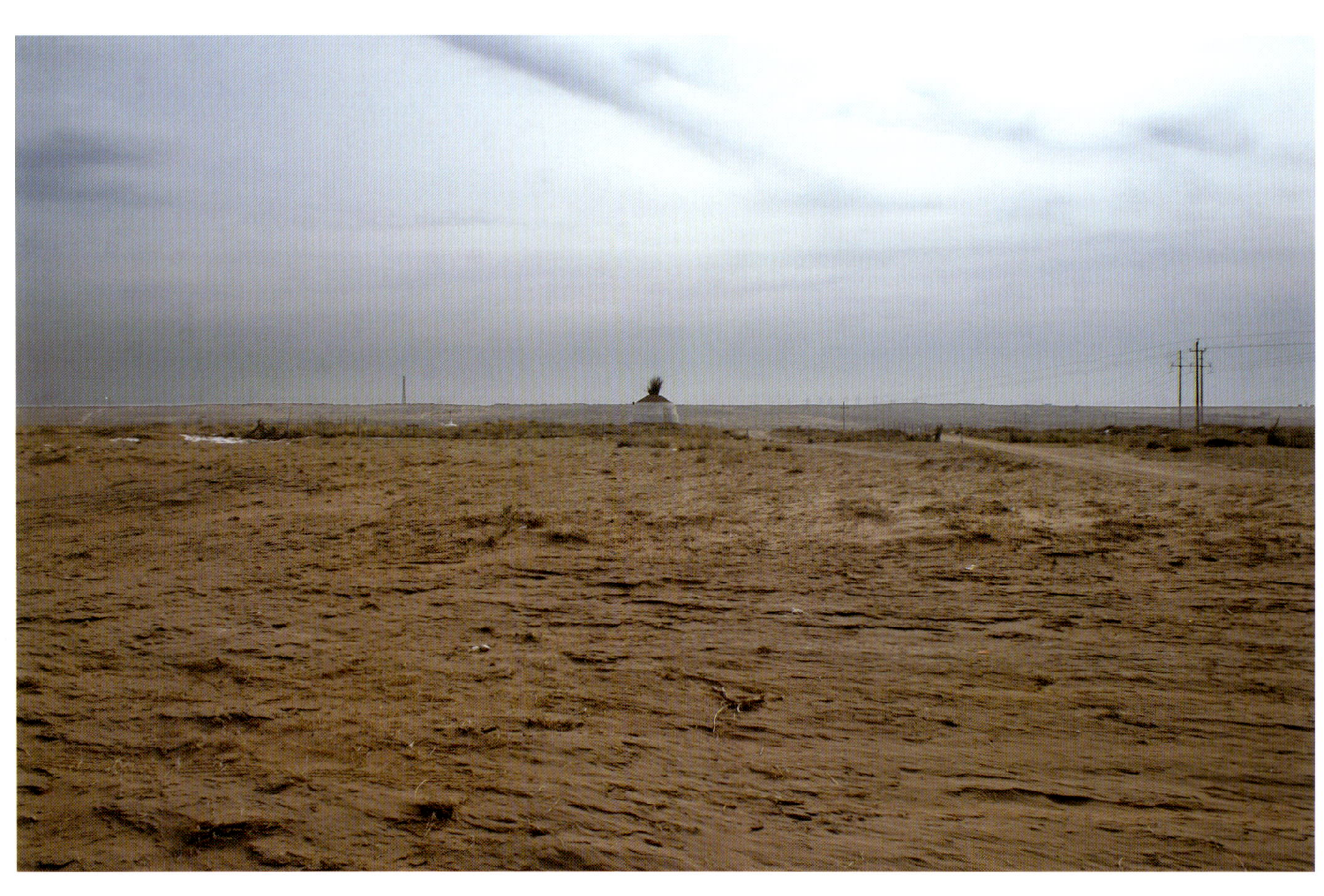

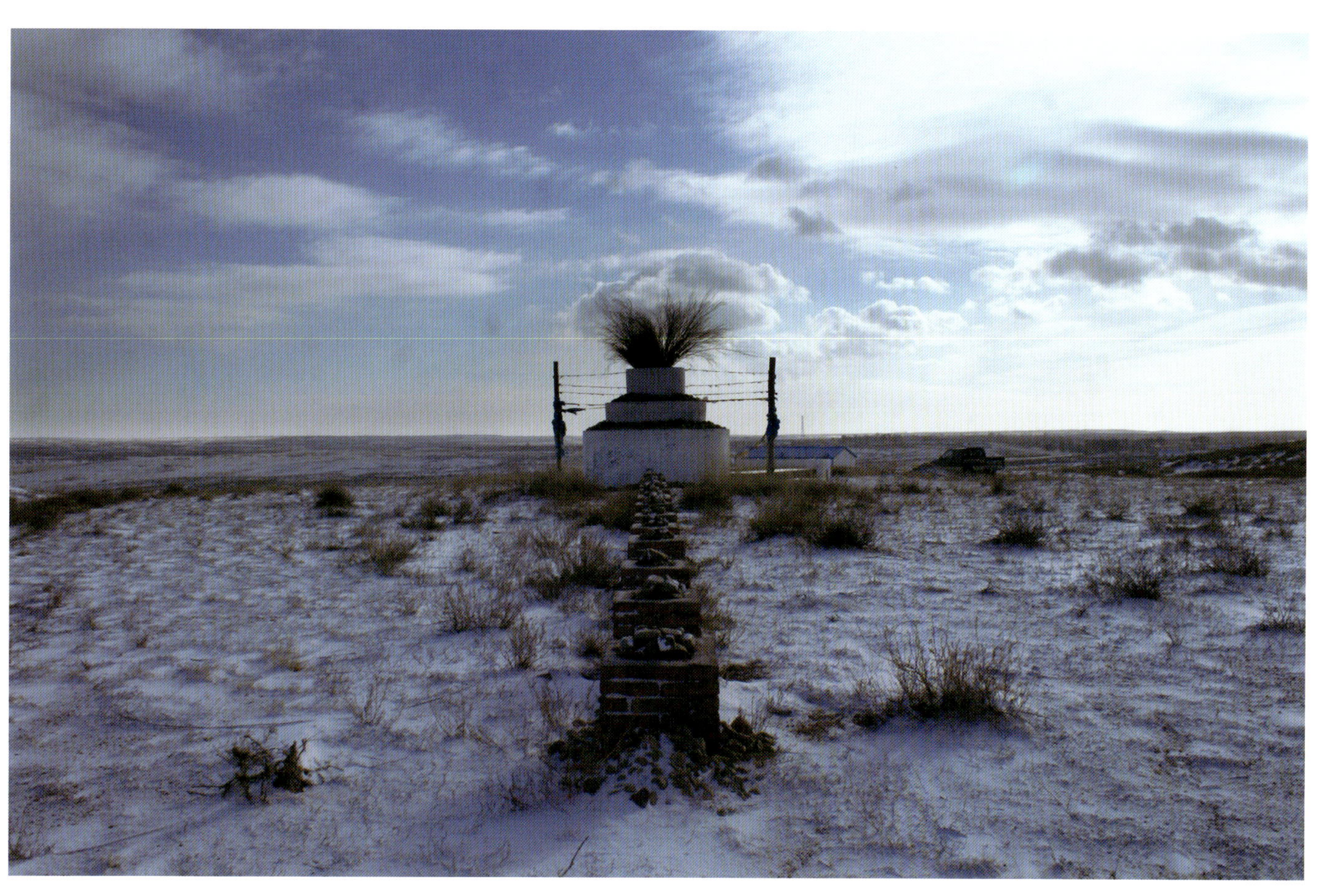

29 拉布荣敖包

拉布荣敖包位于杭锦旗锡尼镇境内，属庙敖包。拉布荣敖包由主敖包、供台、诵经台、禄马风旗、祭祀台和 13 个守护敖包组成。主敖包为三层砖混水泥塔式建筑，第一、二层上堆放石头，包顶插沙柳树枝，高 5.05 米，宽 3.6 米；守护敖包为石、砖混水泥建筑，高 0.55 米，宽 0.5 米。

祭祀方向：东南

祭祀时间：鄂尔多斯历八月十三日（农历五月十三日）

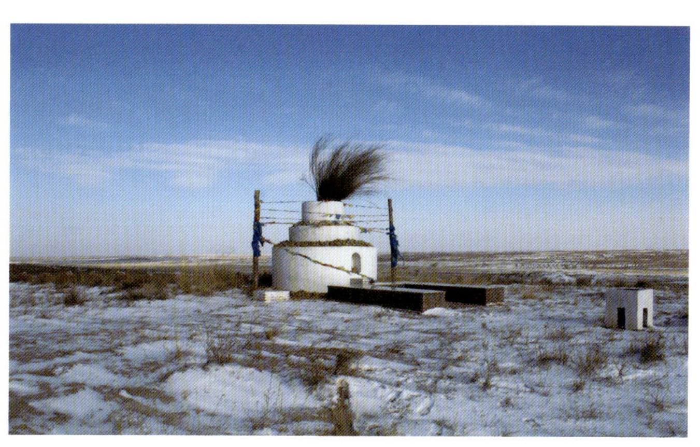

30 那木斯热敖包

那木斯热敖包位于杭锦旗锡尼镇境内，属家庭敖包。敖包为石、砖混水泥建筑，高 1.7 米，宽 3.6 米。

祭祀时间： 鄂尔多斯历八月初三日（农历五月初三日）

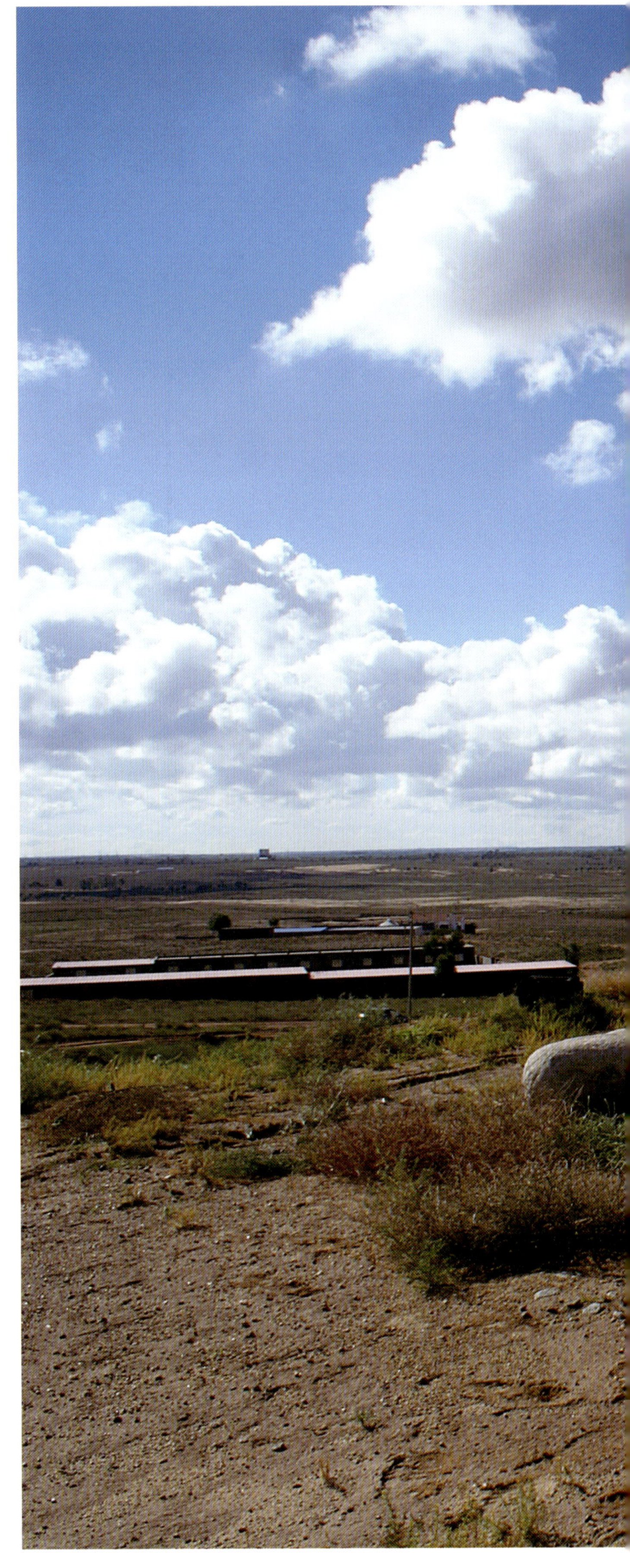

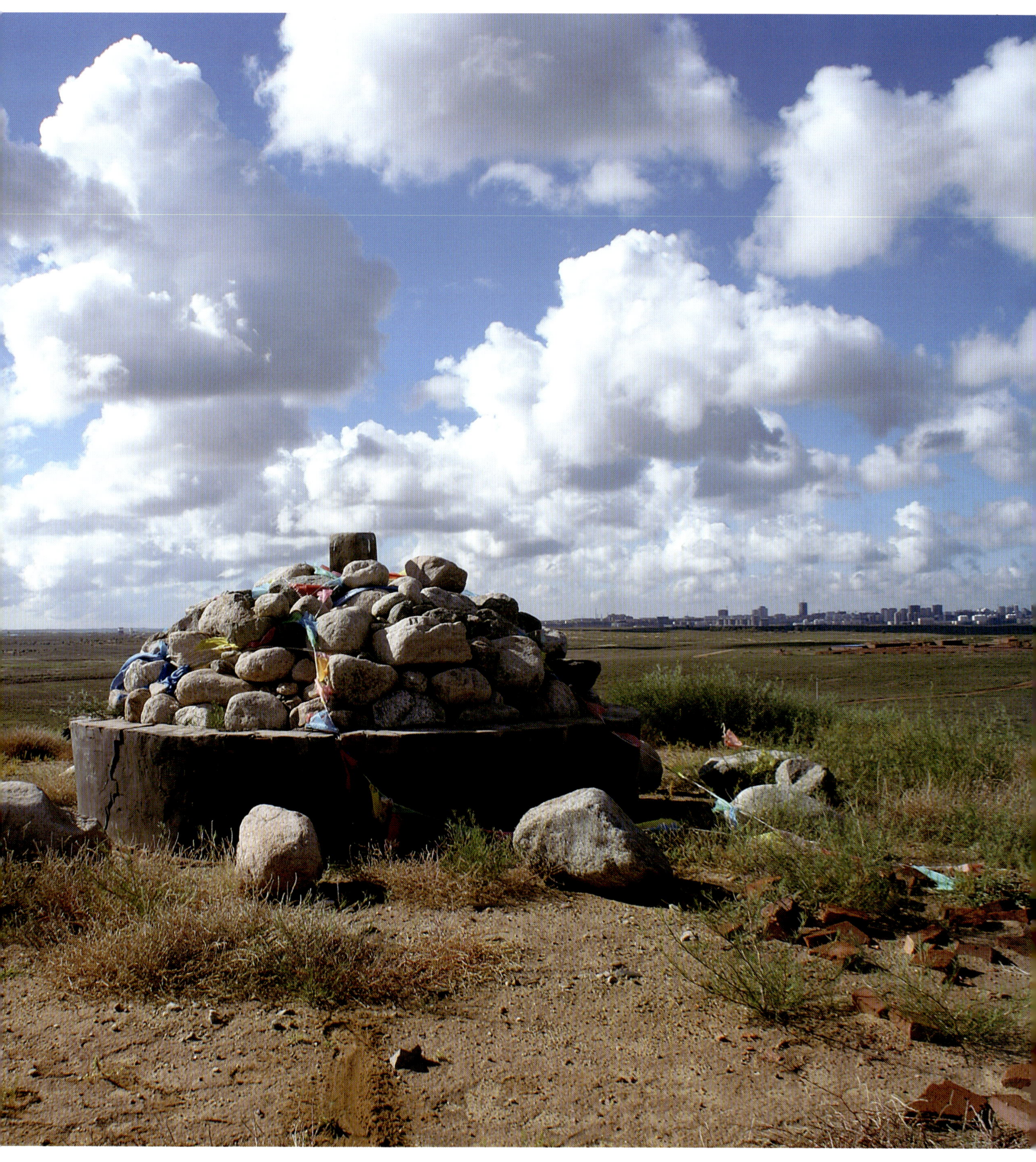

31 巴特尔敖包

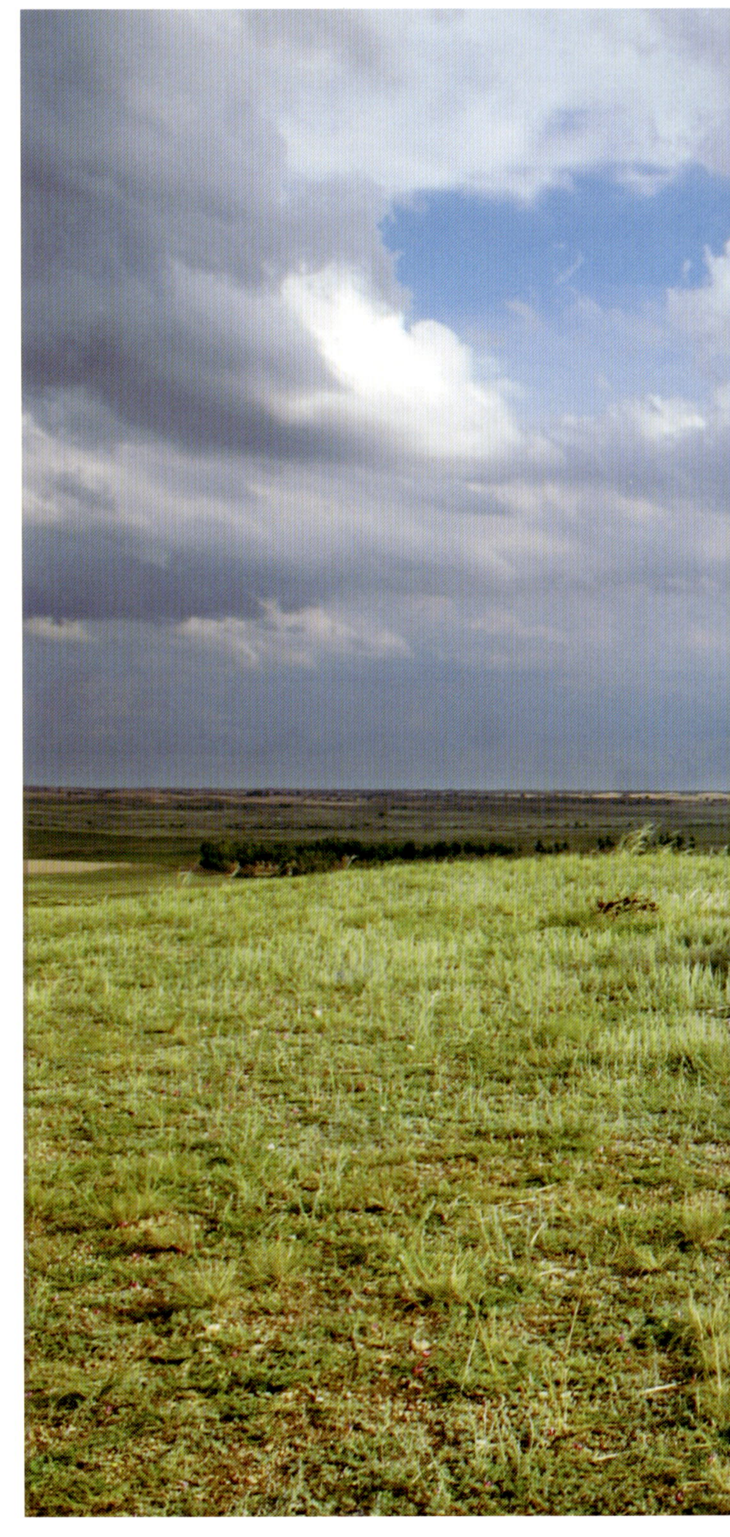

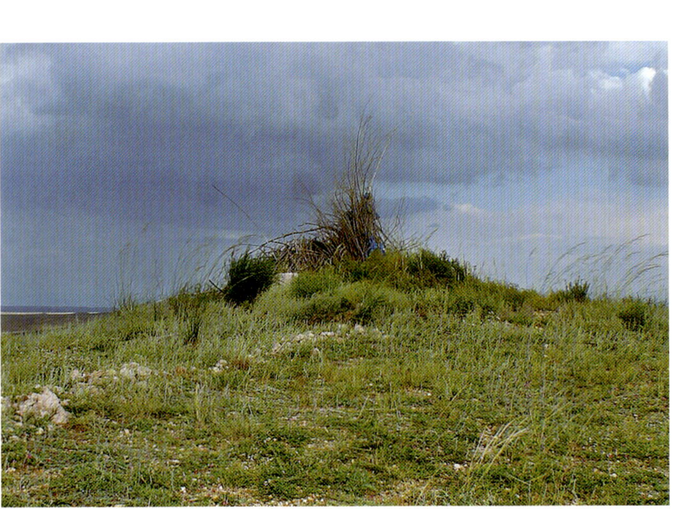

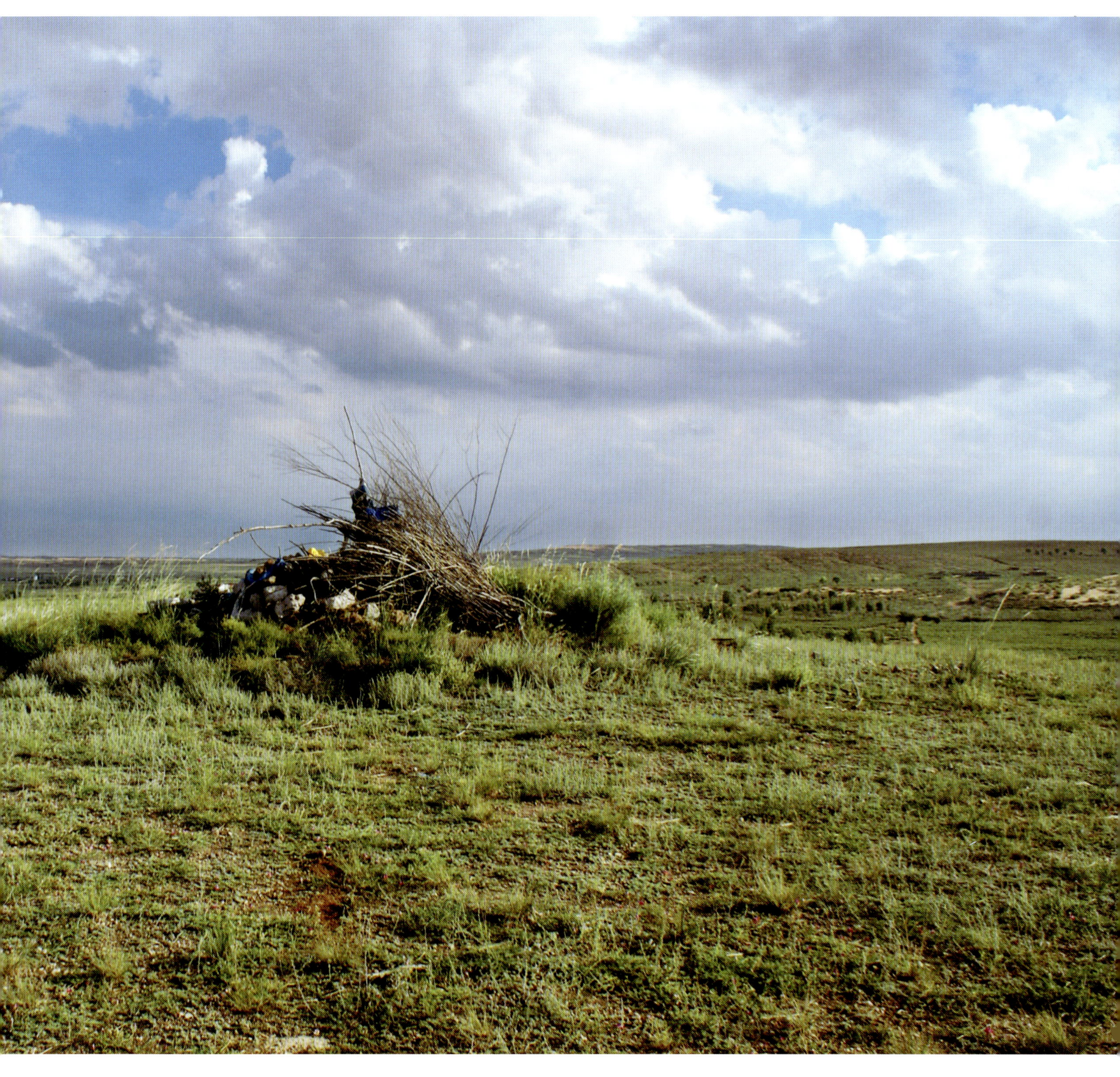

巴特尔敖包位于杭锦旗锡尼镇境内，属努图格敖包。巴特尔敖包由主敖包和12个守护敖包组成，主敖包用石头堆建而成，包顶插沙柳树枝，高3.5米，宽3米；守护敖包为石头堆，高0.15米，宽0.6米。

祭祀方向：东南

祭祀时间：鄂尔多斯历七月二十七日（农历四月二十七日）

传说从前此敖包为军队敖包，出征前都要进行祭祀，所以每次都能大获全胜。

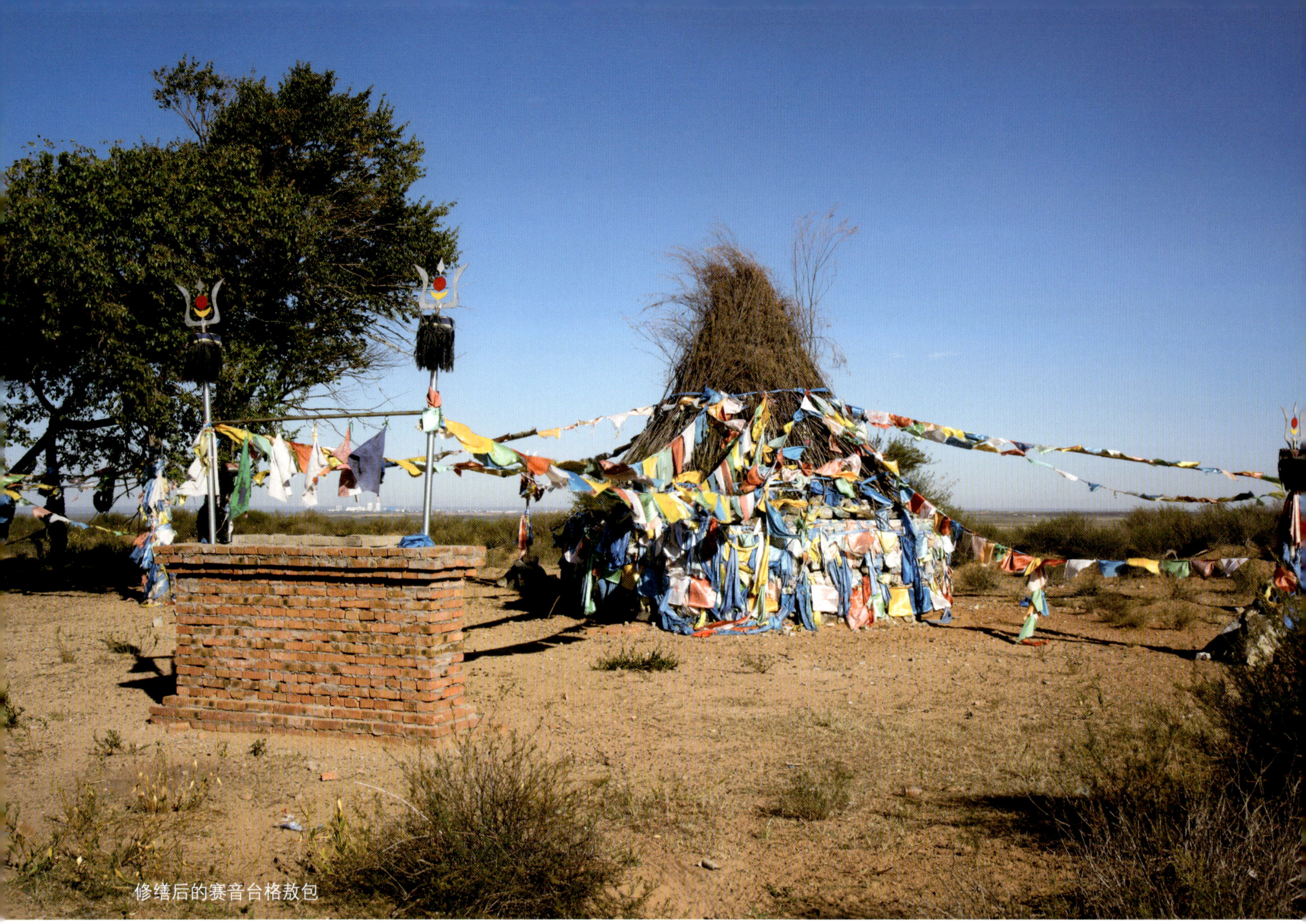

修缮后的赛音台格敖包

32 赛音台格敖包

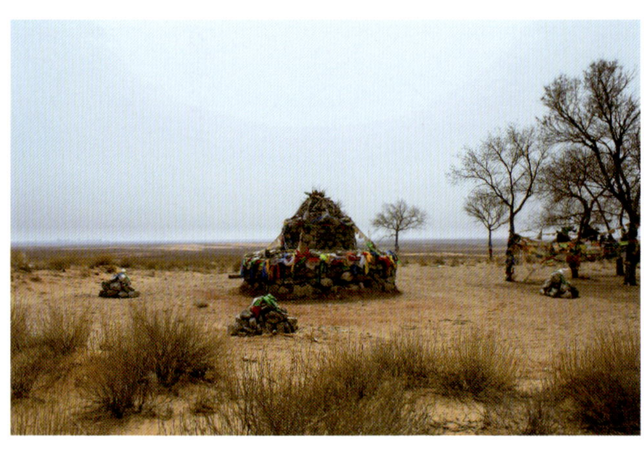

赛音台格敖包位于杭锦旗锡尼镇境内，属努图格敖包。赛音台格敖包由主敖包、祭祀台和4个守护敖包组成。主敖包为三层石头塔式建筑，包顶插沙柳树枝，高3.4米，宽4.4米；守护敖包用石块堆积而成，高0.8米，宽1米。

祭祀方向： 东南

祭祀时间： 鄂尔多斯历八月十三日（农历五月十三日）

33 图珠庙敖包

图珠庙敖包位于杭锦旗锡尼镇境内，属庙敖包。图珠庙敖包由敖包、供桌、苏勒德和祭祀台组成。敖包为石、砖混水泥建筑，包顶插沙柳树枝，高2.7米，宽1.8米。

祭祀方向：西南

祭祀时间：鄂尔多斯历八月十五日（农历五月十五日）

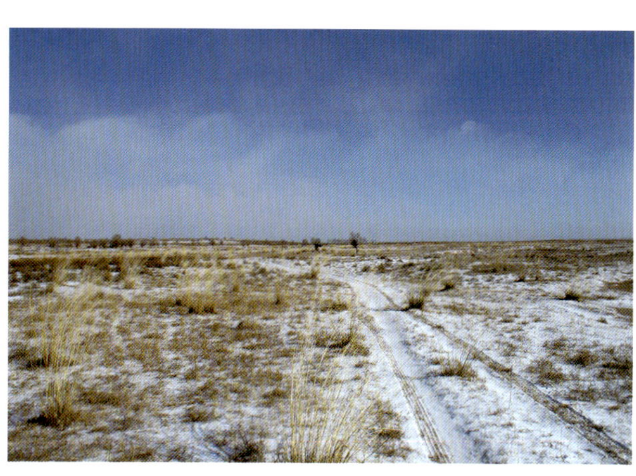

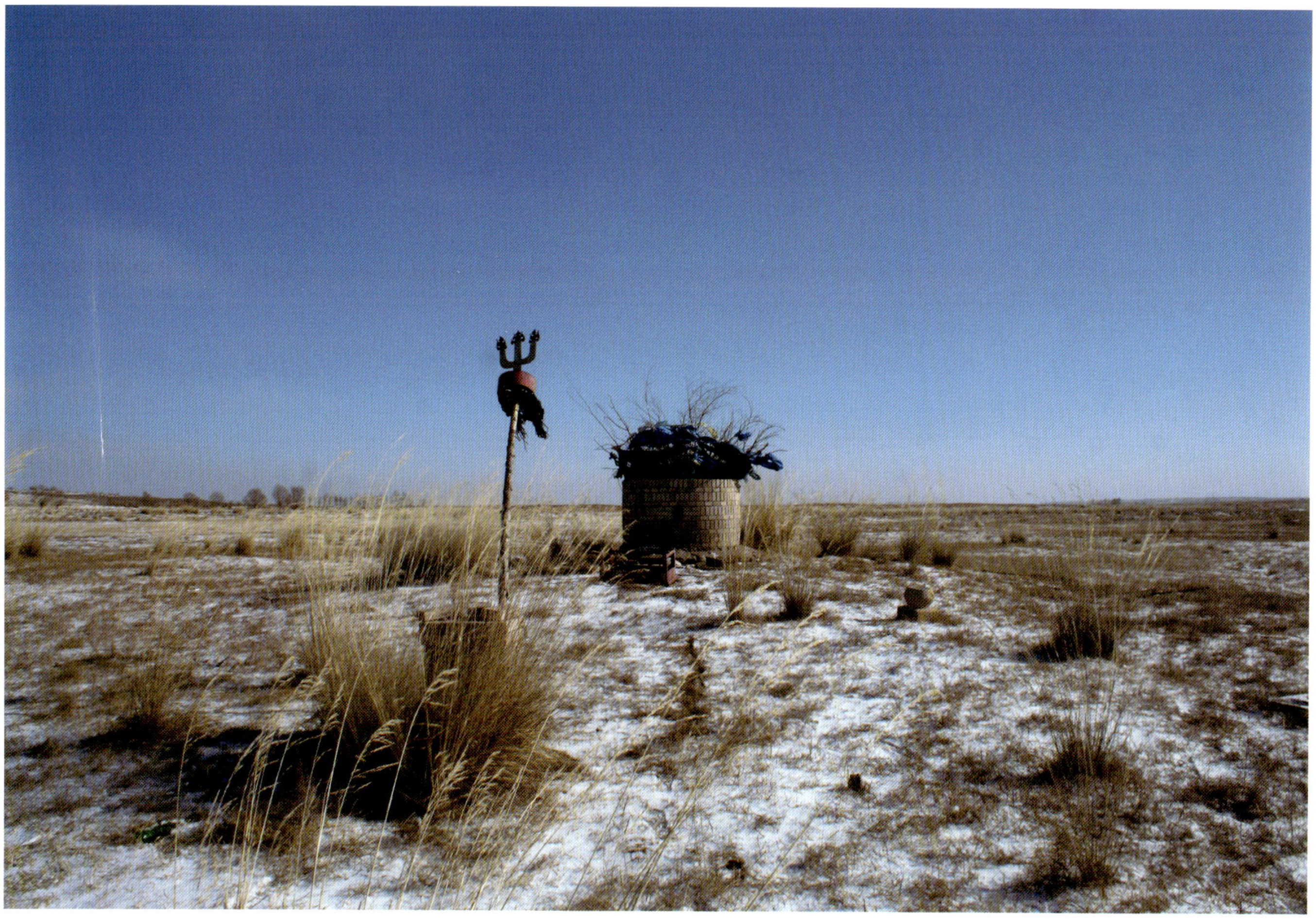

34 乌兰敖包

乌兰敖包位于杭锦旗锡尼镇境内，属家庭敖包。乌兰敖包由主敖包、供台、熏香台和26个守护敖包组成。主敖包为石块堆建而成，高1.15米，宽2.9米；守护敖包为小石头堆，高0.15米，宽0.9米。

祭祀方向： 东南

祭祀时间： 鄂尔多斯历十月初十日（农历七月初十日）

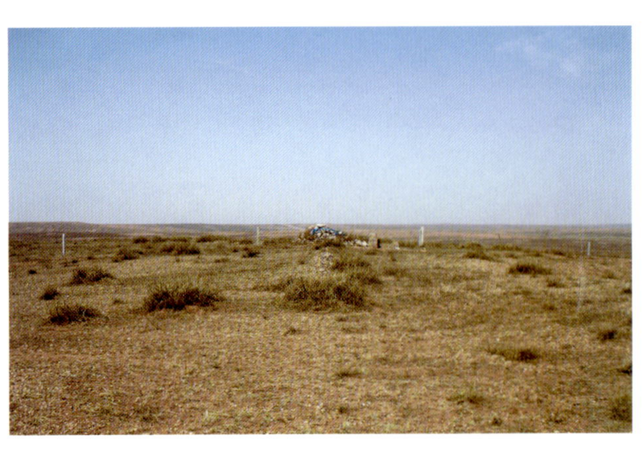

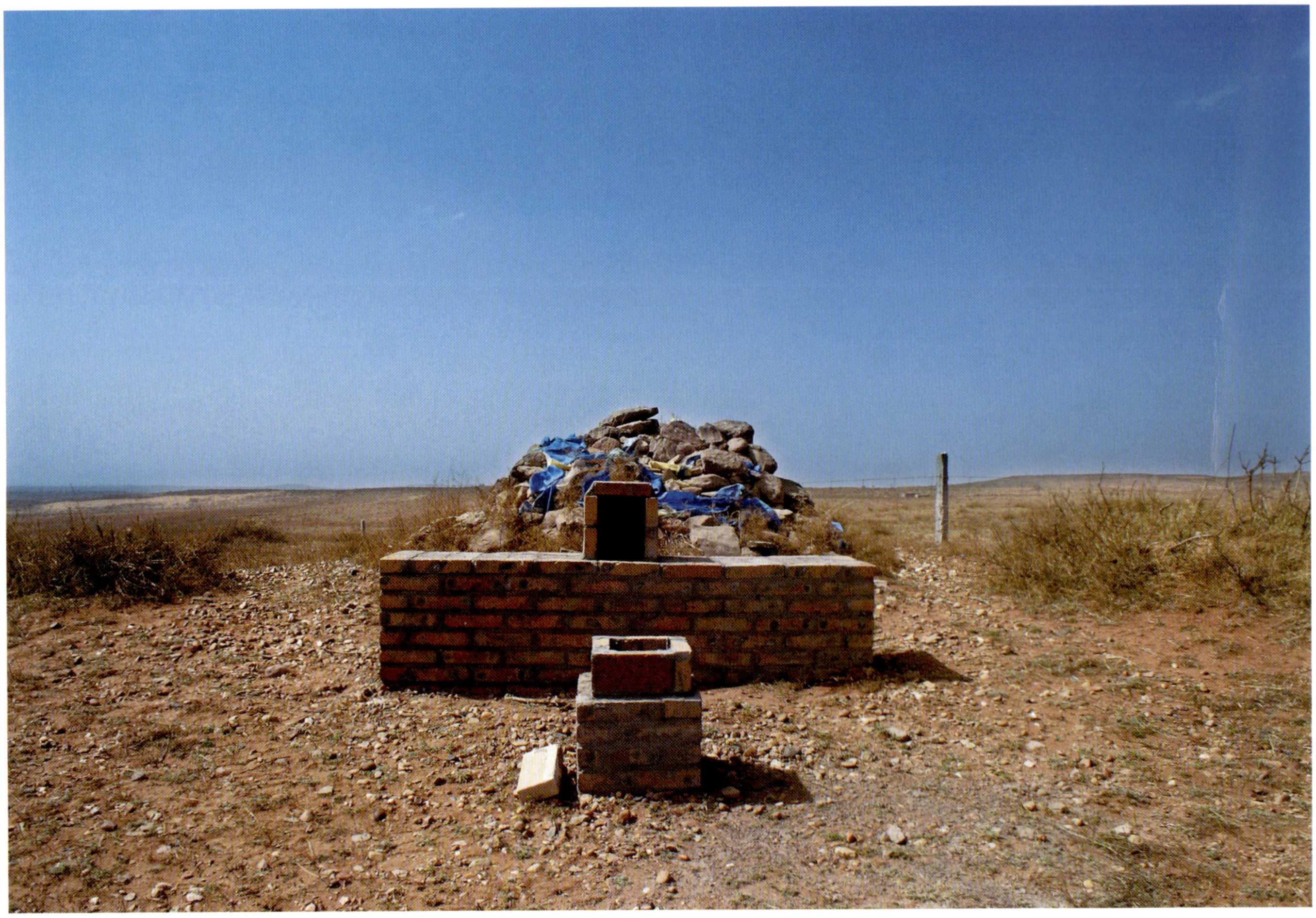

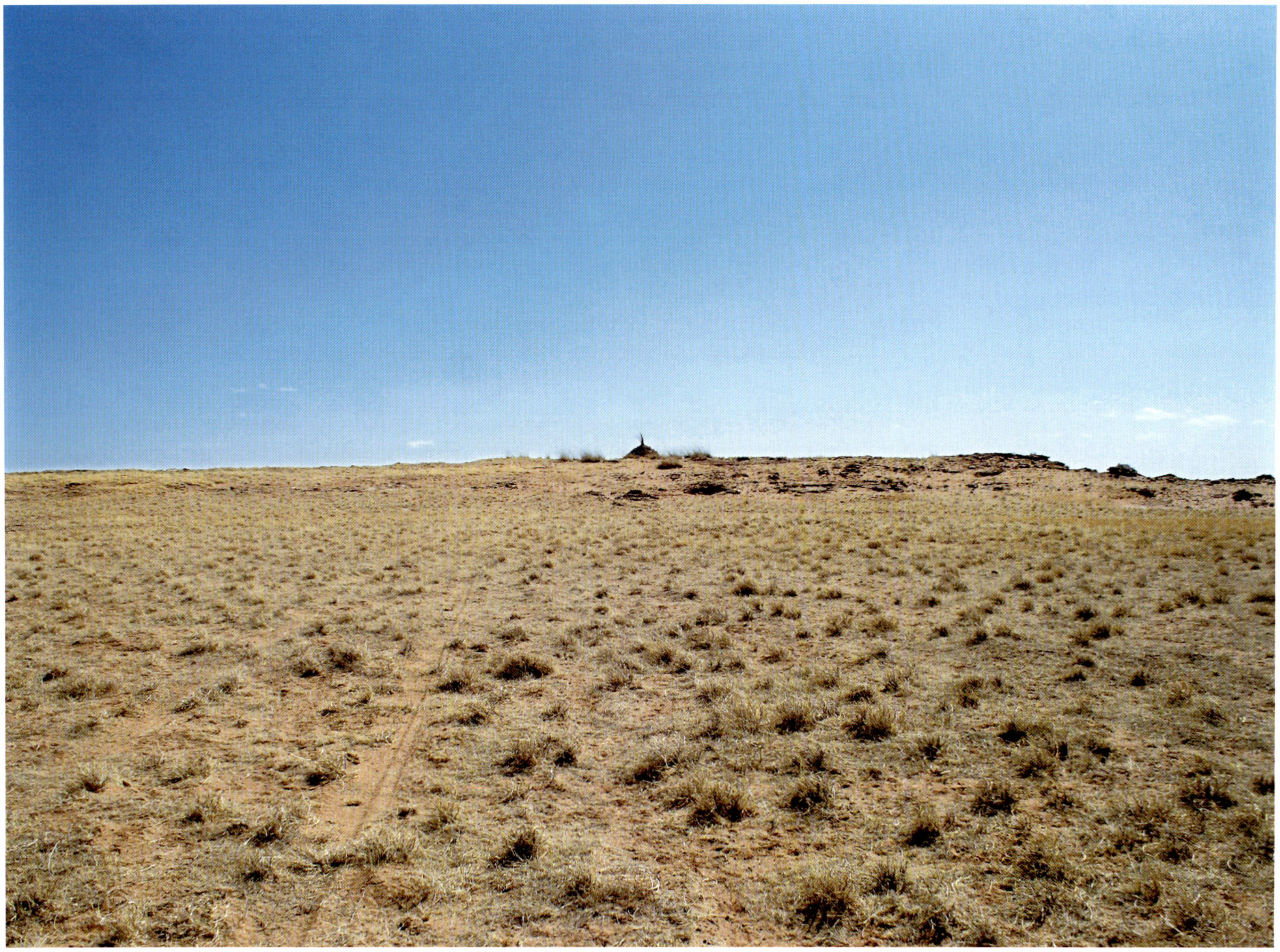

35 阿日其朗敖包

阿日其朗敖包位于杭锦旗伊和乌素苏木境内，属家庭敖包。敖包用石块堆建而成，包顶插沙柳树枝，高2.75米，宽3.6米。

祭祀方向： 东南

祭祀时间： 鄂尔多斯历八月十三日（农历五月十三日）

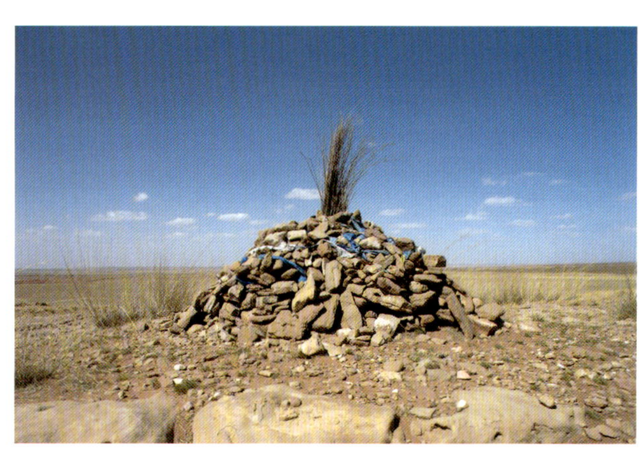

36 敖楞布拉格敖包

敖楞布拉格敖包位于杭锦旗伊和乌素苏木境内，属庙敖包。敖楞布拉格敖包由主敖包、祭祀台和13个守护敖包组成。主敖包为三层砖混水泥塔式建筑，包顶插沙柳树枝，高3.6米，宽1.6米；守护敖包用砖块堆积而成，高0.35米，宽1.1米。

祭祀方向： 西南

祭祀时间： 鄂尔多斯历八月十三日（农历五月十三日）

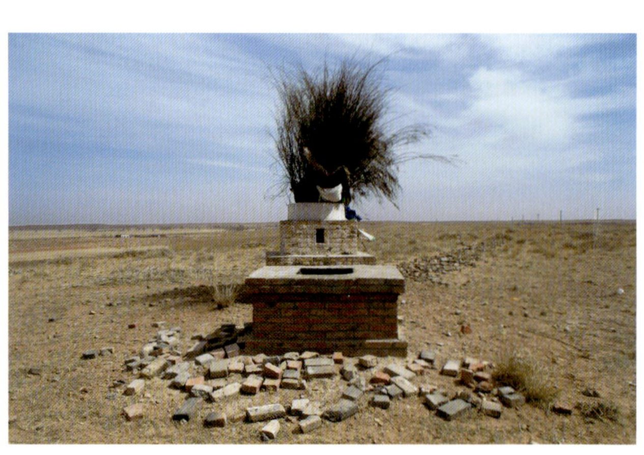

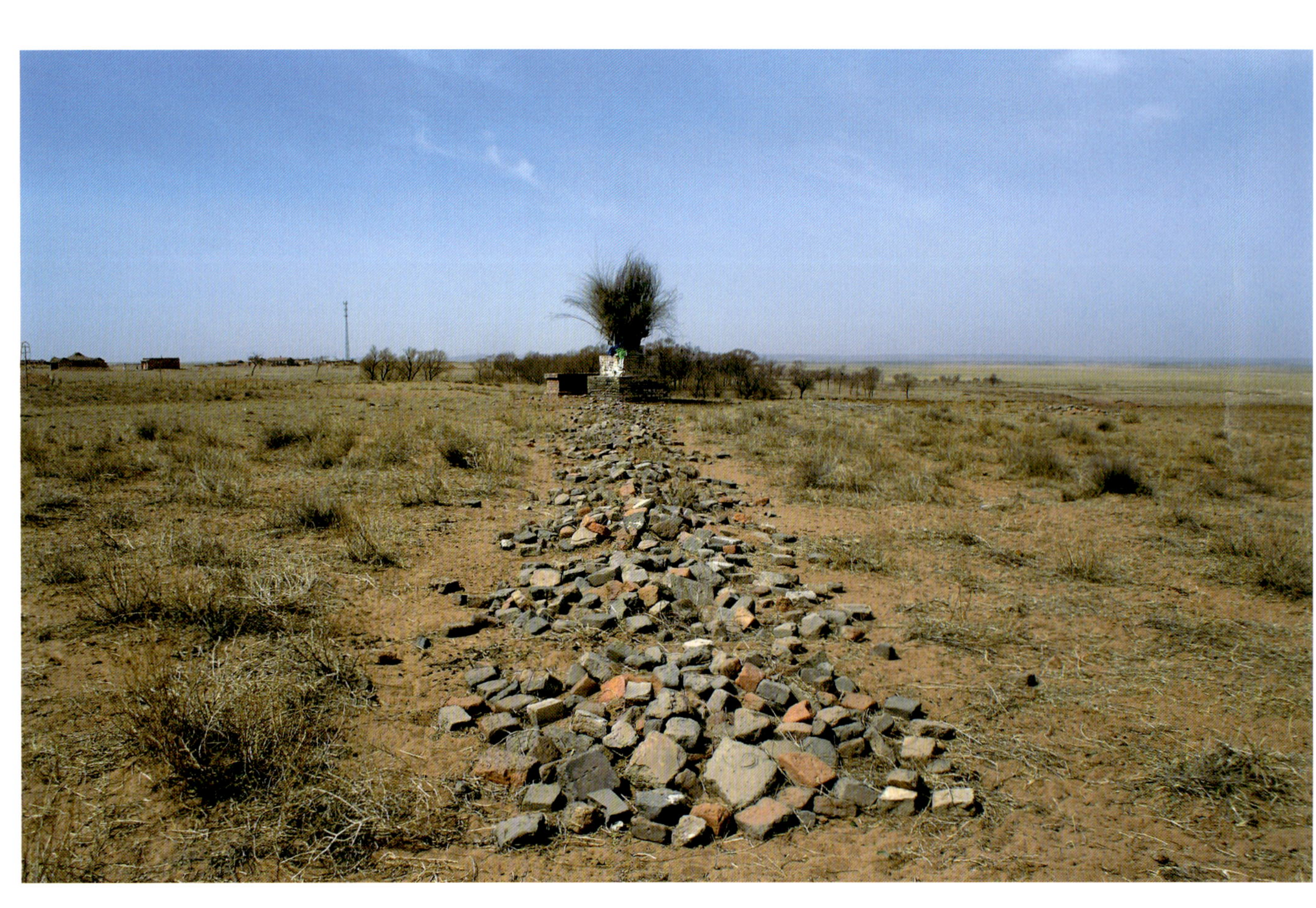

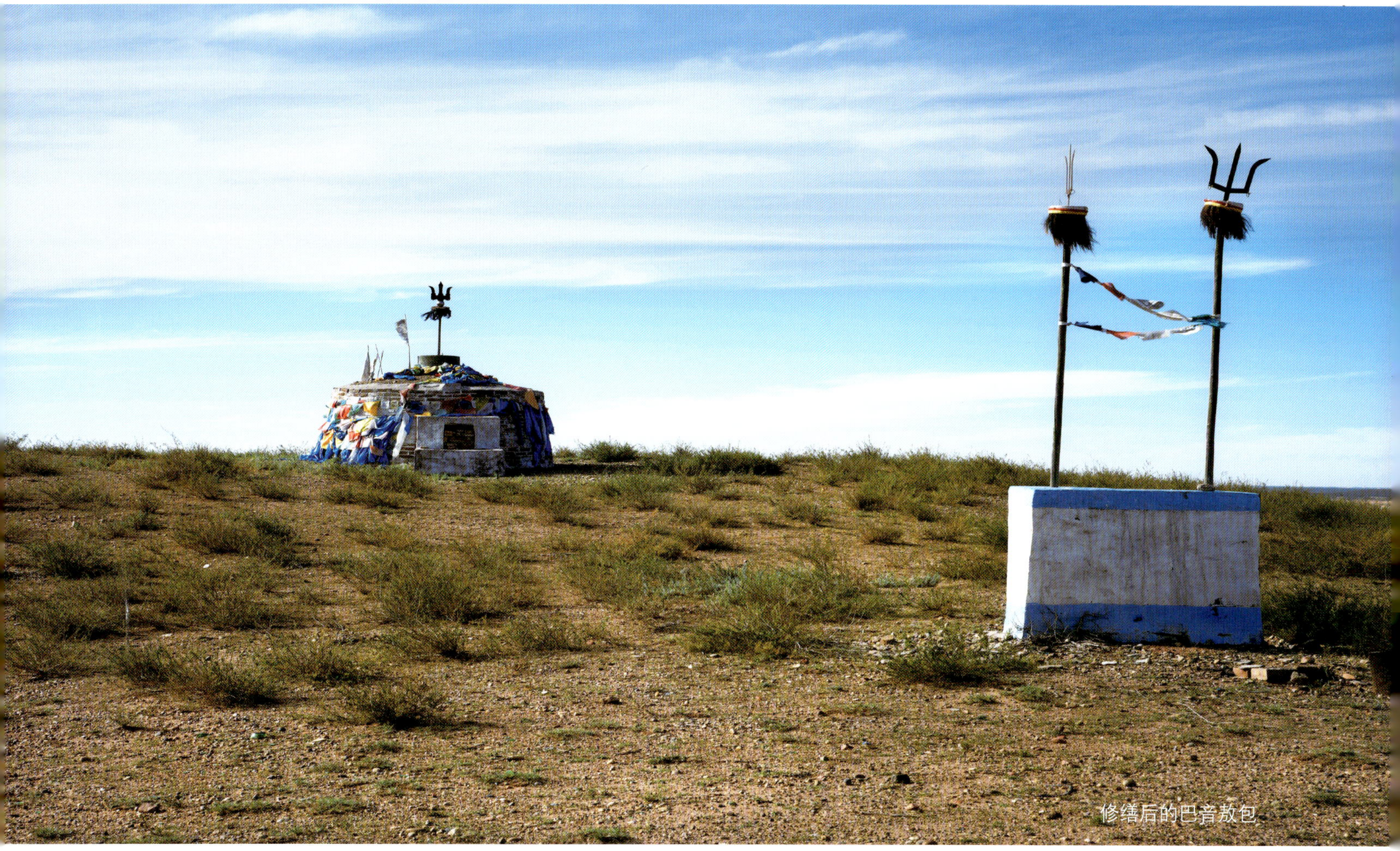

修缮后的巴音敖包

37 巴音敖包

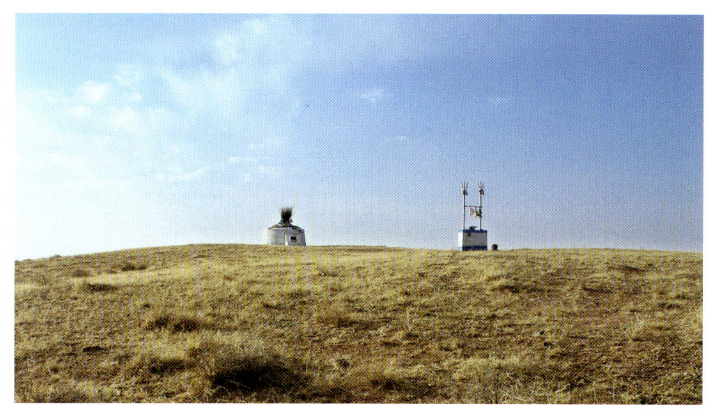

巴音敖包位于杭锦旗伊和乌素苏木境内，属庙敖包。巴音敖包由敖包、供台和禄马风旗祭祀台组成。敖包为砖混水泥建筑，包顶插沙柳树枝，高3.45米，宽3米。

祭祀方向： 东南

祭祀时间： 鄂尔多斯历八月十三日（农历五月十三日）

此敖包为浩琴召庙敖包，浩琴召庙始建于明朝，是鄂尔多斯地区较早修建的寺院之一，所以巴音敖包也应修建于明朝。

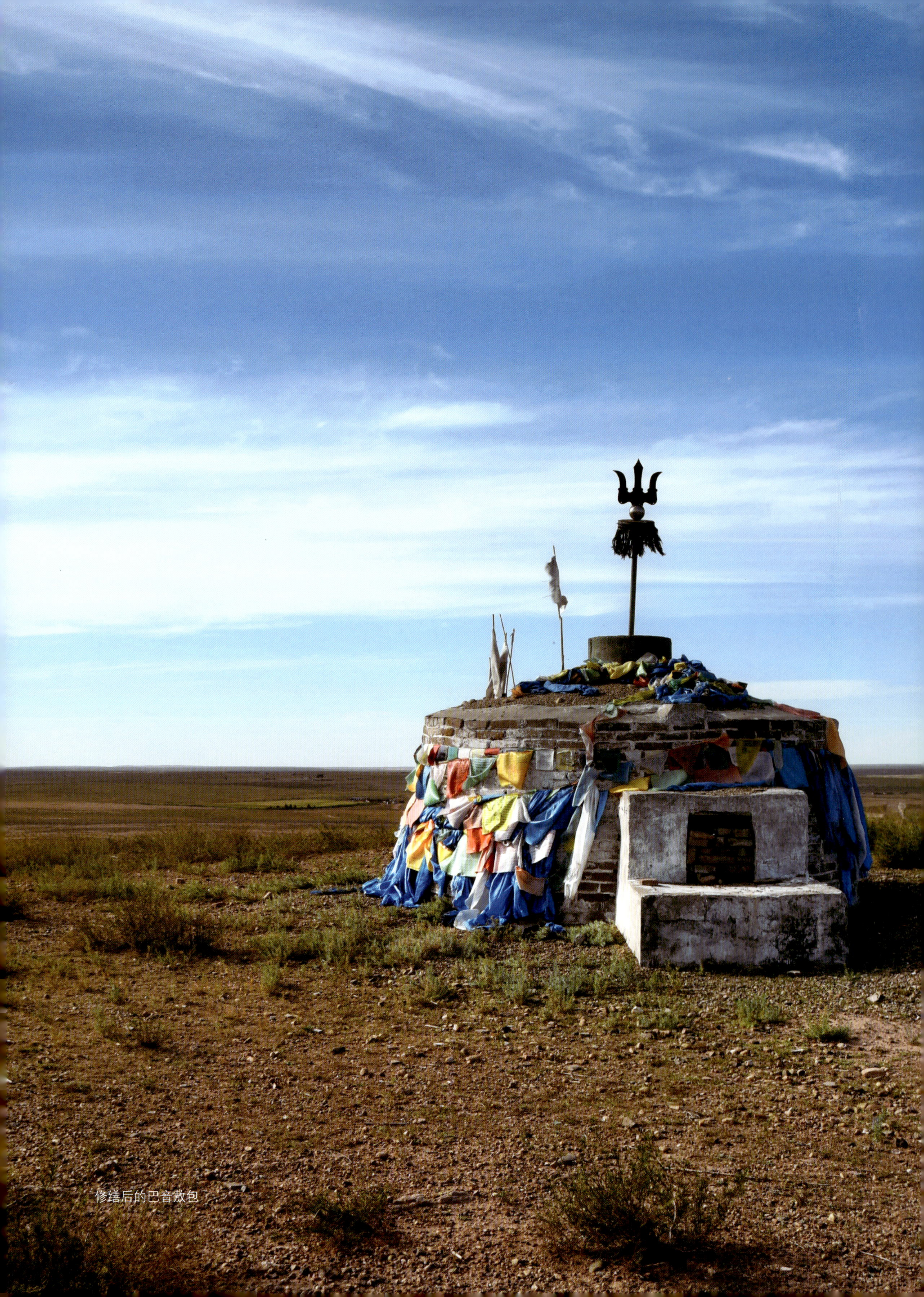

修缮后的巴音敖包

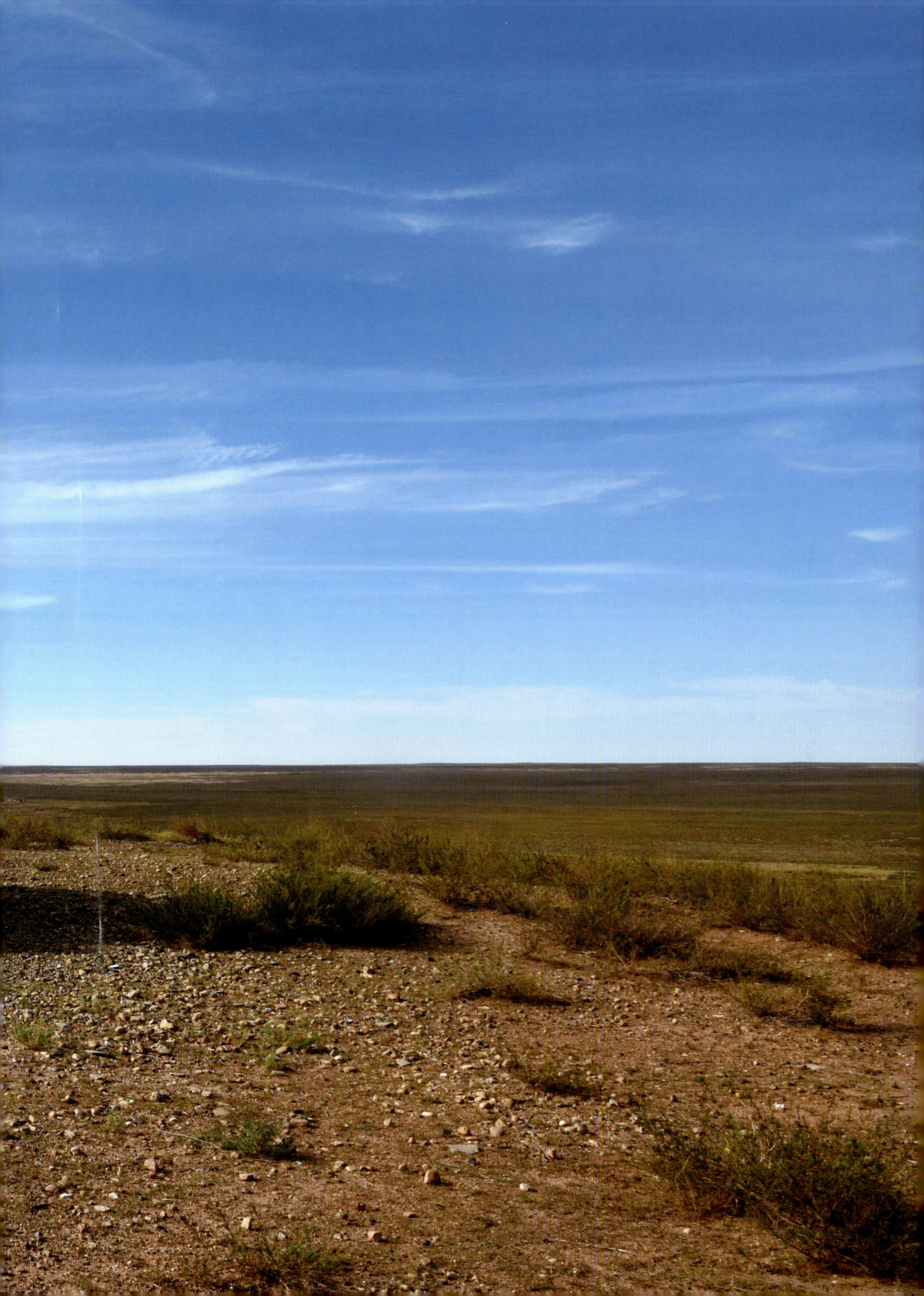

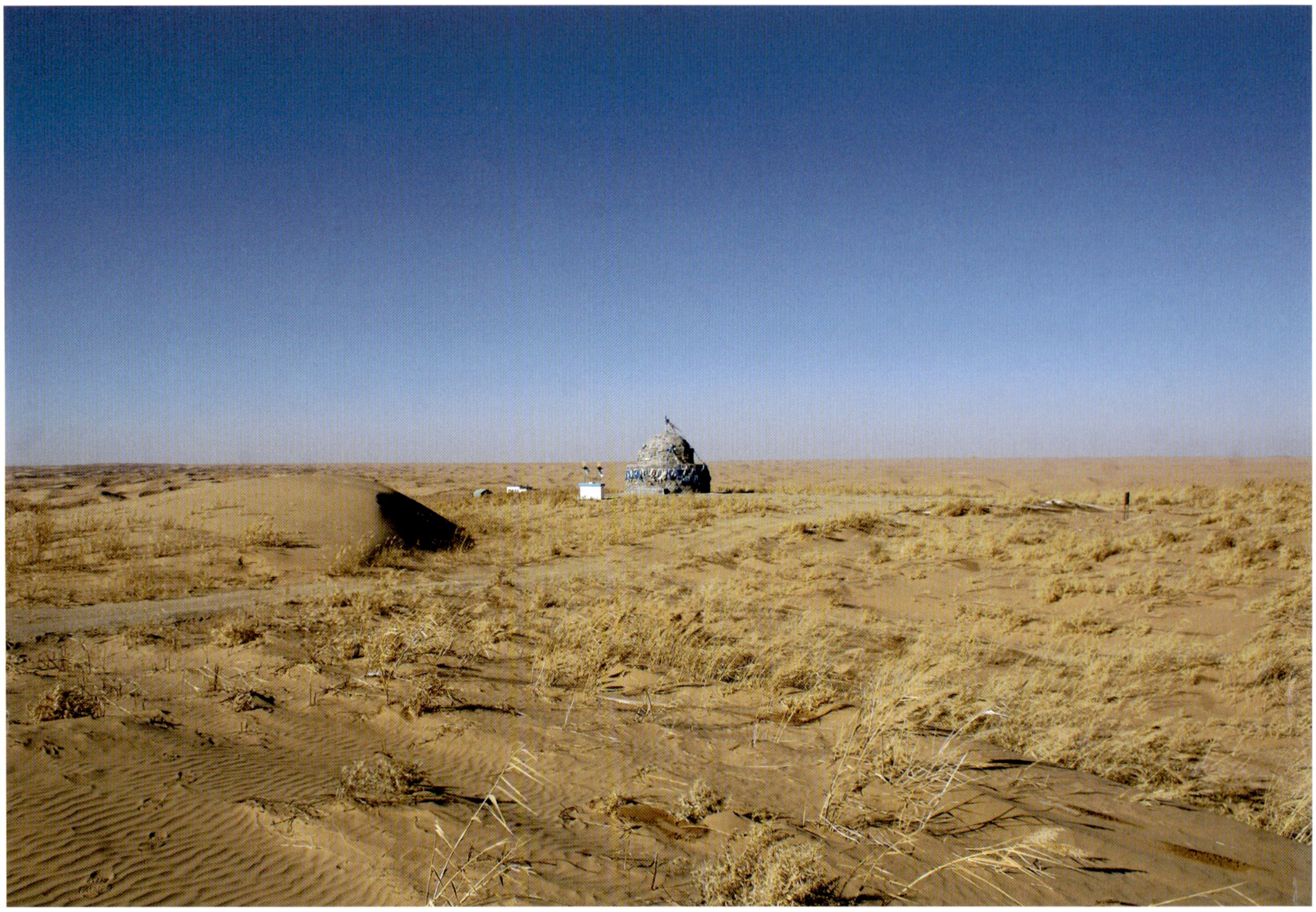

38 巴音温都尔敖包

巴音温都尔敖包位于杭锦旗伊和乌素苏木境内，属努图格敖包。巴音温都尔敖包由敖包、供台、禄马风旗祭祀台和祭祀用房组成。敖包为三层石混水泥塔式建筑，包顶插都格，高5.25米，宽5.8米。

祭祀方向： 东南

祭祀时间： 鄂尔多斯历八月十三日（农历五月十三日）

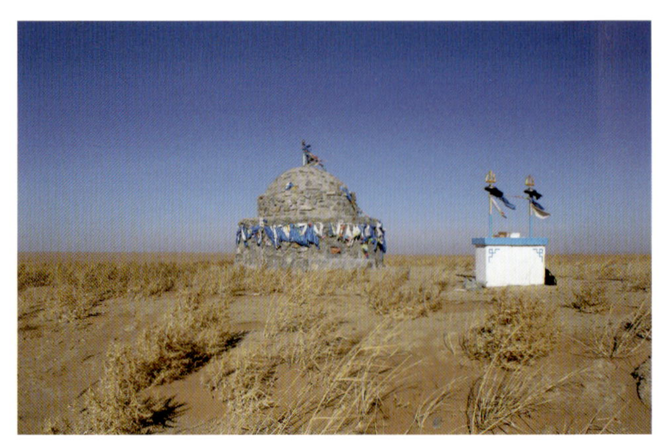

39 邦很敖包

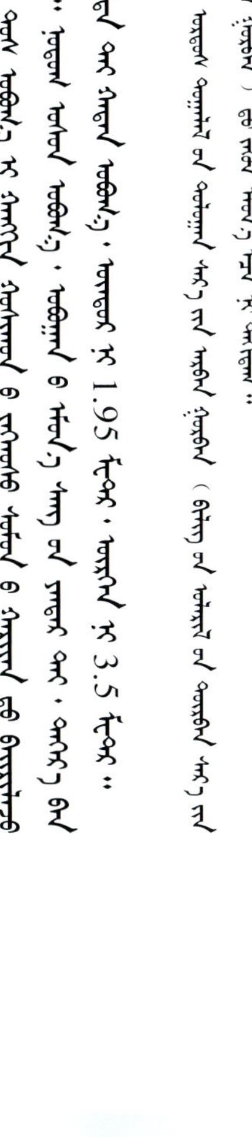

邦很敖包位于杭锦旗伊和乌素苏木境内，属务图格敖包。邦很敖包由敖包和熏香台组成。敖包用石块堆建而成，包顶插苏勒德，高 1.95 米，宽 3.5 米。

祭祀方向：东南

祭祀时间：鄂尔多斯历七月十三日（农历四月十三日）

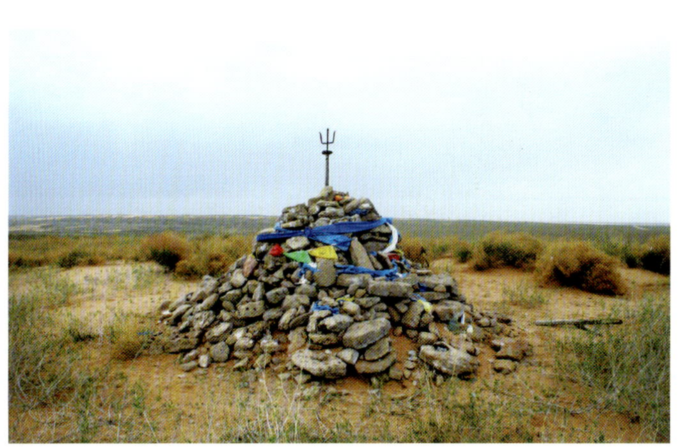

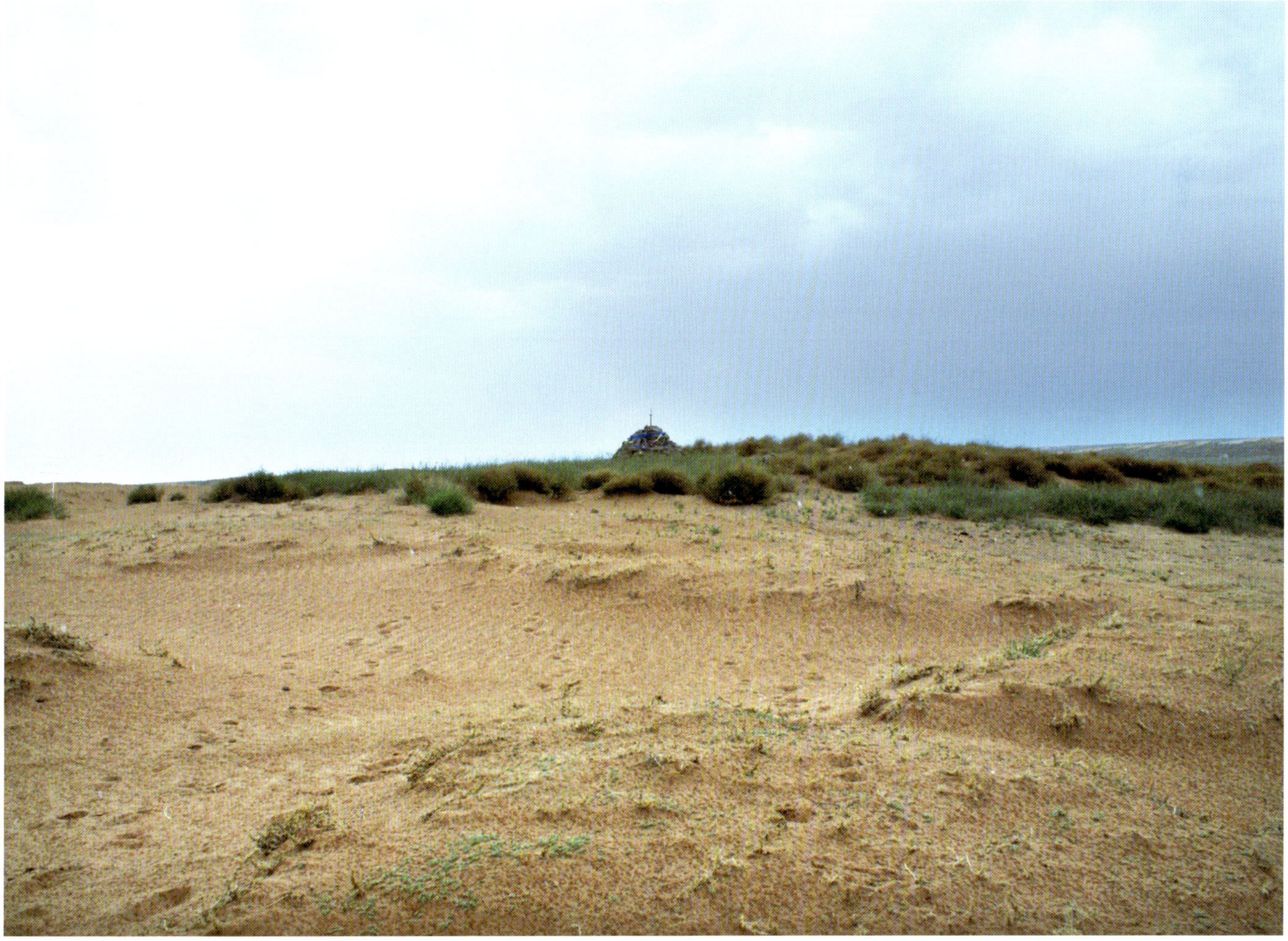

40 宝日敖包

宝日敖包位于杭锦旗伊和乌素苏木境内，属努图格敖包。敖包用石块搭建而成，高2.3米，宽3.2米。

祭祀时间：鄂尔多斯历八月初三日（农历五月初三日）

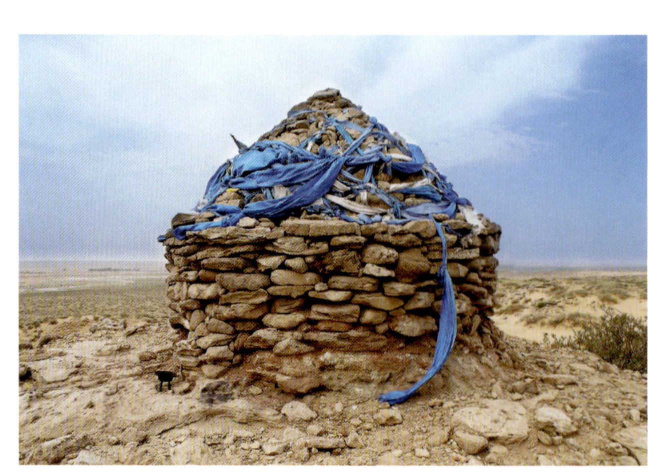

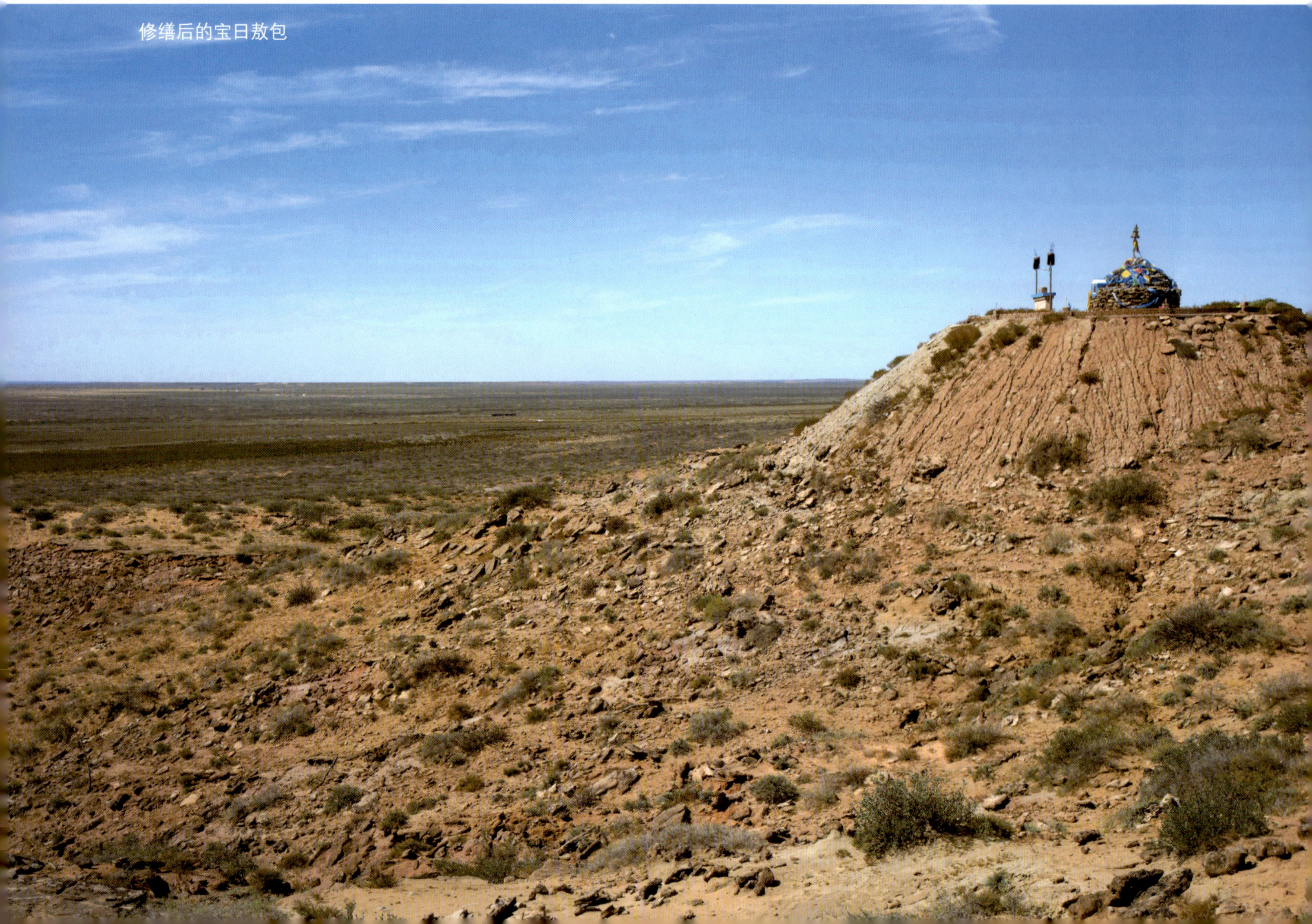

修缮后的宝日敖包

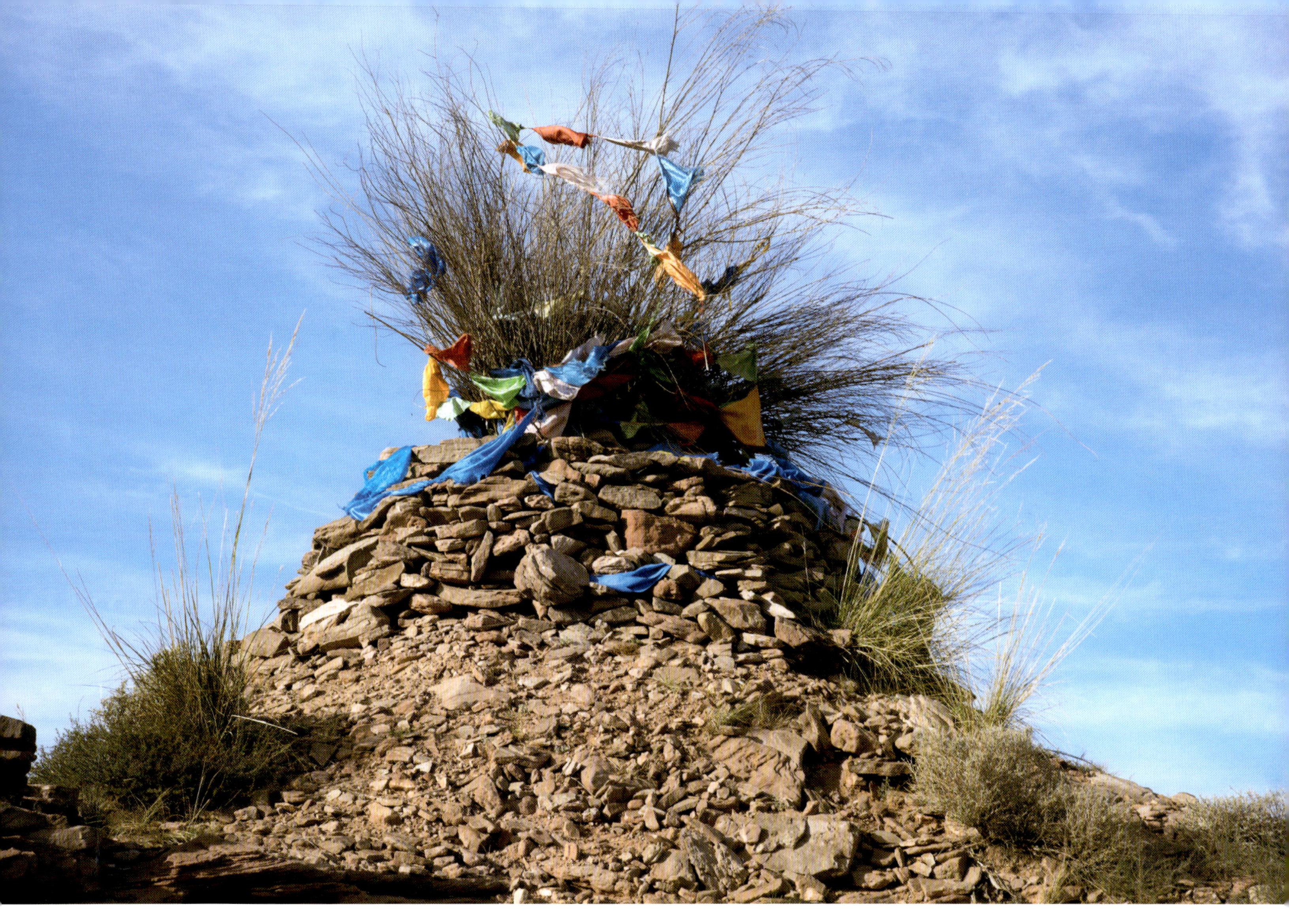

41 布日哈纳格敖包

布日哈纳格敖包位于杭锦旗伊和乌素苏木境内，属努图格敖包。敖包用石块搭建而成，包顶插沙柳树枝，高 3.9 米，宽 5.3 米。

祭祀时间：鄂尔多斯历八月十三日（农历五月十三日）

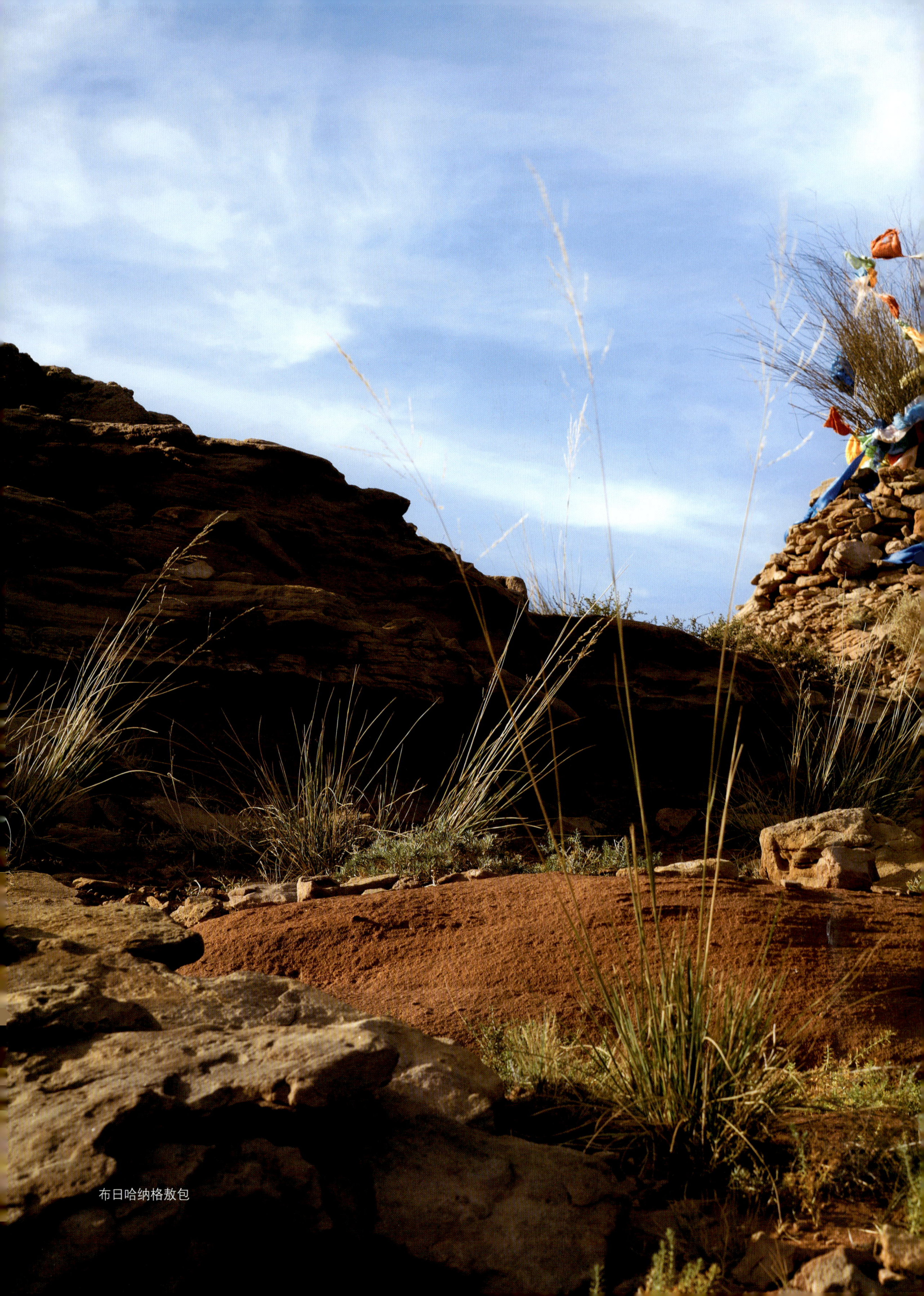

布日哈纳格敖包

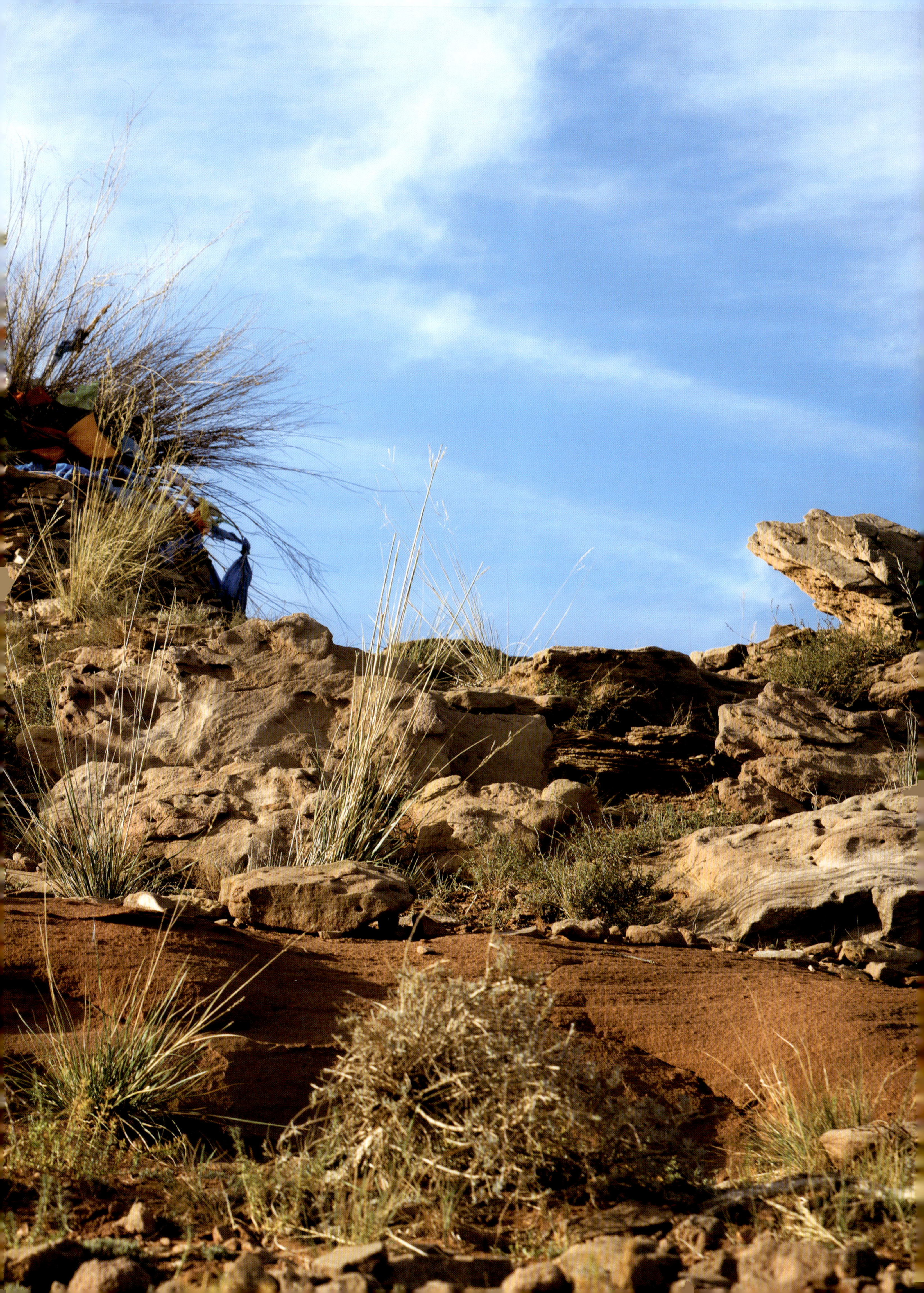

42 查干敖包

查干敖包位于杭锦旗伊和乌素苏木境内，属庙敖包。查干敖包由敖包、供台、熏香台和禄马风旗祭祀台组成。敖包为两层砖混水泥塔式建筑，包顶插沙柳树枝，高3.1米，宽1.85米。

祭祀方向： 东南

祭祀时间： 鄂尔多斯历九月初十日（农历六月初十日）

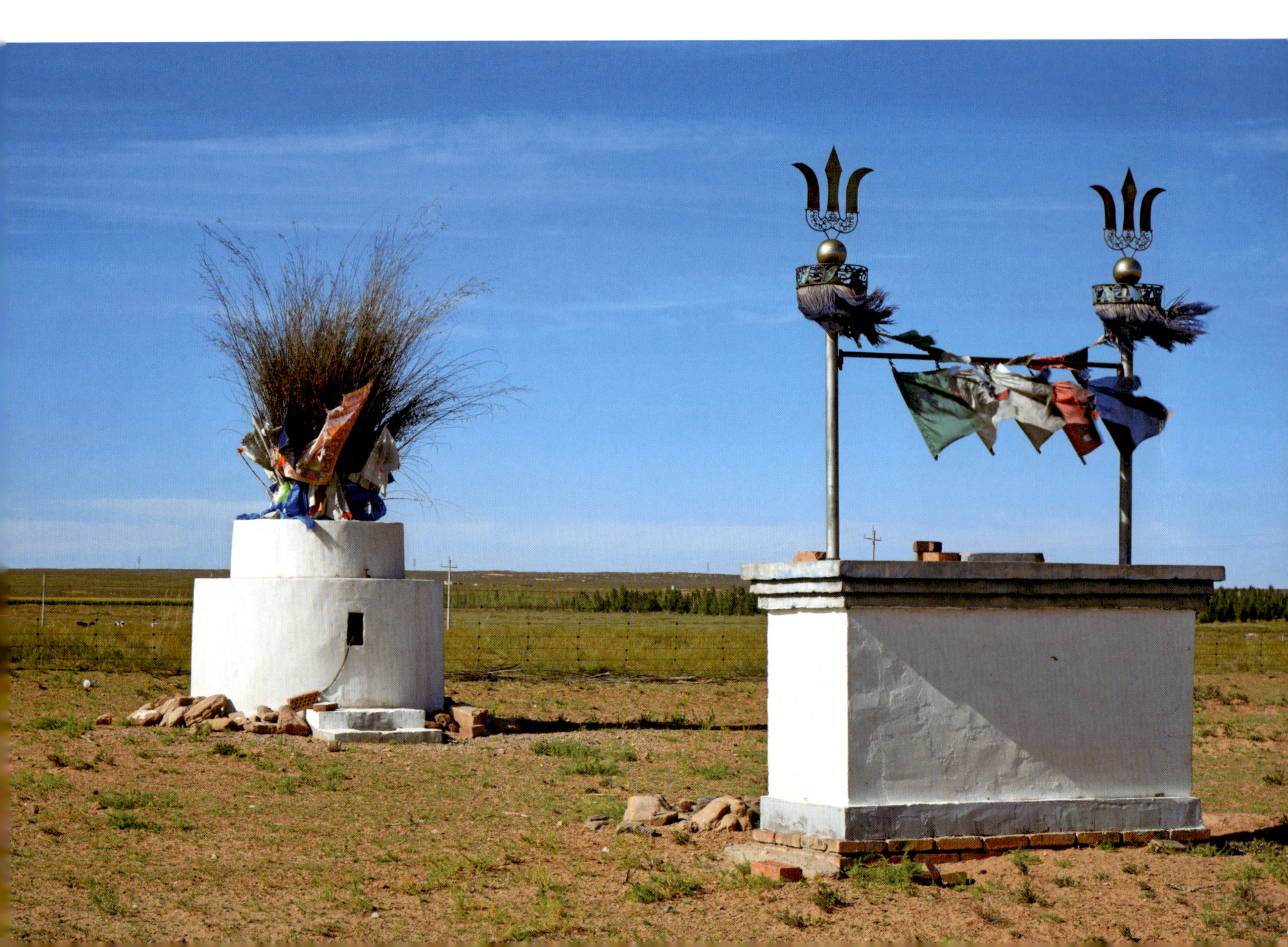

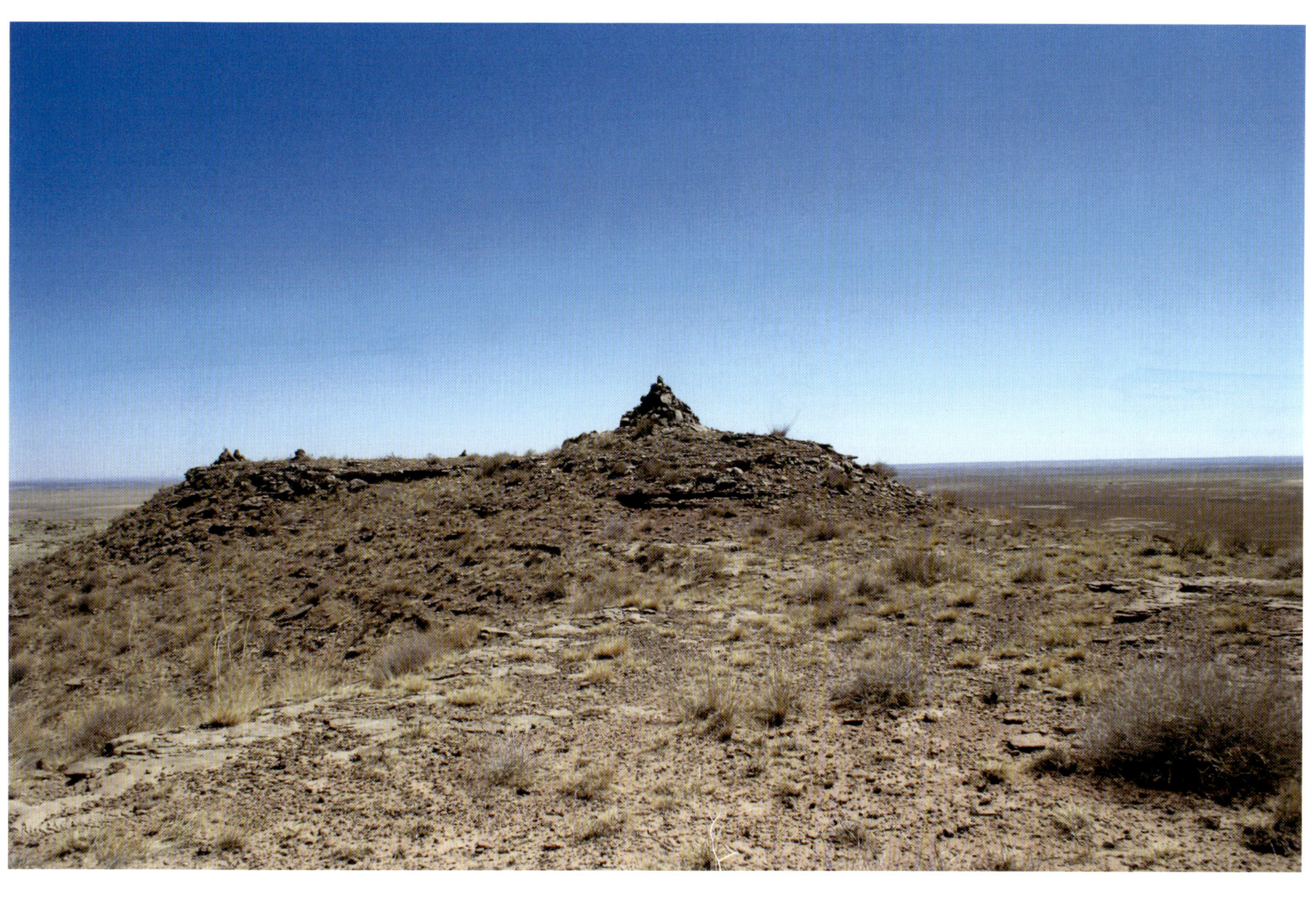

43 查干敖包

查干敖包位于杭锦旗伊和乌素苏木境内，属家庭敖包。查干敖包由主敖包和12个守护敖包组成。主敖包用石块堆建而成，高1.8米，宽2.4米；守护敖包亦用石块堆积而成，高0.8米，宽1米。

祭祀方向： 东北

祭祀时间： 鄂尔多斯历六月二十一日（农历三月二十一日）

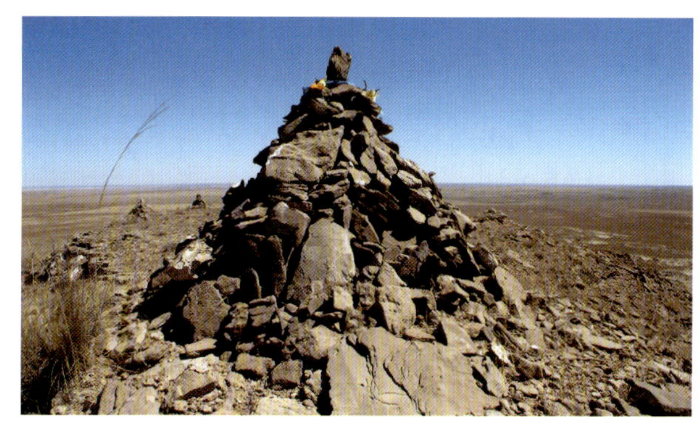

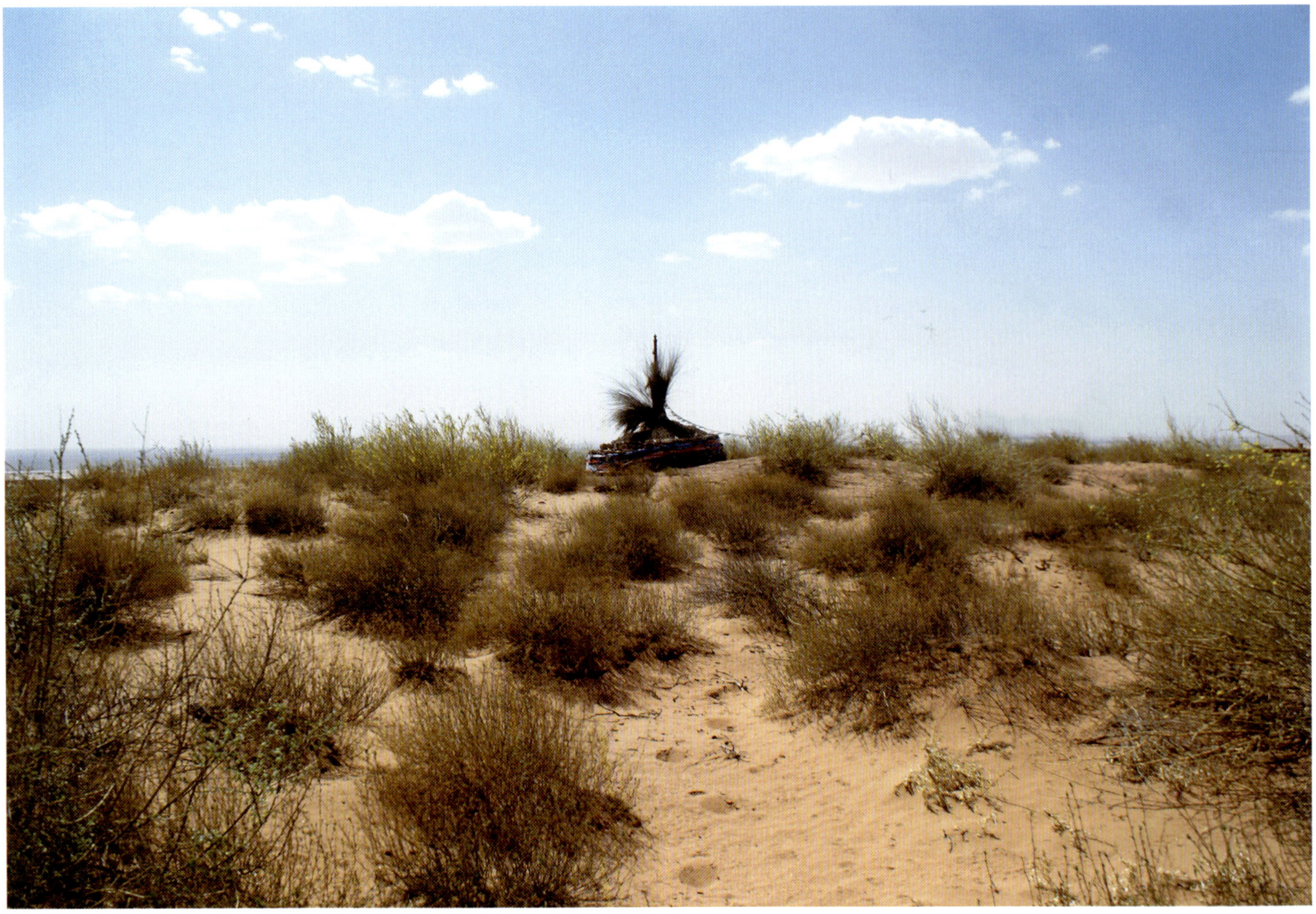

44 哈达图敖包

哈达图敖包位于杭锦旗伊和乌素苏木境内，属努图格敖包。敖包用石块堆建而成，包顶插都格和沙柳树枝，高 4.4 米，宽 4.8 米。

祭祀时间： 鄂尔多斯历八月十三日（农历五月十三日）

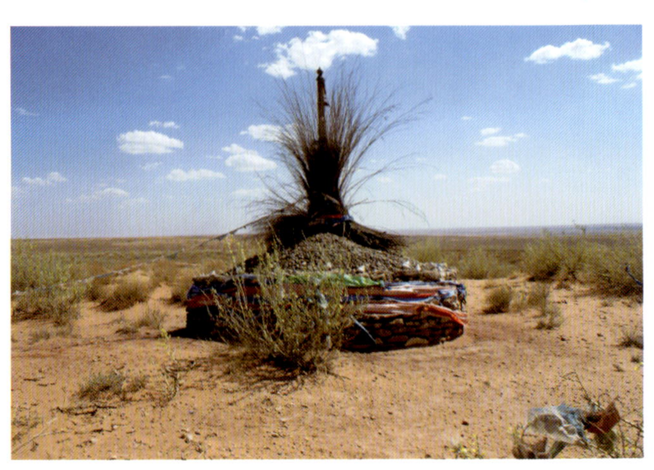

45 鸿格尔敖包

鸿格尔敖包位于杭锦旗伊和乌素苏木境内，属家庭敖包。鸿格尔敖包由敖包和禄马风旗祭祀台组成。敖包为三层石混水泥塔式建筑，包顶插沙柳树枝，高4.6米，宽2.78米。

祭祀方向：东南

祭祀时间：鄂尔多斯历八月初三日（农历五月初三日）

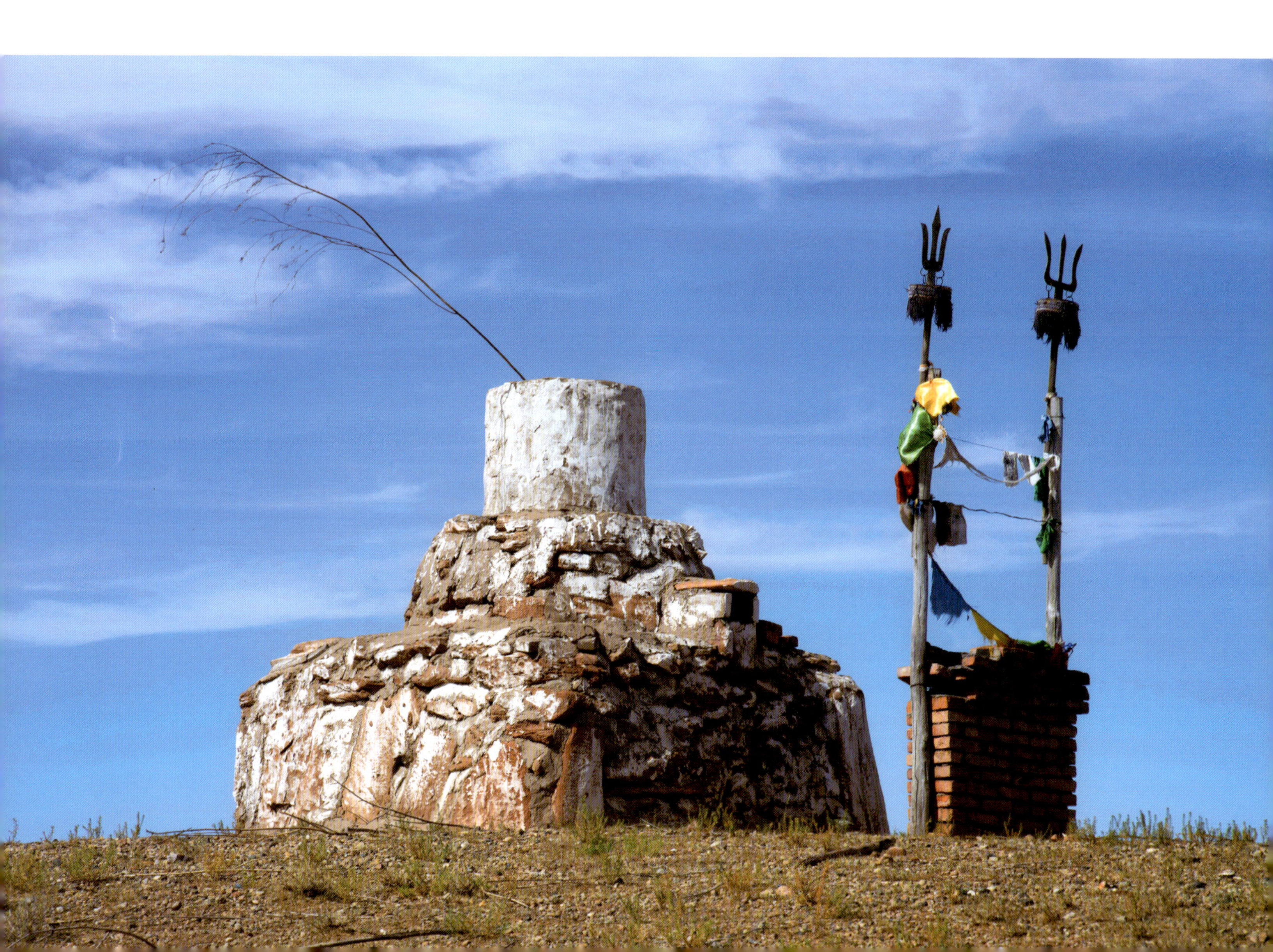

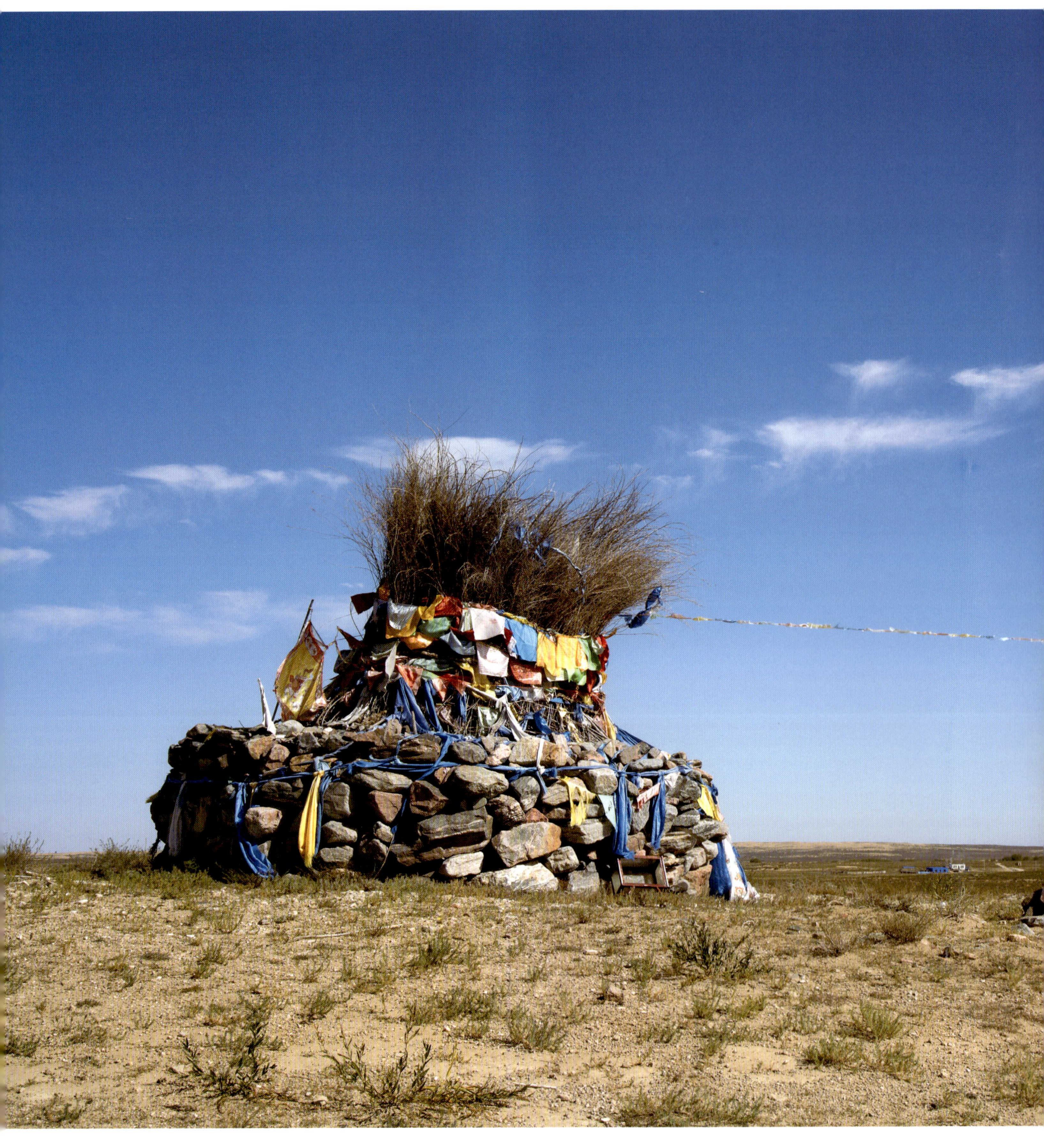

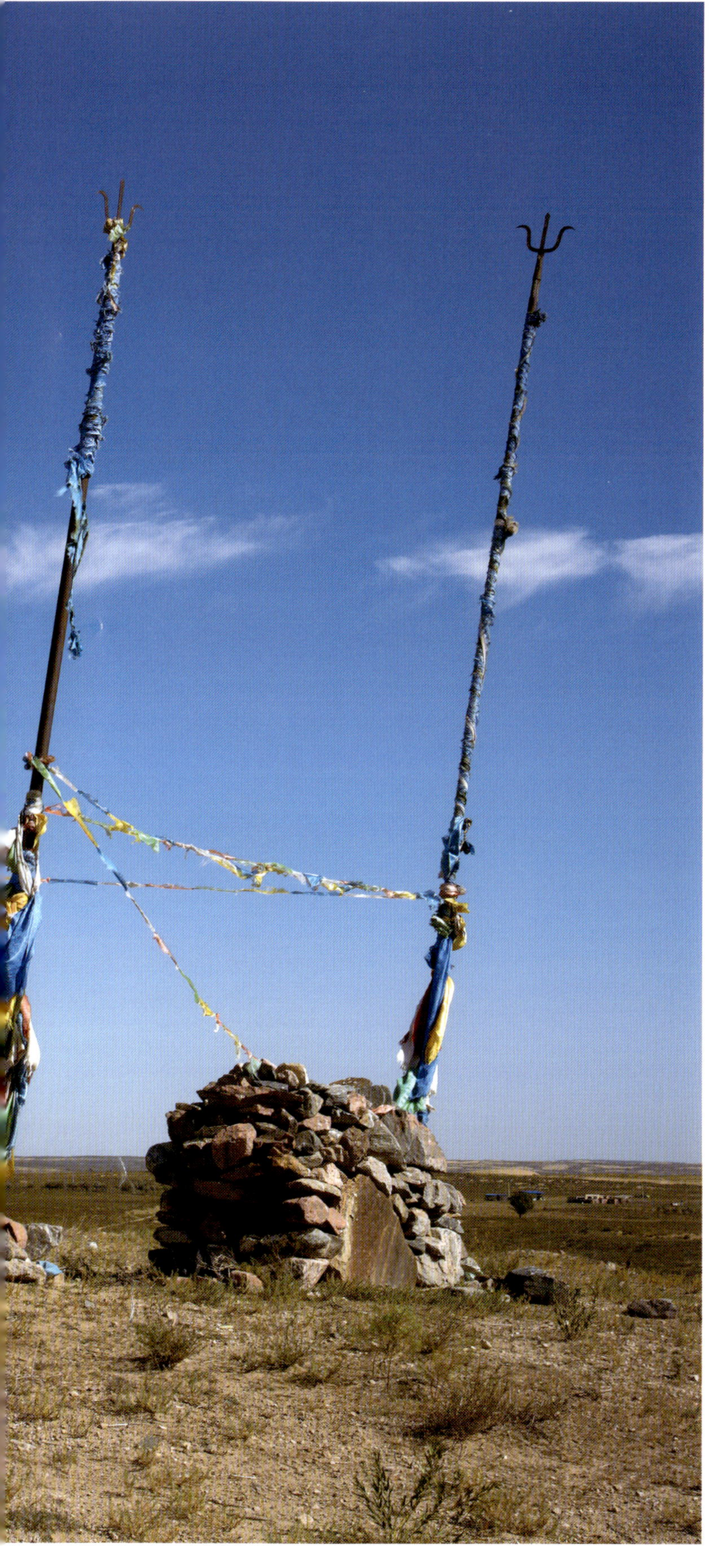

46 胡仁陶勒盖敖包

胡仁陶勒盖敖包位于杭锦旗伊和乌素苏木境内，属庙敖包。胡仁陶勒盖敖包由敖包和禄马风旗祭祀台组成。敖包用石块搭建而成，包顶插沙柳树枝，高3.9米，宽4.8米。

祭祀方向： 东南

祭祀时间： 鄂尔多斯历八月十三日（农历五月十三日）

47 苏布日嘎敖包

苏布日嘎敖包位于杭锦旗伊和乌素苏木境内，属努图格敖包。苏布日嘎敖包由敖包、禄马风旗祭祀台、佛塔和祭祀用房组成。敖包用石块搭建而成，包顶插柠条枝，高 3.36 米，宽 8 米。

祭祀方向： 东南

祭祀时间： 鄂尔多斯历八月二十三日（农历五月二十三日）

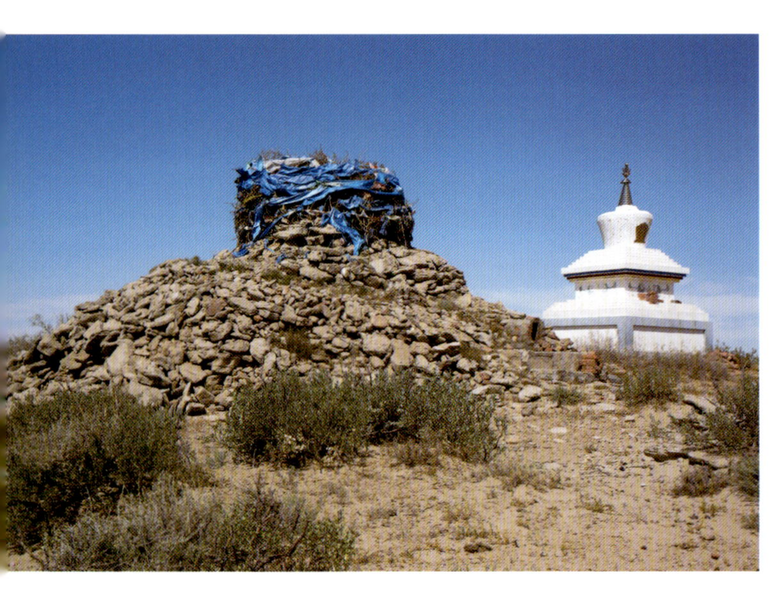

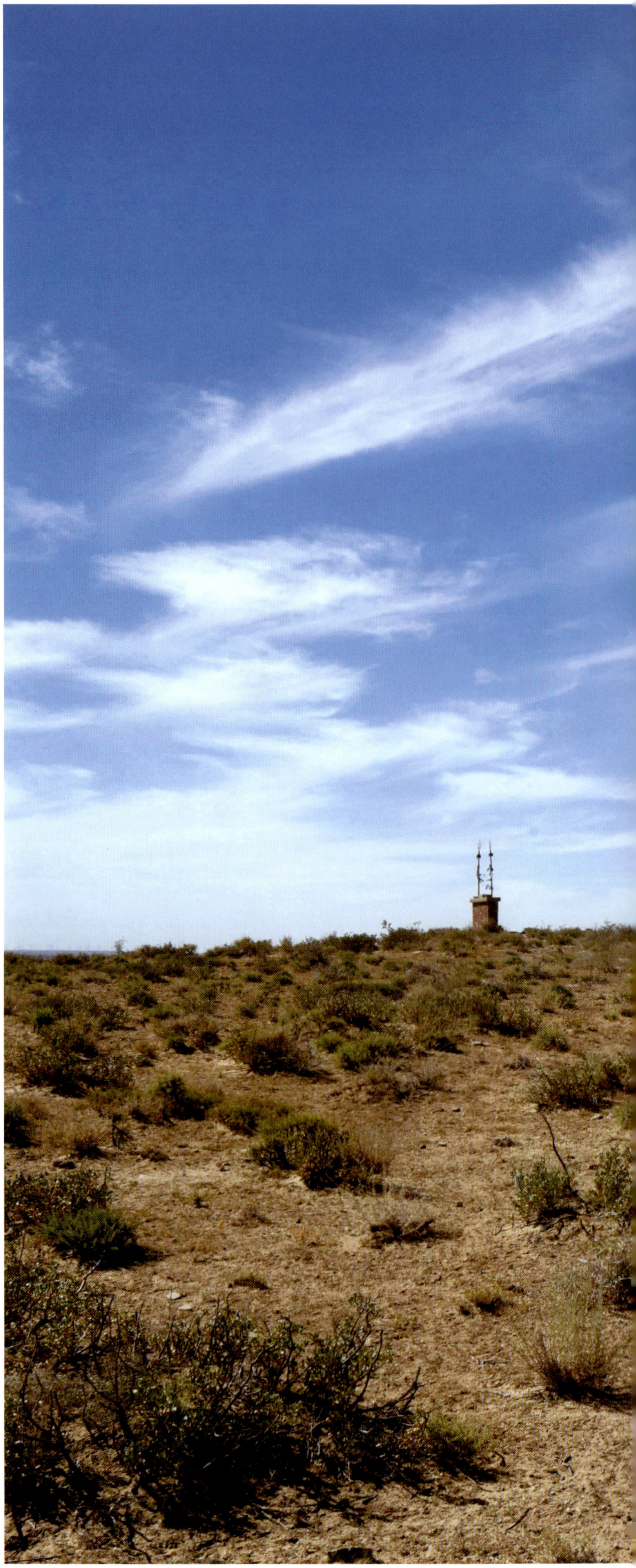

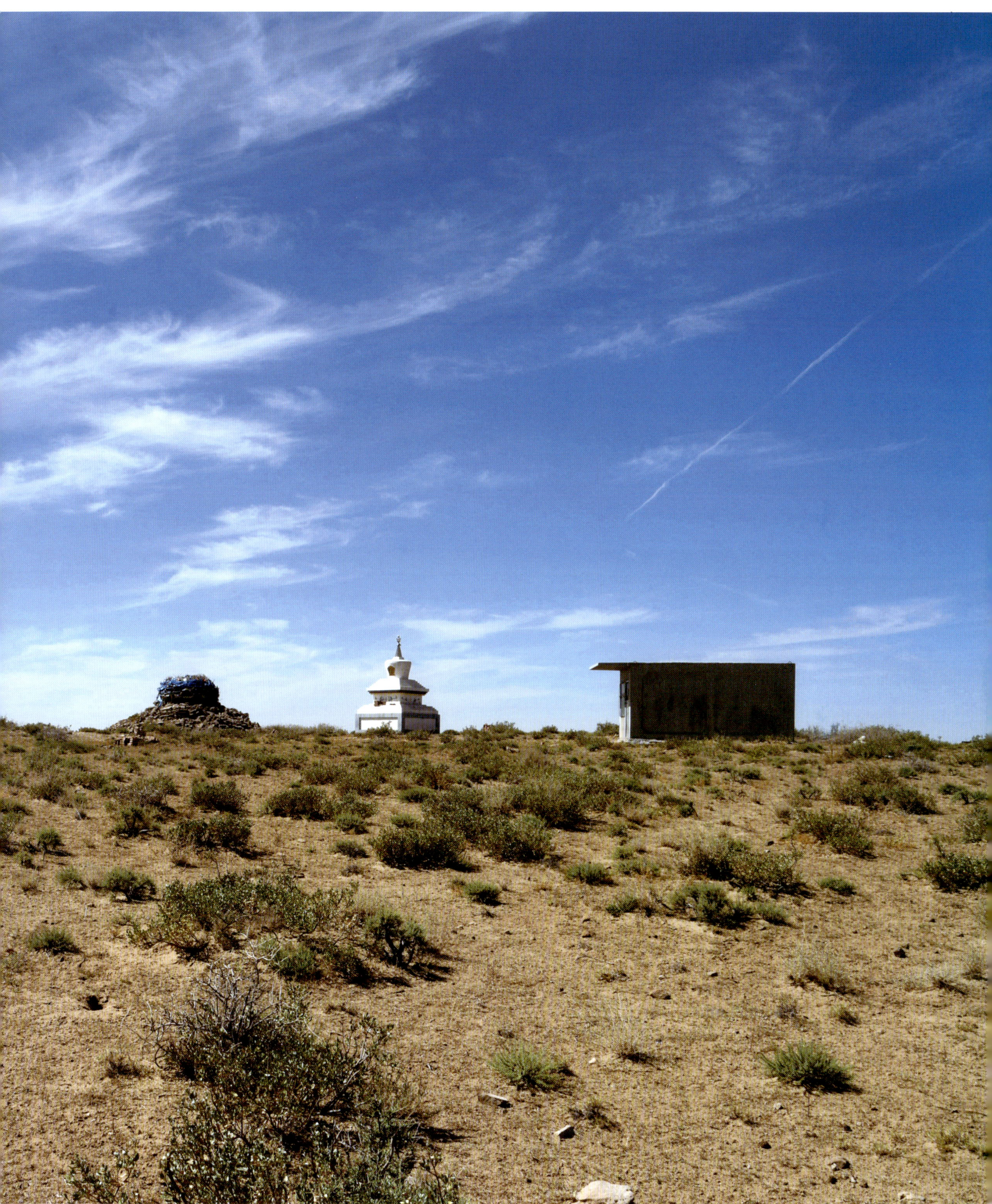

ᠨᠠᠢᠮᠠ

ᠣᠲᠣᠭ ᠬᠣᠰᠢᠭᠤ

捌

鄂托克旗

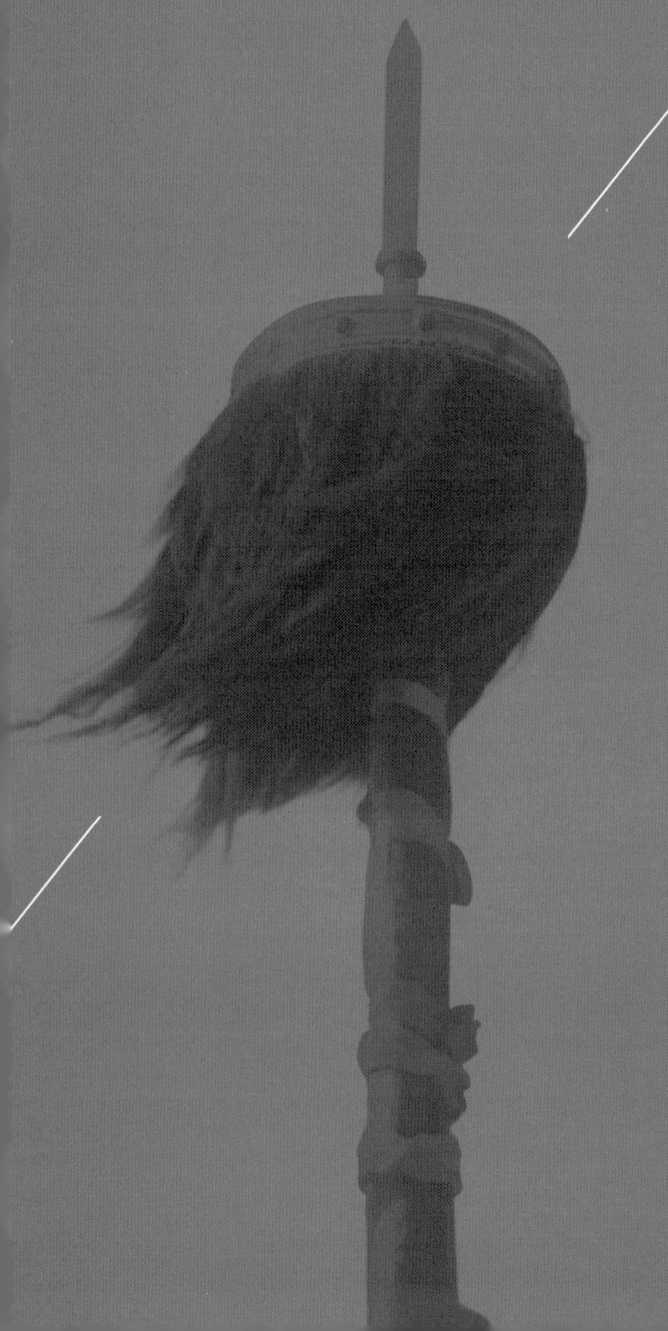

1 巴音敖包

巴音敖包位于鄂托克旗阿尔巴斯苏木和棋盘井镇交界处，亦称成吉思汗敖包，属鄂托克旗13个旗敖包之一。巴音敖包依地势建在础砂岩上，由敖包、供台、禄马风旗祭祀台和祭祀用房组成。敖包为三层砖混水泥塔式建筑，基座为方形，二层和三层均为圆形，包顶插沙柳树枝，沙柳树正中竖立苏勒德，高5.33米，宽4米。

祭祀方向： 东南

祭祀时间： 鄂尔多斯历查干月十三日（农历正月十三日）和八月十三日（农历五月十三日）

传说敖包周围辽阔的草原是成吉思汗两匹骏马的草场，两匹骏马死后，鄂托克王爷下令在草场上找一高洁之处，安放两匹骏马的头骨并敬建敖包。后来王爷手下把小札嘎拉（两骏马中的小骏马）的头骨移出安放在了现在这个地方，之后又在此建立了敖包并进行祭祀，后人称之为“巴音敖包”，“巴音”为蒙古语，意为“富裕”。

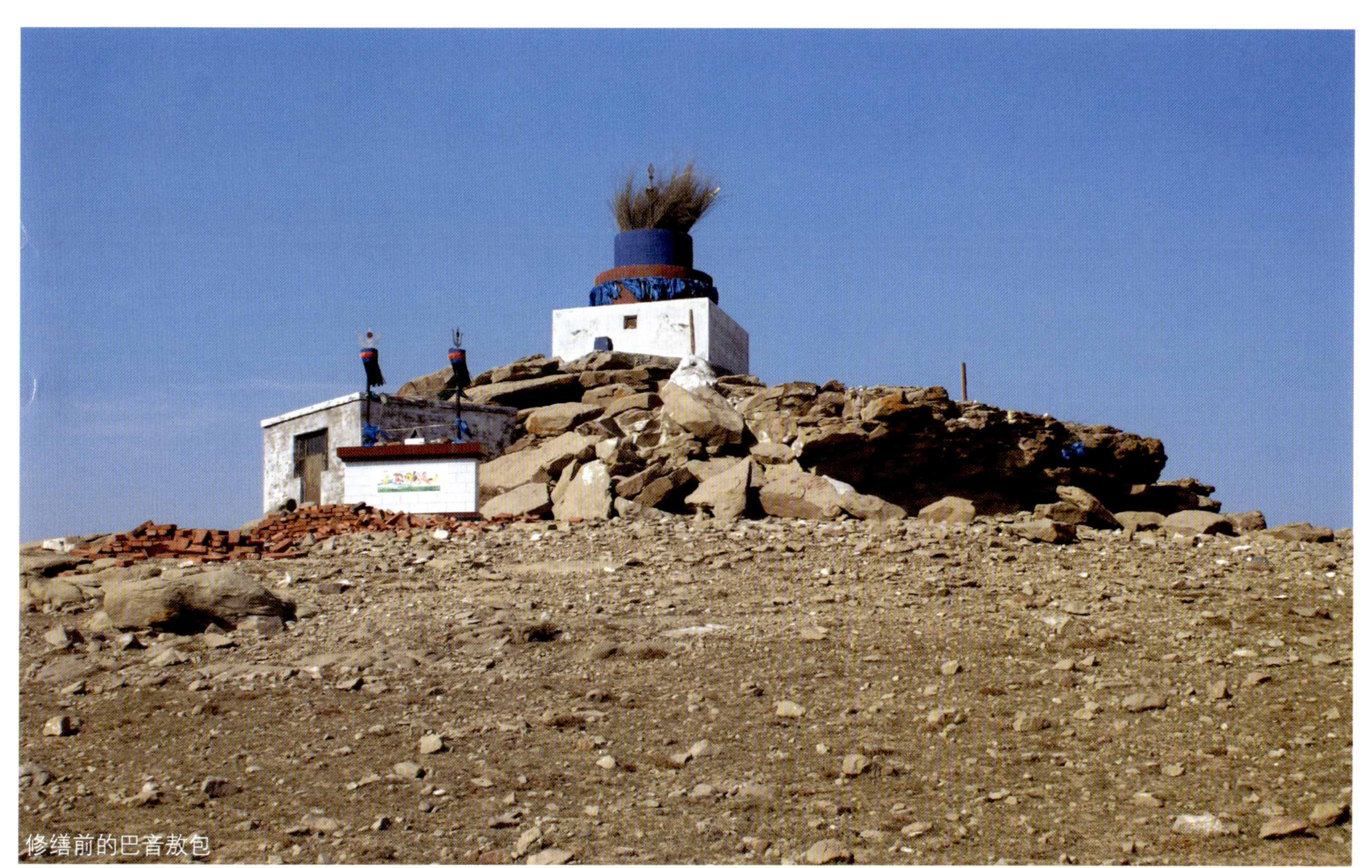

修缮前的巴音敖包

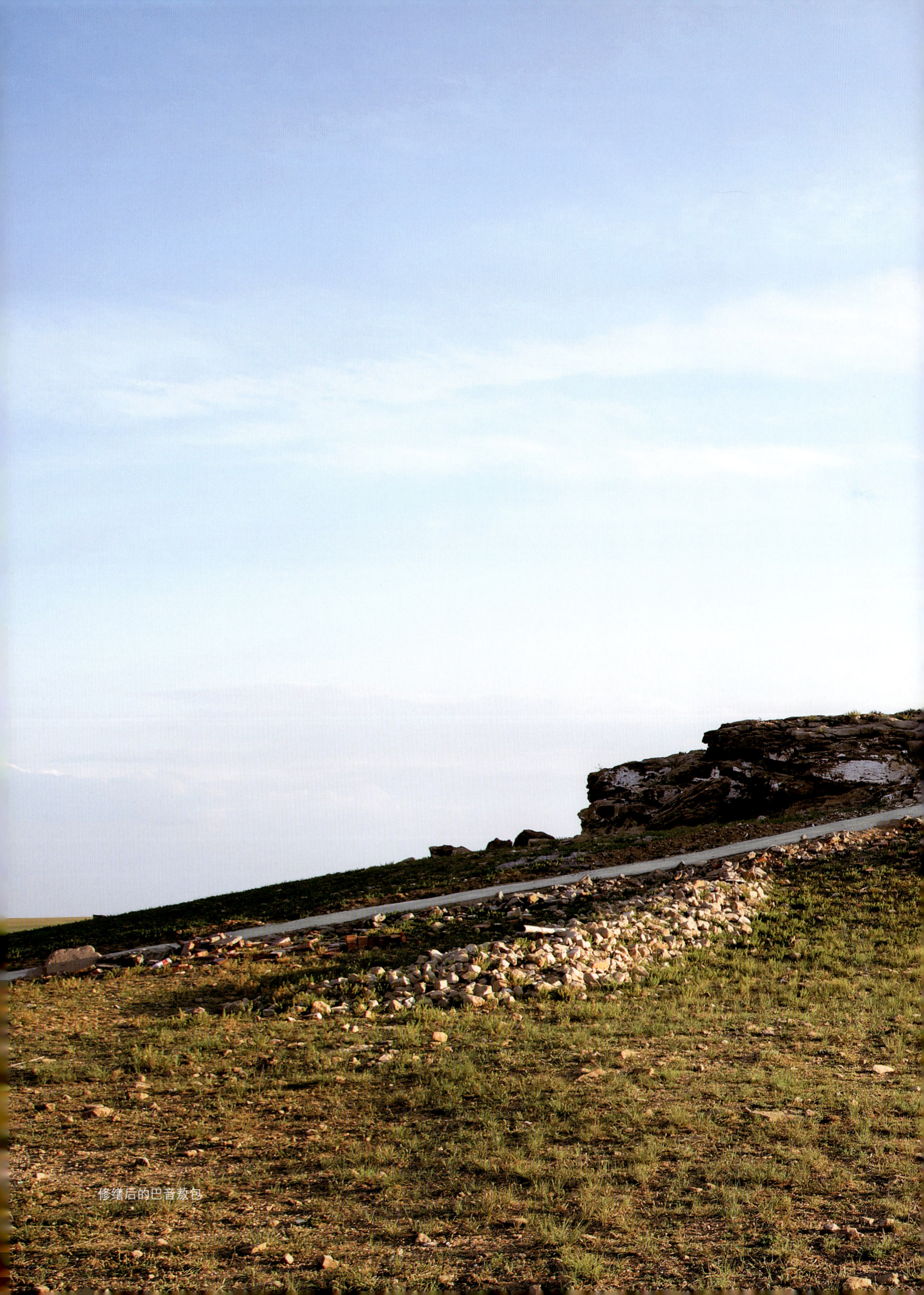

修缮后的巴音敖包

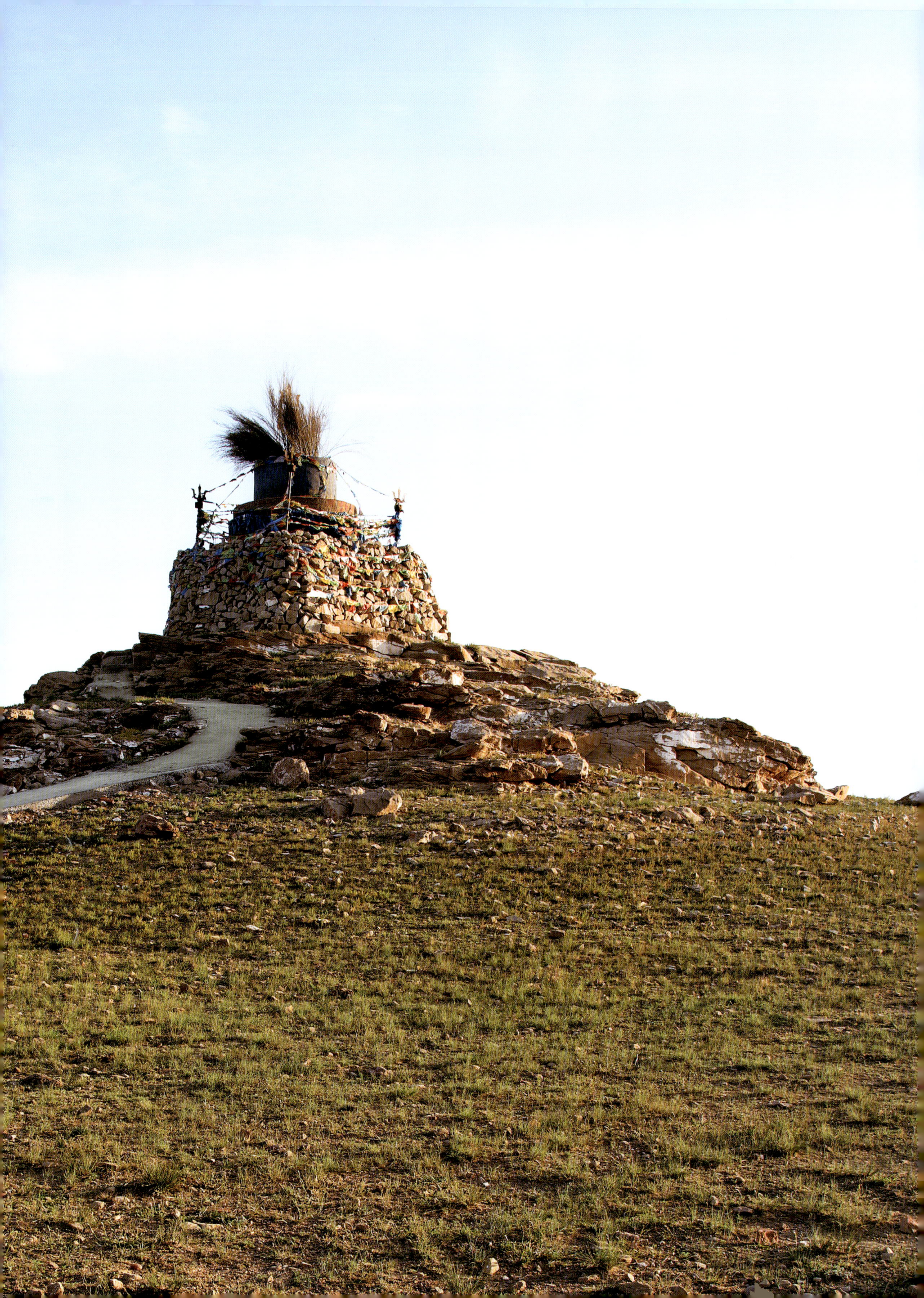

2 巴音松布尔敖包

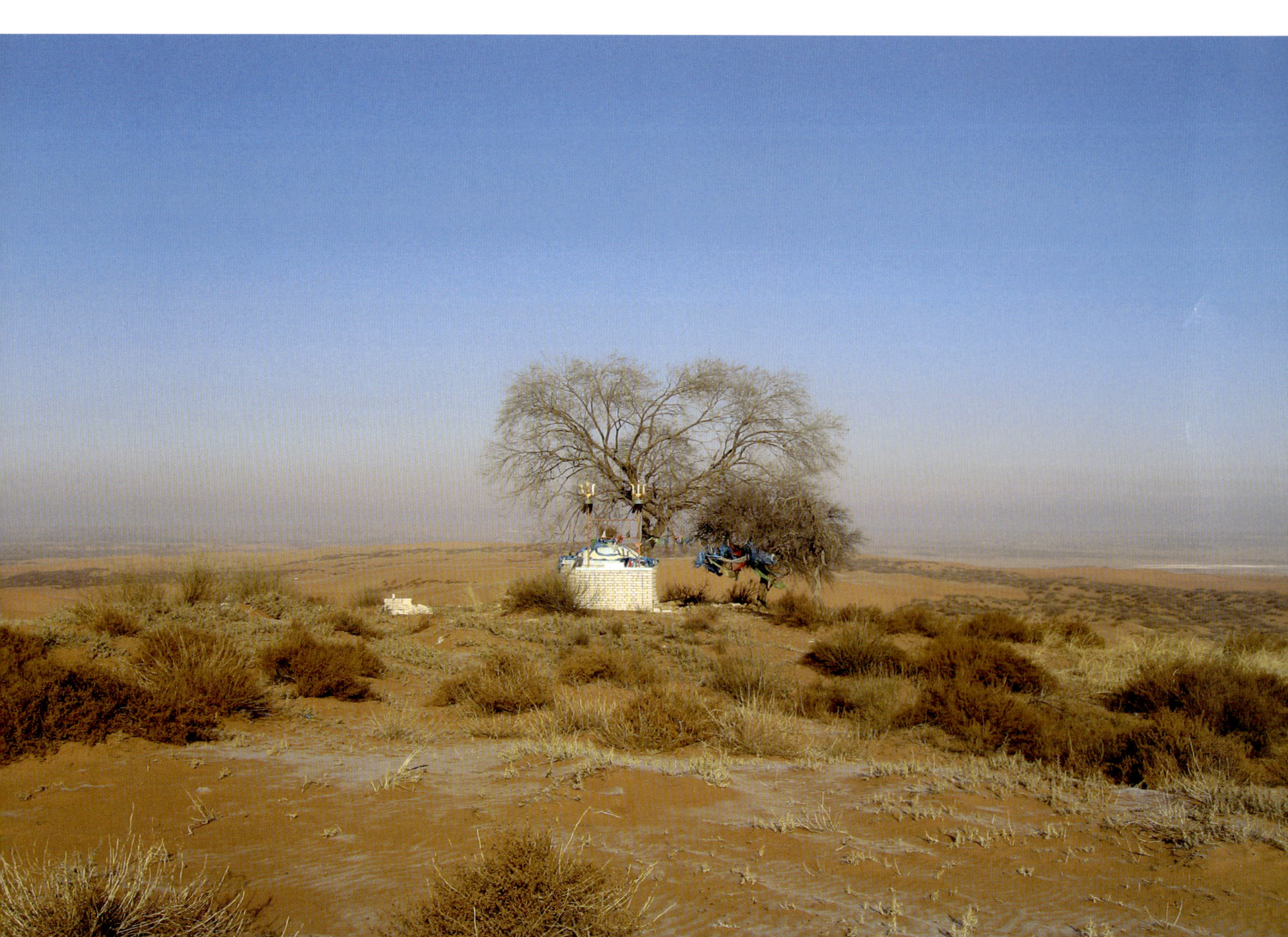

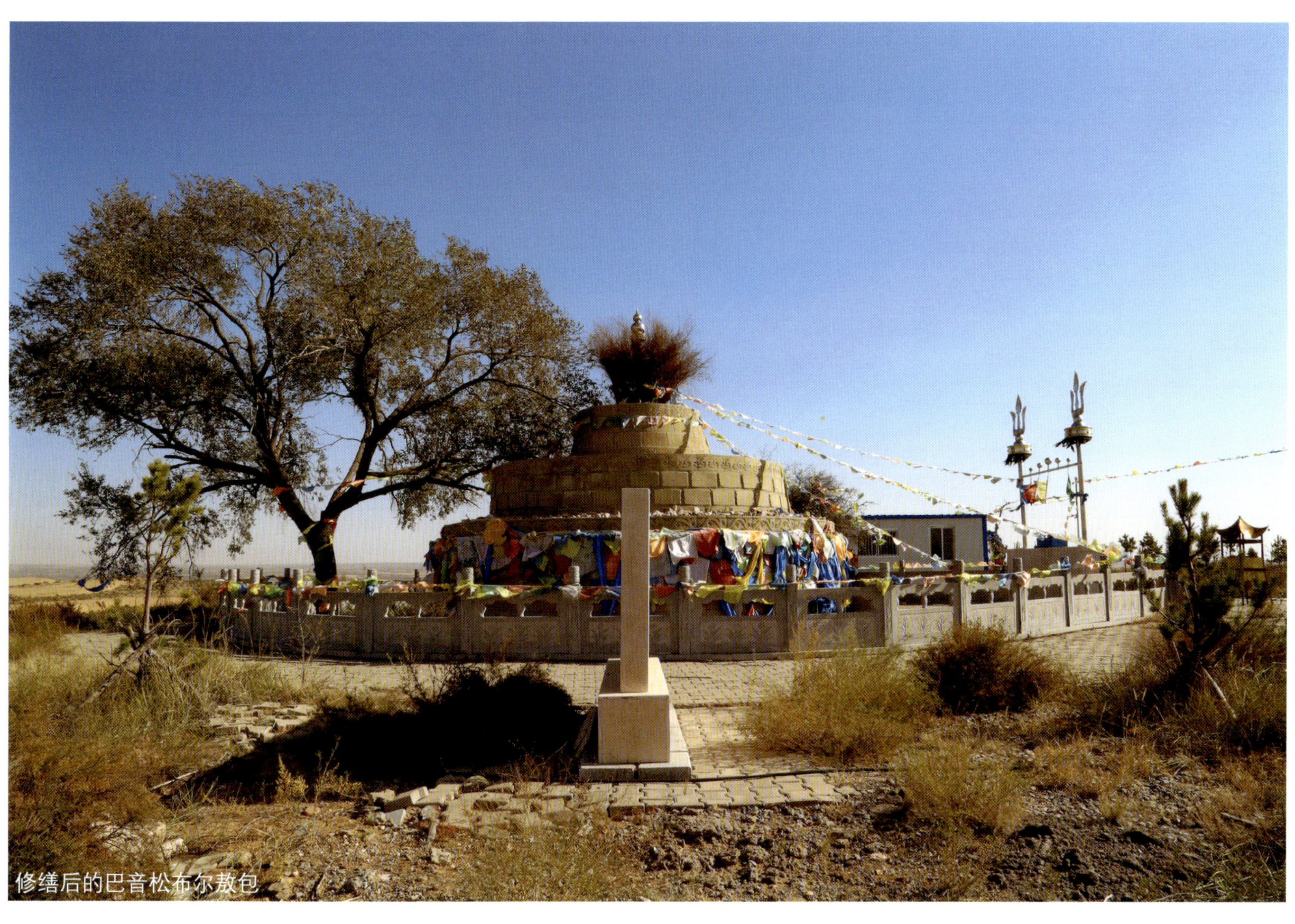
修缮后的巴音松布尔敖包

巴音松布尔敖包位于鄂托克旗苏米图苏木境内，属鄂托克旗13个旗敖包之一。巴音松布尔敖包所处环境为毛乌素沙漠腹地，敖包建于一个叫宏嘎尔阿吉尔干达巴的高梁上，所以也被称为“宏嘎尔阿吉尔干达巴敖包”。巴音松布尔敖包由敖包、供台、禄马风旗祭祀台组成。敖包为砖混水泥蒙古包式建筑，包顶插沙柳树枝，高2.2米，宽2.8米。

祭祀方向：西南

祭祀时间：鄂尔多斯历查干月十三日（农历正月十三日）和八月十三日（农历五月十三日）

传说清朝时，皇帝命令一位使者到蒙古地区公干，使者骑着一匹肥壮的淡黄色公马（蒙古语称“宏嘎尔阿吉尔嘎”）上路了，经过数十天的长途跋涉，那匹公马已骨瘦如柴，路过这里时死在了此地，耽误了公事。皇帝大怒，要把使者处死，使者哭诉道：“鄂尔多斯右翼中旗（鄂托克旗）那个地方地广人稀，有个叫巴音松布尔的地方非常陡险，我的爱马就是死在了那里，于是耽误了公务。”皇帝不相信，难道真有那么陡险的地方？于是派两个人前去察看，但那两个人走到半路就返回来报告皇帝说：“真的是个陡险的地方。”皇帝相信了，那位使者保住了一条性命。

3 查布敖包

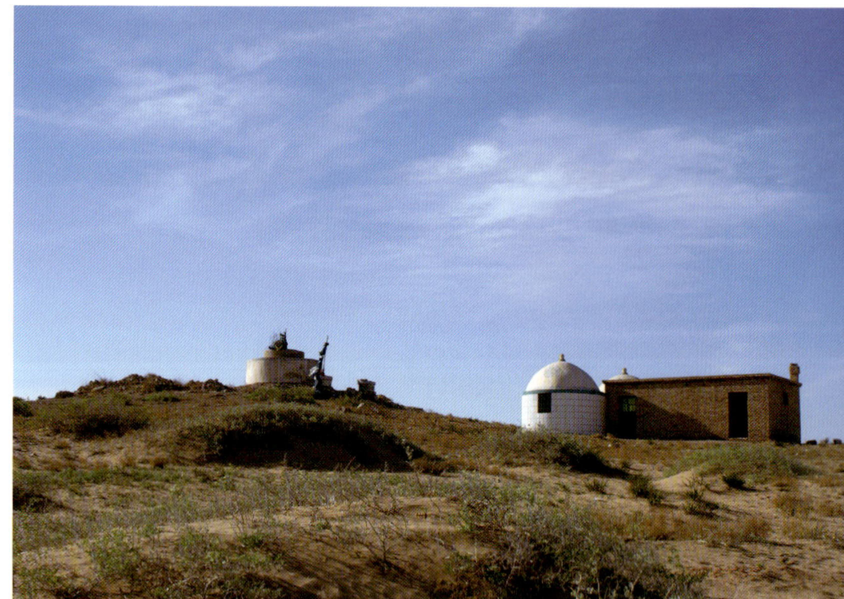

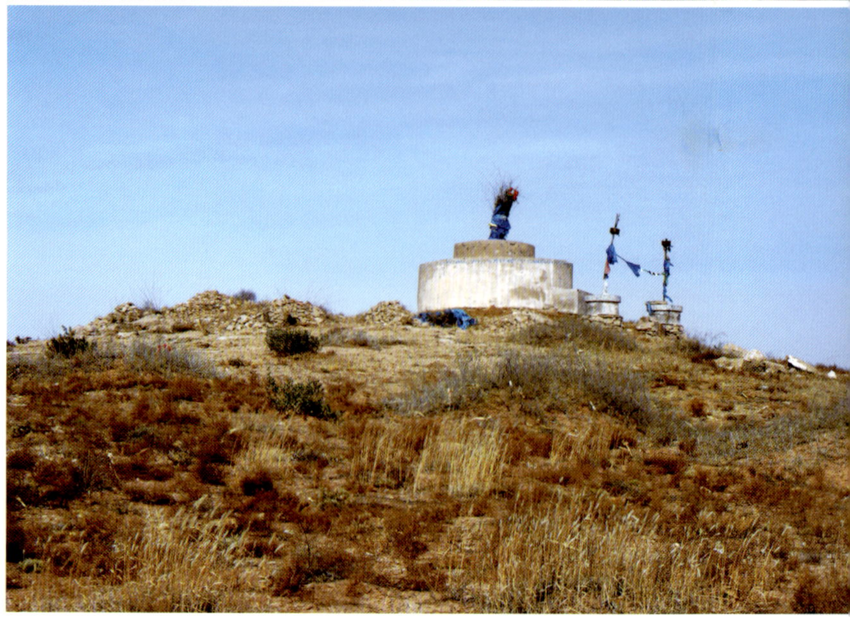

查布敖包位于鄂托克旗阿尔巴斯苏木境内，属鄂托克旗13个旗敖包之一。查布敖包建在平地上隆起的土包上，由主敖包和13个守护敖包、供台、禄马风旗祭祀台以及祭祀用房组成。主敖包为两层圆形砖混水泥建筑，包顶插沙柳树枝，高2.5米，宽4.2米；守护敖包为石头堆，高0.9~1.1米，宽2.3~4.2米。

祭祀方向： 东南

祭祀时间： 鄂尔多斯历查干月十三日（农历正月十三日）和八月十三日（农历五月十三日）

传说当年成吉思汗攻打西夏时，在这里扎营与众将官商议军情战略，吃饭时吃了一个“哈”（蒙古语，意为牛羊前腿肉），决定战术后兵士们堆垒了一些石头以做记号。后人为了保护和纪念成吉思汗的遗迹，在此建立了敖包，每年用“哈”祭祀，所以叫“哈音敖包”，慢慢变音叫成了与成吉思汗有关的“汗敖包”。据说后来第六世班禅去北京路过这里听说这个敖包的故事后，祭祀了这个敖包并在此喝茶吃斋饭（藏语称“查布”），休息好之后继续赶路，所以当地人把这个敖包称为“查布敖包”。

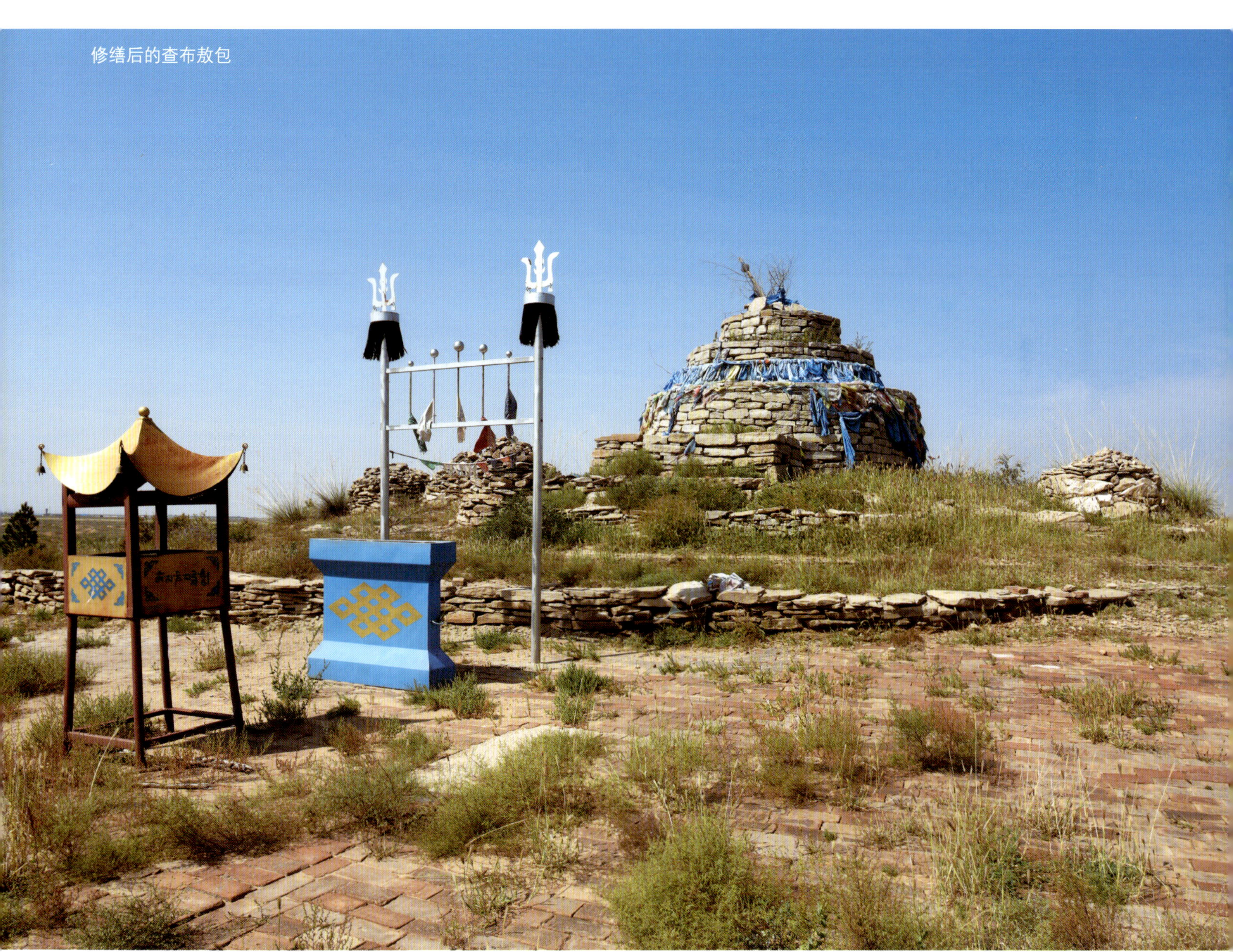

修缮后的查布敖包

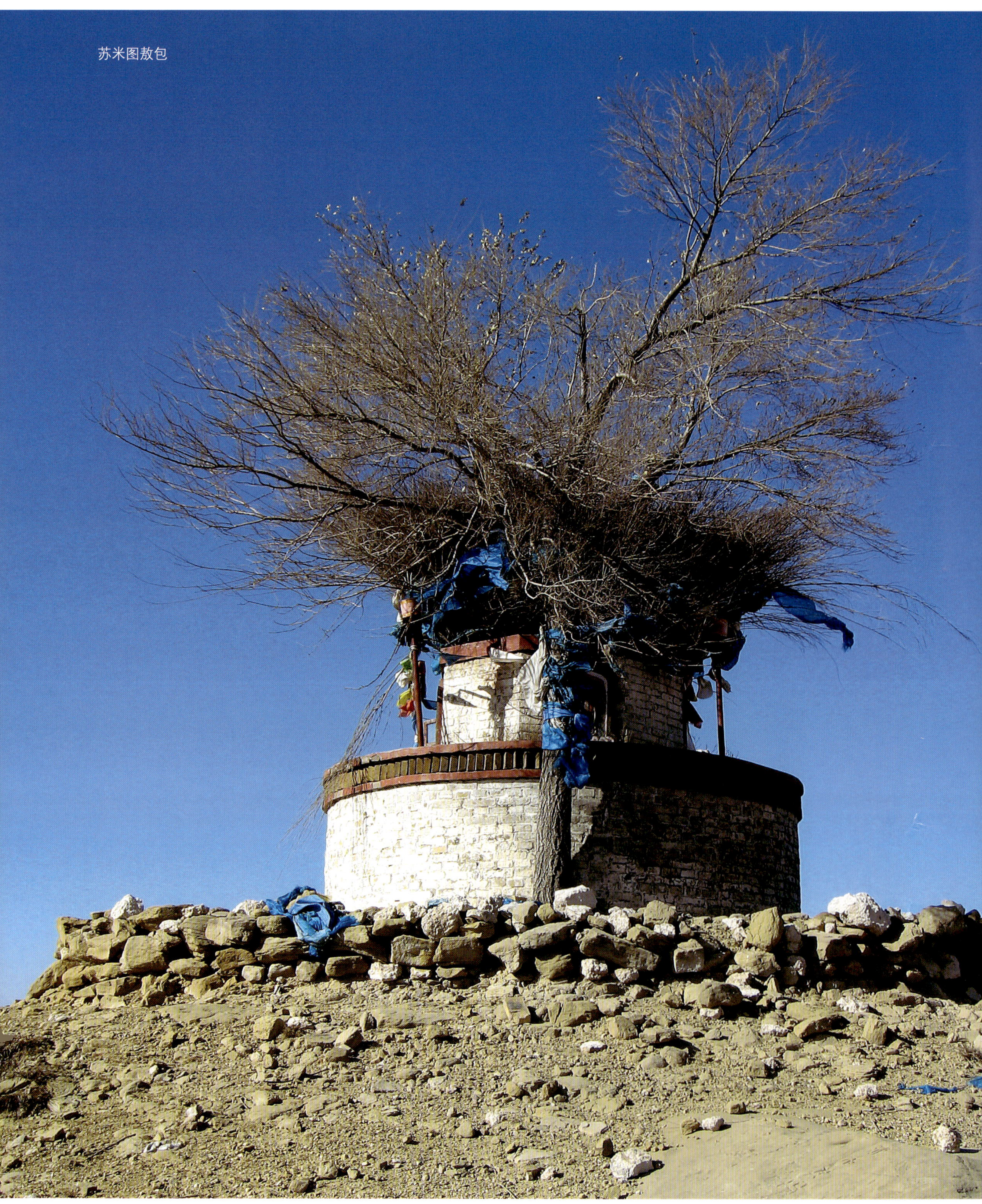

苏米图敖包

[illegible]

4 苏米图敖包

ᠰᠦᠮᠡᠲᠦ ᠶᠢᠨ ᠣᠪᠤᠭ᠎ᠠ

[illegible]

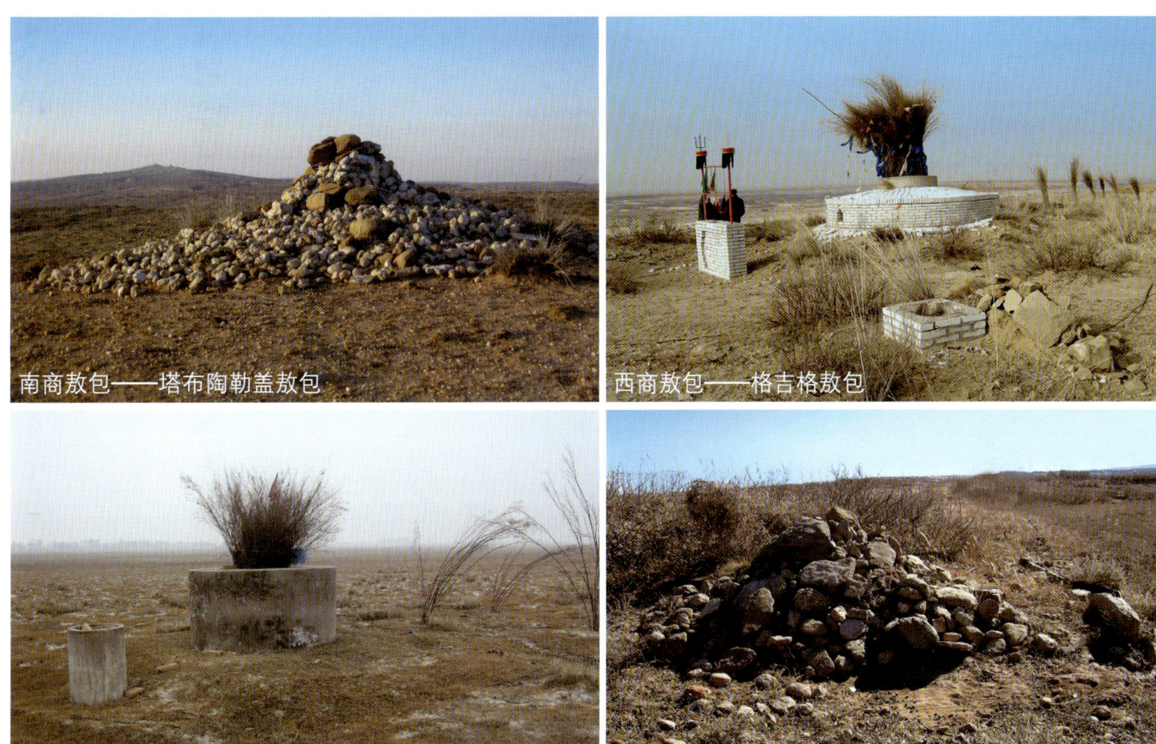

南商敖包——塔布陶勒盖敖包

西商敖包——格吉格敖包

东商敖包——塔和亚其敖包

北商敖包——查干敖包

苏米图敖包位于鄂托克旗苏米图苏木境内，属鄂托克旗13个旗敖包之一。在一个梁上建有三座敖包，位于最西北的是苏米图敖包。苏米图敖包由主敖包和13个守护敖包以及禄马风旗组成。主敖包为基座用石头垫铺的两层砖混水泥塔式建筑，一层四角各竖立着一苏勒德，二层为八角形，包顶插沙柳树枝，高4.35米，宽8.3米；守护敖包是将柳树枝扎成一捆插入地下，高1.5~1.8米，宽0.15~0.25米。中间的敖包形状和苏米图敖包一样，属苏米图庙敖包。南面的石头敖包叫查干布尔罕敖包，亦属庙敖包。

在旗敖包——苏米图敖包四面各立一其专属商敖包。南面的商敖包叫塔布陶勒盖敖包，位于苏米图嘎查塔布陶勒盖牧业社；西面的商敖包叫格吉格敖包，位于巴音布拉格嘎查巴音布拉格牧业社；北面的商敖包叫查干敖包，位于苏米图嘎查伊克乌素牧业社；东面的商敖包叫塔和亚其敖包，位于苏米图嘎查巴音布拉格牧业社。

祭祀方向： 西北

祭祀时间： 鄂尔多斯历查干月初三日、十三日（农历正月初三日、十三日）和八月十三日（农历五月十三日）

传说在很久以前，巴图孟克达延汗的儿子巴尔斯博罗特为建旗敖包进行选址考察，来到苏米图敖包的这个梁上，休息时问其随从："这个地方有啥征兆？"随从回答道："南面的梁像是雌性孔雀收回翅膀坐在上面，面朝北；北面的梁像是雄性孔雀展开翅膀坐在上面，面朝南。"接着又说："这个梁的南面出学者、北面出富人、西面出官员、东面出喇嘛，吉祥之地。"于是巴尔斯博罗特就把鄂托克旗13个旗敖包其中之一建了在这里。

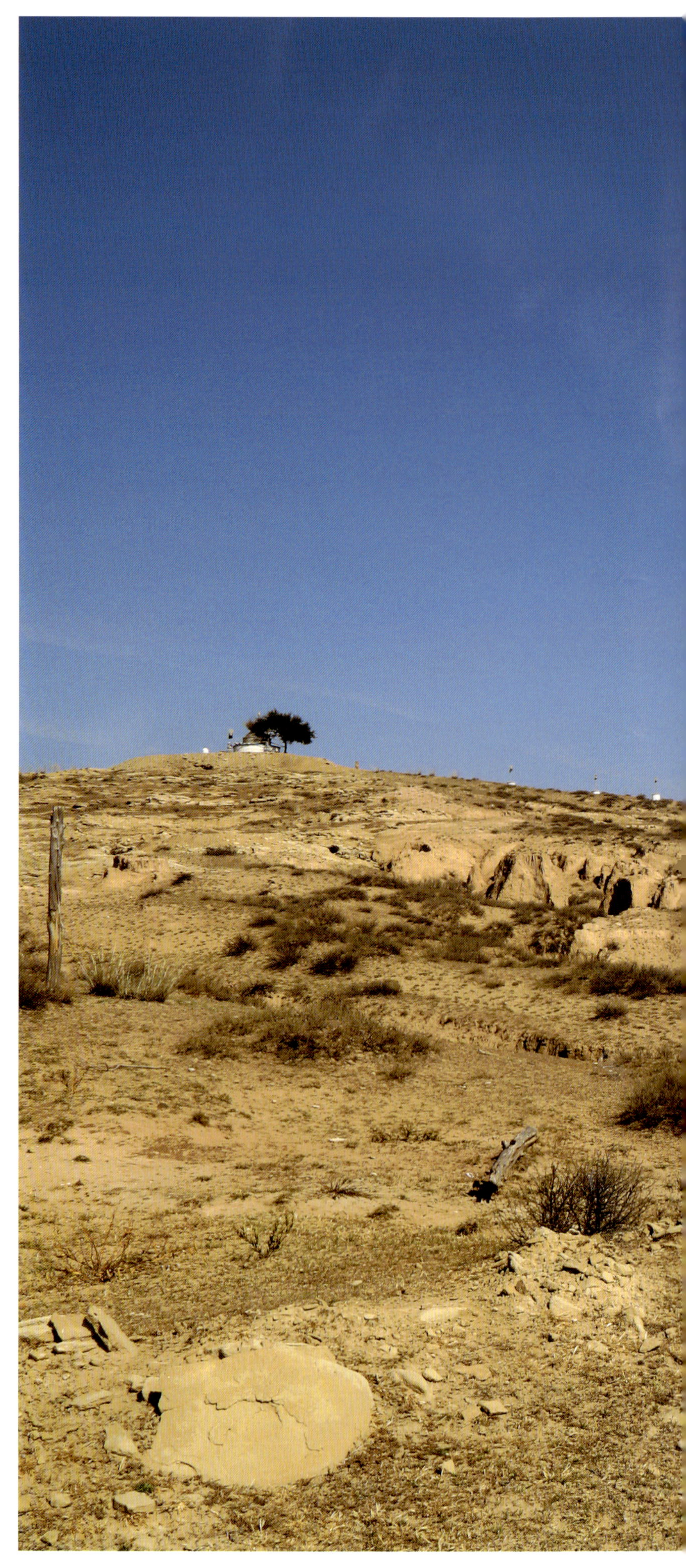

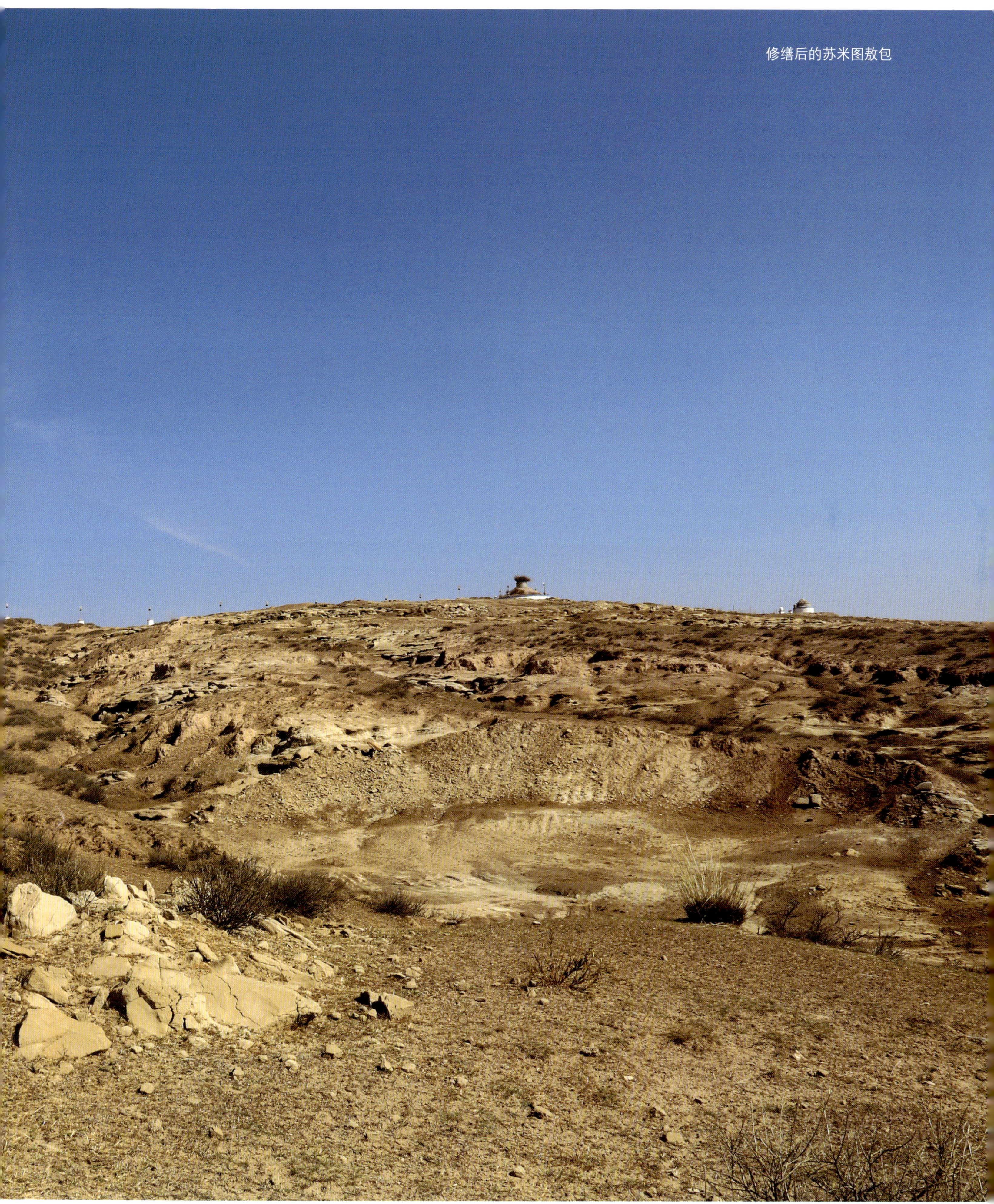
修缮后的苏米图敖包

5 乌兰敖包

乌兰敖包，亦称巴特尔乌兰敖包，位于鄂托克旗乌兰镇境内，属鄂托克旗13个旗敖包之一。乌兰敖包建在一处突起的红色砒砂岩上，由主敖包和12个守护敖包以及供台、禄马风旗祭祀台组成。主敖包为两层砖石混水泥建筑，包顶插一都格和沙柳树枝，四个角分别立一旗杆，高7米，宽6.8米；守护敖包为两层砖石混水泥建筑，包顶插沙柳树枝，高1.86~3.08米，宽0.93~2.13米。

祭祀方向： 西南

祭祀时间： 鄂尔多斯历八月十三日（农历五月十三日）

传说在很早以前鄂托克衙门迁至这里时，把原来祭祀的敖包上的金塔和财宝也都带到了这里。在这个敖包的东南方向挖了一个地宫，把金银财宝和持金塔的神灵作为“商”埋入地宫。所以这个敖包显示着勇敢凶猛的神灵，因此被称为“巴特尔乌兰敖包”。

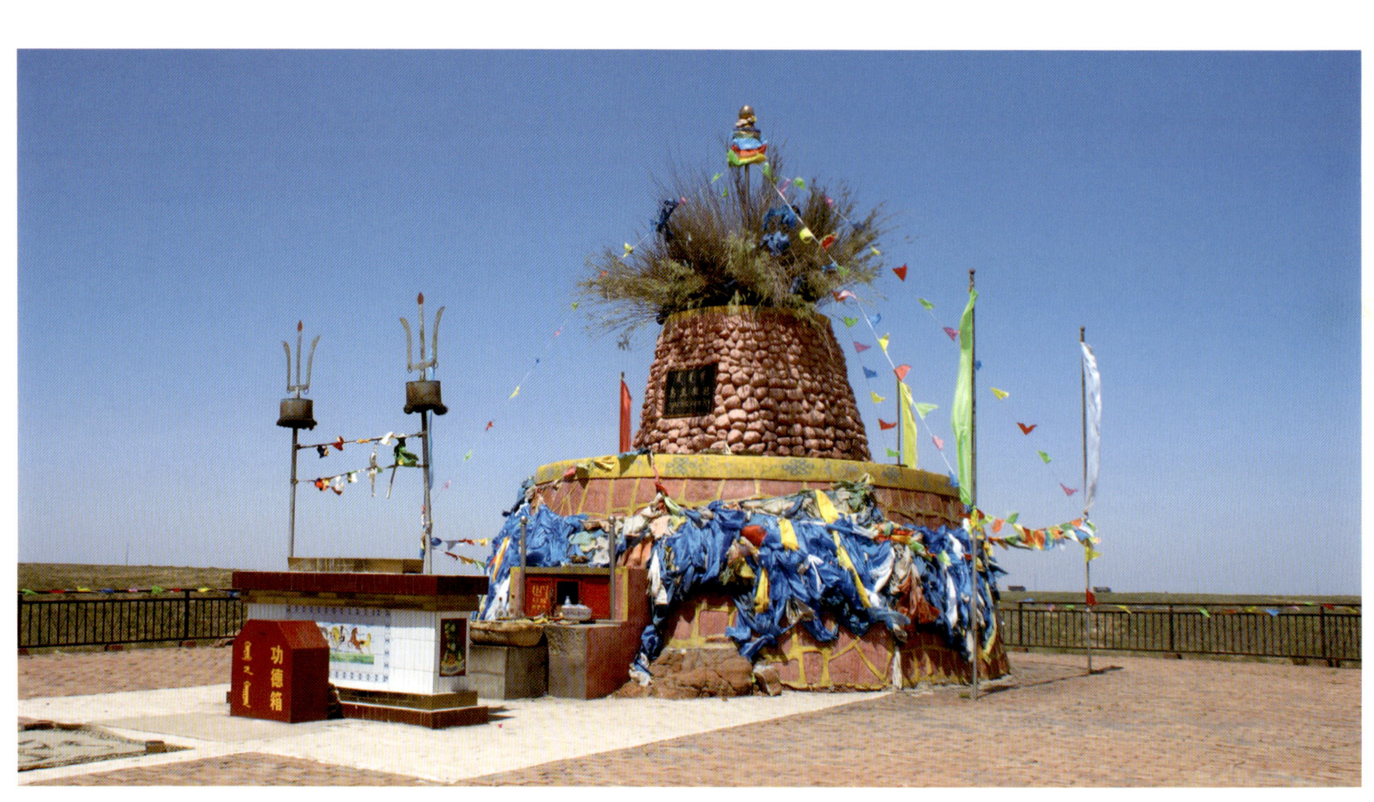

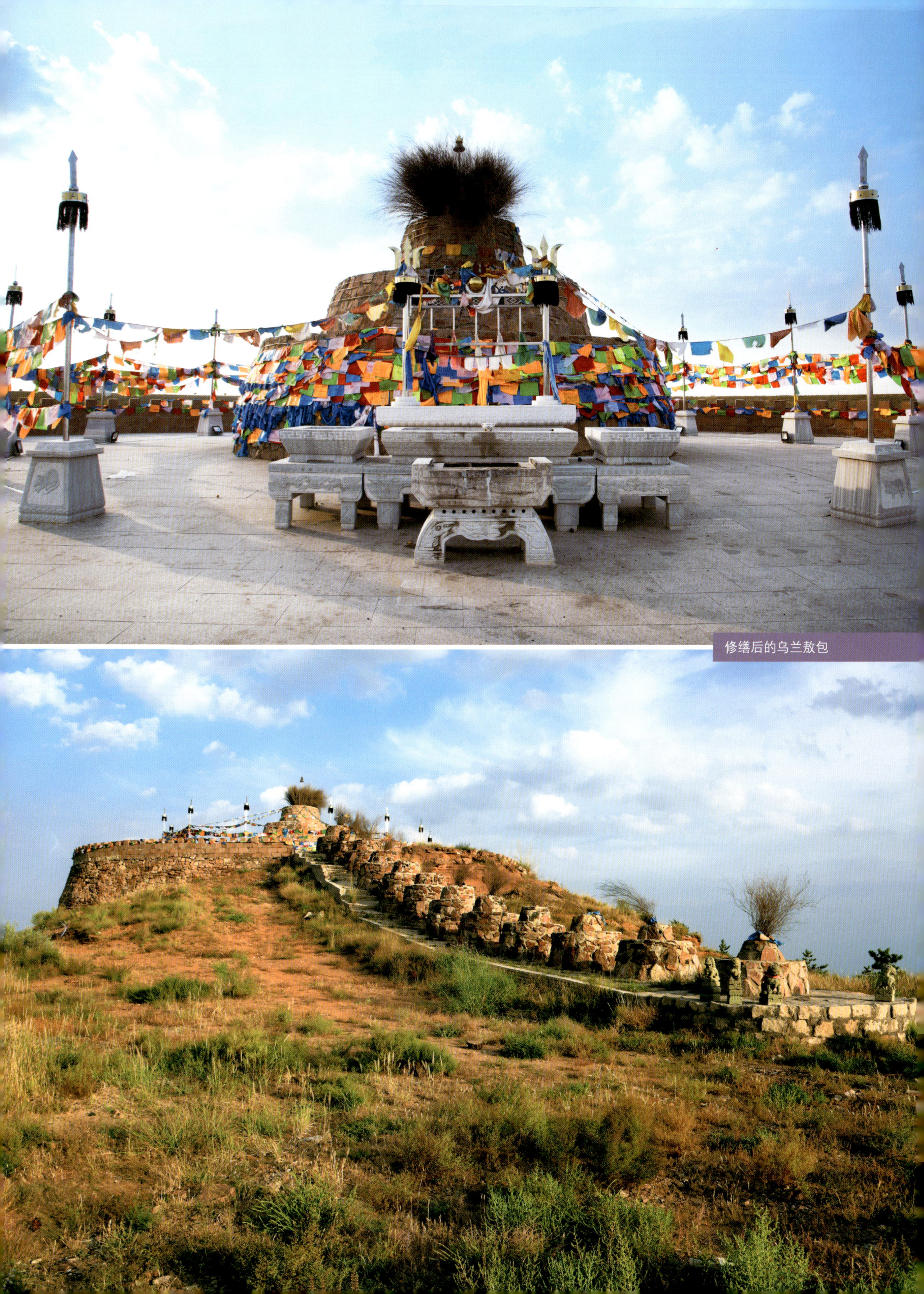

修缮后的乌兰敖包

6 乌仁都西敖包

乌仁都西敖包亦称诺颜敖包，位于鄂托克旗棋盘井镇境内，亦属鄂托克旗13个旗敖包之一。乌仁都西敖包建在乌仁都西山（桌子山）上，由主敖包和13个守护敖包、供台、祭祀台以及禁忌墙组成。主敖包为用石块堆建的三层塔式建筑，包顶插树叶，高4.3米，宽4.1米；守护敖包亦用石块堆建而成，高1.5米，宽2.4米。

祭祀方向：东南

祭祀时间：一年祭祀三次，鄂尔多斯历六月十三日（农历三月十三日）和七月十三日（农历四月十三日）、八月十三日（农历五月十三日）。

一般敖包后面是没有墙的，但是乌仁都西敖包后面却有一堵墙。据传说，这堵墙的作用是为了把蓝天白云拦截在鄂尔多斯草原的天空上，这样鄂尔多斯地区就会下雨，年年风调雨顺，牲畜兴旺。

此外，还有一个传说就是，在很久以前有个叫姚勒德尔玛的巨人铁匠，心灵手巧，可以打造各种不同形状的金银铁器。乌仁都西山从远处看就像铁匠用的砧子，因此被称为“乌仁都西”（蒙古语，“巧匠的砧子”之意）。从山的东侧远远看去，乌仁都西山就像挂着一个铁匠用的风箱，传说这是巨人铁匠用的风箱。他用乌仁都西山作为都西（蒙古语：“砧子”之意），锻打出来的金属器物用黄河水洗，用腾格里沙漠打磨。有一天姚勒德尔玛说他的脚痒痒，派人骑马去一看，发现有匹狼在啃他的脚，他当初脚痒痒时用脚踢的土堆，成了现在的两个巨型山包——乃日呼。

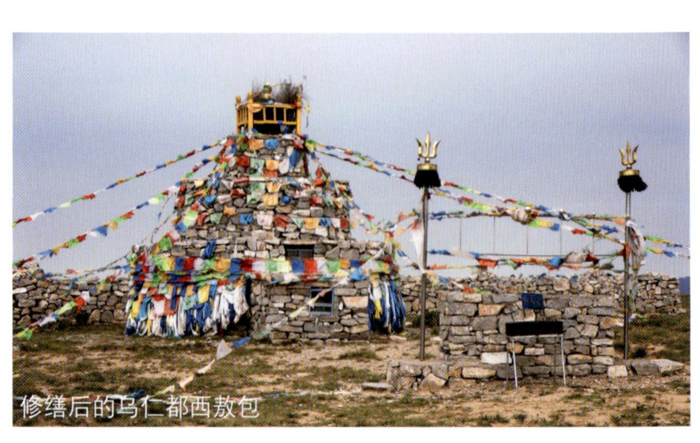
修缮后的乌仁都西敖包

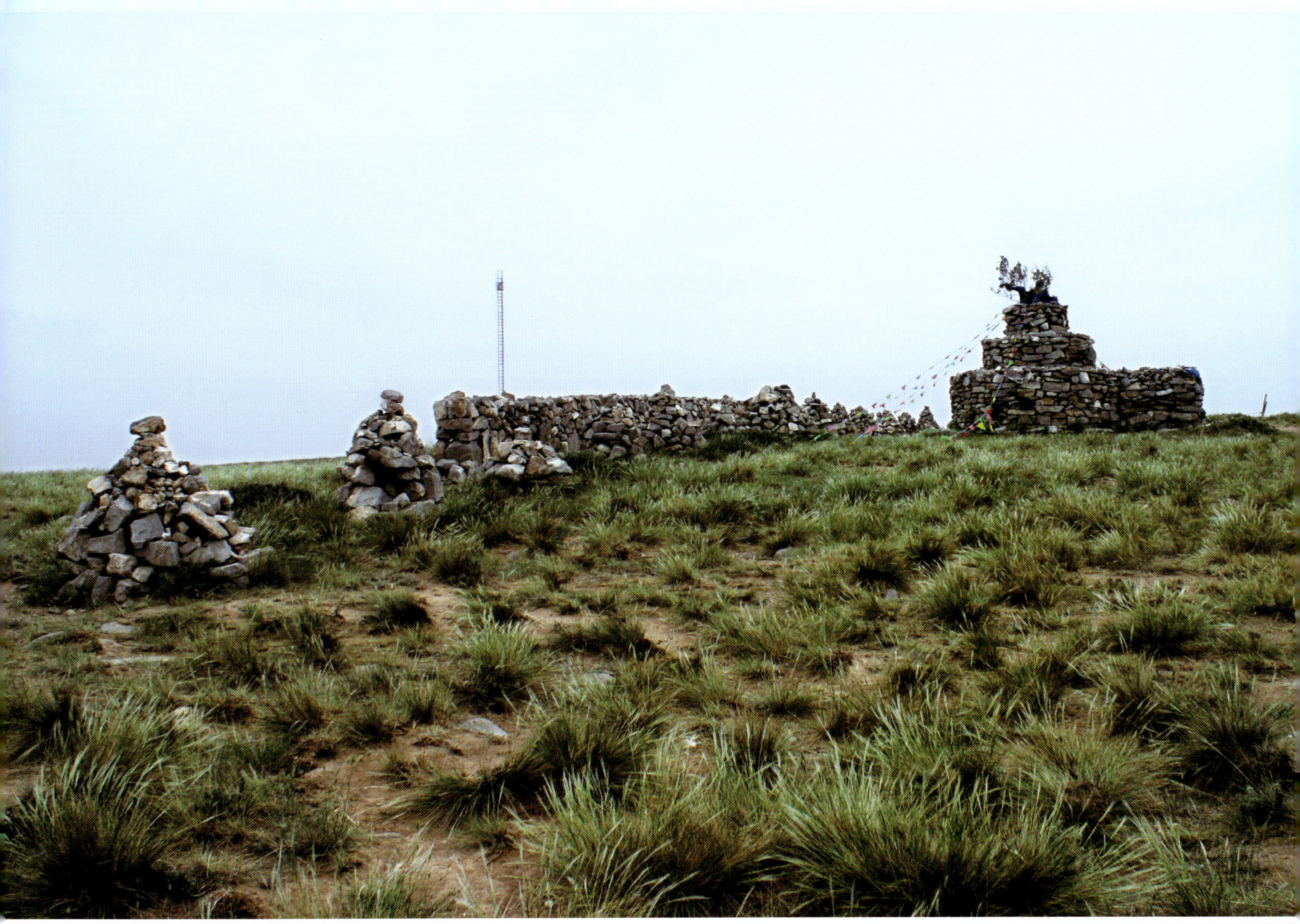

修缮后的乌仁都西敖包

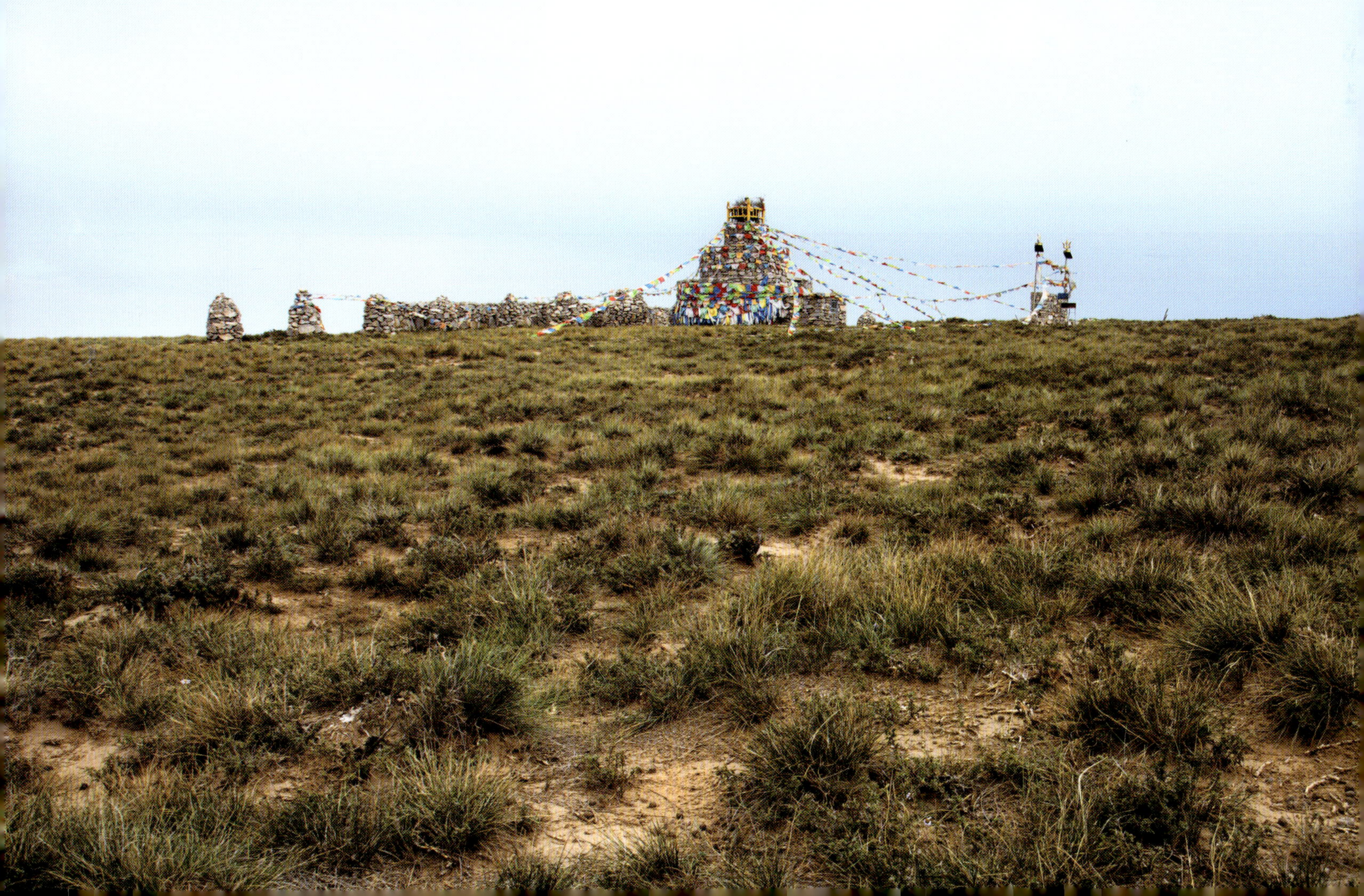

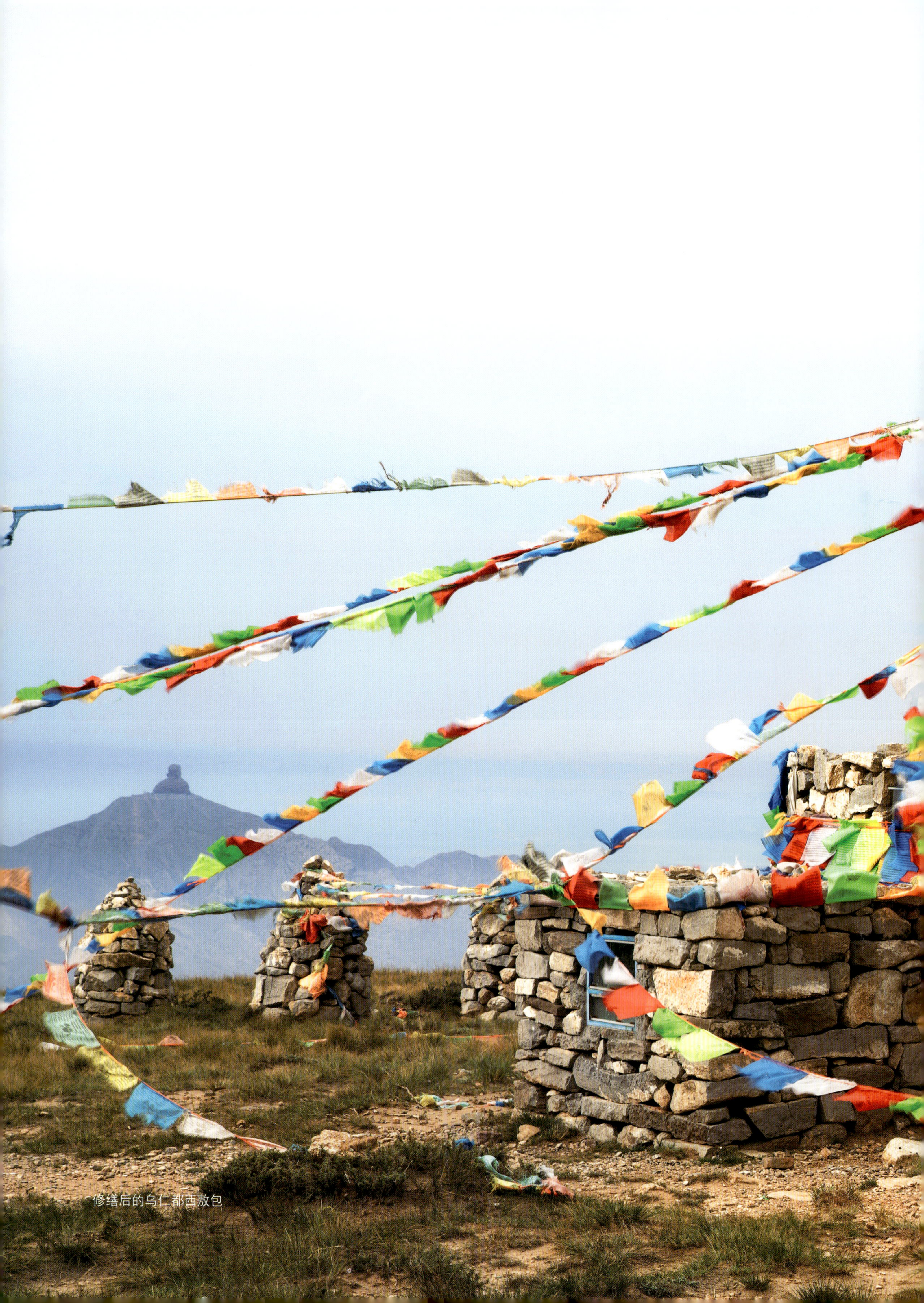

修缮后的乌仁都西敖包

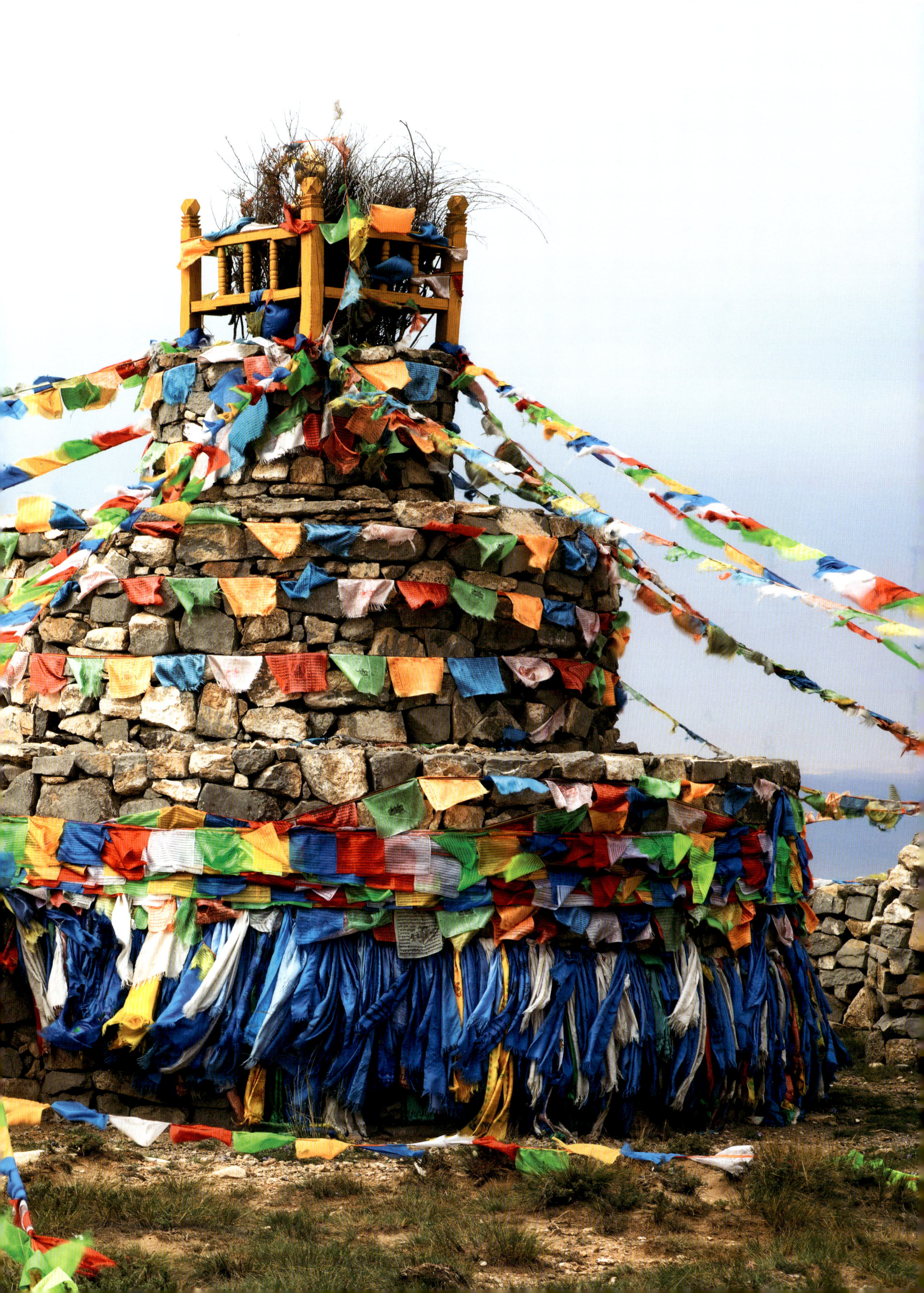

7 伊克额尔和图敖包

伊克额尔和图敖包位于鄂托克旗苏米图苏木境内，属鄂托克旗13个旗敖包之一。伊克额尔和图敖包所处为湿地环境，中间有一突起的红色砒砂岩，伊克额尔和图敖包建在砒砂岩高梁上，由主敖包、13个守护敖包、禄马风旗祭祀台以及祭祀用房组成。主敖包为两层圆形砖混水泥建筑，包顶插沙柳树枝，高3.15米，宽5.4米；守护敖包为石头堆砌，高0.2~0.35米，宽0.65~0.8米。

祭祀方向：东北

祭祀时间：鄂尔多斯历查干月十三日（农历正月十三日）和八月十三日（农历五月十三日）

传说在很久以前，从伊克额尔和图敖包到乌那干布日都有一个地下通道，经常有匹金马驹到敖包所在的梁上吃草，吃饱后又通过地下通道走到绿洲喝水。所以当地人把眼前的绿洲湿地叫乌那干布日都。

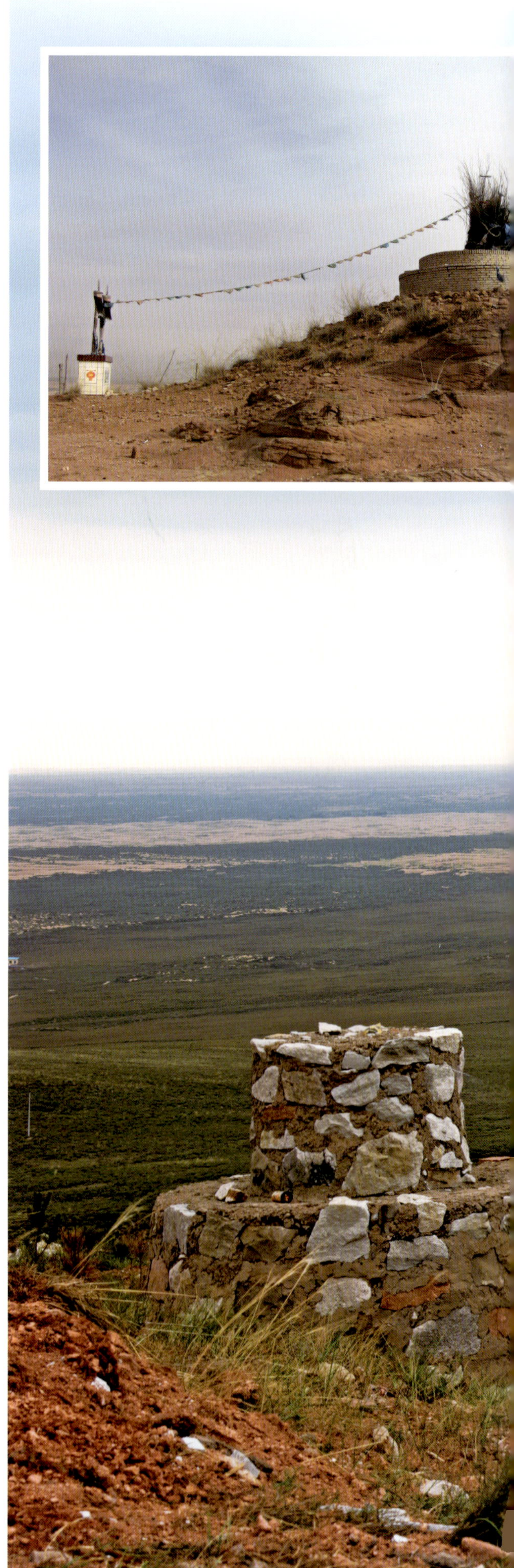

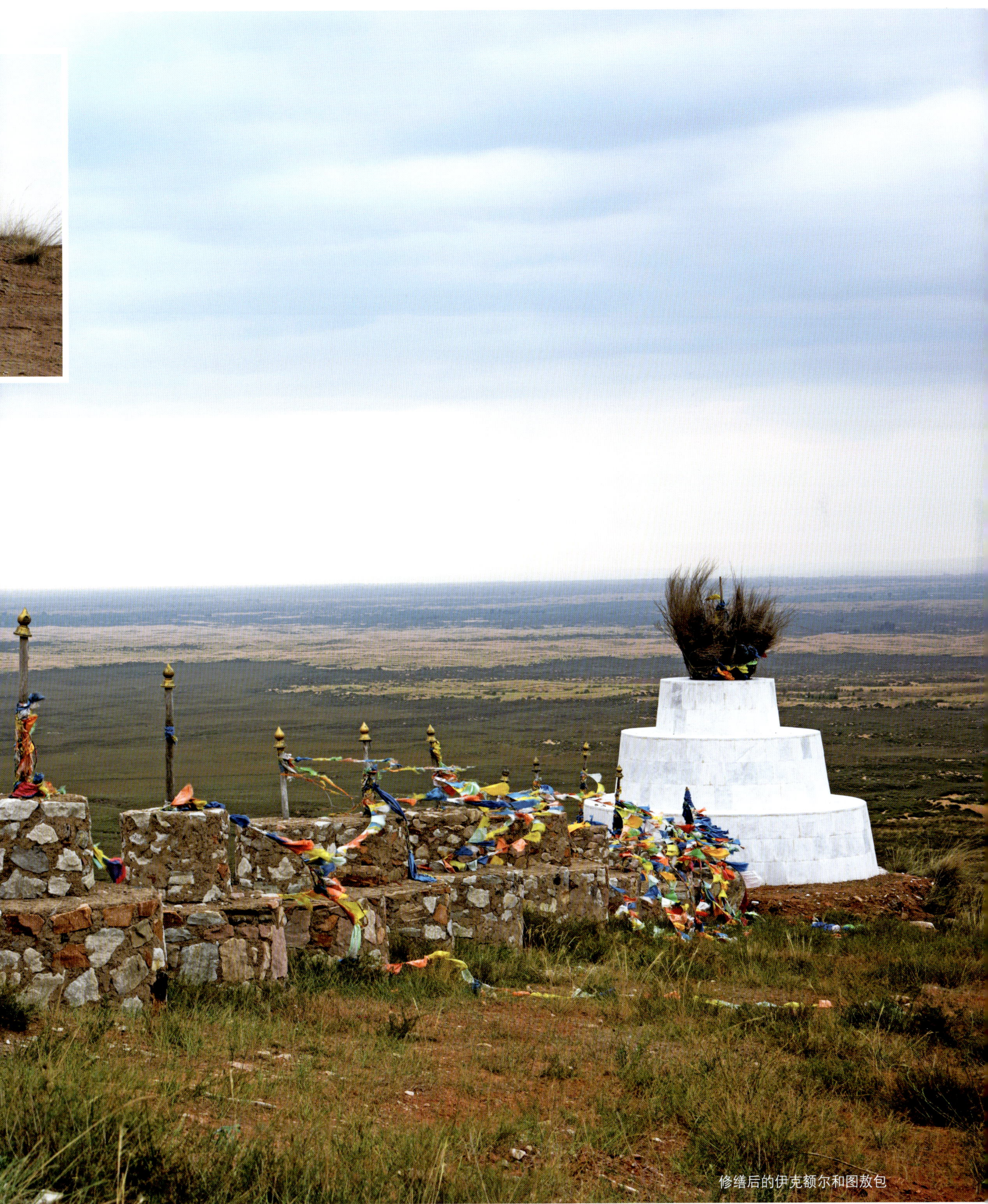

修缮后的伊克额尔和图敖包

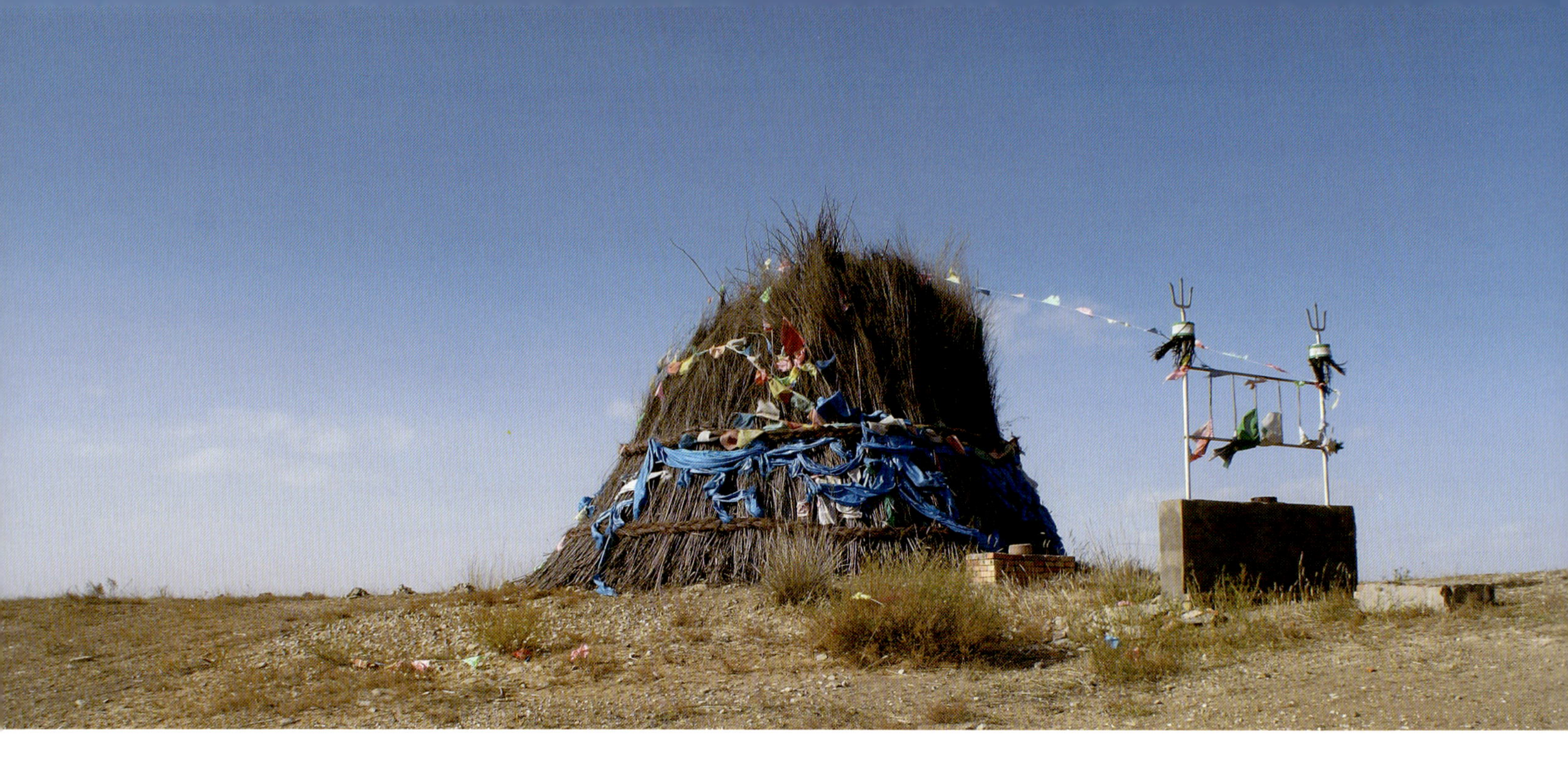

8 珠音查干敖包

珠音查干敖包位于鄂托克旗木凯淖尔镇境内，属鄂托克旗13个旗敖包之一。珠音查干敖包建在一条状青白色砒砂岩梁峁上，由主敖包和12个守护敖包、祭祀台、禄马风旗祭祀台以及熏香台组成。主敖包用沙柳树干堆积而成，高4.2米，宽5.5米；守护敖包为小石头堆，高0.2~0.3米，宽0.8~0.9米。

祭祀方向： 东南

祭祀时间： 鄂尔多斯历八月十三日（农历五月十三日）

传说由于这个敖包建在青白色砒砂岩长条状梁峁上，从远处看，就像是矗立在一匹奔跑在两个白色碱湖之间的白色马背上，所以人们称之为“白色马背上（蒙古语称“珠”）的敖包”。后来随着时间的变迁，白色马“珠”上的敖包，变成了“珠音查干敖包”即“马背上的白色敖包”。

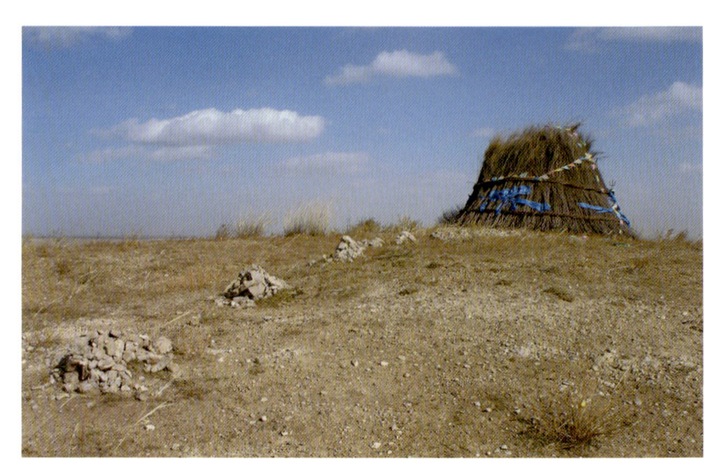

9 道劳苏莫敖包

道劳苏莫敖包位于鄂托克旗棋盘井镇境内，属庙敖包。敖包建在道劳苏莫东南一较高梁峁之上，由主敖包和12个守护敖包以及禄马风旗祭祀台组成。主敖包用石块堆建成椭圆形，包顶插沙柳树枝，高2.7米，宽3.1米；守护敖包为小石头堆，高0.3~6.5米，宽0.8~2.1米。

祭祀方向：西北

祭祀时间：鄂尔多斯历八月十三日（农历五月十三日）

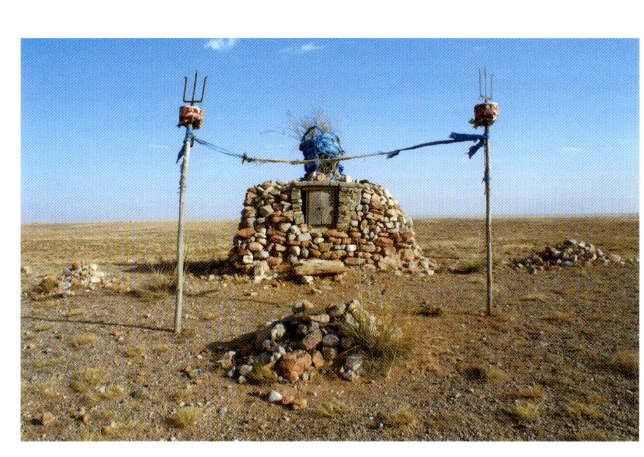

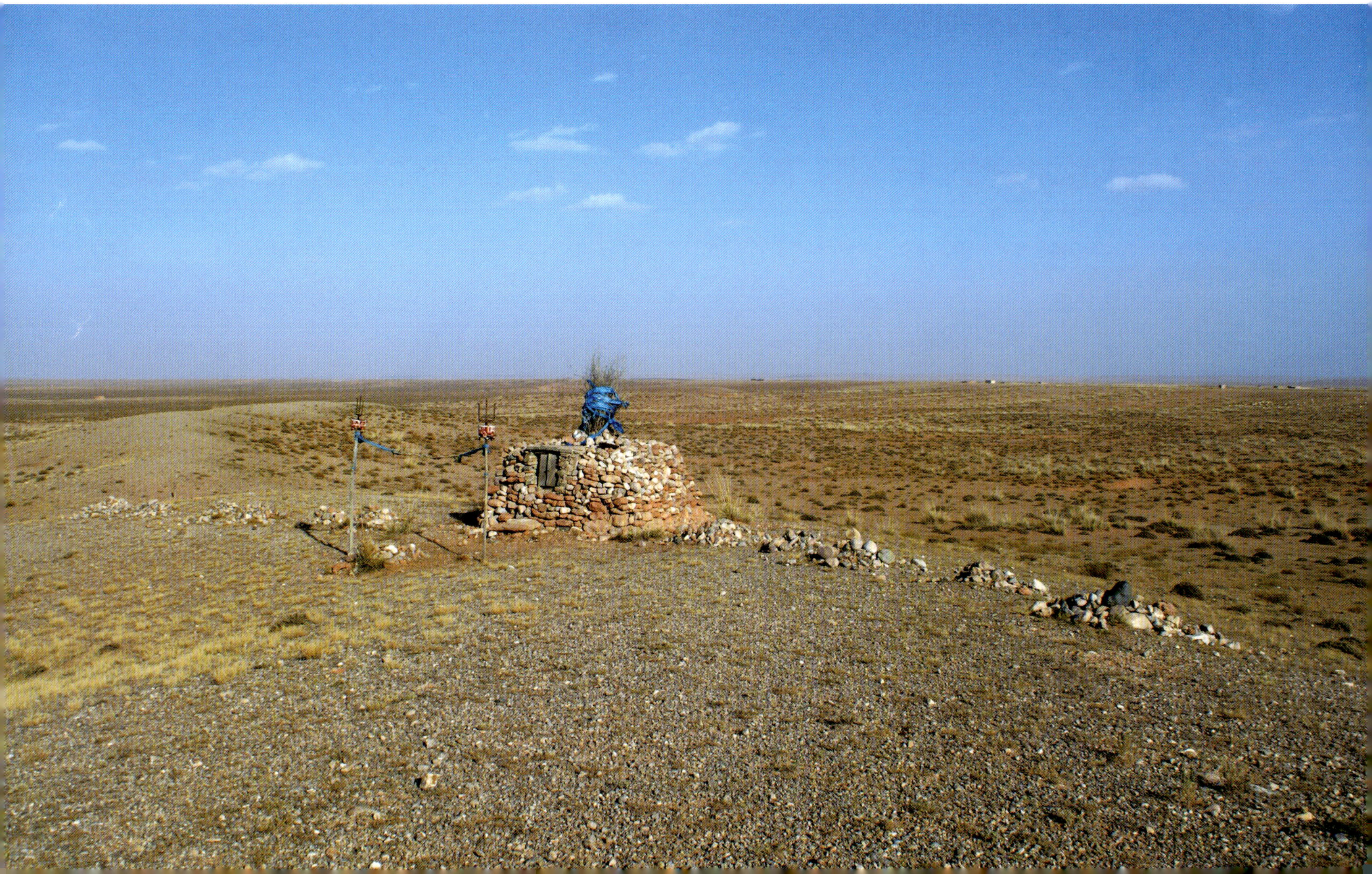

10 贡嘎敖包

贡嘎敖包，亦称沙日萨拉干敖包，位于鄂托克旗棋盘井镇境内，属家庭敖包。贡嘎敖包处于千里山腹地之崇山峻岭中，建在一陡峭的山顶之上。敖包用石头堆建成圆锥体，上立一根树干，高0.95米，宽1.1米。

祭祀方向： 南

祭祀时间： 鄂尔多斯历八月十三日（农历五月十三日）

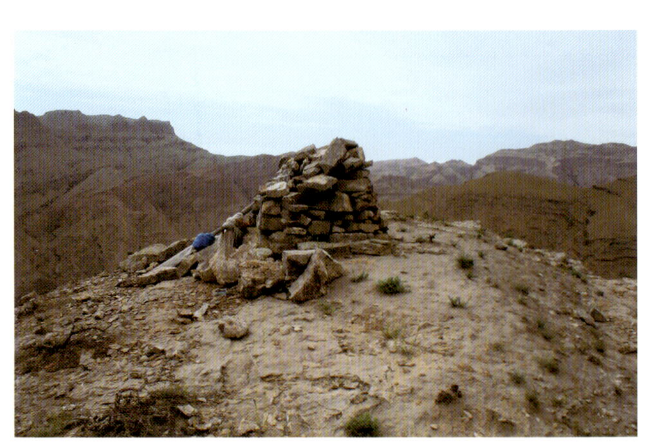

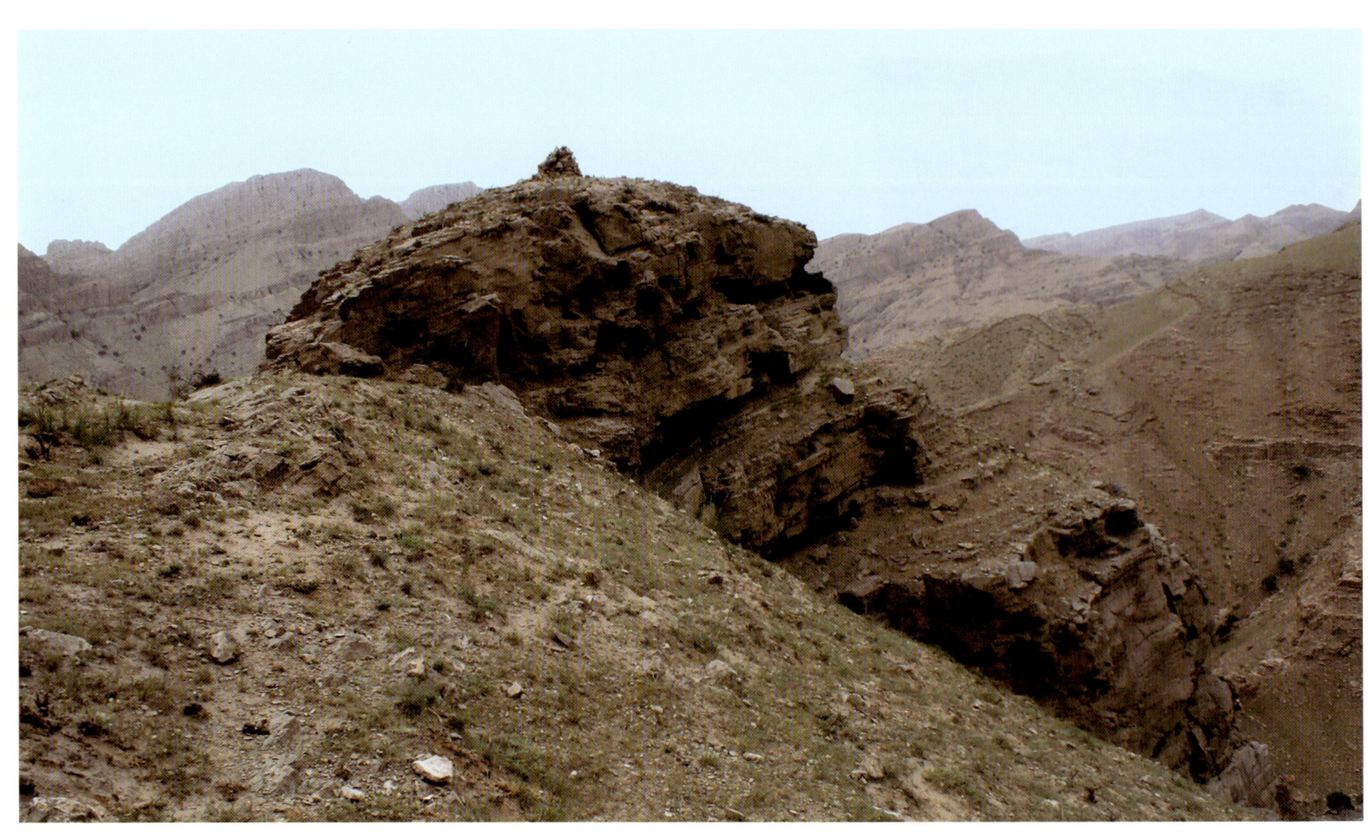

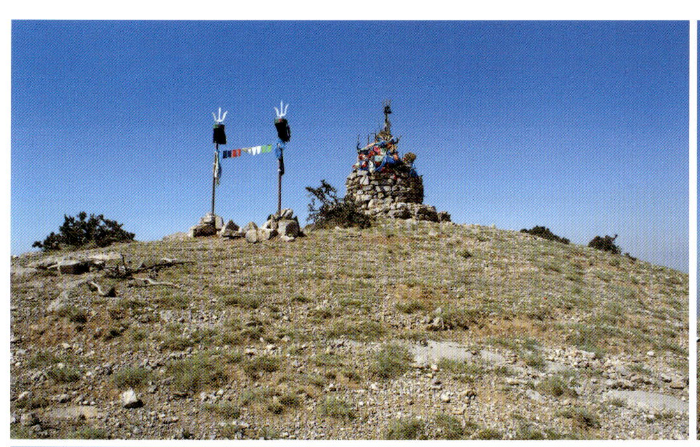

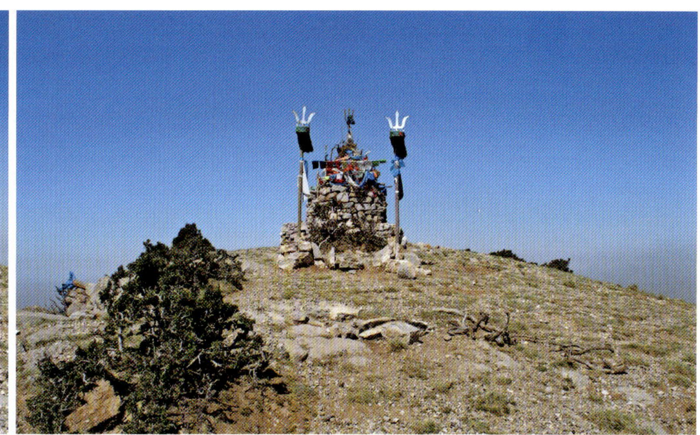

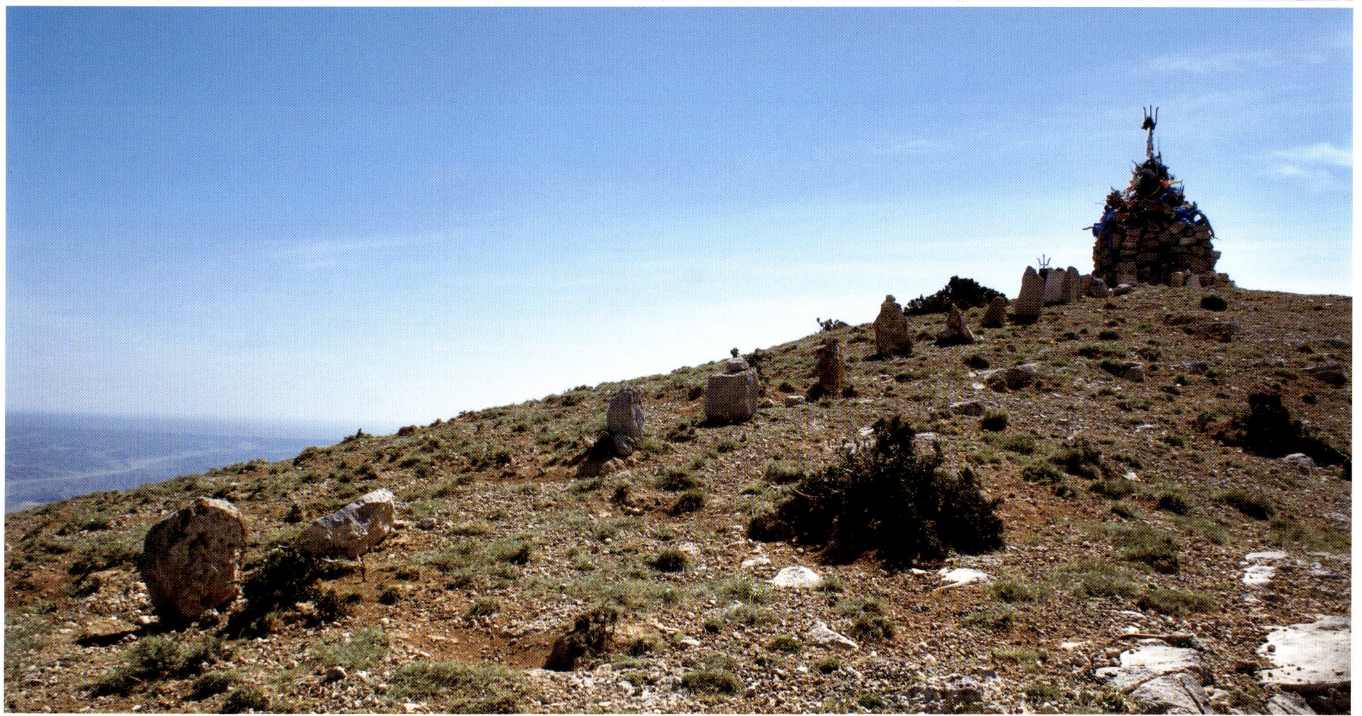

11 贡嘎尔敖包

贡嘎尔敖包位于鄂托克旗蒙西镇境内，属努图格敖包。贡嘎尔敖包建在阿尔巴斯山纵深之处的一座高山顶上，周围长有原始次生柏树，由主敖包和12个守护敖包以及禄马风旗祭祀台组成。主敖包为用石块堆建的两层塔式建筑，包顶立一苏勒德，插杜松、蒙古扁桃枝叶，高3.7米，宽3.2米；守护敖包为大石块，高0.4~0.5米，宽0.4~0.6米。

祭祀方向：东南

祭祀时间：鄂尔多斯历八月十三日（农历五月十三日）

12 哈南敖包

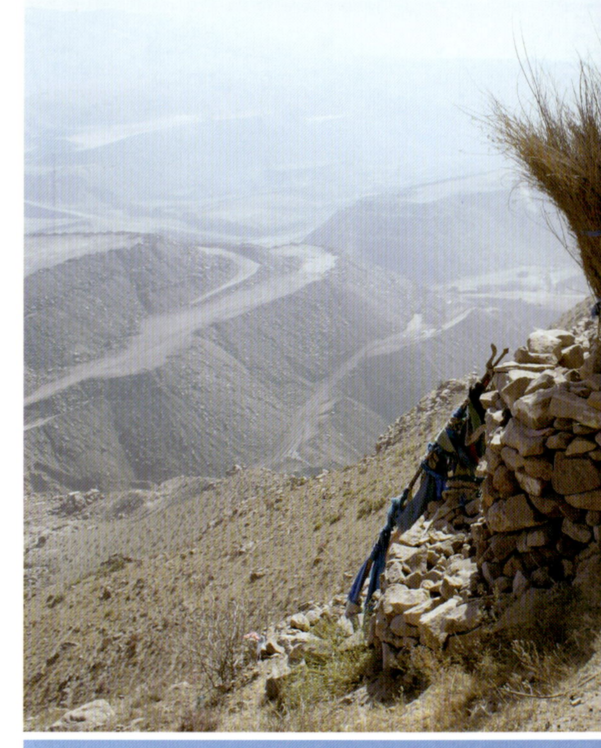

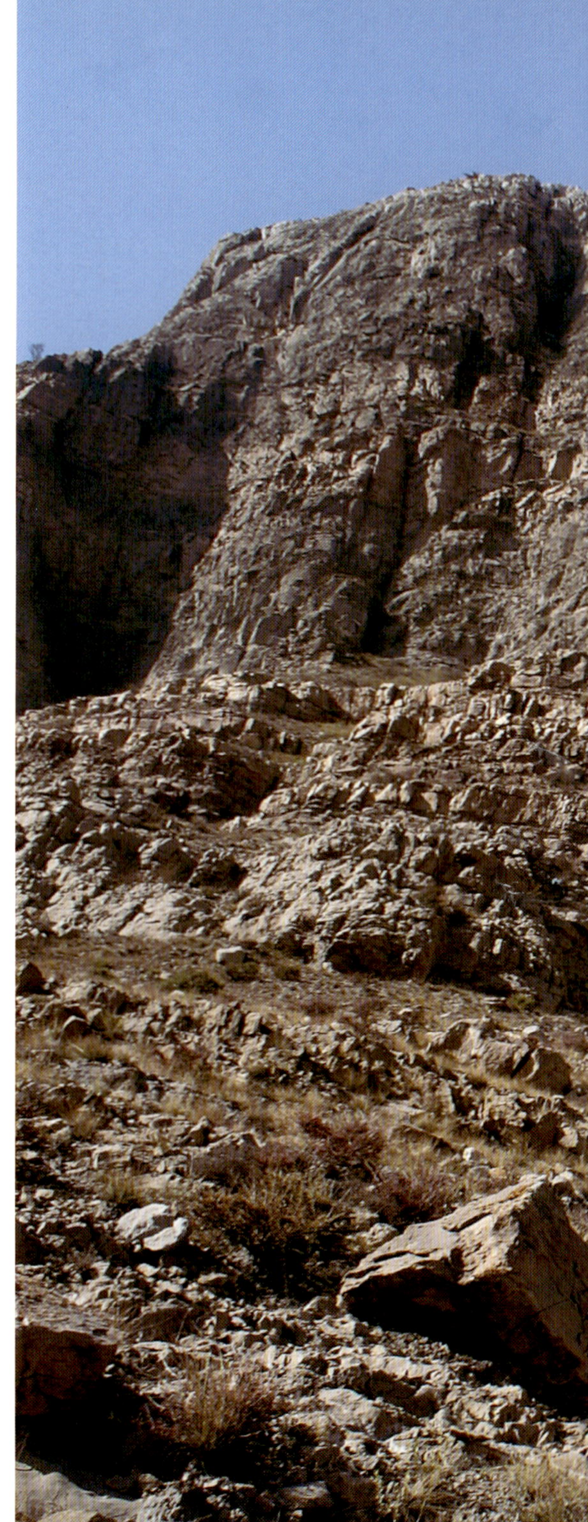

哈南敖包，又名“额尔和图敖包”，还曾被称为“哈屯敖包”，位于鄂托克旗棋盘井镇境内，属努图格敖包。敖包建在阿尔巴斯山崇山峻岭中的一座大山半壁上，依山势而建，蒙古语“哈南”为山壁之意，因此被称为哈南敖包。哈南敖包由敖包和苏勒德组成，敖包为石块堆建的两层塔式建筑，包顶上插沙柳树枝，高3.5米，宽3.3米。

祭祀方向：东南

祭祀时间：鄂尔多斯历八月十三日（农历五月十三日）

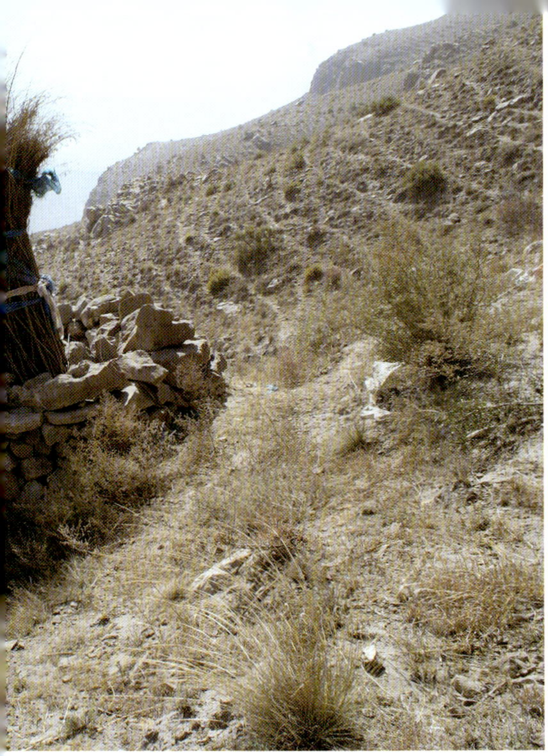

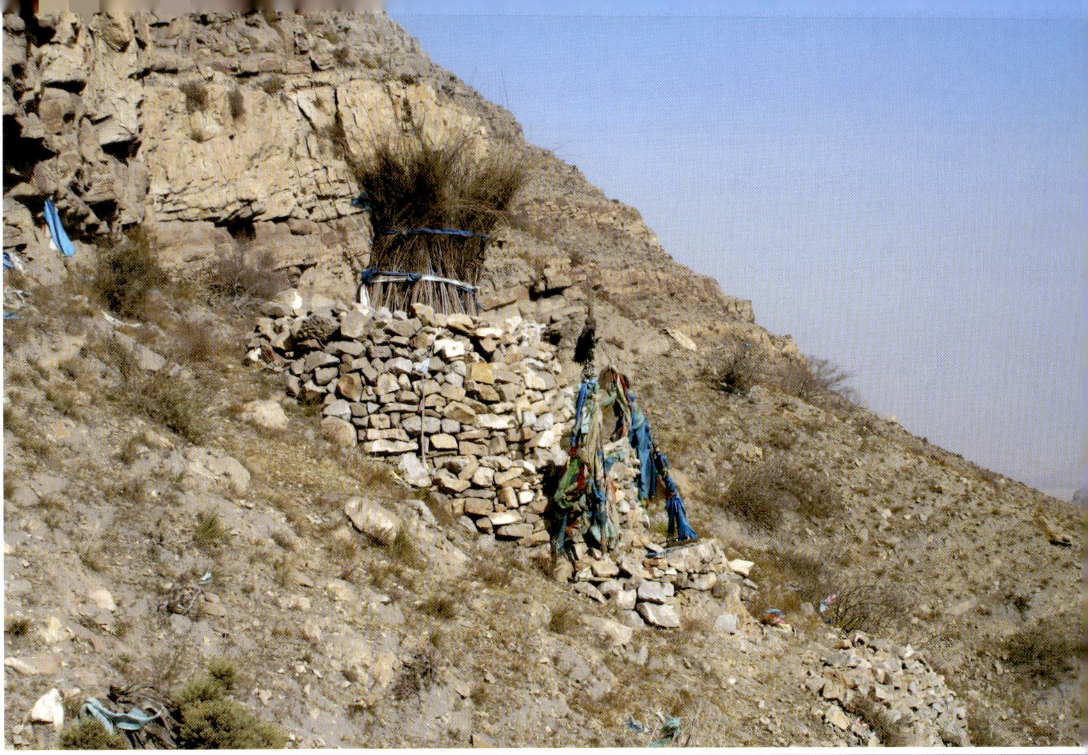

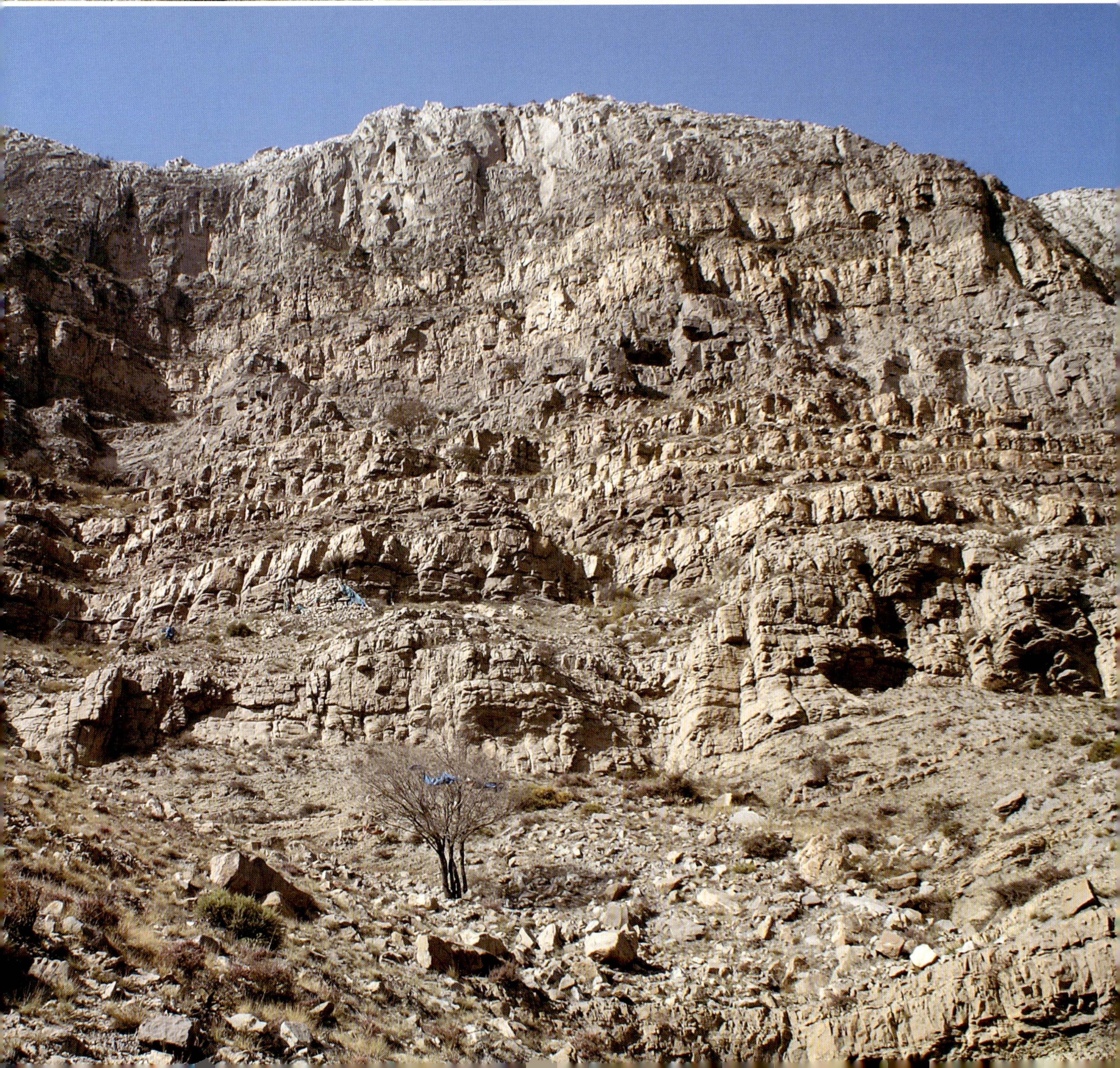

13 木顿敖包 ᠮᠤᠳᠤᠨ ᠣᠪᠤᠭ᠎ᠠ

ᠬᠦᠮᠦᠰ ᠣᠪᠤᠭ᠎ᠠ ᠨᠢ ᠭᠣᠣᠯ ᠣᠪᠤᠭ᠎ᠠ ᠶᠢᠨ ᠬᠣᠶᠠᠷ ᠬᠠᠵᠠᠭᠤ ᠳᠤ ᠳᠠᠭᠠᠯᠳᠤᠭᠤᠯᠤᠨ ᠪᠠᠢᠭᠤᠯᠤᠭᠳᠠᠵᠠᠢ ᠃ ᠶᠡᠬᠡ ᠶᠠᠰᠤ ᠣᠪᠤᠭ᠎ᠠ · ᠣᠪᠤᠭ᠎ᠠ ᠶᠢᠨ ᠭᠣᠣᠯ ᠣᠪᠤᠭ᠎ᠠ ᠪᠠᠢᠭᠤᠯᠬᠤ ᠪᠠᠢᠷᠢ ᠪᠠᠢᠭᠤᠯᠤᠭᠳᠠᠭᠰᠠᠨ ᠦᠭᠡ · ᠭᠣᠣᠯ ᠣᠪᠤᠭ᠎ᠠ ᠨᠢ ᠳᠤᠭᠤᠢᠯᠠᠩ ᠬᠡᠯᠪᠡᠷᠢ ᠲᠡᠢ · ᠣᠪᠤᠭ᠎ᠠ ᠶᠢᠨ ᠬᠣᠶᠢᠨ᠎ᠠ 20 ᠵᠢᠭᠠᠬᠠᠨ ᠣᠪᠤᠭ᠎ᠠ ᠪᠠᠢᠨ᠎ᠠ ᠃ ᠭᠣᠣᠯ ᠣᠪᠤᠭ᠎ᠠ · ᠥᠨᠳᠦᠷ ᠨᠢ 3.7 ᠮᠧᠲᠷ · ᠳᠤᠭᠤᠢ ᠨᠢ 4.5 ᠮᠧᠲᠷ ᠃ ᠵᠢᠭᠠᠬᠠᠨ ᠣᠪᠤᠭ᠎ᠠ ᠨᠢ ᠭᠣᠣᠯ ᠣᠪᠤᠭ᠎ᠠ · ᠥᠨᠳᠦᠷ ᠨᠢ 0.3 ᠮᠧᠲᠷ · ᠳᠤᠭᠤᠢ ᠨᠢ 0.9 ᠮᠧᠲᠷ ᠃

ᠮᠤᠳᠤᠨ ᠣᠪᠤᠭ᠎ᠠ ᠨᠢ ᠣᠲᠣᠭ ᠬᠣᠰᠢᠭᠤ ᠶᠢᠨ ᠠᠷᠠᠪᠠᠰ ᠰᠤᠮᠤ ᠶᠢᠨ ᠨᠤᠲᠤᠭ ᠲᠤ ᠣᠷᠣᠰᠢᠵᠤ ᠪᠠᠢᠨ᠎ᠠ (ᠪᠠᠭᠠᠲᠤᠷ ᠤᠨ ᠠᠭᠤᠯᠠ ᠶᠢᠨ ᠡᠮᠦᠨ᠎ᠡ ᠳᠦ ᠪᠠᠢᠨ᠎ᠠ) ᠪᠠ ᠮᠤᠳᠤᠨ ᠣᠪᠤᠭ᠎ᠠ ᠭᠡᠵᠦ ᠨᠡᠷᠡᠶᠢᠳᠳᠡᠭ ᠃

ᠬᠠᠮᠲᠤᠷᠠᠨ ᠲᠠᠬᠢᠯᠭ᠎ᠠ ᠪᠠᠷ ᠪᠠᠢᠭᠤᠯᠤᠭᠳᠠᠭᠰᠠᠨ ᠣᠪᠤᠭ᠎ᠠ ᠪᠤᠶᠤ ᠰᠤᠮᠤ ᠪᠠᠢᠭᠤᠯᠬᠤ ᠳᠤᠭᠤᠢᠯᠠᠩ ᠣᠪᠤᠭ᠎ᠠ ᠭᠡᠳᠡᠭ ᠃

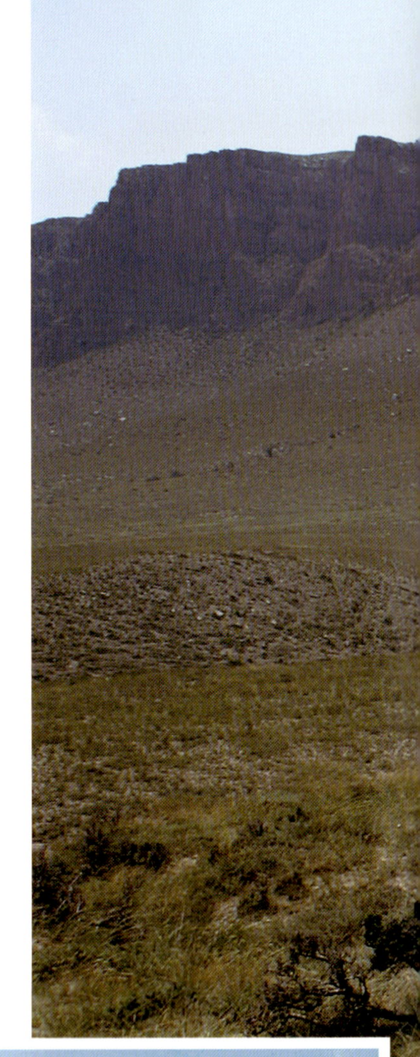

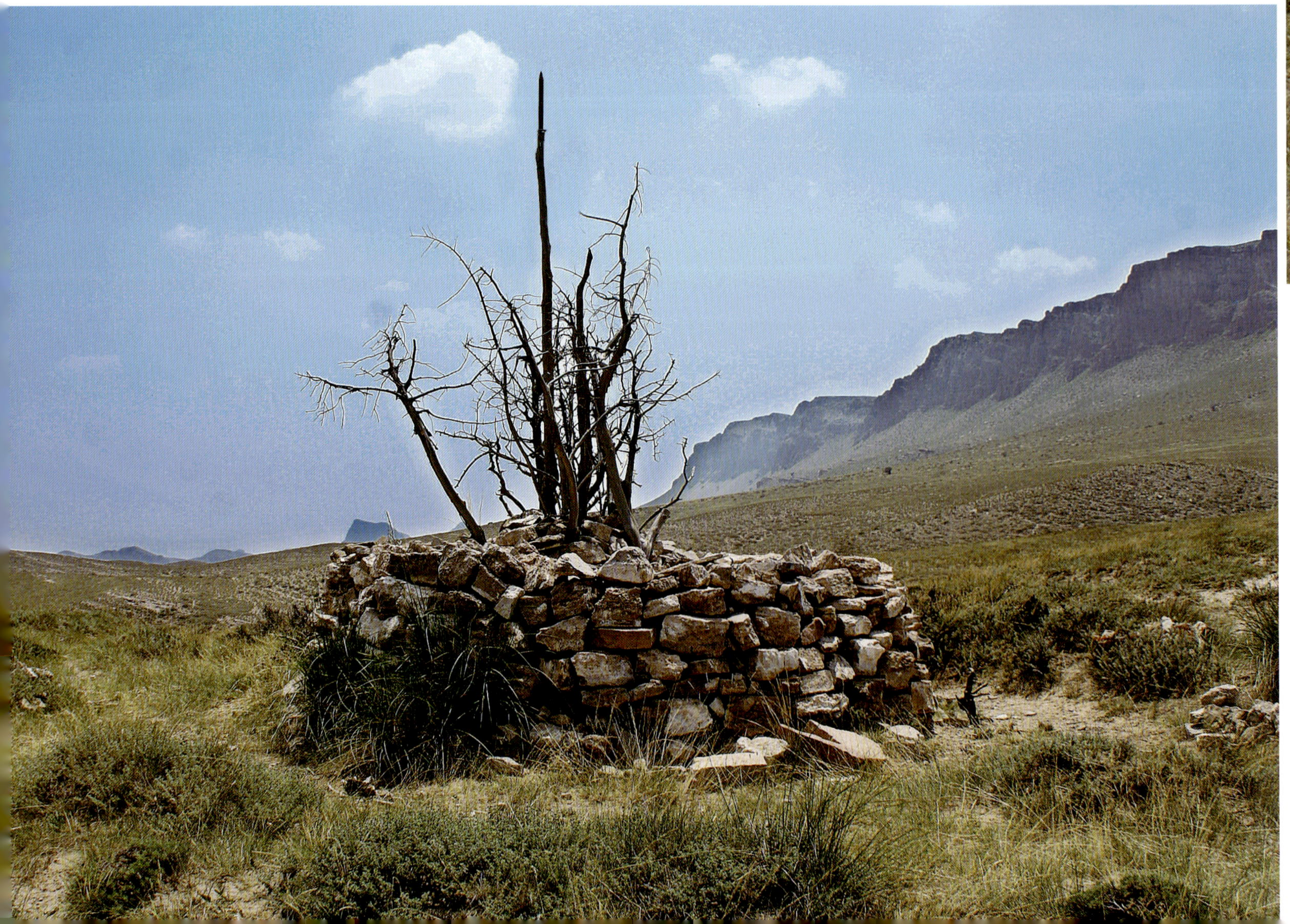

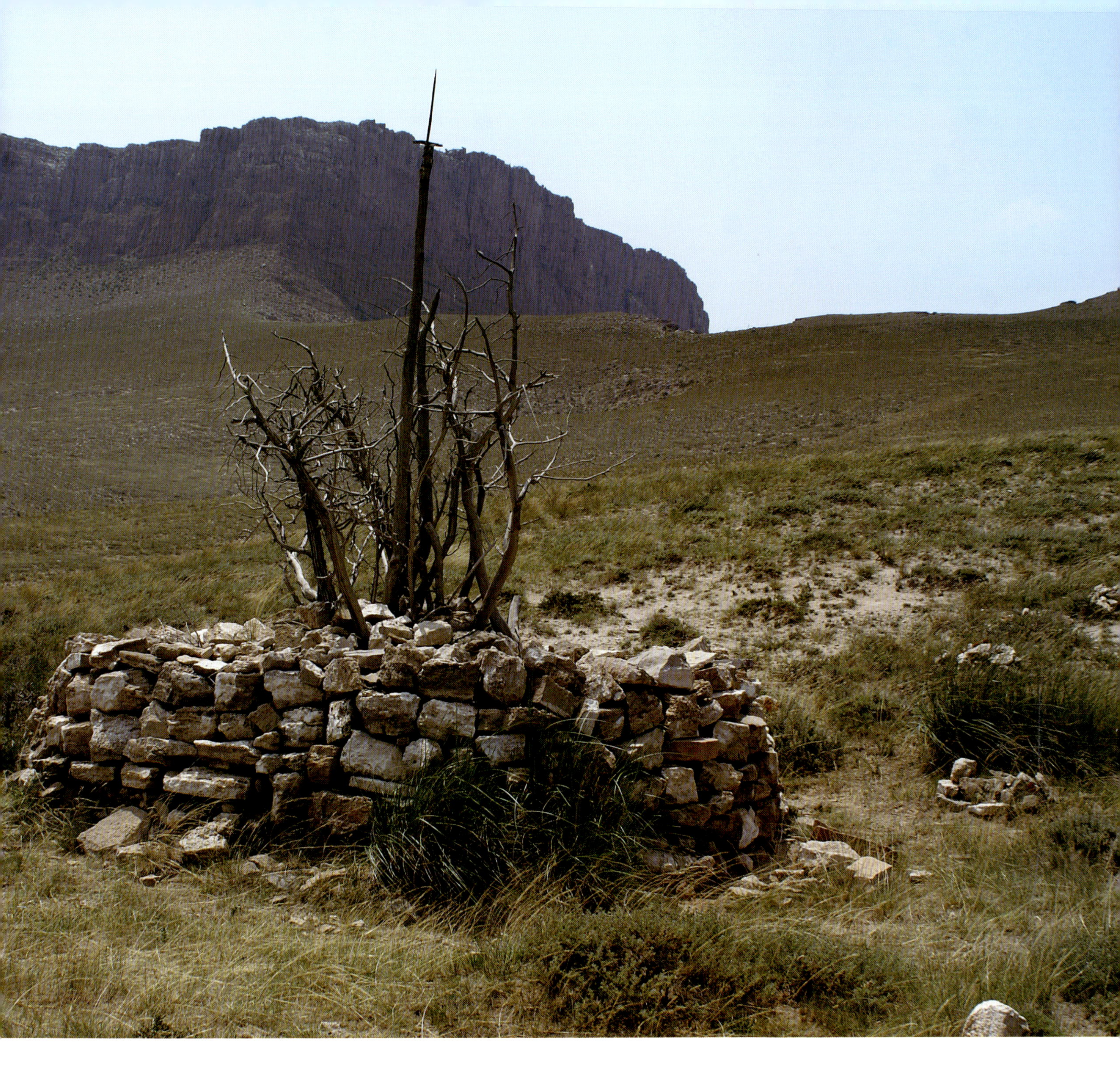

木顿敖包位于鄂托克旗棋盘井镇境内，属于努图格敖包。木顿敖包建在阿尔巴斯山纵深处一座大山脚下的缓坡上，由主敖包和 20 个守护敖包组成。主敖包用石块堆建成圆形，上立一苏勒德和若干杜松树干，高 3.7 米，宽 4.5 米；守护敖包为小石头堆，高 0.3 米，宽 0.9 米。

祭祀方向： 东南

祭祀时间： 鄂尔多斯历八月十三日（农历五月十三日）

传说木顿敖包是成吉思汗攻打西夏时在这里扎营建立的敖包。

14 其日格敖包

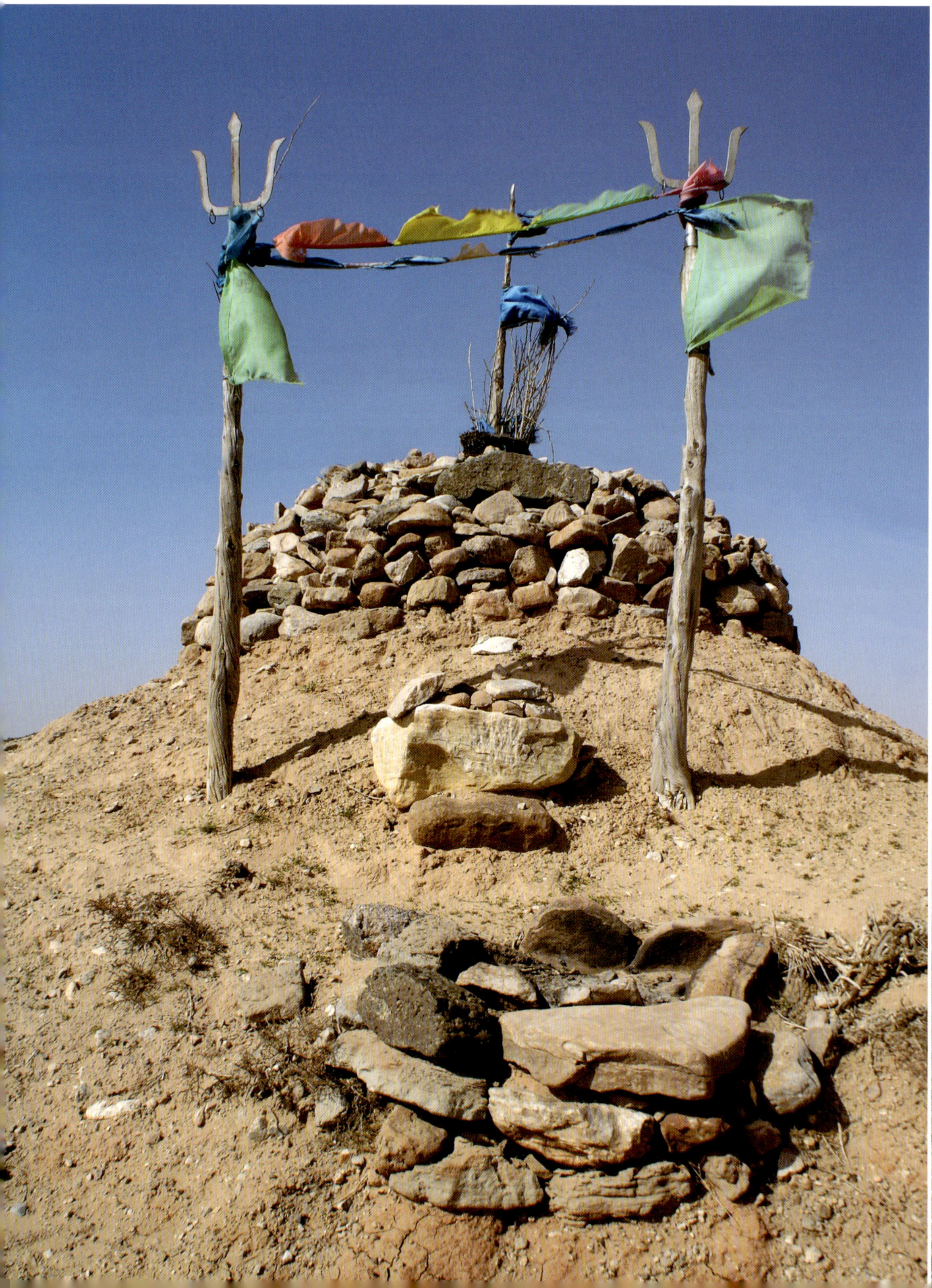

ᠴᠢᠷᠢᠭ ᠣᠪᠣᠭ᠎ᠠ

[illegible] ::

[illegible]

[illegible] ᠮᠧᠲ᠋ᠷ ᠂ ᠥᠷᠭᠡᠨ ᠢ 1 ᠮᠧᠲ᠋ᠷ :: ᠵᠢᠵᠢᠭ ᠣᠪᠣᠭ᠎ᠠ [illegible] ᠣᠪᠣᠭ᠎ᠠ ᠂ ᠥᠨᠳᠥᠷ ᠢ 0.5 [illegible] ᠣᠪᠣᠭ᠎ᠠ ᠂ ᠥᠨᠳᠥᠷ ᠢ 1.9 ᠮᠧᠲ᠋ᠷ ᠂ ᠥᠷᠭᠡᠨ ᠢ 3.3 [illegible] ᠮᠣᠳᠣᠨ ᠪᠠᠭᠠᠨ᠎ᠠ [illegible] ᠣᠪᠣᠭ᠎ᠠ [illegible] 12 ᠵᠢᠵᠢᠭ ᠣᠪᠣᠭ᠎ᠠ [illegible] ᠣᠪᠣᠭ᠎ᠠ ᠂ [illegible] ᠣᠪᠣᠭ᠎ᠠ [illegible]

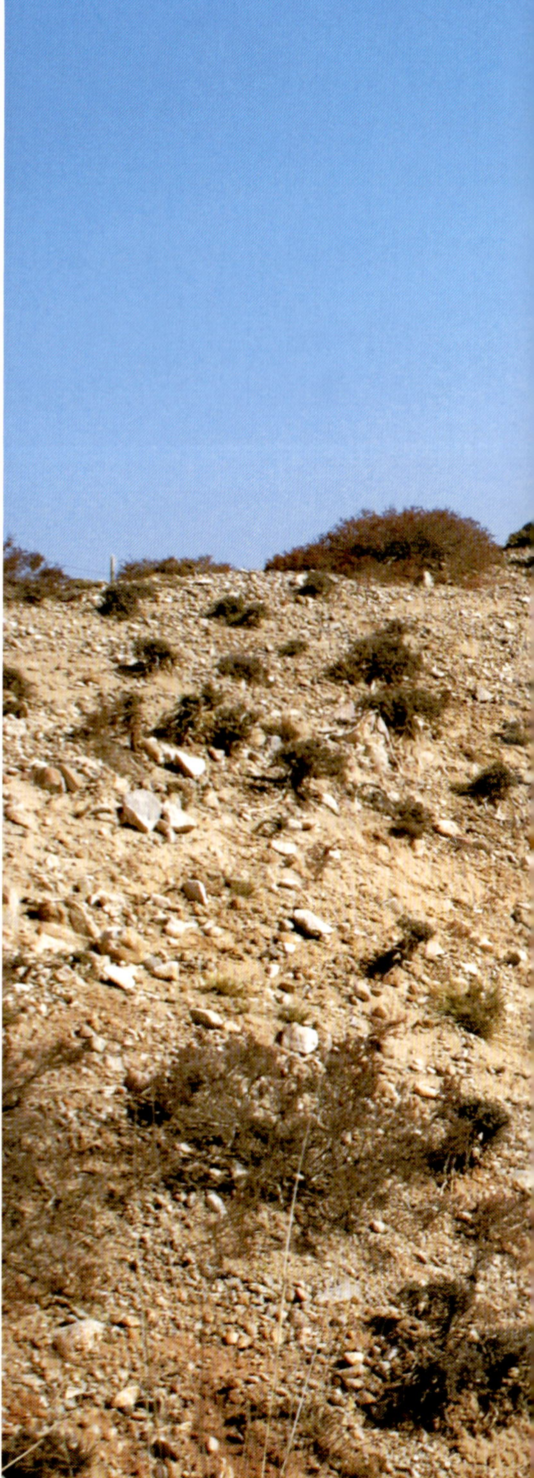

其日格敖包位于鄂托克旗棋盘井镇境内，属务图格敖包。其日格敖包建在一高岭上，由主敖包和12个守护敖包、禄马风旗祭祀台组成。主敖包用石块堆建而成，包顶插立一根树干并插有树枝，高1.9米，宽3.3米；守护敖包为石头堆，高0.5米，宽1米。

祭祀方向： 东南

祭祀时间： 鄂尔多斯历八月十三日（农历五月十三日）

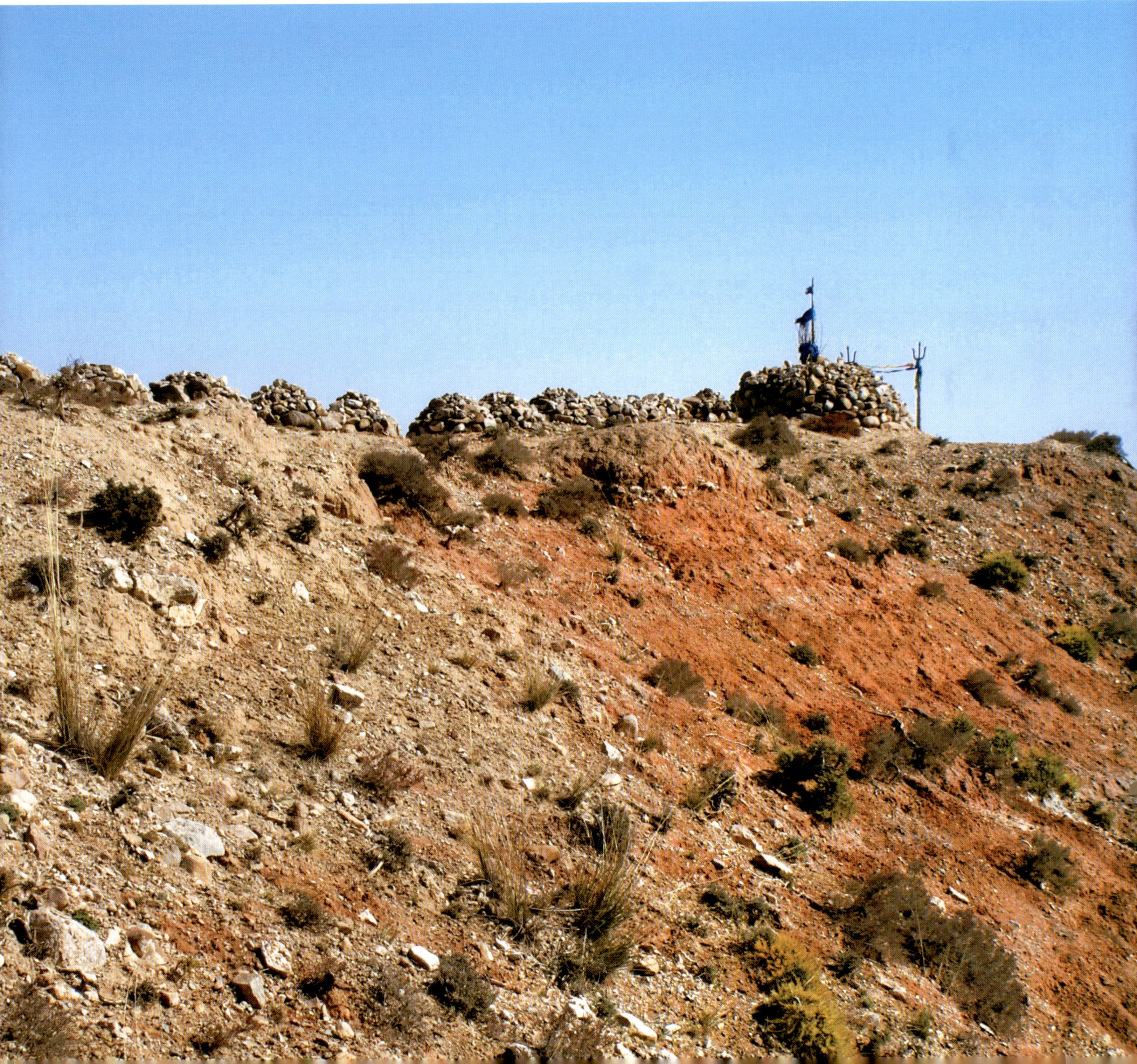

15 乌勒和敖包

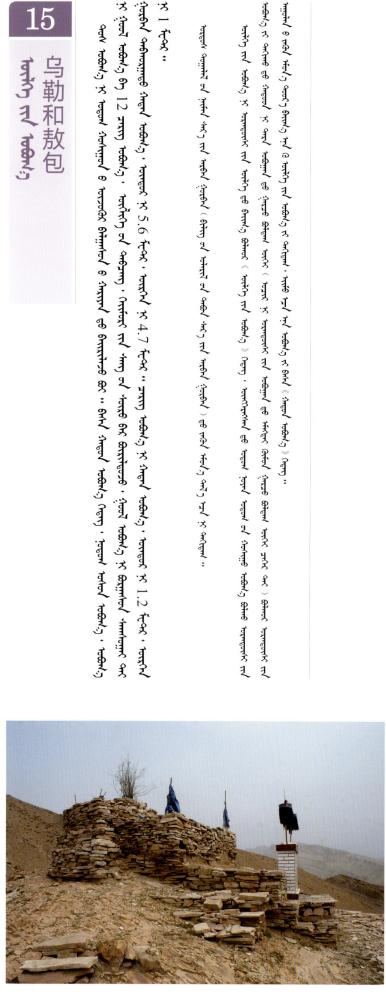

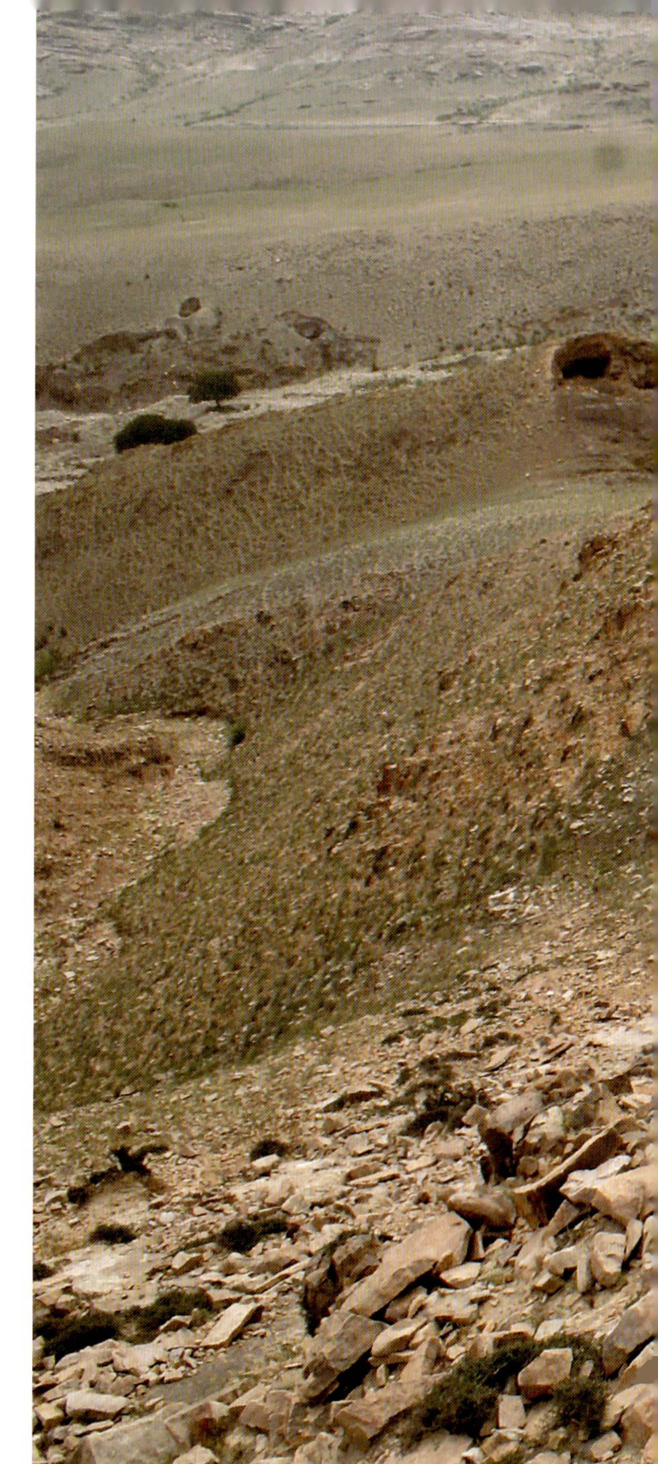

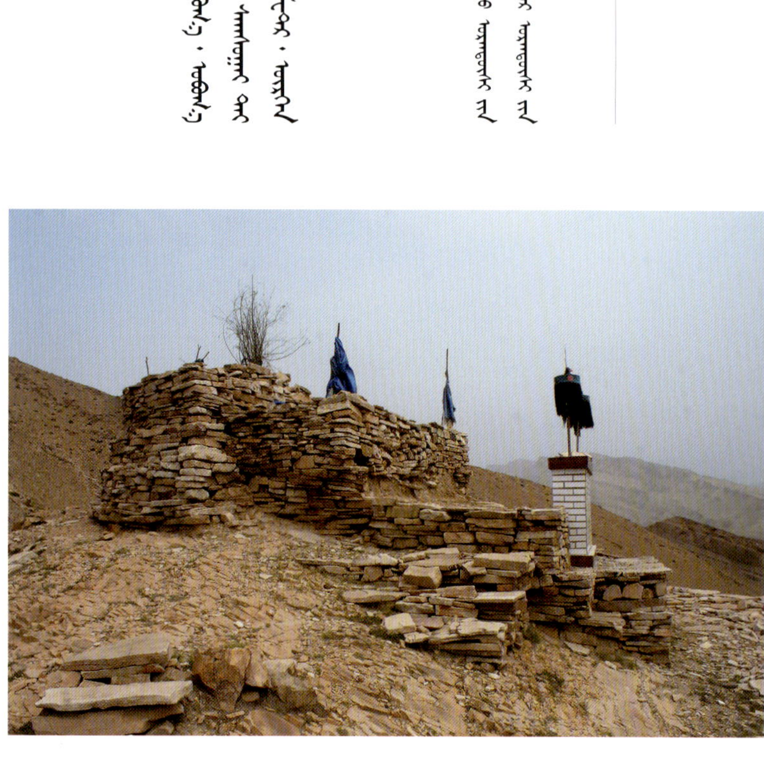

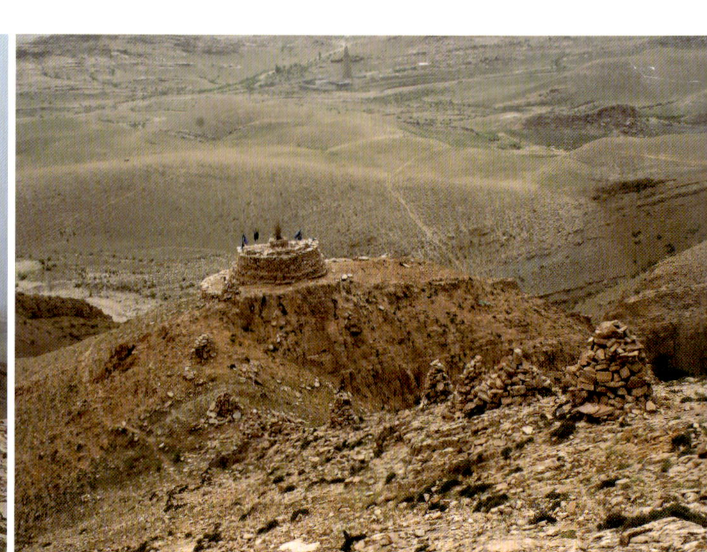

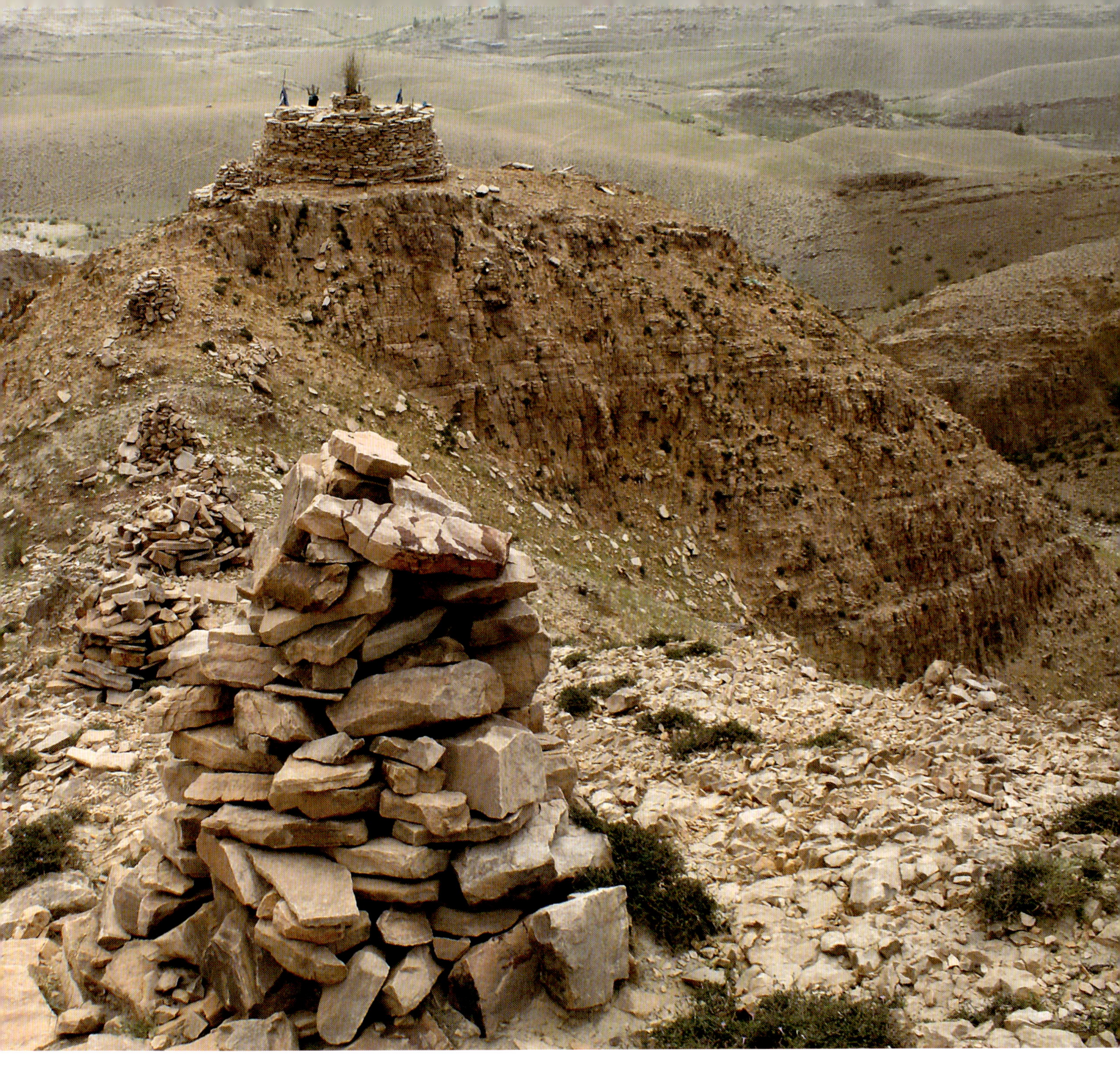

乌勒和敖包亦称“哈屯敖包”，位于鄂托克旗棋盘井镇境内，属努图格敖包。敖包建在乌仁都西山脉一个三级阶地的二级阶地之上，由主敖包和12个守护敖包、供台以及禄马风旗祭祀台组成。主敖包用石块堆建成一个半圆形，依地势往下搭建成三层台阶，供台上插立两根树干，主敖包上插树枝，高5.6米，宽4.7米；守护敖包亦用石块搭建而成，依地势向最高阶地分布，高1.2米，宽1米。

祭祀方向：东南

祭祀时间：鄂尔多斯历八月十三日（农历五月十三日）

传说过去鄂托克王爷祭祀旗敖包（即乌仁都西敖包）时，不允许女性上去祭祀，因为这个忌讳，所以王爷及贵族夫人们在这里建立了这个专门由妇女们祭祀的“哈屯敖包”，乌力和敖包因位于乌仁都西山脚下而被称为“乌勒和敖包”。

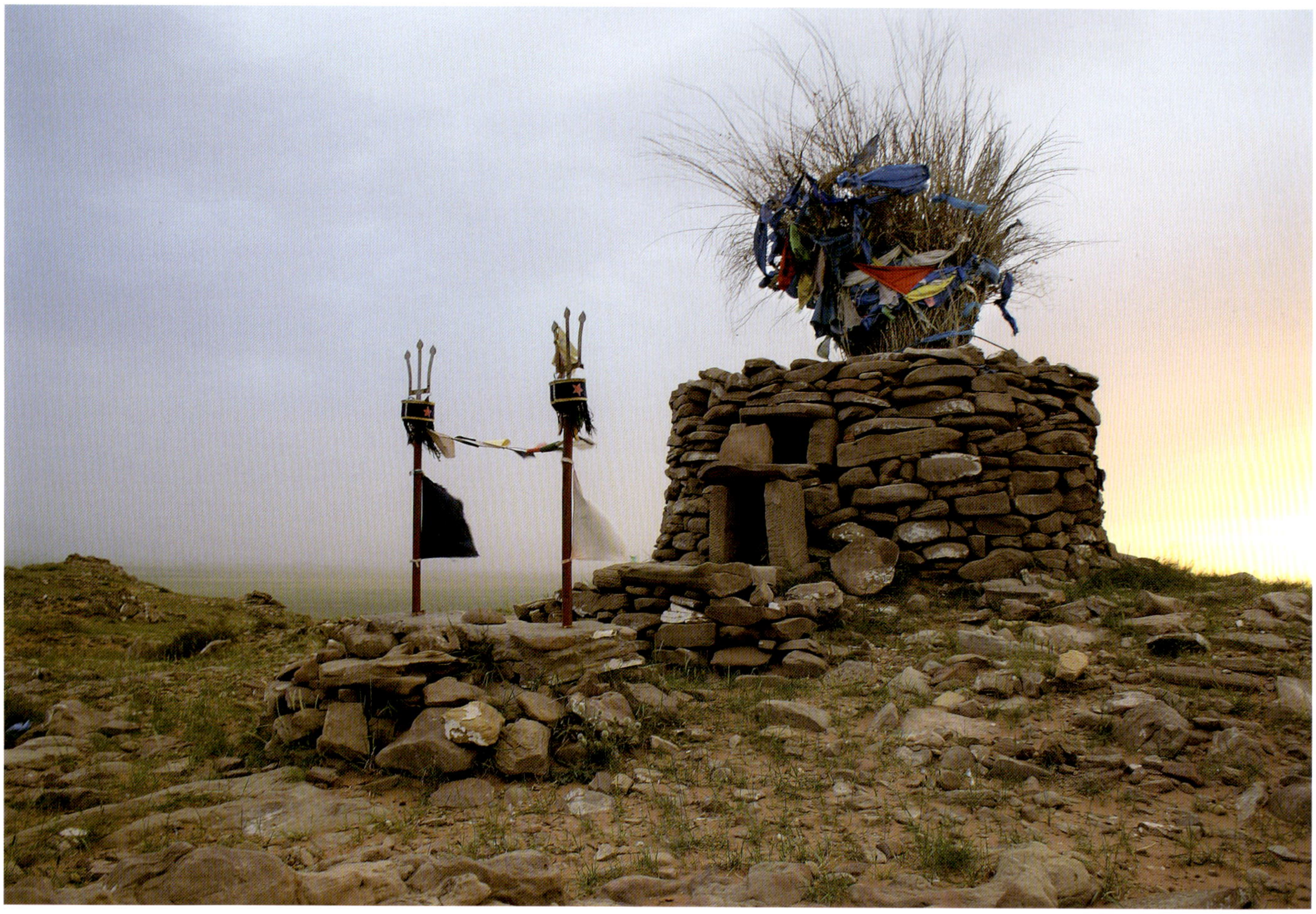

16 阿达尔嘎敖包

阿达尔嘎敖包位于鄂托克旗阿尔巴斯苏木境内，属庙敖包。阿达尔嘎敖包建在新召庙西北的山包上，由主敖包和一个守护敖包、供台以及禄马风旗祭祀台组成。主敖包用石块堆建而成，包顶插沙柳树枝，高3.1米，宽3.2米；守护敖包为石头堆，高0.7米，宽1米。

祭祀方向： 东南

祭祀时间： 鄂尔多斯历八月十三日（农历五月十三日）

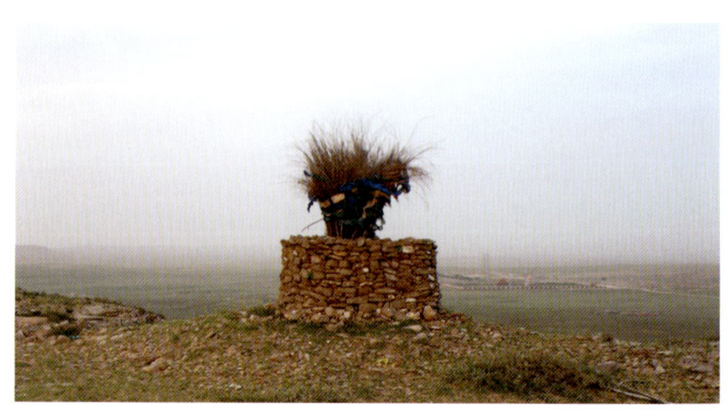

17 敖包图敖包

敖包图敖包位于鄂托克旗阿尔巴斯苏木境内，属务图格敖包。敖包图敖包建在平地隆起的小山包上，由敖包和供台组成。敖包用石块搭建而成，包顶插沙柳树枝，高2.7米，宽2.3米。

祭祀方向：东南

祭祀时间：鄂尔多斯历八月十三日（农历五月十三日）

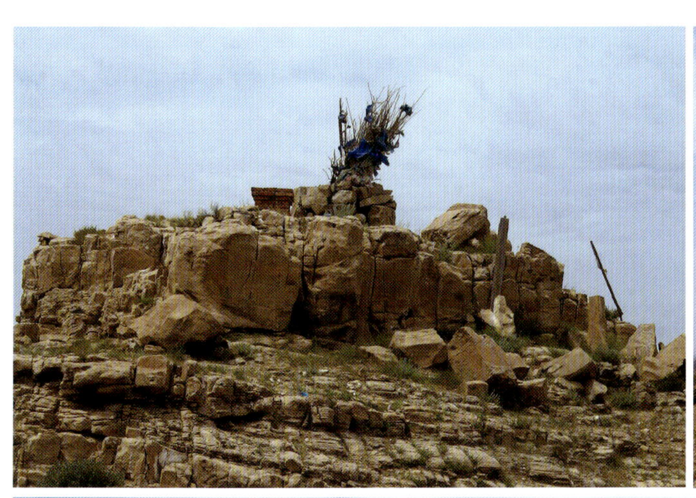

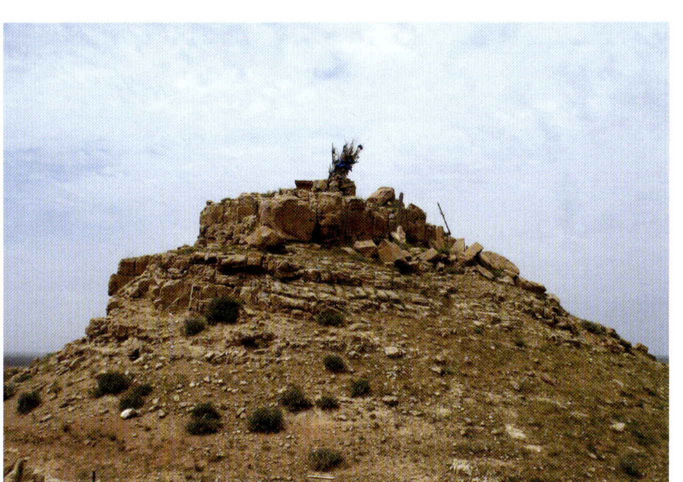

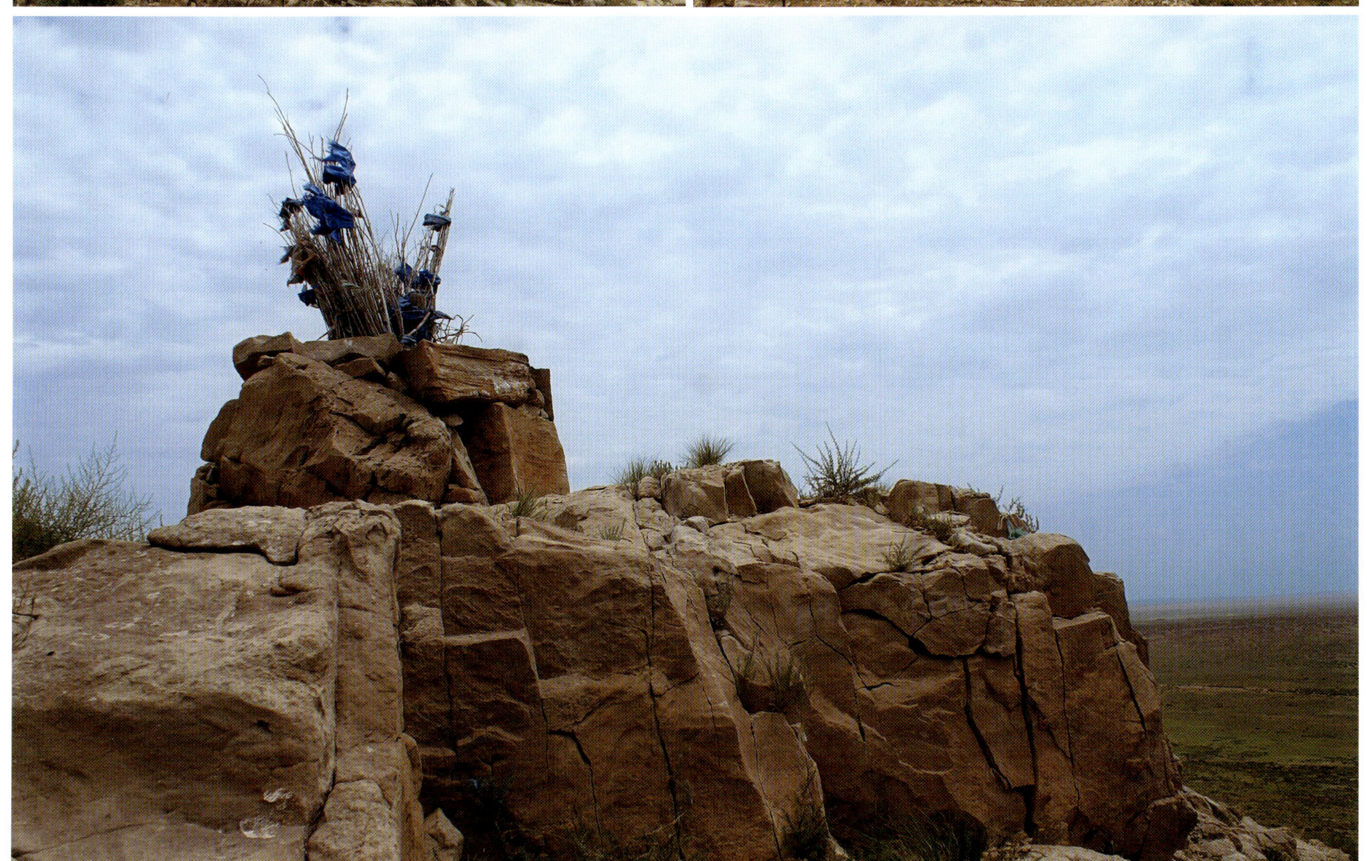

18 哈西拉嘎敖包

哈西拉嘎敖包位于鄂托克旗阿尔巴斯苏木境内，属努图格敖包。哈西拉嘎敖包建在红色砂岩坡上，由主敖包和13个守护敖包、祭祀台、供台、禄马风旗祭祀台以及祭祀用房组成。主敖包为三层塔式砖混水泥建筑，包顶插一苏勒德，高4.82米，宽3.8米；守护敖包为砖混水泥建筑，包顶插沙柳树枝，高1.1米，宽0.7米。

祭祀方向： 东南

祭祀时间： 鄂尔多斯历查干月十三日（农历正月十三日）和八月十三日（农历五月十三日）

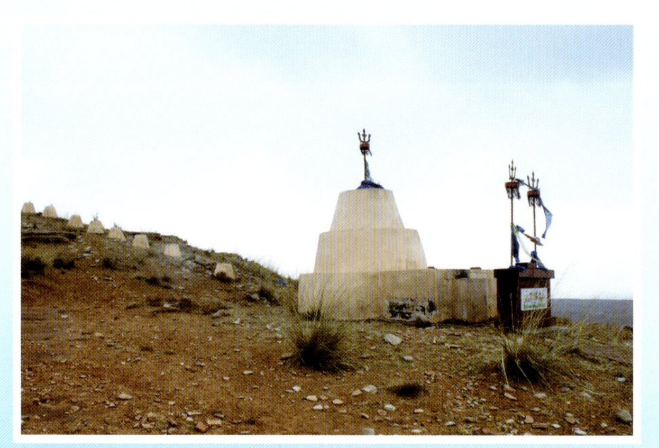

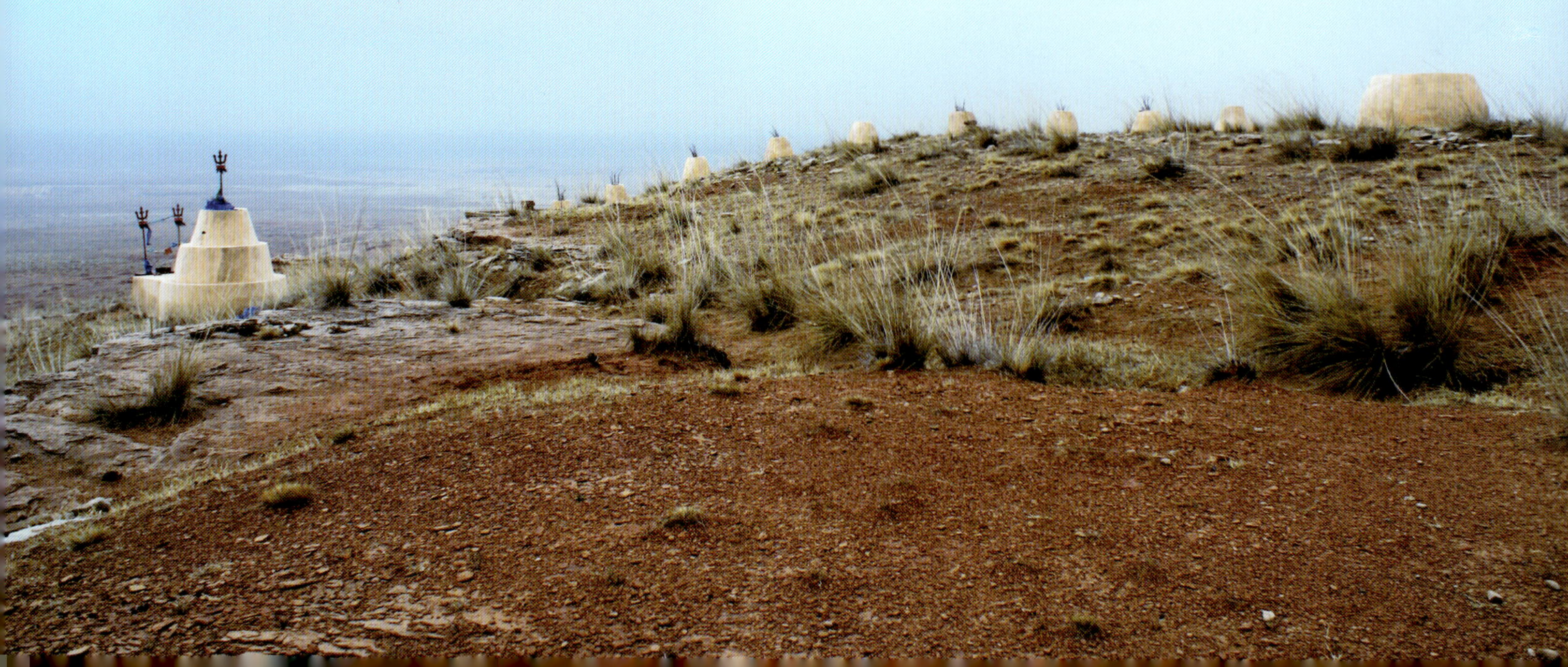

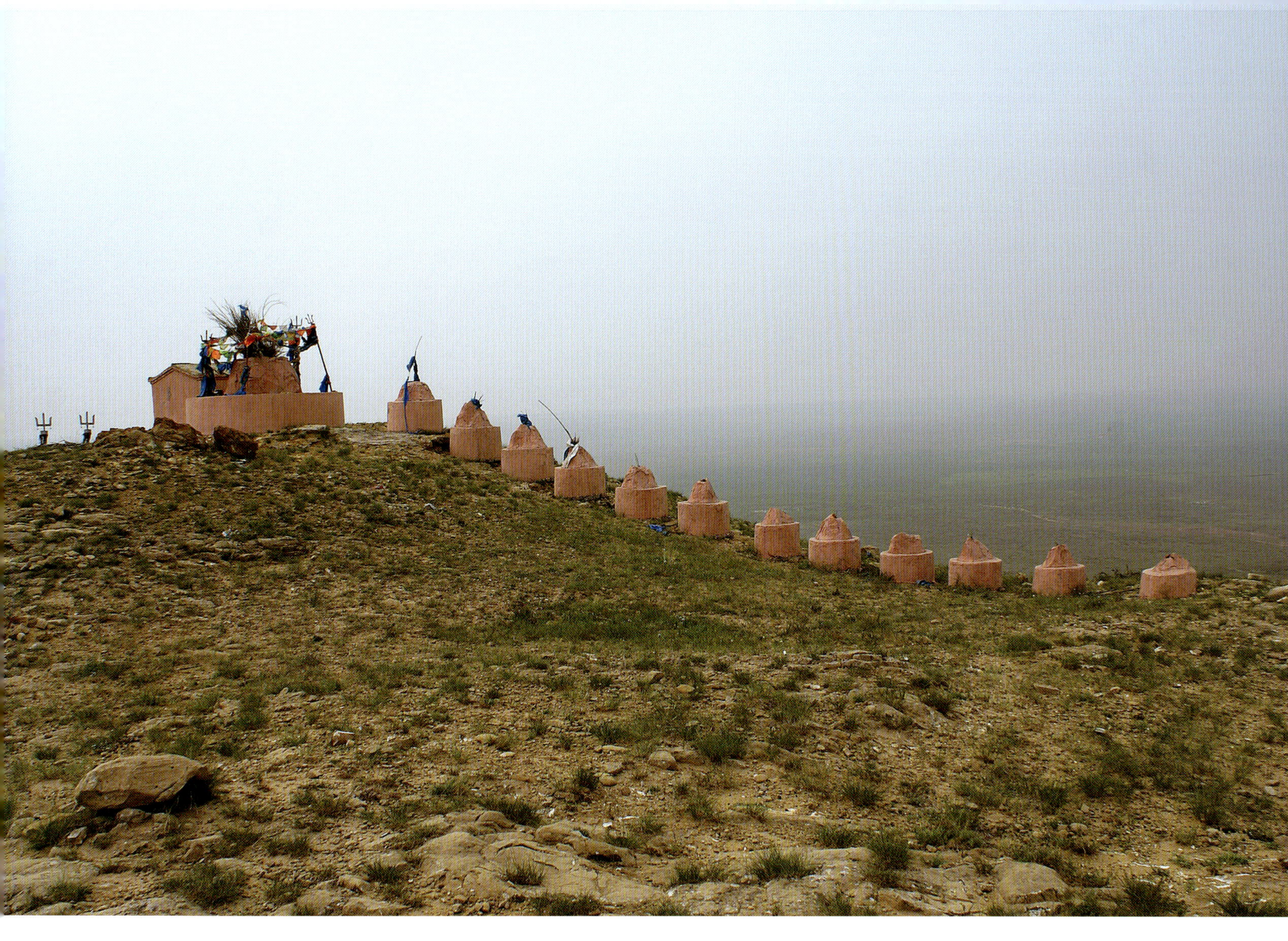

19 呼日勒其敖包

呼日勒其敖包位于鄂托克旗阿尔巴斯苏木境内，属努图格敖包。呼日勒其敖包建在砂岩高梁上，由主敖包和12个守护敖包、禄马风旗祭祀台以及小庙组成。主敖包为两层砖混水泥建筑，一层为圆形，上立两杆苏勒德，包顶插沙柳树枝，高4.2米，宽2.8米；守护敖包为两层砖混水泥建筑，包顶插沙柳树枝，高0.85~1.1米，宽0.74~1.2米。

祭祀方向： 东南

祭祀时间： 鄂尔多斯历八月十三日（农历五月十三日）

20 喇嘛敖包

喇嘛敖包位于鄂托克旗阿尔巴斯苏木境内，属庙敖包。敖包建在新召庙东南平地隆起的砂岩上，由主敖包和13个守护敖包、成吉思汗敖包及守护敖包、禄马风旗祭祀台、祭祀用房组成。主敖包为用石头堆建的两层圆形建筑，包顶插一苏勒德和沙柳树枝，高4.5米，宽4.5米；守护敖包用石块堆建而成，高1~1.2米，宽1.8~2.3米。成吉思汗敖包及守护敖包亦用石块堆建而成，成吉思汗敖包高1.2米，宽2.6米；守护敖包高0.8米，宽1.27米。

祭祀方向： 东南

祭祀时间： 鄂尔多斯历查干月十三日（农历正月十三日）和八月十三日（农历五月十三日）

传说在很久以前成吉思汗攻打西夏时路过此地，祭祀苏勒德之后离开，人们为了纪念此事建敖包起名为“苏勒德敖包”。后来，一位在这修行的喇嘛管理和祭祀这个敖包，新召搬迁时原来的神灵都安放在这个敖包，纪念原来祭祀的喇嘛，并称之为“喇嘛敖包”。而新召的东克尔衙门从各拉桑（藏语，意为“佛殿”）派敖包喇嘛，按规定的时间每年两次祭祀这座敖包。

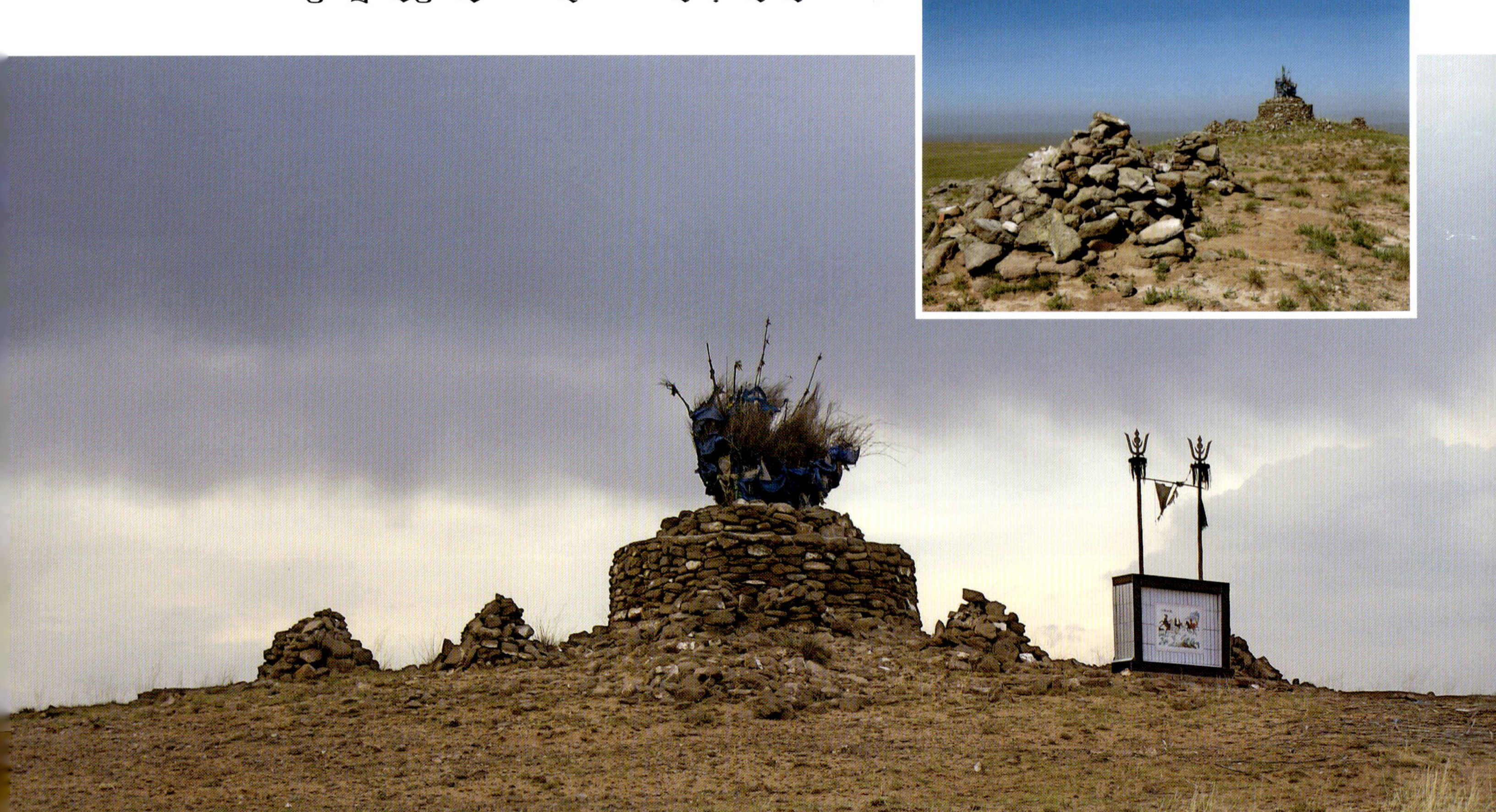

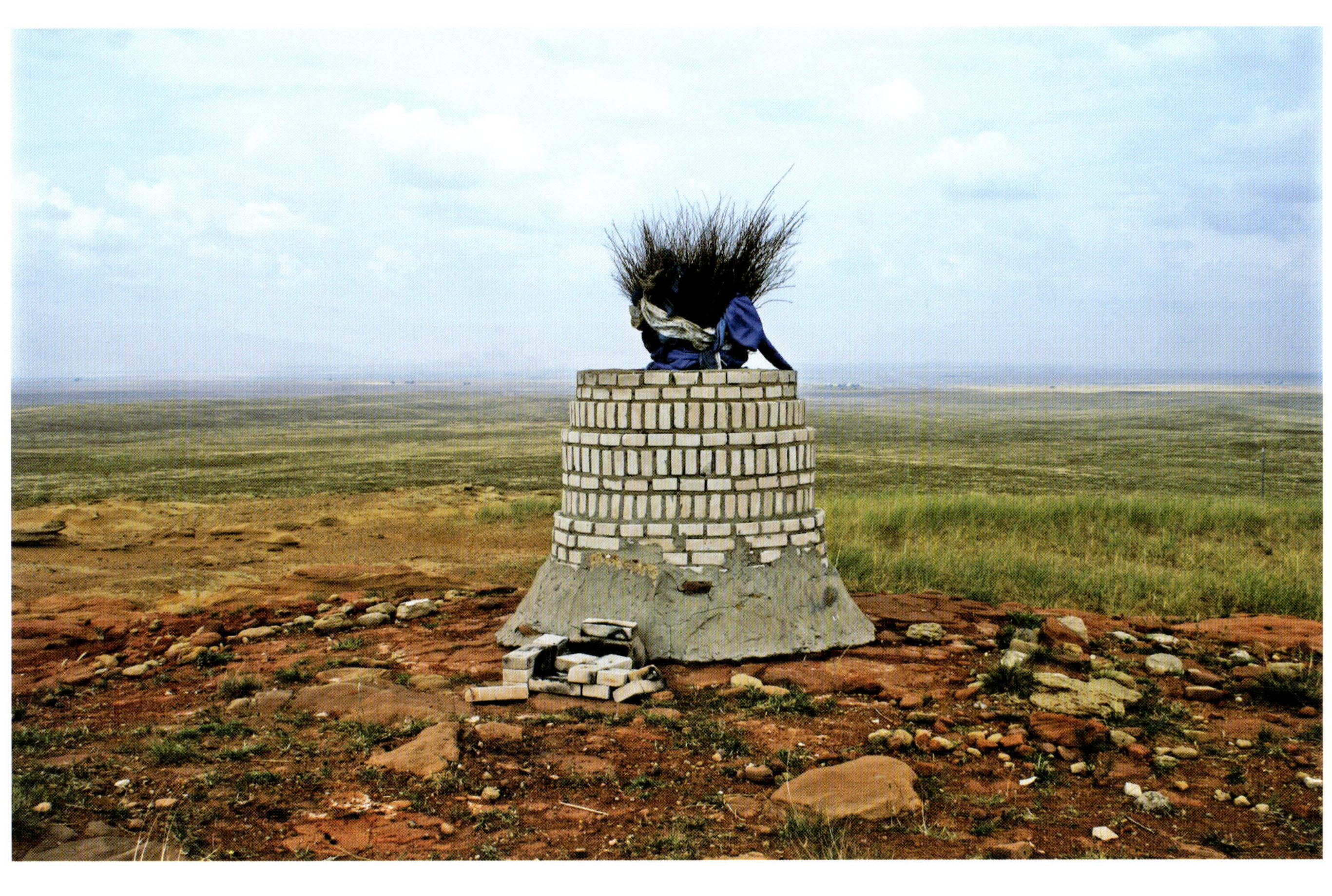

21 木呼尔乌兰敖包

木呼尔乌兰敖包，位于鄂托克旗阿尔巴斯苏木境内，是专门为保佑畜群平安而建的敖包。敖包建在红色砂岩上，为四层圆形砖混水泥建筑，包顶插沙柳树枝，高2.16米，宽1.94米。

祭祀方向：东南

祭祀时间：鄂尔多斯历八月十三日（农历五月十三日）

传说这座敖包是鄂托克王爷为保佑他的畜群而建。

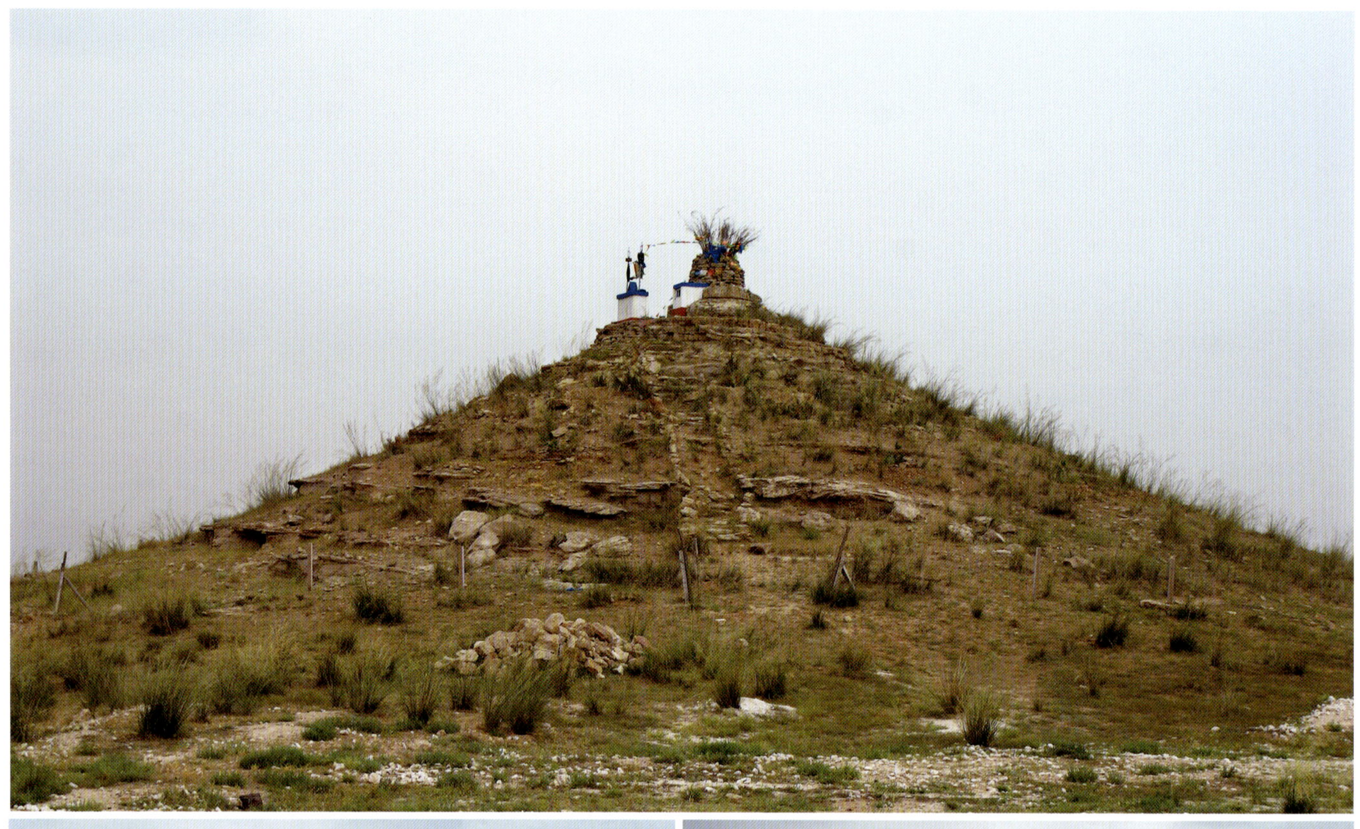

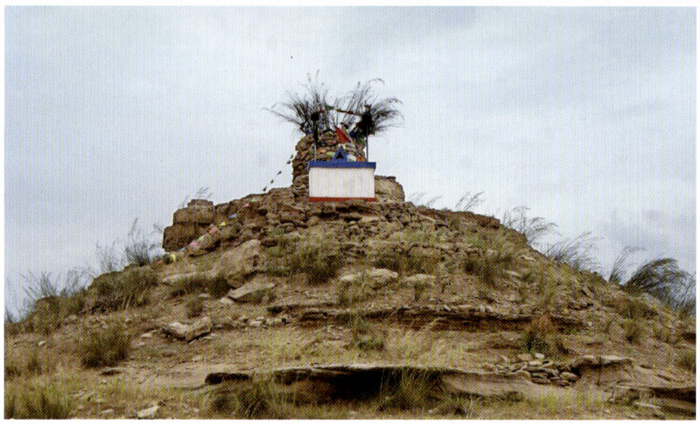

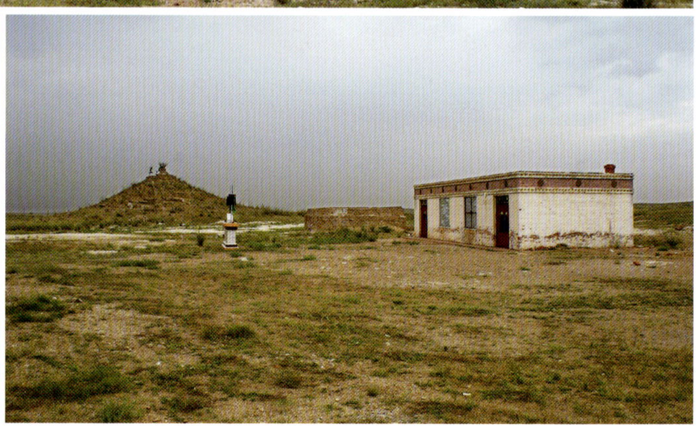

22 脑高岱敖包

脑高岱敖包位于鄂托克旗阿尔巴斯苏木境内，属努图格敖包。脑高岱敖包建在平地隆起的砂岩上，由敖包、供台、禄马风旗祭祀台以及祭祀用房组成。敖包用石块堆建而成，包顶插沙柳树枝，高3.1米，宽3.8米。

祭祀方向： 东南

祭祀时间： 鄂尔多斯历八月十三日（农历五月十三日）

23 苏布尔嘎乌拉札敖包

苏布尔嘎乌拉札敖包位于鄂托克旗阿尔巴斯苏木境内，属庙敖包。苏布尔嘎乌拉札敖包建在新召庙东北的砂岩上，由主敖包和两个守护敖包组成。主敖包用石块堆建而成，包顶插沙柳树枝，高1.7米，宽2.9米；守护敖包为石头堆，高0.7~0.8米，宽0.8米。

祭祀方向：东南

祭祀时间：鄂尔多斯历八月十三日（农历五月十三日）

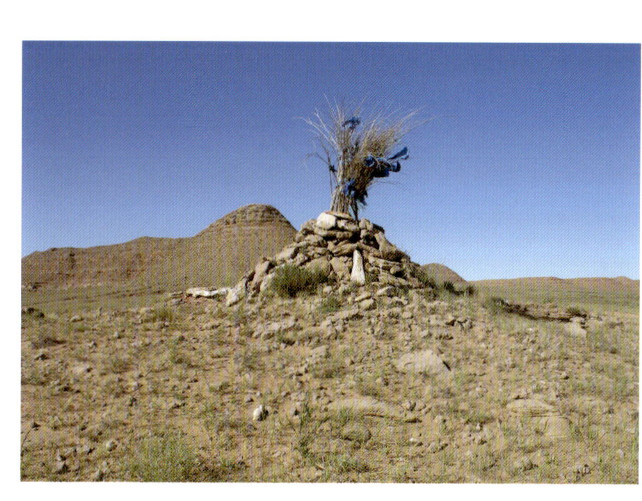

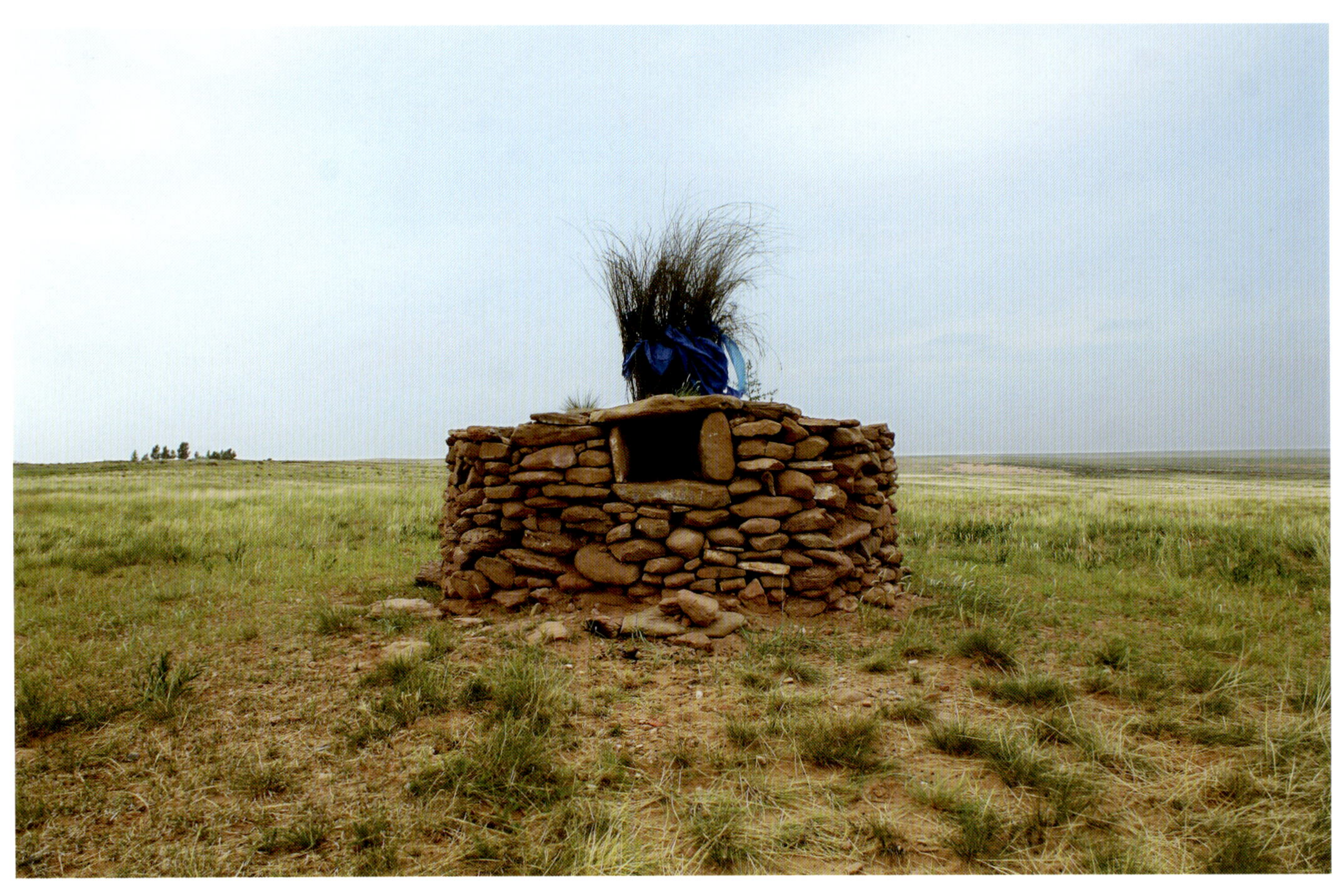

24 塔日颜敖包

塔日颜敖包位于鄂托克旗阿尔巴斯苏木境内，属努图格敖包。塔日颜敖包建在梁上，由主敖包和13个守护敖包组成。主敖包用石块堆建而成，圆形，包顶插沙柳树枝，高2.75米，宽3.5米；守护敖包为小石头堆，高0.25~0.3米，宽0.6米。

祭祀方向： 东南

祭祀时间： 鄂尔多斯历八月十三日（农历五月十三日）

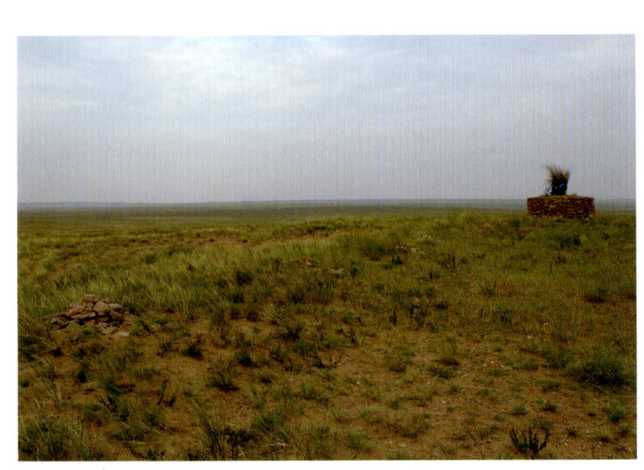

25 伊克木瑞敖包

伊克木瑞敖包位于鄂托克旗阿尔巴斯苏木境内，属努图格敖包。伊克木瑞敖包建在梁上，由主敖包和18个守护敖包、供台以及禁忌石墙组成。主敖包用石块堆建而成，包顶插一苏勒德和沙柳树枝，高3.2米，宽2.5米；守护敖包为小石头堆，高0.1~0.25米，宽0.3~0.5米。

祭祀方向： 东南

祭祀时间： 鄂尔多斯历八月十三日（农历五月十三日）

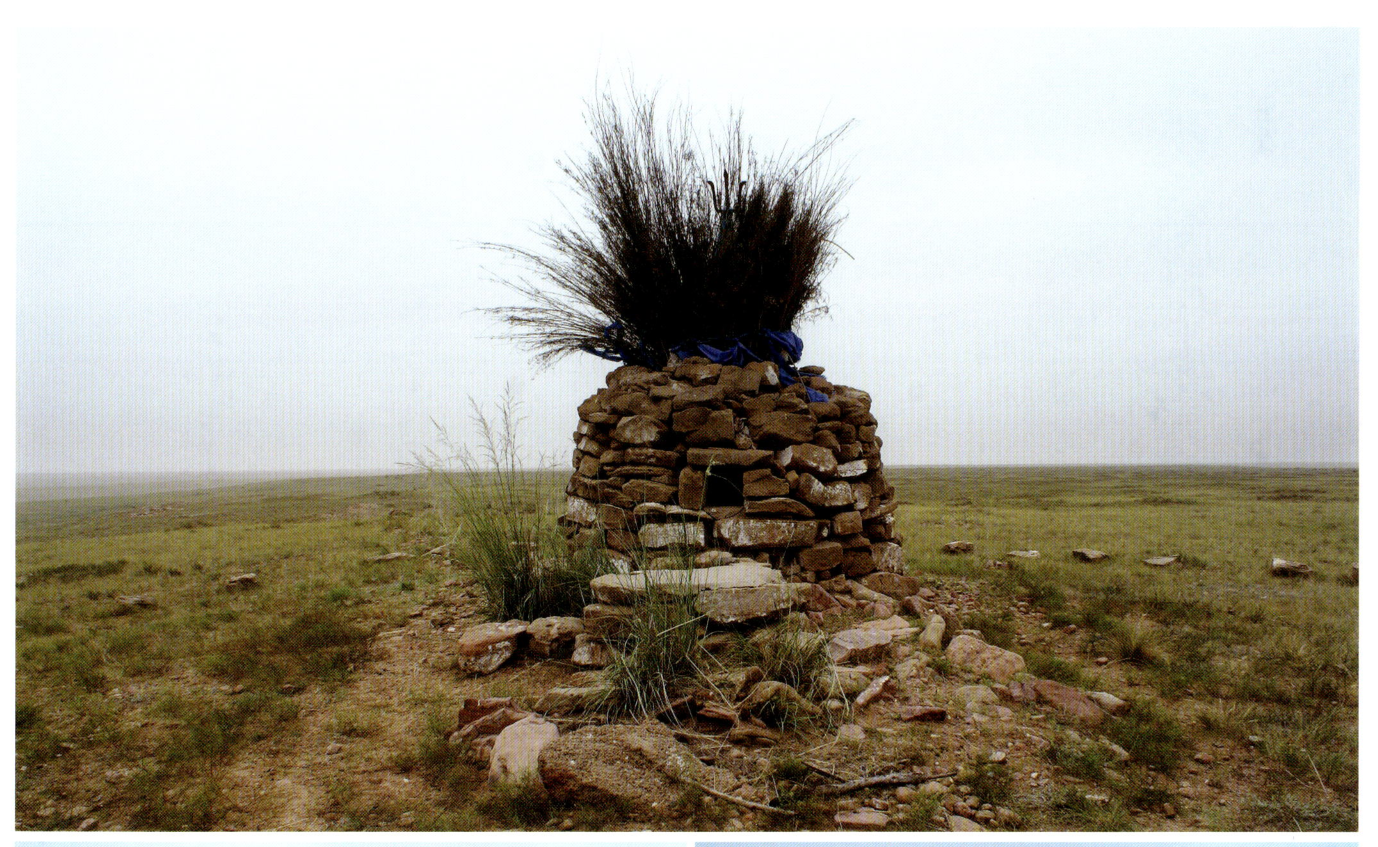

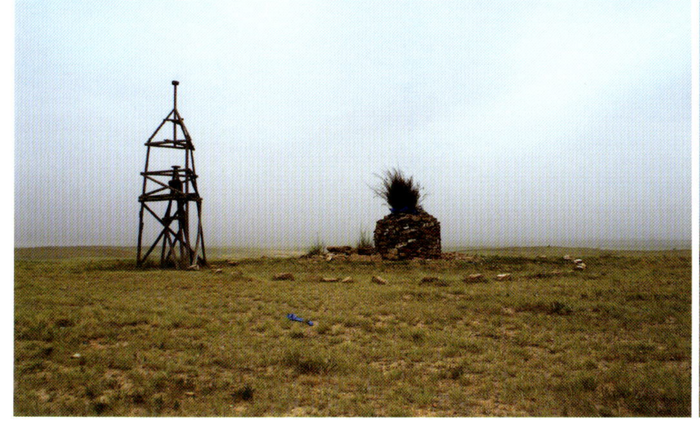

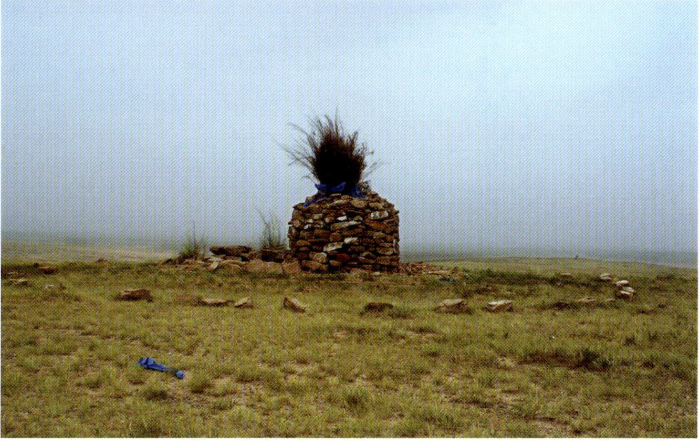

26 札布萨尔音乌兰陶勒盖敖包

札布萨尔音乌兰陶勒盖敖包位于鄂托克旗阿尔巴斯苏木境内，属镇邪敖包。敖包建在一个砂岩土包上，用石块堆建而成，包顶插一苏勒德和沙柳树枝，高2.65米，宽1.8米。

祭祀方向： 东南

祭祀时间： 鄂尔多斯历八月十三日（农历五月十三日）

据说20世纪20年代这个地方狼群猖獗，危害周围牧民的牲畜，这座敖包是为了保护畜群而建。

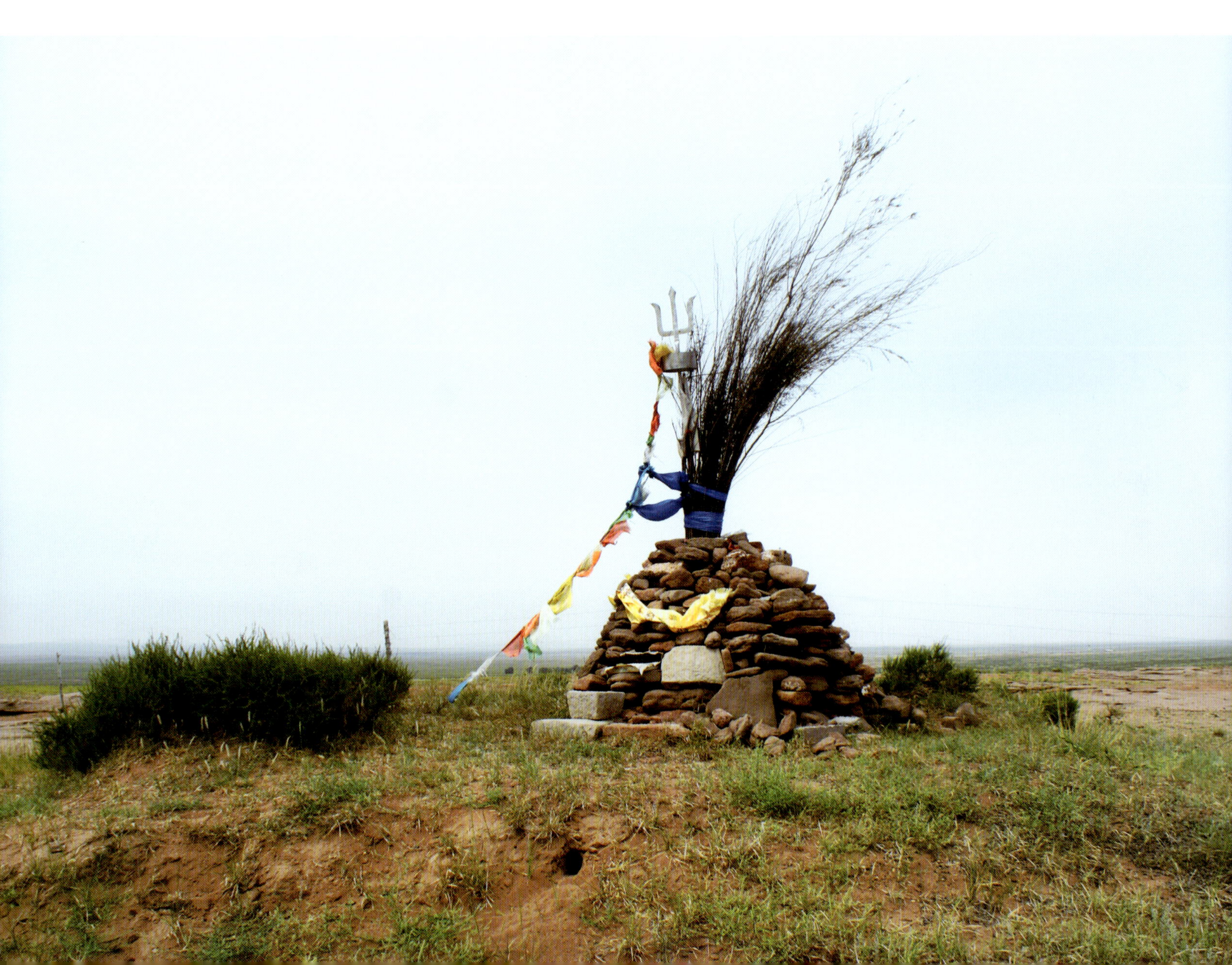

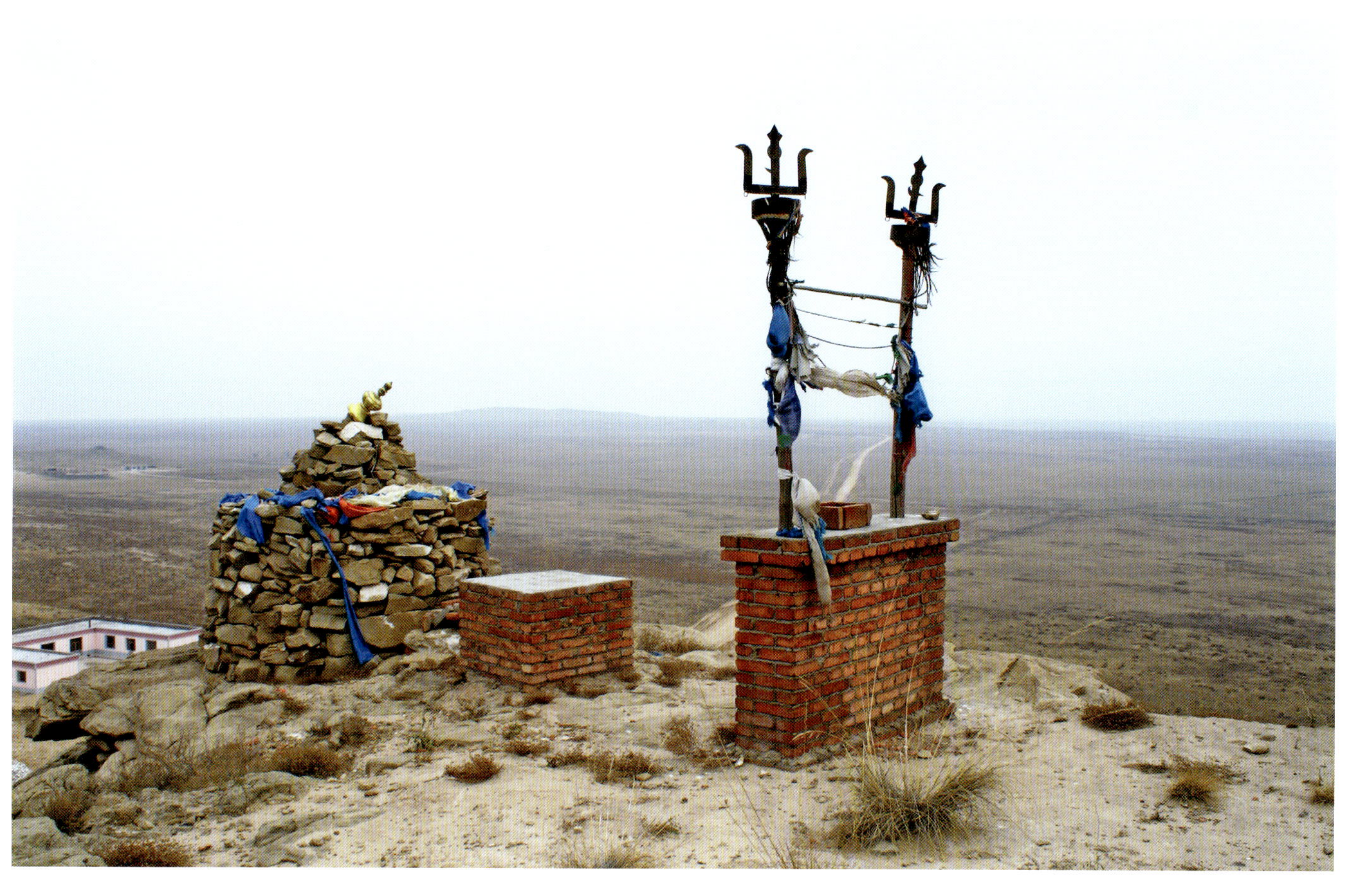

27 道劳阿贵敖包

道劳阿贵敖包位于鄂托克旗阿尔巴斯苏木境内，属庙敖包。道劳阿贵敖包建在道劳阿贵庙西南的砂岩峁上，由敖包、供台和禄马风旗祭祀台组成。敖包为石块堆建的两层建筑，上面安放一个甘吉日，高2.5米，宽2.5米。

祭祀方向：东南

祭祀时间：鄂尔多斯历九月十三日（农历六月十三年日）

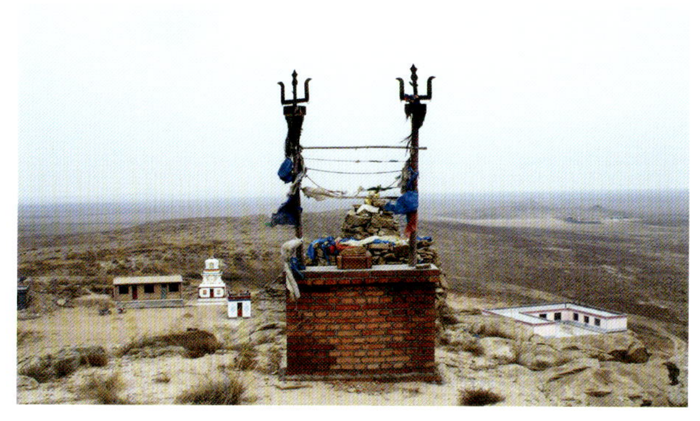

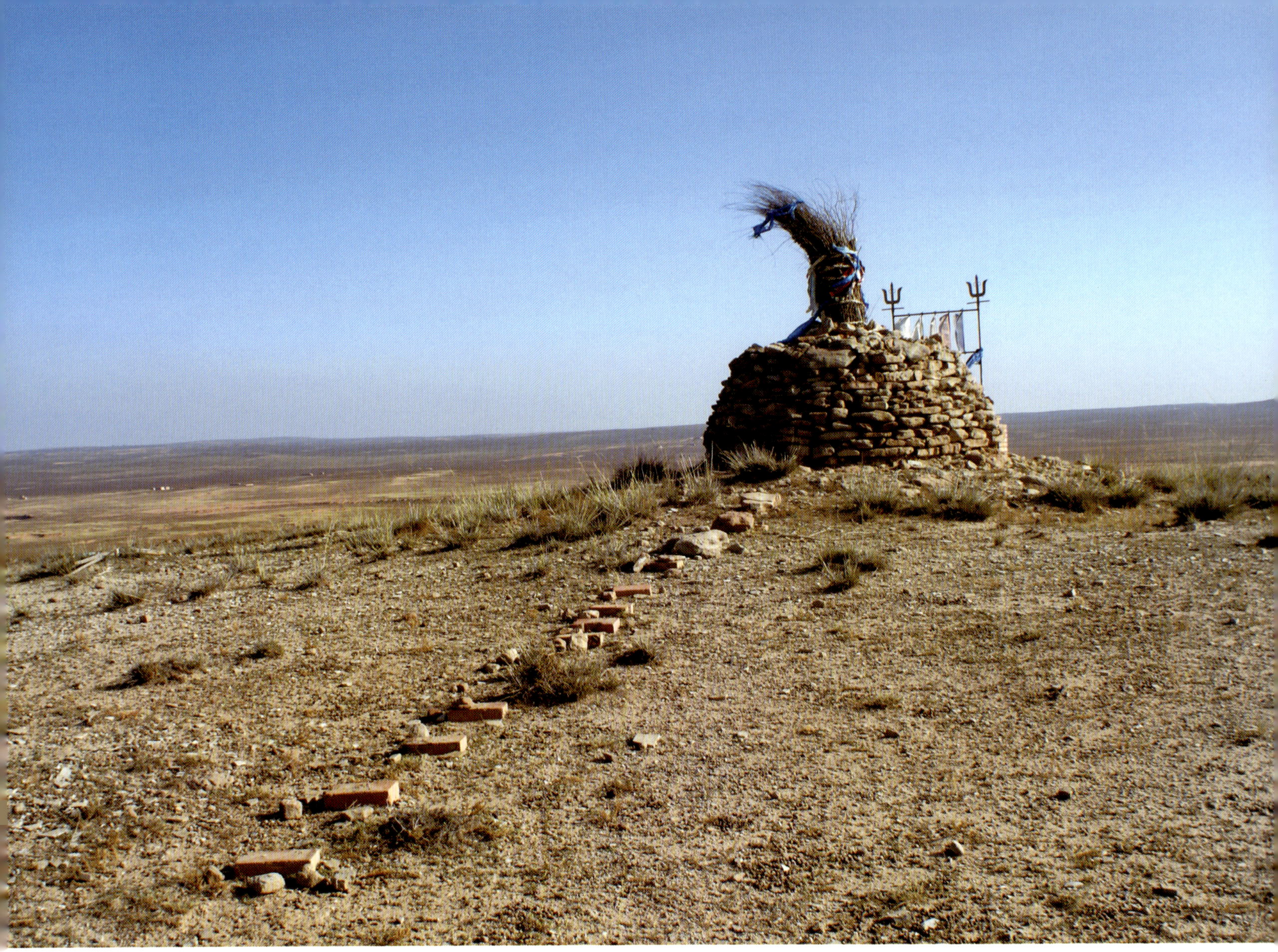

28 德布图格日敖包

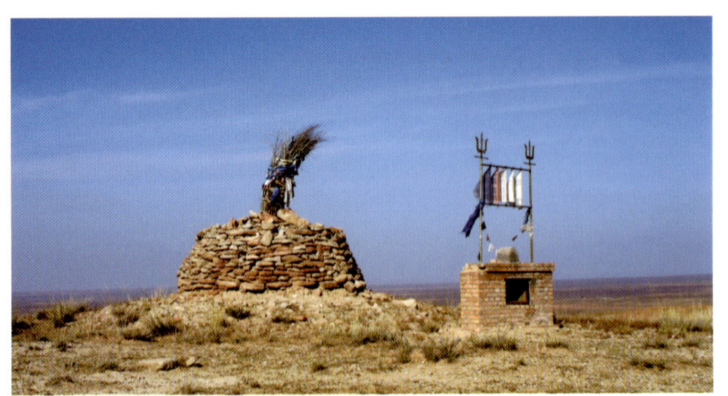

德布图格日敖包位于鄂托克旗阿尔巴斯苏木境内，属氏族敖包。德布图格日敖包由主敖包和12个守护敖包、禄马风旗祭祀台以及祭祀用房组成。主敖包用石块堆建而成，包顶插沙柳树枝，高2.8米，宽2.8米；守护敖包前三个为小石头堆，后九个为砖块，高0.12~0.4米，宽0.24~0.5米。

祭祀方向： 西南

祭祀时间： 鄂尔多斯历八月十三日（农历五月十三日）

29 杭格楚德敖包

杭格楚德敖包位于鄂托克旗阿尔巴斯苏木境内，属氏族敖包。“杭格楚德”的“杭格”，亦称“杭锦”，是突厥语“康里”之意，由正音“杭里”演化而来，意为“车子”。它是突厥内部一个势力集团的名称，后为部落名，这里是“车子”的复数，指部落名称。杭格楚德敖包由主敖包和13个守护敖包以及禄马风旗祭祀台组成。主敖包用石块堆建而成，上面堆放沙蒿，包顶中央间立一个木质的都格，高3.5米，宽2.4米；守护敖包为小石头堆，高0.25~0.35米，宽0.4~0.5米。

祭祀方向：东南

祭祀时间：鄂尔多斯历八月十三日（农历五月十三日）

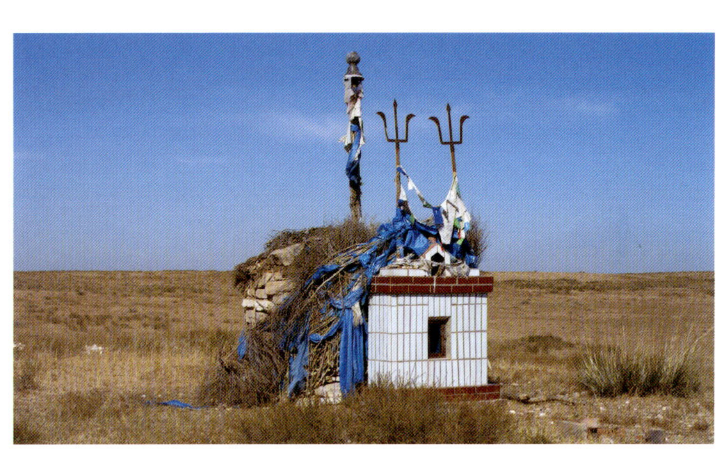

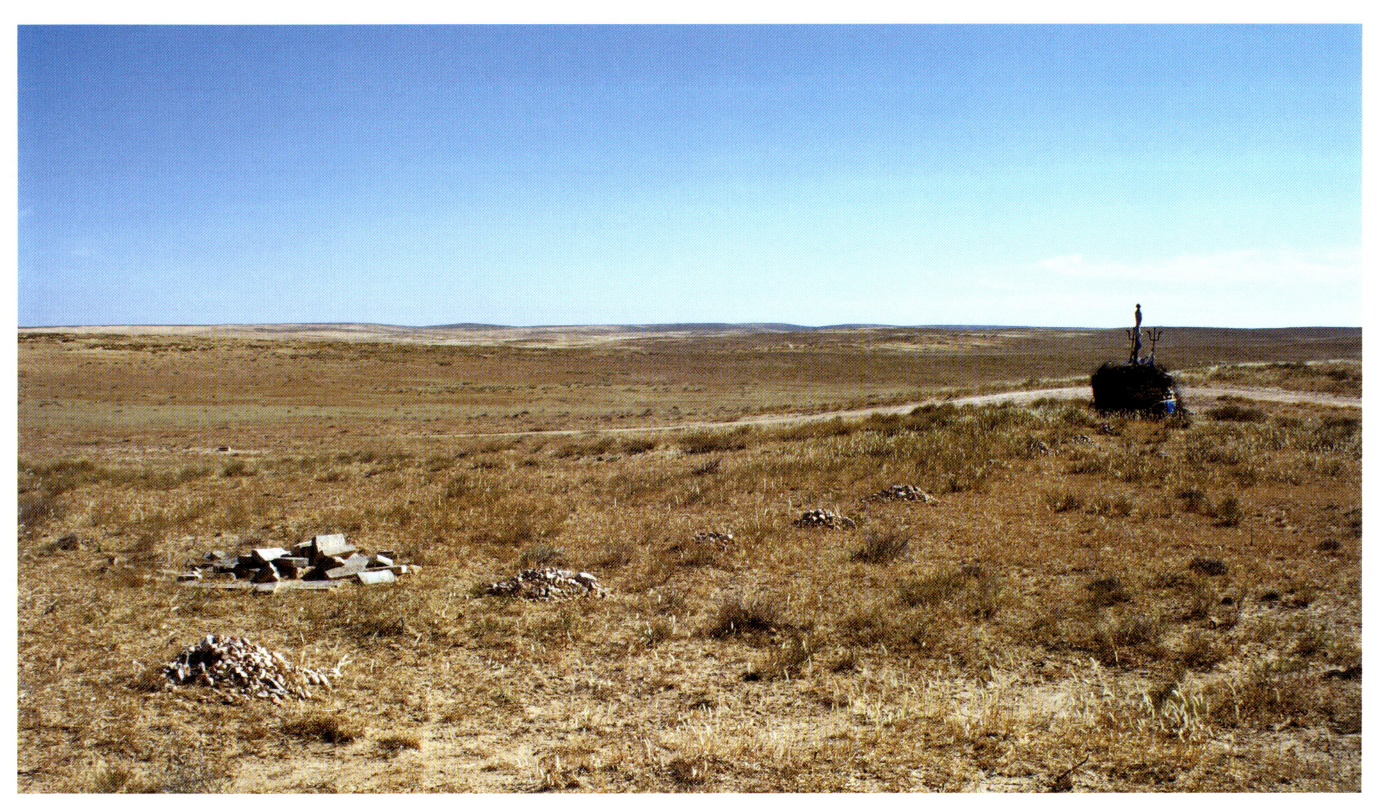

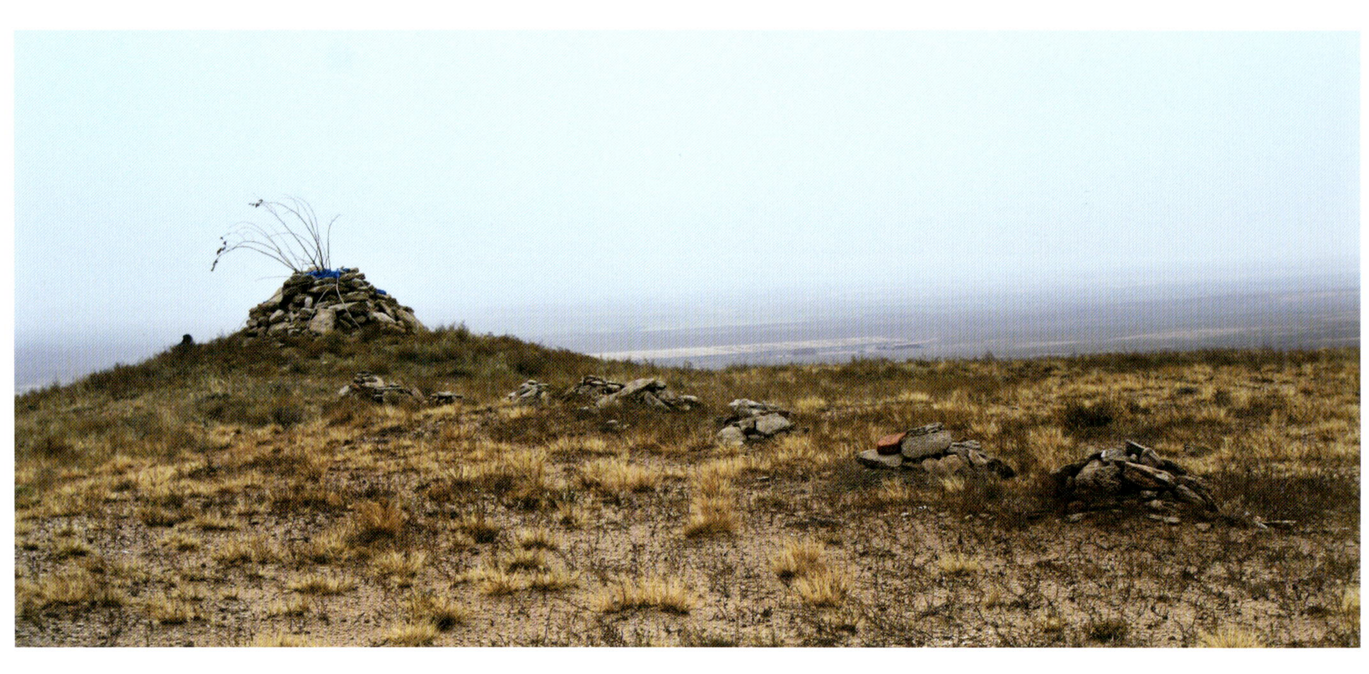

30 木呼尔敖包

木呼尔敖包位于鄂托克旗阿尔巴斯苏木境内。敖包建在一地势较高的梁上，由主敖包和 12 个守护敖包以及熏香台组成。主敖包用石块堆建而成，包顶插沙柳树枝，高 3.2 米，宽 6.38 米；守护敖包为小石头堆，高 0.35~0.4 米，宽 0.8~0.95 米。

祭祀方向： 东南

祭祀时间： 鄂尔多斯历八月十三日（农历五月十三日）

传说原来这个地方叫“巴音乌素呼都格”，因为有一口井叫巴音乌素呼都格，所以井前的敖包叫巴音敖包。19 世纪六七十年代马化龙率领的宁夏回民军（鄂尔多斯人叫“毛呼拉盖”）在鄂尔多斯地区一路烧杀抢掠，这里的牧民在逃走之前把所有的金银财产都藏在这口井里，马化龙的军队一无所获，一气之下拔掉了敖包上面的沙柳树枝。因为敖包上面没有沙柳树枝变得光秃秃的，所以人们把这个敖包称为“木呼尔（蒙古语，意为“光秃秃”）敖包”。

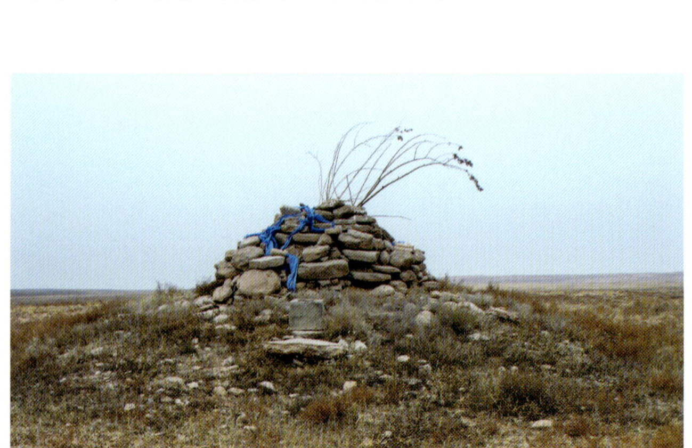

31 苏吉（斯古吉）敖包

苏吉（斯古吉）敖包位于鄂托克旗阿尔巴斯苏木和宁夏回族自治区石嘴山市平罗县陶乐镇交界上，属氏族敖包。苏吉敖包建在一较高台地上，由主敖包和14个守护敖包、禄马风旗祭祀台、都格以及小庙组成。主敖包为圆形石混水泥建筑，上面堆积小块石头，包顶插沙柳树枝，高3.85米，宽4.58米；守护敖包为方形砖混水泥建筑，高0.6米，宽0.72米。

祭祀方向： 东南

祭祀时间： 鄂尔多斯历八月十三日（农历五月十三日）

这个敖包的东面是一望无际的大沙漠，要想到敖包前祭祀，就必须绕到宁夏境内，所以到敖包前祭祀是非常困难的。于是，查布阿如布拉格、陶利、赛乌素等嘎查负责祭祀这个敖包的一部分人把敖包迁至自己的草场附近，建立了“新苏吉（斯古吉）敖包”并进行祭祀，而一部分人从自己的家门口朝着这个敖包的方向祭祀。

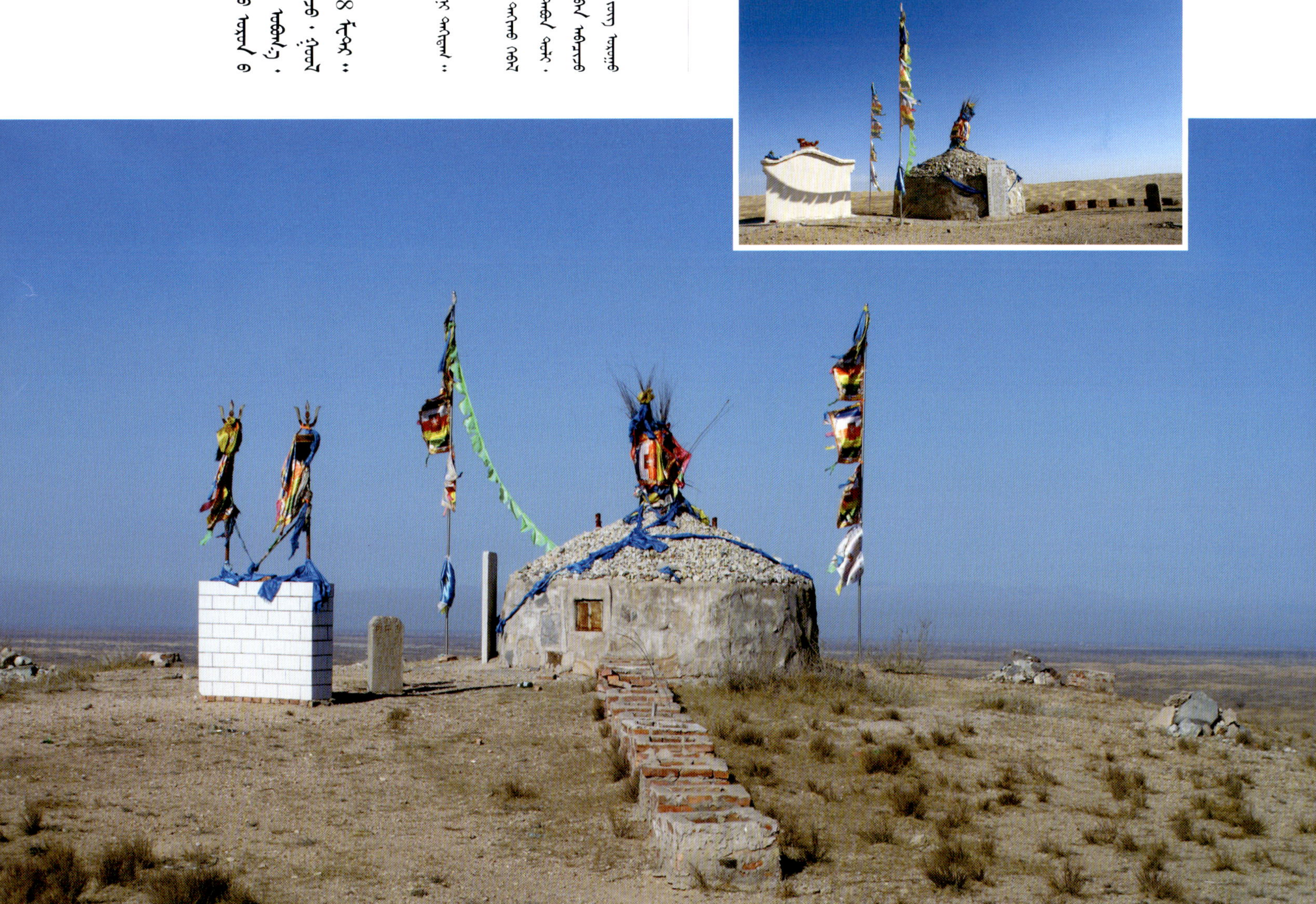

32 巴嘎额尔和图敖包

巴嘎额尔和图敖包位于鄂托克旗苏米图境内，属努图格敖包。敖包建在略高于周围的小土包上，由主敖包和13个守护敖包、禄马风旗祭祀台以及祭祀用房组成。主敖包为两层圆形砖混水泥建筑，包顶插沙柳树枝，高2.7米，宽2.8米；守护敖包是将柳树枝扎成一捆插入地下，高1.5~1.8米，宽0.15~0.2米。

祭祀方向： 西北

祭祀时间： 鄂尔多斯历八月十三日（农历五月十三日）

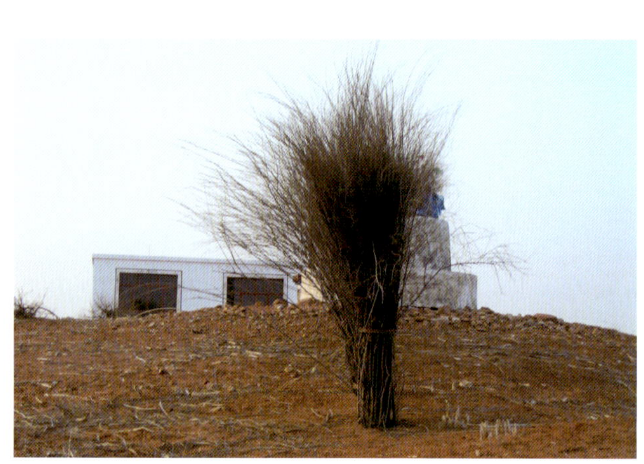

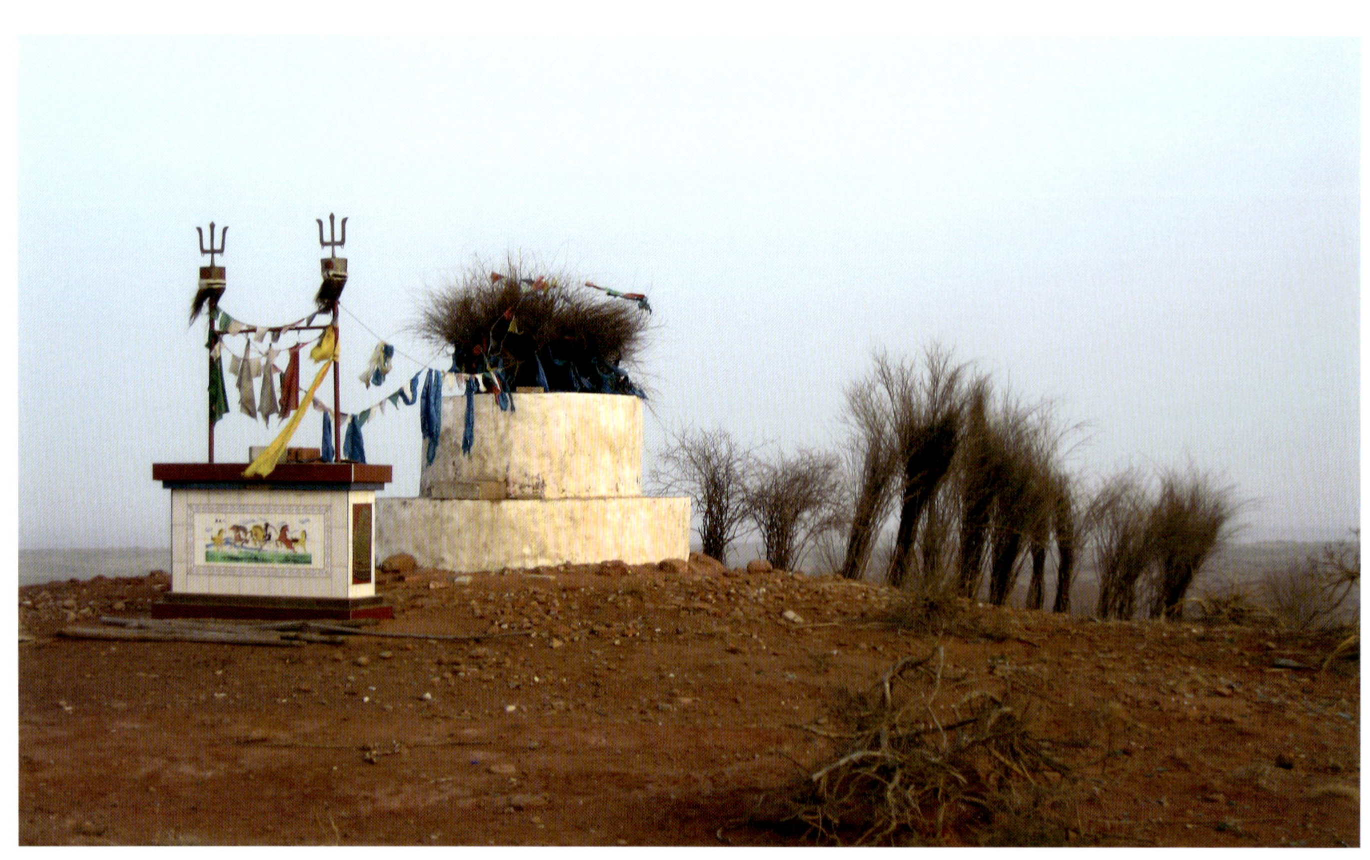

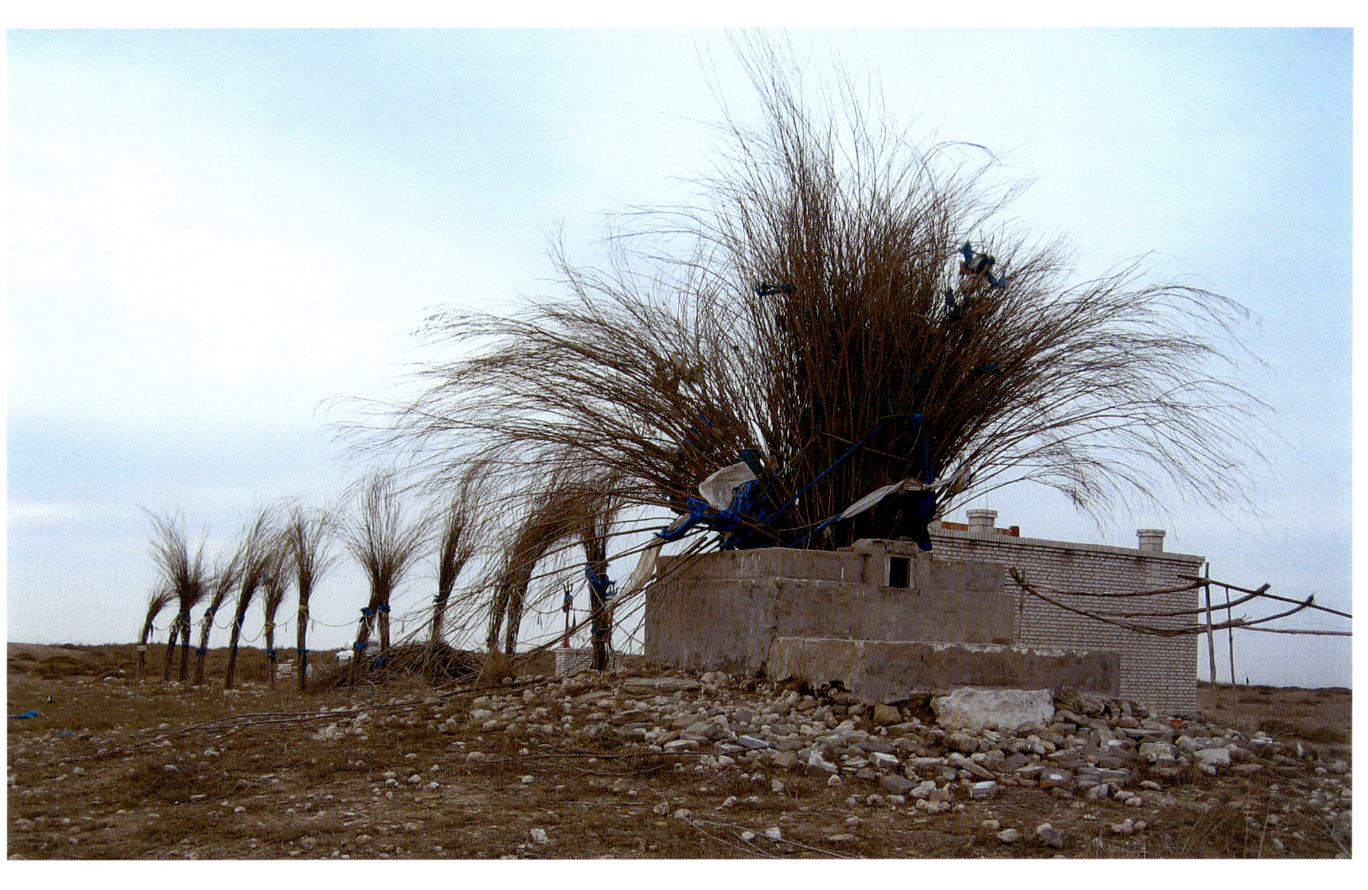

33 布日汗敖包

布日汗敖包位于鄂托克旗苏米图苏木境内，属努图格敖包。敖包建在梁上，由主敖包和13个守护敖包、供台以及祭祀用房组成。主敖包为两层方形砖混水泥建筑，包顶插沙柳树枝，高6.35米，宽2.06米；守护敖包是用沙柳枝扎成一捆插入地下，高1.7米，宽0.2米。

祭祀方向：东北

祭祀时间：鄂尔多斯历八月二十日（农历五月二十日）

传说很久以前从西面来了一位有学问的喇嘛，在这里修行了多年。有一天，宁夏马化龙率领的回民军窜至鄂尔多斯，杀了这位喇嘛，烧毁了他的房子。喇嘛死后，他的形象却不时地出现在附近的碱湖里，因此这里的人们认为他是“布日汗”（藏语，佛、神仙之意），加以崇拜，把这个碱湖也称之为“布日汗达布素淖尔”（意为“神仙之碱湖”）。这里的人们在碱湖北面的梁上建立起了敖包，叫“布日汗敖包”，并一直进行祭祀。

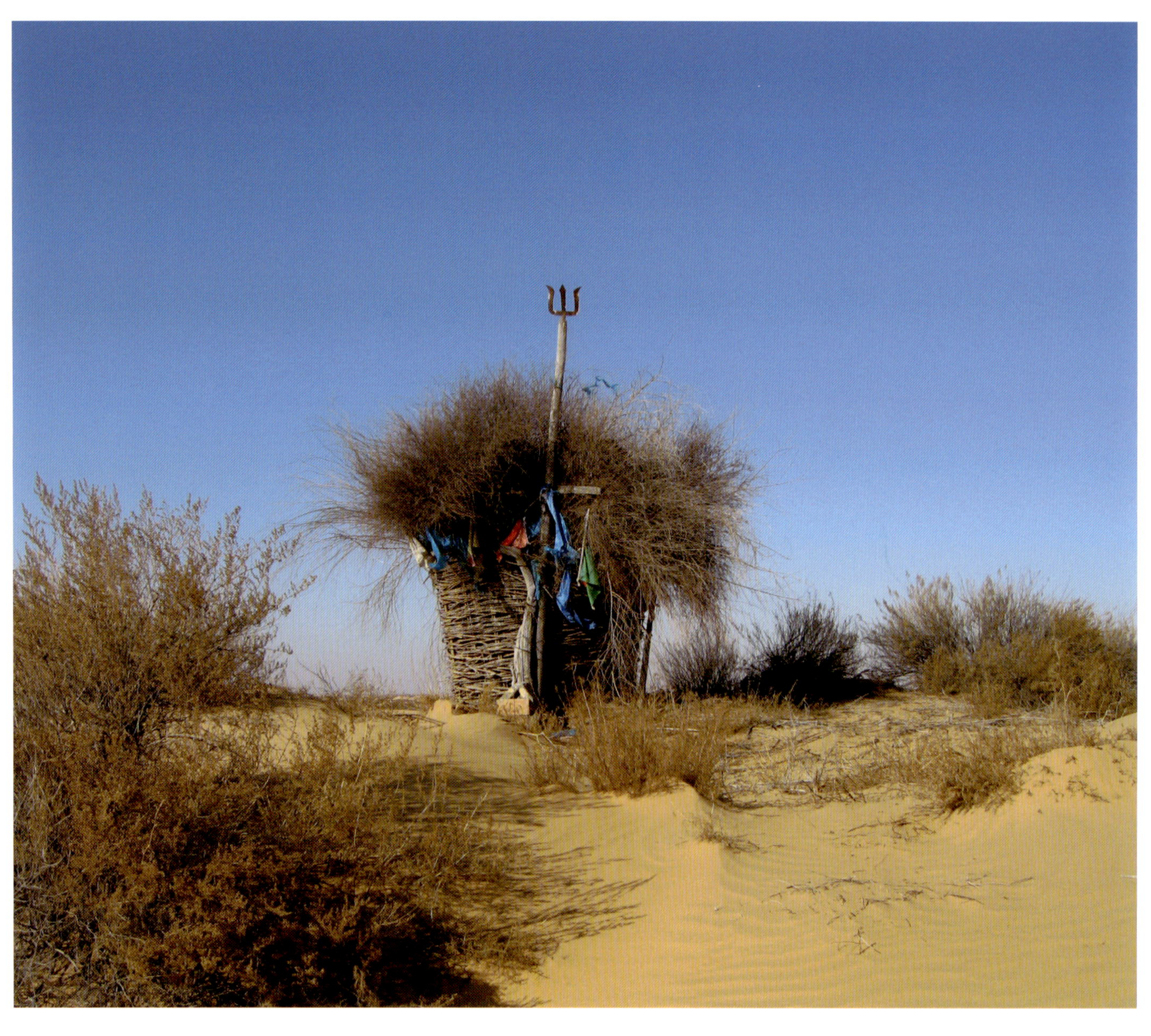

34 哈日亚图敖包

哈日亚图敖包位于鄂托克旗苏米图苏木境内，属努图格敖包。敖包所处环境为沙地，哈日亚图敖包建在沙梁上，是用沙柳树编织成圈，里面插满沙柳树枝，南侧立苏勒德，高2.8米，宽2.3米。

祭祀方向： 南

祭祀时间： 鄂尔多斯历九月十三日（农历六月十三日）

由于这座敖包位于乌审旗和鄂托克旗的交界处，由住在附近的两个旗的牧民共同祭祀。

35 木都图敖包

木都图敖包位于鄂托克旗苏米图苏木境内，属镇邪敖包。敖包所处为毛乌素沙漠腹地，由于沙丘移动，敖包现已陷入沙窝之中。木都图敖包由敖包、禄马风旗祭祀台组成。敖包为圆形砖混水泥建筑，里面插满沙柳树枝，高 2 米，宽 2.1 米。

祭祀方向：西南

祭祀时间：鄂尔多斯历八月初五日（农历五月初五日）

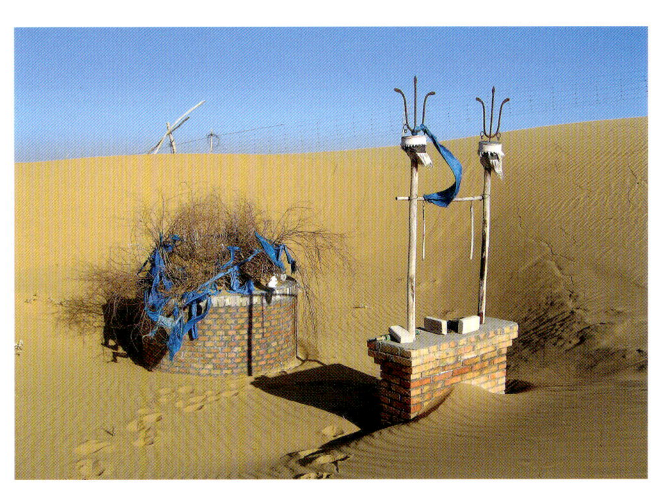

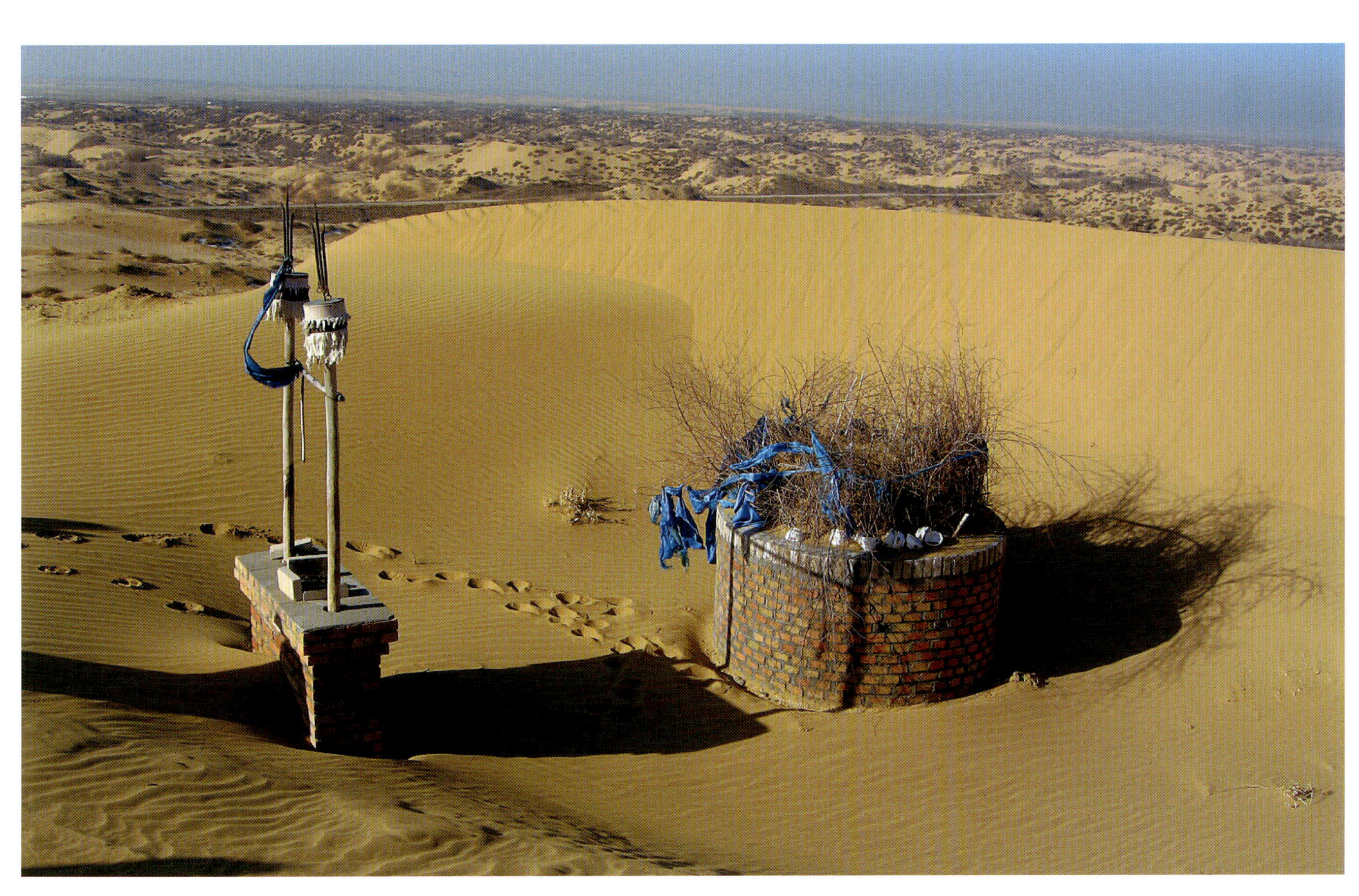

36 舒日给敖包

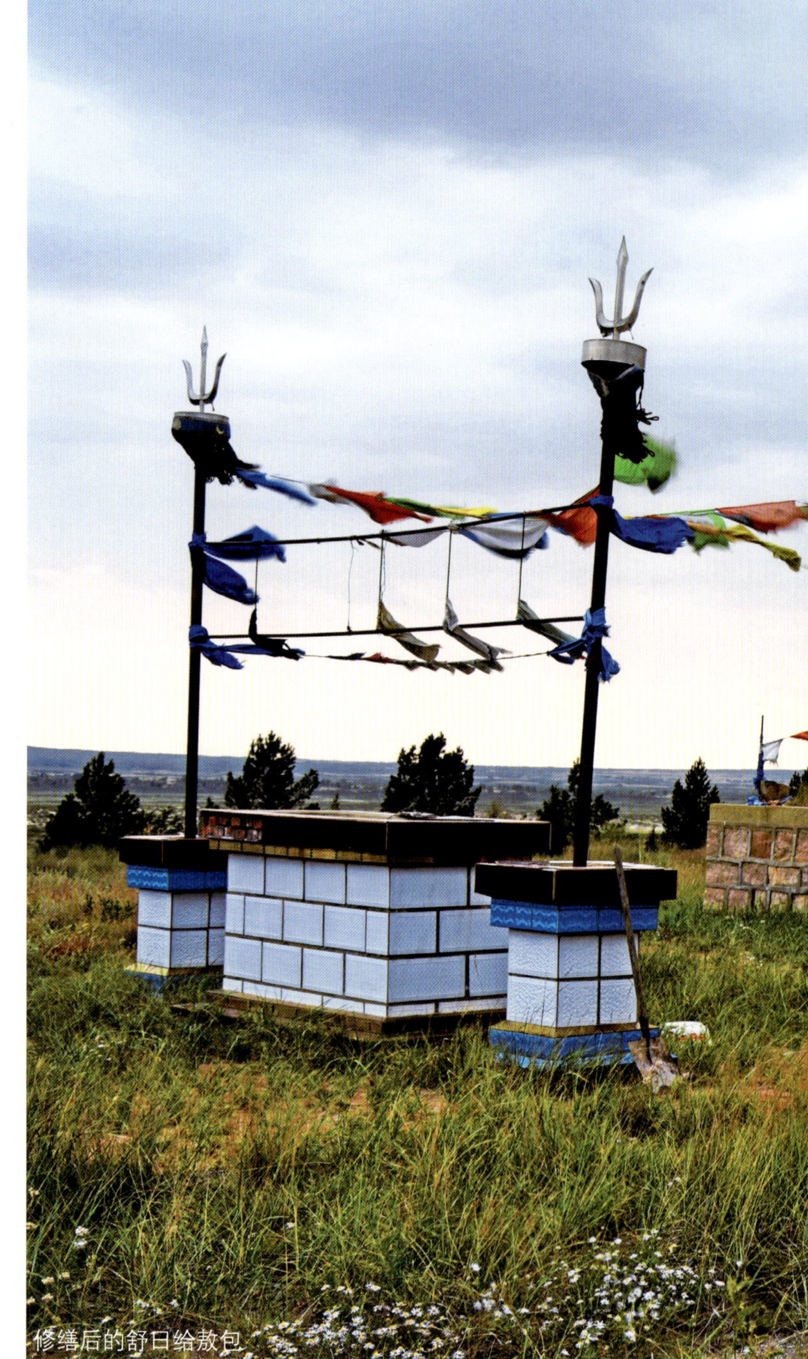

修缮后的舒日给敖包

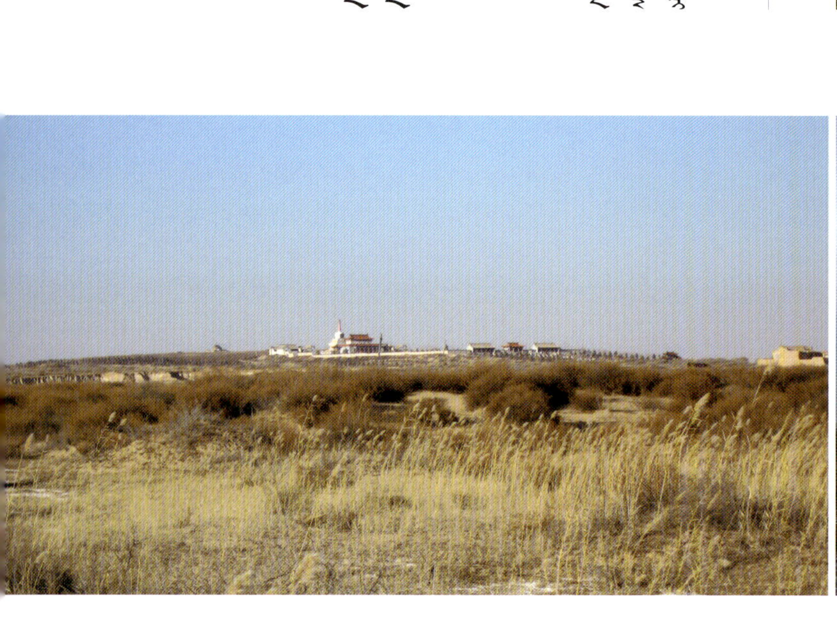

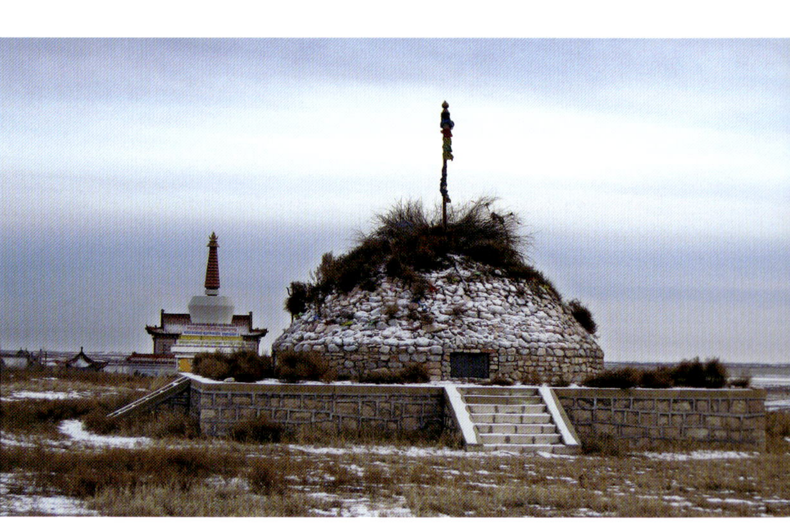

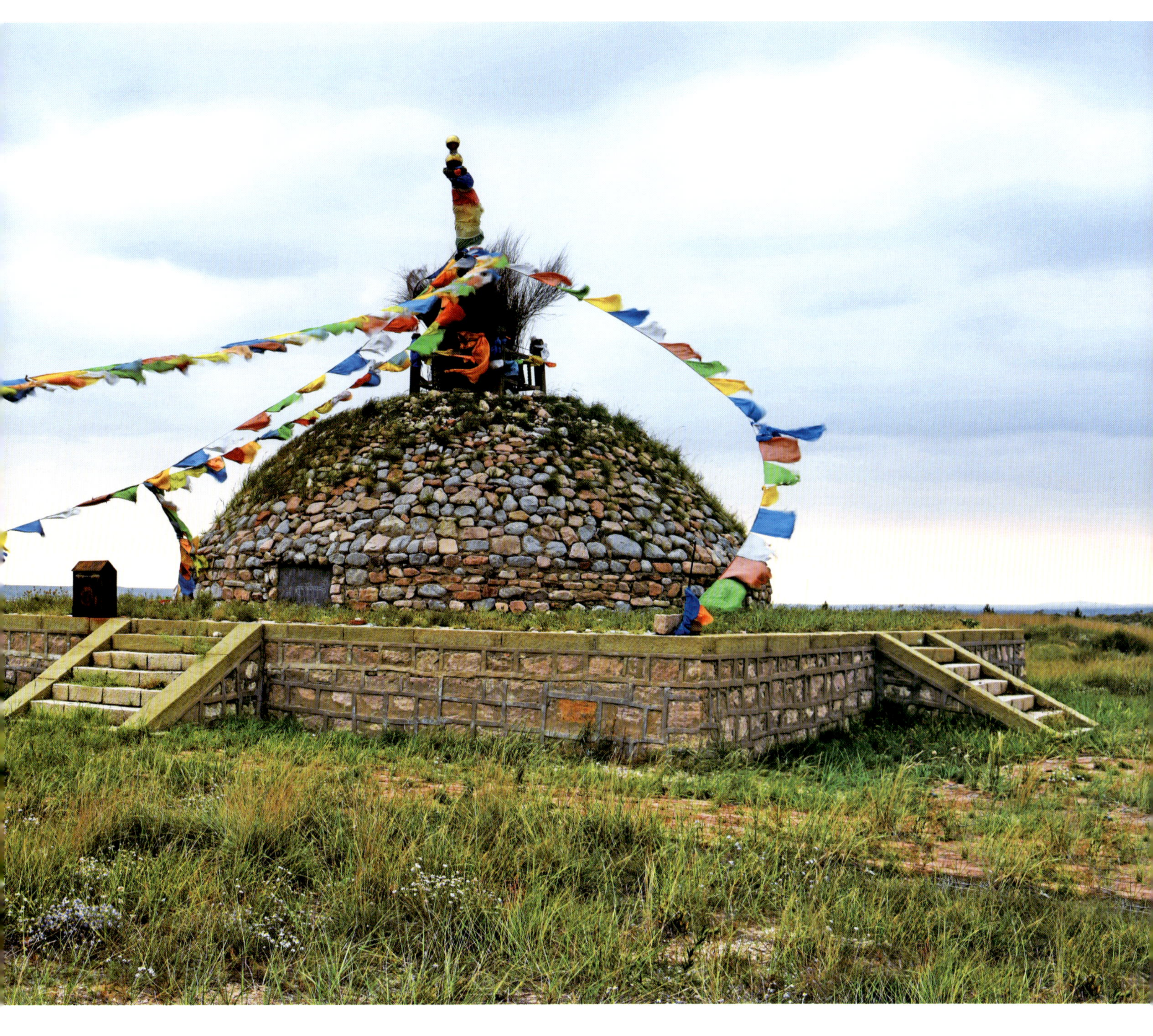

舒日给敖包位于鄂托克旗苏米图苏木境内，属纪念敖包。敖包建在舒日给庙后梁上，由敖包和禄马风旗祭祀台组成。敖包建在方形石混水泥基座上，以石块堆建而成，基座四面均有步梯，包顶插都格和沙柳树枝，高4.25米，宽12米。

祭祀方向： 东南

祭祀时间： 鄂尔多斯历九月十日（农历六月十日）

传说在很久以前，成吉思汗攻打西夏时路过这里，在这梁上用九九八十一个羊背子对他的军徽哈日苏勒德进行了祭祀。祭祀后在给战士们分肉的时候，发现其中的一个羊背子半熟半生（蒙古语叫“舒日给”），成吉思汗说：苍天给予的恩赐，这是给大地上的野狗（这里指的是狼）的一份。于是就用那个羊背子在这个梁上进行了祭祀。后来人们为了纪念此事在这里建立了敖包，称为“舒日给敖包”，并一直祭祀到现在。

37 翁衮敖包

翁衮敖包位于鄂托克旗苏米图苏木境内，属努图格敖包。翁衮敖包所处环境为毛乌素沙漠腹地，翁衮敖包建在一略高于周围的沙梁上，由敖包、禄马风旗祭祀台以及供台组成。敖包为石混水泥建筑，包顶插一都格和沙柳树枝，高 4 米，宽 3.5 米。

祭祀方向： 南

祭祀时间： 鄂尔多斯历八月初三日（农历五月初三日）

传说很早以前，负责守护和祭祀成吉思汗哈日苏勒德的达尔扈特们，在每个甲子年举行威猛大祭时，都要带着哈日苏勒德进行巡游。有一次巡游至现在这个地方时，马车突然翻车，将苏勒德掉在了地上，达尔扈特们大惊，怀疑这是不祥之兆，就赶紧在现在设立敖包的地方进行祈祷。达尔扈特们庆幸这次尽管翻了车，但马车和苏勒德却安然无恙，达尔扈特们认为这是长生天给予的恩赐，因此就在这里建立了敖包并祭祀至今。

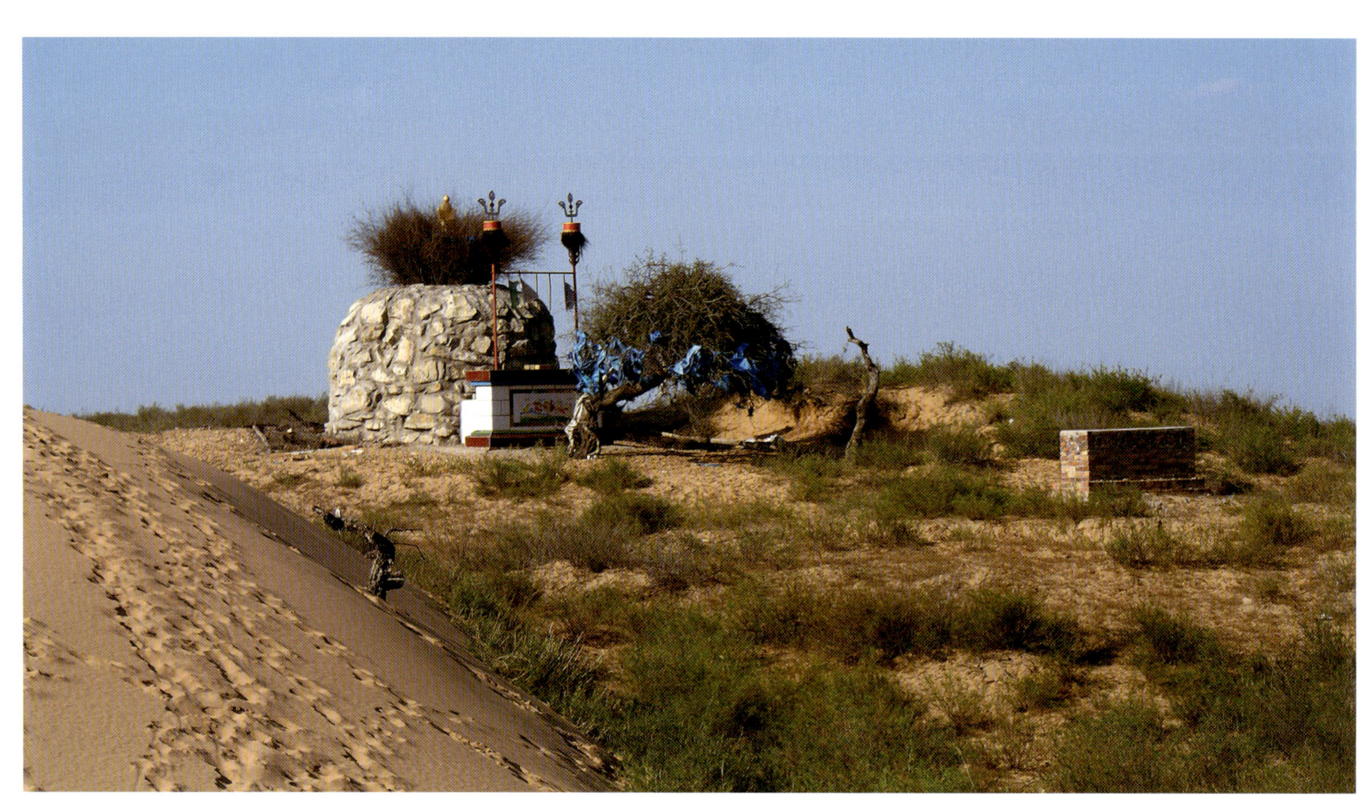

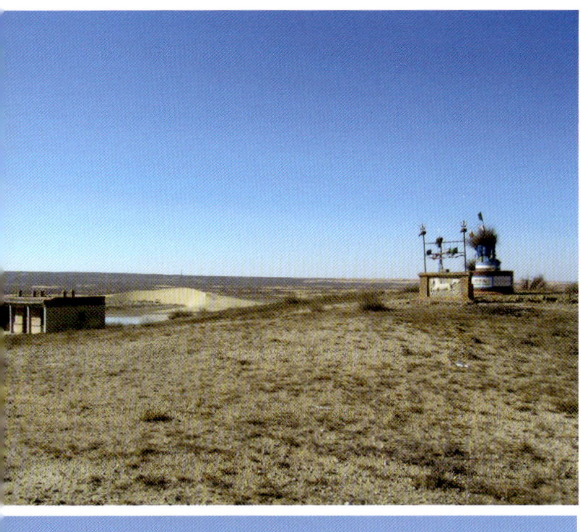

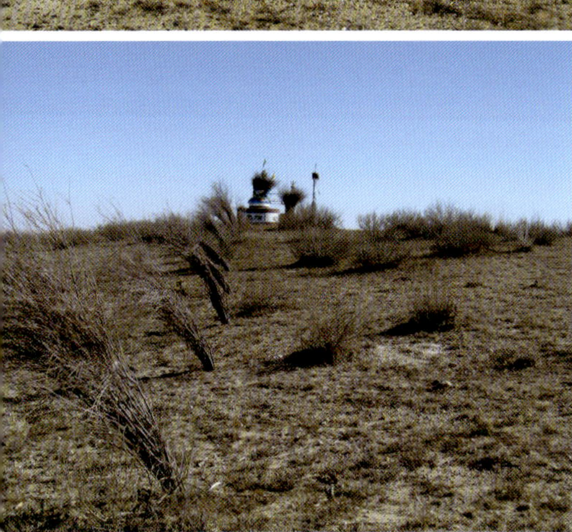

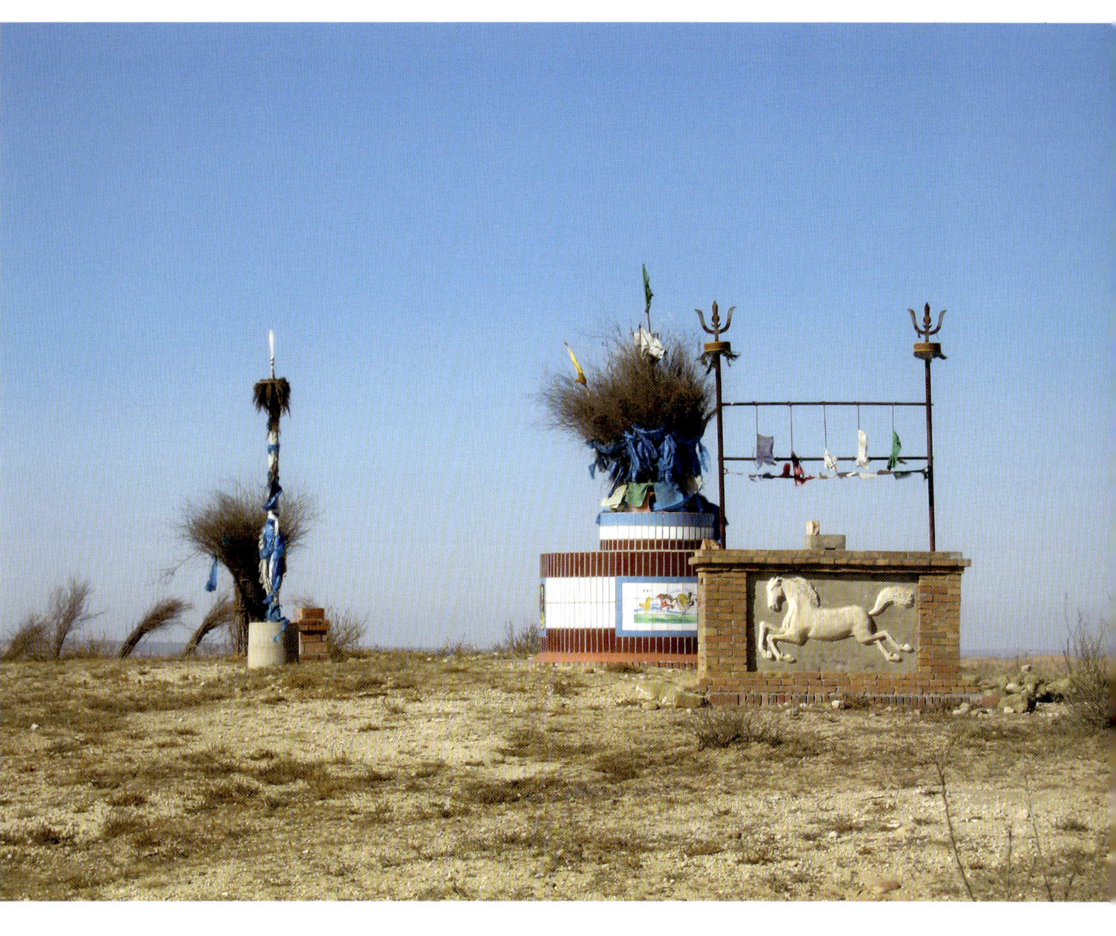

38 章干敖包

章干敖包位于鄂托克旗苏米图苏木境内，属镇邪敖包。敖包由主敖包和13个守护敖包、苏勒德、禄马风旗祭祀台以及祭祀用房组成。主敖包为两层圆形砖混水泥建筑，包顶插沙柳树枝，高3.95米，宽7.9米；守护敖包是将柳树枝扎成一捆插入地下，高1.5~1.8米，宽0.15~0.2米。

祭祀方向：东南

祭祀时间：鄂尔多斯历九月初六日（农历六月初六日）

传说原来这个敖包是在东面的沙窝里，当时此地匪患不断，严重威胁牧民的正常生活，大家上告衙门，旗札萨克下令把敖包迁至现在的位置，以作镇邪。敖包迁过来之后，社会稳定，百姓安宁。

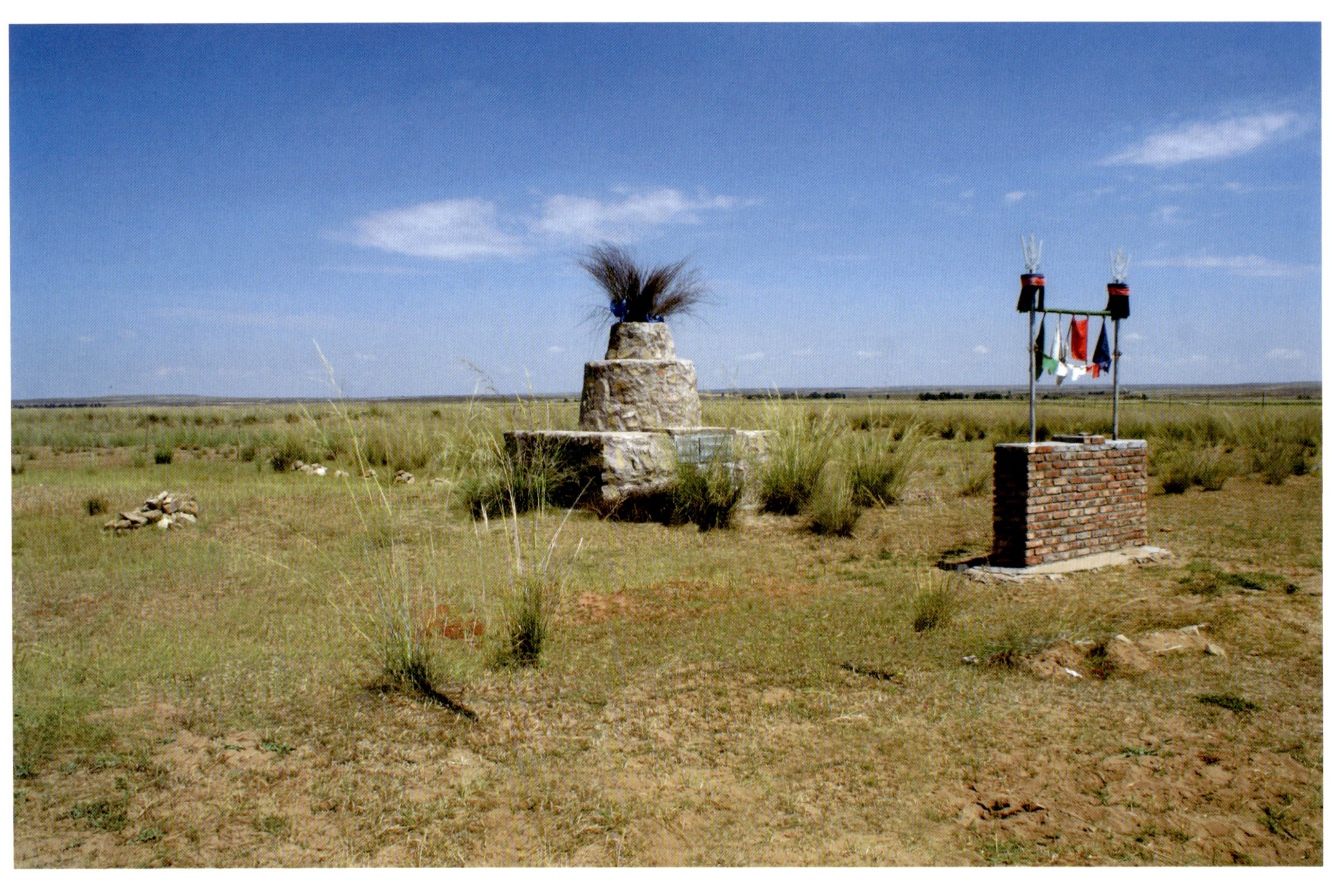

39 查干淖尔敖包

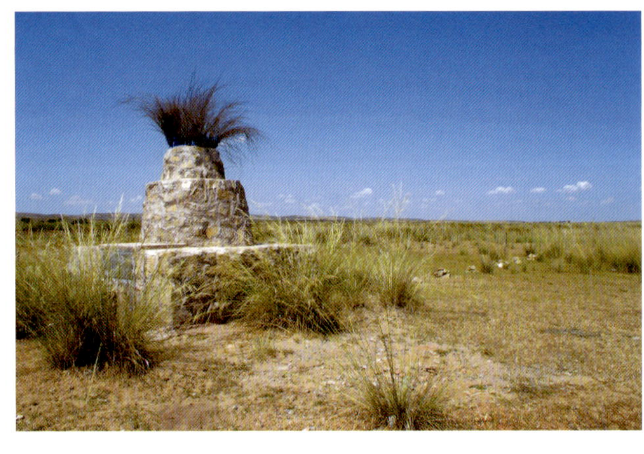

查干淖尔敖包位于鄂托克旗乌兰镇境内，属努图格敖包。查干敖包建在平地上，由主敖包和9个守护敖包以及禄马风旗祭祀台组成。主敖包为三层塔式石混水泥建筑，一层为方形，包顶插沙柳树枝，高3.6米，宽2.9米；守护敖包为小石头堆，高0.2~0.4米，宽0.4~0.5米。

祭祀方向： 西南

祭祀时间： 鄂尔多斯历八月十三日（农历五月十三日）

40 苏勒德乌兰敖包

苏勒德乌兰敖包位于鄂托克旗阿尔巴斯苏木境内，亦称阿如乌兰敖包，是专为保佑牲畜兴旺而建的敖包。苏勒德乌兰敖包建在一处平地隆起的砂岩上，由敖包、小庙、禄马风旗祭祀台、供桌以及熏香台组成。敖包为四层塔式砖混水泥建筑，一层为方形，四角各竖立一苏勒德，包顶插一苏勒德和沙柳树枝，高7.29米，宽3.65米。

祭祀方向：东南

祭祀时间：鄂尔多斯历七月十三日（农历四月十三日）

传说这个敖包是鄂托克衙门里的牧马人祭祀的敖包，而且建在名叫“都尔本温都尔”的地方，所以叫“都尔本温都尔音阿顿（蒙古语，意为“马群”）敖包”。

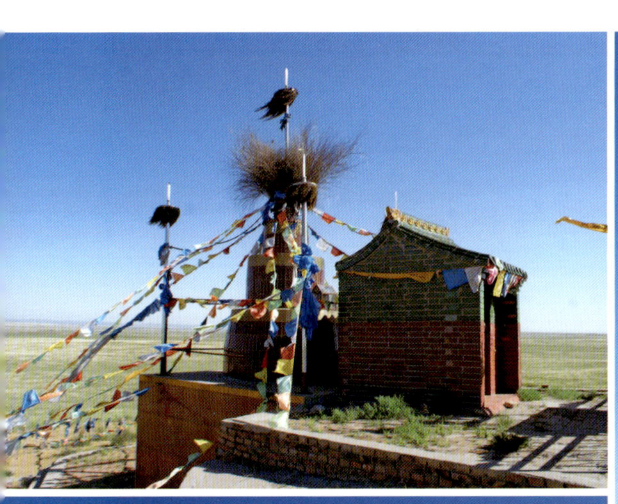

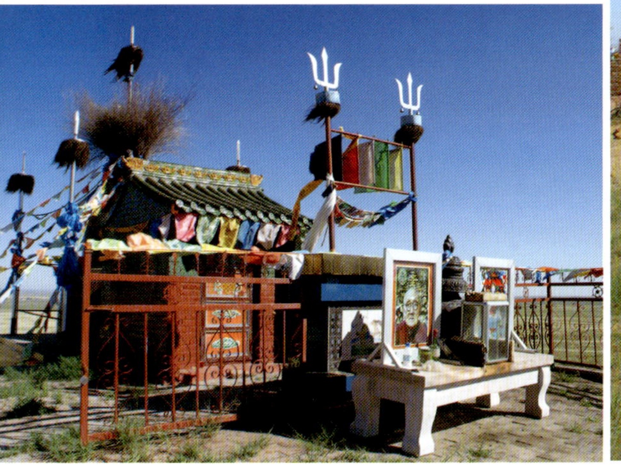

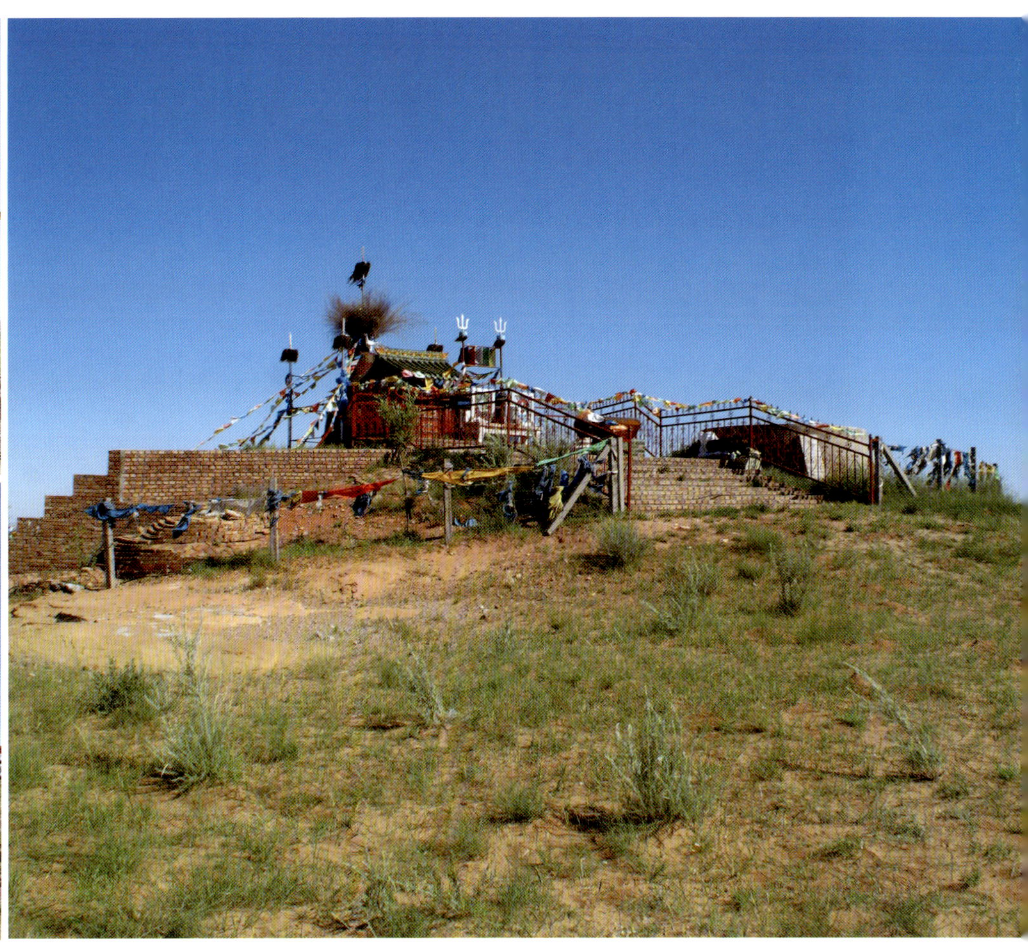

41 乌兰柴达木阿贵庙敖包

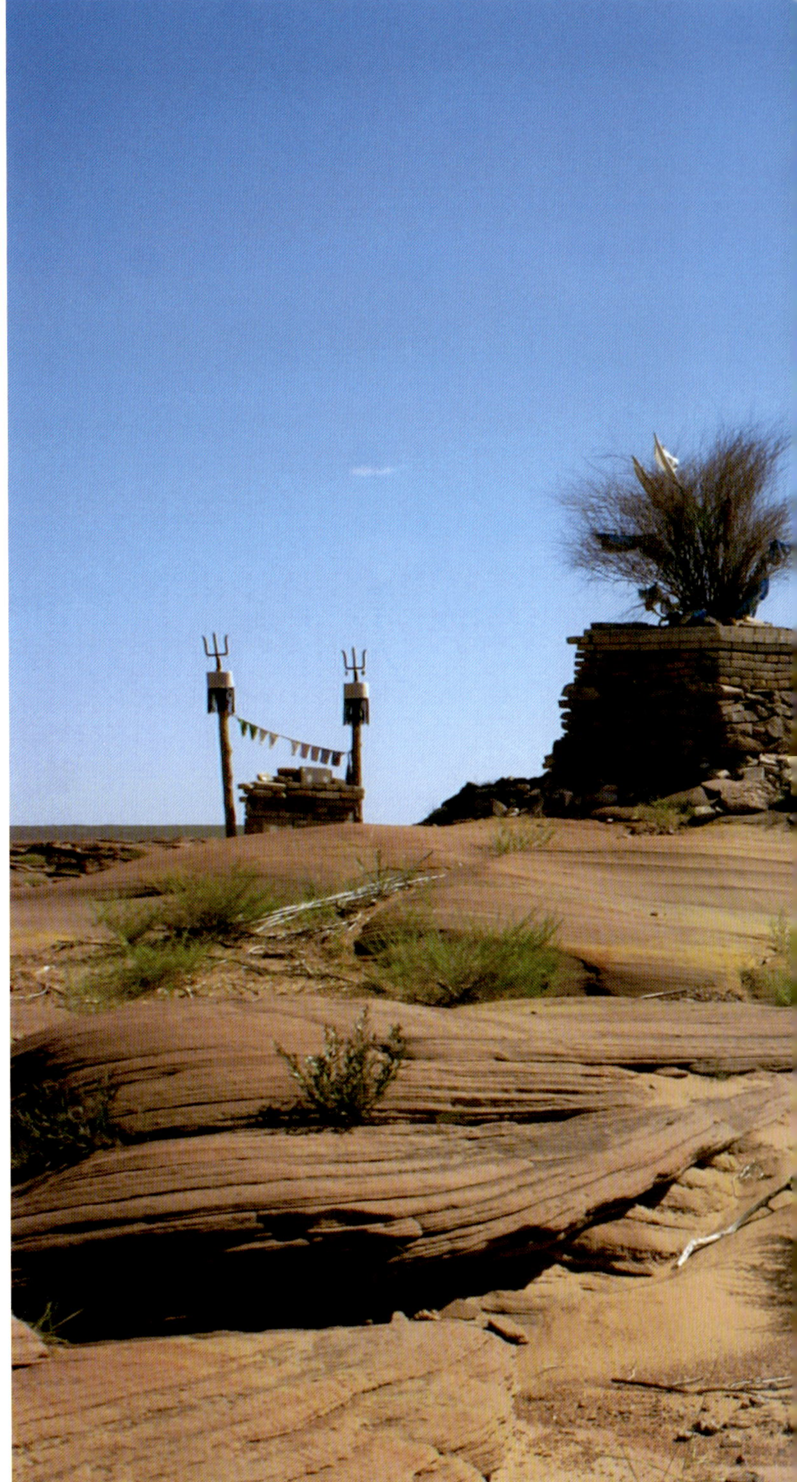

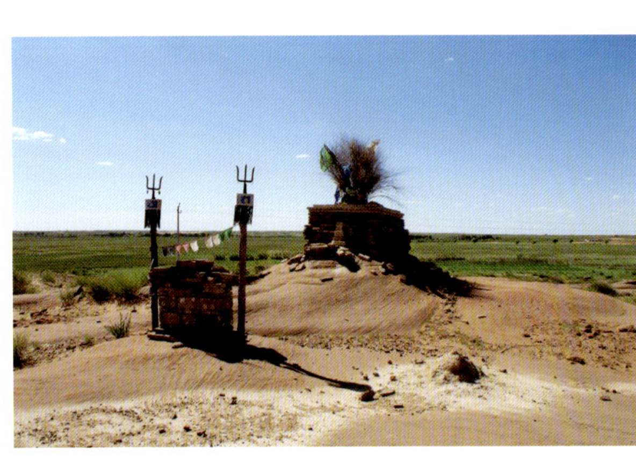

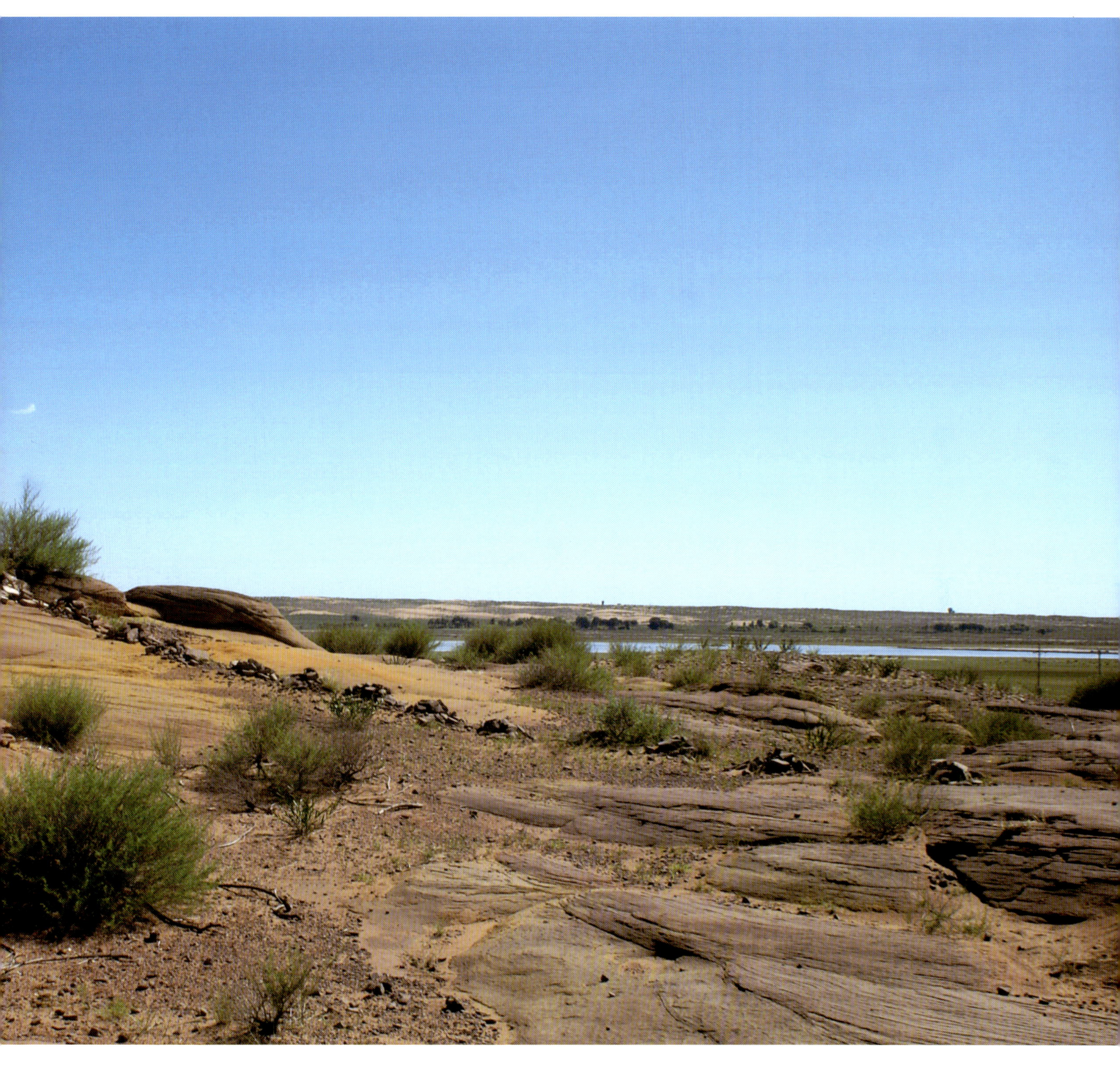

乌兰柴达木阿贵庙敖包位于鄂托克旗乌兰镇境内，属庙敖包。敖包建在乌兰柴达木阿贵庙西北一突起的红色础砂岩上，周围是平坦的草原。乌兰柴达木阿贵庙敖包由主敖包和12个守护敖包、供台以及禄马风旗祭祀台组成。主敖包为用砖堆建的两层四方形建筑，包顶插沙柳树枝，高3.1米，宽2.05米；守护敖包为小石头堆，高0.3米，宽0.6米。

祭祀方向：东南

祭祀时间：鄂尔多斯历九月初八日（农历六月初八日）

42 乌兰敖包

乌兰敖包，亦称浩晓乌兰敖包，位于鄂托克旗木凯淖尔镇境内，属纪念敖包。乌兰敖包建在砂岩梁上，用石块堆建而成，包顶插沙柳树枝，高3.8米，宽4.8米。

祭祀方向：东南

祭祀时间：鄂尔多斯历八月十三日（农历五月十三日）

传说成吉思汗攻打西夏时双方的军队在这里激烈交战，兵士们血洒疆场。为了纪念此事，这个地方做记号建敖包，所以叫“乌兰（蒙古语，意为“红色”）敖包”。

清朝时，鄂托克旗王爷把这个敖包当作旗敖包来祭祀，祭祀由成吉思汗黄金家族的王爷台吉们主持，因此称之为“浩晓（旗）乌兰敖包”。

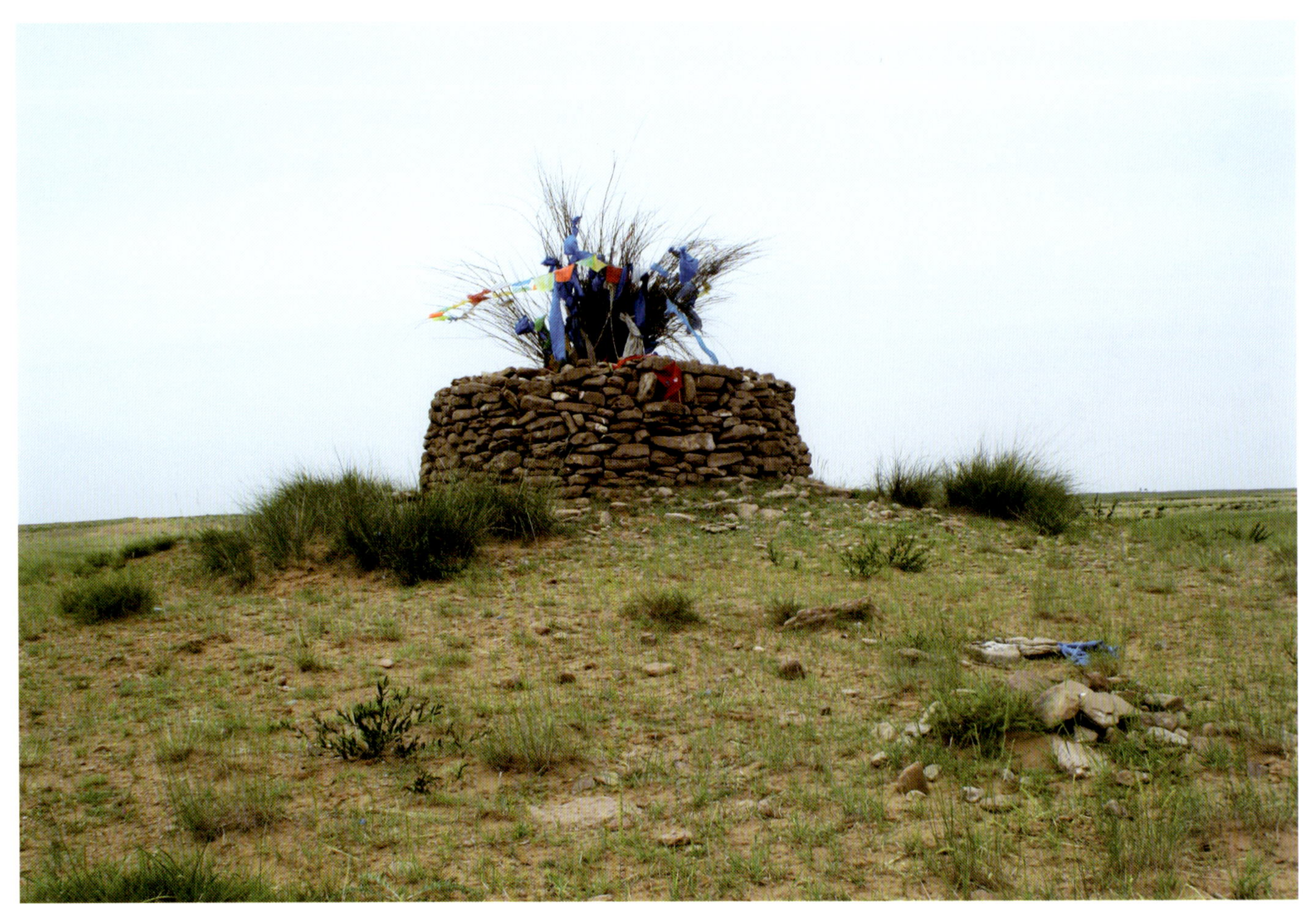

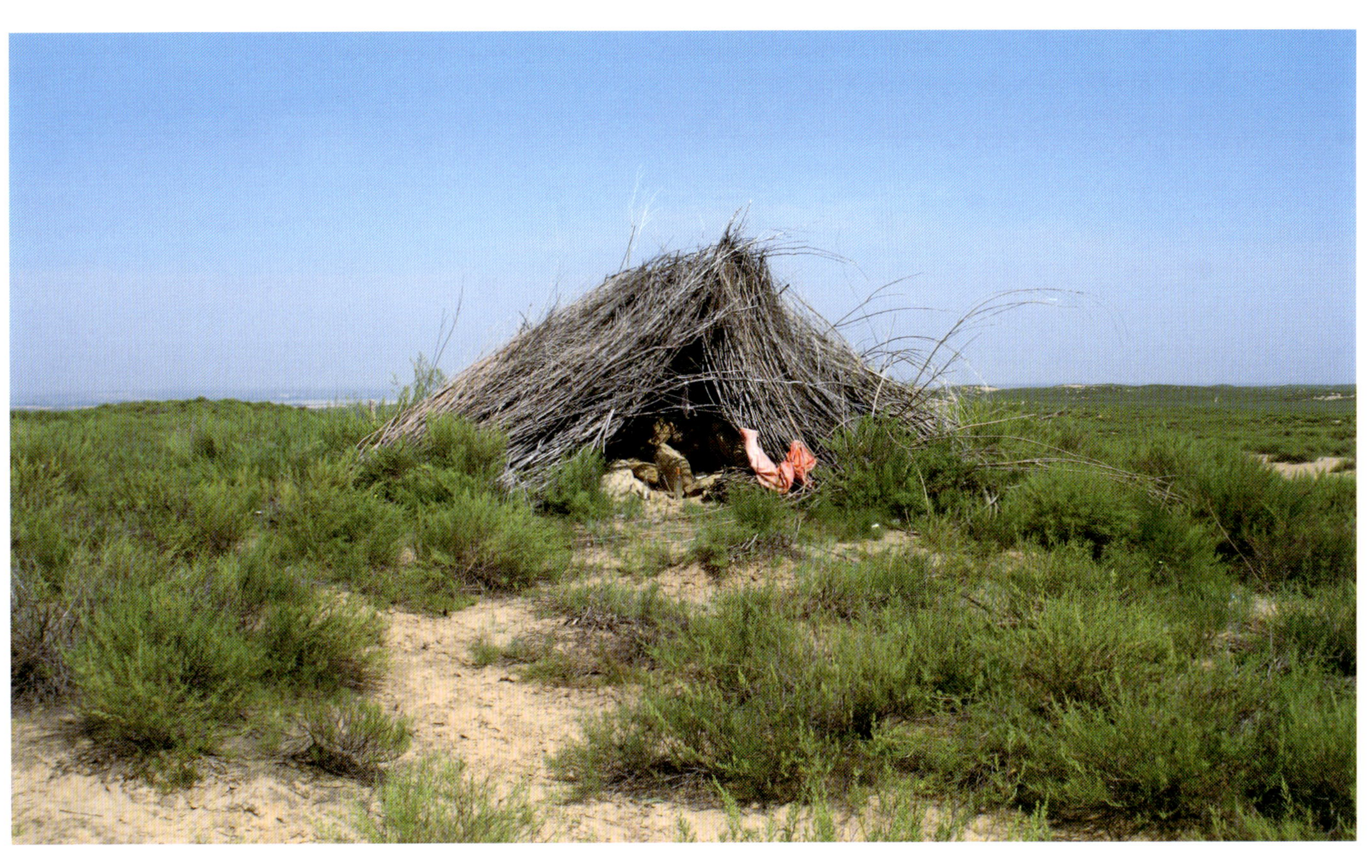

43 亚西勒敖包

亚西勒敖包位于鄂托克旗木凯淖尔镇境内，属努图格敖包。“亚西勒”为蒙古语，意为“鼠李木”。敖包所处环境为沙地，现地表植物主要为沙蒿等沙生植物，过去这里生长有很多鼠李木，因此，该敖包被称为“亚西勒敖包”。现只剩下两棵鼠李木依然生长在敖包周围。敖包建在一地势较高的沙地上，用沙柳树支立，形成一个圆锥状，里面堆积石头，高 2.6 米，宽 5.6 米。

祭祀方向： 东南

祭祀时间： 鄂尔多斯历八月二十三日（农历五月二十三日）

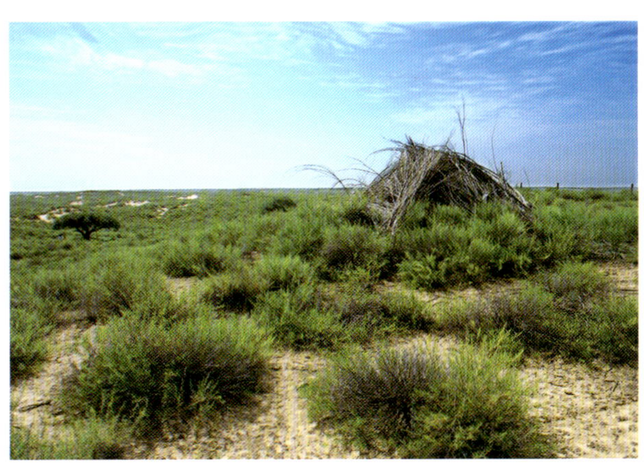

ᠶᠢᠰᠦ

ᠣᠲᠣᠭ ᠤᠨ ᠡᠮᠦᠨᠡᠳᠦ ᠬᠣᠰᠢᠭᠤ

玖

鄂托克前旗

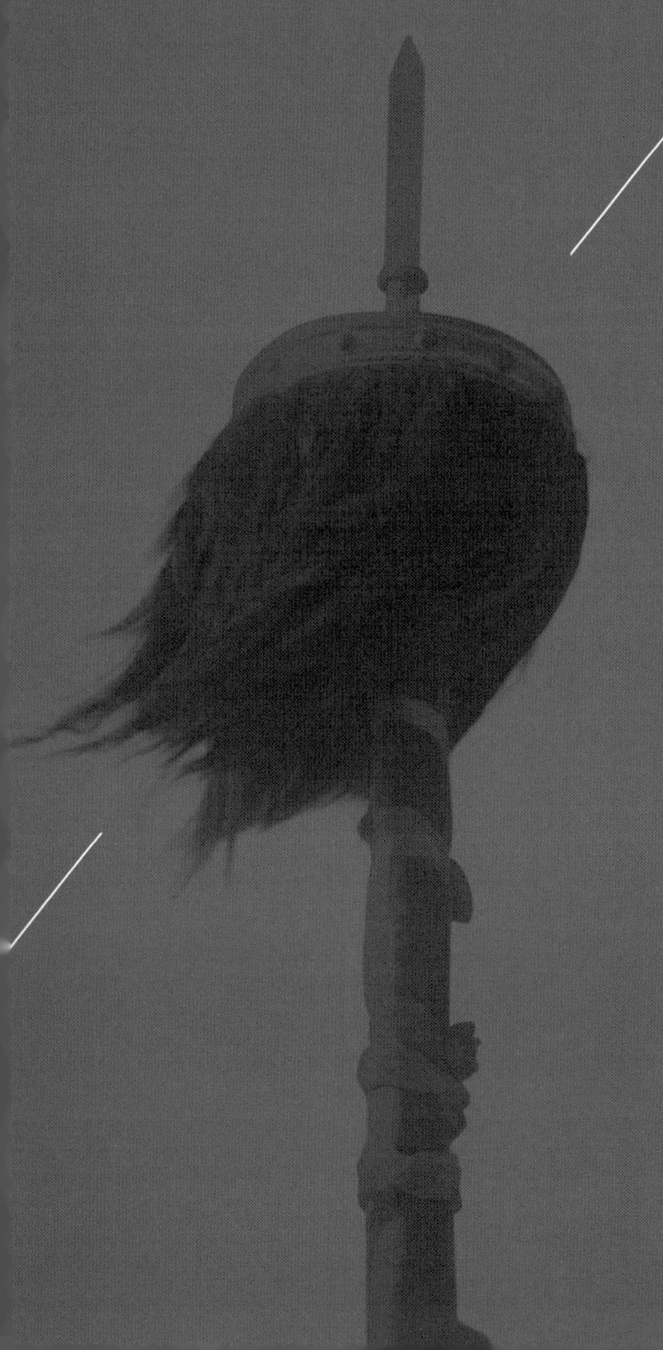

1 巴达仁贵敖包

巴达仁贵敖包位于陕西省靖边县境内，为内蒙古自治区之飞地，属鄂托克旗13个旗敖包之一。巴达仁贵敖包建在一座道教寺院内，这座道教寺院所在的高梁叫“祭山梁”。巴达仁贵敖包由敖包和祭祀用房组成。敖包为建在方形基座上的四层房屋形砖混水泥建筑，南面有门，门两侧各有一个苏勒德，方形基座南面有步梯，包顶插一苏勒德和柳树枝，高7.1米，宽5米。

祭祀方向： 正南

祭祀时间： 鄂尔多斯历九月初三日（农历六月初三日）。除此之外当地农民在道观里举行庙会时也会在这个敖包上焚香祈愿。

由于历史原因现这个敖包所在地周围均属陕西省靖边县，当地汉族农民把“巴达仁贵”称为“巴图古”，所以当地人称为“巴图古敖包”。该敖包位于哈日亚图梁上，因此又称为“哈日亚图敖包”，因为是在哈日亚图梁上祭祀这个敖包，所以汉民们称“哈日亚图梁”为“祭山梁”。

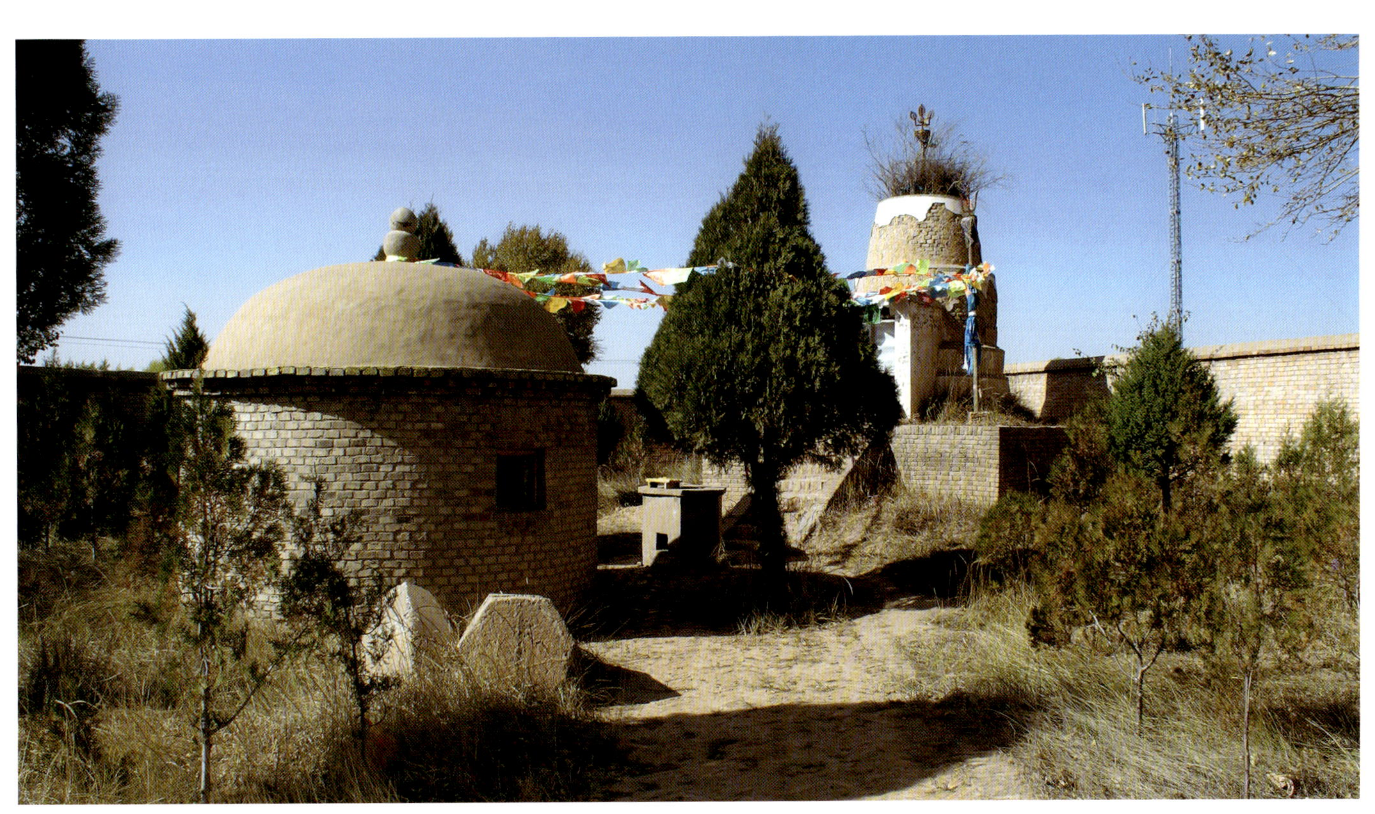

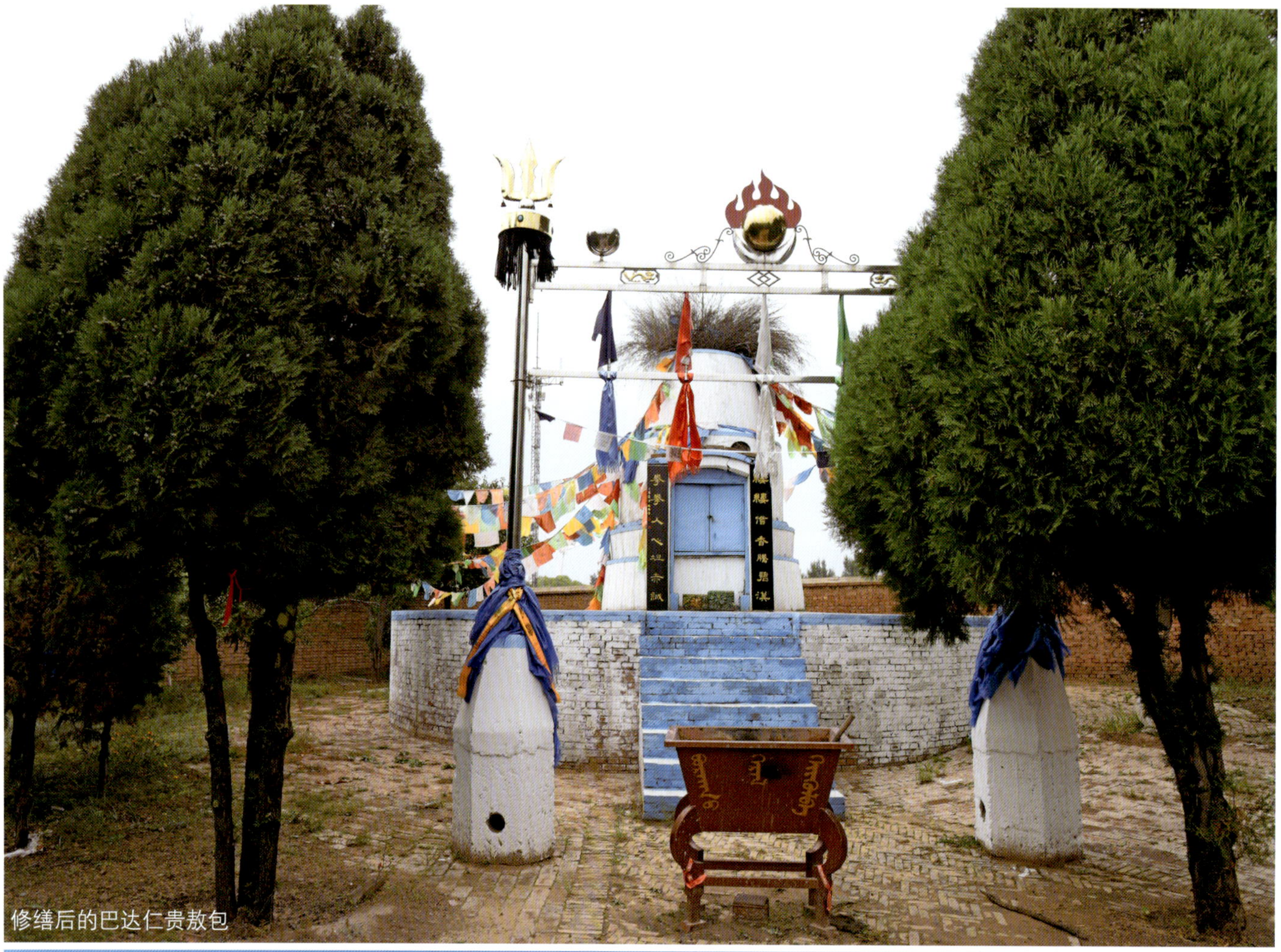

修缮后的巴达仁贵敖包

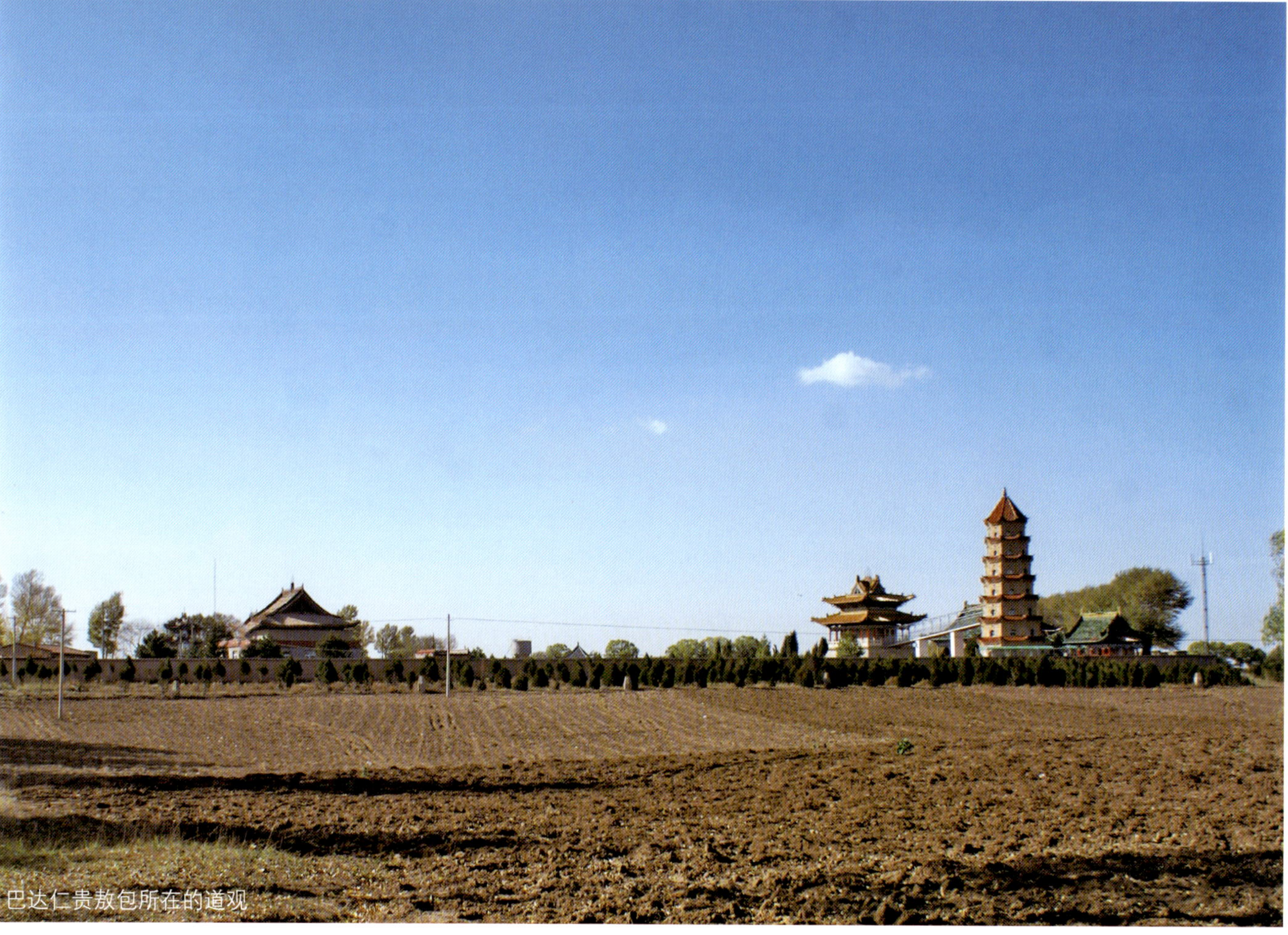

巴达仁贵敖包所在的道观

2 巴音胡热呼敖包

巴音胡热呼敖包位于鄂托克前旗昂素镇境内，属鄂托克旗13个旗敖包之一，也是乌审旗13个胡热呼敖包之一。巴音胡热呼敖包建在一个土包上，由主敖包和12个守护敖包、祭祀台、供台以及祭祀用房组成。主敖包是用砖砌成方形底，两侧竖立两杆苏勒德，中间用沙柳树编织成圈，里面插满沙柳树枝，高2.65米，宽4.1米；守护敖包是将柳树扎成一捆插入地下，高2.15米，宽0.2米。

祭祀方向： 西南

祭祀时间： 鄂尔多斯历八月十三日（农历五月十三日）

传说祭祀敖包仪式完毕后，祭祀者们要在其西南方向用草和沙蒿立靶，然后用弓箭射之，用刀和剑刺之，最后用火焚烧，据说此习俗是为了纪念成吉思汗当年率部攻打西夏时士兵们训练时的场景。

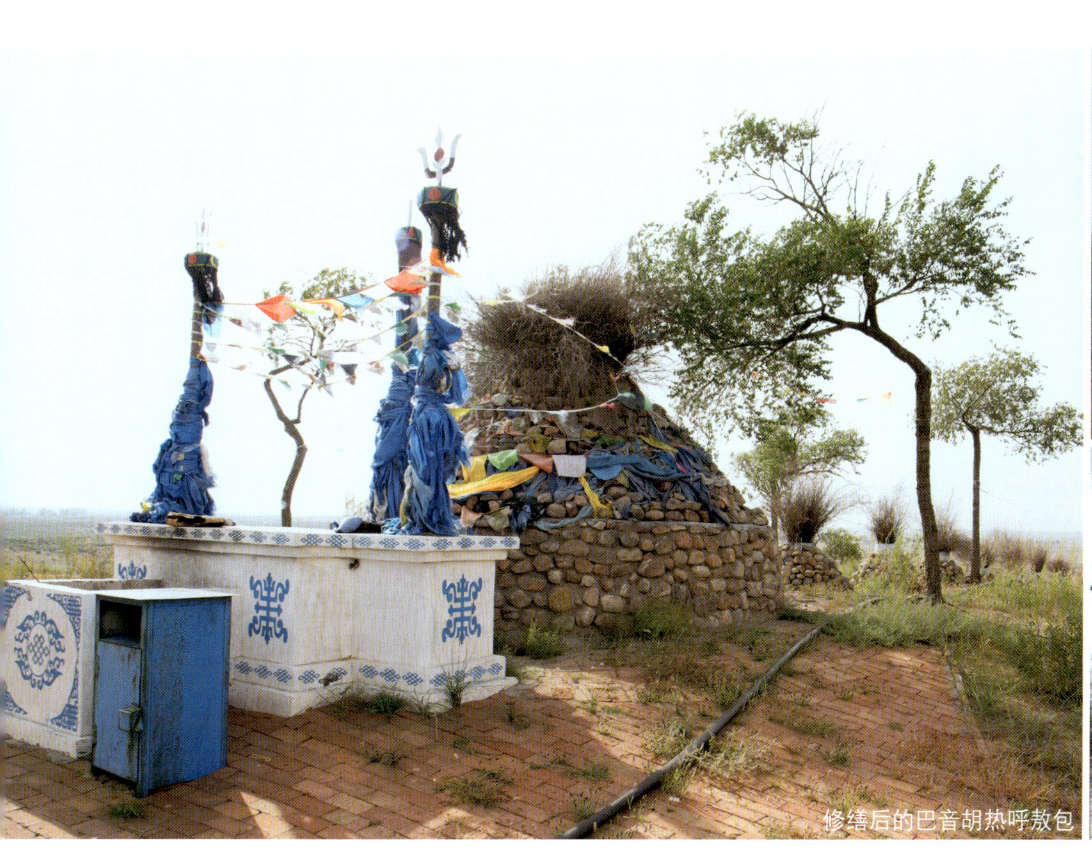

修缮后的巴音胡热呼敖包

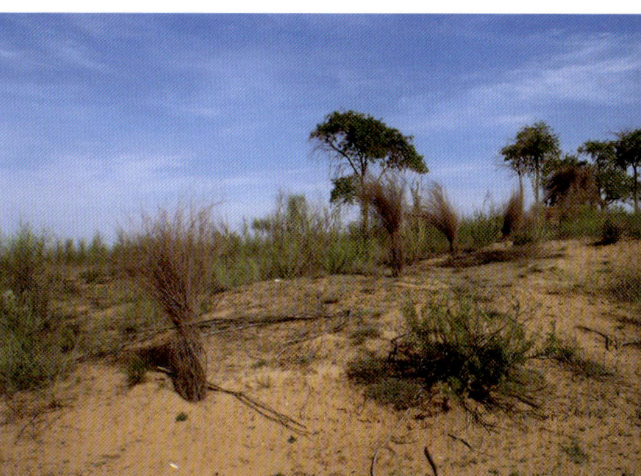

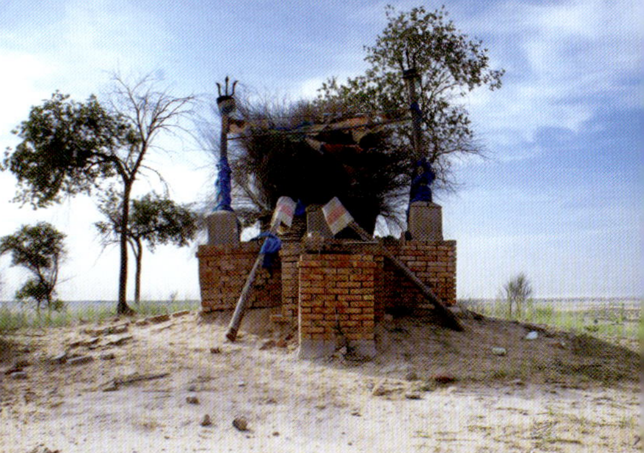

3 宝日陶勒盖敖包

宝日陶勒盖敖包，又称额聂日勒图额尔克木达赖王敖包，位于鄂托克前旗昂素镇境内，属鄂托克旗13个旗敖包之一。宝日陶勒盖敖包建在一个高梁上，由主敖包和12个守护敖包以及供台、禄马风旗祭祀台、祭祀台、祭祀用房组成。主敖包为两层砖混水泥石头建筑，一层为方形，四角各竖立一苏勒德，二层为圆形，上插一甘吉日和沙柳树枝，高6.13米，宽5.9米；守护敖包下层为圆形砖混水泥建筑，上层为码放的石块，包顶插柳树枝，高3.1米，宽1.6米。由于女性不能上这个敖包，所以在这个敖包所在的土包下东南方不远处有专门供女士祭祀的哈屯敖包（夫人敖包）。哈屯敖包由两个敖包以及中间竖立的禄马风旗祭祀台组成，敖包建筑形式同守护敖包，高3.3米，宽1.5米。

祭祀方向： 东南

祭祀时间： 鄂尔多斯历查干月十三日（农历正月十三日）、八月十三日（农历五月十三日）、十月十三日（农历七月十三日）、呼毕月十三日（农历十月十三日）

传说在很久以前，九世班禅朝吉尼玛来到这个敖包，他在观察周围环境之后对随行人员说：这个地方有这个神圣的敖包，是个吉祥之地，如果把原来的“额尔克木达赖敖包”改名为“额聂日勒图额尔克木达赖王敖包”会更好。后来人们都称这个敖包为“王敖包”或“额聂日勒图额尔克木达赖王敖包”。

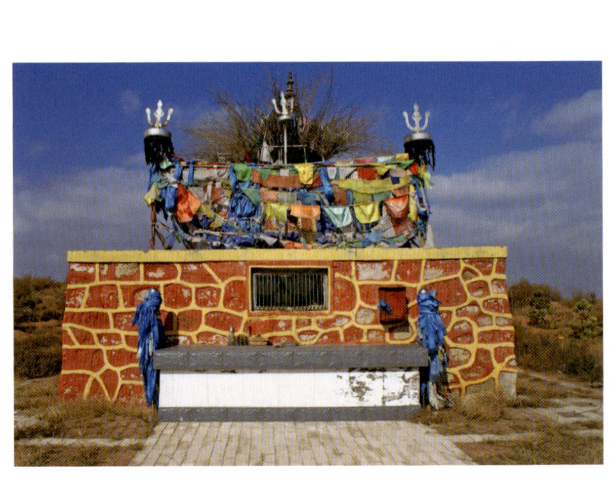

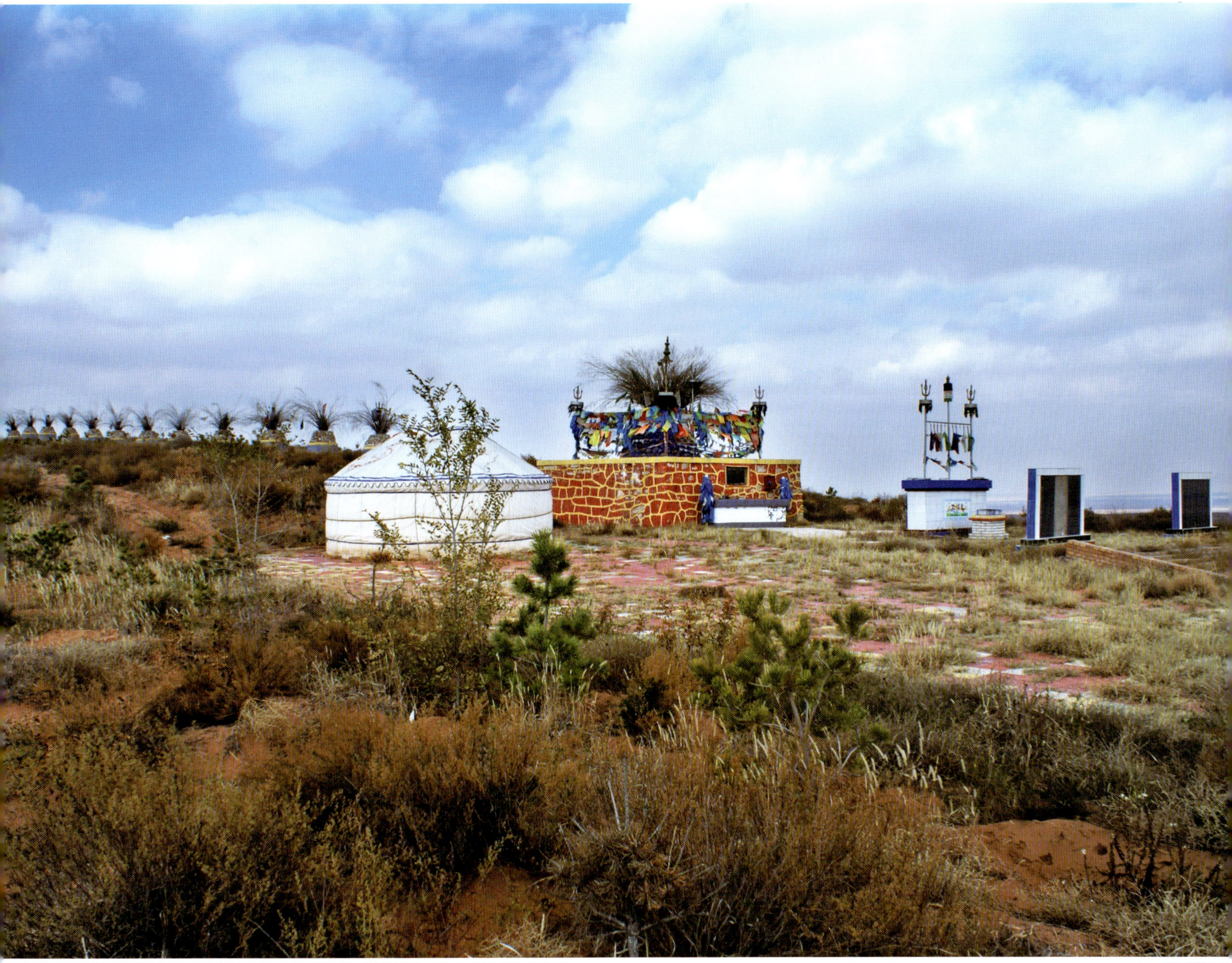

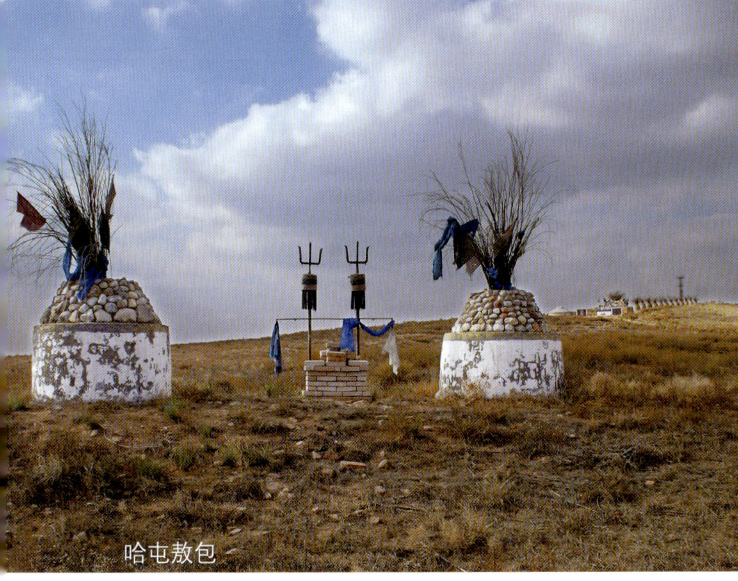
哈屯敖包

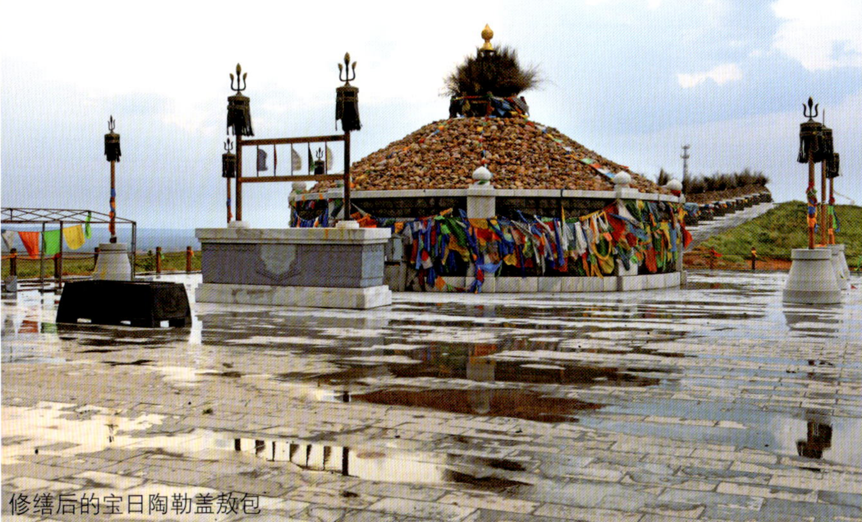
修缮后的宝日陶勒盖敖包

4 哈日敖包

哈日敖包位于宁夏回族自治区吴忠市盐池县境内，属鄂托克旗13个旗敖包之一。哈日敖包建在一个山坡的梁峁上，由主敖包和10个守护敖包、祭祀台组成。主敖包用石块堆建而成，包顶插沙柳树枝，高3.7米，宽1.8米；守护敖包为小石头堆，高0.2~0.3米，宽0.4~0.7米。

祭祀方向：东南

祭祀时间：鄂尔多斯历八月十三日（农历五月十三日）

由于历史原因这个敖包现归属宁夏回族自治区。

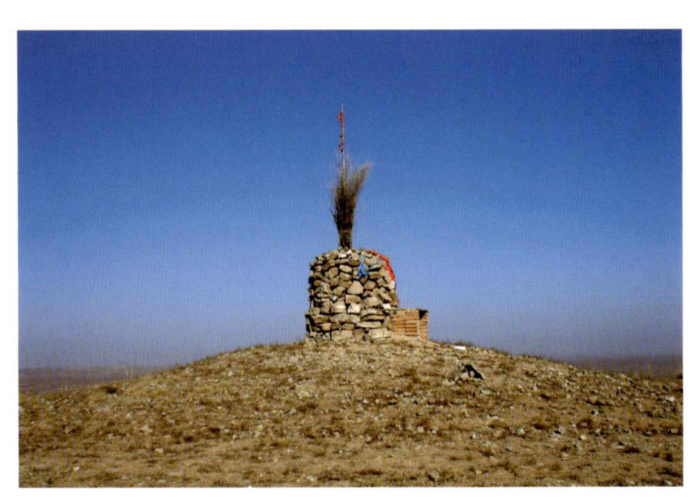

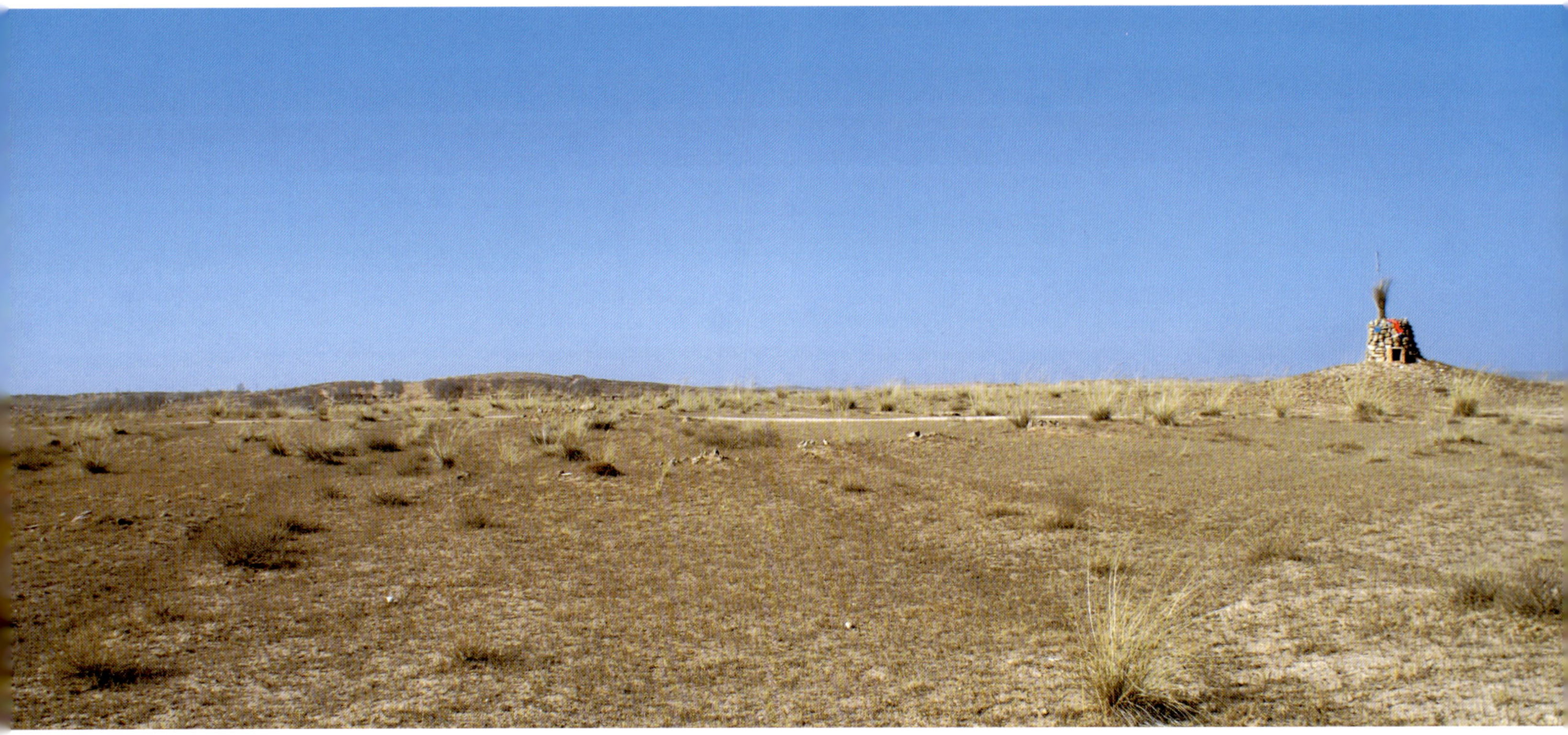

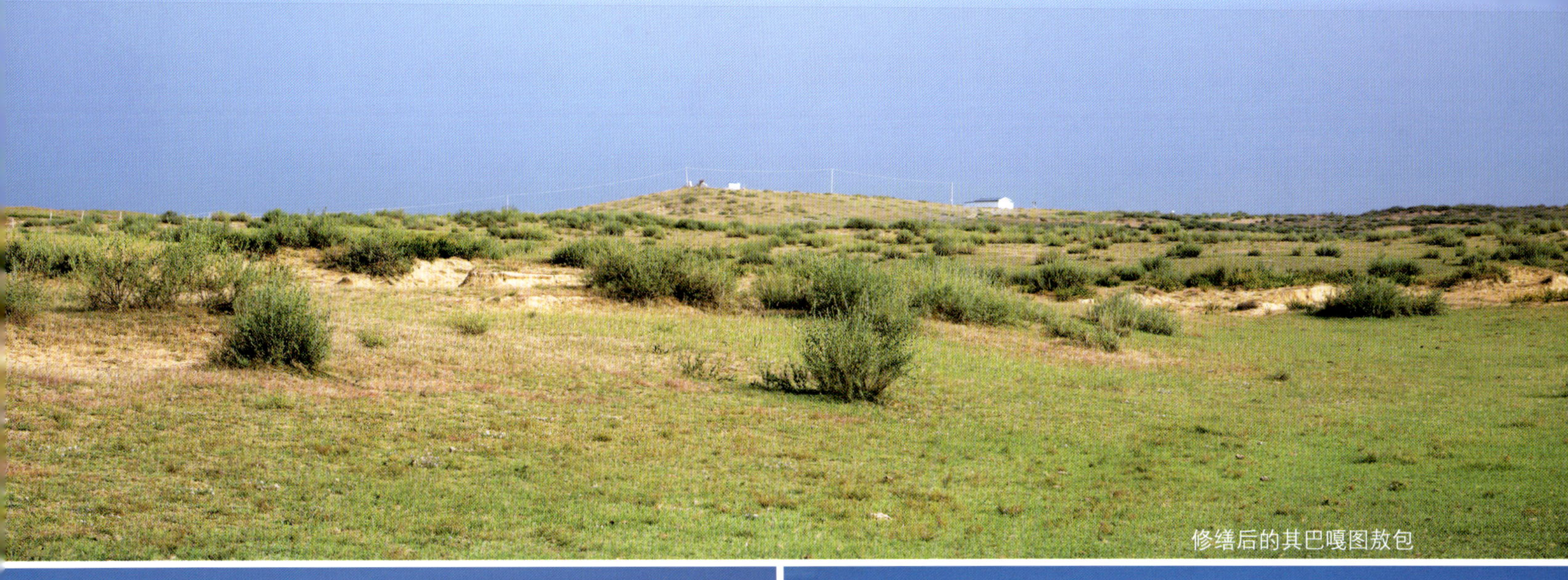

修缮后的其巴嘎图敖包

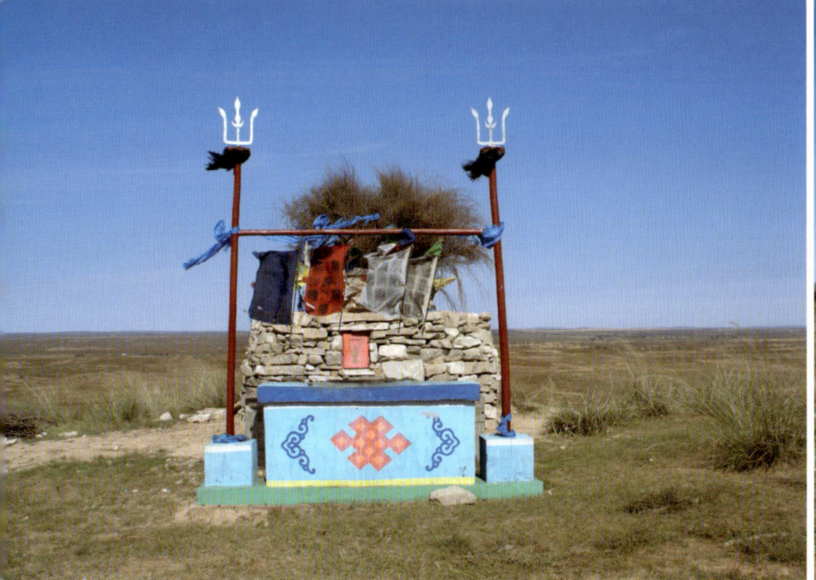

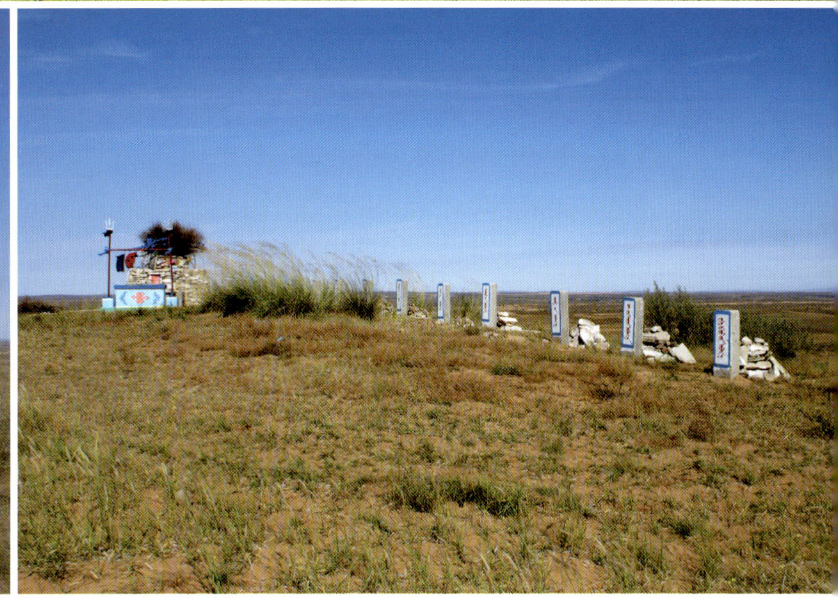

5 其巴嘎图敖包

其巴嘎图敖包位于鄂托克前旗昂素镇境内，属鄂托克旗13个旗敖包之一。其巴嘎图敖包建在一个高梁上，由主敖包和12个守护敖包、祭祀台、禄马风旗祭祀台以及祭祀用房组成。主敖包是用石块堆建的两层建筑，包顶插沙柳树枝，高3.45米，宽3.2米；守护敖包为前面立有石碑的小石头堆，高0.5米，宽0.55米。

祭祀方向： 东南

祭祀时间： 鄂尔多斯历八月十三日（农历五月十三日）

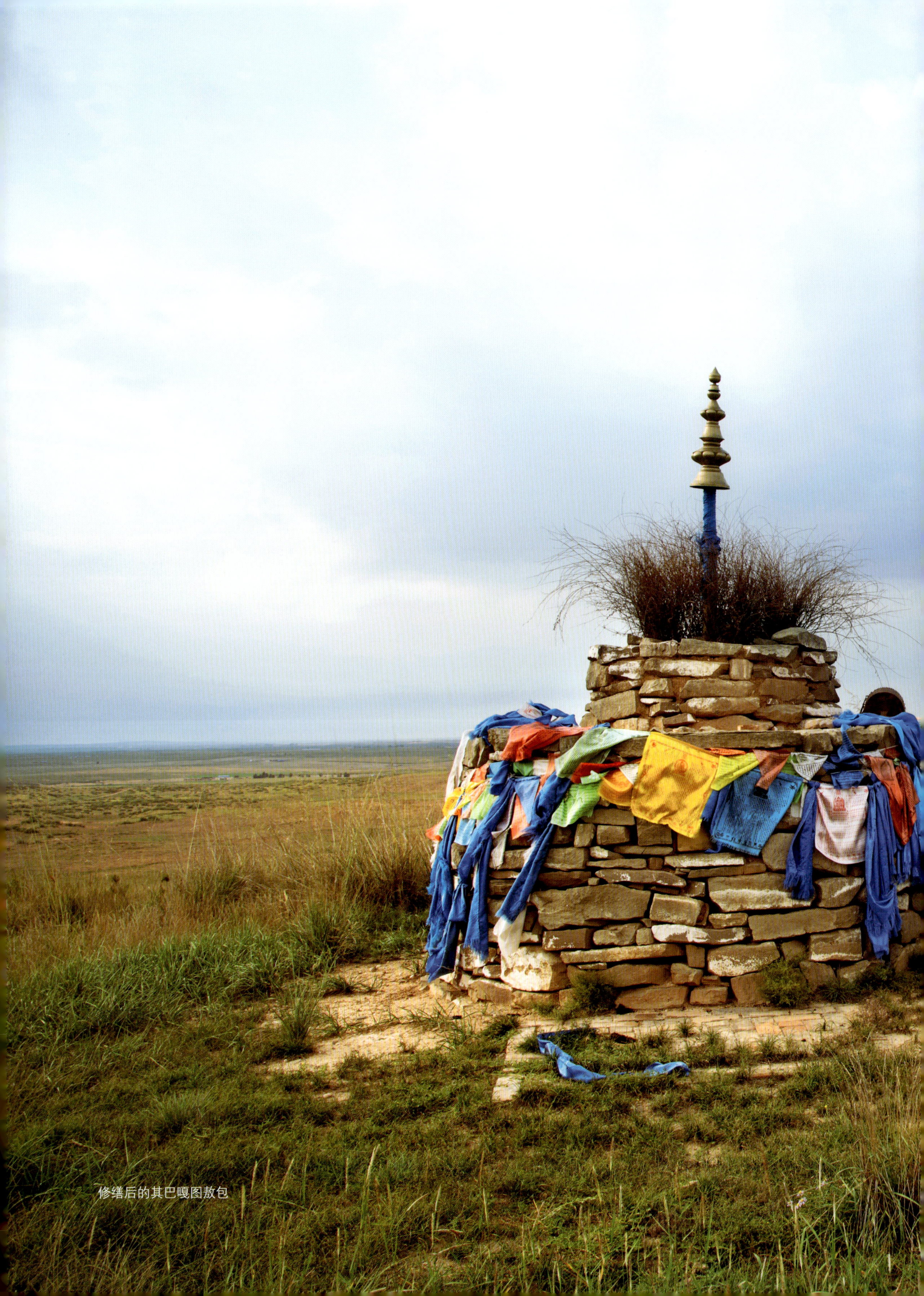

修缮后的其巴嘎图敖包

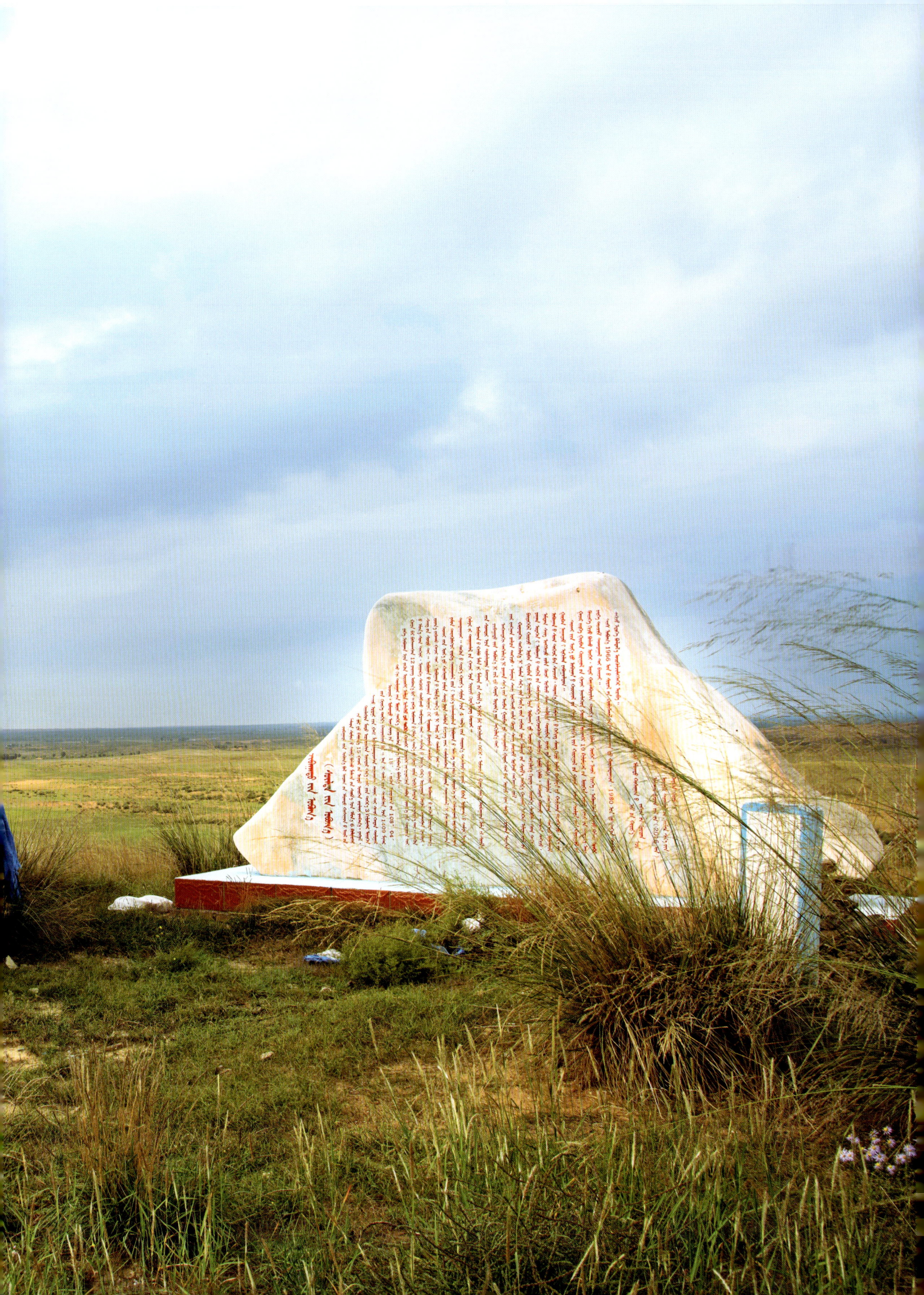

6 克烈特氏族敖包

克烈特氏族敖包位于今宁夏回族自治区石嘴山市平罗县陶乐镇境内，属氏族敖包。克烈特氏族敖包建在有石块的小土包梁上，由主敖包和12个守护敖包组成。主敖包用石块堆建成锥形，高2米，宽5.5米；守护敖包为小石头堆，高0.4~0.5米，宽0.8~0.9米。

祭祀方向： 西南

祭祀时间： 鄂尔多斯历九月初二日（农历六月初二日）

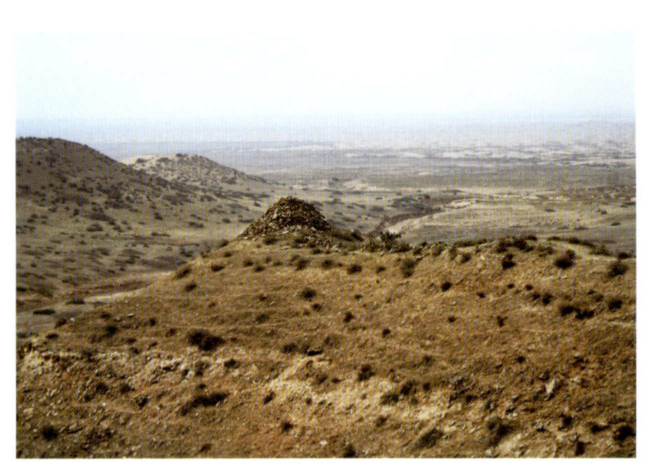

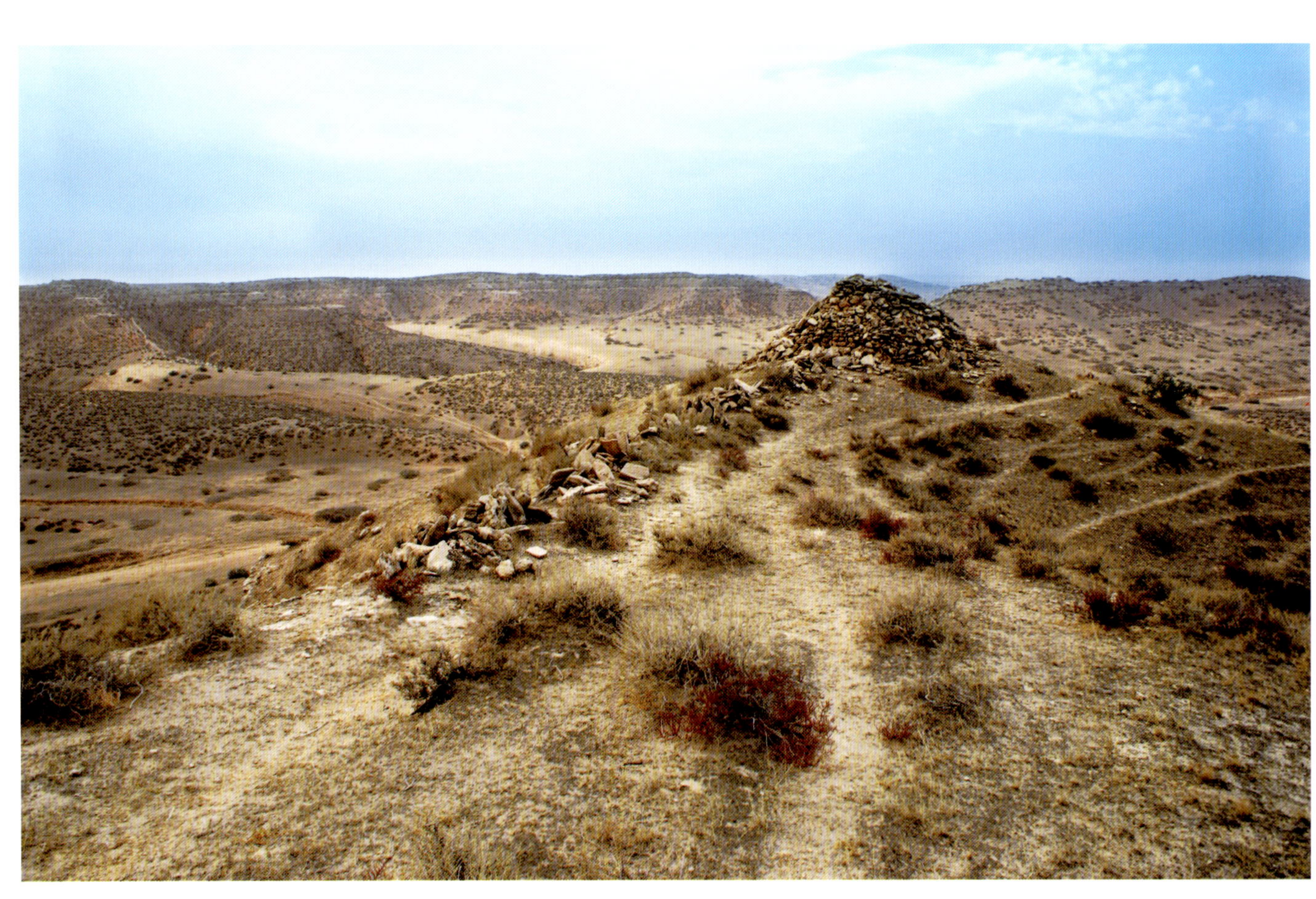

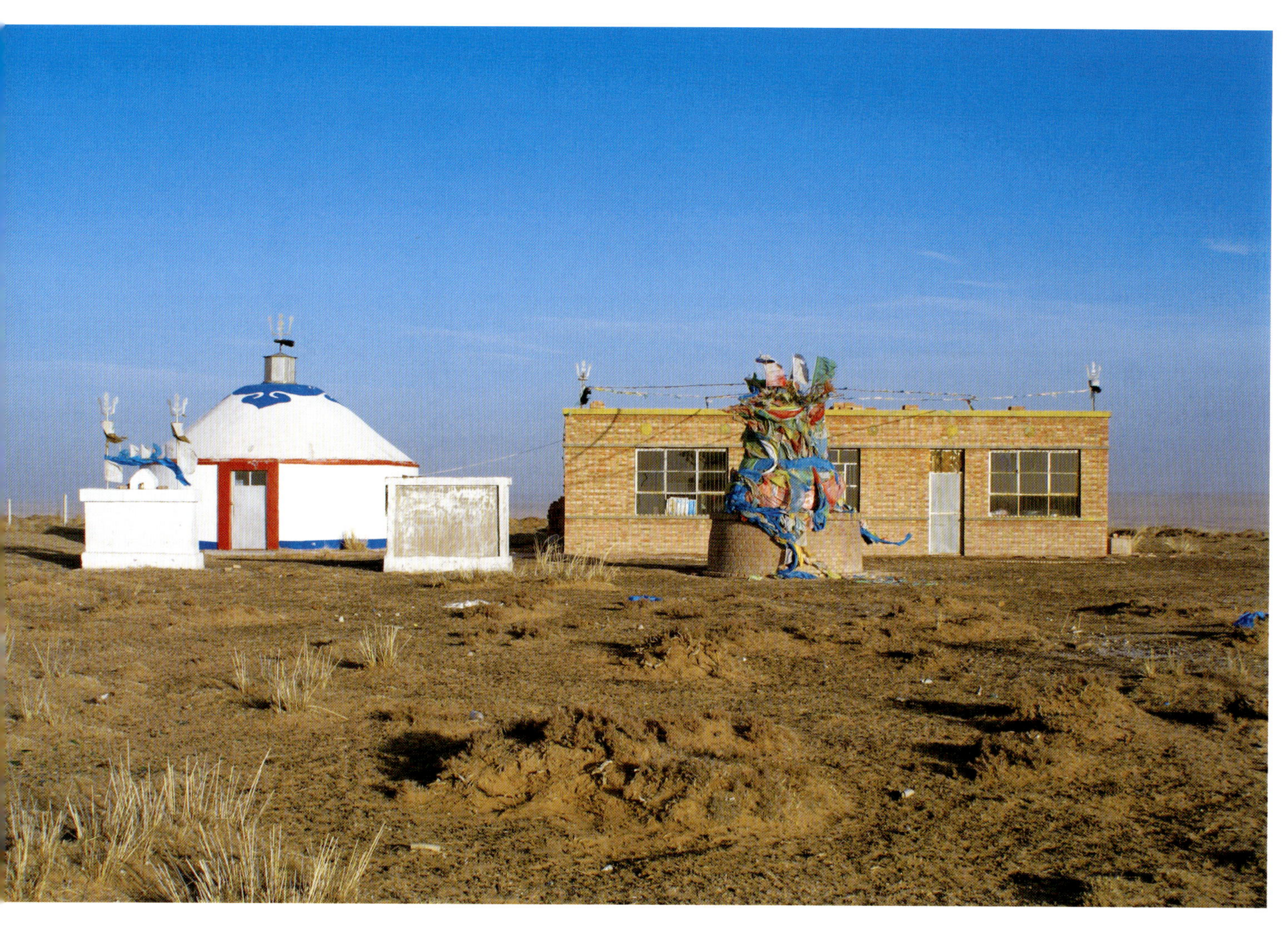

7 阿拉台敖包

阿拉台敖包位于鄂托克前旗上海庙镇境内，属努图格敖包。阿拉台敖包建在一个梁峁上，由敖包、禄马风旗祭祀台以及祭祀用房组成。敖包为三层圆形塔式砖砌建筑，一层出檐，包顶插柳树枝，高3.76米，宽2.8米。

祭祀方向： 东北

祭祀时间： 鄂尔多斯历八月初一日（农历五月初一日）

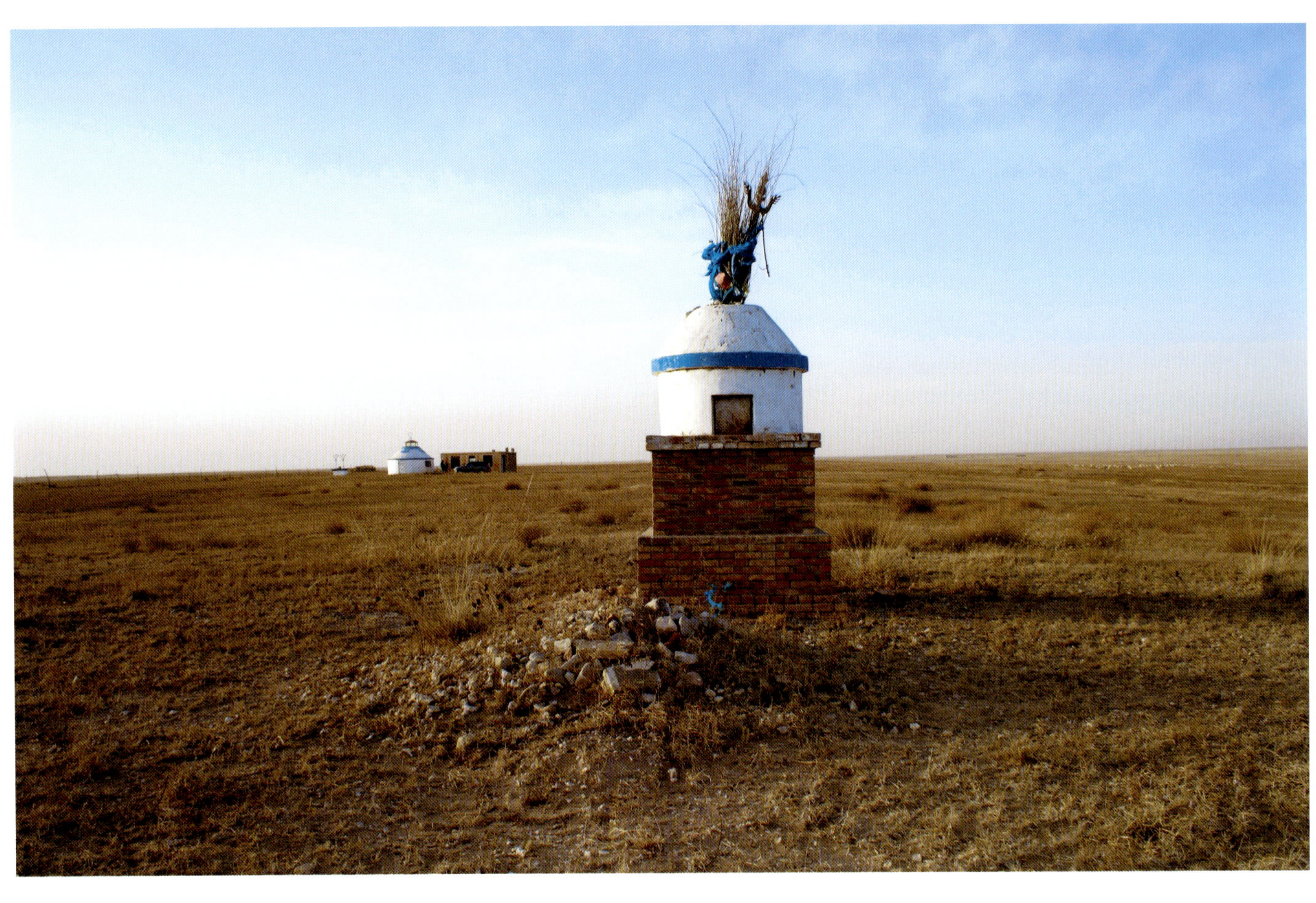

8 巴音查干敖包

巴音查干敖包位于鄂托克前旗上海庙镇境内，属于努图格敖包。巴音查干敖包由敖包、禄马风旗祭祀台以及祭祀用房组成。敖包由三部分组成，最下面为两层砖砌方形基座；中间为两层砖砌方形建筑，第二层出檐；最上面为蒙古包式砖混水泥建筑，包顶插一苏勒德和柳树枝，高3.65米，宽1.83米。

祭祀方向： 东北

祭祀时间： 鄂尔多斯历八月中旬（农历五月中旬）择日祭祀

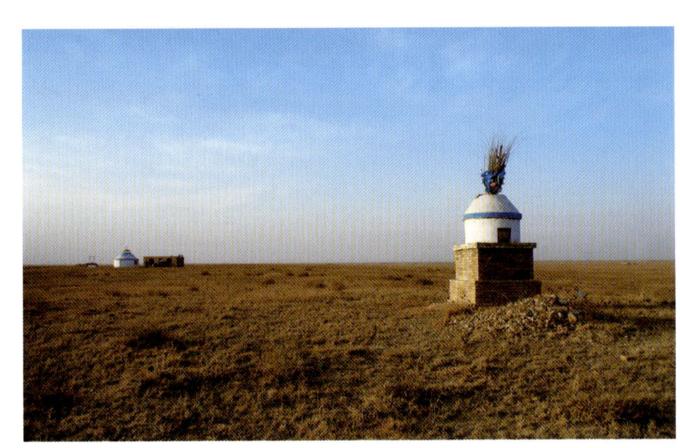

9 哈拉真陶勒盖敖包

哈拉真陶勒盖敖包，又名干珠尔敖包，位于鄂托克前旗上海庙镇境内，属努图格敖包。哈拉真陶勒盖敖包由敖包、禄马风旗祭祀台和祭祀用房组成。敖包用石块堆建而成，包顶插一禄马风旗旗杆，高1.7米，宽2.2米。

祭祀方向： 西北

祭祀时间： 鄂尔多斯历八月十三日（农历五月十三日）

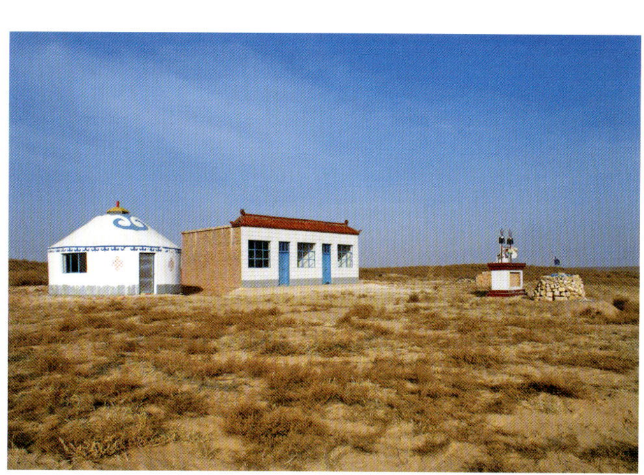

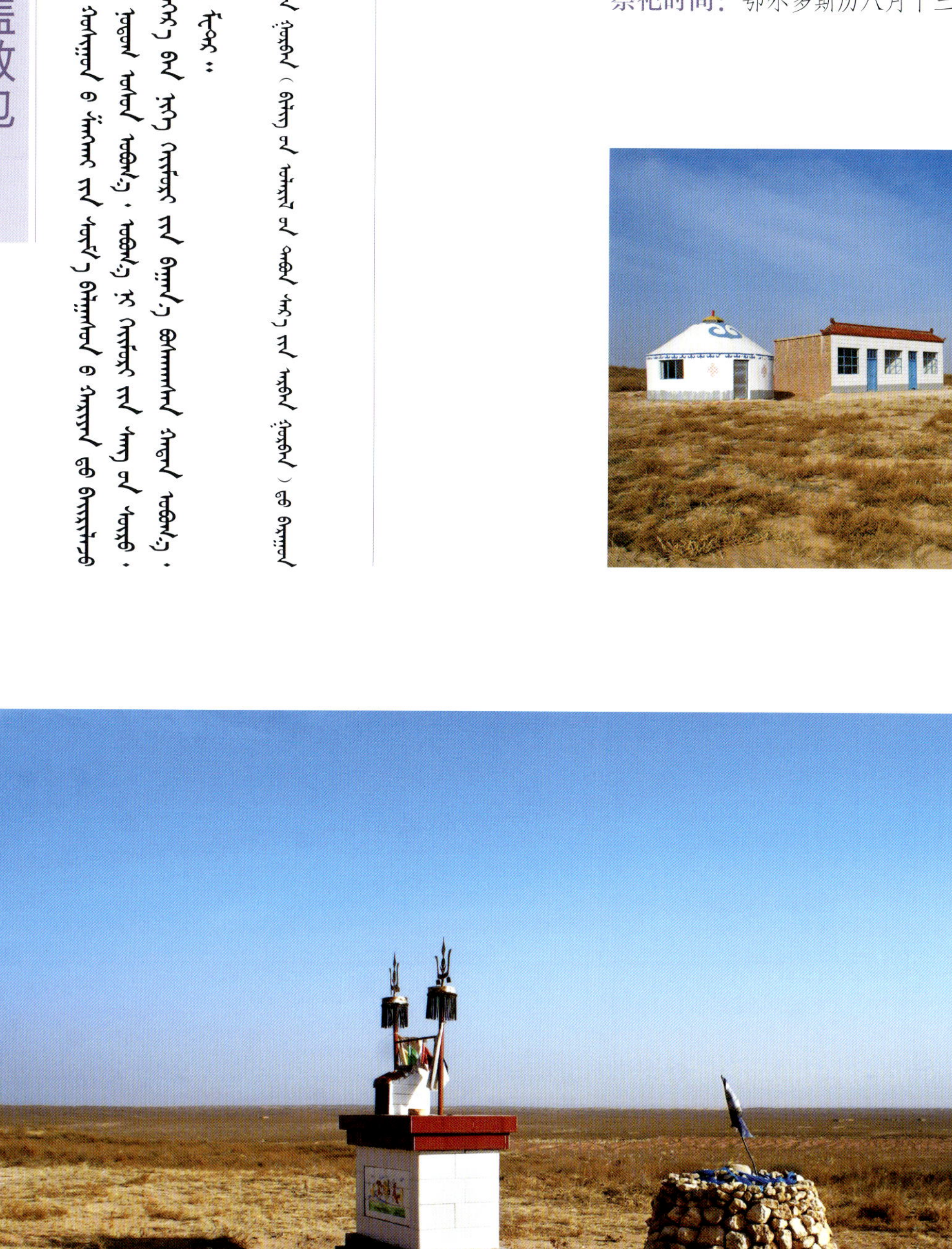

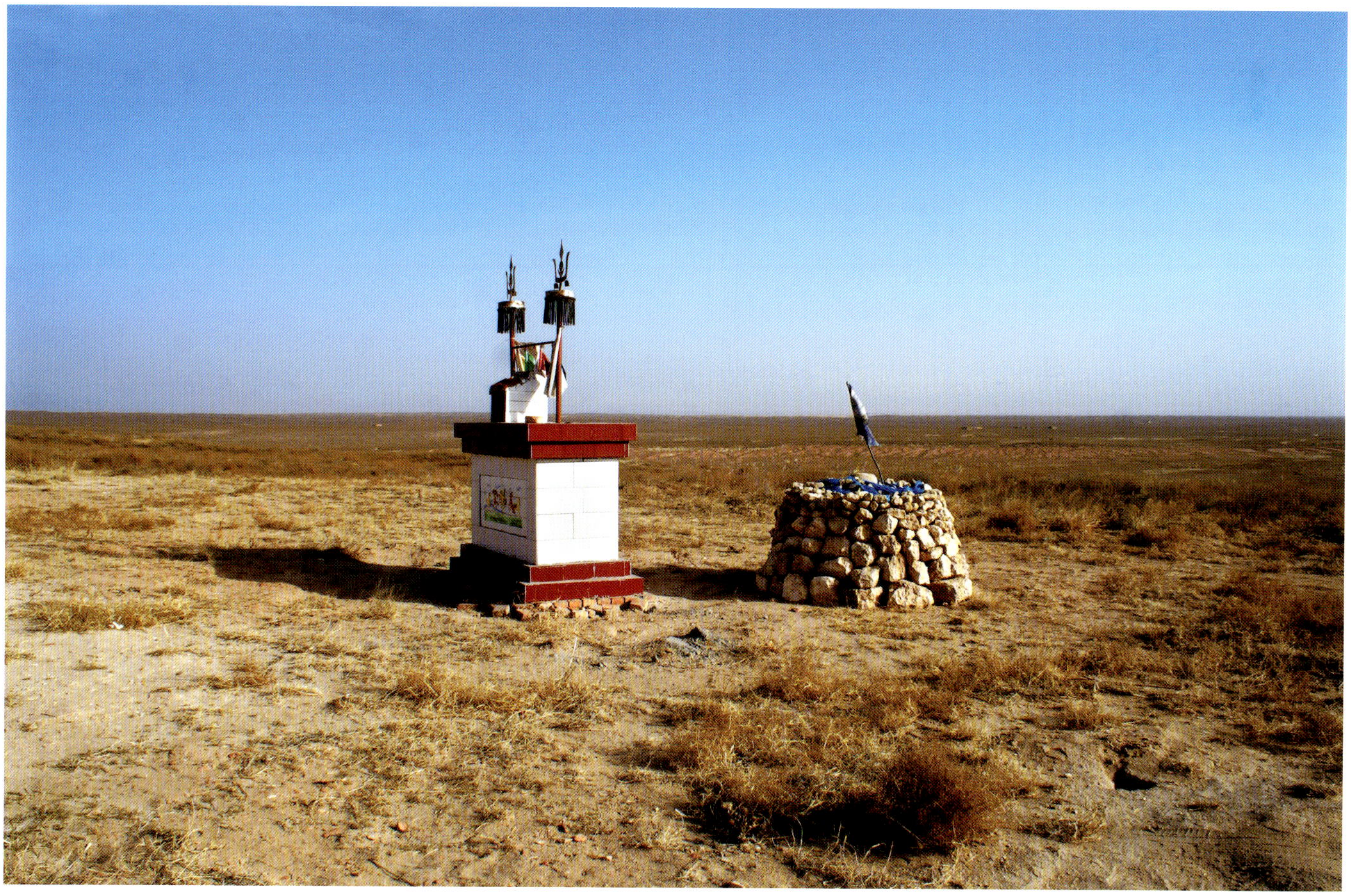

10 哈日哈腾庙敖包

哈日哈腾庙敖包位于鄂托克前旗上海庙镇境内，属庙敖包。哈日哈腾庙敖包建在哈日哈腾庙西南处的高梁上，由敖包和祭祀台组成。敖包面向哈日哈腾庙，为建在三层方形基座上的方形砖混水泥建筑，有两层出檐，包顶插一苏勒德，高 4.73 米，宽 2 米。

祭祀方向： 东北

祭祀时间： 鄂尔多斯历十月二十七日（农历七月二十七日）

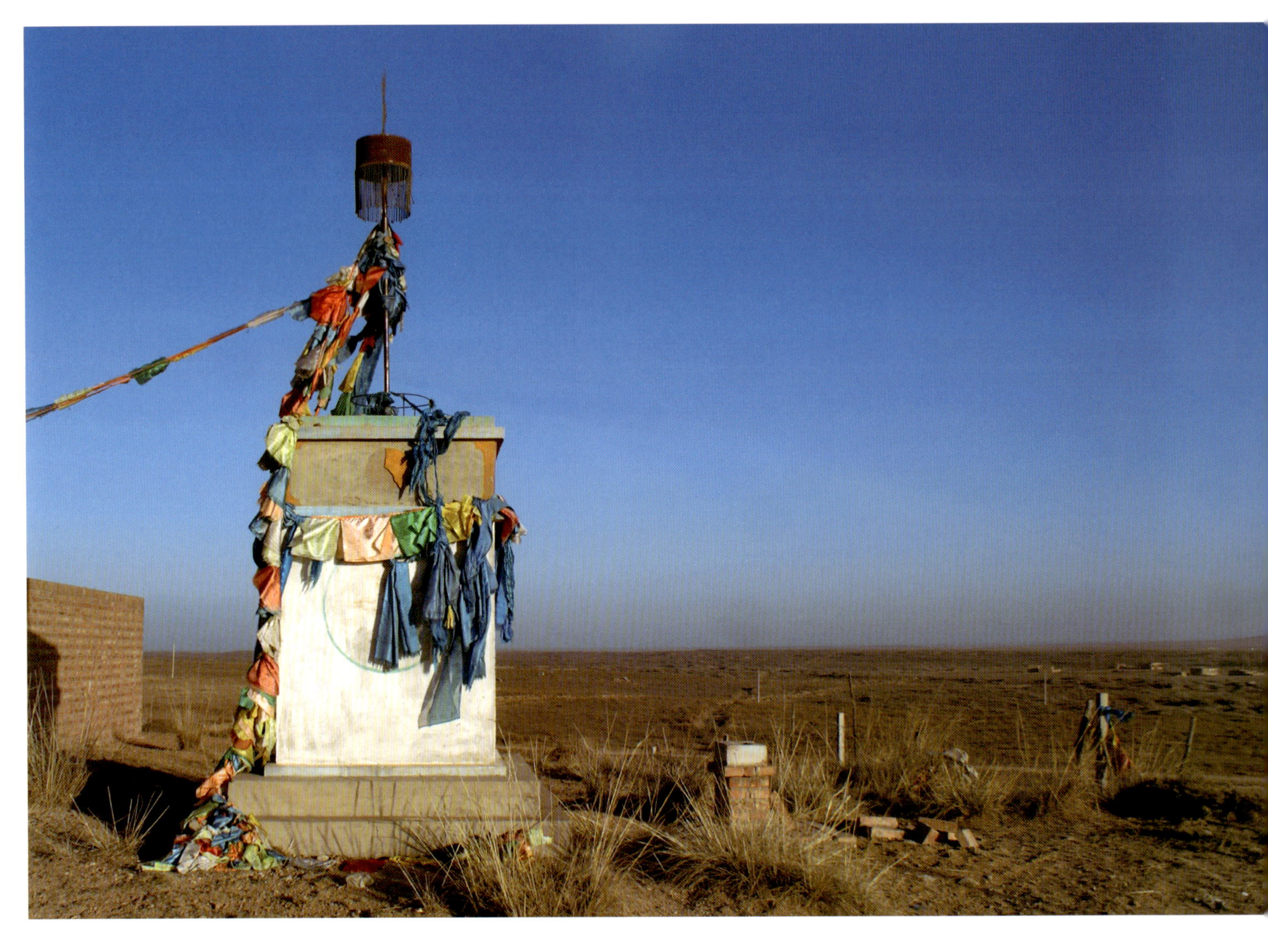

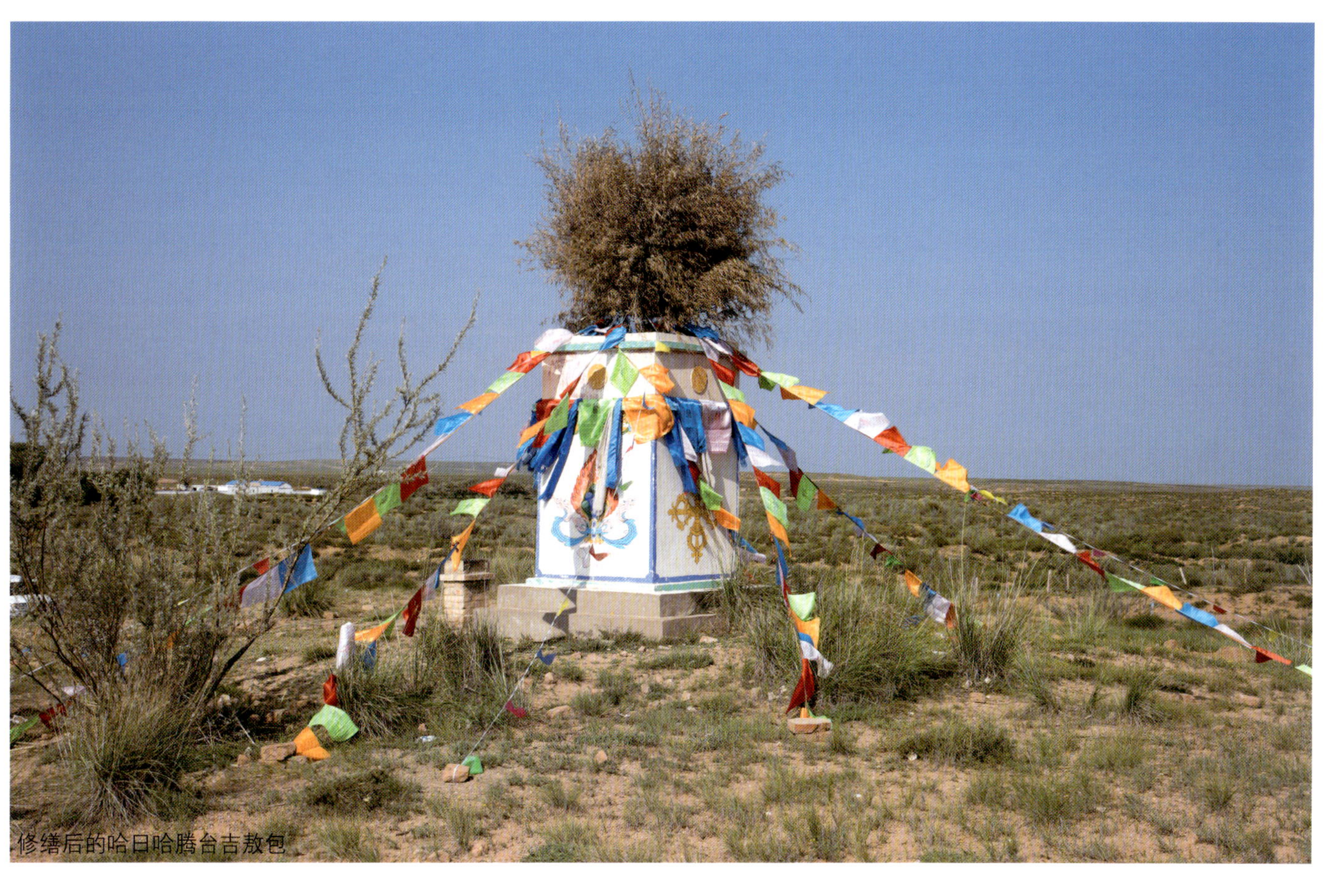
修缮后的哈日哈腾台吉敖包

11 哈日哈腾台吉敖包

哈日哈腾台吉敖包位于鄂托克前旗上海庙镇境内，属氏族敖包。“哈日哈腾”为蒙古语，部落名，“台吉”为爵位。哈日哈腾台吉敖包建在哈日哈腾庙东南的小土包上，由敖包和祭祀台组成。敖包为建在三层方形基座上的方形砖混水泥建筑，有两层出檐，包顶插沙柳树枝，高 3.65 米，宽 2 米。

祭祀方向：西南

祭祀时间：鄂尔多斯历十月初七日（农历七月初七日）

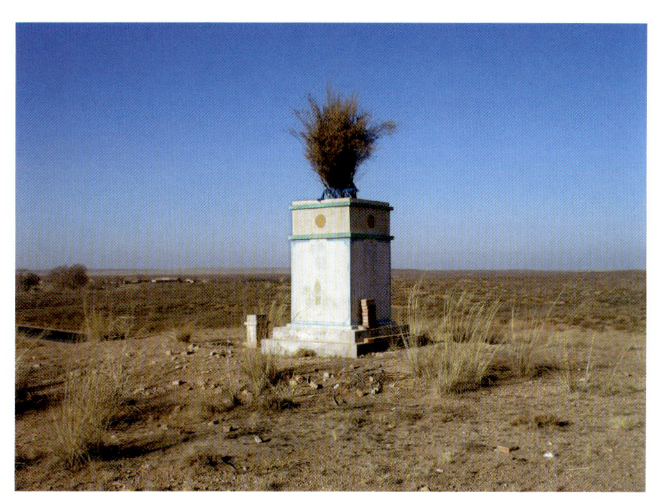

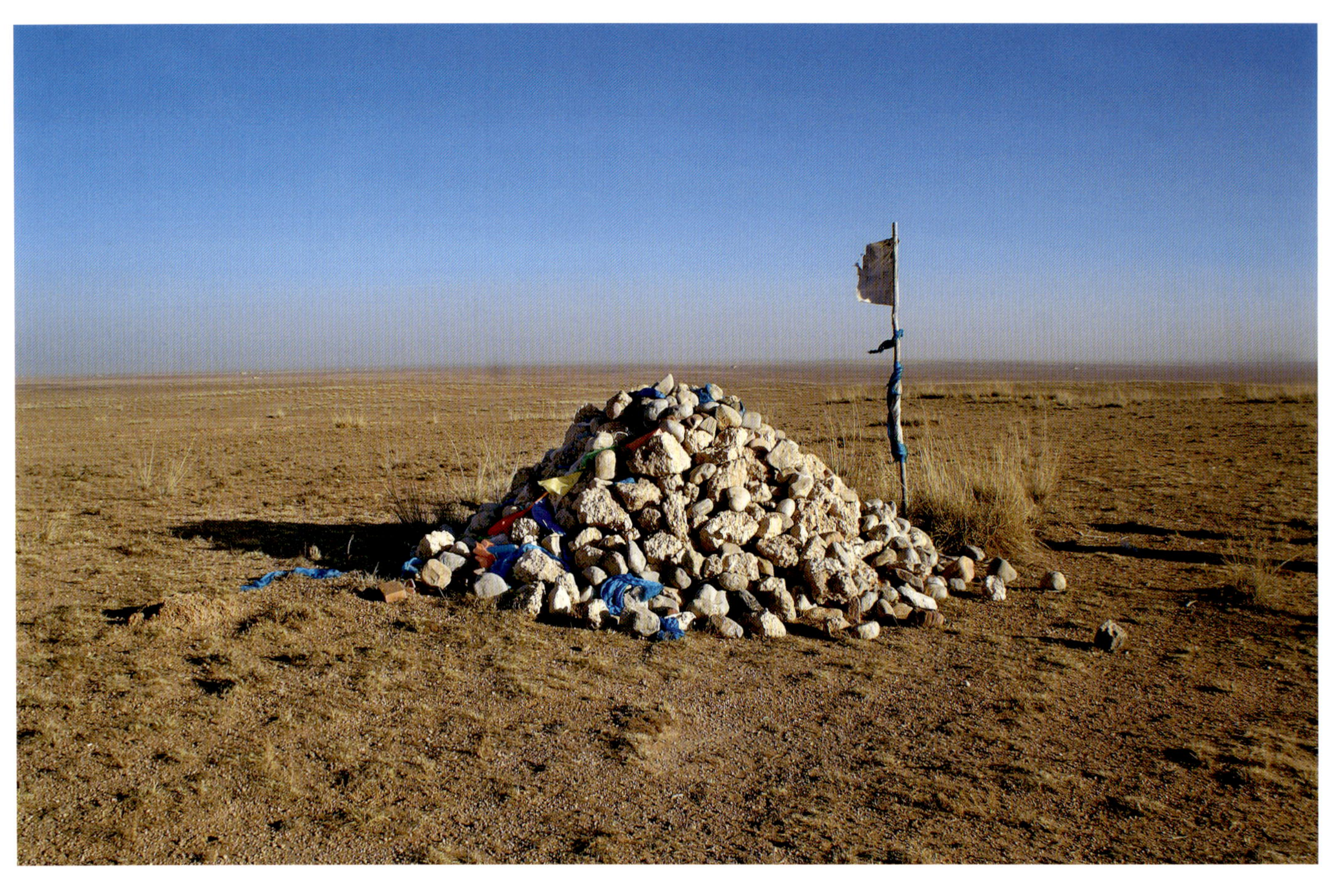

12 哈西亚图敖包

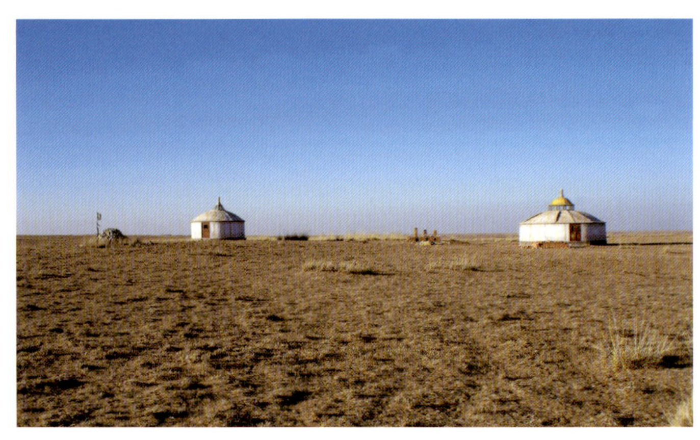

哈西亚图敖包，也称布尔汗陶勒盖敖包，位于鄂托克前旗上海庙镇境内，属努图格敖包。哈西亚图敖包由敖包、禄马风旗旗杆以及祭祀用房组成。敖包用石块堆建成锥形，高1.1米，宽3.3米。

祭祀方向：北

祭祀时间：鄂尔多斯历八月十三日（农历五月十三日）

13 浩赖图音宝日陶勒盖敖包

浩赖图音宝日陶勒盖敖包位于鄂托克前旗上海庙镇境内，属努图格敖包。浩赖图音宝日陶勒盖敖包由敖包、熏香台以及祭祀用房组成。敖包为上下出檐的圆形砖混水泥建筑，中间堆满石头，包顶插沙柳树枝，高3.3米，宽3.1米。

祭祀方向： 东南

祭祀时间： 鄂尔多斯历八月十三日（农历五月十三日）

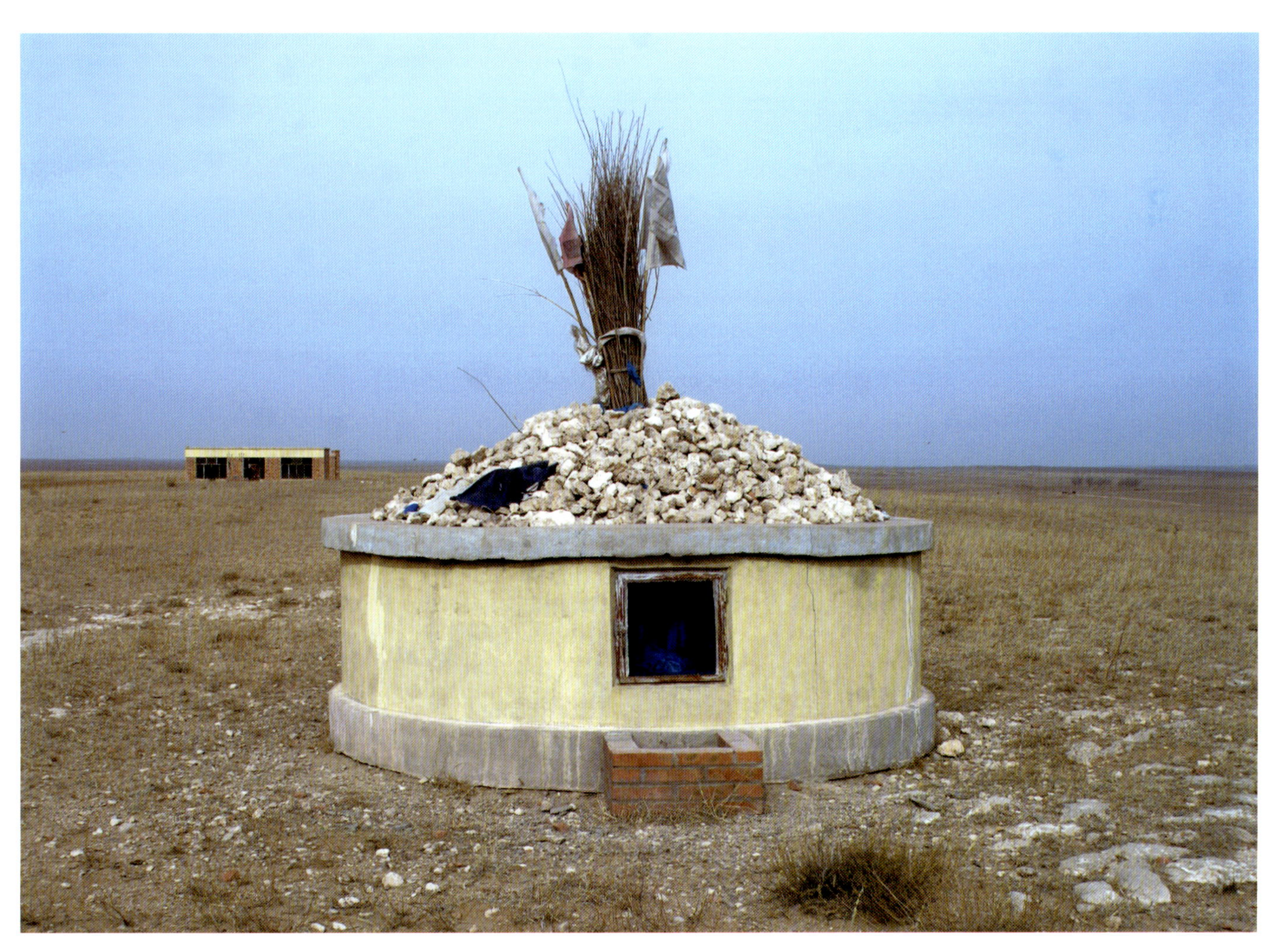

14 芒哈图庙敖包

芒哈图庙敖包位于鄂托克前旗上海庙镇境内，属庙敖包。芒哈图庙敖包建在芒哈图庙东南的梁峁上，由敖包、祭祀台以及供台组成，敖包为建在两层方形基座上的方形砖混水泥建筑，有两层出檐，包顶插一苏勒德和沙柳树枝，高4.26米，宽2.4米。

祭祀方向： 东北

祭祀时间： 鄂尔多斯历九月初六日（农历六月初六日）

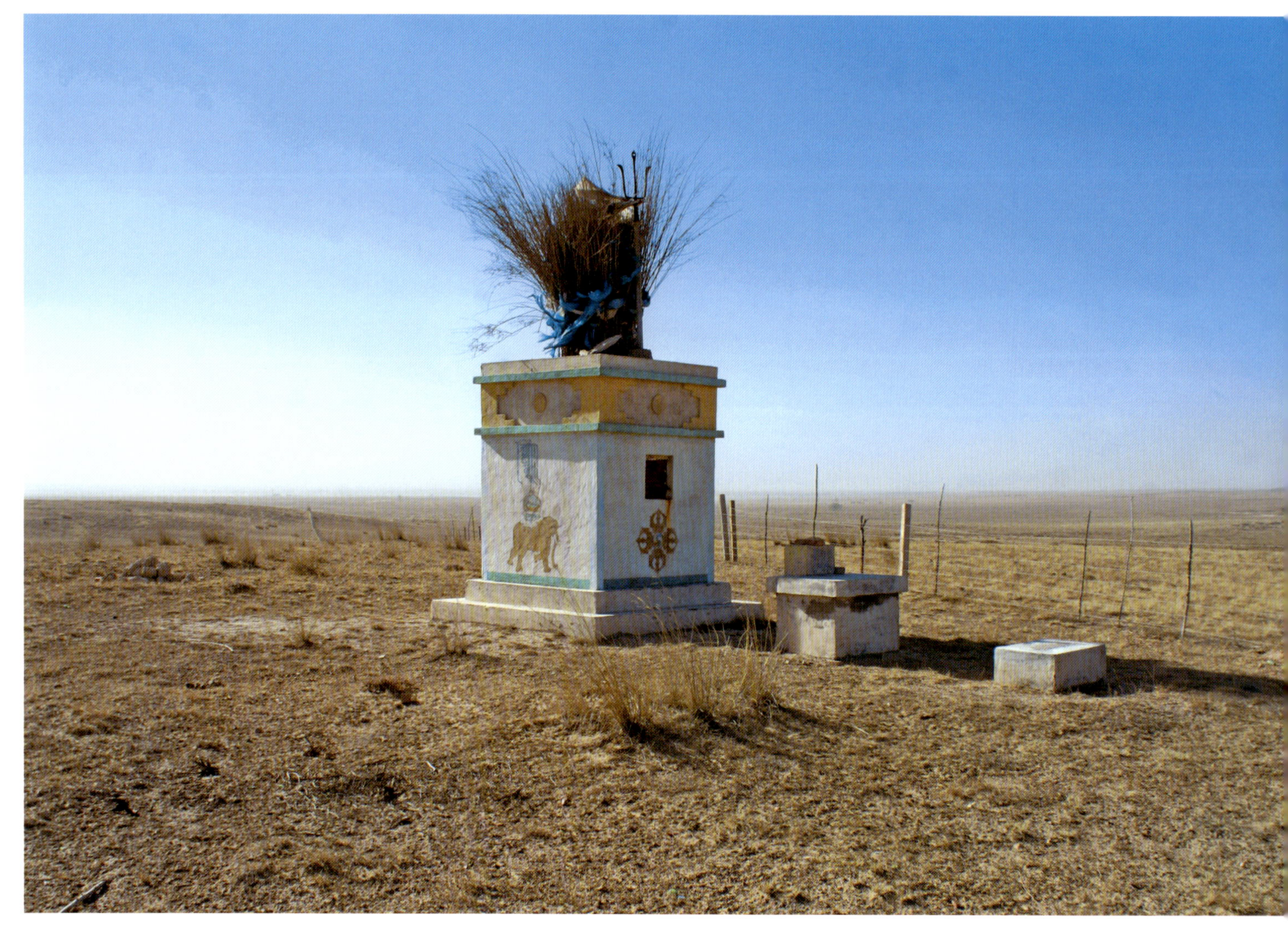

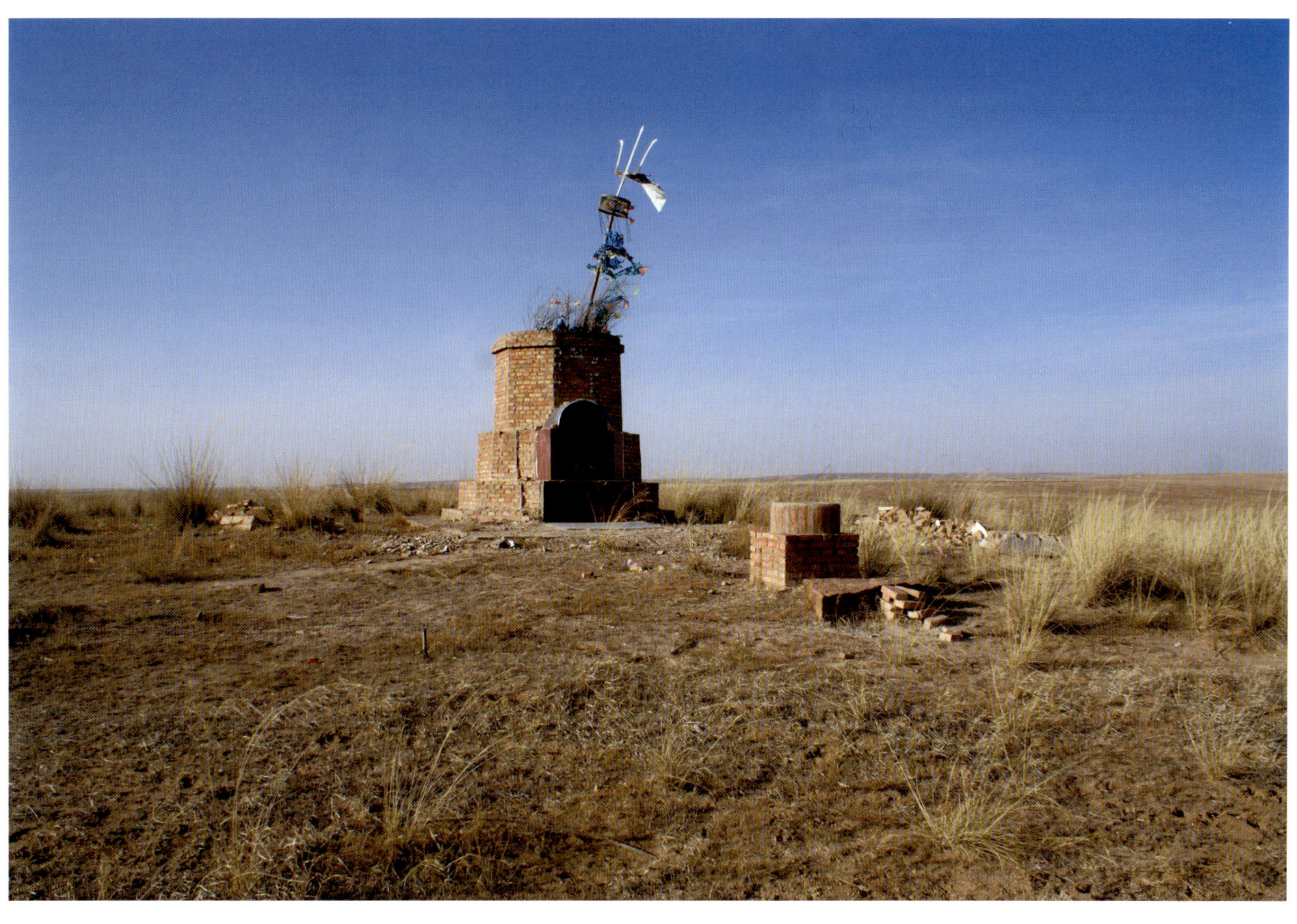

15 章干敖包

章干敖包位于鄂托克前旗敖勒召其镇境内，属氏族敖包。章干敖包建在一个较高的梁峁上，由敖包和祭祀台组成。敖包由三部分组成，最下层为六角形基座；中间两层同样为六角形，南向开门；最上面为八角形，三层，中间出檐。三部分均为砖砌，包顶插一杆苏勒德和柳树枝，高 7.43 米，宽 3.82 米。

祭祀方向： 东南

祭祀时间： 鄂尔多斯历九月初九日（农历六月初九日）

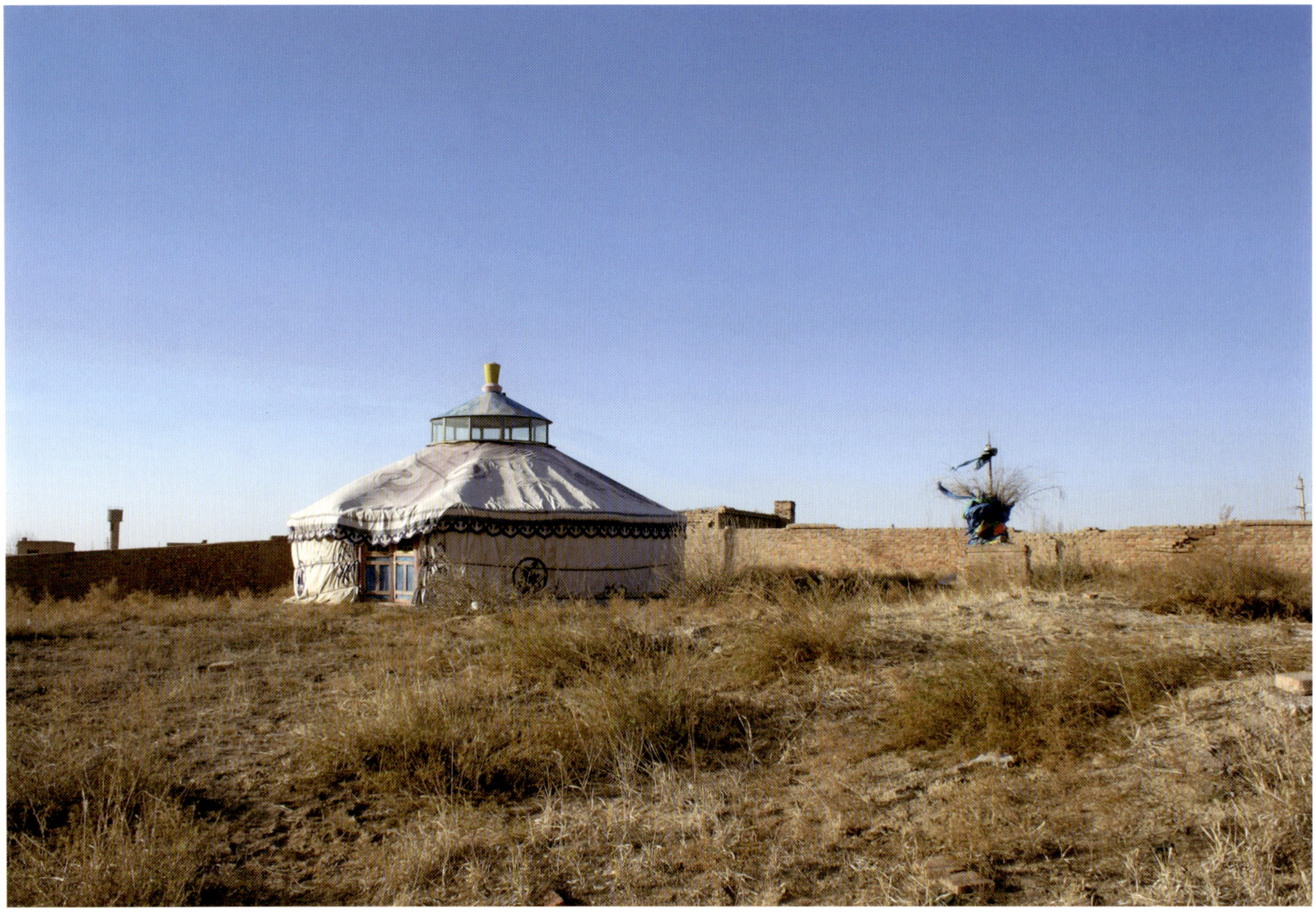

16 满达勒敖包

满达勒敖包位于鄂托克前旗敖勒召其镇水厂院子里，属家庭敖包。满达勒敖包由敖包、熏香台、祭祀用房组成。敖包为方形砖砌建筑，上出檐，里面堆石块，中间插一苏勒德和柳树枝，高3.48米，宽1.02米。

祭祀方向： 东南

祭祀时间： 鄂尔多斯历八月十三日（农历五月十三日）

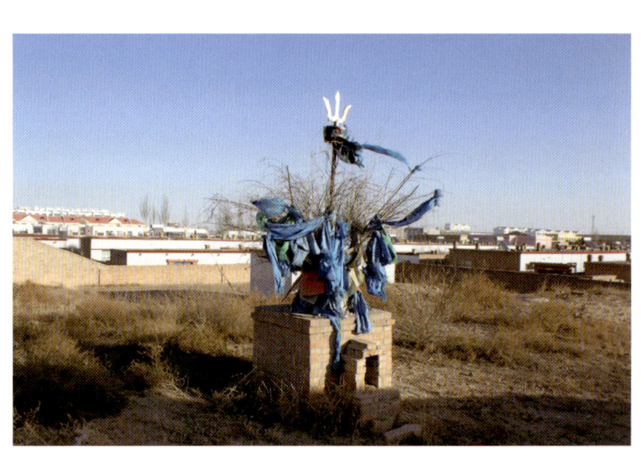

17 查干陶勒盖敖包

查干陶勒盖敖包位于鄂托克前旗昂素镇境内，属努图格敖包。查干陶勒盖敖包建在一个较高的梁峁上，由主敖包和12个守护敖包、祭祀台、供台和祭祀用房组成。主敖包为用石块搭建的三层圆形建筑，包顶插一苏勒德和沙柳树枝，高4.78米，宽2.45米；守护敖包为马头琴形状石头基座，上插一苏勒德，高4.56米，宽0.95米。

祭祀方向： 东南

祭祀时间： 鄂尔多斯历八月十三日（农历五月十三日）

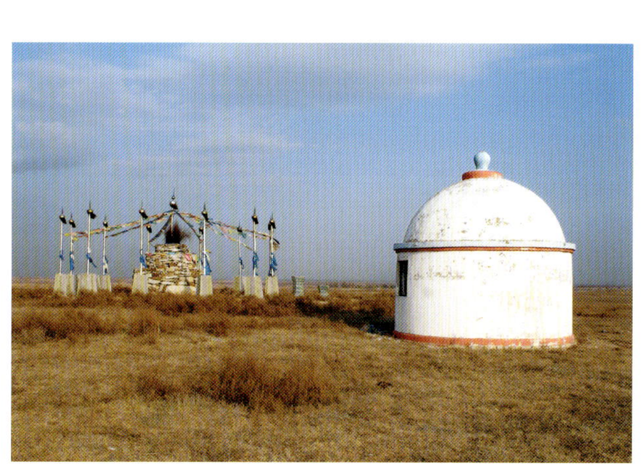

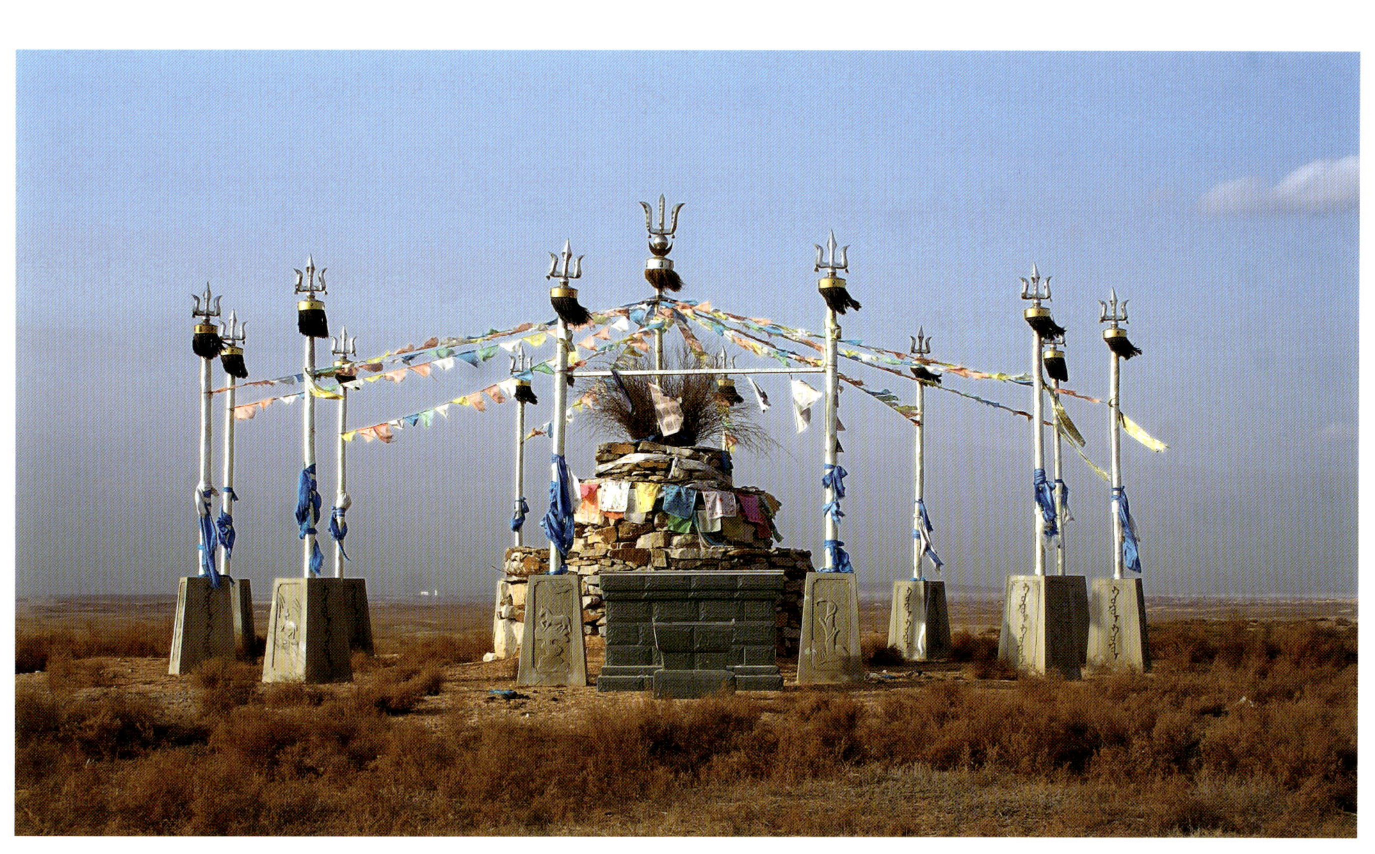

18

德布日呼敖包

德布日呼敖包位于鄂托克前旗昂素镇境内，是专门为保护牲畜平安而建立的敖包。德布日呼敖包由敖包、祭祀台和供台组成。敖包为建在两层基座上的圆形砖砌建筑，上出檐，包顶插一苏勒德和沙柳树枝，高4.63米，宽2.1米。

祭祀方向：东南

祭祀时间：鄂尔多斯历九月初三日（农历六月初三日）

传说很早以前，这个地方有个札达盖（蒙古语，意为“水泡”“泉眼”），牲畜经常掉进去后越陷越深，牧民的利益受到了损失。人们就去询问有学问的喇嘛，喇嘛说：建一个敖包祭祀吧！可称为“德布日呼敖包”。当地牧民们就建立起了这个敖包，命名为“德布日呼敖包”，每年按时祭祀，从此以后再也没有发生过类似的事情，牲畜平安，百姓安康。

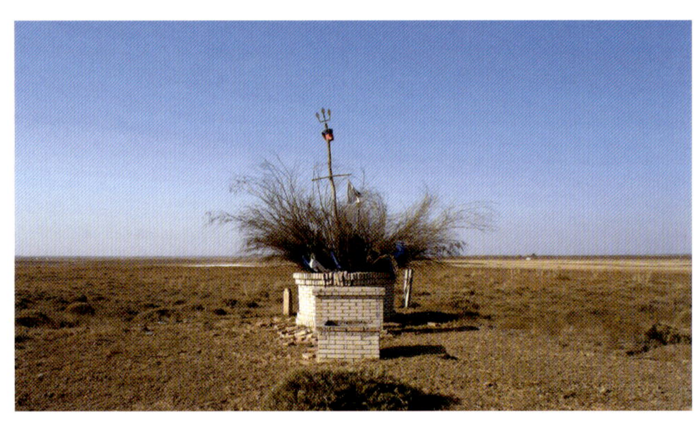

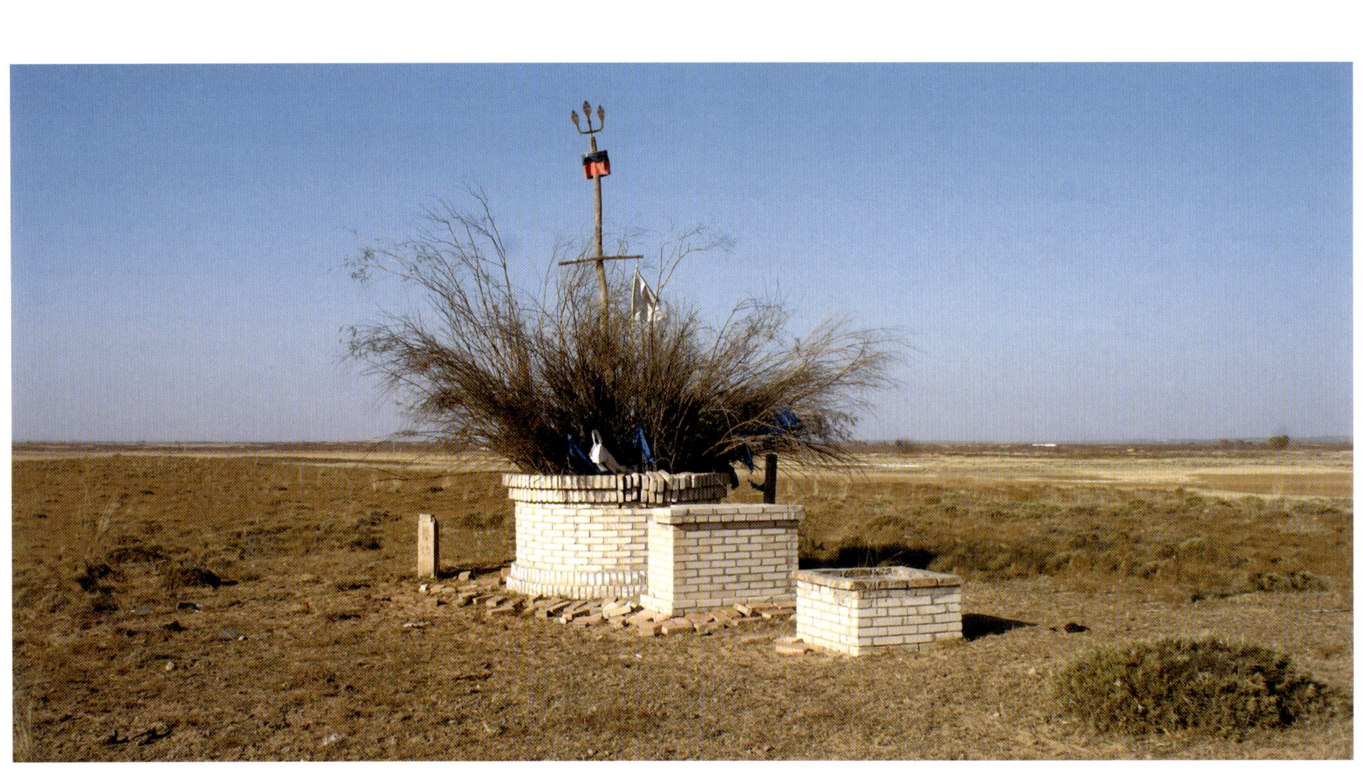

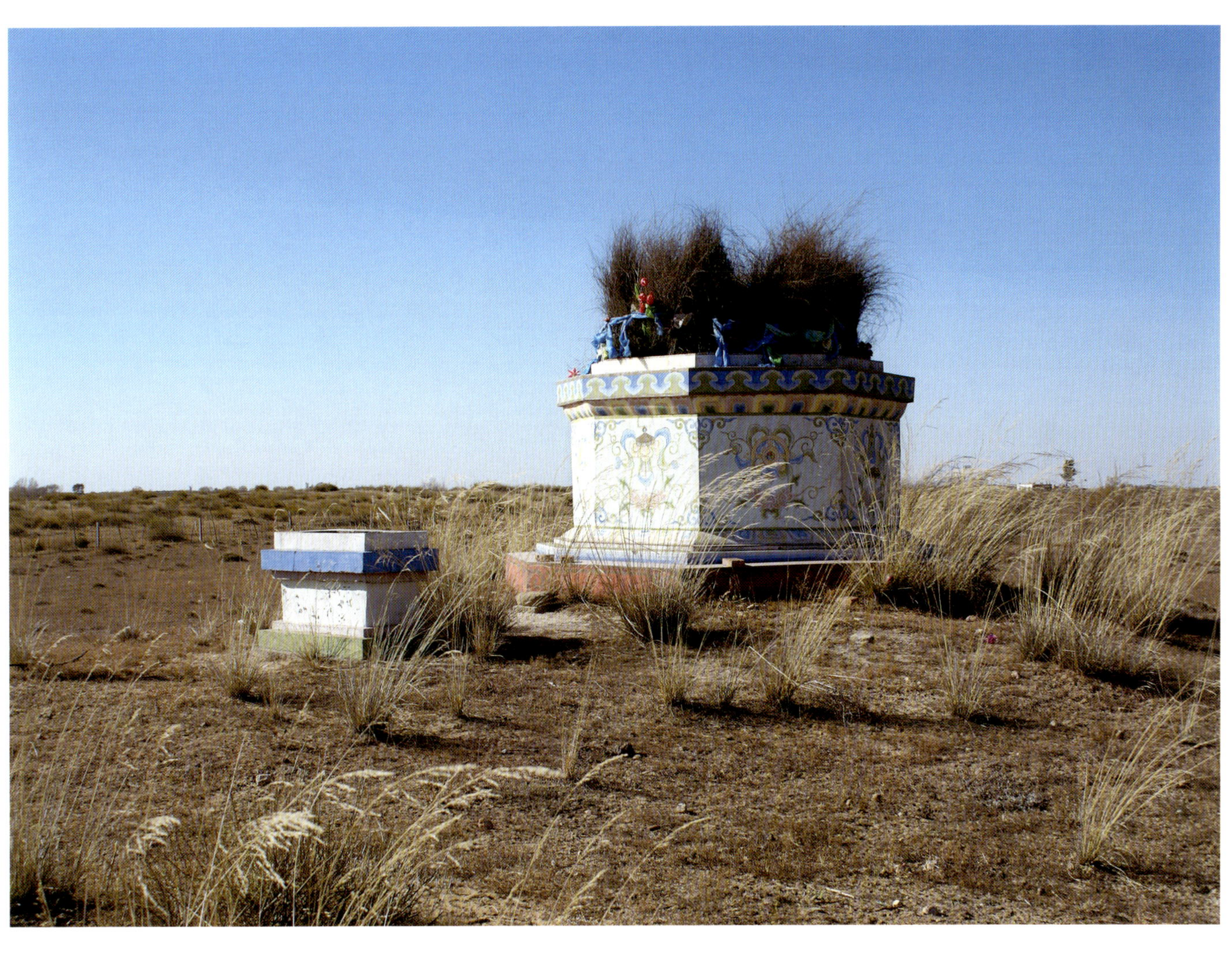

19 塔尔巴都岗敖包

塔尔巴都岗敖包位于鄂托克前旗昂素镇境内，属庙敖包。塔尔巴都岗敖包建在塔尔巴都岗东北的平地上，由敖包和祭祀台组成，敖包为建在四层八角形基座上的八角形砖混水泥建筑，中间出檐，包顶插沙柳树枝，高8.02米，宽4.08米。

祭祀方向： 东南

祭祀时间： 鄂尔多斯历八月二十九日（农历五月二十九日）

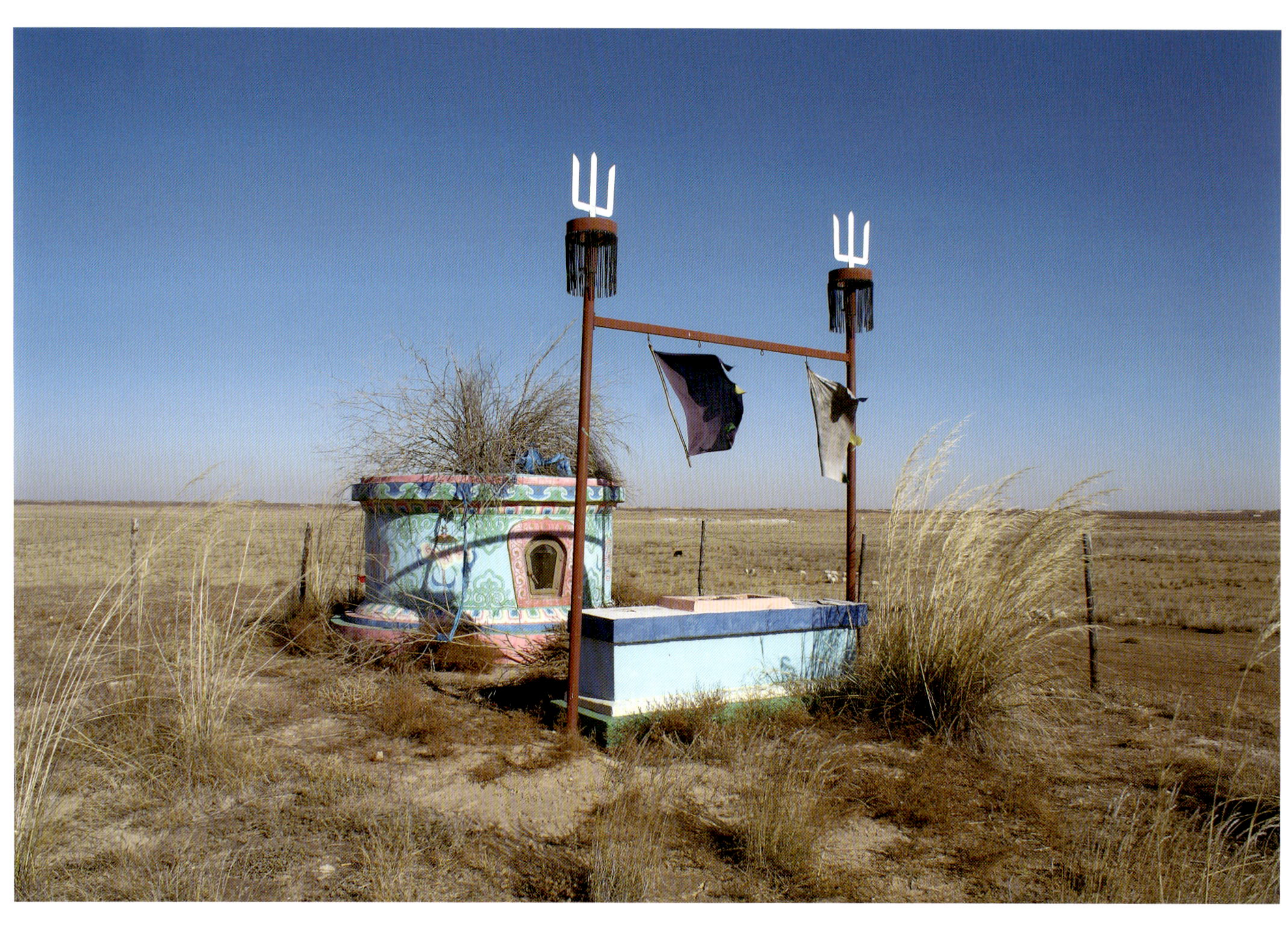

20 图楞黑敖包

图楞黑敖包位于鄂托克前旗昂素镇境内，属氏族敖包。图楞黑敖包建在沼泽地中突起的小土包上，由敖包和禄马风旗祭祀台组成。敖包为建在三层基座上的圆形砖混水泥建筑，中间出檐，包顶插沙柳树枝，高2.11米，宽2.04米。

祭祀方向： 正南

祭祀时间： 鄂尔多斯历八月十一日（农历五月十一日）

传说在很早以前，宁夏马化龙率领的回民队伍打进鄂尔多斯，来到这里时经常在这个敖包上研究决定抢夺的目标，危害周围的百姓。当时周围百姓认为是由于这个敖包建立在这里所以招来了麻烦，就请喇嘛把这个敖包拆毁并焚烧，所以叫“图楞黑敖包”（被烧毁的敖包）。

21 乌努古其敖包

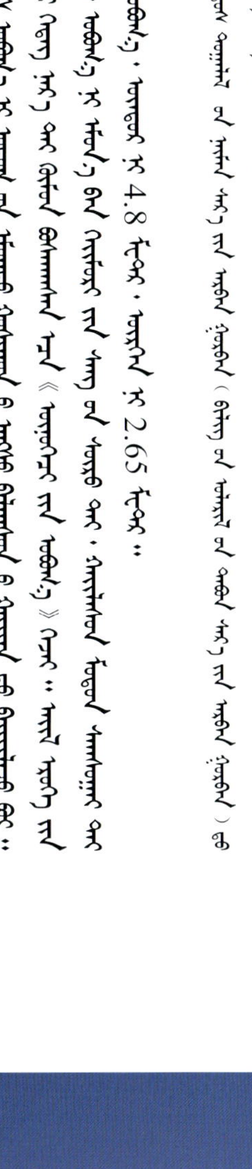

乌努古其敖包位于鄂托克前旗昂素镇境内，以人名命名，属家庭敖包。乌努古其敖包建在小土包上，由敖包和禄马风旗祭祀台组成。敖包为石块堆建而成，中间长一棵榆树，高 4.8 米，宽 2.65 米。

祭祀方向：东南

祭祀时间：鄂尔多斯历八月十三日（农历五月十三日）

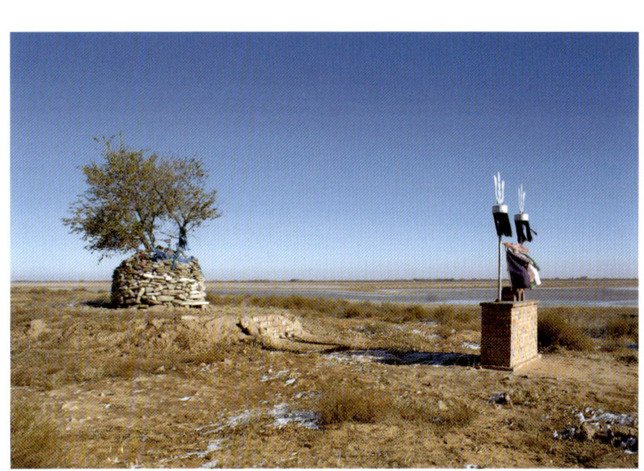

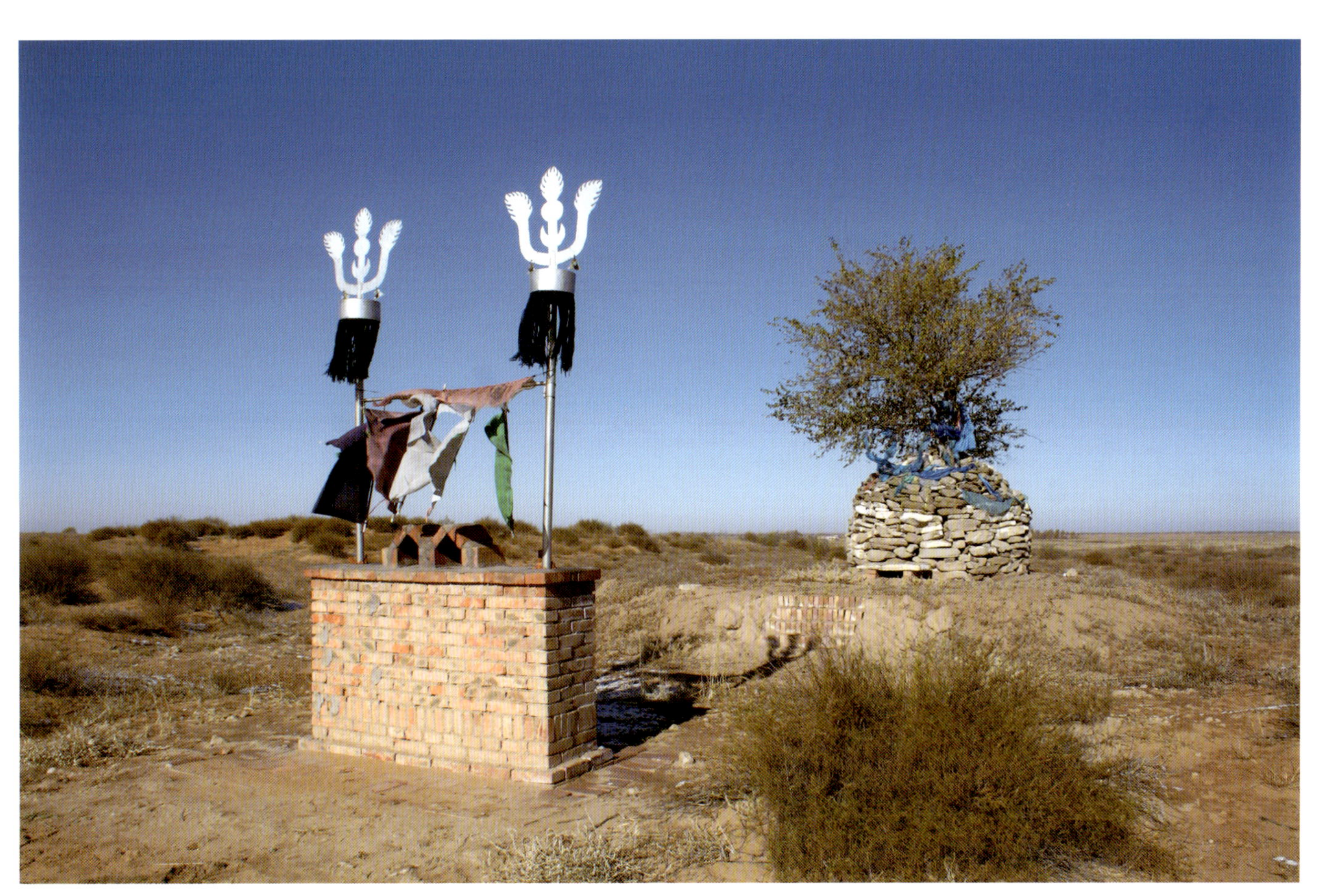

22 宝日陶勒盖敖包

宝日陶勒盖敖包位于鄂托克前旗城川镇境内，属努图格敖包。宝日陶勒盖敖包由敖包、供台、禄马风旗祭祀台、祭祀用房和小庙组成。敖包为建在方形基座上的四层圆形砖混水泥建筑，基座和一层南面开门，包顶插沙柳树枝，高5.35米，宽4.75米。

祭祀方向： 正南

祭祀时间： 鄂尔多斯历八月十三日（农历五月十三日）

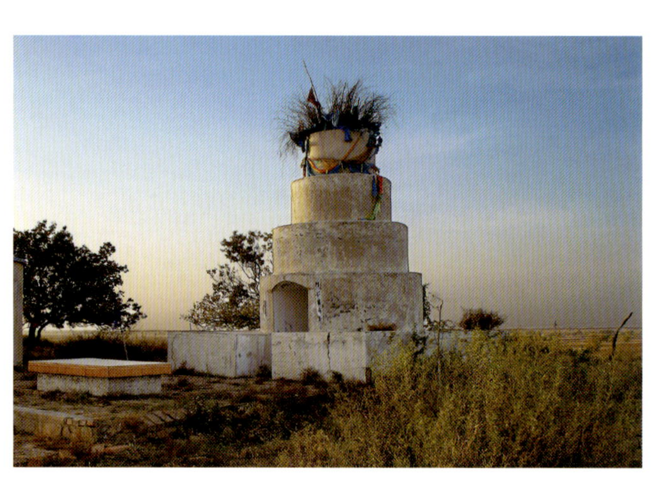

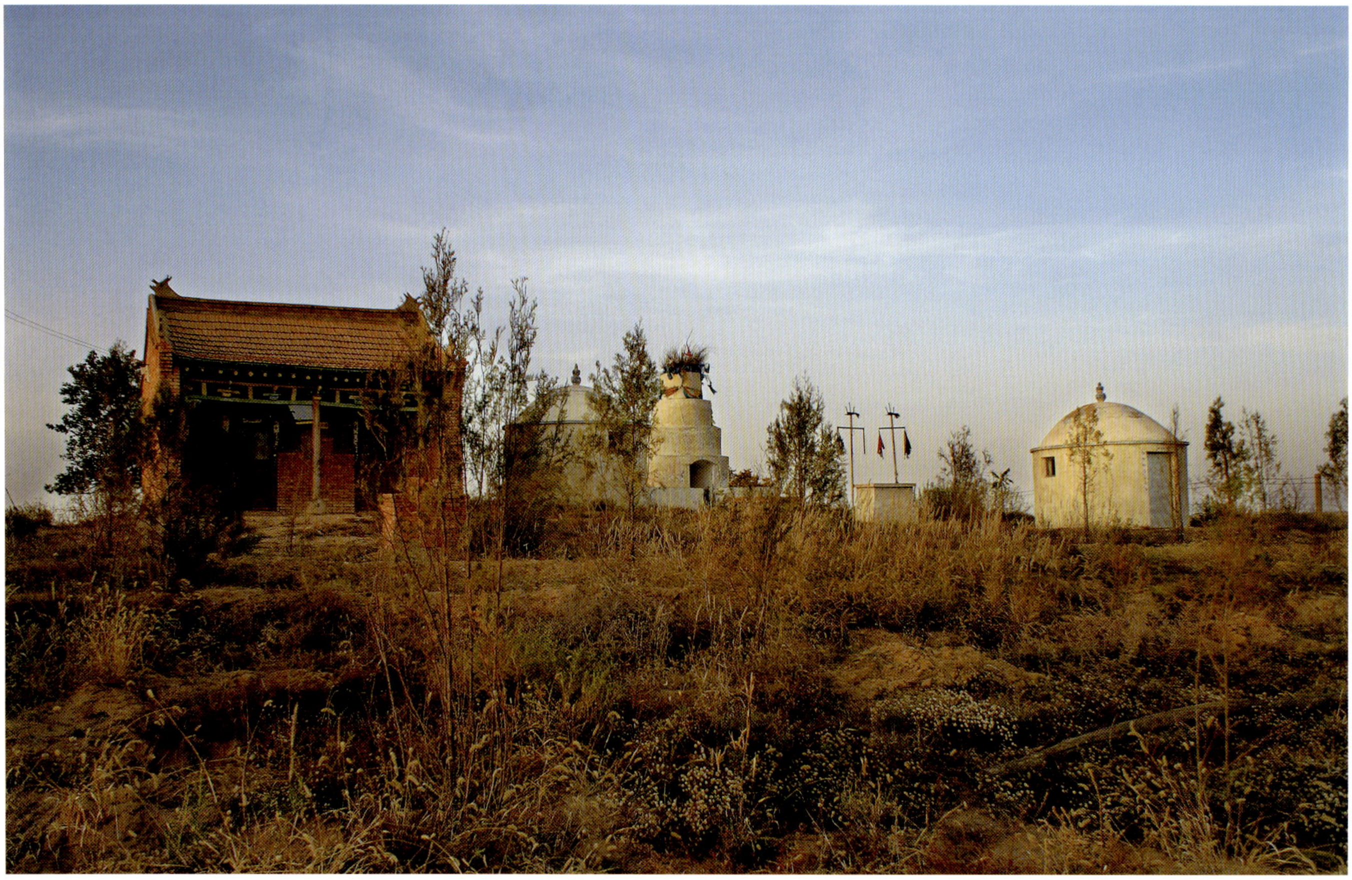

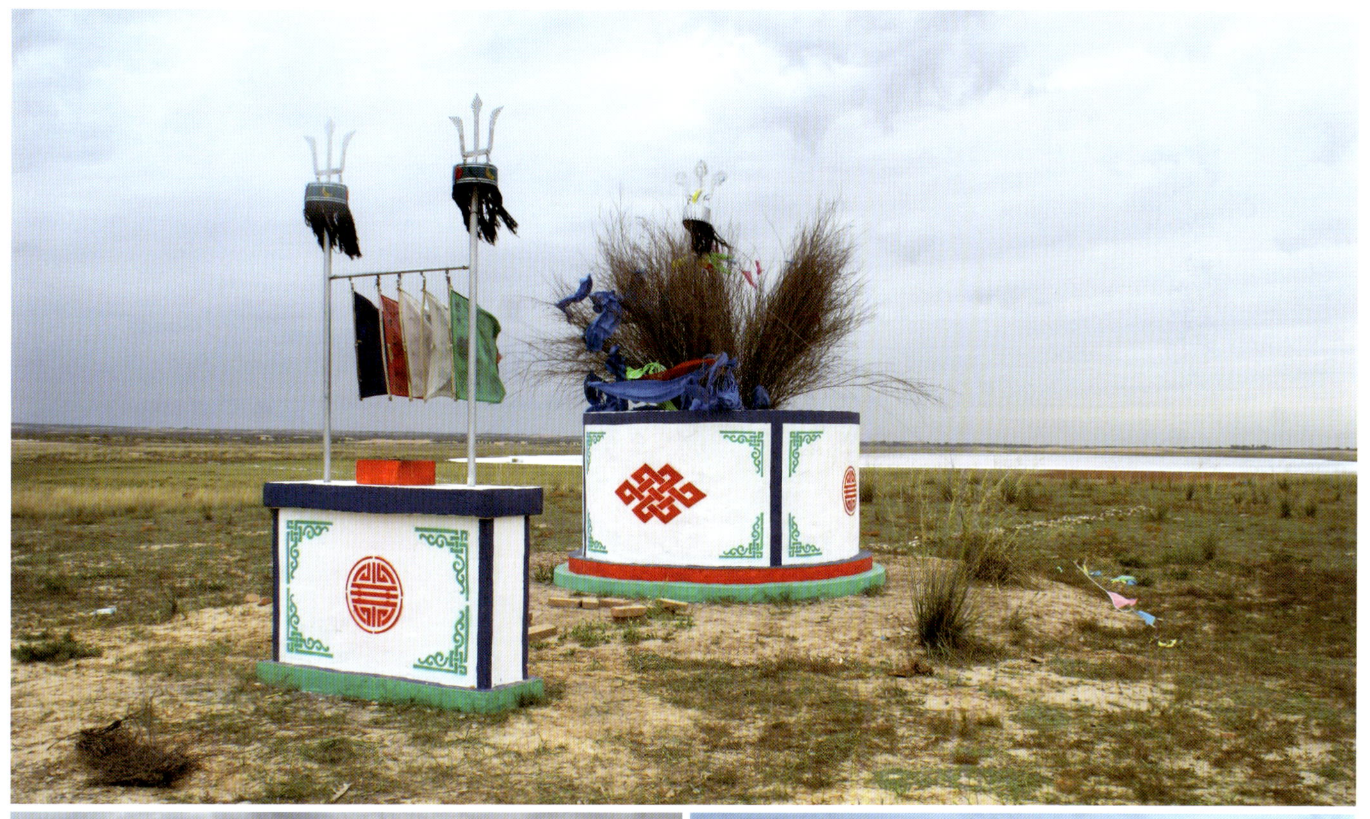

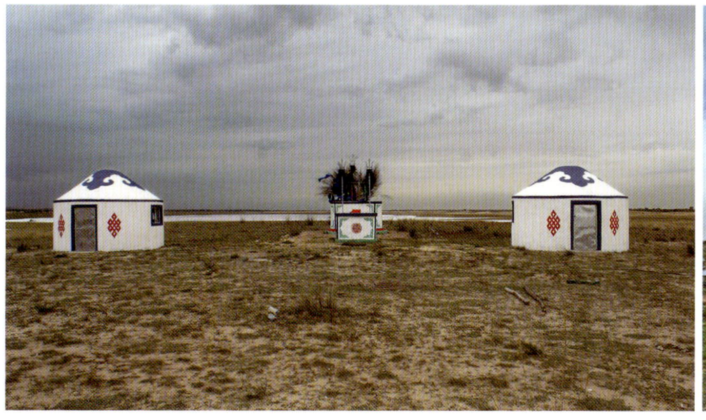

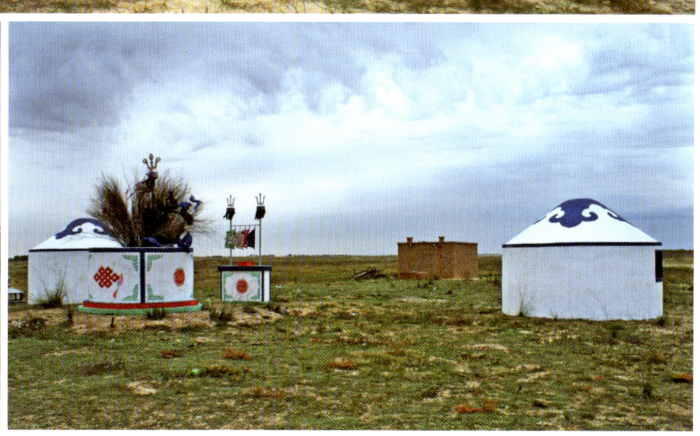

23 古特勒敖包

古特勒敖包位于鄂托克前旗昂素镇境内，属努图格敖包。古特勒敖包由主敖包和13个守护敖包、禄马风旗祭祀台以及祭祀用房组成。主敖包为建在两层圆形基座上的圆形砖混水泥建筑，包顶插一苏勒德和沙柳树枝，高3.25米，宽2.6米；守护敖包为小石头堆，高0.15米，宽0.3米。

祭祀方向： 东南

祭祀时间： 鄂尔多斯历八月二十三日（农历五月二十三日）

24 宝日陶勒盖敖包 ᠪᠣᠷᠣᠲᠣᠯᠭᠠᠢ ᠶᠢᠨ ᠣᠪᠣᠭ᠎ᠠ

宝日陶勒盖敖包位于鄂托克前旗城川镇境内，属于努图格敖包。宝日陶勒盖敖包由主敖包和13个守护敖包、禄马风旗祭祀台，供台、祭祀台、都格组成。主敖包为三层圆形石头混水泥建筑，上架木架，中间插沙柳树枝，高6.3米，宽4米；守护敖包为木质都格形式，高1.05米，宽0.1米。

祭祀方向： 东南

祭祀时间： 鄂尔多斯历八月十三日（农历五月十三日）

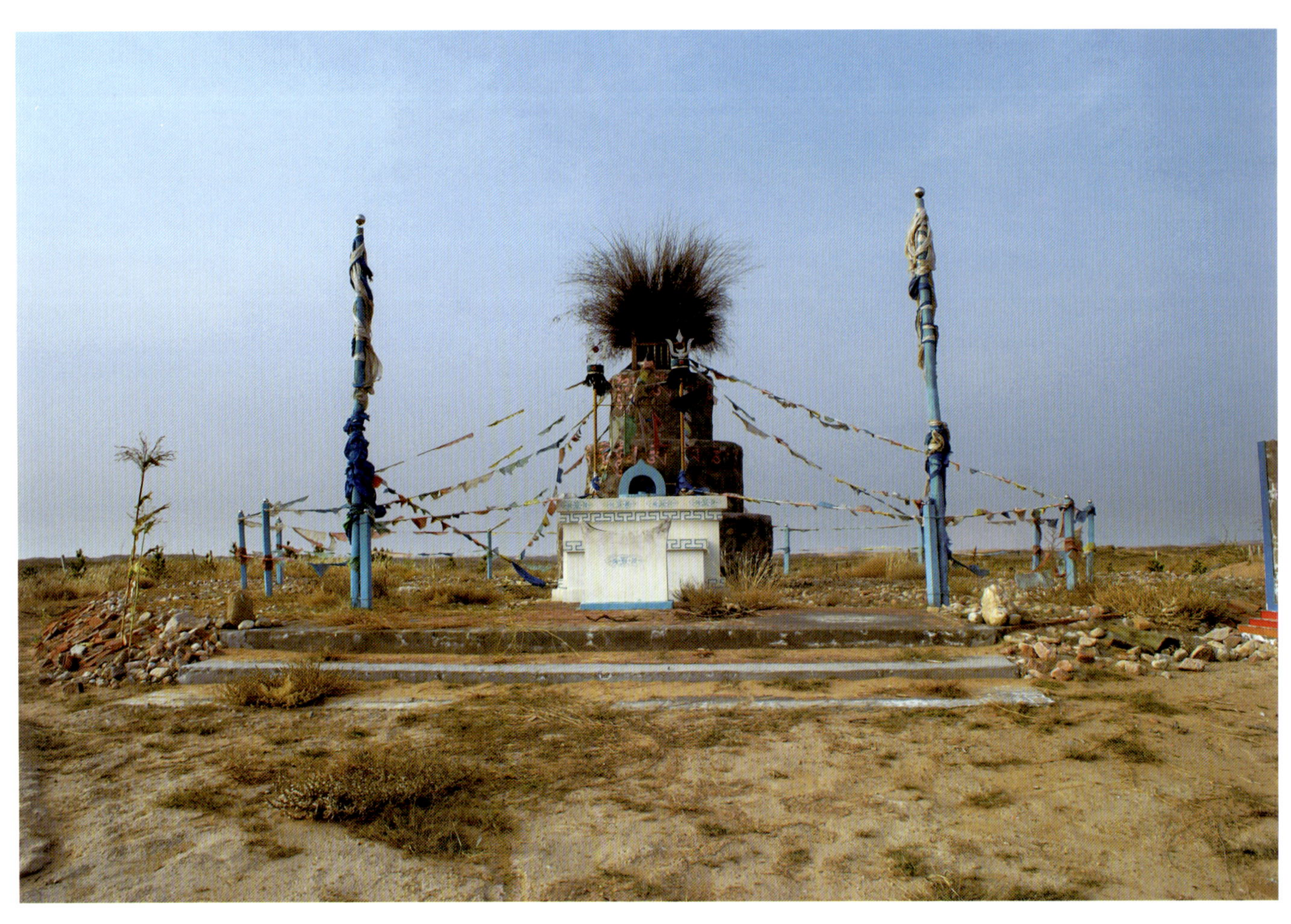

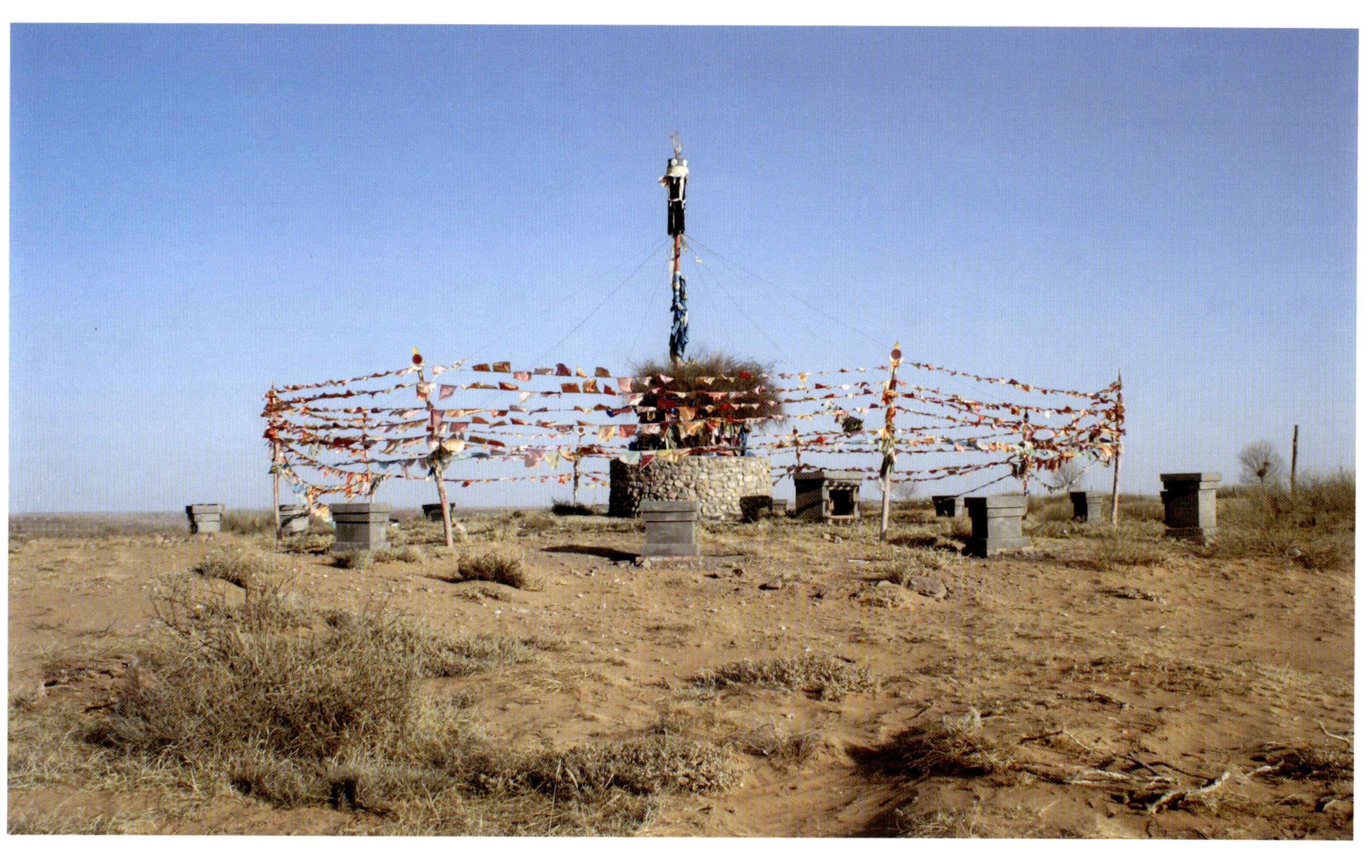

25 哈拉真胡热呼敖包

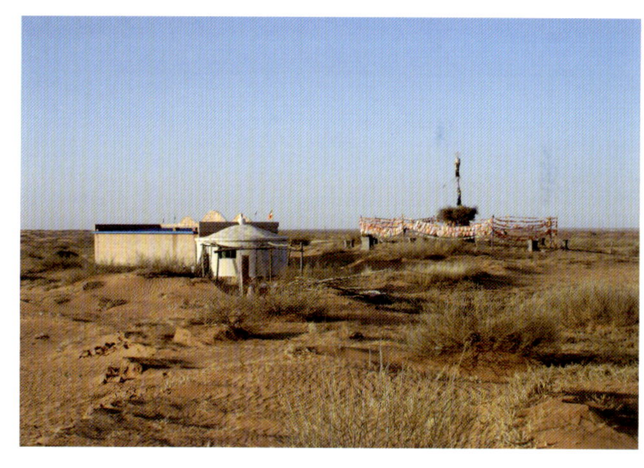

哈拉真胡热呼敖包位于鄂托克前旗敖拉召其镇境内，属努图格敖包。哈拉真胡热呼敖包由主敖包和12个守护敖包、供台、祭祀台以及祭祀用房组成。主敖包为石块堆砌而成，圆形，包顶插一苏勒德和沙柳树枝，高7.3米，宽3.65米；守护敖包为四层砖混水泥建筑，高1.16米，宽1.25米。

祭祀方向： 西南

祭祀时间： 鄂尔多斯历八月十三日（农历五月十三日）

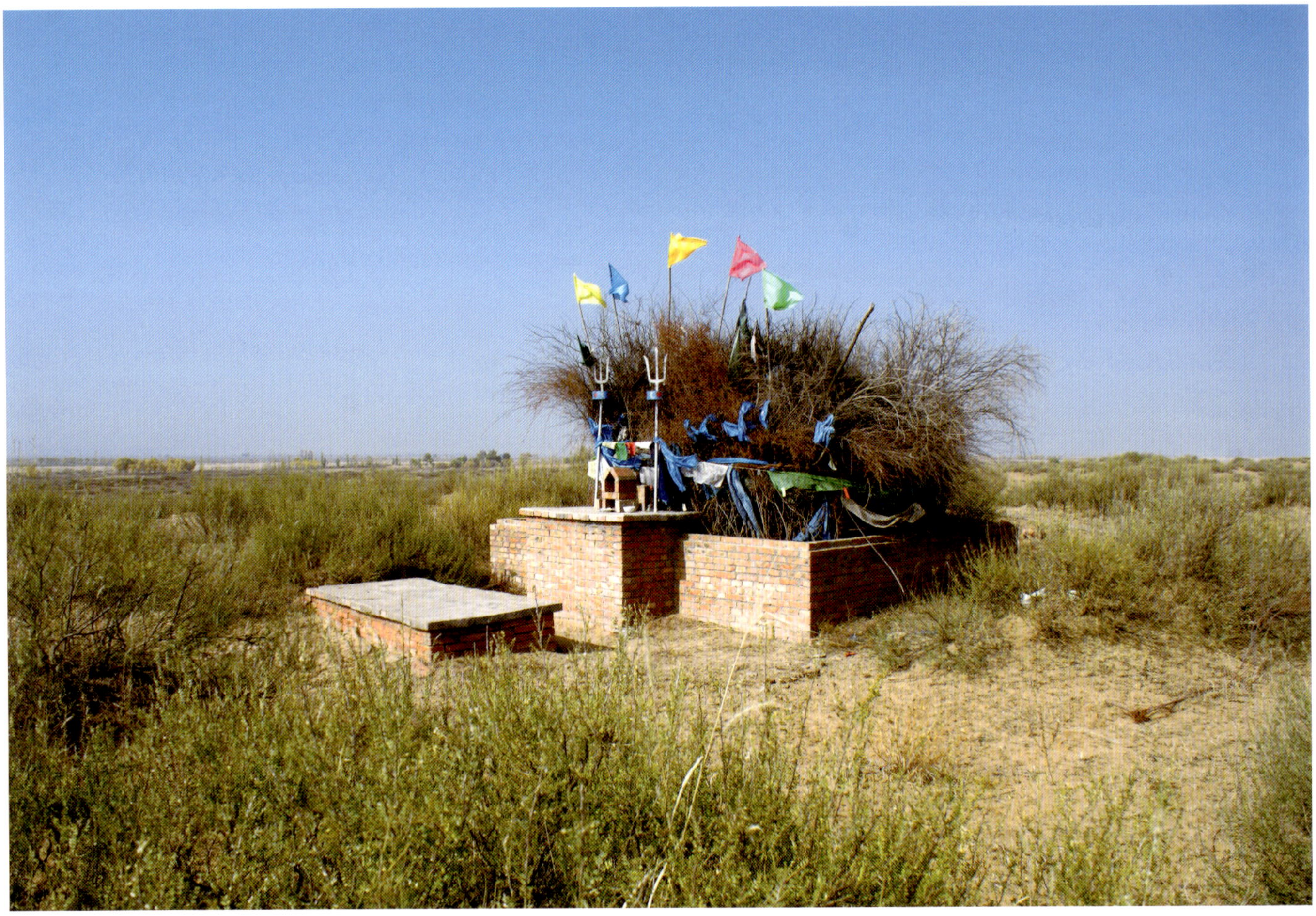

26 和珠尔庙敖包

和珠尔庙敖包位于鄂托克前旗城川镇境内，属庙敖包。和珠尔庙敖包建在和珠尔庙北面的沙梁上，由敖包、禄马风旗祭祀台和供台组成。敖包是以红砖做围墙，里面竖立沙柳树枝，高 2.64 米，宽 3.95 米。

祭祀方向：东南

祭祀时间：鄂尔多斯历特润呼格勒尔月初二日（农历八月初二日）

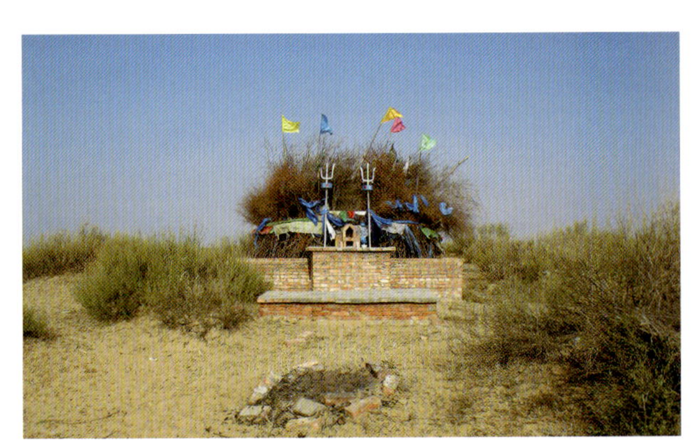

27 巴音希里敖包

巴音希里敖包位于鄂托克前旗昂素镇境内，属氏族敖包。巴音希里敖包由敖包、禄马风旗祭祀台组成。敖包是用沙柳树枝编织成圈，里面竖立水泥管，中间插沙柳树枝，高3.1米，宽2.8米。

祭祀方向： 东南

祭祀时间： 鄂尔多斯历八月初一日（农历五月初一日）

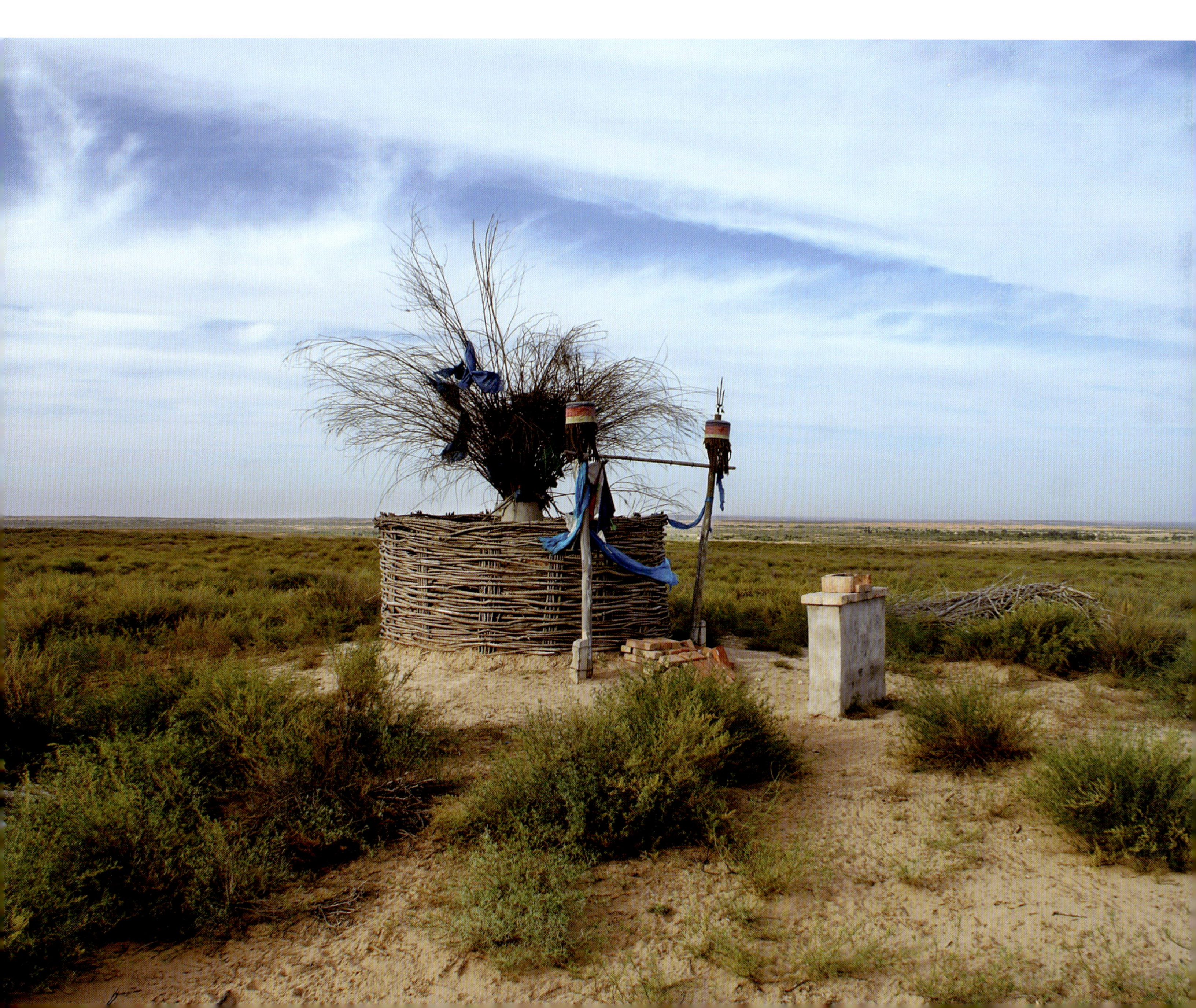

28 查干特格敖包

查干特格敖包位于鄂托克前旗昂素镇境内，属努图格敖包，查干特格敖包建在一个高梁上，由敖包、禄马风旗祭祀台、供台和祭祀用房组成。敖包为建在方形基座上的圆形砖混水泥建筑，包顶插一都格和沙柳树枝，高4.48米，宽3.1米。

祭祀方向： 东南

祭祀时间： 鄂尔多斯历八月二十三日（农历五月二十三日）

传说在很久以前，此地有一位富人。有一天富人上到梁上看牛羊牲畜，他边抽烟边望向远处，回家路上发现把烟袋上的饰物——白色海螺“特格”丢了。他怎么找也找不到，于是在这里用石头垒成堆做记号。后来每当他路过这里时便不断地往石头堆上添加石头，日久天长就形成了一个敖包。终于有一天他找到了丢失的白色海螺，即“查干特格”，于是就把这个敖包称为“查干特格敖包”，这个梁峁叫“查干特格敖瑞”。

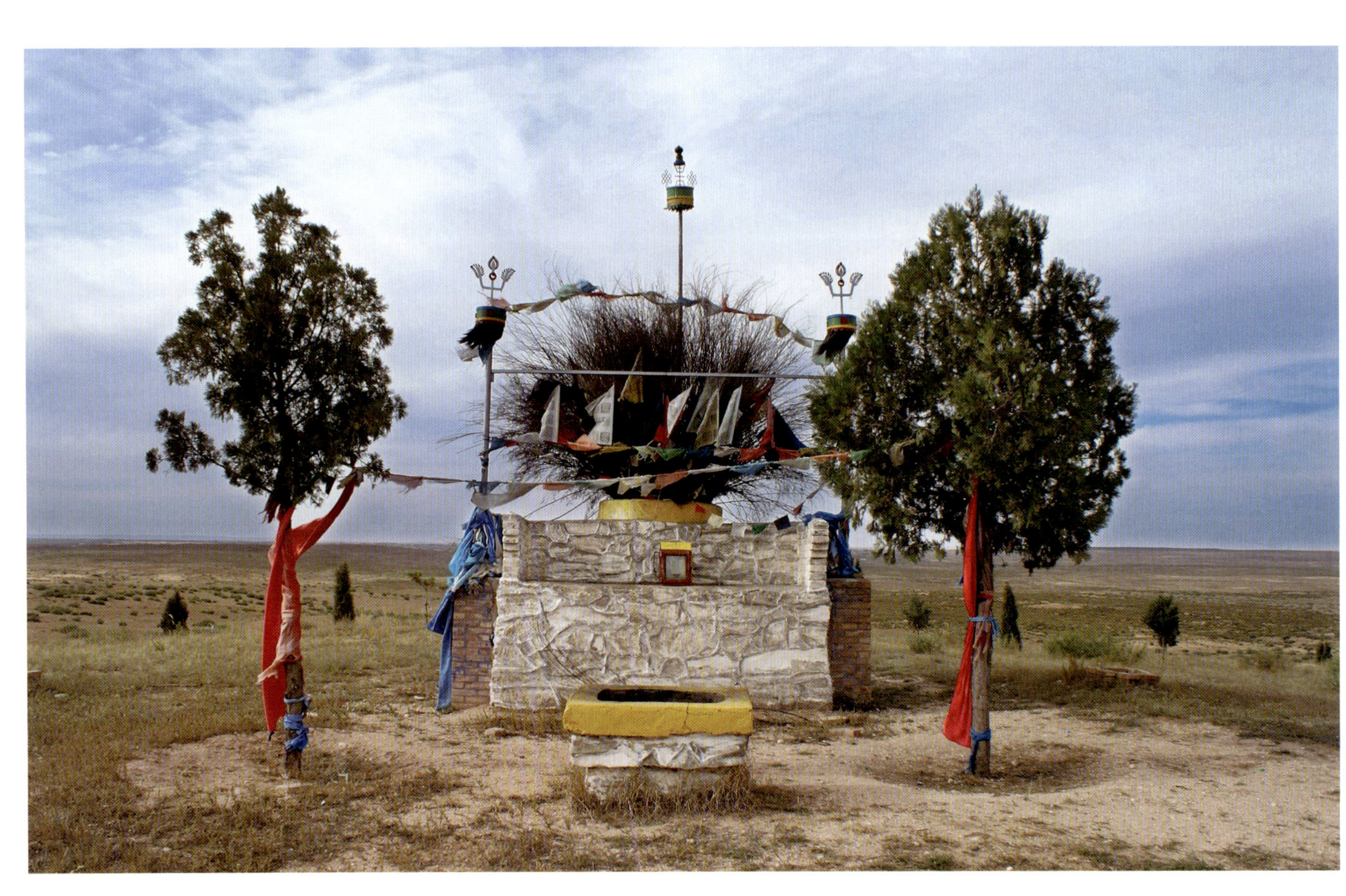

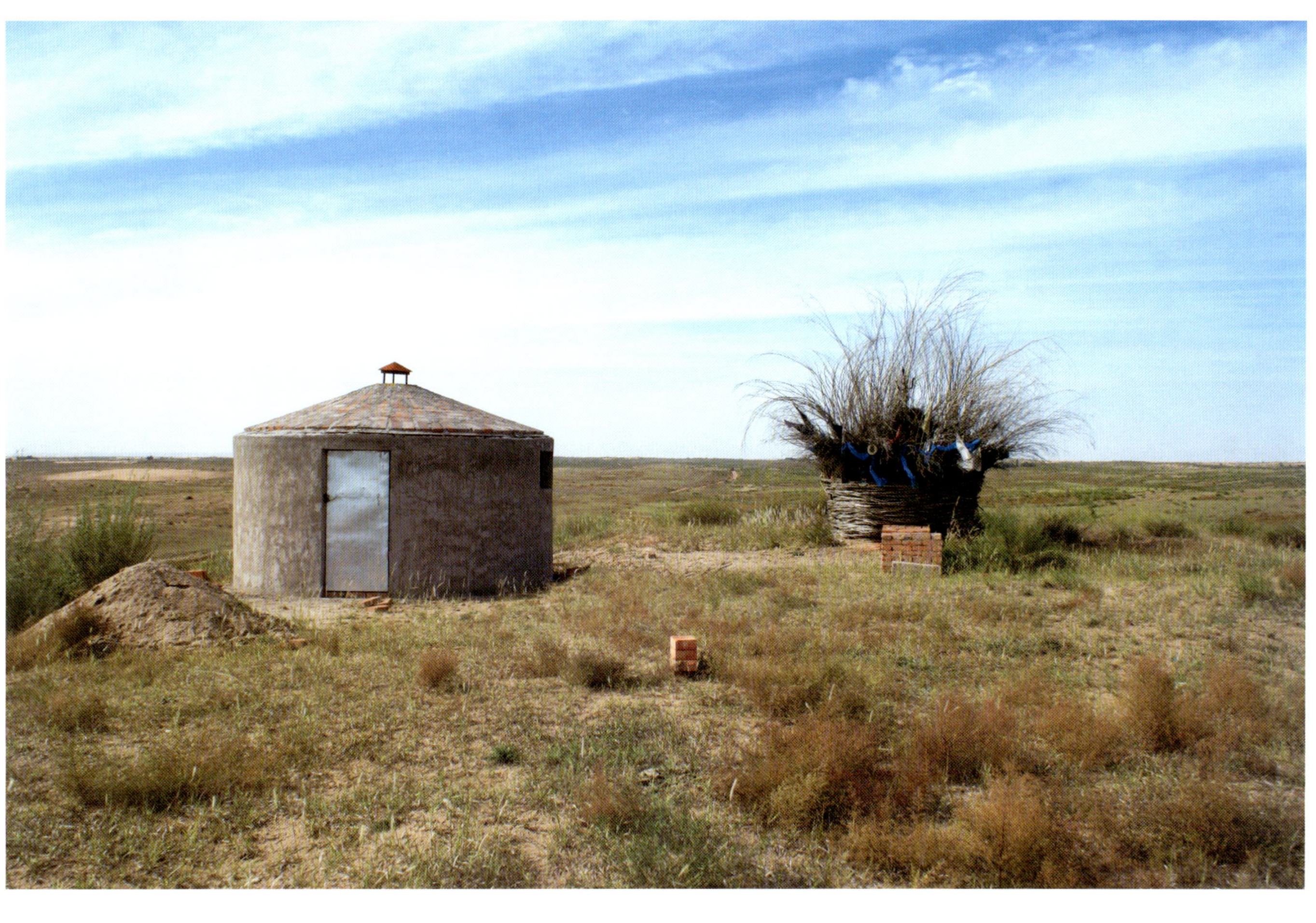

29 豪庆敖包

豪庆敖包位于鄂托克前旗昂素镇境内，属努图格敖包。豪庆敖包建在一个小土包上，由敖包、供台、祭祀台以及祭祀用房组成。敖包是用沙柳树枝编成圈，中间插一苏勒德和沙柳树枝，高 2.5 米，宽 3.4 米。

祭祀方向： 东南

祭祀时间： 鄂尔多斯历八月初三日（农历五月初三日）

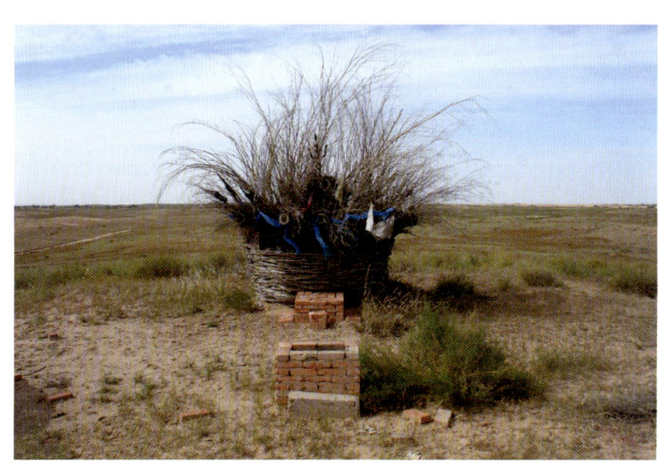

30 吉日嘎朗敖包

吉日嘎朗敖包位于鄂托克前旗昂素镇境内，属努图格敖包。“吉日嘎朗”为蒙古语，意为幸福。吉日嘎朗敖包由东西两个山包上的两个敖包组成，其中，西敖包是西面山包上的一个单独大敖包，用石块堆建而成，包顶插一苏勒德和沙柳树枝，高 3.28 米，宽 2.3 米。而东面的山包上建的东敖包是由一个主敖包和 13 个守护敖包组成。主敖包用石块堆建而成，包顶插一苏勒德和沙柳树枝，高 3.02 米，宽 2.6 米；守护敖包为小石头堆，高 0.4 米，宽 0.6 米。

祭祀方向：均为东南

祭祀时间：鄂尔多斯历八月初三日（农历五月初三日）

“吉日嘎朗敖包”是由东西两个敖包组成。传说原来在东西两个梁上的敖包像狼的两只耳朵，蒙古语称为“斯尔腾”。所以这里狼就繁殖很多，危害着牧民的羊群。当地牧民就向上师乌兰格根（活佛）求助，活佛给了牧民一条哈达说：就是我说的，叫“吉日嘎朗”。于是，牧民就把活佛给的哈达安放在敖包上，将敖包起名为“吉日嘎朗敖包”并祭祀，之后狼真的不再危害牧民的羊群，人们终于可以安居乐业了。

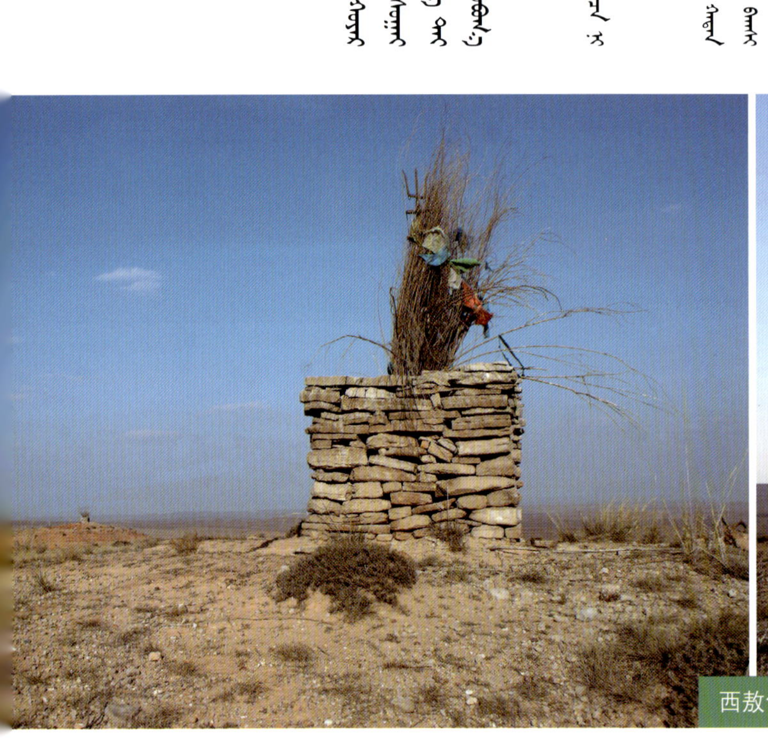

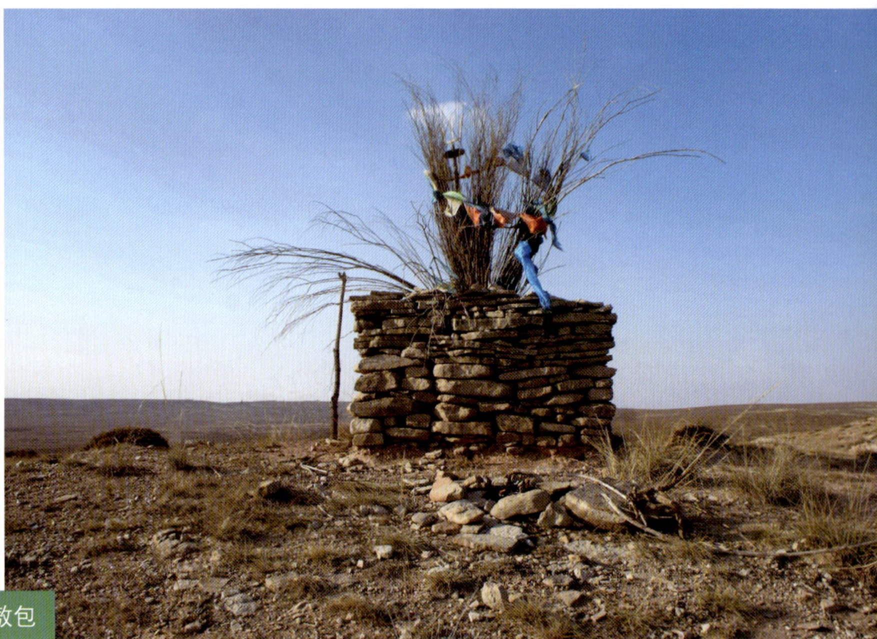

西敖包

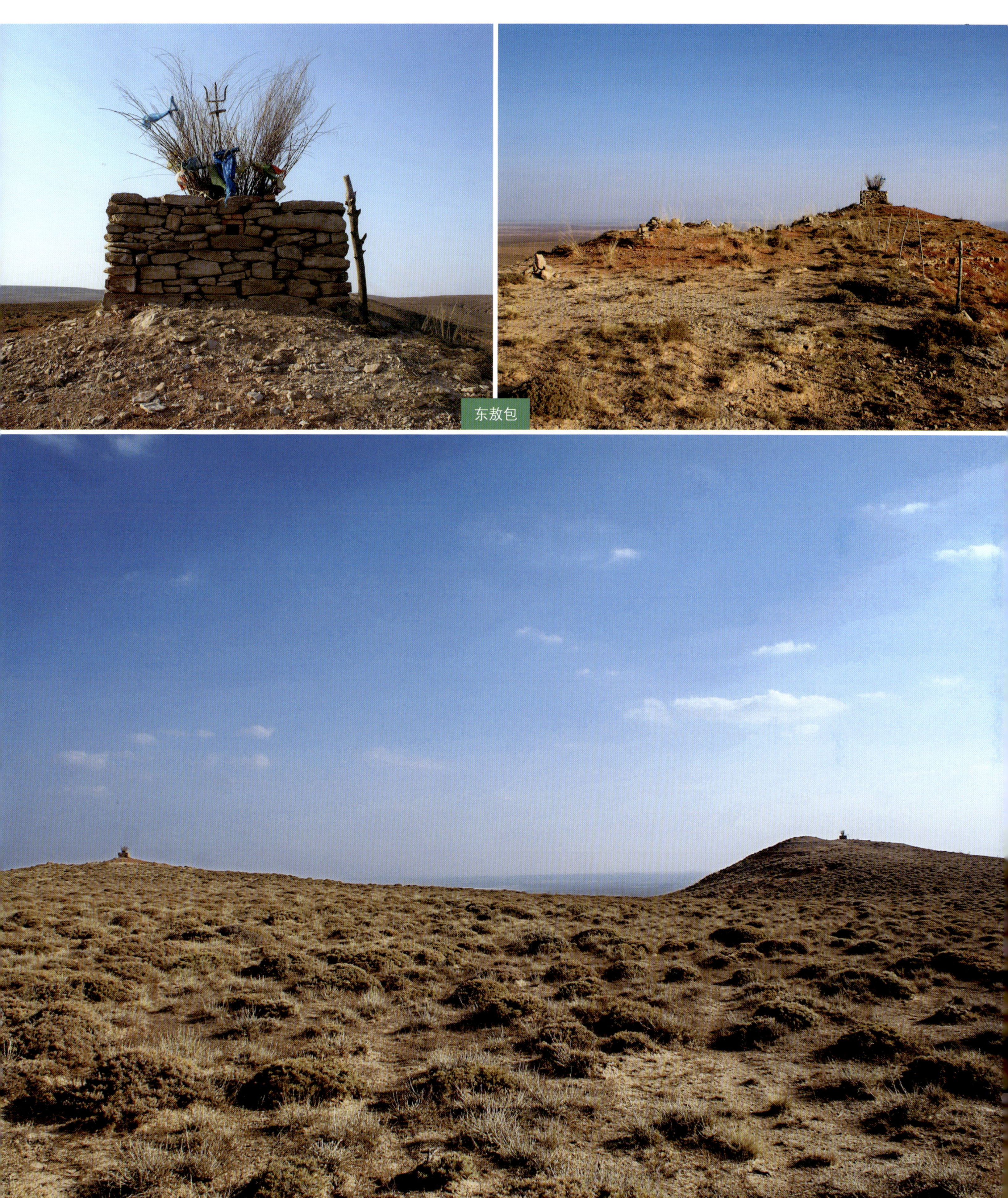
东敖包
由北向南

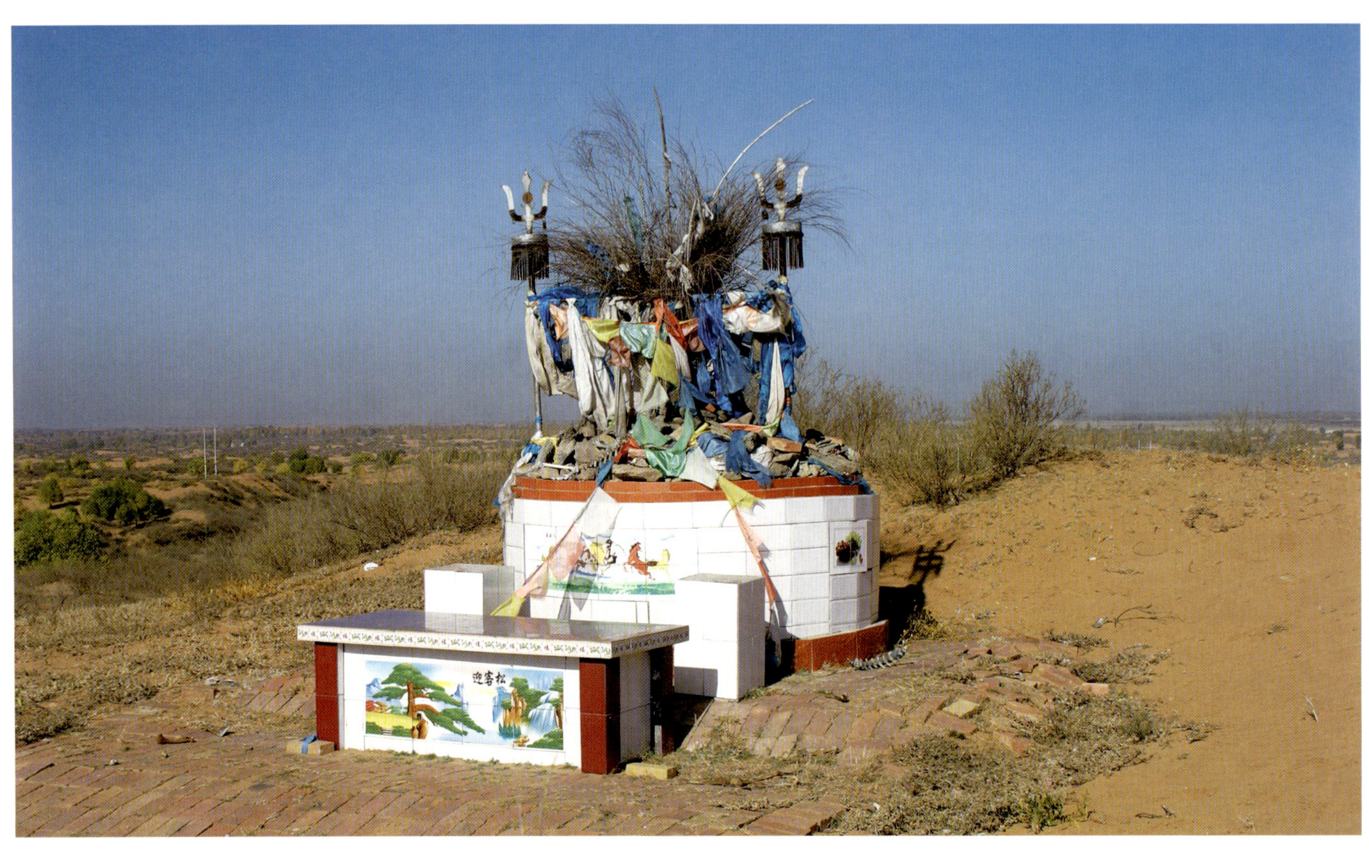

31 宝日胡热呼敖包

宝日胡热呼敖包，亦称巴润（西）胡热呼敖包，位于鄂托克前旗城川镇境内，是巴达仁贵敖包（鄂托克旗旗敖包之一）的分支敖包。宝日胡热呼敖包建在小土包上，由敖包、熏香台、供台组成。敖包为建在圆形基座上的圆形砖混水泥建筑，中间堆满石头，包顶插两杆苏勒德和沙柳树枝，高3.08米，宽3.2米。

祭祀方向： 东南

祭祀时间： 鄂尔多斯历九月初三日（农历六月初三日）

32 珠和庙敖包

珠和庙敖包位于鄂托克前旗城川镇境内，属庙敖包。珠和庙敖包建在珠和庙西北的平地上，由敖包、祭祀台、供台组成。敖包为砖混水泥建筑，上出檐，包顶插沙柳树枝，高2.77米，宽1.7米。

祭祀方向：东南

祭祀时间：鄂尔多斯历十月初三日（农历七月初三日）

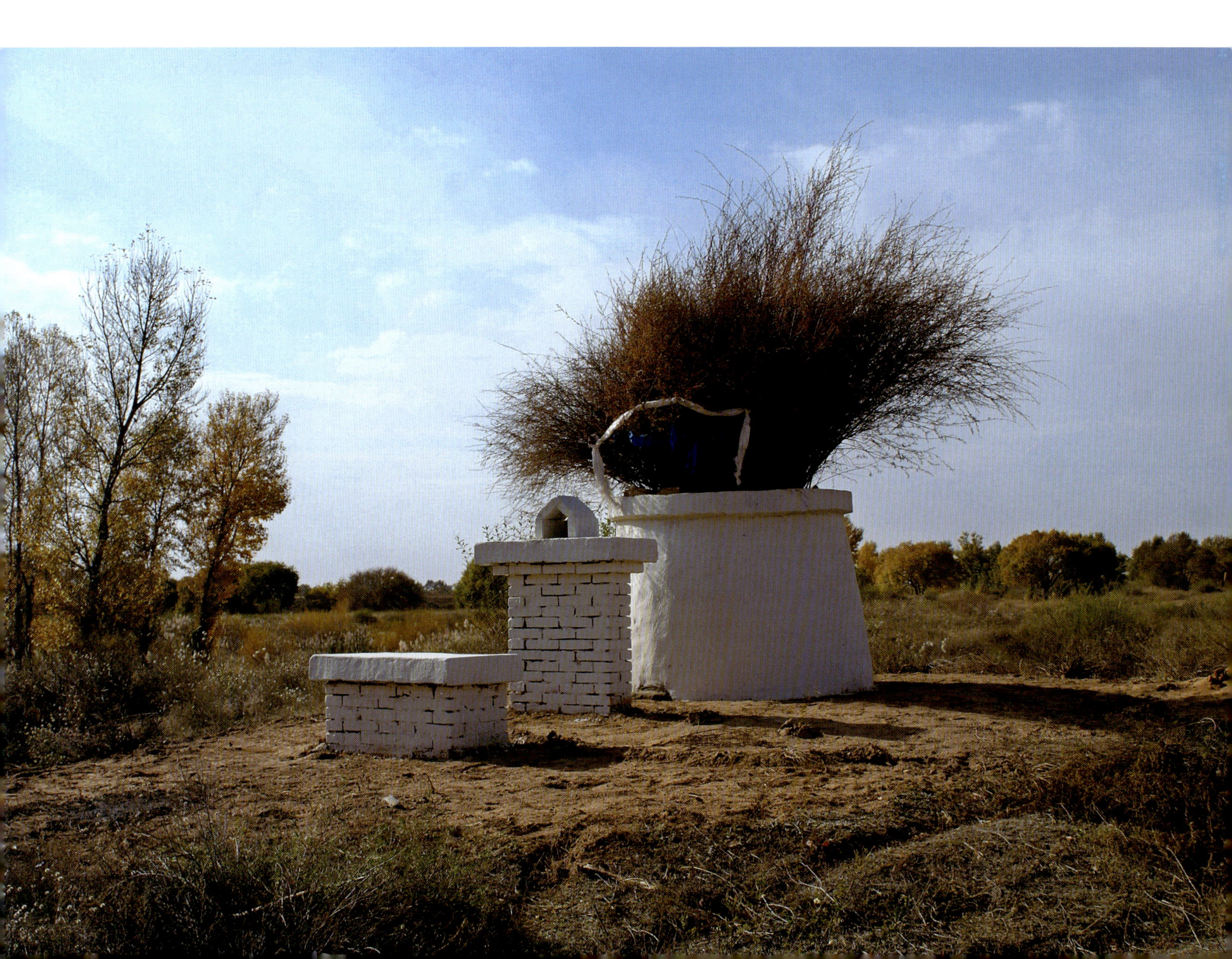

33 门都敖包 ᠮᠡᠨᠳᠦ ᠶᠢᠨ ᠣᠪᠣᠭ᠎ᠠ

门都敖包位于鄂托克前旗上海庙镇境内，属努图格敖包。门都敖包由敖包、禄马风旗祭祀台和供台组成。敖包为三层石、砖混水泥塔式建筑，高3.04米，宽3.6米。

祭祀方向： 东南

祭祀时间： 鄂尔多斯历八月十三日（农历五月十三日）

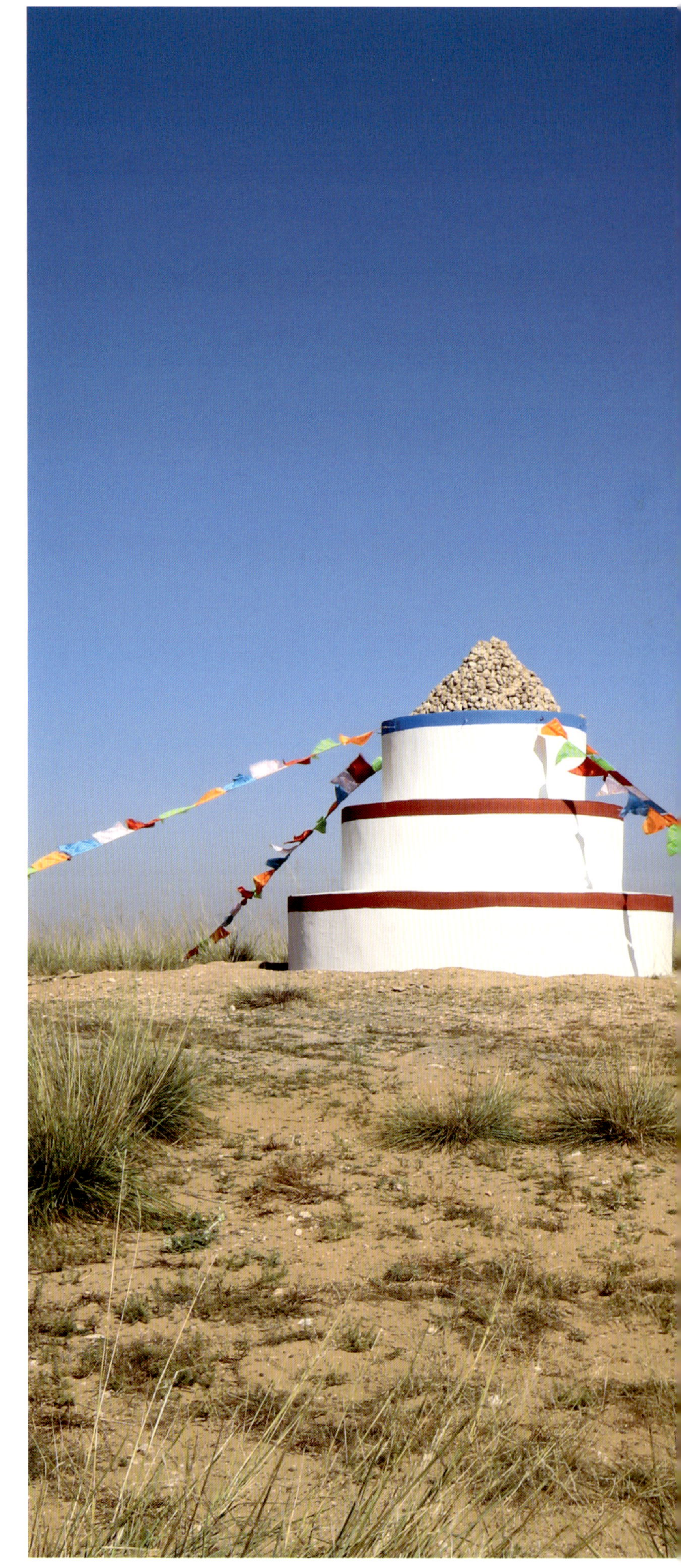

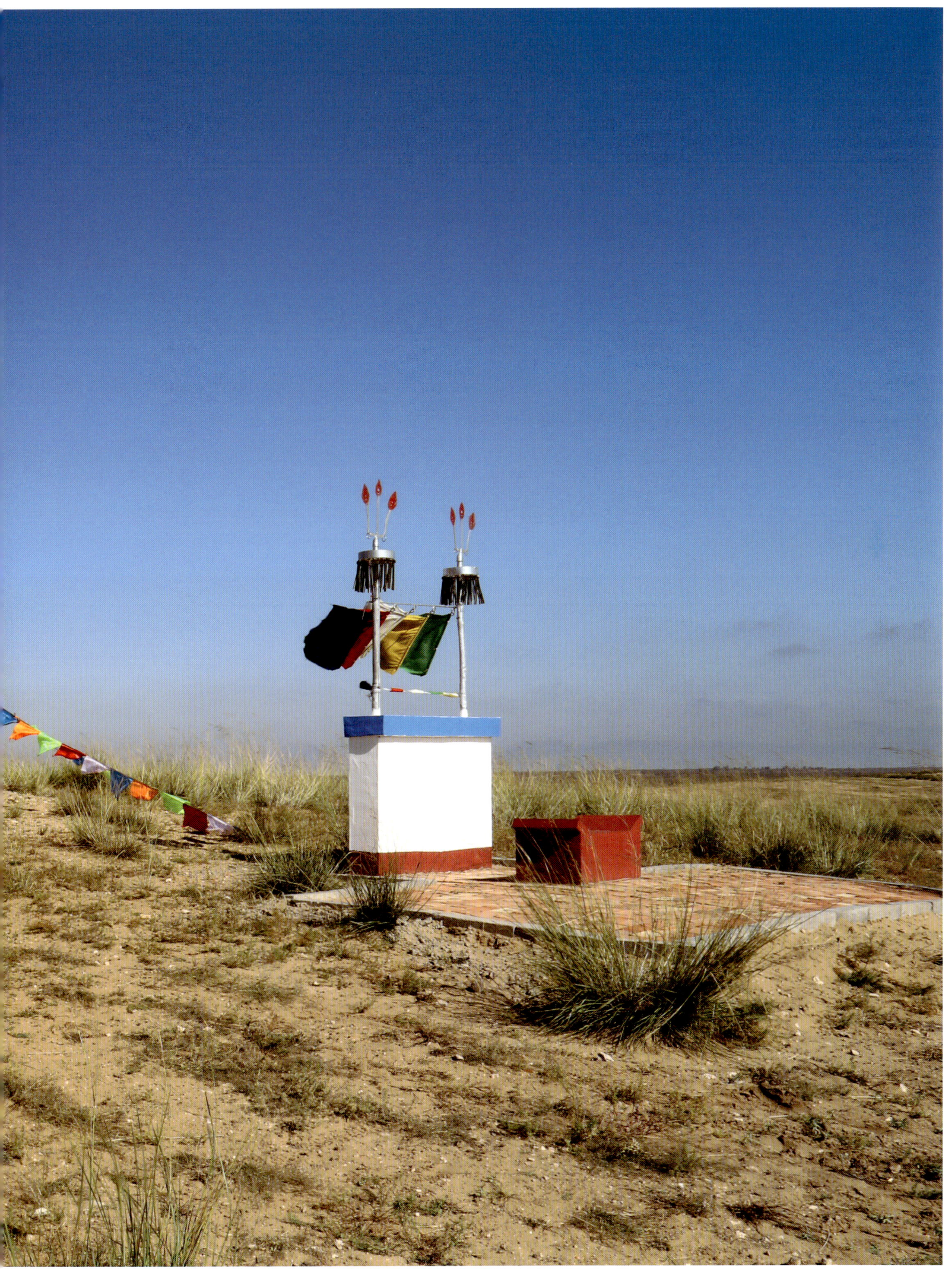

《ᠮᠣᠩᠭᠣᠯ ᠤᠨ ᠨᠢᠭᠤᠴᠠ ᠲᠣᠪᠴᠢᠶᠠᠨ》 [illegible] ᠮᠣᠩᠭᠣᠯ ᠤᠨ ᠨᠢᠭᠤᠴᠠ ᠲᠣᠪᠴᠢᠶᠠᠨ [illegible] ᠨᠡᠶᠢᠲᠡ 225 ᠦᠭᠡ [illegible] ::

[illegible] ::

[illegible] ::

[illegible] ::

[illegible] ::

[illegible] ::

[illegible] ᠳᠠᠷ ᠤᠯᠠᠮᠵᠢᠯᠠᠭᠳᠠᠨ᠎ᠠ ::

[illegible]

后记

《鄂尔多斯的敖包》图录即将出版，这是鄂尔多斯市“鄂尔多斯地区历代寺院、敖包调查”课题的成果之一。由于篇幅有限，本图录仅仅收录了225座敖包。由于还有正式的调查报告要出版，所以，在本图录中对敖包的更多信息未作展开叙述，其中包括对蒙语专有名词的汉语解释。

敖包是蒙古族历史文化的载体，是历代草原民族的神坛。通过对敖包的调查和整理，力图将敖包所承载的蒙古族文化乃至精神层面的重要性进行揭示，我们深感学界对于敖包的研究仍需加强和深入。

本图录中的康巴什区、伊金霍洛旗、乌审旗、鄂托克旗和鄂托克前旗部分，包括阿拉善盟、陕西省及宁夏回族自治区原属鄂尔多斯地界内的敖包资料由娜仁高娃编写；东胜区、准格尔旗、达拉特旗、杭锦旗以及巴彦淖尔市原属鄂尔多斯地界内的敖包资料由阿拉腾阿古拉编写。在本课题实施的过程中，我们始终得到鄂尔多斯市委、市人大、市政府、市政协的高度重视，市委统战部以及市财政、文化、民族宗教还有各旗区文物部门的积极配合，大力支持。课题组的同志们冒严寒、顶酷暑，不辞辛劳、克服困难，以严格的科学精神、忠于事实的责任担当，较为全面地完成了田野调查。目前寺院和敖包的调查报告正在编写之中。

本图录的辑录和编写工作，得到鄂尔多斯市人大和政协领导的大力支持。本图录为蒙汉文对照，在编辑、排版过程中，文物出版社的编辑、排版公司的工作人员以及作者通力合作，不断调整、修改完善，使得图录顺利付印。

在本图录即将出版之际，让我们对在“鄂尔多斯地区历代寺院、敖包调查”项目的实施过程中和确定出版本图录以及编辑出版本图录的过程中给予支持、帮助的领导、同事、朋友表示我们诚挚的感谢。

作　者

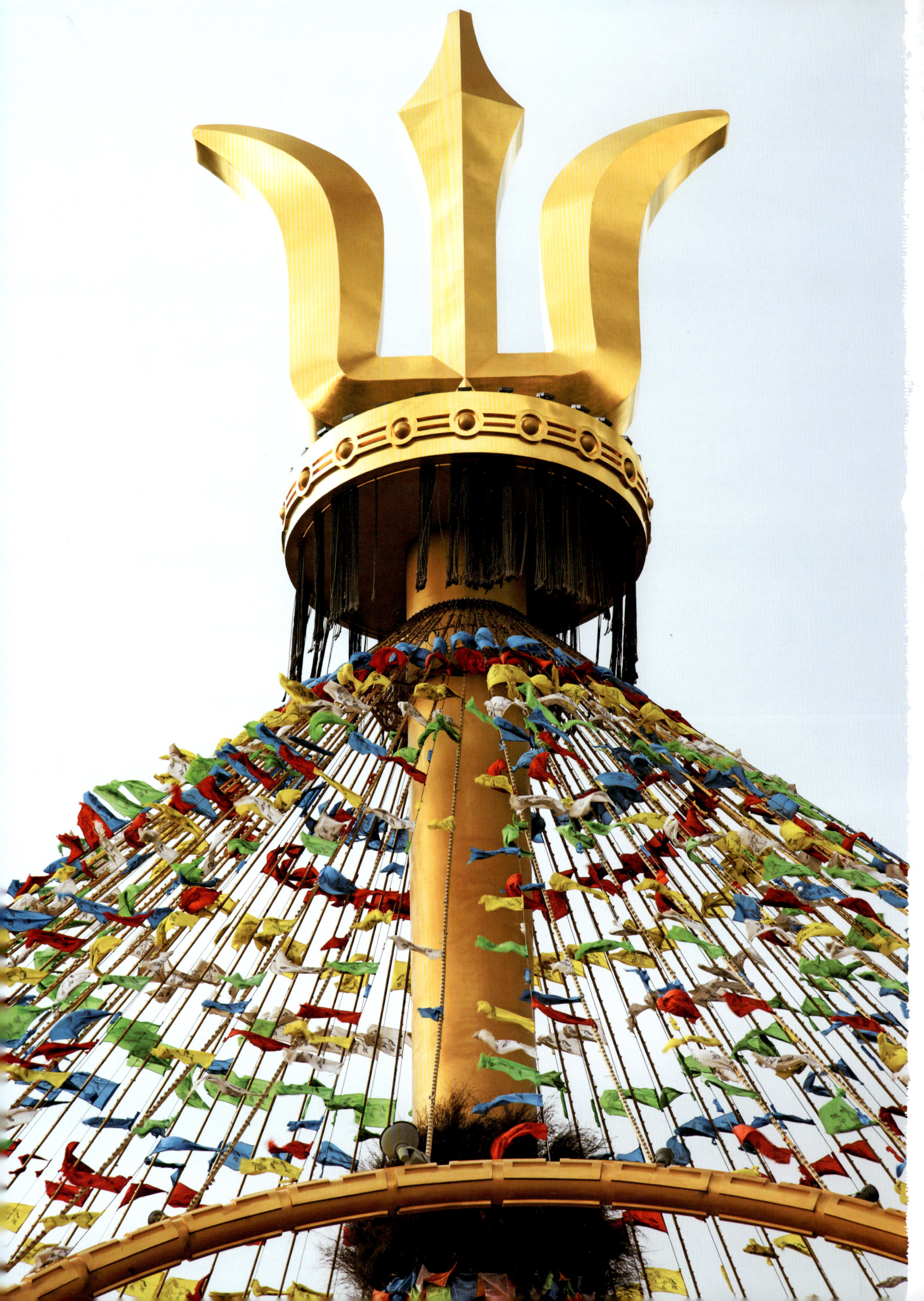